KB202227

인도사

인도사

조길태

The Humanities

6

민음사

머리말

동양 문화의 주류는 중국과 인도의 문화적 전통에서 찾을 수 있다. 마치 서양에서 헬레니즘과 헤브라이즘의 대조적인 문화가 그 원류를 이루고 있듯이 동양에서는 중국 문화와 인도 문화가 서로 다른 특성을 지니면서 두 개의 큰 흐름을 보여주고 있다. 중국 사상이 대체로 정치와 도덕에 관한 문제를 다루어 현실적인 면을 보여주고 있는 것과는 달리 인도 문화에서는 인간의 영혼을 구원으로 이끄는 내세적인 경향이 그 특징을 이루고 있다.

세계사적인 관점에서 볼 때 인도사의 중요성은 새삼 강조할 필요도 없지만 정서적으로도 인도는 우리에게 가까운 곳에 자리하고 있다. 인도의 정신 문화인 불교가 한국 문화에 오랜 세월 동안 깊숙이 침투해 있을 뿐만 아니라 근세에는 우리나라와 인도가 열강의 제국주의적 압제 아래서 다같이 비극적인 역사를 경험한 바 있다. 제국주의의 지배에 항거한 인도의 독립운동은 아시아·아프리카 피압박 민족의 투쟁에 있어서 모범을 보여주었으며, 한국의 독립운동 과정에서 나타난 유사한 양상들이 인도인의 독립운동사에서 종종 발견되고 있는 것이다.

방대한 인도사를 서술하는 데는 어려움이 있었다. 역사적 실체가 분명히 확인된 사건들이 지역적으로는 광대한 인도 전역에, 또 시간적으로는 반 만 년에 걸쳐 있기 때문이다. 인도사 전체를 망라해야 하면서도 특수성과 보편성의 어느 것도 무시해 버릴 수 없다는 데에 어려움이 있었다. 개별적인 특수한 사실에 대한 고찰이 없이는 역사의 내용은 공허할 뿐이며, 역사적 사실을 구조적으로 이해하기 위해서는 개별적인 사건이나 지역사의 범위를 벗어나 보편성에 의존할 수밖에 없기 때문이다.

역사에 대한 올바른 인식의 태도는 지난날의 인간 생활을 현재의 입장에서 조망함으로써 잊혀진 과거가 오늘날의 우리 생활에 생동감을 불러일으켜 의미 있게 투영될 때 비로소 완성되는 것이다. 필자는 무수한 사건들을 모두 언급하려는 욕심을 버리고 인도사에 대한 체계적 이해를 돕기 위해서 역사의 주류를 찾아 서술하려고 노력하였다. 체계적으로 일관성 있게 서술하려는 마음에서 제외시켜도 좋을만한 지역사는 무시해 버리는 경우도 있었다. 세계사적인 관점에서 특별히 돋보이는 고전 문화의 발달과 민족주의 운동의 전개에 관해서는 상대적으로 큰 비중을 두었으며, 모든 부문에서 극심한 침체를 면치 못했던 모슬렘 지배의 초기 역사는 축소화시키기도 하였다.

세계사에서 인도 역사가 차지하는 큰 비중과 한국사와의 긴밀한 관계에도 불구하고 우리나라에서는 인도사에 대한 관심이 정부 당국은 말할 것도 없거니와 학계에서 마저도 철저히 외면당해 왔다. 그 동안 필자가 사료의 빈곤에다 전문학자의 가르침도 받을 수 없는 처지에서 외롭게나마 인도사 공부를 할 수 있었던 것은 오직 金俊燁 전 고려대학교 총장님의 깊으신 배려의 덕택으로서 인도에 가서 배우고 또 아세아문제연구소에서 연구 활동을 계속할 수 있는 기회가 주어졌기 때문이었다. 한편 시장성을 기대할 수 없는 상황에서 이 책이 출판될 수 있게 된 것은 소외된 연구 분야에 특별한 관심을 보여 온 대우재단의 재정적 지원의 결과일 따름이다. 이 책을 만드는 데 있어서 시종 세심한 주의로 살펴주신 민음사 朴孟浩 사장님과 편집부 여러분께 깊은 감사를 드린다.

6

끝으로 비록 조그마한 책이지만 우리나라에서 인도 및 인도사에 대한 관심을 제고시키는 데 다소나마 도움이 되었으면 하는 것이 필자의 간절한 바람이다.

1994년 9월

曺吉泰

차례

서론
인도와 인도인

인도는 역사적으로 대단히 복잡다양한 특성을 보여 왔다. 근세에 영국이 침입해 올 때까지 인도는 〈단순한 지리적 표현〉에 불과했을 뿐 뚜렷한 국가라는 관념을 갖지 못하고 있었다. 인도는 아마도 유럽 전체보다도 더 많은 다양성을 포함하고 있었다. 인도는 독일이나 프랑스 등 근대 유럽 국가들에게 적용되는 의미의 한 국가로 볼 수 없었다. 인도에서 모두 함께 살아가면서도 인도인이라는 분명한 관념을 갖지 못하였으며 벵골인에게 봄베이 부근의 마라타족Marathas이나 마드라스 부근의 타밀족Tamils은 영국인 만큼이나 이방인으로 보였고 그들은 모두 외국인으로 생각되었다. 인도의 여러 주(州)들은 사실상 서로 다른 여러 나라와 다름없었다. 차라리 인도를 하나의 대륙으로 보는 것이 더욱 합리적일 것이며 최근에 적용되는 아대륙(亞大陸, Sub-continent)이라는 말이 보다 적절한 용어로 생각될 수 있었다.

인도사에서 다루는 지리적 범위를 구체적으로 열거한다면 현재의 인도 이외에도 파키스탄, 방글라데시, 네팔, 부탄 그리고 아프가니스탄 일부를 포함시킬 수 있다. 그러나 미얀마는 최근에 영령 인도(英領印度)에 포함되기는 하였지만 19세기 이전까지는 인도와 접촉이 많지 않은 독립적인 길을 걸어왔으므로 인도사의 일부로 기술될 수 없으며, 스리랑카는 반도에서 조금 떨어져 있는 섬이긴 하지만 항상 독특한 정치적 종교적 성격을 유지해 왔으므로 인도 사에서는 제외된다. 인도사에 포함되는 지역은 매우 광대하여 어림잡아 러시아를 제외한 유럽 전체와 비슷하며, 장기간 인도를 지배해 온 영국에 비해서는 무려 20배의 크기인 것이다. 따라서 인도사를 읽고 이해하는 과정에서 인도를 단순한 하나의 국가로 보기보다는 아대륙이라는 의미로 마음에 새기는 것이 도움이 될 것이다.

인도의 다양성은 복잡한 지리적 조건, 기후, 인종, 언어, 종교 및 풍습 등에서 비롯한다. 인도에 가장 많은 영향을 미치고 있는 자연환경은 인도아대륙을 몇 개의 지역으로 구분시켜 놓고 있다.

히말라야 산록에는 카슈미르, 네팔, 시킴, 부탄 등이 위치해 있으며, 동서로 약 2천 마일에 뻗어 있는 히말라야 산맥은 인도에 헤아릴 수 없는 영향을 미쳐 왔다. 만년설로 덮여 있는 히말라야 산맥은 북쪽으로부터 침입하는 외적에 대하여 천연적인 난공불락의 방벽을 마련해 줄 뿐만 아니라 티베트로부터 불어오는 찬 공기를 막아 주기도 한다. 더욱 중요한 것은 힌두스탄의 생존과 번영에 밀접한 관련을 갖고 있는 3개의 큰 강들 즉 인더스, 갠지스, 브라마뿌트라Brahmaputra가 바로 히말라야 산맥에서 근원하고 있는 점이다.

북부 평야지대는 북쪽의 히말라야 산맥과 중부의 고원 사이에 들어 있어서 거대한 분지를 이루고 있다. 펀잡Punjab 지방에서 벵골Bengal 지방에 이르는 광대무변의 평야는 메마른 지역이기는 하지만, 히말라야 산맥으로부터 눈이 녹아내린 엄청난 물이 여러 강을 통하여 흐르고 있어 그런대로 경작을 가능케 하고 있다. 비옥한 평야라는 유리한 자연조건 때문에 옛날부터 이곳에 인구의 집중을 보여 왔다. 따라서 북부 평야지대가 인도 역사의 중심무대였으며 모든 제국들의 흥망성쇠가 이곳에서 이루어졌다. 조그마한 산 하나 없는 광활한 평야라는 개방된 자연조건 때문에 서북쪽으로부터 외적이 펀잡 지방의 강을 넘어오면 큰 어려움 없이 멀리 벵골 지방까지 석권하여 강력한 왕국을 건설하는 경우가 종종 있었다.

중부 인도에는 빈드야Vindhya 산맥과 사트뿌라Satpura 산맥이 놓여 있어 인도아대륙을 양분시키고 있다. 두 산맥이 인도 중부를 가로지르는 고원을 이루고 있으므로 이 데칸Deccan 고원과 히말라야 산맥과의 중간에는 드넓은 분지가 형성되고 있는 것이다. 이러한 지형적 현상은 분지를 이루는 북부 평야지대에 혹서를 몰고 오는 원인이 되기도 하지만, 한편 중부고원은 북부의 정치적 세력이 남부로 확대되는 것을 막아주는 방벽의 역할을 하고 있다. 데칸 고원의 마라타족은 체격은 왜소하지만 북부 산악지대의 아프간족이나 구르카족Gurkhas과 마찬가지로 산고수려(山高水麗)한 자연환경의 영향을 받아 끈기있고 강인한 민족의식을 발휘하여 인도의 통일을 꿈꾸던 무갈 제국의 남하를 막아주었다.

남부지방에는 예로부터 조그마한 나라들의 흥망이 교차하였다. 북부의 메마른 자연환경에 비하여 남부의 해안선을 따라가는 평야지대는 풍요로운 번영을 약속해 주고 있지만 정치적으로는 크게 세력을 떨치지 못하였다. 남부의 어떤 세력도 북부의 중심지역을 지배하지 못했지만, 힌두스탄의 야망 있는 지배자들은 데칸 고원 남쪽까지 그들의 지배권을 확대시킨 일도 있었다. 그러나 북부의 강대한 제국도 최남단까지 지배한 일은 사실상 없었으며 따라서 남부지방에 오히려 힌두교의 보다 근원적인 신앙 형태와 힌두의 고유한 습속이 잘 온존되고 있는 형편이다.

인도는 광대한 지역과 아울러 다양한 기후를 가지고 있다. 즉

한대, 온대, 열대의 모든 기후가 분포되어 있다고 말할 수 있다. 히말라야 산맥의 혹한지역이 있는가 하면 남부에는 상시 하절(夏節)의 기후만 계속되기도 한다. 북부 평야지대는 길고 지루한 폭염의 여름을 갖고 있으면서도 분명한 사계절을 느낄 수 있는 곳이다. 중부지방은 고원 특유의 기후를 보여 북부나 남부보다 비교적 서늘한 날씨를 보여주고 있다.

인도는 전체적으로 볼 때 메마른 곳이다. 결국 강우량의 부족이 인도를 빈곤하게 만든 결정적인 원인이 되어 왔지만 이러한 기후가 인도 전역에 편재(偏在)한 것은 아니다. 인도에는 세계에서 비가 가장 많이 내리는 곳이 있는가 하면, 일 년 내내 거의 비 한방울 내리지 않는 사막도 존재한다. 인도 대부분의 지역에서는 논농사가 어렵지만 예외적으로 큰 강이 흐르는 일부 주변지역에는 대규모의 벼농사 재배지역이 형성되고 있으며 특히 동서의 해안선 지방에는 풍부한 우량과 따뜻한 날씨로 다모작(多毛作)도 이루어지고 있다. 이러한 기후의 다양성은 지리적인 조건과 어울려 격리된 지역문화의 발달을 이끌어간 중대한 요인으로 작용하고 있다.

인도의 지배적인 인종은 뒤늦게 침입한 아리아족 Aryans이지만 인도에는 예로부터 수많은 종족이 혼거해 오고 있으므로 인도 자체를 〈인종박물관〉이라고 부르기도 한다. 인도 원주민이 어느 인종이었는지에 관해서는 논란의 여지가 있지만 아마도 호주 및 인도 부근의 군도에서 생활해 오던 호주 원주민 Australoids이 인도 본토까지 들어와 거주하게 되었던 것으로 보인다. 그들은 키가 작고 검은 피부에 납작코를 가진 것이 특징으로 콜족 Kols, 비힐족 Bhils 및 문다족 Mundas이 이 계열에 속하며 그들이 사용했던 몇 개의 언어가 아직도 남아 있다.

다음으로 인도에 살았던 인종은 몽골리안계로서 그들은 히말라야의 동서쪽 길을 통하여 인도에 들어와 정착하였다. 그들의 거주지역은 예나 지금이나 북부지방에 국한하여 있으며 네팔, 시킴,

아쌈 지방에 살고 있는 구르카족, 부티야족Bhutiyas 또는 카시족
Khasis 등이 대표적이다.

선주민(先住民)을 정복하고 새로이 인도에 들어온 종족이 드라
비다족Dravidians이다. 비교적 피부가 검고 왜소하여 인도의 다른
인종과 쉽게 구별된다. 이들은 남부에 살고 있으며 드라비다어
(語)가 고립적이긴 하지만 북부지방에서도 사용된 곳이 있는 것을
보면 이 종족이 한 때는 거의 인도전역을 지배했었다는 것을 추측
하게 한다. 드라비다족은 인더스 문명의 주인공이었을 것이며 이
문명의 몰락과 함께 남부지방으로 밀려났던 것으로 보여진다.

드라비다족을 제압하고 인도의 새로운 주인이 된 인종은 아리아
족이었다. 세계사적인 관점에서 볼 때 인구어족의 발자취는 눈부
신 바가 있으며, 인도의 찬란한 고전문화의 업적도 그 일파인 인
도 아리아족에 의해서 이룩되었다. 아리아족은 그 후 모슬렘 지배
와 영국의 통치 아래서도 민족적 긍지와 자신들의 전통을 면면히
지켜온 인도 역사의 주인공이다.

광대한 지역과 다양한 인종 사이에서 통용되는 언어는 이것들에
못지 않게 복잡하게 얽혀져 있다. 인도아대륙의 언어는 보통 220여
개로 분류해 왔으며 인도의 분리독립 이후의 언어분포 조사에 의
하면 인도 국민이 사용하는 언어는 179개이고 방언 또한 무려
544개나 존재하는 것으로 되어 있다.[1] 현재 인도 정부가 언어를
사용하는 주민의 수효를 참작하여 공용어로 인정하고 있는 것만도
산스크리트(Sanskrit ; 범어(梵語))를 포함하여 18개에 이르고 있
다. 산스크리트는 통용되고 있는 언어는 아니지만 고전어로서의
주요한 위치 때문에 여기에 포함시켜 놓았다.

그렇지만 수많은 인도 언어도 북부의 인도아리아 어군(語群)과
남부의 드라비다 어군으로 대별할 수 있다. 이러한 양분은 단순히

---

1) S. J. Tambiah, "The Politics of Language in India and Ceylon"
   Modern Asian Studies, I, 3(1967), Cambridge University, pp. 217-
   218.

언어적, 지리적 근거에만 입각한 것이 아니라 거기에는 또한 문화적, 사회적 의미도 담겨 있는 것이다. 인도아리아어는 인도 인구의 70%가 훨씬 넘는 숫자가 사용하고 있으며 산스크리트에서 파생된 말들이다. 인도아리아어 가운데 대표적인 힌디Hindi는 인도의 북부지방에서 가장 광범하게 통용되고 있는 언어이다. 힌디 이외에도 캘커타를 중심으로 한 벵골 지방과 방글라데시에서 사용하는 벵골어Bengali, 펀잡 지방과 파키스탄에서 사용하는 모슬렘 언어인 우르두Urdu, 서해안 지방의 구자라트어Gujarati, 봄베이를 중심으로 한 마하라슈트라 지방의 생활용어인 마라타어Marathi, 동해안 지방의 오리야Oriya 등의 수많은 말들이 마치 유럽에서의 라틴어 계열과 마찬가지로 밀접한 언어적 연관성을 가지고 통용되고 있다.

남부 인도에서 사용하는 언어는 드라비다어로서 인도 인구의 30%에도 못 미치는 언어 영역을 가지고 있지만 역시 몇 개의 언어로 분류할 수 있다. 동부지방의 안드라 프라데시 주민들이 사용하는 언어인 텔루구Telugu, 마드라스를 중심으로 주변지역에서 광범위하게 통용되는 타밀Tamil, 남서부의 마이소르 지방의 칸나다Kannada, 그리고 최남단 케랄라 지방의 말라야람Malayaram 등의 언어로 나눌 수 있다.

수많은 언어의 혼용은 인종의 다양성과 함께 인도에서 지역분쟁의 요인이 되며 국민통합에 있어서 심각한 정치적 문제로 대두되기도 한다. 독립 이후 가장 넓은 언어사용 분포를 보이고 있는 힌디를 국어로 채택하려는 정부의 움직임이 있었을 때 여러 지역, 특히 남부지방에서는 심각한 언어폭동이 일어난 쓰라린 경험을 갖고 있다. 한편 이러한 언어의 복잡성은 인도만의 문제는 아니며 인도아대륙의 광대한 면적을 생각하면 놀라운 일이 아닐 수도 있다. 세계 인구의 약 4분의 1을 점하고 있고 또 4천년 이상 동안 정복과 이주의 끊임없는 역사를 되풀이 해온 점을 생각한다면 극히 자연스런 현상일 수도 있다.

인도에는 여러 종교가 존재하고 있으며 심각한 종교적 대립은 인도의 통일을 저해하는 또 하나의 요인이기도 하다. 아리아족은 인도사회에 독특한 종교와 사회제도를 수립하였다. 브라만교에서 힌두교로 이어지는 것이 인도의 정통 종교이며 인도 사람 가운데 압도적인 다수는 힌두교를 신봉하고 있다. 힌두교는 수많은 신을 내세우는 복잡한 신앙과 의식(儀式)으로 연결된 종교로서 그 특징은 오히려 카스트 제도 등에서 뚜렷이 나타나고 있다.

자이나교와 불교는 종교적 관념에 있어서 브라만교와 근본적으로 큰 차이가 없었으면서도 브라만 계급의 횡포에 반항하여 개혁 종교의 성격을 띠고 출현하였다. 극단적인 금욕주의와 불살생(不殺生)을 강조한 자이나교나 카스트 제도에 반대하여 만민평등을 외쳤던 불교도 그 성격에 있어서는 현세의 도덕적 행위를 통하여 내세에서나 오늘의 처지를 개선해 보려는 매우 정적(靜的)인 종교였다.

인도는 매우 동적인 종교인 이슬람교와 기독교의 도전을 받았다. 모슬렘은 지배자로서 인도에 6백년 이상 군림하였다. 힌두교는 철저한 비타협적 태도를 견지하면서 그들 자신의 종교적 특징을 강화시켜 나아감으로써 이탈자를 최소한으로 막긴 하였지만 한편으로는 오랫동안 인도인의 이슬람교로의 개종이 부단히 진행되었던 것도 사실이다. 힌두와 모슬렘의 대립은 첨예화하여 결국 영국지배로부터의 독립과 동시에 인도와 파키스탄의 분립이라는 비극을 낳고 말았던 것이다.

기독교는 16세기 초, 포르투갈 선교단에 의해 인도에 전파되었지만, 영국세력이 들어온 후에도 영국정부가 보인 경제적 이익의 우선원칙과 신중한 종교정책 때문에 힌두교와 큰 마찰을 보이지는 않았다. 특히 아쌈 국경지방과 서남 해안지방에 상당한 세력을 갖고 있는 신구(新舊) 기독교는 인도에서 힌두교와 이슬람교에 이어 세번째로 많은 신도수를 보유하고 있다.

힌두교와 이슬람교의 절충적 종교인 시크교 Sikhism는 소수의 신도를 갖고 있으면서도 고도로 단결된 투쟁적인 집단으로서 정치적 분리주의까지 내세움으로써 오늘날 인도의 통일에 새로운 위협을 던져주고 있다. 불교는 인도에서 출현하였지만 그 교세는 매우 미약하여 겨우 명맥을 유지하고 있을 뿐이며, 자이나교와 외래종교인 조로아스터교 등도 서해안 지방을 중심으로 소수의 신도를 갖고 있다.

위에서 살펴본 바와 같이 인도아대륙에는 자연적 조건으로서 세계에서 가장 높은 히말라야 산맥이 버티고 있는가 하면 광활한 평야지대가 있으며, 기온과 강우 등의 기후조건에서 극단적인 대조를 보이고 있다. 수많은 인종 및 언어와 함께 대립된 종교와 풍습에서 비롯된 다양한 성격이 오늘날 인도와 그 역사의 특징을 이루고 있다. 이러한 다양성은 대륙적인 성격을 부여하여 문화의 발전으로 인도하는 작용과 반작용의 힘을 산출함으로써 인도가 정체되는 것을 막기도 하였지만, 이 요소는 또한 헤아릴 수 없는 정치적 분열의 원인이 되기도 하였다. 때때로 강력한 정치적 세력이 일어나 어느 정도 정치적 통일을 이룩하기도 하였지만 그러한 경우는 드문 일이었다. 강력한 세력이 존재하지 않았을 때는 무수한 국가들이 반목하고 제휴하면서 이합집산을 계속하였다.

이러한 끝없는 다양성에 직면하면서 우리는 인도를 어떻게 이해하여야 할지 곤경에 처하게 된다. 그러나 이러한 다양성 속에서도 인도는 역사적으로 통일성을 유지해 왔는데 바로 이 다양성 속에서의 통일성이야말로 인도의 특징인 것이다. 인도라는 명칭이 단순히 통일에 도움을 주는 것이 아니라 거기에는 하나의 지리적 용어가 의미하는 것 이상으로 근본적인 통일이 있었다. 인도의 통일성은 잡다한 인종이 세계의 다른 경우와는 상이하게 독특한 형태의 문화를 발전시켰다는 사실에서 찾아야 한다. 인도의 근본적인 통합 요소는 힌두교이다. 인도는 원래 힌두 국가이며 그들의 이념을 인도 구석구석에 전파하는데 있어서 칼이 아닌 평화적 침투방법을 택하였다. 브라만 계급은 인도인으로부터 존경받고, 산스크리트는 어디서나 신성한 언어이며, 시바Siva 신 등은 모든 지역에서 숭배되고 있다. 이러한 힌두교의 통일성이 지리적 격리와 정치적 분열에도 불구하고 피부색, 언어, 신분, 종파, 풍습 등 헤아릴 수 없는 다양성을 극복하여 인도를 하나로 통합하는 데 결정적인 역할을 하고 있는 것이다.

제1장
인더스 문명

1 선사시대

세계에서 가장 오랜 문명의 하나가 인도의 인더스 강 유역에서 일어났다. 그러나 인더스 문명은 인류가 살아 온 장구한 세월 속에서 보면 아주 최근에 일어난 사실이며 오직 유물에 의해 인류의 발자취를 더듬을 수밖에 없는 기나긴 선사시대를 지난 후였다.

인도에서 최초로 사람이 살았던 흔적은 펀잡 지방에서 발견되며 그 연대는 약 50만년 전으로 제1 간빙기 말이나 제2 빙하기 초로 추정되고 있다. 동물 사냥을 위해 만들었던 구석기 시대의 대표적 유물인 타제석기가 곳곳에서 발견되지만 아직 인도의 원시인들이 불을 이용하였다는 흔적은 찾을 수 없다. 인간은 여전히 동물과 비슷한 처지의 사냥군에 불과했으며 자연에 전적으로 의존하고 있는 단순한 식물(食物) 채집자였다. 인간은 강변이나 작은 언덕 혹은 삼림 주변에서 살았는데 물이 있고 과일과 사냥감이 풍부한 곳이 생활하는데 편리했기 때문이다.

신석기 시대에 들어오면 인간생활의 발달에 있어서 가장 획기적인 사건이라고 말할 수 있는 농목생활이 시작되어 인간은 비로소 정주(定住)하는 존재가 되었다. 인간은 이제 자연물을 채취하는 데 그치지 않고 스스로 식량을 생산하고 가축을 사육하게 된 것이다. 타제석기보다 한층 발달한 신석기 시대의 대표적 유물인 마제석기와 더불어 식량을 담아두고 또 끓이기 위해 제작되었던 토기가 인도의 여러 곳에서 발견되고 있다.

짧은 역사시대의 눈부신 발전에 비하면 장구한 선사시대는 너무나도 느린 진행과정을 보여왔다. 그러함에도 불구하고 이 기간은 인류가 동물과 다를 바 없는 생활단계에서 벗어나 자연을 이용하고 필요한 도구를 개발함으로써 문명시대의 기틀을 마련하게 된 중대한 준비기간이었던 것이다.

2 인더스 문명의 범위와 연대

인더스 유적의 발굴로 말미암아 인도의 역사시대는 크게 확대되었으며 그 성과는 실로 고고학이 보여준 훌륭한 개가였다. 인더스 강 유역은 생태학적으로 볼 때 서양문명의 요람인 이집트의 나일 강 유역이나 메소포타미아의 티그리스·유프라테스 강 유역과 유사한 조건을 갖추고 있었다. 강우량은 적었지만 기후가 따뜻하고 때때로 홍수의 범람이 가져다 준 충분한 침적토(沈積土)가 자연적인 비료의 역할을 하여 농사짓기에 편리한 곳이었다. 인더스 문명은 하라빠Harappa와 모헨조다로Mohenjo Daro 등의 고대도시가 발굴됨으로써 그 면모가 비로소 밝혀지게 되었으며 20세기 초까지만 해도 인도 문화사는 베다Vedas 시대 이전으로 올라가지 못했었다.

하라빠 유적은 1856년 영국인 브룬튼Brunton 형제가 카라치Karachi와 라호르Lahore 사이의 철도 부설공사를 하다가 처음으로 발견하였지만 이 유적에 대한 본격적인 발굴이 시작된 것은

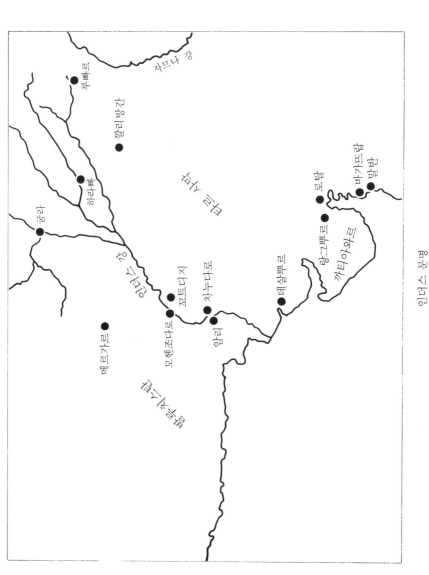

인더스 문명

1920년이었으며 2년 후에는 모헨조다로에서도 고고학적 발굴이 착수되었다. 영국인 고고학자 존 마샬John Marshall과 인도인 고고학자 라칼다스 바너지Rakhaldas Banerjee 등의 지휘로 인더스 강 유역의 고대 유적이 발굴됨으로써 인도 역사시대의 시작은 1천여 년 전으로 올라가게 되었다.

두 도시 이외에도 신드Sind 지방의 꼬트 디지Kot Diji, 라자스탄 지방의 칼리방간Kalibangan, 펀잡 지방의 루빠르Rupar 등 여러 곳의 유적이 발굴되었다. 또 최근에는 발루치스탄 지방의 메르가르Mehrgarh 유적과 신드 지방의 암리 Amri 유적이 발굴되었다. 칼리방간과 암리 유적은 오히려 하라빠 문명보다 앞선 촌락유적이며, 아메다바드 부근의 로탈Lothal 유적은 하라빠 문명 후기에 일어나 함께 존속했음을 보여주고 있다. 그 동안 여러 유적에 대한 고고학적 발굴이 진행되어 왔지만 아직까지 가장 중요한 곳은 모헨조다로와 하라빠 유적이다.

인더스 문명 혹은 하라빠 문명이라고 불리는 이 문명권은 단순히 인더스 강 유역에만 국한된 것이 아니었다. 모헨조다로와 하라빠는 가장 큰 도시로서 그 크기가 각각 2.5평방 킬로미터이며 인더스 문명권의 범위는 히말라야 산록에서 아라비아 해에 이르는 1,600킬로미터와 동서로 펀잡 지방을 가로지르는 1,100킬로미터에 이르는 광대한 지역에 걸쳐 있다. 인더스 문명의 중심인 하라빠와 모헨조다로 사이의 거리만도 600킬로미터나 떨어져 있다. 지금까지 발굴의 결과로 알려진 인더스 문명권은 펀잡, 발루치스탄, 신드, 라자스탄, 까티아와르에 걸치는 지역으로서 약 50만 평방 마일에 70여 곳의 유적을 포함하고 있어 그 규모로 보아 세계문명 발상지의 어느 곳보다도 그 범위가 넓다.

발굴된 어느 유적에서도 철은 발견되지 않았다. 인더스 문명은 인도에서 동기시대(銅器時代)의 대표적 문명이며, 철기시대는 베다 시대에 넘어 오면서 시작되고 있다. 인더스 문명이 시작된 연대에 관해서는 학자들 사이에 의견의 일치를 보지 못하고 있지만 〈인도 고고학의 아버지〉로 불리는 존 마샬을 비롯한 대부분의 학자들이 기원전 3000년 경으로 보고 있다.[1] 인더스 문명은 적어도 1천 여 년 동안 성장하면서 훌륭한 문명을 발전시키다가 붕괴된 것으로 보인다. 이렇게 본다면 인더스 문명은 이집트나 메소포타미아 문명의 연대보다 조금 늦은 느낌이 있지만 분명히 세계에서 가장 오래된 문명 가운데 하나라는 점은 부인할 수 없다.

3 도시구조와 유물

하라빠와 모헨조다로는 동일한 도시계획을 보여주고 있다. 특히 붕괴되었다가 재건되기를 일곱 번이나 반복했던 〈죽음의 언덕〉이라는 의미의 모헨조다로는 매우 훌륭한 도시였음이 발견된다. 넓고 곧은 도로로 연결되어 있는 바둑판 모양(대개 100×200미터)의 정연한 도시였다. 폭이 10미터 이상이나 되는 특별히 넓은 도로가 보이는데 이것은 군사적 혹은 종교적 행진을 위해 건설되었던 듯하다. 반 마일 정도의 거리로 크게 구획지어져 있는 간선도로는

---

1) J. Marshall과 R. K. Mukerjee 등은 수메르 문명과 비교하여 인더스 문명이 기원전 3250-2750년 경에 시작된 것으로 추정하고 있으며, Dadd나 Frankfort 등은 기원전 2800년 경으로, 또 Mackay는 기원전 2600-2200년 경 등으로 추정하고 있다. 인더스 문명의 전성기는 서남아시아와의 활발했던 교역과 관련하여 살펴볼 때 대략 기원전 2300-1700년 경으로 추정되며 이 문명은 기원전 1500년 경까지 존속한 것으로 본다. 그러나 탄소 14 연대측정에만 전적으로 의존하고 다른 주장들은 모두 배제한다면 현재로서는 인더스 문명의 존속 시기를 대개 기원전 2400-1700년 경에만 국한시킬 수 있을 것이다.(Government of India, *India : Pre-Historic and Proto-Historic Periods*, New Delhi, 1990, p. 24. L. P. Sharma, *Ancient History of India*, New Delhi, 1989, p. 21. K. Antonova & G. Kotovsky, *A History of India*, Progress Publishers, Moscow, 1987, p. 18)

다시 바둑판 모양이나 장방형의 좁은 길로 가로질러져 있다. 좁은 길로 나누어진 조그마한 구획마다 공동우물을 가지고 있고 가등주(街燈柱)를 세워놓은 흔적이 보인다.

인더스 문명의 주인공은 도시를 깨끗이 유지하려고 노력하였다. 그들이 만들어 놓은 시설물은 실용적이었으며 특별히 미적인 느낌을 표현하려고 노력했던 것 같지는 않다. 당시의 다른 세계에서는 집을 짓는데 있어서 나무를 엮어 흙벽을 만들거나 진흙 벽돌을 사용하였을 뿐인데 인더스인들은 훨씬 견고한 구운 벽돌로 대부분의 집을 지었다. 인더스 강 유역의 고대도시는 역사상 로마제국 이전의 어느 문명도시보다 훌륭한 배수시설을 갖추고 있었던 것으로 여겨진다. 무더운 기후 조건하에서 많은 사람들이 밀집하여 생활한데다가 공동우물 이외에 대부분의 집들이 독자적으로 우물을 갖추고 있었으므로 도시를 깨끗하게 유지하기 위해서는 배수시설이 매우 중요하였다. 집집마다의 하수는 도로의 하수구로 모여들고 이것은 다시 시 외각의 강으로 흘러가도록 설비되었다. 오물은 도관(導管)을 통하여 흘러가게 되었는데 이 도관은 벽돌로 만들어졌으며 메워지지 않도록 하기 위하여 위를 돌로 덮어 놓았다.

모헨조다로나 하라빠 등의 도시들은 두 부분으로 구성되어 있다. 광장의 약간 높은 곳에 세워진 성채에 의해서 다스려졌는데 여기에는 공회당과 제단 등의 건물이 있었다. 그 아래로 일반 시민들의 주거지역이 형성되어 있었다. 대부분의 집들은 단층집이었지만 예외적으로 이층집 혹은 삼층집의 흔적이 보이는데 이것들은 궁전이나 공회당 혹은 사원이었을 것으로 보인다. 하라빠 유적에서의 곡창(穀倉)과 모헨조다로에서의 대형 목욕탕이 특별히 큰 건조물로 눈에 띈다. 길이 55미터에 폭 33미터나 되는 대형 목욕탕은 대중을 위한 것으로 보이는데 이것이 종교적 의식에 사용되었는지 혹은 세속적인 목적을 위한 것이었는지는 확실치 않다.

유물로서는 상아 및 보석을 재료로 한 목걸이, 팔찌, 반지, 귀걸

모헨조다로 유적

인더스 유적의 인장(印章)

이 또는 염주로 보이는 장신구가 많이 발견되며 은, 구리, 청동으로 만든 그릇과 각종의 무기가 있으며 장난감으로 바퀴달린 수레가 보인다.

유물과 관련하여 가장 주목할 사실은 마치 인장(印章)처럼 보이는 것이 대량으로 발견된 점이다. 1평방 인치 내외의 크기로 된 인장은 약 2천 개나 발견되는데 동석(凍石)을 재료로 하여 정교한 솜씨로 윤을 내어 조그마한 음각의 조각물을 만들어 놓은 것이다. 이것들은 부드러운 물질 위에 도장찍기 위해 각인을 한 가락지처럼 사용되었거나 또는 몸에 지니고 다니는 부적이었을 것이라는 주장도 있지만[2] 그 용도에 대해서는 정확히 알지 못하고 있다. 똑같은 모양의 인장이 메소포타미아 지방에서 5백여 개나 발견된 점으로 보아 이것은 무역과 밀접한 관련이 있었을 것이라는 견해가 지배적이다. 아마도 이것들은 상인들의 통행증 역할을 하였거나 혹은 상품의 수령증으로 사용되었을 것으로 일반적으로 추측하고 있다.

도장에는 많은 그림과 부호가 새겨져 있다. 이것들은 틀림없이 그 시대의 문자일 것이며 약 4백 개의 다른 모양을 보여주고 있다. 이 문자는 음(音)을 나타내고 있으며 오른쪽에서 왼쪽 방향으로 써나갔다. 물고기 그림이 가장 많이 나오지만 도장의 그림을 통하여 볼 때 인더스 문명인들은 코끼리, 호랑이, 물소, 코뿔소, 악어 등을 알고 있었으며, 또한 이는 당시 이 지방이 오늘날과는 달리 습하고 숲이 우거진 환경이었다는 것을 암시해 준다. 도장에 새겨진 문자는 인도의 다른 고대문자와 무관한 것으로 보인다. 세계 4대 문명발상지 가운데 다른 세 곳은 이미 고대문자를 판독해 낸 지 오래지만 인도의 경우 많은 학자들의 연구 노력에도 불구하고 아직 분명히 읽어내지 못하고 있다. 이 문자가 판독된다면 인

---

2) M. Naidis, *India : A Short Introductory History*, New York, 1966, p. 8. K. Antonova, 위의 책, p. 26.

더스 강 유역의 정치사가 훨씬 많이 구명될 수 있을 것이다.

4 생활 상태와 신앙

인더스 문명의 주인공은 드라비다족으로 보는 견해가 지배적이지만 분명히 단정할 수는 없다. 그들의 생업은 농업과 상업이었다. 훌륭한 도시를 건설하고 생활하였으면서도 그들의 대부분은 농사를 지었다. 주곡은 밀이었지만 보리, 콩, 참깨도 재배하였으며 로탈 유적에서는 쌀도 발견되고 있다. 두 도시에서는 대형 목욕탕 크기의 곡창이 발견된 점으로 보아 그들은 비교적 풍족한 생활을 한 것으로 보인다. 모헨조다로에서는 천 조각과 물레가 발굴되고 있으며 인더스 문명의 주인공들이야말로 최초의 목화 재배자였다. 목화를 옷감으로 사용한 것은 인더스인들이 세계문명의 발전에 공헌한 위대한 선물이었다. 그들은 소, 양, 돼지, 물소, 개, 닭 등을 사육하였으며 코끼리나 낙타를 알고 있었지만 말을 길렀거나 알고 있었던 흔적은 없다.

도시생활을 영위했다는 점에서 짐작할 수 있는 바와 같이 인더스 사회에서는 전문화된 장인들이 다양한 종류의 일상생활용품과 장신구 등을 만들었으며 이를 배경으로 하여 상업활동이 매우 활발하게 이루어졌다. 인더스인들은 국내 교역뿐만 아니라 원양무역도 적극적으로 추진하였다.

강상교역(江上交易)이 활발하였지만 육로를 통한 상업활동도 계속하였다. 카불과 발루치스탄으로 통하는 오솔길은 주변지역 또는 중앙아시아와 교역하는 상인들에게 편리한 통로를 제공하였다. 모헨조다로는 인더스 강변에 위치하고, 하라빠는 라비 강변에 있었으므로 그들은 쉽게 강을 타고 교역할 수 있었으며, 인더스 강과 그 원류인 오하(五河)는 그들이 바다로 내려가고 또 히말라야로 오르는 데에 있어서 중요한 통로의 역할을 하였던 것이다. 그들은 구자라트, 라자스탄, 남 인도, 아프가니스탄 뿐만 아니라 중앙아시아, 페르시아 더 나아가 멀리 메소포타미아, 이집트까지 왕래하였다. 인더스 상인들은 그들이 만들어 사용했던 옷감을 비롯하여 홍옥(紅玉) 목걸이, 상아 빗, 진주 등의 사치품을 팔았으며 아직 향료는 거래품목에 들어 있지 않았던 듯하다. 대신에 그들은 청옥(青玉), 은, 유리, 주석 등을 수입하였으며 티베트로부터 비취를 들여오기도 하였다.

서남아시아와는 주로 아라비아 해를 통하여 원양무역을 행하였으며 메소포타미아 유적에서는 인더스 강 유역의 유물에서 볼 수 있는 것과 똑같은 형태의 인장, 염주, 조개껍데기 및 하라빠의 도장이 찍힌 천 조각이 발견되었다. 특히 인장은 수백 개나 대량으로 발견된 점으로 보아 당시 두 문화권 사이의 긴밀한 교류를 짐작게 한다. 이 인장들은 대부분 기원전 2350년 경 사르곤 1세 Sargon I시대의 메소포타미아 유적에서 발견되고 있다. 따라서 이 시기를 전후하여 두 지역간에 가장 활발한 상업활동이 이루어졌고 또한 이때가 인더스 문명의 절정기로 추측된다.

인더스 문명인들의 정치조직은 논란의 대상이 될 뿐이며 아직 그 윤곽이 규명되지 않고 있다. 각 도시의 성채는 궁전 혹은 행정부의 중심지였을 것이며 성채의 존재 자체가 계급의 분화를 의미한다고 주장하기도 하지만[3] 성채에서 제대(祭臺)로 보이는 것이 발견된 점으로 보아 신앙의 장소로 보는 경향이 유력하다. 메소포타미아에서는 신관(神官, Patesi)이 최고 지배자로서 여러 도시국가의 우두머리였다는 경우를 생각하면, 인더스 유역의 정치적 지배권도 어쩌면 사제장(司祭長)이 장악하였으며 그는 동시에 관개시설의 감독자 역할까지 맡고 있었는지도 모른다.

인더스인들의 신앙과 관련하여 알 수 있는 것은 주로 인장이나

---

3) K. Antonova, 같은 책, p. 22.

석조상(石彫像) 등을 통해서 가능하지만 한편으로 신앙생활을 위한 것으로 보이는 성채도 마련되어 있었다. 자연물 숭배의 형태를 찾아볼 수 있으며 신과 함께 코끼리, 호랑이 등의 동물이 그려져 있고 희생물을 바친 것을 알 수 있는 그림도 있다. 인장에 여인의 나상(裸像) 등이 새겨져 있는 것은 다산(多産)을 기원하는 의미로 해석할 수 있을 것이다. 많은 여신이 보이는데 어머니는 창조의 근원이라는 생각에서 강조되었던 듯하다.

특히 주의를 끄는 것은 인장과 돌 위에 새겨놓은 그림에서 시바 Siva 신의 원형으로 보이는 삼면신(三面神)을 발견할 수 있는 점이다. 수많은 동물들에 둘러쌓여 요가 Yoga의 자세를 취하고 있는 이 모습은 뿔 달린 머리모양을 하고 있고 몸통은 호랑이 가죽을 두른 채 팔찌를 걸치고 있다. 이 조상(彫像)은 위대한 시바 신을 밀림의 동물들을 물리친 승리자, 즉 백수(百獸)의 주인으로 묘사하고 있는 것으로 보인다. 시바와 칼리 Kali 등의 현대 힌두신이 보이는 것은 인더스인들의 신앙생활이 오늘날의 힌두교와 무관하지 않다는 것을 암시해 주는 것이다. 모헨조다로 유적에서는 윤회관(輪廻觀)과 같은 철학적 고리까지도 느낄 수 있는 점으로 보아[4] 인더스 문명은 그후 아리아족에 의해 아주 단절된 것이 아니고 인도의 전통문화와 유기적 관계를 갖고 있음을 알 수 있다.

5 인더스 문명의 몰락

고고학적 발굴에 의해 알려진 범위로 보아 인더스 문명권은 매우 광대한 정치적 세력을 누렸던 듯하다. 남아시아에서는 처음으로 일어난 이 거대한 나라의 수도가 모헨조다로였고 유사한 도시

---

4) R. C. Majumdar & T. Raychaudhuri, *An Advanced History of India*, London, 1980, p. 21.

형태를 보여주고 있는 하라빠와 칼리방간 등은 수도에 종속된 지역 중심지였을지도 모른다. 아무튼 높은 수준의 발전을 보여주었던 인더스 문명은 기원전 1700~1500년 경에 몰락하고 말았다. 그 원인에 대해서는 몇 가지의 추측만이 가능할 뿐이며 정확히 알 수는 없다.

먼저 천재를 입어 몰락하였을 가능성이다. 모헨조다로나 하라빠가 모두 강변에 위치해 있었으므로 홍수로 인해 강이 범람하여 도시를 휩쓸어 버렸을지도 모른다. 도시가 몇 번에 걸쳐 붕괴되었다가 재건된 점이 발굴에 의해 증명되고 있다. 따라서 홍수나 또는 강 주류(主流)의 변경 등의 자연재해가 인더스 문명을 파괴로 이끌었을 가능성을 생각할 수 있게 한다.

다음으로는 환경의 변화가 인더스 문명의 붕괴를 촉진시켰을 것이라는 주장이다. 식물의 성장과 강우량은 밀접한 관련이 있는데 고생물학적 연구에 의하면 지난 몇천 년 동안의 인더스 강 유역의 강우량은 기원전 2500년을 전후하여 가장 많았다. 이와 같은 기후의 변화에 영향을 받아 인더스 문명의 흥망이 이루어졌다는 주장이다.[5] 한편 과도한 경작이나 방목으로 인하여 경작지가 황폐화되었거나 혹은 벽돌을 굽기 위해 지나치게 벌목함으로써 삼림이 파괴되어 탈수현상이 일어났을 것이다. 이러한 환경의 변화가 주변 지역을 불모지로 만들어 결국 인더스 문명을 몰락으로 이끌었을 것이다.

마지막의 가능성은 외적의 침입을 받아 멸망하였으리라는 추측인데 가장 설득력 있는 견해라고 할 수 있다. 인더스 유적에서는 여러 연령층의 유골이 구부린 자세로 발굴되고 있다. 도끼나 칼에 의해 조각난 것으로 보이는 두개골이 발견된 것은 그들이 갑작스런 습격을 받아 희생된 것을 시사한 것이다. 여기에서의 외적은

---

5) H. Kulke & D. Rothermund, *A History of India*, London, 1986, p. 31.

아리아족을 가정할 수 있는데 실제로 아리아족의 송가(頌歌)에는 원주민이 살고 있는 성을 공격하면서 신의 가호를 기원하는 내용이 있다. 인더스 문명의 붕괴 시기와 아리아족이 인도에 침입한 때가 거의 들어맞는 점은 이 가능성을 한층 강하게 뒷받침해 주는 것이다.

그러면서도 하나의 문명이 전체적으로 갑자기 몰락하고 말았다는 주장은 중요한 역사적 인과관계의 규명을 너무 단순하게 처리해 버리는 느낌을 갖게 한다. 학자에 따라서는 인더스 문명의 몰락과 아리아족의 인도 침입사건은 상당한 시간상의 거리가 있다고 주장하기도 한다. 아리아족이 인더스 강 유역에 도달한 것은 인더스인들이 그들의 도시를 이미 버리고 떠난 몇 백년 후의 일이었다는 것이다. 인더스 문명의 몰락은 자체내의 어떤 원인에 의해서 오랜 기간에 걸쳐 서서히 쇠퇴해 갔을 가능성도 있으며 또 장기간의 쇠퇴과정을 거쳐오다가 이민족의 침략을 받은 것이 결정적인 몰락의 계기가 되었을 수도 있다. 앞으로 더 많은 고고학적 발굴이 진행되고 고대문자가 판독되는 등 인더스 문명에 관한 많은 사실이 밝혀질 때에 보다 정확한 몰락의 원인이 규명될 것이다.

제 2 장
아리아족의 인도 침입과 그 생활

1   아리아족의 본향(本鄕)

인도 역사의 주인공은 아리아족이다. 인도아리아족의 생활수준
이 처음에는 전반적으로 인더스인들의 그것보다도 열등했었다는
강력한 주장이 나오고 있지만, 그러나 아리아족이 후세에 남긴 역
사적 발자취는 매우 뚜렷하게 부각되고 있다. 아리아족이 만들어
놓은 사회제도와 정신문화 등은 현대 인도사회에까지 결정적인 영
향을 미치고 있으며, 특히 그들의 종교 철학은 세계문화사적 관점
에서 볼 때도 뚜렷한 일 장을 차지하고 있다.

아리아족의 본향이 어디인가 하는 문제를 놓고 많은 학자들 사
이에 논쟁이 일어났으며 언어학적 의미에서 시작되었던 이 문제가
인종적 의미와 결합되면서 매우 복잡하게 전개되었다. 본향이 중
앙아시아나 〈비옥한 현월대(弦月帶, Fertile Crescent)〉라고 주장
하는 학자가 있는가 하면, 유럽이나 인도를 고집하는 사람도 있
다. 유럽본향설 가운데서도 그 지역은 스칸디나비아 반도 혹은 독
일, 오스트리아, 헝가리 등 다양하며, 인도본향설을 내세우는 사람

들의 주장도 히말라야 산록지대 혹은 펀잡 지방, 갠지스·자므나강 유역 등 분분하기 이를 데 없다.

유럽본향설은 주로 서양 학자들의 주장이고 반대로 인도본향설은 인도 민족주의자들에 의해 대변되고 있다. 말할 것도 없이 근세에 접어들면서 인도가 영국의 식민지로 전락한 후 영국인이 중심이 된 유럽 학자들은 유럽본향설을 내세움으로써 지배자와 피지배자 사이의 인종적 및 언어적 동족의식을 강조하려는 경향이 있었다. 반면에 인도 학자들은 이러한 견해에 맞서 인도본향설을 거의 맹목적으로 주장하여 민족의식을 고취시키려는 의도를 가지고 있었다.

인구어족(印歐語族)으로 보통 일컬어지는 아리아족은 대체적으로 폴란드에서 중앙아시아에 이르는 커다란 늪지대에서 원래 살았던 것으로 받아들여지고 있다. 카스피 해 유역과 남 러시아 늪지대에서 살았던 이들이 목초지를 찾아 유럽, 소아시아, 서남아시아, 중앙아시아 등지로 퍼져 나갔다.

아무튼 인도에 침입해 들어오는 이른바 인도아리아족은 페르시아 북부를 중심으로 생활했던 일파였던 것만은 거의 틀림없다. 두 지역에서 언어의 유사성을 발견할 수 있으며, 〈Arya〉혹은 〈Airyan〉은 산스크리트와 페르시아 고어(古語) 〈Zend〉에서 모두 〈좋은 가문〉을 뜻한다.[1] 두 지역 또는 인종 사이의 밀접한 연관성은 인드라 Indra, 바루나 Varuna, 미트라 Mitra 등 인도 아리아족의 주신(主神)들이 『베다』와 페르시아의 경전인 『아베스타 Zend-Avesta』에서 동시에 발견되고 있는 점에서도 이 사실을 입증해 주고 있다.

2 아리아족의 침입

아리아족의 인도 침입 내지 이주는 한 집단에 의해 단시일 내에

---

1) Govt. of India, *India : Early History*, New Delhi, 1991, p. 1.

이루어진 것이 아니라 몇 세기에 걸쳐서 진행되었다. 아리아족의 끝없는 이동의 물결은 조금의 간격을 두고 꾸준히 계속되었다. 아리아족이 그들의 본향을 떠난 것은 아마도 오래 지속된 한발이나 추위 혹은 전염병 때문이었을 것이며 어쩌면 외적의 침입을 받았을 가능성도 있다. 아리아족이 인도로 들어오게 된 보다 정확한 이유는 아마도 농사보다는 주로 유목생활을 영위해 왔던 그들이 인구가 증가함에 따라 새로운 목초지를 찾아 동쪽으로 이동해 왔기 때문으로 여겨진다.

중앙아시아에 거주하던 아리아족이 동쪽으로 서서히 이동한 것은 기원전 2000년 경부터였으며, 그들이 아프가니스탄을 넘어 인도의 편잡 지방에 들어온 것은 기원전 1500년 경이었다. 유목민이었던 아리아족은 처음에 침략자로서가 아니라 가축과 가재(家財)를 가지고, 또 그들 자신의 신앙을 가지고 평화적 이주민으로 들어왔었다.

그러나 아리아족은 곧 선주민인 문다족, 드라비다족 등과 치열한 충돌을 불러일으켰다. 문다족은 쉽게 패퇴하여 산악 고원지대에서 새로운 생활터전을 마련한 것으로 보이나, 이와는 대조적으로 드라비다족은 생존을 위하여 아리아족에게 끈질기게 대항하였다. 이 대립은 단순한 두 종족 사이의 투쟁이 아니라 두 문명 간의 충돌이기도 하였다. 『베다』에도 아리아족은 그들이 치룬 선주민과의 치열한 싸움을 묘사하고 있다. 결국 용감한 유목민으로서, 말이 끄는 전차를 사용했던 아리아족이 승리함으로써 점차 인도의 광범한 지역은 그들에 의해 정복되어 갔다. 드라비다족은 항복하거나 그렇지 않으면 남부지방으로 밀려나 피난처를 구할 수밖에 없었다.

아리아족의 인도 침입과 그후 그들의 생활상에 관해서는 그들의 문학작품인 『베다Vedas』를 통해서 알 수 있을 뿐이므로 이 시대를 베다 시대라고 부른다. 『베다』는 인도에 들어온 아리아족뿐만 아니라 인구어족 전체의 문학작품 가운데서도 가장 오래된 것으로 알려지고 있다. 『베다』는 신의 계시를 받은 말씀으로 힌두에 의해 수 천년 동안 숭상되어 오고 있으며 또한 인도의 문화 및 종교의 근간을 형성해 오고 있다. 베다는 지식, 즉 성스러운 정신적 지식을 의미하며 처음에는 구전되어 오다가 후에 기록된 것으로 보인다. 『베다』는 보통 좁은 의미로 『리그 베다 *Rig-Veda*』, 『사마 베다 *Sama-Veda*』, 『야주르 베다 *Yajur-Veda*』 및 『아타르바 베다 *Atharva-Veda*』를 말하지만, 특히 『리그 베다』는 신을 찬양하는 서정시적 송가(頌歌) 1,028수가 수록되어 있어 가장 중요하고 오래된 것이다.

『베다』가 언제쯤 형성되었느냐 하는 문제는 현재까지도 논란의 대상이 되고 있다. 대부분의 학자들에 의하면 『리그 베다』는 기원전 1500년에서 기원전 1000년 사이에 이루어졌으며, 『우파니샤드 *Upanishads*』는 기원전 800년에서 기원전 600년 사이에 형성된 것으로 보는 견해가 지배적이다.[2] 『리그 베다』에는 인도 아리아족의 초기 생활상태에 관한 부분적인 기록이 담겨 있으므로 이 기간을 리그 베다 시대라고 부른다.

3 베다 시대의 통치 형태

인도에 정착한 아리아족은 인더스인들의 도시생활과는 달리, 그

---

2) 『리그 베다』의 형성 연대에 관해서는 학자들 사이에 의견이 분분하다. B. G. Tilak은 『리그 베다』에 나오는 별의 이동하는 시간을 계산하여 기원전 6000년 경으로 보았는가 하면, 독일의 인도학자 H. Jacobi는 기원전 4500년 경으로 규정하고 있다. 그러나 이 연대 문제를 맨처음 비판적인 비교연구 방법을 통하여 규정하려고 했던 Max Müller는 기원전 1200-1000 연간에 『리그 베다』가 이루어진 것으로 결론지었다. (R. C. Majumdar, *Ancient India*, New Delhi, 1987, pp. 40-41. L. Sharma, *Ancient History of India*, New Delhi, 1989, p. 36.)

들이 가져온 가축과 함께 시골에서 모여 생활하였다. 그들의 집은 대나무와 같은 튼튼하지 못한 목재로 지었으므로 내구성이 강하지 못하였다. 그들은 집을 짓거나 도시 건설을 위해 벽돌을 굽지도 않았고, 훌륭한 배수시설이나 목욕탕도 갖지 못하였다. 그들은 정교한 도장이나 조각품도 남기지 못하였다. 그러나 아리아족은 건실한 가족생활을 유지해 나갔으며 이 가족단위는 장차 국가를 형성하는 기초가 되었다. 수많은 가족이 밀접한 혈연관계를 통하여 씨족을 이루었으며 다시 여러 씨족이 부족을 형성하였는데, 이 부족이 최고의 정치적 단위였다.

아리아족은 수많은 부족과 정치집단으로 분열되었으며 자기들의 영토와 세력을 확장하기 위하여 끊임없이 투쟁하였다. 때로는 몇몇 부족이 연합하기도 하고 혹은 비아리아족의 도움을 얻기도 하였다. 『리그 베다』는 바라타Bharata의 왕 수다스Sudas가 다른 열 명의 왕과 대적하고 있는 것을 기술하고 있다. 수다스가 이 전쟁에서 승리하고 이어서 세 명의 원주민 왕을 굴복시킨 사실은 아리아족이 동쪽으로 영토를 크게 확장한 것을 의미한다. 또 이는 북인도의 광대한 지역이 유력자에게 점차 병합되어 가는 것을 말해 주는 것이기도 하다.

베다 시대의 통치형태는 대체로 군주제였으며 왕위는 세습적으로 계승되거나 부족에 의해 선출되기도 하였다. 왕은 국가의 우두머리이고 왕권에 대한 법적인 제약은 없었지만 전제적 지배자는 아니었다. 왕은 관례에 따라 부족회의Samiti나 원로회의Sabha와 협의해야 했는데 이들 기구는 상당한 권위를 가지고 왕권에 대한 견제 역할을 담당하고 있었다. 어떤 종족은 예외적으로 이러한 회의들에 의해서만 다스려졌을 뿐 왕을 갖고 있지 않은 경우도 있었다.

왕은 적과 처벌한 죄인들의 동태를 살피기 위하여 첩자를 고용하기도 하고, 사제들로 하여금 비밀의식을 행하도록 명하였다. 사제들은 군주에게 조언을 하는 것뿐만 아니라 군대의 승전을 위하여 마력을 행사하고 주문을 외우기도 하였다. 왕의 수입은 주로 피정복민의 조공과 주민의 자발적인 성금이었으며 전리품의 많은 부분을 왕이 차지할 수 있었다.

왕은 개인과 마찬가지로 법Dharma에 따른 의무와 책임을 져야 했다. 이 법은 신의 의지와 우주의 질서에 의해 설정된 것으로서 의무를 뜻하기도 하였다. 왕은 하나의 유기적 실체로서의 국가와 사회에 대하여 신성한 종교적 의무를 수행하여야 했다. 만약 의무를 이행하지 못했을 때는 왕에게는 축출이라는 현세의 응징뿐만 아니라 내세에서도 상응하는 형벌이 기다리고 있었다.[3] 왕은 주민들의 생명과 재산을 보호하여야 했으며, 한편으로 그들을 전쟁으로 유도하는 일도 왕에게 부여된 주요한 의무조항이었다.

또 그는 카스트의 규율을 유지하고, 도둑이나 다른 범죄자들을 처벌해야 했다. 고대 사회에서 흔히 볼 수 있는 바와 같이 형벌은 매우 무거워 반역, 강도, 간음 등의 범죄에는 대체로 사형을 규정하였으며 또한 개인적인 복수를 인정하였다. 형벌은 계급에 따라 차별적으로 적용되기도 하여 사제계급은 극형에서 제외되었다.

후기 베다 시대(기원전 1000~600년 경)에 접어들면서 상당히 큰 세력을 갖춘 국가들이 출현하였다. 왕권이 크게 강화됨에 따라 부족회의 등의 권한은 점차 약화되어 갔다. 『리그 베다』 시대의 왕들은 세습이나 선출에 의해 정통성을 부여받았으나, 후기의 왕들은 대체로 귀족 사이에서 권력다툼을 거친 후 사제에 의해 왕으로 즉위하는 성스러운 의식을 거쳐 정통성을 보장받았다. 이 의식은 왕이 모든 도전에 대처할 수 있는 무한한 힘을 갖고 있다는 것을 보여줄 뿐만 아니라 또한 어느 누구의 도전도 용납될 수 없는 신성한 존재가 왕이라는 것을 분명히 하는 절차였다. 동시에 왕은

---

3) R. C. Majumdar ed., *The History and Culture of the Indian People: The Vedic Age*, London, 1982, pp. 482~483.

우주의 질서와 농사의 흉풍(凶豊)에 책임을 지는 존재로도 인식되었다.

4 베다 시대의 경제사회 생활

아리아족은 처음에는 목초지를 찾아다니며 동물사육을 주로 했으나 나중에는 차츰 농사짓는 일을 중요시하게 되었다. 인도에 이주함으로써 아리아족은 유목민에서 농경민으로 정착하게 되었다. 오랜 유목생활을 거친 후에 아리아족은 기름진 토양임에도 불구하고 메말랐던 지역에 강물을 끌어들여 경작하기 시작하였다. 밀림을 제거하는 일은 건조한 땅에 관개시설을 갖추어 경작하는 것보다 힘들어서 원주민들까지도 기피하였던 작업이었다.

그러나 아리아족은 철의 사용법을 이미 습득하고 있었으므로 이 힘든 일을 해낼 수 있었다. 아리아족은 쇠로 만든 쟁기를 이용하여 그들의 주식인 밀과 보리 등을 경작하기 시작하였다. 쟁기를 사용하고 관개농업이 확대됨에 따라 아리아족 정착인들의 식량공급은 훨씬 원활해졌으며 이는 인도의 인구를 전체적으로 급격히 증가시키는 계기가 되었다. 아리아족은 화전민(火田民)의 경작 방법도 알고 있었는데 이를 화신(火神) 아그니 Agni가 내린 축복으로 믿고 있었다.

아리아족의 생활은 점차 농경생활로 바뀌어가고 있었지만, 유목생활의 단계를 완전히 벗어난 것은 아니었으며 가축으로 소, 말, 돼지, 닭, 양 등을 사육하였다. 『리그 베다』는 농업에 관해서는 불과 몇 번만 언급하고 있을 뿐이며 특이한 것은 소의 중요성을 수없이 강조하고 있다는 점이다. 소가 가장 중요한 재산이었으며 전쟁은 대체로 더 많은 소와 가축을 얻기 위한 투쟁이었다. 가축은 전쟁에 의해서 손쉽게 얻을 수 있었을 뿐만 아니라 물물교환의 시대에 있어서 이용가능한 최선의 매개체이기도 하였다. 특히 소는 우유와 노동력을 제공할 뿐만 아니라 인도 특유의 연료를 제공해 주기 때문에 사람이 보호해야 할 가장 소중한 동물로 생각되기 시작하였다. 그러나 아직 후대의 성우사상(聖牛思想)은 확립되지 않았다.

아리아족보다는 원주민이 장인으로서 높은 기술을 지니고 있었다. 직조공은 면직과 모직의 옷감을 제공하고 있었으며, 금속세공인들은 구리와 귀금속으로 정교한 장신구를 만들었다. 목수는 비교적 높은 대우를 받았는데 그것은 쟁기와 말이 끄는 전차를 만들었기 때문이었다. 농업이 발달하고 장인들의 일용품 생산이 증가함에 따라 교역이 활발히 전개되었다. 특히 소금과 금속의 원거리 교역이 이루어지고 새로운 광산을 개발하는 일이 활발하였는데 상인들은 미지의 지역과 통행로를 발견하는 데 공헌하였다.

상업은 처음에는 대개 비아리아족들에 의해 행해졌으나, 농업과 동등하게 천직(賤職)으로 생각되지는 않았기 때문에 아리아족이 여기에 적극 참여하기에 이르렀다. 사실상 아리아족이 점차 상업을 독점적으로 영위해 가는 경향이 있었는데 이것은 힌두의 사회구조에 있어서 상인이 결코 낮지 않은 지위에 머물게 됨을 설명하는 것이기도 하다.

상업은 물물교환의 형태였고 가치의 척도는 대개 소였으며 금도 사용되었다. 상업활동은 육상교역과 강상교역(江上交易)을 통해 활발히 이루어졌으며, 서남아시아와의 원거리 무역에 관해서는 뚜렷한 확증이 없이 학자들 사이에 논쟁이 계속되고 있다. 그러나 후기 베다 시대에는 아리아족의 상업활동의 범위가 국내적인 강상교역에서 벗어나 페르시아만에 이르는 해양무역으로 확대된 것으로 추측된다.

아리아족의 사회에서는 가부장적 제도가 확립되어 갔으며 아버지의 처자에 대한 절대적 지배권은 인도 가족관계의 정당한 규범이 되었고, 남성우위권과 연장자를 받드는 서열제도 또한 당연한 관습으로 남게 되었다. 베다 시대에 여성의 지위는 인도 역사를 통해서 볼 때 비교적 높은 편이었음에도 불구하고 신부는 결혼지참금을 지불해야 했으며, 신을 섬기는 제의식(祭儀式)에는 부정을 탄다는 이유로 참여하는 것이 금지되었다. 남자만이 재산상속권을 가졌으며 아들들이 균등하게 아버지의 재산을 분배하는 것이 관례였다. 장자상속제는 왕실에 확립되어 있었지만 장남이 불구일 경우는 예외로 하였다. 그러나 후일에 인도 전역으로 확대되어 관습화되었던 일부다처제나 유아결혼 등의 악습은 아직 보편화되지 않은 상태였다.

베다 시대의 아리아족은 음악과 술, 도박 등을 즐겼던 것으로 보인다. 모든 송가에 이러한 내용이 나타나 있는데 특히 『사마 베다』는 노래를 위해 만들어졌다고 볼 수 있으며 신과 여신들이 피리와 북을 연주하였다. 이때부터 인도인들은 종교의식의 필수적인 요건으로 노래와 춤을 곁들여야 했다. 사실 노래와 춤은 베다 시대 이전으로 거슬러 올라 간다. 왜냐하면 모헨조다로의 유적에서 동(銅)으로 만든 〈춤추는 소녀〉가 발견되었기 때문이다. 아리아족은 취하는 잔치에 빠져들기도 하였는데 그들이 마셨던 술은 히말라야 산록에서 야생하는 풀로 만든 것으로서 혹시 마약이었는지도 모른다. 이미 인더스 유적에서 인도 주사위 놀음의 흔적을 찾을 수 있지만 그 후 베다 시대에는 도박이 성행하여 서사시 『마하바라타 Mahabharata』 등에서도 도박의 병폐를 지적하고 있음을 볼 수 있다.

대부분의 학자들은 앞서의 인더스 문명이 아리아족의 그것보다 오히려 진보했던 것으로 주장한다. 인더스 문명의 주인공들은 농업과 함께 상업을 영위하면서 도시생활을 했는데 반하여, 아리아인들은 유목생활을 하다가 점차 농사를 짓기 시작했으며 촌락생활을 하였다. 인더스인들은 멀리 서남아시아에까지 걸쳐 무역을 하고 있었다는 것이 그곳에서 발견된 유물로 증명되고 있지만, 아리아인들은 적어도 그 초기에 있어서는 원양무역에 관한 뚜렷한 증거를 갖지 못하고 있다. 그러나 아리아인들은 인더스인들에게는 알려지지 않았던 철을 다루고 철제무기를 사용하고 있었다.

제3장
아리아족의 사회제도와 문화

1 카스트 제도

인도아리아족은 인종적 편견주의에 입각하여 카스트 제도Caste System라는 특이한 계급제도를 만들어 놓았다. 어느 전통사회에서나 신분이 출생에 의해 다소간 차이가 나는 것은 흔히 있는 일이며, 이러한 경우 계급이나 지위를 결정하는 것은 대체로 재산이나 직업 혹은 능력 등이었다. 경제적, 사회적 불평등이 발생하는 것은 일반적인 현상이지만 계급제도가 인도에서만큼 철저하게 고정되어 버린 경우는 어디에서도 찾아보기 어렵다. 인도에서는 사회적 신분의 불평등이 카스트란 관념에 의해 당연한 것으로 인정되었으며, 힌두교와 불가분의 관계에 있는 카스트 제도는 인도인의 일상생활, 풍습, 사상 전반을 지배해 오고 있다.

카스트라는 말은 포르투갈어인 카스타(Casta, 종족, 혈통)에서 유래하며, 인도어로서는 바르나(Varna, 색채)가 여기에 해당되지만 이 말의 뜻을 한마디로 규정하기는 어렵다. 대체로 〈같은 성(姓)을 갖고 있는 가족집단〉〈신화적인 조상을 모시는 같은 후손〉

〈세습적인 천직(天職)을 갖고 있는 사람들〉 등의 의미로 이해할
수 있을 것이다. 카스트 제도는 인도인을 크게 네 계급 즉, 브라
만(Brahmans, 사제계급), 크샤트리야(Kshatriyas, 군인 혹은 정치
적 지배계급), 바이샤(Vaisyas, 농공상인), 수드라(Sudras, 노예계
급)로 구분해 놓았다. 아리아족은 인종적 우월감에서 위의 세 계
급을 차지하고 비아리아족은 최하층인 수드라 계급으로 규정해 놓
은 채 위의 세 계급을 섬기는 의무를 부여했던 것이다.

카스트는 지역적, 정치적 집단이 아니라 사회적, 직업적 집단이
라고 할 수 있다. 카스트의 특징은 어떤 원리에 집착하는 것이 아
니라 동족결혼이나 식사 등의 규율에서 더욱 분명히 나타났다. 각
카스트는 순수함을 고수하고 불결한 것에 오염되는 것을 경계하였
다. 종족과 직업을 밑바탕으로 하는 카스트 제도는 정복자인 아리
아족의 인종적 우월감에서 만들어진 것이었다. 아리아족이 처음
인도에 들어왔을 때 거기에는 전사(戰士), 사제, 평민의 세 계급
밖에 없었으나 아리아족이 피정복민을 새로이 노예 신분으로 만들
었던 것이다.

카스트 제도는 반드시 네 계급으로 구분되는 것은 아니다. 남부
어느 지역에서는 브라만 아닌 모든 힌두를 수드라로 규정해 버리
는 경우도 있었다. 카스트는 의식(儀式)의 순수성이나 특별한 규
율에 따라 수천 개의 집단으로 세분될 수 있다. 보통 카스트는 아
주 큰 집단을 의미하지만, 실제로 운용되는 면에 있어서는 작은
집단인 〈세분된 카스트 sub-caste〉로 분열되고, 이는 또 보다 작
은 집단인 〈다시 세분된 카스트 sub-subcaste〉로 세포분열을 거듭
하므로 그 정확한 숫자를 논하는 것은 사실상 불가능하다.[1] 〈세분

---

1) 20세기 초에 실시된 인도 국세조사에 의하면 이러한 카스트가 실제로
   2,378개나 존재하고 있었다. 어떤 카스트는 수백만 명을 헤아리는 큰 규
   모였지만 어떤 것은 단지 몇 명에 불과하였다. (J. H. Hutton, *Caste in
   India : its Nature, Function and Origins*, Oxford University Press,
   1969, p. 149.)

된 카스트 sub-caste〉가 생겨나는 경우는 규율과 직업을 따르지 않을 때나 족외혼(族外婚) 등으로 나타나는 이주에서 비롯되었다. 고대에는 상위 카스트로 올라갈 수 있는 가능성이 전혀 없었던 것은 아니었지만 근대로 내려오면서 카스트는 출생에 의해 고정되어 버리고 말았다. 규율을 위반하여 소속 카스트로부터 추방되지 않는 한, 출생은 그 사람의 카스트를 평생 동안 결정해 버리는 것이었다.

2 카스트 제도의 성립 배경

카스트 제도가 언제 형성되었는지는 정확히 알 수 없지만 그리스 사람들의 기록에 나타난 것으로 보아 기원전 4세기보다 늦을 수는 없다. 그러나 카스트 제도는 이보다 적어도 몇 세기 전에 형성되었음에 틀림없다. 아리아족이 인도에 정착한 초기에 카스트 제도가 존재했다는 것을 증명할 만한 사료는 없지만 『리그 베다』의 마지막 부분에 4분된 계급이 나타나고 있음을 볼 수 있는데[2] 이는 아마도 후일 카스트 제도의 발생을 예고하는 것으로 여겨진다.

카스트 제도가 어떻게 하여 성립되었는가에 대한 명확한 해답은 주어지지 않고 있다. 카스트 제도를 관찰했던 초기 유럽인들은 이 제도가 대중을 차별화하여 영속적으로 예속시키기 위해 영리한 사제가 고안한 것으로, 혹은 한 사람의 입법자가 만들어낸 작품으로 보는 데서 대체로 의견의 일치를 보았다. 그러나 복잡다양한 카스트 제도는 긴 세월을 경과하면서 폐쇄적인 인도의 전통사회가 남긴 산물이며, 또한 브라만 계급과 크샤트리야 계급 사이에 오랜

---

2) 『리그 베다』의 마지막 송가에 의하면 신이 태초의 거인 푸루사 Purusha로부터 네 계급을 만들었다. 즉 푸루사의 입이 브라만이 되고, 팔이 크샤트리야 Rajyana가 되고, 넓적다리는 바이샤가 되고, 발이 수드라가 되었다.

우위 다툼이 있었으리란 것도 부인할 수 없다.

카스트 제도의 성립배경에 대한 보다 설득력 있는 주장으로 다음 몇 개의 가능성을 제시할 수 있다.

첫째, 특수한 지식과 규례에 따라 종교 의식을 관장했던 사제들은 일반 서민들의 불결한 습속에 대하여 자신들의 정결한 생활태도를 지키기 위해 엄격한 규율을 만들었다. 사제들이 이 규율을 강화시켜 나감에 따라 일반인들은 엄격한 규율을 지켜나갈 수 없는 데서 자연히 점차 유리되고 이는 계급의 분화를 촉진시킨 결과를 가져왔다. 교육, 특히 『베다』에 대한 지식을 독점하고 있었던 사람들이 사제였으므로 일반인들은 이들의 도움없이는 종교의식을 수행해 나갈 수 없었던 데서 브라만 계급이 출현하게 되었다. 아리아족이 인도에 정착하여 새로운 국가를 건설함에 따라 국민과 국가를 보호하고 이를 다스려 나갈 군인과 지배계급이 나타나게 되었는데 이들이 크샤트리야 계급이었다. 다음으로 농업이나 상업에 종사한 사람과 장인들을 바이샤 계급에 포함시키고, 맨 아래에 비아리아족을 수드라 계급이라 불렀는데 이들은 천업(賤業)에 종사하게 되었다.

둘째, 아리아족이 원주민을 정복할 수 있었던 힘은 그들만이 행하는 신비적 의식에서 나왔다는 신념을 그들은 갖고 있었다. 신비적 의식을 거친 후 성스러운 지식을 전수받고 아리아족의 신앙생활에 참여하게 된 사람을 〈두 번 태어난 사람〉이라고 부르고 그렇지 못한 사람을 〈한 번 태어난 사람〉으로 규정하였다. 물론 전자는 아리아족을 가리키고, 후자는 비아리아족을 의미하였다. 원주민은 두 번 태어나지 않았기 때문에 성전(聖典)을 공부하는 데서 제외되고 베다 의식에도 참여할 수 없게 되어 결국 천민으로 전락하고 말았다. 피부색의 차이와 신비적 의식에의 참여 여부가 두 인종 사이의 구별을 영속화시켜 버렸다는 것이다.

셋째, 불살생(不殺生, Ahimsa) 이론이 카스트 제도의 형성에 중요한 요인이 되었다는 주장이다. 생명을 존중하는 마음은 기원전 6세기 자이나 교도와 불교도에 의해 크게 강조되었지만 어쩌면 훨씬 이전부터 이 이론이 주장되었을 수도 있다. 동물을 죽여서는 안 된다고 주장하는 사람들과 희생물을 바치고 고기를 먹는 인습적인 사람들 사이에 이론과 행동면에서 충돌이 일어났을 것이다. 구습(舊習)과 절연하고 이를 비난하게 된 측은 방일(放逸)한 사람들과 유리됨에 따라 카스트 제도가 형성되었을 것이다.

넷째, 길드(Guild, 동업조합) 제도가 카스트 제도가 성립되는 방향으로 이끌었다는 이론이다. 인도에서는 농업이 경제생활의 기본이지만 여기에 경쟁하여 차츰 상업과 공업이 발달하였다. 같은 직종을 따르는 사람들 사이에 이익공동체가 이루어지고 전문기술은 대대로 전해 내려갔다. 이익집단이 협동체로 나아가고 길드가 형성되었다. 길드는 강력한 자치조직체로 되고 그들의 순수한 피를 유지하려는 계급적 편견을 갖게 됨으로써 점차 동족결혼의 카스트로 발전해 갔을 것이다.

카스트 제도라는 독특한 사회제도가 인도에서 발달하게 된 것은 외부세계와의 활발한 교류를 방해하고 있는 지리적 폐쇄성에서도 기인하고 있다. 힌두교의 하부구조인 카스트 제도의 특징은 배타성에 있다. 후일 모슬렘을 비롯한 이민족의 지배 아래서 힌두교가 살아 남을 수 있었던 것은, 로마 제국의 기독교 승리에서도 볼 수 있는 바와 같이, 다른 종교와의 타협을 철저히 거부함으로써 그들만의 독특한 제도를 강화해 나갔기 때문이다. 사실 카스트 제도를 이론적으로 뒷받침하고 있는 것은 인도의 기본적인 종교관념인 윤회(輪廻)와 업(業) 사상이다. 개인의 구제는 자신의 카스트에 대한 의무에 전념하는 것이며 전생의 행위에 따라 행복하게 또는 불행하게 태어날 수 있다는 업 사상은 사실상 카스트 제도에 대한 철학적인 정당성을 부여하고 있는 것이다.

3 카스트 제도의 영향

카스트 제도는 인도 사회에 어떠한 영향을 미쳤는가?

대부분의 학자들, 특히 근대 철학자들이나 사회개혁가들은 카스트 제도에 관하여 신랄한 비판을 가하고 있다. 카스트 제도는 인도 사회를 수많은 별개의 사회로 갈라놓아 그들 사이에 가끔 적대행위가 나타나고 언제나 질시 속에 살아감으로써 정치적 혹은 사회적 목적을 위해서 진정으로 협조할 수 있는 길을 방해하고 있다. 카스트 제도는 개인의 자유, 사회적 통일, 민족의 단합, 지적 및 경제적 발전 등 국민생활의 전 분야에 걸친 인도의 역사발전에 장애요인이 되고 있다. 인도 사회를 고정화시켜 버린 이 사회제도 때문에 개성이 발휘될 수 있는 여지가 없으므로 인도문화는 자연히 정적(靜的)인 성격을 띠어 정체되는 경향을 가져오고 말았다.

카스트 제도가 인도 사회에 미친 엄청난 해독에도 불구하고 긍정적인 면을 전혀 부인할 수는 없다. 힌두교와 불가분의 관계에 있으면서 동시에 힌두 사회 경제체제의 일부를 차지하고 있는 카스트 제도의 특징은 역사적으로 볼 때 그 안정성에서 찾을 수 있다. 복잡다양한 인도 사회를 안정시키는 데는 카스트 제도가 크게 공헌하고 있는 것이 사실이다. 자기의 신분에 알맞는 생활을 요구하는 카스트 제도는 자기희생정신을 조장하고, 개인을 조직단체에 예속시키고, 악습을 예방하는 데 도움을 주어왔던 것이다.

4 종교생활

고대사회에서 종교는 인간의 생활전반을 지배하였다. 인도인의 원시신앙도 처음에는 다른 나라와 민족의 경우에서 볼 수 있는 바와 같이 자연숭배의 형태로 출발하였으며 각 신들은 자연현상을 나타내고 있었다. 인도에서 나중에 나타난 여러 종교의 근거는 베다 시대에 형성되었다.

베다 시대 종교의 특징은 다신교라는 점인데 이는 브라만교에서 힌두교로 이어지는 인도 정통종교의 두드러진 경향이기도 하다. 인도인들은 수많은 신을 섬기고 있었는데 그들의 신은 선악을 고루 갖춘 인간의 속성을 갖고 있었다. 신들은 때로는 동물의 형태로 나타나기도 하고 혹은 천둥, 비, 바람 등의 자연현상과 밀접한 관련을 갖고 있었다.

『리그 베다』에는 30여 명의 힌두 신의 이름이 나오고 있으며 특히 전쟁과 승리의 신 인드라, 세계질서를 주관하는 바루나, 폭풍과 빛의 신 시바 Siva : Rudra 그리고 불의 신 아그니 등의 남신 (男神)이 가장 중요한 지위로 부상하고 있으며, 여신 프리티비 Prithivi, 아디티 Aditi 등은 하위에 속하고 있다. 이 점은 여신이 남신보다 오히려 상위에 있었던 인더스 문명 시대의 종교와 대조적인 면을 보여주고 있다. 또 인도인들은 여러 신을 섬기고 있었음에도 불구하고, 베다 시대 종교의 한 특징은 일신교의 경향을 찾아볼 수 있는 점이다. 『베다』에는 많은 신의 이름이 나오고 있지만 이것은 결국 하나의 신이 여러 이름으로 표현되고 있다는 점이 강조되었다.

아리아족의 종교생활에서는 제물을 바치는 것이 특별히 강조되었다. 보상을 기대했던 아리아족에게 있어서 희생물을 바치는 것은 가장 신성한 종교의식이었으며 이 의식을 통하여 일반인들은 그들의 신에게 접근할 수 있었다. 경건하고 풍성한 제의(祭儀)의 수행이야 말로 인간이 보상받을 수 있는 기준이요 선행의 척도였다. 제물을 바치고 이에 곁들여 주문을 외우는 의식을 통하여 인간은 멸망하지 않고 대대로 행복하고 번성할 수 있는 것이었다. 제사의식의 직접적 목적은 신의 은총을 받기 위한 것으로서 그것은 자신의 축재나 장수(長壽)일 수도 있고 자손의 번영일 수도 있었다. 그러나 제의는 우주의 질서와 조화를 유지하는 데도 필요하였다. 거짓되고 사악한 악마는 항상 우주의 질서를 파괴하려고 시도하면서 홍수나 한발을 불러오기도 하고 호랑이나 미친 코끼리로 출현하기도 하며 심지어 모기나 못된 해충으로 가장하고 나타나기도 한다. 이에 대처하기 위하여 신에 대한 경건한 신앙이 요구되며 풍성한 제물과 함께 송가를 읊을 수 있는 사제가 필요했던 것이다.

따라서 아리아족은 가족단위로 제사를 지내기도 하고 어떤 때는 전부족이 대규모로 희생물을 바치기도 하였다. 제사의식이 더욱 복잡하고 정교화됨에 따라 이 의식을 관장하는 사제계급의 권위는 점차 강화되었다. 그들의 태도는 매우 교만했으며 일반인에 대한 횡포도 더욱 심하게 나타났다. 이제 사람들이 관심을 보인 대상은 신이라기보다 오히려 제사의식 그 자체였다. 심지어 신들이 영생하며 권세를 누릴 수 있는 것은 제사의식을 통해서 가능하다고 믿게 되었다.

죽은 사람의 시체를 화장하는 풍습이 굳어져 갔다. 베다 시대 초기에는 매장과 화장의 풍습이 병행하였으나 매장 풍습은 초기에만 있었을 뿐 곧 화장이 편재(遍在)하게 되었다. 주위를 정결하게 하기 위해 불을 도입함으로써 화장 풍습이 보편화되어 갔던 것이다. 고대 오리엔트 세계나 중국에서는 매장 풍습이 지배적이었으므로 무덤의 형식과 부장품 등을 고찰함으로써 고대인들의 생활상태를 많이 규명할 수 있었는데 인도의 경우는 그렇지 못한 것이 아쉬운 점이다.

5 우파니샤드 철학

후기 베다 시대에는 사상적인 면에서 커다란 변화가 일어나고 있었는데 사실 인도의 철학이나 종교는, 그것이 정통적인 것이건 또는 이단적인 것이건 간에, 이 시대의 유산이었다. 초기에 볼 수 있었던 자연신의 성격이 약화되고 그대신 새로운 신들은 주로 영웅이나 또는 악마를 물리친 승리자로 생각되었다. 보다 경건한 종교의식과 제물을 바치는 일이 더욱 강조되었으며, 이러한 것들은 아리아족의 가장 중대한 종교적 의무로 인식되었다. 그러나 브라만교의 형식적인 종교의식에서 이탈하려는 새로운 움직임도 있었으니 이것이 곧 우파니샤드 철학이다.

우파니샤드 철인(哲人)들은 창조의 세계 뒤에 숨어있는 궁극적인 진리에 대해 진지한 탐구의 자세를 보였다. 그들은 권위와 인습의 속박으로부터 개인을 해방시키려고 노력하였다. 그들은 브라만(Brahman, 범(梵))과 아트만(Atman, 아(我))의 동일성에 대하여 다양하게 견해를 표현하였다. 우파니샤드 철학의 정수를 한 마디로 요약한다면 〈우주는 브라만이고 브라만은 곧 아트만〉이라는 범아일여(梵我一如)의 사상이다.

『리그 베다』에서는 아트만이 생명의 숨결을 의미했으며 숨결은 인간의 비물질적, 심령적, 정신적인 본질로 생각되었으나 후에는 자아 또는 영혼을 뜻하게 되었다. 아트만은 모든 것에 충만해 있으며 또 객체를 밝게 비추며, 항상 불멸의 것으로 남아 있는 주체를 의미한다. 아트만이야말로 궁극적인 실재로서 객체, 감각, 지성, 이성 등은 아트만을 위해 존재하고 자아의 목적을 위해 봉사한다. 다시 말하면 이것들에 내재하는 것, 또 그것들에 생명과 의미를 부여하는 것이 아트만이다. 아트만을 아는 것은 모든 것을 아는 것이며 모든 것을 아는 자는 욕망이나 고통이나 두려움으로부터 해방되는 것이다.

아트만은 개별성을 인정하지 않으면서 모든 존재자에 침투해 들어간다. 마치 벌들이 여러 곳으로부터 모아놓은 벌꿀은 그 원래의 특성을 잃어버리듯이, 모든 창조물들은 실존자 안에 포함될 때 우주 속의 여러 형태의 다양성을 잃어버린다. 씨앗의 보이지 않은 정수에서 큰 나무가 솟아나듯이 조그마한 궁극적 실재로부터 다양한 세계가 운행되는 것이다. 물에 녹아난 소금이 보이지는 않지만 그 존재는 맛에 의해 느껴지듯이, 아트만은 눈에 보이지는 않지만 세계 속에 존재한다.[3] 아트만은 모든 경험적인 사상(事象) 속에서 자신을 표현하는 형이상학적인 통일체로서 유일한 실재이다. 아트만의 성격은 꿈속의 영혼으로서가 아니라 인간에 내재하는 불멸의 지성의 정신으로 설명되는 것이다.

브라만은 모든 것을 초월하며 모든 것의 배경으로서 그것들을 뒷받침한다. 스스로 빛을 발하며, 영원불멸하고 모든 세계를 지탱하는 것이 브라만이며 물질은 브라만의 육체이다. 생멸을 영원히 반복하는 현실세계는 진실될 수가 없다. 그것은 다만 외형이며 환영일 뿐 진정한 초월적 실재는 브라만이다. 최고의 것, 그것을 넘을 것이 없는 것이 브라만이다. 모든 생물, 모든 신, 모든 세계는 우주적 자아인 브라만 속에 포함되는 것이다. 브라만은 가장 충만하고 가장 진실한 존재이며 또한 그것은 살아있는 동적인 정신이고 무수히 다양한 실체의 그릇이요 근원이다.

브라만은 『우파니샤드』에 두 형태로 기술되고 있다. 브라만은 우주적이고 모든 것을 포함하며 모든 좋은 성질로 가득 차 있다. 그러면서 또한 브라만은 우주적이 아니고 심령적이며 특징이 없다. 우주적 브라만은 낮은 브라만으로서 신이라 불릴 수 있으며, 비우주적 브라만은 높은 브라만으로서 절대자를 의미할 수 있다. 신은 절대자의 인격적 모습이며, 절대자는 신의 비인격적 형태이다.

우주적 브라만은 우주의 창조, 유지, 파괴의 원인으로 이해된다. 모든 존재는 브라만으로부터 나오고 그 안에서 살며 그 안으로 흡

---

3) R. C. Majumdar ed., *The History and Culture of the Indian People : The Vedic Age*, London, 1982, p. 470.

수된다. 브라만은 모든 것의 주인이며, 모든 것을 아는 자이며, 모든 것의 외적인 지배자인 것이다. 〈불꽃이 불에서 나오는 것과 같이, 지진이 대지에서 일어나는 것과 같이, 귀금속 세공품이 금으로부터 만들어지는 것과 같이, 거미줄이 거미로부터 나오는 것과 같이 모든 창조물은 브라만에서 비롯된다. 따라서 단순한 결과인 세상의 모든 것은 오직 이름과 형상일 뿐 실재는 브라만 뿐이다.〉[4] 만유(萬有)는 신의 육체로서 신은 이들 모든 것에 내재하고 그것들을 내부로부터 통제하고 결합시킨다.

비우주적 브라만은 초월적 절대자이며, 헤아릴 수 없고 형언할 수 없는 존재이다. 절대자는 순수한 존재, 지식, 행복이며 모든 것이 그 안에 존재한다. 또한 절대자는 무한하며 진리요 선(善)과 미(美)로서 절대자를 알고 나면 보이지 않던 것이 보이게 되고, 알지 못하던 것을 알게 되고, 생각지 못하던 것을 생각게 하는 것이다. 따라서 절대자야말로 경험적 지식의 배경이며 모든 지식의 근본원리이다. 그것은 하나의 초월적 통일체 속에 주체적, 객체적 세계를 가지고 있는 것이다.

지금까지 아트만과 브라만의 성격을 살펴보았지만 그 의미가 다분히 관념적이기 때문에 손에 잡힐듯이 선명하게 이해되지는 않는다. 결국 똑같은 궁극적 실재가 주체의 측면에서는 아트만이고, 객체의 측면에서는 브라만으로 부른다고 볼 수 있다. 두 단어는 동의어로 사용될 뿐이며 우파니샤드의 절대자는 자신을 주체로서도 객체로서도 표현하며 이 둘을 초월한다. 우파니샤드는 우주의 최고 원리인 브라만과 개별적 자아인 아트만의 동일성을 강조하고 있다. 〈내 가슴속 깊이 내재하는 아트만은 낟알보다도, 겨자씨나 좁쌀보다도 작다. 내 마음속의 아트만은 지구보다도, 하늘보다도, 우주보다도 더 크다. 그 안에 모든 행동, 희망, 냄새, 맛이 있다.

---

4) Chandradhar Sharma, *A Critical Survey of Indian Philosophy*, Delhi, 1979, p. 27.

모든 것이 그 안에 포함되어 있는, 내 마음속 깊은 곳에 있는 아트만은 곧 브라만이다.〉[5] 우주적 원리로 표현되는 브라만과 심령적 원리인 아트만의 일치, 다른 말로 하면 세계적 아트만과 개별적 아트만의 일체화가 우파니샤드 철학의 요체이다. 진정한 브라만은 인간 속에 있는 아는 힘, 이지적인 힘인 아트만에서만 찾아질 수 있으며 아트만에서 모든 세계, 모든 신, 모든 존재가 발현하는 것이다.

우파니샤드 철학은 물론 선행과 제례(祭禮)가 개인의 내세를 위해 필요하다고 인정하였지만 그러나 참된 지식에 의해서만 가능한 구원의 길인 열반에 도달하는 데는 도움을 주지 못한다고 주장하였다. 우파니샤드 철학은 고상한 신비주의와 조상 전래의 신앙을 융합시키려고 노력하였지만 그러한 시대적 분위기는 성숙되지 못하였다. 제의(祭儀) 중심의 신앙이 아직 굳건한 세력을 유지하고 있는 상태에서 우파니샤드의 형이상학적인 고상한 이상주의는 대중운동으로서 자신을 실현하지도 못하고 있었다. 이 이상주의가 민간에 널리 침투했더라면 사회의 종족주의적 성격과 불합리한 제도들의 쇄신을 가져왔겠지만, 결국 인도사회 전체에 대한 그러한 변화는 가져오지 못하고 말았다.[6]

그러나 우파니샤드는 인도의 제의 중심의 형식주의적 행위주의적 신앙이 인간의 내면세계를 깊이 통찰하려는 사변적 철학으로 나아가는 데에 길잡이의 역할을 하였다. 인도철학에서 관심의 대상을 우주와 자연의 법칙을 규명하려는 태도보다는 무목적(無目的)의 고통스런 인생의 굴레에서 벗어나 절대적인 삶을 추구하려는 인간철학의 방향으로 돌렸던 것은 우파니샤드 철인들의 커다란 공로로 인정해야 할 것이다.

마지막으로 후기 베다 시대에 윤회 Samsara와 업 Karma 사상이

---

5) R. C. Majumdar ed., 위의 책, p. 470.
6) Radhakrishnan, *Indian Philosophy*, Vol. I. Bombay, 1977, p. 265.

확립되고 있는 점이 주목된다. 이 사상은 인도에서 일어나고 있는 여러 종교의 기본적인 관념을 이루고 있기 때문이다. 온 세상은 창조, 파괴, 재생의 영원한 도정(道程)으로 생각되었으며, 오늘 인간이 저지른 선악의 행위에는 어김없이 내세에서 상응하는 보답이 주어지는 것이었다. 윤회와 업 사상은 새로운 탄생을 규정하고 있는데 결국 재생은 인간 자신의 행위에 달렸으며 이는 곧 인간을 진정으로 그 자신이 타고날 운명의 설계자로 만들고 있는 것이다.

제4장

자이나교와 불교의 출현

1 새 종교 출현의 배경

기원전 6-5세기 경은 동서양을 포함하여 고금에 독보(獨步)하는 사상적인 황금기를 열어 놓았다고 말할 수 있다. 인도에서는 장차 세계종교로 발돋움할 불교가 출현하였으며, 같은 시기에 중국에서는 공자(孔子)의 유가 사상을 비롯한 이른바 제자백가(諸子百家) 사상이 훌륭하게 꽃피었다. 중국 사상은 정치와 도덕에 깊이 관련된 현실적이라는 점에서 인도의 내세적인 불교와 대조적인 면을 보이며 동양 사상의 두 원류를 이루어 놓았다.

시기적으로 좀 더 올라간 느낌이 있지만 페르시아에서는 다분히 권선징악을 강조하는 이원론적인 조로아스터교(拜火敎)가 완성되었고, 좀 늦게 그리스에서는 소크라테스 Socrates의 윤리적인 인간 행위를 문제삼는 철학사상이 발달하였다. 그리스의 철학은 더 나아가 진정한 실재인 이데아론을 내세운 플라톤 Platon의 이상주의와 아리스토텔레스 Aristoteles의 구체적인 현실주의가 발전하여 인간철학의 웅대한 전형이 이루어졌던 것이다.

후기 베다 시대에 인도에서는 사회전반에 걸쳐 커다란 변화가 일어나고 있었다. 조그마한 국가들이 비로소 그 면모를 갖추기 시작했고 왕권도 점차 강화되어 갔으며 상업 또한 발달하고 있었다. 인도의 서북지방과 서남아시아 사이의 활발한 교역으로까지 나아갔던 이 시대의 광범한 상업활동이 도시의 성장을 자극하였다. 도시의 확장은 장인들의 수효를 증가시켜 그들은 동업조합을 형성하기도 하였다.

각지의 교역이 활발하게 이루어지면서 부유한 계층이 새로이 성장하였는데 도시상인을 비롯한 중하층 사람들에게 새로운 종교는 매력적이었다. 상공업의 발전에 따른 사회 경제생활의 변화가 종교와 철학적 사색의 변화에도 영향을 미쳤던 것이다. 기존의 정통 종교의 주장과 신흥 세력들의 열망 사이에는 분명한 괴리가 존재하고 있었다. 급격히 변모하는 사회속에서 많은 사람들의 열망을 충족시켜 줄 수 있는 새로운 종교의 출현이야말로 당연한 시대적 요구였던 것이다.

브라만교는 만인을 포용할 수 있는 종교는 못 되었으므로 계속 그 권위를 유지하기가 어려웠다. 값비싼 제례와 엄격한 계급제도에 대하여 불만이 싹텄고, 사제계급을 열심히 섬겨야만 구원이 가능할 수 있다는 브라만 계급의 횡포는 낮은 계급의 증오심을 불러 일으키기에 충분하였다.

당시 인도에는 각 지방을 편력하며 설법하는 사람들이 많이 있었는데 그들은 대개 브라만교에 비판적이었다. 그들은 윤회와 업사상을 인정하면서도 『베다』의 권위를 부인하였으며 브라만교의 부자연스런 인위적 폐습을 공격하였다. 희생물을 바치는 인습을 비난하였을 뿐만 아니라 어떤 사람은 신의 존재마저도 인정하지 않으려는 태도를 보이고 있었다. 정신적 주도권이 이제 사제의 수중으로부터 살생을 금하는 금욕주의자나 방랑하는 설법자들에게 넘어가고 있었다. 그들은 종교적인 개혁을 시도하면서 도덕적 엄숙성을 강조하였다. 때로는 그들의 주장이 혁명적 노선을 달리고 있었다. 이 가운데서 가장 뛰어난 인물들의 주장이 자이나교와 불교로 나타났던 것이다.

2 자이나교의 성립과 특징

자이나교 Jainism는 Jina(정복자)에서 유래하는 것으로서 이는 열정과 욕망을 정복한 사람을 의미한다. 자이나교는 불교보다 오래된 종교로 보고 있으며 처음에는 훨씬 크게 발전하였다. 자이나교를 일으킨 인물은 마하비라(Vardhamana Mahavira, 기원전 540-468년 경)로 알려져 있지만, 자이나교에서는 마하비라를 새로운 종교의 창시자로서가 아니라 종교개혁가로 보고 있다. 마하비라를 제24대 교주로 표현하고 있는 것으로 보아 자이나교는 그 이전부터 존재해 왔던 것으로 보이며, 제23대 교주 파르스바 Parsva는 실존인물로서 베나레스 Benares의 왕자였다. 파르스바는 신도들에게 네 가지 생활규범 즉 살생을 금할 것, 진실성을 지닐 것, 재산을 갖지 말 것, 예물을 받지 말 것 등을 규정해 놓았는데 마하비라는 여기에다가 금욕생활을 첨가하였다.

자이나교는 『베다』의 가르침이나 의식 규범을 철저히 배격하였는데 이러한 것들은 구원을 위해서는 아무런 의미도 갖지 못한다고 보았다. 윤회와 업의 이론을 믿으면서도 자이나교는 신이 없는 종교였다. 신을 인정하지 않으면서도 신성(神性)은 부인하지 않았다. 해방된 영혼이 곧 신이었다. 개인은 두 요소 즉 영혼과 질료로 구성되어 있다. 질료는 파괴될 수 있지만 영혼은 파괴될 수 없으며 개인의 구원은 영혼의 진행과정을 통하여 가능한 것이다.

인간이 구원을 얻으려면 업을 파괴해야 하는데 이것은 위의 오계(五戒)를 지켜 나쁜 업을 피함으로써 이룩될 수 있는 것이다.

사람이 진실된 믿음과 지식을 가지고 진실하게 행동하면 영혼은 윤회에서 구제될 수 있는데 이것이 자이나교의 목표였다. 사실 불안하게 계속되는 윤회의 법칙에 인생을 내맡기는 것보다는 가장 좋은 상태에서 윤회로부터 벗어나 구제(영생)된다는 것은 가장 바람직한 일이다. 우주 만물이 모두 영혼을 가지고 있는데 영혼의 정화가 생의 목표인 것이다. 왜냐하면 순수한 영혼은 육체에서 벗어나 천국에서 안주할 수 있기 때문이다.

자이나교는 금욕생활과 불살생 이론을 특별히 강조하는 면에서 다른 종교와 매우 대조적이다. 마하비라 자신이 당시 구원의 길로 생각되었던 금욕생활을 철저하게 경험하였다. 크샤트리야 출신이었던 그는 30세에 출가하여 12년 동안 온갖 고행의 길을 걸었고 그 후에도 30년 동안 자이나교를 전파하는데 헌신하였다.

지식과 구원을 얻기 위해서는 무엇보다 금욕이 강조되었으며 자이나교의 금욕생활은 극단적이었다. 재산을 포기하고, 지붕밑에서 사는 것을 그만두고, 머리카락을 자신의 손으로 쥐어뜯는 고행을 경험해야 한다. 단식하여 죽음에 이르는 것은 최고의 성스러움을 이룩하는 것으로 찬양되었다. 대화하는 가운데서 자신을 결코 자랑하거나 여자를 입에 올려서는 안 된다. 집없이 지내는 것은 극히 기초적인 신성한 생각으로서 이것이야말로 모든 속세와의 관계를 단절하고 세속적인 동기에서 비롯된 모든 행동을 피하는 것을 의미하였다. 자이나교도, 특히 승려에게는 여행하는 것이 금지규정으로 되었다. 여행하는 것은 그들이 정해놓은 규율의 통제에서 벗어나 죄에 빠져들 가능성이 크기 때문이었다. 일반 신도들에게도 날마다 좌선(坐禪)을 하고, 원칙적으로는 매월 일정한 날짜에 완전한 승려생활을 거치도록 규율이 정해져 있었다.

생명을 존중하는 불살생 이론에서 자이나교는 더욱 극단적으로 나아갔다. 사람과 동식물의 생명을 단순히 귀하게 여기고 보호하는 것으로 그치는 것이 아니었다. 심지어 광물까지도 성장할 능력이 있으며 공기나 불까지도 영혼을 가지고 있다고 보았다. 따라서 돌이나 공기 또는 물에게도 고통을 주어서는 안 된다. 고의적으로 생명을 해치는 것은 물론 안될 일이지만 자신도 모르는 사이에 미물을 죽일 수도 있으므로 항상 조심해야만 한다.

지나친 불살생의 계율을 강조함에 따라 살생의 위험성이 있는 직업을 가진 사람들이 자이나교에 접근하기는 어려웠다. 해충을 구제(驅除)해야 하고 농작물을 베어서 거두어야 하는 농부나, 불을 이용하고 뾰족한 연장을 사용하는 장인들은 자이나교를 받아들이기가 어려웠다. 따라서 자이나교의 교세는 한정적일 수밖에 없었으며 다만 인도의 서부 해안지방에서 상업하는 사람들에게만 상당히 침투해 있을 따름이었다.

3 자이나교의 영향

자이나교도들의 대부분은 불살생의 계율을 이행할 수 있는 상인들이었으며 그들의 이재(理財)는 널리 알려져 있다. 재산을 갖지 말도록 계율로서 금하고 있지만 자이나교에서 재산은 곧 토지를 의미하며 상업에 의한 재산 축적을 금하는 규정은 없었다. 오히려 필요한 것만큼 이상은 취하지 말라는 계율은 융통성 있는 제한을 두어 광범한 재산 축적으로 나아가게 만들었다. 그들의 사업활동에서 문제가 되는 것은 이윤을 추구하는 태도였다. 사기행위 특히 밀매, 뇌물 및 평판이 좋지 못한 경제적 활동은 금지되었다. 그들에게는 정직이 최선의 사업방침이었다. 자이나교도의 정직은 유명하며 그들의 재산 축적 또한 유명하다. 한때 인도 상거래의 반 이상이 자이나교도의 수중에 들어가 있다고 말할 수 있을 정도였다. 여행에 대한 금지조항으로 말미암아 자이나교도들은 정착상업에 종사하는 경향이 있어서 금융업이나 대금업에 많이 진출하였다.

자이나교도가 경제활동에 있어서 성공한 이유를 그들의 금욕주의적 생활방식에서 찾을 수 있다는 주장에 주목할 필요가 있다. 이 주장은 서양 기독교 사회에서 프로테스탄티즘이 자본주의적 경제발전에 공헌한 경우를 연상케 한다. 프로테스탄티즘, 특히 칼뱅교에서 강조한 금욕주의 윤리가 저축에 근거한 재산축적의 계기를 마련했던 바와 같이 우리는 비슷한 경우를 자이나교에서도 발견할 수 있다. 자이나교는 기독교의 프로테스탄티즘과 마찬가지로 〈소유의 기쁨〉은 반대할 만한 것이지만 소유, 이익 그 자체를 거부한 것은 아니었다. 서양의 경우와 같이 금욕주의의 강제적인 저축이 소비나 지대(地代)를 위한 자금으로보다는 투자자본으로서 축적되었다는 사실도 주목할 만하다. 자이나교도들의 사업활동이 단지 상업자본주의에 국한하여 머물고 있는 것은 물론 그들의 엄격한 계율과 통하는 것이었다.[1]

자이나교는 카스트 제도에 관하여 뚜렷한 견해를 보이지 않았으며, 최고의 창조자로서의 신도 믿지 않았다. 마하비라는 영혼의 최고의 상태가 신이라고 보았으며 그에게 신은 단지 영혼에 내재한 모든 힘의 가장 고귀하고 완전한 표현일 뿐이었다. 자이나교의 의식에는 뚜렷한 특징이 없었다. 자이나교도들은 출생 혹은 장례의식을 위해 브라만 계급을 초대하기도 하였으며 많은 교도들이 자신들을 힌두교도로 생각하기도 하였다.

자이나교는 백의파(白衣派, White-clad)와 공의파(空衣派, Sky-clad)로 분열되었다. 두 파 사이에는 근본적인 이론의 차이는 없고 단지 실제로 행동하는 면에서 다를 뿐이었다. 흰 옷을 입는 백의파는 보다 융통성이 있는데 반하여, 무소유의 이론에 따라 옷을 걸치지 않는 공의파는 보다 엄격하고 청교도적이었을 따름이다.

---

1) 막스 베버는 서양 프로테스탄티즘의 엄격한 금욕주의적 생활태도가 재산축적으로 이끌어 자본주의 발전에 공헌했다는 그의 이론을 자이나교의 경우에도 그대로 적용하고 있다(Max Weber, *The Religion of India*, New York, 1967, pp. 200-201).

인도의 서남부지방의 소군주(小君主)들이 자이나교를 국교로 받아들이는 경우가 있었으므로 극단적인 자이나교의 불살생 이론 등은 조정이 불가피하였다. 군주가 자이나교를 받아들이게 된 동기는 주로 브라만 세력의 위세로부터 벗어나려는 희망 때문이었다. 국가가 자이나교를 채택할 때 문제가 되는 것은 고대 기독교에서와 마찬가지로 병역의무에 있었다. 여기에서 극단적인 불살생의 이론은 수정받게 되었으며 왕이나 전사(戰士)의 행동이 방어전쟁에서는 정당화될 수 있었다. 절대적인 불살생 규율이 약자, 즉 무장하지 않은 적을 죽여서는 안 된다는 의미로 수정되기도 하였다.

4 불교의 성립

불교를 창시한 석가모니의 본명은 고따마 싯다르타(Gautama Siddhartha, 기원전 566-486)로서 아주 작은 나라인 카필라바스투 Kapilavastu에서 숫도다나 Suddhodana 왕과 마야 Maya 왕비 사이의 왕자로 태어났다. 그에게는 화려한 장래가 약속되어 있었지만, 한편으로 양육강식하는 당시의 냉혹한 정치적 분위기로 보아 그는 미구에 닥쳐올 조국의 슬픈 운명을 예견하고 괴로워하고 있었을지도 모른다. 아무튼 즐겁고 행복한 궁중생활 속에서도 생로병사에 대한 회의가 그로 하여금 현세의 영화를 덧없는 것으로 만들어 버렸다. 그는 조용한 은둔생활을 하면서 이 문제를 깊이 생각해 보려고 마음에 두고 있었지만, 왕위를 계승해야 하는 사명감 때문에 행동으로 옮기지 못하고 있다가 아들이 태어나자 드디어 출가를 단행하였다.

당시 지식과 구원을 얻기 위해서는 자신을 학대하면서 금욕생활을 영위해야 하는 승려계급의 수도생활을 석가도 그대로 따랐다. 그는 6년 동안 참을 수 없는 고생을 경험하면서 스승을 찾아 각지를 돌아다니며 여러 학설에 접하였다. 마지막 한계에 이르는 고행까지 경험한 후에 그는 당시 사람들이 믿어온 바의 금욕생활이 구원의 길이 아니라는 것을 깨달았다. 그는 좌선을 통하여 구원의 방법을 찾기로 결심하고 보디가야Bodh Gaya의 보리수 밑에 앉아 여러 날 동안의 좌선 끝에 세상에서 괴로움의 원인이 무엇인가를 터득하였다. 성도(成道)한 후부터 그를 부처(Buddha, 覺者), 타다가타(Tathagata, 진리에 도달한 자) 혹은 석가모니(Sakya-muni, 석가족의 성자) 등으로 부르게 되었다.

당시 인도에서는 현인(賢人)이 오랜 시간적 간격을 두고 지상에 찾아오는데 부처라는 선택된 인간을 통하여 인류에게 나타난다는 믿음이 있어 왔다. 부처는 과거에도 있어 왔고 앞으로도 나타나게 되어 있는데, 석가는 자신이 그것을 인정했든지 안했든지 간에, 다만 여러 부처 가운데 최근에 나타난 인물이었을 뿐이다.

석가는 사르나드Sarnath [鹿野苑]에서 그를 타락자로 생각하고 접근을 경계하는 다섯 명의 옛 동료 수도자들에게 처음으로 설법하였다(初轉法輪). 그들은 며칠 동안의 토론 끝에 석가를 부처로 인정하고 제자가 되었다. 석가가 힌두 성지인 베나레스에 인접한 사르나드에서 처음 설법하고 불교의 교단인 승가(僧伽, Sangha)를 조직하여 활동했던 것은 주목할 만하다. 그가 사르나드를 포교의 거점으로 삼았던 것은 아마도 인도 각지로부터 몰려드는 힌두교도들을 의식하고 그들에게 불법을 전파하겠다는 의도가 다분히 있었던 것으로 볼 수 있다.

5 불교의 가르침과 특징

석가의 가르침인 근본불교는 인도의 정통적 종교인 브라만교에서 힌두교로 이어지는 신앙체계와 어떤 면에서 유사성과 차이점이 발견되는지를 살펴볼 필요가 있다. 인도의 종교적 입장에서 볼 때 비정통적 종교인 자이나교와 불교가 정통 종교와 비교하여 뚜렷한 특징이 없다면, 결국 이들은 정통 종교의 한 종파 이상이 될 수 없기 때문이다.

석가도 인도 전통의 기본적 종교관념인 윤회와 업 사상을 그대로 받아들였다. 불교의 이론이나 도덕적 규율이 종래의 인도 철학이나 종교로부터 크게 영향을 받았던 사실을 부인할 수는 없다. 이 점을 지적하여 어떤 학자들은 석가는 새로운 종교의 창시자가 아니라 힌두교의 단순한 개혁가에 불과하다고 주장하기도 한다.

그러나 대부분의 학자들이 주장하는 바와 같이 불교는 하나의 새로운 종교로 성장했음에 틀림없다. 우선 불교의 윤회, 운명 및 신 등에 관한 이론도 힌두교의 그것과 다른 점을 보여주고 있다. 힌두교는 그들의 신들을 윤회보다 우위에 두고 있는데 반하여, 불교는 신성(神性)은 선행의 결과이며 재생의 순환 속에 종속된 것으로 보았다. 또 힌두교는 개인의 운명을 결정하는데 신이 관여하는 것으로 믿었으나, 불교는 신을 믿지 않았으며 운명은 누구에게나 전생에서 저지른 행위의 결과로 보았다. 따라서 힌두교와 불교의 근본적인 철학에는 분명한 차이점이 있으며, 결국 불교는 하나의 특징 있는 별개의 종교로 발전해 갔던 것이다.

석가모니의 근본적인 가르침은 사성제(四聖諦)설에 있다. 이 세상은 고통과 슬픔으로 가득 차 있다는 고제(苦諦), 세속적인 고(苦)의 원인은 분별없는 갈애(渴愛), 무명(無明), 애착 때문이라는 집제(集諦), 탐욕을 소멸함으로써 고통이 끝나고 해탈의 경지에 이른다는 멸제(滅諦), 고의 원인을 제거하고 해탈된 상태에 이르기 위해서는 팔정도(八正道)를 행하여야 한다는 도제(道諦)등 네 가지의 신성한 진리를 말한다. 요컨대 이 세상은 고통으로 가득 차 있는데 이 괴로움은 인간의 탐욕에서 비롯되므로 이 욕심을 버리는 것이 구원의 길이라는 주장이다.

팔정도란 정견(正見), 정사(正思), 정언(正言), 정업(正業 ; 행위), 정명(正命 ; 생계), 정정진(正精進 ; 노력), 정념(正念 ; 명심), 정정(正定 ; 좌선) 등을 말하며, 이 길은 관능주의와 금욕생활의 중간에 놓여 있어 중도(中道)라고도 표현되었다. 이는 운명의 인간 싯다르타를 불멸의 부처로 이끌었던 대오(大悟)의 길이었다. 불교는 여기에서 자이나교가 강조했던 극단적인 금욕생활을 버렸다. 부처가 가르친 근본이론은 모든 고통의 원인인 탐욕을 제거할 수 있다는 중도사상이었으며, 이는 마음의 평정, 높은 지식으로 이끌며 더 나아가 열반에 이르는 길이기도 하였다.

석가는 인생의 궁극적인 목표가 열반에 도달하는 것이라고 설법하였다. 태어나는 것은 악이고 최고의 선은 불안한 재생으로부터 구제되는 것이며, 좋은 업이 구원을 가져오게 되고 좋은 업을 얻기 위해서는 팔정도를 따르는 엄격한 도덕생활이 요구된다. 무지와 망상이야말로 인간으로 하여금 욕심을 갖게 하고 욕심은 행동(업)으로 이끌고 또 행동은 욕심을 충족시키기 위해 다시 충동으로 이끌어 가는 것이다. 결국 이것은 출생, 재생의 고리로 이어져 불행의 주된 원인이 되는 것이다. 무지, 욕망, 애착 등은 재생과 모든 불행의 원인으로 이끌어가므로, 이 고리를 단절하고 열반에 이르기 위해서는 올바른 행동의 추구와 올바른 지식의 획득이 요구되는 것이다.

윤회전생(輪廻轉生)은 고통이며 열반은 고통의 정지를 뜻한다. 〈불을 끄다〉의 어의를 가진 열반(涅槃, Nirvana)은 단순한 소멸을 뜻하는 것이 아니라, 인생을 천하고 가엾고 무섭도록 만드는 개인의 탐욕스런 목적을 소멸하는 것을 말한다. 열망이 꺼짐으로써 모든 욕망에서 벗어난 사람에게 찾아드는 평온한 상태를 일컫는 열반은 영원한 평화와 행복의 경지로서 슬픔과 욕망, 질병과 노쇠, 삶과 죽음으로부터 해방된 것을 의미한다.

석가는 내세에서의 보다 나은 생을 위해서는 개인이 4가지의 기본 덕목, 즉 남에게 동정심을 가지고, 사랑하며, 남의 성공을 기뻐하고, 침착한 마음을 가져야 한다고 주장하였다. 불교에서 강조하고 있는 팔정도나 기본 덕목은 우파니샤드의 절제나 자이나교의 불살생에 비교할 때 훨씬 적극적인 면을 보이고 있다. 불교는 또 다른 특징을 보이고 있는데 승가의 설립, 승가에 여성의 가입허용, 계급에 차별 없는 모든 성원의 동등한 권리의 향유, 민간 언어를 사용하여 강론하는 것 등이 그것이다. 이러한 개방적이고 적극적인 자세가 불교를 빠르고 광범위하게 전파하는데 크게 도움을 주었다.

불교와 정통 종교와의 가장 뚜렷한 차이점은 불교가 무신론의 입장을 취하고 카스트 제도를 배척했다는 사실에서 찾을 수 있다. 힌두교는 여러 신을 믿는 다신교였는데 반하여 석가는 신의 성격, 우주의 무한함 등에 관한 문제를 논의하려 하지 않았으며 그러한 토론은 무가치한 것이라고 주장하였다. 그는 전능한 신, 즉 창조자의 존재를 정식으로 부인했다기보다는 이를 무시하는 태도를 취하였다. 형이상학적인 질문이 제기될 때마다 석가는 그러한 것들이 최고의 선을 위해 아무런 도움이 되지 않는다고 하여 답변을 피하였다. 석가의 가르침에 의하면 인간은 자기 자신에게만 의지해야 하며 외부로부터의 보호나 도움이나 구원을 추구해서는 안 되는 것이었다. 인간이 저지르는 악행도 자신에 의한 것이며, 인간이 자신을 정화시키는 것도 자신에게 달려 있었다. 신을 믿는 사람에게는 무엇을 하려고 하는 욕망이나 노력도 없고 무엇을 하지 않겠다는 자제심도 존재하지 않기 때문이다.[2] 불교, 적어도 근본불교는 신이 없는 종교였으며 업이 사실상 신의 자리를 차지하고 있었다.

석가가 카스트 제도를 부인하고 나섰던 것은 정통 종교와의 결별을 선언한 것이었다. 힌두교를 뒷받침하고 있는 사회제도가 카

---

[2] K. Antonova, *A History of India*, Moscow, 1987, p. 111.

스트 제도이므로 불교의 만민평등사상은 혁명적인 종교이론이었다. 브라만 계급은 쉽게 해탈할 수 있지만 다른 계급은 많은 고행과 사제계급에 대한 열성적인 헌납을 통해서만 구원을 받을 수 있고 수드라 계급은 영원히 구제받을 수 없다는 브라만 계급의 주장을 석가는 일축해 버렸다. 하층계급도 중도를 따를 수 있으며 누구라도 열반에 도달할 수 있다는 것이 강조되었다.

석가는 구원을 얻기 위한 방편으로 동물을 죽이는 베다 의식에 불만을 보이는 사람들과 뜻을 같이 하였다. 그는 가난한 사람들이 행할 수 없는 브라만 의식을 제거하고 비싼 제물도 바칠 필요가 없다고 주장하였다. 불교는 지금까지 보아온 어느 종교와도 다른 행동의 종교였을 뿐이며 관습이나 제의의 종교는 아니었다. 따라서 〈석가는 공론적인 철학자가 아니라 윤리선생이요 사회개혁가〉[3] 라고 볼 수 있을 것이다.

6 불교의 영향

석가는 성도 후 장마철에만 잠시 휴식했을 뿐, 입적할 때까지 45년 동안 북인도 각지를 순방하면서 설법을 계속하였다. 당시 북인도에는 조그마한 국가들이 대립하고 있었는데도 포교활동은 별로 방해받지 않았다. 물론 석가는 자유롭게 국경을 넘나들며 설법할 수 있었는데, 그가 왕자 신분으로 태어났었다는 사실이 이를 더욱 쉽게 만들었을지도 모른다. 석가는 왕을 비롯하여 서민 혹은 다른 종교의 설교자들에게까지 지방어로 설법하였다. 마가다 왕국의 빔비사라Bimbisara 왕은 석가의 제자가 되었고, 그의 아들 아자트사뜨루Ajatsatru 왕도 부왕을 옥사시킨 패륜아였음에도 불구

3) C. Sharma, *A Critical Survey of Indian Philosophy*, Delhi, 1979, p. 27.

하고 부처의 열렬한 추종자였으며, 코살라의 프라세나지트Pra-
senajit 왕은 부처의 가르침을 얻기 위해 먼 길을 찾아오기도 하였
다. 석가는 하층민, 심지어 비천한 여인의 대접도 기꺼이 받아들
일 정도로 포용심이 컸을 뿐만 아니라, 그의 가르침은 낮은 계층
의 사람들에게 많은 설득력을 주었던 새로운 복음이었다.

 불교가 계급철폐를 주장하였다고 하여 하층민을 대상으로, 또
그들만을 기반으로 일어난 종교라고 말할 수는 없다. 오히려 불교
는 도시의 발달과 도시를 중심으로 하여 왕권과 귀족세력이 성장
하는 시대의 산물이었다. 불교가 뿌리를 내린 북인도는 귀족과 부
르주아지의 세력이 비교적 크게 성장해 있던 곳이었다. 불교가 보
인 사제의 권위주의에 반대하는 태도, 즉 브라만 계급의 종교 의
식과 철학에 관한 지식을 부인 혹은 평가절하하는 태도는 세력확
장을 도모하던 군주와 귀족들로부터 동정심과 환영을 받게 되었던
것이다.

 초기불교는 비정치적, 반정치적 종교라는 면에서 유교나 이슬람
교와 매우 대조적인 특징을 보이고 있다. 불교는 신의 문제에 냉
담하고 예배도 없는 도덕적 운동을 위한 종교였다. 초기불교에는
신에 대한 호소도 없고 종교적 은총도 없었으며 더욱이 예정설도
없었다. 불교의 구원은 개인을 위한 순전히 개인적 행동이었다.
구원의 방법과 목적을 위해서라면 불교는 구원을 위해 노력하는
가장 급진적인 형태의 종교라고 할 수 있다.[4]

 불교는 수천 년 동안의 역사를 통하여 진정한 평화의 교리라는
것을 세계에 입증하였다. 이슬람교가 그들의 종교적 정치적 제국
을 건설하기 위해 보여준 수많은 전쟁이나, 기독교가 특히 중남미
지역을 포교할 당시 원주민에게 가한 비극적인 상황과는 너무나
대조적으로 불교의 전파과정에서는 어떠한 유혈사태도 일어난 일
이 없었다.

---

4) Max Weber, 앞의 책, p. 206.

아리아족의 위대한 종교인 불교가 오늘날 주로 몽골리아계 인종을 중심으로 아시아에 전파되어 있는가 하면, 아리아족 자신들은 원래 셈족이 창시한 두 종교, 즉 기독교와 이슬람교의 지배 아래서 살고 있다는 것은 매우 흥미 있는 역사적 현실이라고 할 수 있을 것이다.

제 5 장

고대국가의 성장과 알렉산더 대왕의 인도 침입

1 소국(小國)들의 병립과 마가다 왕국

기원전 6세기 경부터 인도의 정치사는 매우 빠른 속도로 전개되었다. 종족 중심의 정치적 조직체가 점차 왕국의 틀을 잡아가고 있었다. 왕국이 넓은 지역으로 팽창해 나감에 따라 지역 대표들이 자주 회합을 갖기는 차츰 어렵게 되었다. 따라서 각 종족을 대표하는 회의체를 통한 통치형태는 점차 약화되어 갔지만, 좁은 지역에 근거하고 있는 종족 중심의 국가들은 대의정치 제도를 더욱 철저히 유지해 가고 있었다. 왕국들은 대체로 갠지스 강 유역의 평야지대에 집중해 있는 반면, 종족 중심의 국가들은 북쪽의 히말라야 산록에 산재해 있었다.

경제생활에 있어서도 커다란 변화가 일어나고 있었다. 목축은 더이상 그들의 생업이 될 수 없었으며 여러 지역에서는 이미 농업이 주산업이 되어 갔다. 토지는 마을에 의해 공동으로 소유되기도 하고, 족장이 소유하면서 노동력을 빌려 농사짓는 경우도 있었다. 이제 토지만이 사람들의 수입원이 아니고 상공업도 경제생활의 주요한 부분을 차지하게 되었으며 도시가 상공업의 중심지로서 발전하여 갔다. 이제까지는 한 개의 마을에 불과했지만 베를 짜고 도자기를 만드는 곳에 도시가 일어나고 이것들을 강상교역하는 지점에 항도가 생겨났다. 토지를 소유한 크샤트리야 계급도 도시에서 살게 되었는데, 아마도 그들은 장인들의 활동을 촉진시켰을 것이다. 북인도의 중심부에 위치한 갠지스 강은 전략적인 의미에서 뿐만 아니라 농업 또는 상업적으로도 매우 중요한 지점이었다. 활발한 교역이 주변에 기름진 평야를 가지고 있는 갠지스 강을 중심으로 이루어지고 있었다. 따라서 갠지스 강 유역을 지배하려는 정치적 대립은 첨예하게 나타날 수밖에 없었다.

불교가 성립되기 전, 이미 북인도에는 16개의 작은 나라들이 병립하고 있었으며 점차로 코살라 Kosala, 바트사 Vatsa, 마가다 Magadha 및 아반티 Avanti 등 네 나라로 압축되어 갔다. 코살라는 갠지스 강 북쪽 지역을 차지하고 있었으며, 바트사는 갠지스 강과 자므나 강의 합류 지점을, 또 마가다는 갠지스 강 동남쪽의 넓은 지역을 지배하였고, 아반티는 바트사의 서남쪽으로 우제인 Ujjain을 중심으로 하는 지역을 세력 근거지로 하였다.

기원전 5세기로 접어들 무렵, 코살라와 마가다가 공격정책을 추진하기 시작하였다. 코살라는 히말라야 산록에 가까운 스라바스티 Sravasti에 수도를 정하고 아요디야 Ayodhya(Oudh)에 자리잡았으며 주변의 종족을 제압하고 카시 Kasi(Benares)를 병합하였다. 따라서 코살라는 갠지스 강변의 힌두 성지인 베나레스에서 히말라야 산록에 이르는 지역을 지배 아래 두게 되었는데 석가모니는 생전에 그의 석가족이 이 나라에 의해 무참히 정복당하는 것을 지켜보아야 했다.

사실 이보다 먼저 본격적인 팽창정책을 추진했던 인물은 마가다의 왕 빔비사라(재위 기원전 545-494년 경)였다. 그는 강과 구릉으로 둘러싸여 천연의 요새로 되어 있는 왕국의 수도를 한층 견고히 한 다음 동쪽의 앙가 Anga 왕국을 정복하여 병합하였다. 그 자신이 코살라와 바이살리 Vaisali 의 지배가문으로부터 왕비를 맞이하여 결혼동맹을 맺음으로써 세력을 확장하였다. 코살라의 공주는 결혼지참금으로 많은 세금을 거둘 수 있는 카시 Kasi 부락을 바쳐왔었다. 빔비사라가 브리지족 Vrijis 의 연합세력 가운데 주축인 바이살리 가문의 공주를 왕비로 맞이했던 것은 마가다가 나중에 네팔 변경까지 세력을 확장할 수 있는 기반을 다지기 위한 예비작업이었던 것이다. 그는 라자그리하(Rajagriha, 왕사성(王舍城))에 훌륭한 수도를 건설하였으며 여기에서 석가를 만나 불교로 개종하였다. 그러나 빔비사라는 나중에 왕자 아자트사뜨루에 의해 투옥되어 피살 혹은 자살하는 비운을 맞이하였다.

아자트사뜨루(기원전 494-462년 경)도 공격정책을 계속 추진하였다. 빔비사라에 이어 코살라 출신의 왕비도 슬픔 속에 사망하자 두 나라 사이에는 무력충돌이 일어났으나 결국 결혼동맹으로 해결을 보고 마가다는 브리지 동맹 세력과 결전을 벌였다. 브리지 동맹은 동부 인도의 30개 작은 공화국으로 구성된 강력한 정치적 세력체였다. 이 동맹세력과 마가다와의 패권을 겨루는 투쟁은 10여 년 동안 계속되었다. 마가다 군대는 이때 멀리서 쏘아대는 투석포(投石砲)와 창칼을 갖춘 전차 등의 새로운 무기를 사용하여 승리하였다. 이로써 아자트사뜨루는 갠지스 평야의 지배권을 확립하게 되었으며, 이후 서쪽의 아반티가 도전해 왔지만 더 이상 마가다의 위세에 위협을 줄 정도는 아니었다. 마가다 왕국이 불과 2대에 걸쳐 보여준 놀라운 성장은 사실 역사가들에게는 풀기 어려운 수수께끼였다. 아자트사뜨루 이후는 분명하지 않으며 불교 사료에 의하면 네 명의 왕을 코살라의 지배자와 함께 무자비하고 비도덕적인 폭군으로 기록하고 있을 뿐이다.

마가다 국민은 학정에 반대하여 왕을 축출하고 명망 있는 대신(大臣)인 시수나가 Sisunaga 를 새로운 왕으로 맞이하였다(기원전

430). 시수나가는 유능한 지배자로서 주변의 아반티와 코살라를 완전히 병합하였으며 그 세력판도는 옛 마가다 왕국의 국경을 크게 확장한 넓이였다. 그의 후계자에 의해 수도를 빠탈리푸트라 Pataliputra에 정하고 국가의 융성을 도모하였지만 시수나가 왕가의 지배는 백 년도 지속되지 못하고 끝났다.

궁중음모로 왕위를 찬탈한 마하파드마 난다Mahapadma Nanda 는 낮은 계급의 출신으로 알려져 있다. 난다 왕가는 마가다의 광대한 영토를 유지하고 이를 더욱 확장하기 위해 강한 군사력을 유지했던 것으로 전해진다. 그렇지만 왕실의 엄청난 축재와 호사생활은 국고를 고갈시켰으며 여기에 과중한 세금과 강제노역에 대한 국민의 불만이 곁들여 국력은 급속도로 약화되었다. 결국 난다 왕가의 지배도 새로운 제국의 출현에 밀려 단명으로 끝날 수밖에 없었다(기원전 320년 경).

2 알렉산더 대왕의 침입

북인도에서 여러 나라들이 각축하고 있던 시기에 인도는 페르시아와 알렉산더 대왕(Alexander the Great, 기원전 336-323)의 침입을 받게 되었다. 알렉산더의 인도 원정은 특히 유럽인의 역사서술과 관련하여 본다면 인도 고대사에서 가장 잘 알려진 중요한 사건의 하나이며 19세기에서 20세기 초에 걸쳐 많은 역사가들이 이문제에 깊은 관심을 보여 왔었다. 그러나 인도인에게는 단순히 알렉산더를 예로부터 끊임없이 서북지방을 공격해 들어오는 수많은 정복자 가운데 한 사람일 뿐이라고 대단치 않게 보아넘기려는 경향도 있어 왔다.

인도와 페르시아는 아주 옛날부터 밀접한 관계를 맺어 왔다. 이미 인더스 문명의 주인공들은 서남아시아와 활발한 교역활동을 유지하였으며, 인도에 침입해 온 아리아족은 페르시아 북부지방에서 살다가 왔다는 것이 두 나라에서 사용하는 언어와 그들이 믿는 신의 이름 등을 통하여 증명될 수 있었다.

베다 시대 이후에는 인도와 페르시아 사이에 밀접한 관계가 유지되었다는 사실을 증명할 수 없었지만 기원전 6세기 경부터는 다시 두 지역간에 정치적 접촉이 시작되었다. 일찍이 볼 수 없었던 대제국을 이룩한 페르시아의 키루스(Cyrus, 기원전 559-529)는 인도의 서북 국경지방인 아프가니스탄에 원정군을 파견하여 간다라 지방 등으로부터 조공을 받았으며, 또 다리우스 I세(Darius I, 기원전 521-486)는 펀잡 북부지방까지 정복해 들어 왔다. 페르시아 측의 비명(碑銘)에 의하면, 간다라 지방을 본국의 한 주(州)로 언급하고 있으며 그리스의 역사가 헤로도투스Herodotus도 이곳(Indoi)이 가장 인구가 많고 풍요로운 지방으로서 페르시아 제국에 가장 많은 세수(稅收)를 가져다 준다고 기록하였다.[1]

따라서 인도 서북지방은 페르시아 제국의 일부로서 페르시아인들의 이 지역에 대한 지배 혹은 그들의 주둔이 그 후 오랫동안 지속되었던 것으로 보이는데, 이는 후일 알렉산더 대왕이 인도에 침입하게 되는 구실을 주었던 것이다.

마케도니아의 왕 알렉산더는 이미 부왕 필립Philip에 의해 병합된 그리스의 소요를 진압한 후 페르시아 원정을 계획하고 시리아, 페니키아 등을 점령하여 그 전진기지를 마련하였다. 야망에 넘친 청년 왕 알렉산더는 페르시아의 지배 아래 있던 이집트를 굴복시킨 후 동쪽으로 진격하여 소수의 정예부대로 당시 유럽과 서남아시아 지역에서 가장 강력한 세력으로 알려진 다리우스 3세(Darius III, 기원전 336-330)의 페르시아 대군을 굴복시켰다. 알렉산더 대왕은 페르시아 제국을 정복한 후, 옛 페르시아 왕의 지배권을 인

---

1) Herodotus, *The Histories*, trans. by Aubrey de Sélincourt, Penguin Books, 1968, p. 215.

정했던 지역은 당연히 자신의 제국에 다시 편입되어야 한다는 이유로 인도 원정을 결심하였다.

알렉산더 대왕이 페르시아 대군과 결전했을 때보다는 조금 더 증강된 5만 병력을 이끌고 힌두쿠시Hindu Kush 산맥을 넘은 것은 기원전 327년이었다. 그는 여러 종족을 학살과 회유의 방법을 통하여 큰 어려움 없이 굴복시키면서 다음 해 초에 인도와 페르시아의 국경으로 생각되었던 인더스 강을 건넜다. 사실 알렉산더의 군대가 인도에 침입한 기원전 326년이야말로 인도사에서 지금까지 알려진 중요한 사건 가운데 의문의 여지가 없는 최초의 정확한 연대이다.

알렉산더 대왕은 당시 번영의 도시인 탁실라Taxila로 진격하였는데 이곳은 상업과 학문의 중심지로서 특히 베다 문학, 의학, 예술분야의 활동이 활발하게 전개된 곳이었다. 알렉산더 대왕은 저항을 받기는커녕 오히려 이 지역의 지배자인 암비Ambhi로부터 영접을 받으면서 입성하였다. 주변의 세력들과 반목하고 있던 암비는 환대의 표시로 알렉산더 군대에게 도살용의 황소 3천 두(頭)와 1만 마리 이상의 양을 선물로 바쳤는데 대왕은 10배의 값어치로 답례하고 암비로 하여금 그 지방을 계속 다스리게 함으로써 주민의 환심을 샀다. 또 이때 암비가 제공한 5천 명의 지원군은 알렉산더 대왕이 더욱 진격하는 데 도움을 주었던 것이다.[2]

알렉산더 대왕은 인도로 계속 진군하다가 포로스Poros의 강한 저항에 부딪쳤다. 주변의 어느 세력보다 강력한 포로스의 군대는 알렉산더의 진격을 저지할 수 있을 만큼 충분히 강했으며, 특히 알렉산더 군대로서는 처음 맞이하는 대규모의 코끼리 군단이 대단히 위협적이었다.[3] 양측의 군대는 하이다스페스(젤름) 강의 양안

2) V. Smith, *The Oxford History of India*, Oxford University Press, 1983, p. 85.
3) 포로스의 병력을 V. Smith는 보병이 3만 명, 기병이 4천 명, 전차가 3백대 그리고 코끼리가 2백 마리였다고 주장하고 있으나, S. Tripathi는

에 포진하고서 몇 주일을 보냈다. 홍수로 강물이 크게 불어 있는 데다가 포로스의 우세한 군대가 철저하게 수비하고 있었기 때문이었다. 결국 알렉산더 대왕은 아무도 군대 이동을 예상할 수 없을 정도로 엄청난 폭우가 쏟아지는 야음을 이용하여 진영에서 16마일 위의 강폭이 좁은 곳으로 건너가서 기습함으로써 승리로 이끌었다. 결정적인 승리의 원인은 말할 것도 없이 대왕의 출중한 군대 지휘능력에 있었지만, 한번 대형이 흔들리면서 인도군의 전차와 코끼리 등은 오히려 작전에 방해요인이 되기도 하였다.

포로스는 심한 상처를 입을 때까지 용감하게 싸웠으며 체포되어 알렉산더 앞에 끌려갔을 때도 그는 조금도 기백이 꺾이거나 쩔쩔 매는 일이 없이 왕에게 알맞는 대우를 해주도록 당당하게 요구하였다. 알렉산더 대왕은 포로스의 용감한 행동을 가상히 여겨 빼앗은 지역의 지사로 임명하였다. 용감한 군주들의 환심을 사려는 것이 알렉산더 대왕의 통치정책이기도 하였다.

알렉산더 대왕은 인도 깊숙이 갠지스 강 유역에 이르기까지 진격하기를 원했지만, 오하(五河)의 마지막 강에 이르러서는 부하 병사들이 8년 동안의 고된 진군에 지친 나머지 무기를 놓고 왕명에 따르기를 거부하였다. 대왕은 조금만 더 나아가면 세계의 끝에 이른다고 확신하고 있었지만 장병들은 미지의 세계에 대하여 호기심보다는 두려움을 느끼고 있었다. 그들 앞에는 광대한 사막과 헤아릴 수 없는 사나운 강, 그리고 지금까지 대적했던 그 어느 세력보다 더 무섭고 엄청난 규모의 군대를 보유하고 있는 부강한 나라가 원정군을 기다리고 있다는 소문이 널리 퍼져 있었다. 특히 알렉산더 군대가 대적한 경험이 있는 코끼리 군단은 여전히 그들에게 가장 두려운 공포의 대상이었다.

더 이상의 진군이 실제적으로 불가능함을 알고 알렉산더는 그들

보병이 5만 명, 기병이 3천 명, 전차가 1천 대, 그리고 코끼리 130마리로 기록하고 있다. (V. Smith, *Early History of India*, Oxford, 1962, p. 70, A. Waley, *Cultural History of India*, Delhi, 1992, p. 12).

이 점령하였던 최종지점을 표시하기 위해 그들의 12신(神)을 섬기는 12개의 석조제단을 세워놓고 철군을 준비하였다. 대왕은 점령지역을 그의 광대한 제국의 주(州)로 편입시켜 페르시아 혹은 마케도니아의 지사를 주재시키거나 원주민 지배자였던 암비나 포로스 등으로 하여금 다스리도록 하였는데, 특히 포로스는 편잡 지방의 7개 소국(小國)을 지배하는 지사로 임명되었다.

알렉산더 대왕의 군대는 아라비아 해를 통하여 귀환하려고 인더스 강을 따라 남쪽으로 내려갔으며, 이때 여러 차례 인도군의 완강한 저항을 받았다. 가장 강력한 저항세력은 라비 강변의 주민이 주축이 된 10만 연합군이었다. 인도 연합군은 무장을 잘 갖춘 8-9만 명의 보병, 1만 명의 기병, 그리고 7-8백 대의 전차 등으로 구성되었다.[4] 이 저항군은 마케도니아 군대를 충분히 이길 수 있는 대군이었지만 각 종족간의 연계작전이 전혀 효과적으로 이루어지지 못한데다가 알렉산더 대왕의 뛰어난 지휘능력에 밀려 패배하고 말았다.

그러나 알렉산더 대왕도 중상을 입게 되고, 계속되는 원주민의 저항에 부딪쳐 서쪽으로 방향을 돌렸으며 일부 군대는 해로를 통해 철군하였다. 알렉산더 군대는 게드로시아Gedrosia 사막을 지나가는 동안 열사(熱砂)의 더위와 갈증으로 엄청난 희생자를 내면서 겨우 페르시아 제국의 수도 수사Susa에 도착하였다. 그러나 대왕은 다음 해인 기원전 323년에 바그다드 부근의 바빌론Babylon에서 33세의 나이로 요절함에 따라 마케도니아에서 인도에 이르는 세계제국을 건설하려고 했던 그의 야망은 완전한 결실을 맺지 못하고 말았다.

---

4) V. Smith, *The Oxford History of India*, p. 89.

3 알렉산더 원정의 영향

알렉산더 대왕은 동방원정을 하는 동안에 자신의 이름을 본딴 알렉산드리아Alexandria라는 여러 개의 도시를 건설하였다. 이는 그의 원대한 동서문화 융합정책의 일환으로 추진되었으며 정복자의 권위를 확립하고 무역을 촉진하기 위한 조치이기도 하였다. 대왕이 이끌고 가는 원정군에는 군인뿐만 아니라 상인, 학자, 문화인들이 포함되어 있어 그의 군대가 지나는 곳에는 그리스의 생활문화가 이식되었다. 알렉산더 대왕은 중앙아시아와 인더스 강 유역에도 새로운 도시를 건설하였지만 그의 원정군이 곧 철수하고 또 인도에서는 미구에 통일제국이 일어남에 따라 그리스의 지배는 지속될 수가 없었다.

알렉산더 대왕이 인더스 강 동쪽의 인도에 머무른 기간은 기원전 326년 봄부터 다음 해 가을까지 불과 19개월에 지나지 않았고 그 점령지역도 편잡 지방의 일부에 지나지 않았지만 그의 인도원정이 미친 영향은 괄목할 만한 것이었다.

정치적, 군사적 영향보다는 문화교류의 측면에 미친 영향이 훨씬 컸다. 알렉산더 대왕은 인도 서북지방의 여러 세력들을 제압하여 하나의 정치단위로 결합함으로써 이 지역의 통일을 가로막고 있는 내부의 장벽을 깨뜨렸다. 이는 인도가 통일제국으로 나아갈 수 있는 길을 열어준 것이었다. 알렉산더 대왕의 침입으로 인도는 서양세계에 그 면모를 보여주게 되었다. 동서양의 분리장벽이 깨어지고 원정군에 의해 육해상의 교통로도 열리게 되었다. 그의 원정은 당대인들의 지리적 시야를 넓혀주었으며, 무역과 해상활동을 위한 새로운 길을 열어주었다. 원정의 결과, 인도에서 아프가니스탄과 이란을 통하여 소아시아와 동부 지중해 항구에 이르는 무역로가 활발히 소통되었다. 그리스인들은 인도철학을 배워갔으며 인도로부터 로마제국에 전해진 철학은 원정군이 열어놓은 이 길을 통해서 들어갔다. 인도인들은 그리스의 화폐 주조를 모방하고 그리스의 천문학과 예술을 동경하게 되었다. 인도의 천문학 용어가 그리스어에서 유래하고 있는 것이 있으며, 이 시대의 인도 건축양식이 그리스로부터 많은 영향을 받았다는 것은 논란의 대상이 되고 있지만, 그러나 얼마간 인정되고 있는 것이 사실이다. 그러나 그리스인의 정치 문화활동에 있어서의 자유 민주적인 전통은 깊이 침투하지 못했으며 따라서 카스트 제도에 근거한 인도의 사회제도는 변모하지 않고 말았다.

제6장
고대 인도의 통일과 제도의 정비

1 마우리아 제국의 성립

마우리아Maurya 제국의 역사는 여러 가지 사료의 뒷받침으로 비교적 자세히 규명되고 있다. 이 시대를 말해 주는 대표적인 사료는 첫째 알렉산더 대왕과 함께 혹은 조금 후에 인도를 방문한 그리스인들의 기록과, 둘째 바위나 석주(石柱) 등에 새겨놓은 아소카 Asoka 대왕의 비명, 그리고 셋째 개국공신인 까우틸리야 Kautilya 장관의 치국책에 관한 기록인 『아르타사스트라 *Arthasastra*』 등이다. 『아르타사스트라』는 시기적으로 좀더 늦게 기록되었을 것이라는 비판이 있지만 아무튼 마우리아 제국의 정치체제에 관한 매우 유익한 안내서가 되고 있다. 이들 세 개의 사료 이외에도 마우리아 제국에 관한 역사적 사실이나 전설이 불경이나 자이나교의 경전 등 여러 기록에 의해 풍부하게 전해오고 있다.

고대 인도의 통일은 마우리아 왕조에 의해 이룩되었으며 이 통일제국의 건설자는 찬드라굽타(Chandragupta, 기원전 320-293년경)였다. 브라만 사료에 의하면 찬드라굽타는 마지막 난다 왕과 수드라 계급의 여인 무라Mura 사이에서 태어난 것으로 되어 있으며, 그리스인의 기록에도 그는 매우 비천한 계급의 태생으로 원래 왕자가 아니라 마가다 왕실과는 전혀 무관한 사람으로 되어 있다. 그러나 시기적으로 먼저인 불교 연대기에 의하면 그는 원래 크샤트리아 출신이었다. 보다 설득력 있는 이 주장에 의하면 찬드라굽타는 북인도 피빨리바나Pipphalivana 지방을 지배한 크샤트리아 계급의 모리아 가문Moriyas에 속해 있었으며 이 집안은 석가모니 시대부터 잘 알려진 공화국 지배가문이었다. 찬드라굽타는 까우틸리아와 이명동인(異名同人)으로 생각되는 탁실라 지방의 유명한 학자 차나끼야Chanakya로부터 교육을 받았으며 스승의 조언에 따라 그는 알렉산더 대왕의 정복지역을 수복하고 마가다 왕국을 공격하기로 결심하였다.

알렉산더 대왕의 원정이 가져온 중요한 하나의 결과는 인도의 정치적 발전을 촉진시킨 점이었는데 그는 인도 서북지방의 작은 국가들을 병합한 후에 철수해 버렸다. 찬드라굽타는 이 기회를 재빨리 포착하여 이러한 정치적 상황을 자신에게 유리하도록 적절하게 이용하였다. 그는 알렉산더 원정군의 인도 침입에 대한 민족적 저항의식을 이용하여 편잡 지방을 해방시켰지만, 사실은 알렉산더 대왕이 철군함으로써 인도 서북지방에 정치적 공백지역이 생겼으므로 이 지역을 쉽게 장악할 수 있었던 것이다. 찬드라굽타는 알렉산더 대왕이 인더스 강 유역에 남겨놓고 떠난 마케도니아 수비대를 공격하는 것으로 그의 야심에 가득찬 군사적 활동을 시작했던 것으로 보인다. 알렉산더 대왕에 의해 이 지역의 지배자로 임명되었던 포로스는 가장 만만치 않은 인물이었지만 그가 곧 사망함에 따라 찬드라굽타는 큰 어려움 없이 편잡 지방을 장악할 수 있었다.

찬드라굽타는 다음으로 마가다 왕국의 왕위를 차지하고 있던 난다 가문을 공격하고 나섰다. 난다 왕의 병력에 비해 훨씬 열세였지만 찬드라굽타는 스승이며 재상(宰相)이기도 한 까우틸리야의 뛰어난 외교와 전략에 힘입어 처음에는 적의 외곽지역을 공격하여 교란시킨 뒤에 중심부로 쳐들어가 여러 차례의 치열한 전투 끝에 승리하였다. 그는 다나 난다Dhana Nanda 왕을 살해하고 마가다 왕국의 수도 빠탈리푸트라를 장악하였다. 그는 이곳을 역시 마우리아 제국의 수도로 정함으로써 인도 북부지방의 중심지인 갠지스 강 유역에 그의 세력기반을 확고히 하였다.

찬드라굽타는 다시 한번 서북지방으로 눈을 돌려야 했다. 알렉산더 대왕의 부하 장군으로서 메소포타미아 동쪽의 지역을 넘겨받은 셀레쿠스Seleucus Nikator가 시리아에서 아프가니스탄에 이르는 광대한 지역에 그의 제국의 기반을 튼튼히 한 후 대왕의 영토를 되찾기 위해 기원전 305년 펀잡 지방으로 진격해 왔기 때문이다. 찬드라굽타는 여기에서 대군을 이끌고 들어오는 셀레쿠스를 만나 그의 동쪽으로의 진군을 막았다. 양쪽 군대가 충돌했다는 기록은 찾을 수 없으나 평화조약에 따라 셀레쿠스는 펀잡 지방을 정복하려는 계획을 포기했을 뿐만 아니라 카불 동쪽의 모든 영토를 마우리아 제국에 양도했으며, 한편 찬드라굽타는 셀레쿠스에게 코끼리 5백 마리를 선물로 주었다.

평화조약에 이르게 된 과정을 자세히 알 수 없지만 지난번 알렉산더 대왕이 침입해 왔을 때는 그의 출중한 지휘능력에다가 무적의 정예부대를 가지고 결속력이 약한 인도군을 물리칠 수 있었으나 이번의 경우는 반대로 셀레쿠스의 군사력은 대왕의 군대만큼 그렇게 강력하지 못하였다. 한편 뛰어난 전략가인 찬드라굽타는 막강한 군대를 거느리고서 이민족의 침입에 맞선 인도인의 강한 저항의식을 배경으로 하여 펀잡 지방을 지킬 수 있었을 것이다. 아무튼 찬드라굽타는 인더스 강과 갠지스 강 유역의 평야지대를 장악함에 따라 인도 북부지방에 지금까지 볼 수 없었던 대제국을 건설한 것이다.

2 마우리아 제국의 융성

찬드라굽타는 엄청난 대군을 이끌고 북인도의 통일사업을 추진해 나갔다. 찬드라굽타가 남쪽으로 데칸 고원에 이르렀다는 확실한 증거는 없지만, 아무튼 그는 아프가니스탄에서 멀리 벵골 지방에 접하는 광대한 북부 평야의 지배자가 되었다. 그는 인도의 전통적인 4중(重)의 군대를 유지하고 있었는데 보병 60만, 기병 3만, 코끼리 9천 마리, 전차 약 8천 대로 구성되어 있었다. 전차에는 세 명의 병사가 창으로 무장하고 있었으며, 코끼리에는 한 명의 몰이꾼과 세 명의 궁수가 함께 타고 있었던 점을 계산하면 마우리아 제국의 병력은 무려 70만에 육박하였음을 알 수 있다.[1] 보병의 주무기는 창이었으며 가장 위협적인 존재는 코끼리였고 전투의 승패는 대개 상군(象軍)에 달려 있었다.

그리스인의 기록에도 나타나 있듯이 이와 같이 막강한 군대를 거느린 찬드라굽타는 북인도를 통일하고 열세의 군사력으로 쳐들어오는 셀레쿠스의 침입을 막아낼 수 있었다. 이 병력은 단순히 임시로 소집된 군대가 아니었으며 열 명으로 한 개의 분대, 백 명으로 중대, 천 명으로 대대를 각각 구성하고 있었다. 이 군대는 중앙정부의 30명으로 구성된 군사위원회의 철저한 지휘를 받게 되었는데, 이는 다시 여섯 개의 소위원회로 분류되어 해군, 병참, 보병, 기병, 전차 및 상군을 분담하였다.

전설에 의하면 찬드라굽타는 자이나교로 개종한 후 왕위를 버리고 남인도 마이소르에서 여생을 보냈는데 단식을 통해 죽음에 이르는 자이나교의 의식을 충실히 따랐다고 전해진다. 다음의 제위는 아들 빈두사라(Bindusara, 기원전 293-273년 경)에 의해 계승되었다. 빈두사라에 관하여 알려주는 사료는 거의 없다. 다만 빈

---

1) V. Smith, *The Early History of India*, Oxford, 1962, pp. 131-132.
   R. C. Majumdar, *Ancient India*, Delhi, 1977, p. 107.

카불
간다라
가즈니
페샤와르
탁실라
카슈미르
시알코트
인더스 강
젤룸(제룸) 강
첸나브(체나브) 강
라비 강
델리
마투라
코살라
가르와르
카트만두
야무나(자무나) 강
갠지스 강
박가다
빠탈리푸뜨라
라자그리하
카시
(베나레스)
가야
보디가야
우제인
나르마다 강
수라슈트라
수라트
나시크
고다베리 강
칼링가
라슈트리카
크리슈나 강
안드라
벵골 만
망갈로어
칸치
마드라스
탄조르
케랄라(케라라)
마두라
빤디아
실론

우
랄
브
우
왜

아소카 대왕의 마우리아 제국

두사라에게 〈적의 살육자 Amitraghata〉라는 칭호가 붙여진 것을 보면 그는 매우 호전적이고 정복사업을 꾸준히 추진했던 군주로 보인다. 차나끼야는 빈두사라 치하에서도 얼마동안 수석장관으로 재임하였는데 티베트의 사료는 그가 〈16개 도시의 왕과 귀족들을 무찌르고 왕 자신을 동서해(東西海) 중간의 모든 영토의 주인으로 만드는 데 공헌했다〉[2]고 기술하고 있다.

많은 학자들은 이 기록으로 미루어 보아 빈두사라가 데칸 고원을 넘어 아라비아 해와 벵골 만 사이의 중남부 인도까지 지배영역을 확대한 것으로 해석하고 있다. 인도는 이 때에 이집트, 시리아 및 그리스 등과 사신을 주고받으면서 활발한 교류를 이루었다. 빈두사라는 정복왕이었으면서도 여러 방면에 관심을 갖고 있었던 군주로 보이는데 이는 그가 셀레쿠스의 아들 안티오쿠스 1세 Antiochus I 와 교신하면서 달콤한 술과 무화과와 소피스트 Sophists 를 보내주도록 요청하고 있는 데서도 느낄 수 있다.

마우리아 제국의 가장 중요한 시기는 건국으로부터 제3대 아소카 대왕(Asoka, 기원전 269-232)에 이르는 약 90년 동안이다. 제국을 건설하고 발전시킨 세 명의 황제들은 정복사업을 통하여 인도아대륙의 다양한 요소들을 하나의 제국으로 통합시킨 인물들이었기 때문이다. 제국은 아소카 대왕 때 그 전성기에 이르렀다. 대왕이 즉위한 후 처음에는 여러 전쟁을 통하여 지배영역을 크게 확대한 것으로 보이는데 그 당시 제국의 판도는 곳곳에 세워진 그의 기념비에 의해 증명되고 있다. 남단의 마이소르와 마드라스 남쪽 지역을 제외한 인도아대륙의 거의 전역이 아소카 대왕의 마우리아 제국에 포함되었다. 다시 말하면 서쪽으로는 아프가니스탄에서 동쪽의 벵골 지방에 이르고, 북쪽의 히말라야에서 남단의 타밀 국가에 이르는 광대한 제국이었던 것이다. 이와 같이 인도아대륙이 거

---

2) R. C. Majumdar ed., *The History and Culture of the Indian People II, The Age of Imperial Unity*, Bombay, 1985, p. 69.

의 통일된 경우는 인도 역사상 처음 있는 일로서 나중의 굽타 제국이나 무갈 제국의 광대한 지배영역도 여기에 미치지 못하였다.

광대한 마우리아 제국은 여러 주(州)의 행정구역으로 나누어져 있었다. 각 주에는 지사(知事)가 임명되어 있었으며 이들은 왕족인 경우가 많았다. 찬드라굽타 치세에는 주의 수효를 알 수 없지만 아소카 대왕 때는 서북지방(Taxila가 중심지), 서부지방(Ujjain), 동부지방(Tosali), 남부지방(Suvarnagiri) 등 제국을 크게 4분하여 다스렸다. 대개 마가다 왕국의 옛 영토 자리는 빠탈리푸트라에서 황제가 직접 통치하였지만, 다른 지역은 주지사가 황제의 통치지침에 따라 다스려 나갔다. 황제는 지사들에 대한 효과적인 통제를 위해 중앙정부의 관리를 파견하여 감시하도록 하였다.

그러나 제국의 전역이 일사불란하게 황제의 직접 지배 아래 있었던 것은 아니다. 교통 연락상태가 원활하지 못했으므로 중앙정부에서 광대한 제국을 효과적으로 다스려 나갈 수 없었다. 수많은 작은 나라들이 자치국가의 형태로 존재하면서 마우리아 제국을 종주국으로 섬기며 조공하였다. 제국은 히말라야 산록이나 고원지방의 야만적인 원주민을 많이 포함하고 있었다. 사실상 그들은 중앙의 통치권이 효과적으로 미치지 않은 상태에서 어느 지배자에게나 거의 무관하게 그들의 독특한 생활방식을 추구해 나가고 있었다.

3 마우리아 제국의 통치 형태

찬드라굽타는 위대한 정복자였을 뿐만 아니라 유능한 행정가이기도 하였다. 그가 정비해 놓은 통치조직은 후계자들에 의해 큰 변화없이 그대로 유지되었으며 다만 아소카 대왕이 기존의 제도들을 좀더 보완하고 관대하게 만들었을 뿐이었다.

마우리아 제국의 통치형태는 군주제였으며 때로는 왕의 신권(神

權)이 강조되기도 하였다. 부족의 세력은 아주 약화되었으며, 왕은 나라의 기둥으로서 〈국가는 곧 왕〉이라느니 혹은 〈모든 백성은 왕의 자식들〉이라고 주장하는 가부장적 전제정치였다. 왕위는 세습적으로 계승되었으며 왕은 국가의 행정, 사법, 군사, 입법의 권한을 행사하였다. 그러나 왕은 절대권을 자의적으로 휘두르는 폭군이 될 수는 없었다.

왕권은 점차 강화되어 갔지만 거기에 상응하여 왕의 의무도 강조되었다. 까우틸리야는 왕이 수행해야 할 역할의 중요성을 열거하였다. 왕권의 주요한 기능으로는 모든 참모 보좌관들을 선발하고, 행정부서의 장(長)을 지휘하며, 국가의 재난과 물질적 환경을 치유하고 개선하는 일 등이 있었다. 또 왕은 못된 관리를 선량하고 성실한 사람으로 교체하며 포상과 처벌을 일관성 있게 수행해야 했다. 요컨대 왕은 모든 행정기구가 원활히 운영되도록 관리를 임명하고 감독하고 문제점들을 발견하여 교정하는 일을 하여야 했다. 왕은 중앙정부의 세무와 군사업무에 대한 직접 통제력을 강화해야만 했다. 재정과 군사력의 집중은 흔히 왕권에 대한 도전으로 나타날 수 있었으므로 군대는 분리된 지휘체재 아래 놓아 두어야 했는데 그것은 모반을 막는 확실한 보장책의 일환이었기 때문이다.[3]

왕에게는 국가를 부강하게 만들어야 할 책임뿐만 아니라 국민의 생명과 재산을 보호하고 모든 사람들을 위해 복리를 추구해야 할 의무가 강조되었다. 까우틸리야는 왕의 의무조항에 관하여 언급하면서 왕은 국민의 빼앗긴 재산에 대해서는 주인에게 돌려주거나 혹은 국고에서 배상해야만 하며 왕이 선량한 사람을 처벌했을 때는 30배로 배상해야 한다고 기술하였다. 『아르타사스트라』에는 이러한 점이 강조되고 있다. 〈모든 백성의 행복 속에 왕의 행복이

3) U. N. Ghosal, *A History of Indian Political Ideas*, Oxford University Press, 1986, pp. 120, 125.

깃들어 있으며 또한 그들의 복리 속에 왕의 복리도 자리하고 있다. 왕은 자신을 기쁘게 해주는 것들을 선(善)으로 생각하지 않을 것이며 백성을 즐겁게 해주는 것이면 무엇이나 왕은 선으로 생각할 것이다.〉[4]

왕은 입법권과 행정권을 자유로이 행사하였지만 장관들과 협의하는 것이 기대되었다. 각료회의는 분명히 규정된 정치적 권한을 갖지 못하였으며 모든 결정은 왕의 뜻에 의존하였다. 모든 장관은 왕에게 자유로이 접근할 수 있었지만 정책문제에 있어서는 다만 전체기구로서 왕을 자문할 수 있을 뿐이었다. 왕을 보좌하는 기관으로 국무위원회 Parishad가 있었다. 이 기구는 국정에 대한 견제 역할을 수행하기 위해 설립되었지만 위원에 대한 임면권(任免權)은 왕이 가지고 있었다. 국가 비상시에 주로 활동하였던 협의체인 국무위원회의 인원 구성은 고정된 것이 아니었고 사안의 중요성에 따라 대체로 3명으로부터 12명 사이에서 조정되었다. 정부의 중대한 조치들은 심의를 위해 국무위원회로 보내졌으며 왕이 여기에 참석하는 것이 원칙이었다.

마우리아 제국의 통치는 잘 조직되고 중앙집권화된 관료집단에 의해 수행되었다. 장관이외에도 사제장, 재판장, 군사령관, 궁성수비대장 뿐만 아니라 경찰, 세무, 재정, 광산, 기록의 담당관 등 매우 중요한 직책을 맡은 관리들이 수없이 존재하고 있었다. 각 부서의 우두머리는 공로에 의해 선발되었지만 끊임없이 감독을 받아야 했다. 인간성은 변덕스러운 것이며 권력은 흔히 부패를 낳기 때문이었다. 특히 국고수입을 관리하는 왕실회계국장과 잡다한 세원을 발굴하여 이를 징수하는 책임을 맡은 수세(收稅)국장은 중앙정부의 직접 통제 아래에 있는 핵심의 요직이었다. 행정의 효율성은 결국 이들 관료계급의 정부에 대한 충성심과 능력에 달려 있었다. 마우리아 관료집단은 매우 광범위하고 다양하여 경제 사회생

---

4) Hans Raj, *History of Ancient India*, New Delhi, 1993, p. 192.

활의 모든 부문에까지 깊숙이 침투하고 있었다.

수도 빠탈리푸트라는 매우 거대한 도시였다. 셀레쿠스의 대사로 마우리아 조정에 머물렀던 메가스티네스Megasthenes의 기록이 이를 말해주고 있다. 원본은 유실되고 다만 여러 고전학자들이 그의 기록을 인용하고 있는 데에 간접적으로 의존할 뿐이지만 메가스티네스는 빠탈리푸트라에 관하여 자세히 묘사하고 있다. 인도에서 가장 큰 도시였던 빠탈리푸트라는 길이 9.5마일에 폭이 1.5마일의 규모로서 두 개의 강 사이에 위치해 있었다. 이 도시는 넓고 깊은 도랑으로 둘러싸여 있었으며 또한 570개의 탑과 64개의 문을 갖고 있는 외벽에 의해서 방어되고 있었다.[5]

메가스티네스의 기록이 사실이라면 당시 빠탈리푸트라는 둘레가 20마일이 넘는 대도시였다. 이는 로마 제국 제정 초기의 로마 시보다 큰 규모로서 아마도 고대 세계에서 가장 큰 도시였을 것이다. 어쩌면 메가스티네스는 이 도시를 과장해서 묘사했는지도 모른다. 그는 자신이 대사로 부임해 있는 빠탈리푸트라를 실제보다 크게 보고함으로써 자신의 중요성을 강조하려는 의도를 가지고 있었는지도 모른다.

빠탈리푸트라는 사원, 성, 병원, 정원 등을 구비하고 있는 잘 계획된 도시였으며 또 잘 조직된 행정체제를 갖추고 있었다. 수도행정은 30인 위원회에 위임되었으며 이 위원회는 전체 기구로서 위생문제를 비롯한 시민의 전반적인 복리증진을 도모하고 있었다. 30인 위원회는 다시 6개의 소위원회로 구분되어 활동하였는데 여기에서는 공업 및 임금규정, 외국인에 관한 사무, 인구통계, 상업활동 및 도량형의 감독, 제품의 검사 그리고 징세 업무 등을 각각 분담하였다.

수도를 다스리는 육부(六部)위원회는 중앙정부의 임명에 따라

---

5) S. T. Tripathi, *History of Ancient India*, Delhi, 1987, p. 155. V. Smith, *The Early History of India*, pp. 127-128.

구성되었을 뿐, 베다 시대의 경우와 같이 그 지역에 의해 선출되는 시위원회는 아니었다. 이것은 점차 중앙집권화되어 가는 과정에서 중앙정부가 시위원회의 독립성을 빼앗으려는 노력으로 볼 수 있지만 시가 그 자체의 인장을 사용하고 길드를 직접 다스리는 경우에서 보면 어느 정도 자치의 기능을 발휘하고 있었음을 알 수 있다.

마우리아 제국이 강력한 정치적 힘을 발휘할 수 있었던 것은 충분한 재정적인 뒷받침에 의해 가능하였을 것이다. 엄청난 규모의 군대를 유지하고 관료집단에 급료를 지불하고 또 공공부문에 대한 소요경비를 조달하기 위해서는 막대한 국가예산이 필요하였다. 늦어도 마우리아 제국이 수립될 때쯤 인도의 세제(稅制)에는 커다란 변화가 요구되었다. 지금까지 주민이 자발적으로 왕에게 바치던 예물이 강제적인 형태의 고정된 세금으로 바뀐 것이다. 국가의 가장 주요한 세원(稅源)은 물론 토지세였다. 모든 토지는 황제의 소유라는 논리 아래서 세금이 부과되었는데 농민은 소출의 6분의 1을 납부해야 했으며 이 세율은 대체로 이후 다른 힌두 왕국에서도 기준이 되었다. 그러나 토지의 비옥도에 따라 세율에 기복이 있었던 듯하며 농민의 부담이 가장 무거운 경우 소출의 4분의 1을 세금으로 납부하였다. 그런가 하면 아소카 대왕은 석가의 탄생지인 룸비니 Lumbini 지역에 예외적으로 토지세율을 낮추어 주는 경우도 있었다.

그 외에도 여러 가지 국가의 세입이 있었다. 상인은 이익금의 4분의 1을 세금으로 납부하였고, 목축업자도 세금을 부담하였다. 면허세, 주세(酒稅), 통행세, 임야세도 있었으며, 정부는 광산개발에 대한 독점권을 행사하고 있었다. 결국 이 시대의 납세자들은 농공상인 및 목축업자들이었으며 브라만 계급은 징세 대상에서 제외되었던 것으로 전해지고 있다.

당시의 기록, 특히 그리스인들의 눈에 비친 바에 의하면 인도에는 범죄행위는 매우 적었으나 형벌은 대단히 무거웠다. 중죄에는 사형이나 수족절단의 형벌을 규정하고 경범일 경우 벌금을 부과하였다. 재판정은 중앙과 지방에 설치되어 있었다. 중앙에서는 황제 자신이 재판관이 되어 범죄행위를 다스리기도 하고, 4, 5명의 재판관이 최고법원을 구성하기도 하였다. 지방재판소는 다양한 형태를 보이고 있었는데 우선 주민 스스로가 분쟁을 중재에 의해 해결하는 방법이 있었다. 또 길드가 법정을 구성하거나 부락회의가 재판업무의 기능을 보이기도 하였다.

마우리아 제국은 경찰국가의 성격을 띠고 있었다. 황제들이 그들의 통치목적을 위해 첩자를 조직적으로 양성하여 이용하였다는 점은 특이한 일이다. 찬드라굽타와 까우틸리야는 첩자제도의 중요성을 강조하여 많은 사람을 여기에 동원하였다. 첩자들은 때로는 수도사, 학자, 점성가, 상인 혹은 탁발승으로 변장하고서 활동하기도 하였으며 여자 첩자도 고용되었다. 첩자는 암호를 사용하였으며 외국에도 파견되었다. 황제는 국내문제와 대외문제를 다루는 데 있어서 이들로부터 필요한 많은 정보를 얻고 있었다.

찬드라굽타는 여자 경호원을 두고 이틀밤을 계속하여 같은 침대에 들지 않았다고 전해지는 것으로 보아 첩자제도의 채택은 자신의 안전을 도모하기 위한 방편에서 비롯된 것으로 볼 수 있지만 거기에는 또 다른 목적이 있었다. 첩자는 모든 계층을 자유로이 왕래하면서 여론을 수집하는 것 외에도 황제의 권위와 명성을 높이기 위해서 계획된 소문을 퍼뜨리는 역할을 수행하였다.

사실 마우리아 제국의 첩자제도는 관료제 및 세제와 함께 이후 힌두 왕국들의 통치제도에 큰 영향을 미쳤다. 이들 제도가 갖고 있었던 요소들은 힌두 왕국에서만 찾을 수 있는 것이 아니고 뒤늦게 인도를 지배한 모슬렘과 영국인도 이를 계승하고 보완하여 실시하였던 것이다.

4 마우리아 제국의 경제사회 생활

마가다 왕국 이후 마우리아 제국이 성장하는 정치적 변혁기는 경제적 발전에 있어서도 매우 중요한 단계였다. 이 시기에 고대 인도사회의 경제 사회적 구조가 뚜렷하게 형성되었다. 마우리아 시대의 인도 경제는 농업에 근거하고 있었다. 국민의 대다수는 농민이었고 그들은 촌락생활을 하였다. 새로운 경작지가 개간되고 여기에 주민을 정착시키는 정책이 정부에 의해 추진되었으며 대규모의 하층민 집단이 인구 밀집지역으로부터 이곳에 강제적으로 이주해 들어갔다.

토지에 대한 사유재산권이 존재했느냐의 여부는 가끔 논쟁의 대상이 되었다. 토지소유 형태는 어느 국가, 어느 시대에 있어서도 대단히 복잡한 양상을 띠게 마련이므로 한마디로 분명하게 규정하기는 어렵지만 당시 인도에서는 국토가 곧 왕토(王土)라는 관념이 무리없이 전국적으로 받아들여지는 실정이었다. 비명에도 토지와 물의 소유자는 왕이라는 주장이 강조되었다. 토지는 지배자의 것이었으며 경작자는 단지 소작인에 불과하였다. 토지는 정부의 의지에 따라 수시로 새로운 경작자에게 주어지기도 하고 또 그로부터 빼앗아가기도 하였다.

그러나 예외적으로 서남 해안지방인 말라바르Malabar에는 토지에 대한 분명한 개인소유가 존재하였으며 이러한 형태는 근세까지도 계속되었다. 이곳에서 토지는 조상으로부터 상속받은 사람이 소유하였으며 그는 이 토지를 자손에게 그대로 넘겨줄 수 있는 권리를 지니고 있었다. 여기에서는 소유자의 뜻에 따라 토지를 남에게 양도하거나 매각할 수 있는 처분권이 있었다.

농업의 발달을 가져온 중대한 요인은 철의 광범한 사용에 따른 농기구의 개량에 있었다. 철제 농기구, 특히 쟁기의 광범한 보급은 농사일에 있어서 질적인 효율성을 높였을 뿐만 아니라 생산성

에 있어서도 커다란 향상을 가져왔다. 또 다른 농업 발달의 요인
은 관개시설의 확충에 있었다. 관개시설의 완비야말로 인도의 농
업문제와 빈곤퇴치의 궁극적 방안이지만 마가다 왕국과 마우리아
제국 때 이미 풍작과 안정된 세수를 보장해 줄 수 있는 수리사업
이 강조되고 있었다. 수로를 개설하고 저수지를 만드는 대규모의
관개사업은 정부관리의 지휘 아래 추진되었으며 수세(水稅)는 등
급의 차이가 많았지만 정규적으로 부과되었다.

갠지스 강 유역은 기름진 토지를 가진 농업의 중심지였다. 이
때 인도인들이 재배하였던 주곡은 밀, 보리, 쌀 등이었다. 불교사
료에도 벼 수확에 관한 기록이 가끔 나오며 북인도의 고고학적 발
굴에서도 쌀의 낱알이 발견되었다. 마가다 왕국을 중심으로 하는
북인도에는 벼 재배가 오히려 오늘날보다도 더 광범하게 보급되었
던 듯하다. 한편 서북지방에서는 밀, 보리, 콩이 널리 재배되고 보
다 척박한 곳에서는 기장을 기르기도 하였다.

농업뿐만 아니라 수공업과 상업도 크게 발달하여 도시의 성장을
가져왔다. 기원전 6세기 이후 급격한 성장을 보여온 도시는 수도
빠탈리푸트라의 규모가 보여준 바와 같이 세계적인 도시로 발돋움
하였다. 수공업은 높은 수준에 올라 있었는데 특히 면직업과 금속
세공업이 발달하였다. 베나레스나 마투라Mathura 등지에서도 훌
륭한 면직물이 생산되어 서양에까지 수출되었으며, 간다라 지방은
모직물 생산의 중심지였다. 장인들은 동업조합을 형성하고 자신들
의 강령을 가지고 있었지만 국가가 상품생산과 교역에 관여하였
다. 국가가 직물 및 설탕 공장을 소유하고 있었으며 술의 생산과
판매를 통제하였다. 또 정부가 광산개발, 무기 및 선박제조, 화폐
주조, 소금판매 등에 독점권을 행사하였다.

상인들도 상품판매에 있어서 지역별로 조직적인 활동을 하였다.
수도에서 지방으로 연결하여 건설된 도로가 광범한 상업활동을 촉
진시켰는데 특히 탁실라에서 빠탈리푸트라에 이르는 잘 정비된 간

선도로는 그리스인의 기록에도 훌륭하게 묘사되었다. 육상교역뿐만 아니라 해상무역도 진행되었는데 인도의 상선들이 스리랑카와 서남아시아를 자주 왕래하였다. 또 인도인들은 멀리 그리스, 시리아, 이집트까지 드나들면서 직물, 향료, 보석, 진주, 상아, 가죽 등을 팔았다. 동부 해안지방의 칼링가를 정복한 후로는 인도 상인들은 동남아시아와 중국에까지 그들의 무역활동을 확대하였다. 인도인들이 수입해 오는 상품은 주로 아마(亞麻), 금, 은, 건과(乾果) 등이었다. 이 때 여러 형태의 동전과 은화가 통용되었는데 마우리아 시대의 유물로서 구멍 뚫린 동전이 발굴되고 있다.

마우리아 궁정에 오래 머물렀던 그리스의 메가스티네스는 인도에 노예가 존재하지 않는다고 기록하였지만 인도 측의 사료를 통해 보면 이는 사실과 다르다. 부유한 사람이 가내노예를 소유하였던 것은 흔히 볼 수 있는 현상이었다. 국가의 통제 아래에 있는 공노예(公奴隷)의 성격을 띠고 있던 수드라와 살아 있는 재산으로 취급될 수 있는 노예와는 구별해서 생각할 수 있다. 『아르타사스트라』도 노예가 되는 경우를 출생, 전쟁포로 혹은 죄인에 대한 형벌에서 비롯된 것으로 기록하였다. 노예 노동력이 길드나 광산에서 사용되었으며 노예제는 하나의 인정된 사회제도였다. 주인과 노예 사이에는 법적인 관계가 규정되어 있었는데 예컨대 노비가 주인의 자식을 낳았을 경우 노비와 어린애는 법률적으로 자유인이 되었다. 인도에서 노예는 자유를 살 수도 있었고 주인의 뜻에 따라 노예 신분에서 해방될 수도 있었다.

인도 사회에서 불변의 것으로 남아 있었던 것은 자유인과 노예 사이의 장벽이 아니라 카스트에 의한 신분고정이었다. 메가스티네스가 인도에 노예가 존재하지 않는다고 보았던 것도 자유인과 노예의 구별이 그리스만큼 뚜렷하지 않았기 때문으로 볼 수 있다. 인도에 노예가 다수 존재하였던 것은 사실이지만, 마우리아 왕조를 노예제도에 입각한 사회로 규정해 버리는 것은 논리의 비약이며 이는 다시 심각한 논쟁을 불러일으키는 요인이 된다.

제7장

아소카 대왕의 업적과 문화의 발달

1 인도아대륙(印度亞大陸)의 통일

영국의 유명한 역사가 웰즈 H. G. Wells는 아소카를 〈역사상 가
장 위대한 군주의 한 사람〉이라고 묘사하였다. 아소카의 위대성은
그의 제국의 광대한 영역에 근거를 둔 것이 아니라 그의 통치자로
서의 이념과 인격에 바탕을 두고 이른 것이다. 훌륭한 군주가 나
타날 수 있는 것은 어느 시대에나 있는 것이 아니며 또 어느 나라
에서나 가능한 것도 아니라고 주장하면서 웰즈는 〈역사의 대열에
선 수만 명의 군주 가운데서 아소카의 이름이 빛나고 있으며, 어
쩌면 유일하게 큰 별로서 찬연히 빛을 발하고 있다〉[1]라고 극찬하
였다.

아소카 대왕은 적어도 인도 역사상 가장 걸출한 인물로 인정되
어 오고 있다. 우선 수천 년 동안의 인도 역사를 통하여 가장 넓
은 통일제국을 건설했던 인물이 아소카 대왕이었다. 그는 아쌈 지
방과 최남단 일부를 제외한 현재의 인도 전부와 파키스탄, 아프가

---

1) H. G. Wells, *The Outline of History*, New York, 1949, pp. 402-404.

니스탄, 네팔 등을 대체로 포함하는 실로 인도아대륙의 대부분을 지배하였다. 아소카가 영토를 확장할 수 있었던 이유도 결국 무력을 사용하는 것 이외의 방법에서 찾을 수 없겠지만 불행하게도 그의 군사력이나 정복사업에 관한 기록은 거의 없다. 다만 아소카가 수행한 전쟁으로는 기원전 262년의 칼링가 Kalinga 전쟁만이 유일하게 전해지고 있을 뿐이다.

세계 최고의 성군(聖君)으로까지 불리게 된 아소카 대왕의 위대성은 가장 넓은 판도를 가진 통일제국을 인도에 건설하였다는 사실에만 있는 것이 아니라 오히려 그의 통치이념과 불교옹호정책에서 찾아야 할 것이다. 아소카도 처음에는 대부분의 군주들이 그러하듯이 방탕스럽고 포악한 성격을 보여주었다. 불교 문헌에 의하면 아소카는 이복형 수시마 Susima 등 수십 명의 형제들을 살해하고 제위에 올랐다. 이 내용은 아소카의 앞뒤 생활태도를 보다 뚜렷하게 대조시키기 위하여 지나치게 과장한 것으로 볼 수도 있을 것이다. 아소카는 부왕이 사망한지 4년 후에야 즉위하고 있는데 이 사실은 왕위계승이 분명히 순조롭게 이루어지지 않았다는 것을 추측할 수 있게 한다.

칼링가 전쟁을 일으킨 이유가 어디에 있었는지는 정확히 알 길이 없지만 인도 동부 해안지방의 칼링가 왕국은 마우리아 제국의 패권을 받아들이지 않고 있었다. 메가스티네스의 기록에 의하면 칼링가 왕국은 보병 6만, 기병 1천 및 코끼리 7백 마리의 상비군을 거느리고 있었는데 이 군대가 아소카 시대에는 더욱 증강되었음에 틀림없다. 아소카 대왕이 암석(岩石)에 새겨놓은 칙령에 의하면 아주 처절한 전투 끝에 칼링가족은 아소카에게 패배하여 그 영토는 마우리아 제국에 병합되고 말았다. 전쟁 사상자 뿐만 아니라 전쟁 후에 발생한 질병과 기근으로 수많은 사람이 죽어갔으며 전쟁 포로까지 합하면 피해자는 수십 만 명에 이르렀다.[2]

---

2) R. H. Mookerji, *Asoka*, Delhi, 1972, pp. 16-17, D. D. Kosambi, *An*

아소카는 칼링가 전쟁을 겪은 후 깊은 고뇌 속에 빠져들어 갔다. 칼링가 원주민이 나라와 목숨을 잃고 고통을 당한 것은 자신의 탐욕에서 비롯되었다는 것을 깊이 깨달은 것이다. 아소카는 칼링가 주민의 피해를 사상자와 포로의 고통에만 국한하지 않고 그 가족과 친척들이 당한 피해와 슬픔까지 계산하였다.

아소카는 전쟁으로 인한 물질적 피해보다 원주민이 입은 정신적 고통을 더욱 중요하게 열거하였다. 첫째, 병사가 입은 사망 부상 또는 포로로서 겪은 피해와 둘째, 병사의 가족이 입은 고통과 셋째, 사망 혹은 부상으로 인해 친척 이웃이 당한 고통 그리고 넷째, 원주민의 깊은 슬픔을 짊어져야 하는 패배한 군주의 정신적 번민 등까지 계산하였다. 부모 형제뿐만 아니라 친척과 친구들이 함께 어울려 생활해 가는 전통적인 힌두사회에서 전쟁으로 인한 정신적 상처는 더욱 클 수밖에 없었는데, 아소카가 전투원뿐만 아니라 민간인의 고통까지를 포함하여 계산한 것은 적절한 생각이었다.

아소카는 수십 만 명의 사상자를 내면서 칼링가를 굴복시켰지만 그 곳 주민들을 완전히 정복했다고 느낄 수 없었다. 무력에 의한 탄압은 일시적 정복일 뿐 지속적일 수 없었다. 진정한 정복은 무력으로 이룰 수 없으며 이는 다만 정신적 감화에 의해서 가능하다고 생각하게 되었다. 군주는 물리적 힘으로 국민을 굴복시킬 것이 아니라 도덕적 설득력에 의해 사람의 마음을 움직여야 하며, 군주의 영광이란 지배영역의 범위에 따라 결정되는 것이 아니라 국민으로 하여금 도덕을 중시하며 안정된 생활을 영위할 수 있는 터전을 마련해 주는 것이라고 믿게 되었다. 여기에서 아소카는 정복전쟁을 피하고 비폭력을 그의 생활신조로 다짐하면서 평화 속에서 위안을 찾으려고 하였다.

Introduction to the Study of Indian History, Bombay, 1990, p. 205.

2 불교의 세계 전파와 다르마 정책

아소카는 비폭력 불살생을 강조하는 덕치(德治)를 내세웠으므로 자연히 불교에 귀의하게 되었다. 불교 전설에 의하면 아소카는 칼링가 전쟁 직후 우파 굽타Upa Gupta 승의 설득으로 불교에 귀의하였다. 아소카는 불경을 깊이 공부하고 불전결집(佛典結集)을 행하였으며 또 불적지(佛蹟地)를 순례하였다. 석가의 탄생지인 룸비니 등 그의 불적지 순례는 256일의 긴 여행을 시작으로 10년 동안이나 계속되었다.

아소카 대왕의 가장 큰 업적은 불교를 일개 지방 종파의 지위에서 세계종교로 발전할 수 있는 계기를 마련해 준 것이었다. 대왕은 신민(臣民)의 현세 및 내세의 행복을 추구했을 뿐만 아니라, 더 나아가 세계의 복리를 위한 것보다 지배자에게 부여된 더 큰 의무는 없다고 말하면서 외국에 종교적 포교단을 파견함으로써 이 목적을 실현하려고 하였다. 아소카 대왕은 불교를 비호하여 국내에서의 융성을 도모하였을 뿐만 아니라 아시아·유럽·아프리카의 3대륙을 정신적으로 정복하기 위하여 불교사절단을 파견하기도 하였다. 사절단이 가까이는 스리랑카와 미얀마를 방문하였으며 멀리는 시리아, 이집트, 마케도니아에까지 파견되었다.

아소카는 특히 스리랑카에는 두 번에 걸쳐 대왕의 아들(혹은 동생)인 마헨드라Mahendra와 여동생 상가미트라Sanghamitra를 각각 파견하였다. 그들은 티싸Tissa 왕을 개종시키는 데 성공하였으며 사망할 때까지 그곳에서 포교를 계속함으로써 스리랑카를 소승불교의 대표적인 국가로 만드는 데 공헌하였다.

아소카의 통치이념은 다르마Dharma였으며 이는 대왕이 가끔 자식으로 표현했던 그의 국민이 지켜야 할 행동규범이었다. 다르마는 법이요, 덕이며 의무를 뜻하였다. 아소카는 다르마를 넓은 의미로 사용하였으므로 쉽게 한 마디로 규정할 수는 없지만 그의 다르마는 하나의 신앙체계라기보다는 도덕규범이었다. 이론적인 면보다는 실천적인 면이 강조되었다. 그의 다르마는 가족생활에 근거를 두고 있는 도덕적 교훈을 강조하였다. 부모와 스승과 연장자를 공경해야 하며 고행자, 승려, 친척 및 불쌍한 사람에게 친절하고 동정심을 보여야 했다. 개인생활에 있어서는 관용과 진실과 청렴의 마음을 갖도록 강조하였다. 형식적인 의식보다는 덕행을 추구해야 하며 모든 개인의 행동을 사회적 덕행으로 전환하도록 강조하였다. 다르마에 의한 공략정책에 따라 아소카 대왕은 미개한 원주민에게 도덕을 가르치기 위하여 지금까지의 군사 지도자들을 종교사절단으로 바꾸었다.

대부분의 인도 학자들은 아소카 대왕이 불교의 교의만을 전파한 것이 아니고 인도의 모든 종교에 공통되는 도덕적 교훈을 보급시켰다고 주장하고 있다. 아소카 대왕의 칙령에 의하면 국민은 모든 종교에 관용의 태도를 보여야 할 뿐만 아니라 다른 종교에 대한 존경의 마음을 개발해야 한다는 점을 강조하였다. 모든 국민이 서로 다정하게 대화하고, 마음을 정화하여 서로의 종교 서적을 공부하며, 상대방을 비판하는 것을 삼가하면서 자기의 종교를 찬양하지 말아야 한다고 주장하였다. 아소카 대왕의 다르마에서는 관용이 절대적 의무로 강조되었다. 관용의 요점은 자기의 종파에 유리하고 다른 종파에 불리하게 말하는 것을 삼가는 일이었다. 아소카의 다르마는 모든 종교의 근거를 이루는 사회윤리의 실현을 위해 필요한 실제적 행동규범이었으므로 불교의 다르마와 꼭 같다고 말할 수는 없었다.

아마도 아소카 대왕은 인도의 역대 지배자들 가운데서 가장 경건한 불교도였을 것이다. 아소카의 불교에 대한 열렬한 신앙심과 열의는 그의 오랜 불교성지의 순례와 불교의 가르침을 세계에 전파한 데서 충분히 증명되고 있다. 어쩌면 고대 인도에서 나타난 모든 종교의 기본적인 이론이 크게 다를 바가 없었으므로 아소카의 불교에 입각한 다르마가 다른 종교에도 공통적인 도덕률로 보였을 수 있다.

그러면서도 우리는 아소카로부터 불교신앙의 더욱 깊은 관념이나 기본적인 교의에 관하여 아무것도 들을 수 없다. 아소카는 불교에서 강조하는 사성제, 팔정도 이론이나 인과응보 등에 관하여 전혀 언급하지 않았으며, 그에게서 열반이라는 말이나 개념을 찾을 수 없다.[3] 그는 특정한 종교에 대한 관심보다도, 종교는 다르더라도 모든 국민이 화목하면서 사회적 선행의 습성을 기르는 일에 노력하기를 희망하였다.

아소카 대왕이 다르마 정책을 추구한 데에는 개인적인 믿음뿐만 아니라 그 시대의 상황과 대제국을 통합해야겠다는 이상이 필수적으로 작용하고 있었다. 인도 국민은 지역적 구분을 근거로 하여, 또 문화의 상이함에 따라 분열되어 있었으므로, 그들 사이에 통합을 튼튼하게 하는 공통의 이념이 요구되었으며 여기에서 그는 다르마의 이념을 취했던 것이다. 다시 말하면 인도아대륙의 거의 전역을 통합한 그의 광대한 제국은 힘의 정치에만 의존할 수 없었으므로 도덕정치인 다르마 정책이 필요했던 것이다.

그의 다르마는 어느 종교에 소속된 사람에게도 받아들여질 수 있는 개인적 사회적 도덕규범이었다. 아소카 대왕은 다르마를 인도 전역 심지어 산악지방의 주민에게까지 전파하려는 열렬한 마음을 가지고 있었으며, 그의 이상은 인도에만 한정된 것도 아니었다. 그의 다르마는 권력을 유지하기 위한 수단으로 의도된 것이 아니라 인도와 더 나아가 세계에 평화와 선린과 동정심을 확고히 세우기 위한 도구로서 채택되었던 것이다.

아소카 대왕은 다르마를 보급시키기 위하여 그의 사상을 돌이나 바위에 많이 새겨 놓았다. 아소카의 다르마는 모든 국민으로 하여

---

3) H. Dodwell ed., *The Cambridge History of India, I. Ancient India*, Cambridge University Press, 1978, p. 455.

금 잔인하고 노여워하고 질투심 많은 온갖 죄악의 감정을 버리도록 권고하였다. 아소카 대왕은 사람과 동물에 대한 철저한 불살생을 내세워 모든 생명의 신성함을 강조하였다. 대왕은 국민에게 권고한 바를 몸소 행하였다. 궁중에서 육식을 금하고 스스로 사냥을 중지하였다. 오락을 금하고 종교적 축제를 장려하였다. 술과 도박 등을 규제하기 위하여 특별 감독관을 두었으며 여행하는 사람들을 위하여 우물과 숙박소를 마련하였다.

아소카 대왕의 다르마 정책은 성공적으로 수행되어 그의 국가는 광대한 제국이었으면서도 평화가 유지되었다. 대왕은 통치하는 데 있어서 유화책으로만 나아가지는 않았다. 모든 국민은 법과 재판 앞에서 평등해야 한다고 생각했으면서도 범법자에 대한 처벌을 완화한 것은 아니었다. 그는 개화된 통치의 모범을 설정해 놓고 이웃 나라에 새로운 통치의 장점을 과시함으로써 전세계의 도덕적 지도자의 위치를 획득하려고 하였다. 아소카 대왕은 제국주의적 야망을 결코 포기하지 않았으며 다만 이 야망을 불교의 세계시민적 인도주의적 윤리와 결합시켰을 뿐이다.

아소카 대왕이 다르마 정책을 추구했던 이유는 그의 개인적 믿음과 그 시대의 상황과 대제국을 통합해야겠다는 정치적 필요성 등이 함께 어울려 작용한 데 있었다. 마우리아 제국은 브라만교에 적대적이었다고 말할 수는 없지만 분명히 자이나교와 불교에 더욱 동정적이었다. 그러한 느낌은 아소카 대왕과 불교와의 관계 뿐만 아니라 시조인 찬드라굽타가 말년에 자이나교를 받아들였던 데서도 엿볼 수 있다. 자이나교와 불교 등은 경제적 사회적 변화에 따른 결과로 새로이 나타난 개혁종교였으므로 이들 신흥종교는 마우리아 제국에서 분열적인 요인으로 작용하고 있었다. 여기에서 사회적 통합을 유지하기 위한 필요에서 아소카 대왕의 다르마 정책이 추진되었다고도 볼 수 있다. 그의 다르마에 의한 통일정책은 오랫동안 지속되지는 못하였다 하더라도 대제국을 힘이 아닌 정신적 감화를 통하여 다스릴 수 있다는 가능성을 충분히 보여 주었다.

3 마우리아 시대의 미술

인더스 문화유적을 제외하면 마우리아 제국 이전의 미술품은 많이 발견되지 않고 있다. 마우리아 시대의 미술은 그리스 및 페르시아 미술의 영향을 크게 받았다고 보는 것이 일반적인 견해이다. 특히 조각과 건축은 이들 지역과의 오랜 교류를 통하여 영향을 받은 것이지만 이 시대의 인도 미술이 단순히 그리스 및 페르시아 미술을 그대로 모방한 것은 아니었다. 나무와 진흙으로 만든 미술품은 마우리아 제국 이전에 이미 인도인 자신들에 의하여 독창적으로 제작되었다. 인도의 고대미술에는 세속적인 것이 없는 것은 아니지만 종교적 미술이 지배적이었다. 그러나 이러한 작품들은 종교적 설교자들에 의해서가 아니라 인간과 자연세계를 사랑한 세속적 장인과 미술가들의 노력에 의하여 창조되었다.

아소카 대왕이 인도문화에 끼친 공헌은 매우 크다. 그는 훌륭한 미술품을 제작하는 데 있어서 목재나 벽돌 대신에 돌로 대체하도록 하였다. 대왕은 전국에 걸쳐 훌륭한 예술적 기념비를 세워 놓았다. 마우리아 제국 때 후세에 남을 수 있는 작품을 만든 것은 아소카 대왕의 후원에 힘입은 것들이었다. 이 시대의 미술은 불교적 특징을 띠고 있었는데 불교를 포교하기 위한 수단으로 작품을 만들기도 하였다.

아소카는 각지에 높은 건축미를 간직한 탑Stupa과 석주Pillar를 수많이 세워 놓았다. 아소카 대왕은 과장된 듯 하지만 전국에 걸쳐 약 84,000개의 탑과 약 40개의 석주를 건조한 것으로 전해지고 있다.[4] 한편 아소카가 수도승의 거처로 지은 석굴이 바라바르

---

4) R. C. Majumdar ed., *The History and Culture of the Indian People*

Barabar, 나가르준 Nagarjun, 수다마 Sudama 및 까르나 Karna 구릉 등지에서 발견되는데 이것들은 마우리아 건축의 훌륭한 모습을 보여주고 있다.

원래 위대한 군주나 승려의 시체를 화장한 후 유골 위에 탑을 세워 기념비로 만드는 풍습은 오래 전부터 존재하였으며, 석가 출현 이후 탑의 건축은 완전히 불교적인 특징을 보여주게 되었다. 원래는 석가의 진신사리(眞身舍利)를 봉안하기 위하여 탑이 만들어졌지만 그후 석가의 생애 및 불교사(佛敎史)와 관련하여 중요한 의미를 지닌 돔 형태의 탑들이 곳곳에 세워졌다. 웅장한 산치 Sanchi 대탑(大塔)이 대표적인 것으로서 반경이 121피트이고 높이가 77피트인 이 탑은 아소카 시대에는 전탑(塼塔)으로 세워진 것을 후에 돌로 둘러쌓아 규모를 크게 확대한 것으로 보인다.

석주의 크기는 다양하지만 대체로 약 50피트 높이의 한 개의 돌로 만들어 세웠다. 사암(砂岩)을 끌로 섬세하게 조각하여 광택이 나도록 윤을 내었다. 석주의 윗 부분에 연꽃을 조각하고 맨 위에는 사자나 황소 등의 모양을 새겨놓았다. 이 미술품은 고대국가의 어느 동물조각도 여기에 견줄 수 없을 만큼 정교하게 만들어졌으며 〈형태와 기법의 관점에서 볼 때 가장 아름다운 조각술의 모범을 보인 걸작품〉[5]이라고 인도 고고학의 아버지로 불리는 존 마샬은 평가하였다.

최고의 걸작품은 아마도 사르나드에 있는 사면사자상(四面獅子像)일 것이다. 둥근 모양의 받침 위에 네 마리의 동물을 새기고 동물 사이에는 윤회를 의미하는 원(圓)의 그림을 배치해 놓았다. 동물상 위의 맨 꼭대기에는 사방을 바라보고 있는 사자상을 정교하게 조각하여 놓았다. 이 걸작품은 제국의 권위와 힘을 표현한 것으로서 석주에서도 볼 수 있는 사자상은 최근 독립 후에 인도의

II. *The Age of Imperial Unity*, London, 1985, p. 86. L. P. Sharma, *Ancient History of India*, New Delhi, 1989, pp. 142-146.

5) R. C. Majumdar, 위의 책, p. 86.

사면(四面) 사자상과 아소카 대왕의 석주

산찌 대탑

상징으로 채택되었다. 사면사자상은 최고 수준의 작품으로 가장 많이 알려져 있을 뿐만 아니라 마우리아 시대의 예술가들이 처음부터 부딪쳤던 어려운 문제, 즉 다른 동물들과 백수(百獸)의 왕인 사자와의 관계를 아주 성공적으로 해결한 것이었다. 이제 인도 미술은 아소카 대왕의 다르마 정책과 더불어 지역적이고 원시적인 미술의 지위에서 고상한 제국의 위엄을 지닌 미술로 발전하게 된 것이다.

사료적 가치가 큰, 흥미 있는 기념물로서는 왕명에 의하여 만들어진 아소카 대왕의 유명한 비명(碑銘)이 있다. 30개 이상이나 발견되는 비명은 바위, 돌, 동굴 벽, 석주 등에 글을 새겨 놓은 것을 말한다. 비명은 매우 귀중한 사료로서 불교 사료와 함께 아소카 시대의 역사를 비교적 많이 정확하게 알려주고 있다. 아소카 대왕의 칙령을 캘커타의 조폐국에 근무했던 영국인 아마추어 금석학자 (金石學者) 프린세프James Prinsep가 1837년에 처음으로 판독한 후 이 방면에 관한 연구가 활발히 진행되었다.

비명이 산재해 있는 지역적 범위는 아소카 대왕이 지배하였던 거의 인도 전역에 걸쳐 있다. 즉 히말라야에서 마이소르 지방에 이르고, 동서로는 벵골 만에서 아라비아 해에 이르는 광대한 지역에서 발견되고 있다. 탑, 석주 등과 함께 비명은 아소카 대왕이 통치하였던 마우리아 제국의 판도를 분명히 알려줄 뿐만 아니라 예컨대 루민데이Rummindei 석주에 새겨진 문구는 대왕의 불교성지 순례 사실과 함께 전설로만 이야기 되어 왔던 석가의 탄생지를 정확히 증명해 주고 있는 것이다.

비명은 또 아소카 대왕의 통치원리 및 실천윤리와 함께 대왕에 관한 재미있는 자전적 기록까지 보여 주고 있다. 비명의 내용은 지역에 따라 다르며 예컨대 칼링가 지방의 비명에 적힌 아소카 대왕의 포고령은 새로이 정복된 지역과 국경지방에 거주하는 주민들에 대한 통치원칙 등을 밝히고 있다. 아소카 비명은 서북지방 등

몇 개 지역을 제외하고는 제국 전체에 걸쳐 하나의 공통된 대중언어Brahmi로 기록되어 있다. 이는 분명히 국민 전체가 그 내용을 쉽게 읽고 이해하기를 바라는 의도에서였을 것이다.

국민에게 홍보하기 위한 목적에서 만들었던 이러한 비명은 사람이 많이 다니는 큰 길가 혹은 성지순례객들이 모이는 곳에 위치해 있었다. 아소카 대왕의 비명은 설법뿐만 아니라 칙령과 법규까지 담고 있으면서도 거기에는 대왕의 내적 감정과 다르마에 의한 통치이상을 제시함으로써 인도 국민을 감화시킬 수 있었다. 따라서 아소카의 제국은 근대인도의 꿈이었던 정치적 문화적 통일을 가져왔던 것이다.

제 8 장
정치적 분열시대와 쿠산 왕조

1 마우리아 제국의 멸망

마우리아 제국은 아소카 대왕이 사망한 후 7-8명의 왕에 의해
약 반 세기 동안 존속하였다. 아소카 대왕의 왕위는 아들 꾸날라
Kunala가 이어 받았다는 주장과 곧 바로 두 손자에 의해 직접 계
승되었다는 설이 있다. 아무튼 손자인 다사라타Dasaratha가 동부
지방을 다스리고, 삼프라띠Samprati가 서부지방을 장악함에 따라
광대한 마우리아 제국은 양분되는 운명을 맞게 되었다. 막강했던
국력과 권위를 잃고 쇠퇴일로를 걷던 통일제국은 마지막 왕 브리
하드라타Brihadratha가 군사령관 푸쉬야미트라Pushyamitra에 의
해 시해됨에 따라 결국 멸망하고 말았다(기원전 187).
　인도아대륙을 거의 장악하여 인도 역사상 가장 넓은 통일제국을
건설했던 마우리아 제국이 급격히 쇠망의 길을 걷게 된 데 대해서
는 여러 가지 멸망 원인이 제시될 수 있다.
　첫째, 아소카 대왕의 정책에 대한 브라만 계급의 반격이 마우리
아 제국을 멸망으로 이끌었다는 주장이다. 대왕은 불교를 비호하

고 비싼 제물을 바치는 종교의식을 금지시켰을 뿐만 아니라 도덕 생활을 지휘 감독하는 브라만 계급의 권위를 약화시켰고 또 일률 적인 사법절차와 처벌제도를 도입하였다. 이와 같은 조치들은 브라만 계급이 지금까지 누려왔던 특권들을 계획적으로 침해하는 것으로 생각되어 그들이 반발하게 되었다. 그 결과가 푸쉬야미트라에 의해 수행된 브라만 계급의 반란이었다는 것이다.[1]

둘째, 아소카 대왕의 아힘사[不殺生]정책이 제국을 붕괴로 몰고 갔다는 이론이다. 마가다 왕국과 마우리아 제국의 군주들이 열성적으로 추진했던 호전적인 정책이 아소카 대왕에 의해 다르마 정책으로 전환하면서 모든 생명을 존중하는 불살생 이론이 강조되었다. 모든 전쟁을 피하고 공격정책을 포기함으로써 아소카는 제국의 통치 기반 자체를 약화시켰다. 칼링가 전쟁 이후 군사적 활동이 중단되고 대왕 자신이 아힘사 이념을 끊임없이 전파함으로써 국가의 군사조직 뿐만 아니라 국민성도 커다란 영향을 받게 되었다. 대왕의 정책은 전쟁 기술은 말할 것도 없거니와 병사들의 강인한 기질과 군대의 투쟁력을 약화시켰으며 인도 국민도 전체적으로 전쟁을 혐오하게 되었다. 반란에 직면한 각지의 지사들은 효과적으로 대처하지 못했으며 외적이 침입해 왔을 때 마우리아 군대의 무력(無力)이 노출되었다. 알렉산더 대왕을 계승했던 셀레쿠스의 강력한 군대를 막아낸 마우리아 군대가 그보다 훨씬 약한 같은 계통의 박트리아족의 침공을 물리칠 수 없게 되었다.

셋째, 아소카 대왕의 후계자 가운데는 다르마에 의하여 광대한 제국을 다스릴만한 뛰어난 인물이 없었다. 마우리아 제국의 쇠퇴는 대왕이 사망한지 불과 십 년만에 시작되었는데 후계자들은 위대한 도덕적 지배력도 갖추지 못하고 한결같이 나약한 인물들이었으므로 곧 각지에서는 제국으로부터 이탈하려는 기운이 나타났다.

---

1) R. C. Majumdar, *The History and Culture of the Indian People II, The Age of Imperial Unity*, London, 1985, p. 91.

카슈미르와 간다라 Gandhara에 독립국이 일어나고 특히 데칸 지방의 안드라족 Andhras은 반기를 들고 일어나 빈다야 산맥 남쪽 지방을 마우리아 제국의 굴레로부터 해방시켰다. 또 변경을 다스렸던 관리들이 중앙정부가 약화된 틈을 타서 독립군주의 탐욕을 드러내기 시작했지만 황제는 이들을 단호하게 억압할 힘을 잃고 있었다.

넷째, 재정적 어려움이 마우리아 제국을 멸망으로 이끌었다는 주장이다. 광대한 제국을 유지하는 데는 대규모의 군대와 관료가 필요했으며 여기에 필수적으로 엄청난 재정적 뒷받침이 요구되었다. 점차 증가해 가는 국가의 경비를 충당하기 위하여 국민에게 무거운 부담을 지웠으며 여기에서 농민과 상인들의 생활은 점차 어려워졌다. 즉 지배자와 피지배자 양측의 재정적 어려움이 제국의 붕괴를 가져왔다는 주장이다.

다섯째, 고도로 중앙집권화된 관료제와 그리고 하나의 국가와 민족에 대한 관념의 결여가 제국을 붕괴로 이끌었다는 이론이다. 제국의 성공은 이 관료집단의 능률과 충성에 달려 있었는데 정부는 이들을 고용할 수 있는 적절한 방안을 발견하지 못했었다. 국민의 대표의회도 없었고 국민의 국가 관념도 결여되어 있었다. 행정과 사법을 분리하려는 시도도 없었다. 국가와 황제 사이의 구별이 없었으며 모든 것이 황제의 권력과 능력에 달려 있었다. 결국 제국의 멸망 원인은 권력이 소수의 손 안에 집중되고 민족의식이 결여된 데 있었다.[2]

그러나 위의 멸망 원인에 대한 주장을 음미해 볼 때 아소카 대왕이 브라만 계급을 잘못 다루었거나, 또는 브라만 계급이 아소카 대왕 이후 마우리아 왕실에 조직적으로 대항하고 일어났다는 아무런 증거도 없다. 더욱이 브라만 계급의 반항에 따라서 어떤 국민

---

2) Romila Thapar, *Asoka and the Decline of the Mauryas*, London, 1981, p. 276 이하.

봉기도 있었다는 증거는 없다. 푸쉬야미트라는 브라만 계급 출신으로 군사령관이었지만 그가 왕위를 찬탈하는 데 성공한 것은 불만에 가득찬 브라만 계급의 우두머리로서보다는 군사력을 장악한 자의 하극상이었다는 점에 유의해야 할 것이다. 또 재정적 빈곤이 멸망원인이었다는 주장도 너무 강조할 것이 못 된다. 당시 국가재정은 안정되고 국민생활이 비교적 풍족했었다는 점을 고려하면 경제적 원인은 크게 설득력을 얻지 못하고 있다.

또 민족의식이니 혹은 민족주의니 하는 개념은 근대사의 산물이므로 복잡다양한 사회구조를 보이고 있는 인도의 고대사에서 이를 강조하는 것은 지나친 요구가 될 것이다. 한편 당시에 민주 시민 사회에서나 기대할 수 있는 강력한 백성의 대표기관이 존재하면서 그 기능을 제대로 발휘한다는 것은 상상하기 어려운 일이므로 이 주장도 설득력이 약하다고 할 것이다.

이외에도 지방관의 횡포와 주민들의 불만, 먼 지방과의 원활한 교통 통신수단의 결여, 궁중음모 등등의 일반적인 멸망 원인이 열거되고 있다. 물론 직접적인 멸망 원인은 박트리아인 등 이민족의 잦은 침입과 국내에서의 성공적인 반란으로 국력이 약화된 틈을 타서 부하 장군이 왕을 시해한 사건에서 찾을 수 있다. 하극상 사건으로까지 몰고 갔던 제국 내부의 불화에다가 외적의 침입까지 겹쳐 결국 마우리아 제국은 붕괴되고 말았던 것이다.

2 이민족의 침입과 그리스 왕조

마우리아 제국이 멸망하고 굽타 Gupta 왕조가 일어날 때까지 3백 여년 동안 인도는 정치적으로 분열 상태가 계속되었다. 마우리아 왕위를 찬탈했던 푸쉬야미트라는 숭가 Shunga 왕조를 세워 브라만 의식을 부활하는 등 철저한 힌두 국가를 건설하려고 노력하였다. 옛 마가다 왕국과 그 주변 지역을 지배했던 숭가 왕국은 그리스 세력 등의 끊임없는 침입에 직면하여 크게 위세를 떨치지 못하였다. 제10대 왕 데바부티Devabhuti는 방탕 생활을 하다가 브라만 계급 출신의 장관 바수데바Vasudeva에 의해 시해됨으로써(기원전 73) 숭가 왕조는 그 종말을 맞고 말았다.

마우리아 왕조 이후 정치적 통합이 깨지자 인도는 곧 외부로부터 침입을 받게 되었다. 알렉산더 대왕의 후계자 가운데 한 사람이었던 셀레쿠스는 인도의 서북지방까지 그 속주로 지배하고 있었으나, 그의 사망 후 동방제국은 분열되어 파르티아(Parthia : 安息國)와 박트리아(Bactria : 大夏)가 출현하였다. 박트리아가 더 강한 나라로 출발하였으며 인도 서북지방으로 세력을 확장하였다. 박트리아의 그리스인 지배자들은 기원전 2세기까지 페샤와르Peshawar를 다시 장악하였으며 마우리아 지배가 붕괴됨에 따라 곧 펀잡 전역을 그들의 통제 아래 두었다.

불교로 개종한 메난더Menander 왕은 사갈라(Sagala : 현 시알코트Sialkot)를 수도로 하여 펀잡 지방을 다스렸으며 그를 포함한 알렉산더 대왕의 여러 정복 후예들은 제우스Zeus, 아폴로Apollo, 헤라클레스Heracles 등의 얼굴을 새긴 훌륭한 주화(鑄貨)를 만들었다. 불교 사료에는 밀린다Milinda로 표기되기도 하는, 메난더 왕이 만든 주화는 멀리 카불에서 뿐만 아니라 델리 부근의 마투라에서도 발견되고 있다. 주화에 불교 색채가 농후한 무늬가 있는 점으로 보아 메난더 왕은 불교를 적극 옹호하였음이 틀림없다. 또한 불교 사료에는 불교학자 나가세나Nagasena가 메난더 왕을 불교로 개종시켰던 사실과, 왕이 던진 신랄한 질문에 대하여 두 사람 사이에 이루어진 대화를 기록하고 있다. 불교도들은 이 대화에 대하여 불경만큼이나 큰 비중을 두고 있으며 메난더 왕이 사망하였을 때 불교의식에 따라 그의 유골은 전국 각지에 뿌려졌었다.[3]

---

3) H. Kulke, *A History of India*, London, 1986, p. 74.

그리스의 지배가 인도에 미친 정치적 영향은 미미한 것이었으며 다만 잇따라 들어오는 외부 침략자들의 인도 정복을 용이하게 했을 뿐이다. 오히려 역사가들의 관심을 끄는 것은 고도로 발달된 주화의 제조 기술을 인도가 그리스인으로부터 습득한 사실이었다. 인도 역사상 어느 시대에도 이때보다 더욱 인상적인 주화를 만든 일이 없었기 때문이다. 이때의 동전 형식이 다음의 왕조들에게 전해져 고대인도에서 제조된 모든 주화의 모델이 되었다. 그리스 왕에게는 주화의 제조가 왕의 권위를 널리 알리는 도구일 뿐만 아니라 교역을 발전시키는 실제적인 방편이었다. 지배권과 교역이 밀접한 관계를 맺게된 것은 그리스인 지배자로부터 후대의 인도 왕들이 터득한 바이기도 하였다.

인도 서북지방의 그리스 왕국은 중앙아시아의 유목민에 의해 멸망하였다. 중국의 강력한 대흉노(對匈奴) 정책에 따라 기원전 2세기 경 흉노족은 신강(新疆)지방이 본향이었던 유치(Yuechi : 월씨(月氏))라는 유목민을 공격하자 유치족이 아프가니스탄에 정착해 있던 사카족(Sakas : Scythians)을 밀었다. 사카족이 박트리아를 멸망시키는 데 결정적인 역할을 한 것으로 알려지고 있다. 사카족은 세력권을 인더스 강 하류까지 확대하기도 하였으나 파르티아족과 동화되고 말았다. 인도의 문학이나 역사에서는 사카족과 파르티아족을 동일시하고 있기 때문에 두 민족을 분명히 구별하는 데는 어려움이 있다.

이들 이민족들은 알렉산더 대왕의 경우와 같이 인도를 속주로 만들기 위해서 침입해 왔던 것이 아니고, 그들의 목적은 인도에 정착하여 그들 자신의 국가를 건설하려는 것이었다. 또한 인도인들은 이들 이민족을 받아들인 후 점차 개종시켜서 인도 사회에 정착하도록 하였다. 따라서 이 기간에 인도로 침투해 들어왔던 여러 유목민은 어떻게 보면 침략자가 아니라 평화적 이주민이었다.

3 쿠샨 왕조의 발전

유치라는 유목민을 인도사에서는 쿠샨족 Kushans 이라고 기록해왔는데 그것은 그들 일파가 힌두쿠시 Hindu Kush 산맥으로부터 카불 지방으로 들어왔기 때문에 붙여진 이름이다.

유치족은 사카족을 무찌르고 박트리아와 옥서스 Oxus 강 유역에 그들의 지배권을 확립하였다. 유치족은 다섯 개 세력으로 분열되어 있었는데 쿠샨족은 그 가운데 하나였다. 쿠샨족의 지도자 카드피세스 1세 Kujala Kadphises I 는 5개의 유치족 소국(小國)들을 병합하여 스스로 왕이라 칭하고 쿠샨 왕국을 수립하였다(40년경). 그는 파르티아족을 공격하여 카불과 카슈미르 지방을 장악하였으며, 이어서 간다라 Gandhara 지방과 남(南)아프가니스탄을 정복하였다. 그는 힌두쿠시 남쪽 지방에서 처음으로 주화를 만든 왕이기도 하였다. 카드피세스 2세 Vema Kadphises II 도 부왕의 공격정책을 계속하여 펀잡 지방을 손에 넣고 나아가 마투라에 이르는 북인도를 장악하였다. 카드피세스 1세는 주화의 형태로 보아 불교에 기울었던 것으로 보이나, 카드피세스 2세는 힌두신 시바를 열렬히 신봉했던 인물이었다.

쿠샨 왕조의 군주들은 자신들을 대왕이나 왕 중 왕 혹은 중국의 왕호를 연상케 하는 천자(天子)라고 부르기도 하였다. 아마도 이러한 칭호는 쿠샨 왕조의 절정기에 해당하는 제3대 카니슈카 (Kanishka, 78(120)-144년 경) 왕 때에 사용되었을 것이다. 쿠샨 왕조의 정치사 및 문화사 측면에서 볼 때 카니슈카는 분명히 가장 뛰어난 인물이었다. 카니슈카는 찬드라굽타 마우리아의 군사적 재능과 아소카 대왕의 종교적 열정을 겸비한 인물로 알려지고 있다. 인도에 침입해 들어온 여러 이민족 가운데서도 쿠샨 왕 특히 카니슈카 왕은 인도의 지배자로 인정되어 왔다. 그것은 그의 수도가 보통 인도 국경지방으로 생각되어 왔던 페샤와르였고, 또 그는 원래 쿠샨 왕국의 동부지방의 지사였기 때문이다. 그는 카드피세스 2세의 상속자로서 계승한 것이 아니라 선왕(先王)이 사망하자 각 지방의 지사들 사이에 일어난 권력투쟁을 거쳐 왕위에 오른 것으로 보인다.

카니슈카 왕은 갠지스 강 유역으로 통치권을 크게 확대하였으며, 남쪽으로는 산치에 이르러 중부 인도에 근접하였다. 따라서 그의 세력범위는 아프가니스탄, 간다라, 카슈미르, 펀잡, 네팔 및 베나레스 등을 포함하였는데 지배 영역은 당시에 새겨진 비명에 의해서 증명되고 있다. 카니슈카 왕은 유능한 행정가였다. 그의 왕국은 마우리아 제국에 비하면 작은 규모였지만 지배하는 동안에 평화와 질서가 유지되었다. 카니슈카 왕은 수도 페샤와르 주변지역을 통치하고 먼 지방은 그의 지휘 아래 지사로 하여금 다스리도록 하였다. 지사들은 자신의 지역에서 많은 권한을 독자적으로 행사하였지만 왕에게 대하여 반란을 도모했던 흔적은 없었다. 지사가 파견되어 다스렸던 곳은 마투라, 베나레스, 코삼비 Kausambi, 아요디야 Ayodhya 및 서북 변경지역 등이었다.

카니슈카 왕은 그의 생애의 대부분을 전쟁을 수행하는 데 보냈으며 그가 출정할 때에는 아들로 하여금 통치케 하였다. 그러나 쿠샨 왕조는 단지 인도의 몇 개 주를 병합했을 뿐이며, 쿠샨족이 인도의 많은 지역을 정복했다고는 결코 말할 수 없다.

그리스인, 사카족, 파르티아족 등이 인도로 침투해 들어오고 특히 쿠샨 왕조가 인도의 서북지방을 석권함에 따라 인도는 중국 및 중앙아시아와 교역을 활기차게 추진해 나갈 수 있었다. 인도와 로마제국과의 무역로도 재개되었다. 인도는 서양세계와도 활발한 무역을 추진하고 있었는데 인도인들은 로마제국에 사치품을 수출하였고 대신에 많은 금을 가져왔다. 카니슈카 왕이 만든 주화는 로마황제가 발행했던 것과 매우 유사한 모양을 갖춘 것들이었다. 쿠샨 왕국에서는 여러 모양의 화폐 특히 훌륭한 금화가 만들어졌는

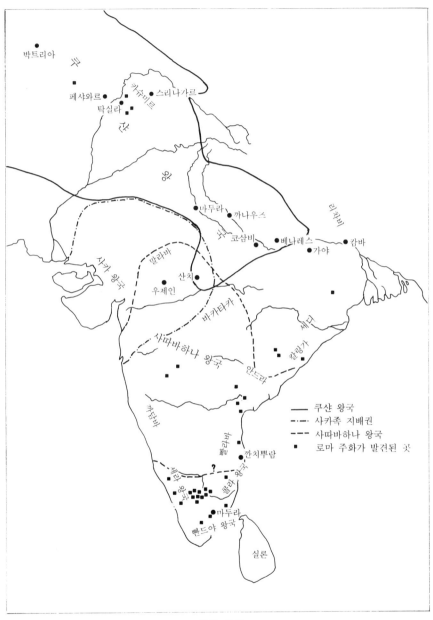

박트리아

페샤와르
탁실라   카슈미르 • 스리나가르

박트리아

까나우스
만두라
코삼비 • 베나레스 • 깐바
가야

시카 왕국   말라바
산치
우제인

바카타카

사따바하나 왕국   안드라   세나

칼링가

카타라

깐치뿌람

?

마두라
빤드야 왕국

실론

쿠샨 왕국
사카족 지배권
사따바하나 왕국
■ 로마 주화가 발견된 곳

쿠샨 왕조

데 서양 세계와의 활발한 상업적 교류가 쿠샨족으로 하여금 금화의 가치를 인식하도록 만들었던 것이다. 번성한 상업활동은 당연히 진보된 수공업에 의해 뒷받침 되었음에 틀림없으며 이러한 사회적 환경이 궁극적으로는 정치뿐만 아니라 문화적 활동에까지 커다란 영향을 미치게 되었다.

쿠샨 왕조는 카니슈카 왕이 사망한 후 기껏해야 일 세기 정도 지속되었을 뿐이다. 카니슈카 왕의 쿠샨 왕국은 페르시아와 중국에 접하고 있었다. 아마도 카니슈카 왕은 중국의 반초(班超, Pan-chao) 장군에게 패한 듯하며 몇 년 후에는 복수전을 감행하기 위하여 파밀 고원을 넘어 원정하였다. 그의 원정은 성공하였지만 카니슈카는 도중에서 부하들에 의해 피살되고 말았다. 카니슈카 왕의 끊임없는 전쟁에 지친 군대가 반란을 일으켜 그를 살해했던 것이다.

카니슈카 왕은 왕자 바시스카Vasishka에 의해 직접 계승되었지만 그의 지배는 단명으로 끝나고 역시 왕자인 듯한 후비스카Huvishka가 즉위하였다. 후비스카의 지배 시기에 카니슈카 2세 Kanishka II라는 이름이 나오는 것으로 보아 동일인이든지 혹은 후자는 바시스카의 아들로서 얼마 동안 공동 통치의 기간을 거쳤던 듯하다. 다음으로 바수데바Vasudeva가 계승하였는데 후비스카가 불교를 받아들였던 것과는 대조적으로 그는 정통 힌두교에 철저히 귀의했던 인물이었다. 바수데바 이후 쿠샨 왕조는 급격히 몰락해 갔다. 기원후 3세기 초부터는 정치적 사실이 확실치 않은데 이것은 쿠샨 왕국이 점차 쇠퇴해 가는 것을 의미한 것이다. 쿠샨 왕국은 페르시아 사산Sasan 왕조의 세력 확장으로 3세기 중엽부터 멸망 상태에 이르렀으며, 얼마 후에 인도에는 굽타 세력이 출현하게 되었다.

4 중남부 인도의 여러 세력들

인도 서북지방에서 쿠샨 왕조가 성쇠의 역사를 보여주고 있을 때, 인도의 다른 지역에서는 대부분 국가의 형태도 제대로 갖추지 못한 세력들이 할거하고 있었다. 구자라트, 까티아와르 지역을 중심으로 인도 서부지역에서 활약했던 실력자들 Western Satraps이 대표적이다. 부마카 Bhumaka와 나하파나 Nahapana 등의 이름이 거론되는데 후자가 보다 뛰어난 인물로서 북으로는 아즈메르 Ajmer와 남으로는 나시크 Nasik 및 뿌나에 이르러 데칸 고원의 일부까지 지배하였다. 그는 2세기 초 사실상 독립군주로 세력을 떨쳤는데 이러한 사실은 주화와 비명 등에 의해 증명되고 있다. 이 지역은 남쪽의 사따바하나 Satavahana 왕에 의해 점령되었지만 곧 사카족의 루드라다만 Rudradaman에 의해 통합되었다. 루드라다만은 서부 인도를 사실상 지배하여 북쪽의 쿠샨 왕국과 남쪽의 안드라 Andhra 왕국과 함께 한때 인도에서 제3의 세력으로 부상하기도 하였다.

북인도에는 옛 코살라와 바트사 왕국에 아히치하르트라 Ahich-chhartra, 코삼비 및 아요디야 세력들이 존재하였으며, 동부 인도의 해안지방에는 칼링가 왕국이 재기하고 있었다. 아소카 대왕에 의해 무자비하게 정복당했던 칼링가는 특히 카라벨라 Kharavela 왕 때에 번성하였다. 그는 자이나 교도였음에도 불구하고 뛰어난 정복가요, 행정가였다. 또한 왕 자신이 음악가로서 가무와 축제를 통하여 국민 생활을 즐겁게 하려고 노력하였으며, 관개사업에도 열성을 보였던 인물이었다.

데칸 지방을 중심으로 중부 인도에 강력한 안드라 왕국이 존재하였다. 안드라족은 오래 전에 아리아족과 비아리아족이 혼혈된 인종이었다. 마우리아 제국이 쇠망한 후 시무카 Simuka란 인물이 숭가 왕조의 지배를 벗어나 고다바리 Godavari 강과 크리슈나 Krishna 강 사이의 지역 즉, 안드라 지역에 안드라 왕국을 수립하였다(기원전 60년경). 시무카는 원래 마드라스 주(州) 벨라리 Bellary 지방의 사따바하나 가문의 출신이었으므로 안드라 왕국은 사따바하나 왕국이라고도 불린다.

안드라 왕국의 역대 지배자들은 그리스족, 사카족, 파르티아족과 끊임없이 투쟁하였다. 한때 안드라 왕국과 남부 인도 전역이 사카족의 침입 앞에서 존망의 위기에 몰려 있었으나 이를 구원한 인물이 고따미푸트라 사따카르니 Gautamiputra Satakarni 왕이었다. 그는 사카족에게 결정적 패배를 안겨줌으로써 데칸 지방의 지배권을 회복하고 구자라트 지방의 넓은 영토를 정복할 수 있었다. 그는 중부 인도에 강력한 세력을 구축(構築)함으로써 중부지방과 더 나아가 남부를 아리아화하는 데 공헌하였다.

안드라 왕국의 통치조직은 대체로 마우리아의 제도를 답습했으며 철저한 힌두 국가였다. 베다 의식을 존중하고 계급제도를 인정함으로써 브라만 정통국가를 재건하려고 노력하였다. 그러나 지배 가문은 힌두였음에도 불구하고 다른 종교에도 비교적 관대하였으며 불교와 자이나교에도 상당한 후원을 아끼지 않았다. 사따바하나인들은 석굴사원(石窟寺院)을 만들었던 듯한데 이 전통이 굽타 시대의 석굴 미술에 영향을 준 것으로 보인다.

아마라바띠 Amaravati는 사따바하나 왕들의 후원으로 인도의 훌륭한 토착적인 미술이 꽃피었던 도시였다. 이곳에서 발견된 조각품들은 매우 날씬하면서 밝고 매력적인 표정들을 보여주고 있다. 석가는 인간의 형상으로 보다는 연꽃 등의 표상으로 대부분 표현되고 있는데, 이것은 아마라바띠 미술이 간다라 미술보다 앞서는 것으로서 그리스 미술의 영향을 받지 않고 있음을 말해 주는 것이다. 사따바하나 왕국은 3세기에 멸망한 것으로 알려져 있지만 이 왕조의 존속 기간에 대해서는 의견이 분분하다.

남부 인도 이른바 타밀 Tamil 지방에는 북인도의 정치적 세력판도에 큰 영향을 받지 않으면서 3개의 국가가 병립하는 형세를 보이고 있었다. 동쪽의 마드라스를 포함하는 해안지방을 촐라Chola가 차지하고, 맨 남쪽 지역에 빤드야Pandya가 자리하고 있었으며, 서해안을 따라 코친Cochin과 트라반코어Travancore 지역을 체라Chera가 지배하고 있었다. 세 왕국은 아소카의 비명에도 독립국가로 기술되고 있으며, 아소카 대왕은 사실상 인도의 전역을 통일했으면서도 타밀 지방까지는 세력을 확대하지 못했었다. 마이소르 고원 남쪽에 위치한 이들 타밀 국가들은 안드라 및 칼링가 세력이 남하했을 때 연합전선을 펴기도 했으나 이후 서로 독자적인 노선을 견지하고 있었다.

촐라가 처음에는 다른 두 나라에 비하여 분명한 우위를 점하고 있었다. 쿠샨 왕조가 시작할 즈음에 즉위했던 카리칼라Karikala 왕은 탄조르Tanjore 부근의 전투에서 빤드야·체라 연합군에게 치욕적인 패배를 안겨 주었다. 촐라는 바다 건너 스리랑카와 항쟁하였으며, 카리칼라는 스리랑카 전쟁포로의 노동력을 이용하여 관개 사업과 항구의 건설에 노력하였다. 그 결과로 농업뿐만 아니라 교역도 활발하여 경제적 번영을 가져왔다.

빤드야는 북쪽의 나라들과 경쟁해야 했지만 지리적 위치 때문에 스리랑카와 항상 대립관계에 있었다. 촐라와 체라가 다른 다섯 개의 조그마한 왕국들과 연합하여 수도 마두라Madura로 쳐들어 왔을 때, 빤드야의 가장 뛰어난 왕인 젤리얀Nadun Jeliyan은 남인도 최대의 힌두 사원도시(寺院都市)인 수도를 잘 지켜 침략군을 물리쳤다. 이 빛나는 전승에 관한 이야기는 많은 시인들에 의해 칭송되었으며 그 후에도 오래도록 전해져 10세기의 비명에도 기록되어 있다.

체라는 크게 세력을 떨치지 못했고 다른 두 나라의 왕만큼 명성을 얻은 지배자도 없었다. 그러나 네둔제랄 아단Nedunjeral Adan은 북쪽 서해안에 자리잡은 까담부Kadambu를 침략하여 복속시켰으며 계속적인 군사작전을 수행하여 7개의 작은 왕국들을 공격하였다. 왕이 전사함에 따라 왕비는 순사(殉死, Suttee)의 풍습을 따랐다는 전설이 있다.

세 왕국에서는 문학이 크게 발달하여 많은 작품들이 전해지고 있다. 남인도의 지역사를 연구하는 데 좋은 사료가 되고 있다. 그러나 타밀 문학에는 과장된 부분도 가끔 발견되는데 예컨대 그들의 왕이 히말라야 지역의 지배자였다는 점 등이다. 타밀 국가들은 전형적인 힌두 국가로서 지배자들이 베다 종교의식에 따라 희생물을 바치는 풍습을 행하였다. 타밀 지역은 후일 모슬렘의 오랜 인도아대륙의 지배 아래에서도 크게 영향을 받지 않아서 인도에서 전통적인 힌두 풍습이 가장 잘 온존되고 있는 곳이기도 하다.

타밀 국가들은 모두 상업활동을 활발히 전개하였다. 항구를 통하여 해상무역이 이루어지고 있었지만 주요한 육상무역로는 낙타와 나귀를 타고 탁실라와 카불에 이르는 길이었다. 이곳에서 다시 중앙아시아, 중국 및 서양 여러 나라로 연결되었다. 특히 체라의 남해안에서는 로마제국의 주화가 발견되고 있는 점으로 보아 당시 남인도와 서양 세계 사이에 무역이 이루어지고 있었음을 알 수 있다. 인도는 상아, 면직물, 향료, 보석 등을 수출하였으며, 로마인들은 구리, 납, 술 등을 가지고 인도 산물을 구입하였다.

제9장
불교문화의 발달

1 카니슈카 대왕

쿠샨 왕조의 카니슈카 왕은 불교와 학문을 적극 옹호한 인물로
널리 알려져 있다. 그는 학문의 훌륭한 후원자였다. 왕의 지원에
힘입어 궁정에는 불교와 다른 학문을 연구하는 명망 있는 사람들,
즉 아스바고사 Asvaghosa, 파르스바 Parsva, 바수미트라 Vasumi-
tra, 상가라크샤 Sangharaksha 등의 발길이 잦았다. 아마도 대승
불교의 위대한 이론가인 나가르주나(Nagarjuna : 용수(龍樹)), 뛰
어난 정치학자인 마타라 Mathara, 의사인 차라카 Charaka 등도
카니슈카의 조정에서 활약한 인물들이었을 것이다. 심지어 그리스
과학자인 아게실라우스 Agesilaus까지 포함한 유명한 학자들이 쿠
샨 왕조의 종교, 철학, 문학, 과학 및 예술 방면의 활동에 있어서
중추 역할을 담당하고 있었던 것이다.
카니슈카 왕은 비명이나 고전(古錢)이 뒷받침한 전설에 의하면
불교도였다. 그는 불교를 적극 옹호하였다고 하여 제2의 아소카라
고 불릴 정도였다. 카니슈카 왕은 페샤와르에 거대한 사원과 불탑

을 건립하여 수백 년 동안 경이와 찬탄의 대상이 되었던 것으로 전해지며, 페샤와르는 얼마 동안 인도 불교문화와 학문의 중심지가 되었다.

카니슈카는 불교 철학자 파르스바의 권고에 따라 아름다운 카슈미르의 계곡 쿤달라바나Kundalavana에서 대규모의 불교회의를 개최하였다. 또 다른 사료에 의하면 종교회의는 페샤와르 혹은 줄룬다르Julundhar에서 열렸다고도 전해진다. 아무튼 전국적인 규모의 이 종교회의는 불서(佛書)의 필사본을 수집하여 토론하는 일 뿐만 아니라 당시 약 스무 개 정도로 분열되었던 각 종파 사이의 상이점을 조화시키고 불교의 표준적 이론을 명확히 세우기 위하여 소집되었던 것이다. 독실한 신앙심을 갖고 있는 군주라면 그의 영내에서의 종파 사이에 대립을 막고 정치적 통합을 도모하기 위하여 표준적인 교리를 수립하겠다는 노력을 기울인 것은, 로마제국의 콘스탄티누스Constantinus 대제의 경우에서도 볼 수 있는 바와 같이, 어쩌면 당연한 일이기도 하다.

세속세력과 종교세력 사이의 협조 혹은 투쟁의 양상은 중세 서구에서와 비잔틴 제국에서 수 세기 동안 표본적으로 전개되었지만 이러한 현상은 다른 나라에서도 일어날 수 있는 가능한 일이었다. 정치적 지배자들이 국민대중을 계몽하고 길들이는 일에 승려집단을 적절하게 이용하려고 관심을 갖는 경우는 얼마든지 볼 수 있다. 일반대중이 불교의 열광적인 행동세력으로 되어 오지는 못했다고 하더라도 불교가 지배자의 통치목적에 도움이 되는 유익한 역할을 담당해 온 것도 사실이었다.

종교회의에서는 당대의 대표적 불교학자인 바수미트라와 아스바고사 등이 주도적 역할을 하였다. 바수미트라가 종교회의의 의장이었으며, 부의장은 아스바고사가 맡았다. 특히 아스바고사는 원래 마우리아 제국의 수도 빠탈리푸트라에서 활동했던 유명한 철학자, 시인, 음악가로서 산스크리트 시문학(詩文學)의 걸작품의 하나로 평가받는 『석가의 생애 *Buddha Charita*』를 기록한 인물로 널리 알려져 있었다. 카니슈카 왕이 소집하였던 이 종교회의는 불교사에서 새로운 기원을 열어 주었다. 여기에서 대승불교(大乘佛敎, Mahayana)의 기초가 이루어졌으며 이는 지금까지의 소승불교(小乘佛敎, Hinayana)와 구별되는 종파로 존속하게 되었다.

카니슈카 왕은 대승불교를 받아들여 이 새로운 불교를 널리 전파하는 데 공헌하였다. 그는 포교단을 조직하여 중앙아시아, 중국, 티베트 등에 파견하여 불교를 아시아의 대표적 종교로 만드는 데 중대한 역할을 하였다. 아소카 대왕의 가장 큰 업적이 소승불교를 세계에 전파하는 데 있었다면, 대승불교에 있어서의 똑같은 공로는 카니슈카 왕에게 돌려져야 할 것이다.

2 대승불교

소승불교와 대승불교는 승단(僧團)의 규율이나 행동규범 등에는 큰 차이가 없지만 그들의 이론에는 크게 다른 점이 있었다. 소승불교는 자이나교에서도 볼 수 있는 바와 같이 사실상 신이 없는 종교였다. 업이 신의 자리를 차지하고 있었다. 소승불교는 개인 자신을 위해서 또 자신에 의해서 구원됨을 강조하였다. 소승불교는 개인의 구원을 최고의 이상으로 생각하는 데 비하여, 대승불교의 이상은 전체 인류를 구원하는 것이다. 대승은 더 큰 수레 Greater Vehicle 혹은 더 큰 배를 의미하는 것으로서 새로운 불교는 보다 많은 사람들을 수용할 수 있어서 고해(苦海)인 윤회로부터 열반의 해안으로 안전하게 이끌어 가는 것이다. 윤회는 고통이고 고통의 정지가 열반이다. 소승불교에서는 구원의 관념이 부정적이고 이기적이라고 말할 수 있는 데 비하여, 대승불교에서는 열반을 정신적 고통의 부정적 정지가 아니라 긍정적인 축복의 상태로 믿는 것이다.

소승불교에서는 석가마저도 단순한 인간이고 인생 여정에 있어서 위대한 안내자였을 뿐이며 그의 고따마로서의 탄생은 성불하는, 혹은 열반에 이르는 마지막 단계라고 보았다. 역사적 인물이었던 고따마 싯다르타는 마야Maya 부인의 몸을 통하여 기적적으로 육신을 갖추었으며 열반에 들기 전에 인간에게 가르침을 주려고 지상에 마지막 여행으로 나타났던 것이다. 소승불교와는 대조적으로 대승불교에서는 부처가 신의 화신(化身)이며 그는 몇 번이고 태어나는데 이는 자신만을 위한 것이 아니라 다른 사람들로 하여금 열반에 이르도록 도움을 주기 위한 것이라고 보았다. 전자는 석가를 신도에게 구원의 길을 제시해 주는 실존한 역사적 인물로 보는 데 반하여, 후자는 그를 지존(至尊)의 절대적 존재로 보는 것이다. 대승불교에서는 부처나 보살(菩薩, Bodhi-Sattvas)이 신앙의 대상이 되었는데 열반에 이르는 것은 보살의 도움으로 이룩될 수 있다고 믿었다.

보살은 이상적으로 말하면 무상원만(無上圓滿)을 성취하고 다음의 환생에서 부처가 되어 열반에 도달할 수 있는 성자였다. 적극적인 선(善)과 자비가 보살의 속성이었다. 보살은 자기자신의 구원을 위해서 뿐만 아니라 동시에 인간을 위해 존재한다. 대승불교에서는 고해의 세상에서 남들은 아직 고통을 받고 남아 있는데 부처가 자신만이 구원을 얻겠다고 결의할 수는 없는 일이었다.

대승불교의 보살에 관한 이론은 기독교의 삼위일체설(三位一體說)과 관련하여 생각해 볼 수 있다. 보살은 그 존재의 처음 형태로서는 오직 열반을 경험했었다. 부처는 인류를 구원하기 위하여 기독교 삼위일체설의 두번째의 형상과 같이 인간이 되었다. 그러나 부처는 고통을 통하여 인류를 구원한 것이 아니라 인생은 덧없으며 그 앞에 놓인 목표는 오직 열반뿐이라는 단순한 사실을 통하여 인류를 구원하였다. 부처는 본보기를 통하여 인류를 구했을 뿐이지 인류의 죄를 대신할 상징적인 희생을 통하여 구원하지는 않았다. 왜냐하면 석가모니에게 있어서 악이라고 하는 것은 죄가 아니라 무상(無常)일 뿐이었기 때문이다.[1]

보살은 힌두교의 크리슈나Krishna 신과 마찬가지로 지상에 새롭게 나타나는데 세상의 도덕적 필요성에 따라 여러 모습을 보여주게 된다. 보살은 사람뿐만 아니라 동물로도 나타난다. 보살은 특히 전사(戰士)로 나타나기도 하는데 그 성격은 오직 정당하고 선한 전쟁을 수행하며 그가 싸울 때는 망설임이 없다. 이러한 이론이 세속적인 지배자와 국가의 필요성에 적절히 적용될 수 있으며 이 이론을 강조함으로써 석가는 점차 신격화되는 방향으로 나아가게 되었다.

소승불교의 경전은 빨리Pali어로 기록되었으나, 대승불교의 그것은 산스크리트(Sanskrit ; 범어(梵語))로 씌어진 데서도 대조적인 면을 찾을 수 있다. 소승불교는 세상이 고통으로 가득 차 있다고 하여 부정적으로 보았으나, 대승불교는 소승보다는 생에 대하여 적극적이고 낙관적인 태도를 취하였다. 소승불교에서는 금욕주의와 좌선을 통하여 스스로 부처가 되는 것이 강조되었지만, 대승불교에서는 살아 있는 구세주의 신앙으로 나아갔는데 살아 있는 구세주는 보살이고 보살은 재생의 이론을 통하여 부처와 관련되었다. 이제 신도들은 열반을 궁극의 목표로 원하지도 않고 석가와 같은 자기 구원의 예언자에 만족지도 않았다. 속인들은 현세의 생활과 내세의 천국을 위해 필요한 조력자를 구하였다. 따라서 대승불교에서는 자신의 구원이 구세주 사상으로 대체되었다. 대승불교에는 수많은 신과 천사와 악마뿐만 아니라 마술적 치료와 우상숭배가 들어와 자리 잡았다. 다시 말하면 대승불교는 천당과 지옥과 구세주의 사상을 받아들였으며 특히 무서운 지옥의 불길이 가까이 와 있었다.

---

1) Max Weber, *The Religion of India*, New York, 1967, p. 249.

요컨대 대승불교의 출현은 신을 무시했던 초기불교가 석가를 하늘의 영원한 부처님의 화신으로 인정한 수정불교로 변한 것이다. 다시 말하면 돌아가신 스승인 석가에 대한 숭배가 살아있는 구세주에 대한 믿음으로 변한 것이 소승불교와 대승불교의 근본적인 차이점이라고 할 수 있다.

이와 같은 변화는 불교와 힌두교를 화합시키려는 노력에서 기인하는 것으로 해석하기도 한다. 또 한편으로는 전지전능한 유일신을 내세우고 있는 기독교의 영향을 받은 결과라고 주장하기도 한다. 대승불교는 열반, 신의 화신 및 신앙 등에 관해서는 힌두교의 관념에 더욱 가까워졌다. 따라서 대승불교는 옛날의 불교와 힌두교 사이에 새로이 다리를 놓은 것이다. 대승불교의 승려들은 개인의 구원을 추구하기보다는 오히려 다른 사람들의 구원을 돕기 위한 헌신적인 포교자가 되었다. 따라서 그들은 석가가 장려했던 적극적인 자선사업을 부흥시켰다. 대승불교도들은 소승불교의 가르침을 자신들의 신앙에 대한 적대적 위협이나 잘못된 이론이라고는 생각하지 않았다. 그들은 다만 소승불교가 불교사상을 널리 전파하는 데 적절하지 못하고 너무나 개인주의적인 이론이라고 생각했을 뿐이었다.

불교는 원래의 근거지인 인도에서는 지배적인 종교의 지위를 얻지 못했지만, 변형된 형태로서의 대승불교는 인도 밖에서 세계종교가 되는 데 크게 공헌하였던 것이다. 불교가 세계종교로 발돋움할 수 있었던 한 계기가 카니슈카 왕의 노력에서 비롯된 것은 분명한 사실이지만, 다른 한편, 후술하겠지만, 인도에서 불교가 쇠퇴하게 된 한 원인이 대승불교의 출현과 관련이 있다는 점은 부인할 수 없다. 개인의 구제를 이상으로 하는 소승불교권은 인도, 스리랑카 및 태국 등이며, 전체 인류의 구제를 목표로 하는 대승불교권은 티베트, 중국, 한국 및 일본 등이다.

간다라 미술

3 간다라 미술

일찍이 알렉산더 대왕의 인도 원정이 동서 접촉의 길을 열어 주었던 것이 사실이다. 그러나 헬레니즘 세계와 인도를 본질적인 면에서 융합시키려고 했던 알렉산더 대왕의 원대한 야망은 그의 요절로 말미암아 성공적인 결실을 맺지 못하고 말았다. 그 후 그리스 군대가 인더스 강을 넘어 인도에 침입한 일은 없었지만 그리스인이 세웠던 박트리아의 지배자들이 인도의 국경지방으로 꾸준히 세력을 확장해 왔었다. 박트리아는 처음에는 파르티아보다 더 강한 나라로서 간다라Gandhara 지방에서 페르시아에 이르는 주요한 길목에 위치하고 있어 이곳에서 흑해 및 그리스로 쉽게 연결될 수 있었다. 헬레니즘 세계와 인도 편잡 지방과의 지속적인 직접적 접촉은 박트리아의 확장으로 기원전 2세기 이후에 이루어졌다. 그것은 그리스 왕의 이름이 인도의 주화에서 발견된 것으로 잘 증명되고 있다. 쿠샨 왕국의 영토가 중앙아시아까지 확대됨에 따라 인도는 서방 나라들, 심지어 로마제국과도 교역 및 문화적 접촉을 활발히 유지할 수 있었다.

당시 간다라 지방에는 헬레니즘 문화의 영향을 받아 훌륭한 미술이 발달하였는데 이를 간다라 미술이라고 부른다. 간다라는 인더스 강의 5개 본류(本流) 가운데 맨 서쪽에 위치한 지점으로 강의 서쪽에는 쿠샨 왕조의 정치적 중심지인 페샤와르가 있고, 동쪽으로 강을 넘어오면 문화적 중심지로 알려져 온 탁실라가 자리잡고 있는 곳이다. 간다라 지방은 그 지리적 위치로 보아 쿠샨족, 사카족, 파르티아족, 페르시아인과는 말할 것도 없거니와 멀리는 그리스, 로마제국과도 활발하게 접촉할 수 있는 지점이었다. 간다라 미술은 처음 150년 동안 발달하다가 기원후 2세기 경에는 퇴조했으며 다시 3세기 초에 발달하였다.

간다라 미술은 인도 불교 미술과 그리스 미술이 융합된 형태이므로 인도·그리스 미술 혹은 그리스·불교 미술이라고도 불린다. 이 미술은 한 마디로 그리스의 미술 기법이 불교 미술에 영향을 주어 예술적 성공을 거둔 것이다. 초기 불교도들은 석가를 너무나도 숭배한 나머지 감히 사람 모양의 불상을 만들지 못하였다. 그들은 석가를 단지 발자국, 혹은 빈 좌석 등으로 표시하였다. 이른바 무불상(無佛像) 시대의 5가지 상징은 법륜(法輪: 설법을 의미함), 불탑[入滅], 연꽃[淸淨], 보리수[成佛], 공백(존재) 등이었다.

간다라 지방에 와서 살고 있던 그리스인들은 그들의 신상(神像)을 인간과 똑같은 형체로 만들고 있었다. 인간의 육체 및 정신과 똑같은 속성을 신에게 부여해 놓고 신에 대하여 두려움 없이 자유롭게 신앙생활을 하고 있던 그리스인들이 그들의 신을 인간과 다를 바 없이 표현했던 것은 전혀 이상한 일이 아니었다.

그리스인들이 그들의 신상을 제작하는 데서 영향을 받아 쿠샨 왕조의 불교도들도 사람 모양의 불상을 비로소 만들기 시작하였다. 그들은 불상을 아폴로Apollo 신상과 비슷하게 표현하였으며, 석가의 생모 마야 부인의 표정은 그리스 여인들의 모습을 닮고 있었다. 석가를 포함한 불교 인물들은 가끔 수염, 터번 모자, 장신구 등에서 인도 서북지방의 풍모를 곁들였을 뿐, 그리스 로마세계의 만신(萬神)들과 똑같은 특징을 보여주고 있었다. 얼굴 모습, 균형 잡힌 몸매, 착의(着衣)의 처리, 물결 모양의 머리카락 등은 간다라 예술인들이 그리스 로마 미술을 잘 알고 있었음을 암시하고 있다.

간다라 미술은 그리스 미술과 비슷하지만 대부분 불상 또는 불교적인 것으로 이루어졌다. 간다라 미술은 그리스인이 인도 서북지방을 다스리는 동안에 발달하였지만 이 미술을 발달시킨 사람들은 그리스인이 아니었다. 새로운 형태의 미술을 잉태케 한 예술가들은 쿠샨족과 사카족으로서 이곳에 와서 살았던 그리스인의 헬레니즘 문화를 보호해 온 사람들이었다. 간다라 미술의 대상이 되었던 것은 주로 불교이며 이 미술의 진정한 창조자는 주로 그리스 미술의 영향을 받은 인도인이었다. 인도인들의 관점에서 볼 때 간다라 미술은 인도인의 생활과 종교가 외국의 복장을 하고 있는 것이며, 그리스인의 관점에서 보면 간다라 미술은 헬레니즘 예술이 멀리 동쪽으로까지 확대되어 인도의 환경 속에서 인도인의 기호에 맞게 변형된 것을 의미하였다.

간다라 조각의 형태는 다른 인도 조각의 경우와 쉽게 식별할 수 있다. 인도의 다른 조각들이 웅장하고 정신적인 표현을 시도하여 이상적인 것과는 대조적으로, 간다라 조각은 인체를 아주 섬세하고 아름답게 표현하여 현실적인 느낌을 준다. 간다라 미술은 그리스에서 빌려 왔지만 어디까지나 그 내용은 인도 정신을 나타낸 것으로서 불교신앙을 표현하고 있다. 간다라 미술가는 그리스인의 손을 가졌으나 마음은 인도인의 것이었다. 간다라 미술의 영향은 극동에까지 미쳐 중국, 한국 및 일본의 미술에서 그 뚜렷한 자취를 찾을 수 있다.

한편, 거의 같은 시기에 발달했던 마투라 미술은 기원 후 2세기 초에 가면, 간다라 미술의 영향을 분명히 받고 있음을 볼 수 있다. 간다라 미술의 불상이 마투라 미술에서 그대로 모방되고 있는 것이다. 부처와 보살의 조각뿐만 아니라 쿠샨 왕들의 조상(彫像)도 마투라 부근에서 발견되고 있다. 마투라의 조각은 남성적이고 힘찬 체격과 함께 우아하고 종교적 감정을 표현하고 있다. 마투라 미술에서 가장 특징적인 작품은 아름다운 여인상들이다. 대부분은 완전한 나체, 혹은 반라의 모습으로 둥근 가슴에 날씬한 허리와 묵직한 둔부를 가지고 있으며 여기에다 몸짓과 머리와 손발의 자세가 매우 선정적이다. 어떤 사람들은 마투라 미술을 오히려 간다라 미술보다 더 높이 평가하기도 하는데 다음 굽타시대의 조각은 일반적으로 마투라 미술과 연결된 것으로 보고 있다.

제 10 장
굽타제국의 발전

1 굽타제국의 성쇠

굽타Gupta시대는 인도사에서 가장 영광스런 시기의 하나로 인식되어 오고 있다. 물론 문화적인 면을 특히 강조하여 일컬은 말이지만 정치적인 면에서도 드물게 보는 위세를 과시하였다. 쿠샨왕조의 붕괴 이후 북인도는 수많은 국가들로 분열되었으나, 굽타왕조가 군소 국가들을 제압하고 강력한 제국을 건설하여 적어도 2세기 동안은 정치적 통일을 이룩하였다. 굽타왕조는 320년에 시작하여 번영하다가 6세기 중엽에는 완전히 무력해지고 말았지만, 보통 문화적으로 굽타시대라고 말할 때는 대개 1세기를 연장하여 하르샤(Harsha Vardhana, 606-647) 왕의 통치시대까지를 포함시키고 있다.

굽타왕조도 마우리아 왕국과 마찬가지로 그 제국적 세력의 기반을 옛 마가다 지방에 구축하였으며 수도는 역시 빠탈리푸트라였다. 찬드라 굽타 1세(Chandra Gupta I, 320-335)가 굽타제국을 열었다. 굽타 가계(家系)는 불분명하며 어느 카스트에 속했는지도 확실치 않다. 아마 유력한 지주(地主)로서 마가다 지방에서 점차 정치적 권력을 장악했을 것으로 보는 견해가 지배적이다.

찬드라 굽타 1세는 리차비 Licchavi 가문의 공주와 혼인하였는데 리차비 세력은 비하르 지방의 오랜 지배가문으로 널리 알려져왔었다. 사무드라 굽타(Samudra Gupta, 335-380)는 주화에 자신을 〈굽타 왕의 아들이라기 보다는 리차비 공주의 아들〉[1]이라고 표기하고 있는 점으로 보아 당시 리차비 가문의 막강한 영향력을 느낄 수 있다. 찬드라 굽타 1세가 리차비 가문과 통혼했던 것은 왕 자신의 사회적 신분을 격상시키기 위한 것으로 보고 있지만 이는 또한 정치적 영향력의 확대를 의도한 것으로 보아야 할 것이다. 아무튼 이 혼인이 두 나라를 결속시켜 하나의 큰 세력으로 발돋움하는 데 도움을 주었던 것은 틀림없다. 찬드라 굽타 1세는 이제 옛 마가다 지방 뿐만 아니라 네팔 및 코삼비 지방까지 쉽게 세력을 확장할 수 있었다.

굽타왕조의 국기(國基)가 확고하게 선 것은 사무드라 굽타 때였으며 제국의 위력은 그와 함께 나타났다. 부왕은 사무드라에게 생전에 양위하였으며, 사무드라는 장자(長子)가 아니었으므로 처음에는 형제들의 완강한 반항에 부딪치기도 하였다. 사무드라는 군사적 천재였으며 뛰어난 정복자였다. 북인도의 광범한 지역을 병합하였으며 그가 굴복시켰던 왕으로 13명의 이름이 전해지고 있다. 그의 일련의 군사작전은 분명히 여러 왕국들의 세력을 붕괴시켜 광대한 제국의 건설로 이끌었다. 그러나 한편으로는 나중에 흉노족이 인도로 쳐들어올 때 주변세력들이 굽타제국을 위해 완충지대의 역할을 하지 못함으로써 제국에 재난을 안겨준 것도 사실이다.

사무드라 굽타의 제국은 동쪽으로는 벵골, 오리싸에 이르고, 서쪽으로는 펀잡에 접했으며, 북으로는 카슈미르까지 지배하고, 남

---

1) H. Kulke, *A History of India*, London, 1986, p. 85.

으로는 데칸에 이르렀다. 중부 인도 아래로는 세력을 떨치지 못하였지만, 광대한 북인도를 통일하여 마우리아 제국의 재현을 보는 듯하였다. 데칸 고원의 남쪽을 통치한 증거는 없지만 여러 왕들이 굽타제국의 종주권을 인정하고 조공을 해왔다. 아쌈과 벵골도 조공을 계속해 온 나라였다. 그러나 이들 지역이 사무드라의 지배 아래에 있었던 것은 아니다. 그의 일사불란한 정치적 직접 지배는 갠지스 강 유역에 국한되었다. 왜냐하면 사카족은 서부 인도에 정복되지 않은 채로 남아 있었고, 라자스탄과 펀잡은 직접 지배의 범위 밖에 있었기 때문이다.

사무드라 굽타는 그가 정복한 지배자나 주변·국가들을 다루는 데 있어서 노련한 정치가의 면모를 보여 주었다. 그는 자신이 굴복시켰던 많은 지배자들의 왕국을 회복시켜 주기도 하였다. 먼 곳의 왕국들에게는 충성을 약속받고 원래의 지배자에게 영토를 돌려 주었다. 당시의 교통 및 통신시설의 불비 때문에 효과적으로 직접 통치할 수 없다는 것을 알아차리고 그는 현실적인 통치책을 도모했던 것이다. 그는 유능한 지배자이며 동시에 문화의 옹호자였으므로 인도사에 새로운 시대가 열리게 되었다.

찬드라 굽타 2세(Chandra Gupta II, 380-413)도 역시 야망에 가득하고 능력 있는 통치자였다. 전설에 의하면 원래는 사무드라에 이어 라마Rama가 왕위를 계승하였다. 라마는 사카족과의 싸움에서 패배하여 왕비까지 넘겨주기로 하였으나 동생 찬드라가 치욕적인 협약에 반대하면서 여장(女裝)하고 적진에 침투하여 사카왕을 살해하였다. 소심한 라마보다는 용감한 찬드라가 민심을 얻어 새로운 왕이 되었다. 조부의 이름을 본따 즉위하였던 찬드라 굽타 2세는 영토 확장과 문화 발전에 있어서 최고의 영광을 이룩하였다. 그는 조부의 혼인동맹 전략과 부왕의 공격적 영토 확장 정책을 혼합하여 적절히 추진해 나갔다. 그는 부왕이 이룩해 놓은 광대한 영토에다가 강력한 사카족의 왕조를 무찔러 얻은 구자라트

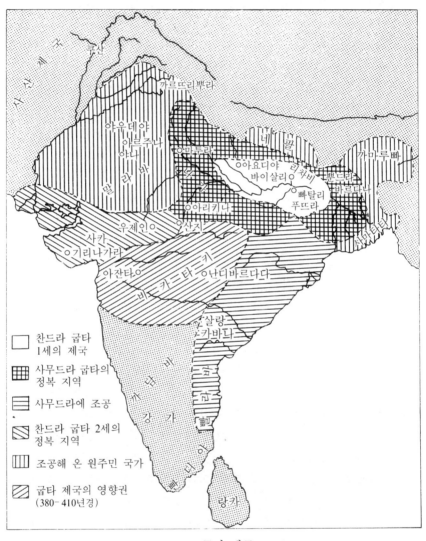

굽타 제국

지도 범례:
- □ 찬드라 굽타 1세의 제국
- ▦ 사무드라 굽타의 정복 지역
- ▤ 사무드라에 조공
- ▨ 찬드라 굽타 2세의 정복 지역
- ▥ 조공해 온 원주민 국가
- ▧ 굽타 제국의 영향권 (380-410년경)

지도상의 지명:
사산 제국, 쿠샨, 가르뜨리뿌라, 아우데야, 아르주나, 야나, 마투라, 네팔, 까마루빠, 라바, 말바, 아요디야, 릭차비, 뿐드라, 바르다니, 바이살리, 아리까나, 빠탈리뿌뜨라, 우제인, 산지, 사카, 기리나가라, 아잔타, 삐카타, 난디바르다다, 살랑, 카바다, 비, 굽, 강, 가, 디, 이, 빠, 랑카

와 까티아와르를 첨가함으로써 아라비아 해안의 항구들까지 지배하였다.

한편 찬드라 굽타 2세는 프라바바띠 Prabhavati Gupta 공주를 바카타카 Vakataka 왕조의 루드라세나 2세 Rudrasena II와 혼인시켰다. 바카타카 왕조는 사따바하나 Shatavahana 왕국이 몰락한 후 번영하여 데칸 지방의 지배세력으로 성장함으로써 굽타제국이 남하하는 것을 막고 있었다. 굽타제국의 공주가 출가한지 얼마 후 루드라세나 왕이 사망하였으며 어린 왕자(5세) 대신에 모후(母后) 프라바바띠가 섭정함에 따라 바카타카 왕조는 사실상 굽타제국의 일부로 되고 말았다. 따라서 찬드라 굽타 2세는 중부 인도의 대부분을 장악하였다.

찬드라 굽타 2세의 통치기간에 문학, 과학, 미술, 종교 등 다방면의 업적이 눈부시게 나타나고 또한 경제적 번영이 이때 이루어졌다. 사무드라 굽타에 의해 시작된 과업이 아들 찬드라 굽타 2세에 의해 성공적으로 완성되었다. 따라서 굽타왕조의 전성기는 대략 4세기 중엽부터 5세기 초에 이르는 사무드라와 찬드라 굽타 2세의 통치 기간이었다.

꾸마라 굽타(Kumara Gupta, 415-455)때도 굽타제국은 평화와 번영을 누렸으나 이때부터 흉노족의 침입이 시작되었다. 아직 굽타제국의 군사력이 건재할 때이므로 큰 어려움 없이 이민족을 물리칠 수 있었다. 스칸다 굽타(Skanda Gupta, 455-467)는 유능한 군인왕(軍人王)이었다. 그는 이미 왕자 때 흉노족을 물리쳐 전공을 세웠었다. 흉노족은 로마제국의 몰락에 영향을 미쳤던 세력이며 그 일파는 중앙아시아에서 강력한 세력으로 성장하여 페르시아를 휩쓸고 격렬한 기세로 인도로 침입해 들어왔다. 흉노족의 침입으로부터 제국을 구했던 것이 스칸다 굽타의 가장 큰 업적이었다. 그는 흉노족의 침입을 처음에는 왕자로서, 나중에는 황제로서 성공적으로 저지하였다. 그러나 계속된 전쟁은 굽타제국의 재정적,

군사적 자원을 심각하게 고갈시키는 결과를 가져왔다.

강력한 굽타제국의 위대한 지배자로서는 그가 마지막이었다. 그가 사망한 후 굽타제국은 급격히 기울어졌기 때문이다. 동생 뿌루굽타(Puru Gupta, 467-469)가 계승하였으나 재정적인 어려움을 안고 있었던 데다가 왕위 다툼까지 겹쳐 국력은 크게 약화되었다. 이때쯤 금화의 질을 낮추고 있는데 이것은 제국이 심각한 재정적 곤경에 처하고 있었음을 의미하는 것이다.

다음으로 나라시마 굽타 Narasimha Gupta, 꾸마라 굽타 2세 Kumara Gupta II, 부다 굽타 Budha Gupta 등이 왕위를 계승한 것으로 전해진다. 부다 굽타 이후에는 각 지사들이 굽타제국에 대해 맹목적인 종주권마저도 인정하지 않으면서 독립군주로 행세하고 있었다. 왕위 계승을 둘러싼 잇따른 내분이 중앙집권을 현저히 약화시켰던 것이다. 국가의 기강이 잡히지 않은 상태에서 재정이 문란해지고 여기에서 필연적으로 군대의 무력화를 가져오게 되었다. 굽타제국의 지배자들은 내부의 이탈자들과 외부의 적들에 대처할 수 있는 강경책을 펼 수 있는 힘을 잃고 말았다. 흉노족, 쿠샨족, 사산족 등이 인도 변경에 수시로 압력을 가해 오므로 1세기 동안 전쟁 상태가 상존했는데 여기에서 굽타제국은 완전히 유명무실해지고 말았다.

2 하르샤의 통치

굽타제국이 쇠약해진 후 북인도는 네 개의 왕국으로 지배세력이 재편되었다. 옛 마가다 지방에서 맥을 유지하고 있는 굽타왕조를 비롯하여 마우카리 Maukhari, 푸쉬야부띠 Pushyabhuti, 마이트라카 Maitraka 가문 등이 그것이었다. 굽타왕조가 크게 위축된 형세 속에서 마우카리가 까나우즈 Kanauj를 중심으로 하여 서(西)우따르 프라데시 Uttar Pradesh를 지배하였으며 점차 마가다 지방으로 그 세력을 확장하였다. 푸쉬야부띠는 델리 부근 탄네사르 Thane-sar에 근거했으나 마우카리 가문과 혼인동맹을 체결하여 두 나라 사이에 우호관계를 유지하였다. 마우카리의 마지막 왕이 사망하자 왕족들은 푸쉬야부띠의 지배자인 하르샤 바르다나 Harsha Var-dhana Pushyabhuti에게 스스로 통합해 들어 가기로 결의하였다. 마이트라카 가문은 원래 이란계로 구자라트 지방을 다스렸으며 이들 왕국 가운데서 가장 오래도록 8세기 중엽까지 존속하였다.

　푸쉬야부띠 가문은 훈노족의 침입 이후 북인도에서 득세하였으며 굽타제국이 쇠약해진 후 어느 왕조보다도 인도사에서 두드러진 발자취를 남겼다. 하르샤는 형 라즈야 Rajya에 이어 즉위하였으며 위로 네 명의 왕은 그 이름이 전해 내려오고 있다.

　하르샤 바르다나는 인도 역사상 대단히 유능하고 공평무사하면서 자비로운 통치자의 한 사람으로 평가받고 있다. 하르샤가 우선적으로 단행했던 과업은 군사력을 강화하는 일이었다. 아직 복속되지 않은 주변세력들을 위압하고 또 대대적인 반란과 외부로부터의 침입에 대비하기 위해서는 강력한 군사력이 필요했던 것이다. 당시 바르다나 왕조의 군사력은 하르샤에 의해 크게 증강되었는데 보병 10만, 기병 2만, 상군(象軍) 6만으로 추산된다.[2] 하르샤 왕 자신이 군사령관이었으며 바르다나 왕국이 궁극적으로 의지했던 것도 이 엄청난 규모의 군대였다.

　하르샤는 수도를 탄네사르에서 갠지스 강변의 까나우즈로 옮겨 세력을 확대하였다. 그는 무정부상태에 빠져 있던 북인도에 질서를 회복하여 굽타왕조의 세력을 만회하는 듯하였다. 당(唐)나라의 현장(玄奘)은 하르샤가 즉위 6년 내에 북인도를 거의 통일했다고 적고 있으나 평정이 쉽지만은 않았던 듯하다. 하르샤의 세력판도

　2) R. S. Tripathi, *History of Ancient India*, Delhi, 1982, p. 301. L. P. Sharma, *Ancient History of India*, New Delhi, 1989, p. 229.

는 아라비아 해에 연한 까티아와르에서 뱅골에 이르는 넓은 지역
을 포함하였지만, 뱅골과 오리싸의 대부분은 637년까지도 이 지역
에서 큰 세력을 떨치고 있던 사산까Sasanka에 의해 지배되고 있
었으며 그가 사망한 후에야 비로소 하르샤는 서뱅골까지 병합할
수 있었다. 구자라트 지방은 독립국으로 유지되었으며, 남쪽으로
는 나르마다Narmada 강에서 막혀 데칸을 지배하지 못하였다. 신
드Sind, 카슈미르 및 펀잡 등의 서북지방도 하르샤의 국토에서
제외되었던 듯하다.

하르샤는 관대한 군주로서, 학문을 좋아하고 학자들을 우대하였
다. 그가 정복한 왕이 충성과 조공을 다짐하면 그 영토를 되돌려
주어 지사로 임명하였다. 악한 자를 응징하고 선행을 베푼 사람을
포상하였으며 광범한 시찰로 국민과 접촉하였다. 그의 영토는 평화
롭게 다스려졌으며 반란은 일어나지 않았다. 세금은 무겁지 않았으
며 농민들은 토지세로 전통적인 힌두 왕국의 세율인 소출의 6분
의 1을 납부하였다. 하르샤 왕은 국고수입을 크게 네 부분으로 나
누어 행정, 관리 봉급, 학문 및 종교활동을 지원하였는데 가장 큰
비중을 종교활동 부문에 두었다. 그는 특히 문학에 대한 재능과
관심을 가졌으며 직접 희곡을 쓰기도 하였다. 당시 학문의 중심지
였던 나란다Nalanda 대학의 융성은 그의 지원에 크게 영향을 받
았었다.

하르샤 왕은 불교를 비호하였으므로 수도를 중심으로 불교가 융
성하였다. 수도 까나우즈는 당시로서는 빠탈리푸트라보다도 번성
하여 길이 5마일, 폭 1.3마일의 큰 도시로 1백 개의 불교사원을
갖고 있었다.[3] 왕이 불교에 귀의하게 된 것은 아마도 현장의 탁월
한 설법과 여승(女僧) 동생의 영향을 크게 받았던 듯하다. 하르샤
가 불교를 옹호한 흔적은 많다. 나란다 대학에 대한 지원뿐만 아
니라 불승(佛僧)들이 연례적으로 모여 토론하는 자리도 마련하였

3) R. S. Triphati, 위의 책, p. 305.

으며 불사(佛寺)와 불탑을 건축하고 동물의 살육을 엄금하였다. 그는 불교에 매우 호의적이었으면서도 힌두교에도 결코 무관심하지 않았다. 하르샤는 모든 종교에 대해 관대한 태도를 보이려고 노력하였으므로 그는 오히려 국민종교의 절충주의자로서의 역할을 모색하였다고도 볼 수 있을 것이다.

하르샤가 후사(後嗣)없이 사망하자 인도는 다시 혼돈 속에 빠져들고 기근에 의해 사태는 더욱 악화되었다. 중국과 인도 사이의 불교사절단 상호방문 계획에 따라 두번째로 당의 왕현책(王玄策, Wang-hiuen-tse)이 30명의 사절단을 인솔하고 하르샤 왕의 사망 직후 그의 궁전을 찾았다. 공석중인 왕위를 놓고 대신들이 치열한 싸움을 벌이면서 사절단의 예물을 빼앗고 그들을 죽이려고 하였다. 이때 왕현책은 겨우 네팔로 탈출하는 데 성공하였다. 당시 네팔은 티베트에 조공하고 있었는데 티베트 왕 스롱 첸 감포Srong-tsen Gampo는 군대를 일으켜 하르샤 왕의 지지세력과 연합하여 왕위 찬탈자들을 응징하고 국경지방의 인도측 티루트Tirhut 시를 장악하여 반 세기 동안 속령으로 만들었다.

3 정치제도와 경제사회생활

굽타제국의 황제들은 새로운 정치제도를 창조하지는 못했다. 그들은 전통적인 관료주의적 행정체제를 유지해 나갔으며 다만 기존의 제도를 잘 정비했을 뿐이었다. 굽타제국의 행정구조는 표면적으로는 마우리아제국의 그것과 유사하였다. 왕은 전쟁에서 군대를 지휘하고 외적의 침입을 방어할 책임을 지며 정책결정에 있어서 거의 절대적인 영향력을 행사하였다. 왕은 행정부의 중심이며 세자(世子)의 도움을 받았고 다른 왕자들은 지사로 임명되어 지방에 파견되었다. 왕권이 크게 강화되었으며 가끔 왕의 신권(神權)이 강조되기도 하였다. 그러나 자의적인 전제군주라고 말하기는 어려우며 장관과 고문들의 조언을 들었다. 왕은 관리의 편이 아니라 백성의 편에 서야 한다는 점이 강조되었다. 장관들은 각자의 책임 하에 부처의 행정을 담당하였다. 장관들은 공적에 따라 왕에 의해 임명되었으나 중요한 자격 요건의 하나는 군대를 통솔할 수 있는 능력이었다.

굽타시대 이전 혹은 그 초기에 형성된 것으로 보이는 마누 법전 Manu Samhita은 힌두의 법과 사회관습에 관한 가장 포괄적인 기록이었다. 성자(聖者)이며 입법자로 알려진 전설적인 인물 마누에 의하면 국가는 일곱 개 부분 즉 왕, 장관, 국토, 성(城), 국고(國庫), 군대 및 동반자(국민)으로 구성되어 하나의 신체를 이룬다고 보았다. 왕권은 신권에서 연유하는데 신은 모든 창조물을 보호하기 위하여 왕을 지상에 내려보냈다. 왕에게는 신민을 보호하기 위하여 포상하고 응징하는 권한을 부여하였다. 왕은 신민을 잘 보살피기 위해서 반드시 훌륭한 교육을 받아야 했다. 왕의 의무조항으로는 농업을 장려하고, 도로를 개수하며, 광산을 개발하는 일이 있었다. 또 삼림을 제거하고, 황폐한 땅을 일구도록 이주시키며, 코끼리를 길들이고, 성과 교량을 건설해야 했다.

재판 업무는 가끔 왕 자신과 고위관리에 의해 다스려졌다. 촌락에서는 관리가 부락회의의 조언을 얻어 재판을 했으며 어떤 경우에는 이 회의에서 형을 선고하기도 하였다. 배심제도는 남부 인도에서 실행되고 있었다. 형벌은 가벼워 범법자들에게는 대체로 벌금이 부과되고 체형(體刑 ; 笞刑)은 재범자들에게만 가해졌다.

마누 형법에는 형벌에 있어서 카스트의 특권을 기록하였다. 브라만 계급은 극형에서 면제되었다. 최악의 경우 브라만 계급은 유배되는데, 자신의 재물을 가지고 갈 수 있었다. 브라만 계급을 모욕했을 때 크샤트리아와 바이샤 계급은 무거운 벌금을 지불해야 했다. 바이샤 계급에게 더 많은 액수를 부과했으며 수드라 계급은 태형으로 다스렸다. 높은 계급에게 상해를 입혔을 경우 수족 절단 등의 무서운 형벌이 규정되어 있었다.

지방을 다스리는 데도 전통적인 제도를 답습하였다. 제국을 주(州)로 나누고 주는 다시 군(郡)으로 구분되었으며 군은 각기 행정관청을 갖고 있었다. 황제가 지사를 임명하였으며 지사는 상당한 독립적인 권한을 행사할 수 있었다. 중앙정부의 정책, 또는 명령이 시달되지 않은 경우에 지방정부의 모든 결정은 독자적인 상황에 따라 이루어졌다. 지방의 높은 관리는 중앙정부와 밀접히 연결되어 있었지만, 지사가 부하 관리들을 임명하고 주민복지 등에 관한 문제를 처리하는 데 있어서는 거의 독립적으로 행동하였다. 굽타제국의 중앙정부는 지방의 고위관리와만 연결되어 있었을 뿐 하급관리에 관한 문제는 이 고관에게 일임하였는데 비하여, 마우리아제국의 경우는 지방의 하급관리의 행동까지도 파악하려고 했던 점이 대조적이기도 하였다.

농촌부락은 촌장과 마을의 원로들로 구성되는 농촌위원회의 통제 아래 있었다. 이 기구는 관청에서 의도한 제도이기보다는 지방이익단체의 대표들이 스스로 구성하였던 듯하다. 도회 행정에 있어서도 각 시는 시 자치체의 의장, 상인조합의 대표, 장인의 대표, 저술가 대표로 구성되는 위원회를 가지고 있었다. 이 경우에 있어서도 마우리아제국과 대조적이었다. 마우리아 정부는 위원회를 임명하였는데 반하여, 굽타제국의 경우는 상업적 이익단체가 유리하도록 지방대표를 구성하고 있었다.

굽타시대에는 농업과 수공업이 발달하고 국내외의 교역이 크게 확대되었다. 쿠샨왕조 이후 특히 농업이 중시되어 운하 및 저수지 건설과 기타 관개사업이 중앙정부와 지방정부의 책임하에서 추진되었다. 늪지대를 경작지로 만들고 새로운 토지구획이 이루어졌다. 국가에서 농민으로 하여금 처녀지와 삼림을 개간하도록 권장하였다. 밀과 보리가 전국적으로 많이 재배되었지만 강우량이 많은 남부지방과 큰 강의 주변지역인 펀잡, 비하르, 벵골 및 오리싸 등지에서는 부분적으로 벼농사도 가능하였다. 참깨와 콩이 생산되었으며 여러 종류의 향료와 후추가 특히 남부지방을 중심으로 재배되었다.

토지는 세 종류, 즉 국가소유의 경작지, 국유의 유휴지(遊休地), 그리고 사유지가 있었다. 관리들의 녹봉은 현금이나 토지로 지급되었는데 현금은 대개 군복무자에게만 주어지고 토지는 브라만 계급과 공훈을 세운 관리에게 지급되었다. 토지가 봉급 대신에 주어졌다고 하더라도 수혜자는 그 토지에 대해 완전한 권리를 소유하지 못하였다. 그는 토지에 매어 있는 소작인을 축출할 수 없었고 소출의 3분의 1, 혹은 반을 차지할 권한만을 가졌을 뿐 나머지는 소작인 몫으로 돌려야 했다.

굽타시대에는 토지사유제가 확대되었으며 쿠샨왕조 때에 거의 볼 수 없었던 토지매매 기록도 많이 눈에 띈다. 국가는 토지에 대한 지배권을 유지하려 하였고, 부락공동체도 토지사유제의 확대를 저지하려고 하였지만, 개인의 수중에 토지가 점차 집중하는 것은 막을 수가 없었다.

굽타시대에는 여러 가지 길드(동업조합)가 성행하였는데 이 길드를 중심으로 상공업이 활기를 띠었다. 길드는 상품제조와 상업활동에 있어서 중요한 제도로 계속 존재해 왔다. 정부는 다만 규칙이 제대로 준수되고 있는지 감독할 뿐, 길드는 내적인 조직과 운영에 있어서는 거의 자율적이었다. 규칙은 각 길드가 성원으로 되어있는, 보다 큰 기구인 길드 자치체에 의해 작성되었다. 무역인이나 금융인 뿐만 아니라 직조공이나 석공들도 조합을 가지고 있었다. 조합안에서의 보수는 서열에 따라 차등이 있었다. 대체로 장인의 조합들은 네 개의 서열 즉 도제(徒弟), 상급 견습공, 숙련공 및 선생이 있었으며 그들은 수입의 1:2:3:4할의 비율로 배분하였다.

굽타시대에는 대내외의 상업활동이 활발히 추진되었으며 특히 유리한 대외무역이 경제적 번영의 기초가 되었다. 국내에서는 인더스, 갠지스 등의 강상교역이 활기를 띠었으며 갠지스 강 유역이 교역의 중심지였다. 이곳에서 각지의 상업로로 연결되었다. 모직물은 북부 인도에서, 보석과 향료는 남부에서, 금속과 명주는 동부에서 주로 생산되었다. 면직물, 모직물, 비단 등 여러 종류의 직물업이 주요한 산업으로 발달하였으며 직물은 국내에서 광범한 시장을 가지고 있었을 뿐만 아니라 외국시장에서도 수요가 매우 컸다.

한편 외국무역이 동서 해안의 항도들을 중심으로 급속히 발달해 갔다. 상업활동이 인도로 하여금 중국 및 동남아시아와의 활발한 교역을 조장시켰다. 뱅골 만에서 인도 선박이 스리랑카로 남하 항해하여 다시 동쪽으로 말라카 해협을 지나 동남아 여러 나라로 나아갔다. 이곳에서 중국 상선들이 인도의 직물, 상아, 유기, 원숭이, 앵무새 등을 중국으로 가져갔다. 중국이 인도로 수출한 상품은 주로 생사(生絲), 사향, 동유(桐油), 호박(琥珀) 등이었다. 아편과 차는 아직 두 나라 사이에 교역 상품으로 떠오르지 않았다.

또한 인도인들은 아라비아 및 지중해의 연안국가들과 교역하였으며 인도 상선들이 아프리카까지 왕래하였다. 기원 1세기 이후 이집트 상인들이 그들의 배를 인도에 자주 파견하였으며, 동서무역에서 중요한 역할을 했던 사람들은 로마인이었다. 인도는 로마제국의 황제 아우구스투스Augustus 및 트라야누스Trajanus에게 몇 번에 걸쳐 사신을 보냈으며, 남인도 빤드야의 왕이 아우구스투스에게 선물을 보낸 기록도 보인다. 굽타시대에 접어들어 로마와의 무역은 쇠퇴한 것으로 보지만 당시 로마의 주화가 마두라 등 남인도의 여러 곳에서 발견되고 있다.

5세기 초 게르만족의 일파인 서(西)고트족Visi-Goths의 알라릭Alaric이 로마 시를 유린하지 않은 대가로 요구한 보상금에는 인

도 향료 3,000파운드가 포함되어 있는 점으로 보아[4] 당시 서양에
서 인도 상품의 가치가 어떠했는가를 알 만하다. 인도의 향료, 향
수, 면직물, 상아, 보석, 쪽 등은 서양 여러 나라에서 수요가 컸으
며 가무(歌舞)를 훈련시킨 노비를 수출하기도 하였다. 인도는 서
양으로부터 술, 파피루스Papyrus, 향, 벌꿀 등을 수입했으며 인도
의 왕과 상인들이 절실히 원했던 것은 금(正金)과 페르시아의 말
(馬)이었다. 이 시대에 극동과 서양을 연결하는 실크로드는 매우
큰 중요성을 갖고 있었는데 인도를 거쳐가기도 하였다.

굽타제국은 자원 개발에도 적극적이었다. 마우리아제국과 마찬
가지로 국왕이 모든 광산과 소금의 소유주로 생각되었으며 금속을
채굴할 수 있는 것은 왕실의 특권이었다. 철과 구리가 외국으로
수출되었으며 무기 생산은 중앙정부의 감시를 받아야 했다. 굽타
제국이 발행한 수많은 예쁜 금화가 이 시대의 경제적 번영을 증명
하고 있으며 인상적인 훌륭한 금화는 제국의 선전 수단으로 사용
되기도 하였다.

굽타시대에도 카스트 제도가 인도 사회를 지배하였지만 오늘날
과 같이 철저하게 고정되지는 않았다. 카스트에 기초한 계급사회
가 강조되었으며 브라만 계급의 우위를 확립하려는 노력도 있었
다. 후일 모든 힌두법의 기초이며 사회법규의 권위로 인용되어 온
마누 법전에는 네 계급이 분명히 규정되었다. 정통 힌두의 종교
적, 도덕적 의무를 기록하고 있는 마누 법전은 브라만 계급을 옹
호하는 입장에 서 있는 것이 분명하다. 그러나 굽타시대에는 카스
트 제도가 엄격하지 않았는데 이러한 현상이 외국인들을 인도 사
회로 흡수하는 데 도움을 주었다. 인도에 정착한 모든 외국인들은
힌두에 의해 사회의 일원으로 받아들여졌다. 외국인들은 직업에
따라 힌두계급에 편입되었는데 전사(戰士)는 크샤트리아 계급의
지위를 누리는 경우도 있었으며, 전쟁포로나 빚을 갚지 못한 자는

---

4) S. Wolpert, *A New History of India*, New York, 1982, p. 92.

노예로 편입되었다. 결혼은 동일한 카스트 안에서 이루어졌지만 다른 카스트와의 혼인에 대한 제한은 없었으며 상층계급의 남자와 하층계급의 여인이 결혼한 경우를 볼 수 있다. 다른 계급과 식사하는 것은 금기로 생각되었지만 직업이 엄격하게 고정되지는 않았다. 브라만 계급과 크샤트리아 계급이 상공업에 종사하기도 하였다.

굽타시대에 여성의 지위는 낮은 편이 아니었다. 적절한 직업을 선택할 수 있고 재산을 상속받을 수 있었다. 정숙한 생활과 아내로서의 역할을 충실히 이행할 때 여인들은 대우를 받고 안전이 보장되었다. 죽은 남편을 화장할 때 함께 순사(殉死)시키는 사티 Suttee 풍습이 상층계급에 나타나기 시작하였다. 과부의 재가(再嫁)에 대한 제한은 없었지만 재혼하지 않을 경우 장신구나 화장품을 사용할 수 없는 엄격하고 소박한 절제생활이 요구되었다.

제11장
힌두 문화의 완성

1 굽타시대의 고전문화

많은 학자들이 굽타시대를 힌두 르네상스Hindu Renaissance
기라고 부르고 있다. 이 시대는 그동안 인도에 침투해 온 비(非)
아리아 문화의 요소를 일소하고 아리아적인 고유의 것을 되찾아
이를 유지해 나가려는 복고적 기운이 강하게 나타났던 때로서 인
도의 옛 문화가 부흥을 본 시대이다. 이 때에는 물질적 번영과 함
께 지배자들, 특히 사무드라 굽타와 하르샤 왕 등의 후원을 입어
문학, 과학, 예술 및 종교가 동시에 발달했던 시대였다.

굽타시대가 인도의 고전시대로 인식되고 있는 것은 주로 문학
영역에서의 커다란 발전 때문이었다. 힌두, 불교도, 자이나교도들
의 종교적 문학작품과 함께 훌륭한 세속적 작품들이 발표되었는데
대부분 산스크리트로 씌어졌다. 따라서 굽타시대는 산스크리트 문
학의 발전기였다. 이때에 브라만 계급의 세력이 강화되어 갔는데
이는 사제계급의 언어인 산스크리트의 점증적 사용과 관련이 있었
다. 아소카 대왕은 산스크리트를 사용치 않았으며 그의 포고문은

알기 쉬운 지방어 Brahmi로 기록되어 있었다. 표준 산스크리트 문법에 따라 기록된 최초의 글은 쿠샨왕조의 카니슈카 왕 때에 만들어진 비명이며 굽타왕조에 들어오면 주화에 새겨진 글씨가 산스크리트로 되어 있다.

힌두 설화문학이 산스크리트로 다시 씌어졌다. 세계 최장(最長)의 서사시인 『마하바라타 Mahabharata』와 『라마야나 Ramayana』가 오늘날의 형태를 갖춘 것이 이때였다. 최고의 지식, 지순(至純)의 사랑, 가장 명료한 행동의 길을 제시해 주고 있는 경전 『바가와드 기타 Bhagawad Gita』도 굽타시대보다 늦을 수는 없으며, 고대인도의 역사적 사실과 전설의 보고(寶庫)인 『뿌라나 Puranas』도 이때에 현재의 형태로 완성되었다. 굽타시대에 힌두 문학을 산스크리트로 다시 쓴 동기는 그리스인, 쿠샨족, 파르티아인 등 이민족이 인도인들의 생활에 도입시킨 비아리아적인 이국적 요소들을 제거하기 위한 것이었다.

산스크리트 문학의 주요한 부문은 드라마였으며 인도에서도 그리스에서와 마찬가지로 드라마는 종교와 관련을 갖고 있었다. 인도의 가장 훌륭한 시인 가운데 한 사람인 깔리다사 Kalidasa는 이 시대에 활동하였다. 찬드라 굽타 2세의 조정에서 생활했던 것으로 보이는 그는 우제인 Ujjain 지방의 경건한 브라만 계급 출신으로서 브라만 교육을 받았으며 인도의 여러 지역을 광범하게 여행한 경험을 갖고 있었다. 그는 드라마뿐만 아니라 베다 문학 및 철학, 그리고 음악과 미술에까지도 정통하였다.

깔리다사의 작품은 시대를 초월하여 명성과 더불어 인기를 누리고 있다. 그의 희곡 『사쿤탈라 Sakuntala』는 산스크리트 문학에서 최고의 위치를 점할 뿐만 아니라 인도 문학 전체 나아가 세계 문학에서 걸작품으로 손꼽히고 있다. 『사쿤탈라』는 『마하바라타』에서 발견되는 내용에 근거하고 있지만 여기에 생동감과 효과적인 변화를 도입하여 극적인 사건 전개를 시도하였다. 『사쿤탈라』보다 먼저 그는 『말라비카그니미트라 *Malavikagnimitra*』와 『비크라모르바시야 *Vikramorvasiya*』를 썼다. 전자는 아그니미트라 Agnimitra 왕과 왕비의 하녀 말라비카 Malavika 와의 사랑이 왕비의 갖은 방해에도 불구하고 성공적으로 이루어지는 내용의 드라마이며, 후자는 하늘의 요정 우르바시 Urvasi 와 숙명의 인간인 비크라마 Vikrama 왕과의 사랑을 엮은 내용의 동화였다.

깔리다사의 시도 희곡만큼이나 훌륭하게 빛나고 있다. 서정시 『메가두타(*Meghaduta* ; 구름의 사자(使者))』는 일반적으로 산스크리트 시의 맹아로 인정되고 있으며 비가(悲歌), 만가(輓歌)라고까지 부른다. 표현의 간결함, 내용의 풍부함, 감정을 도출하는 힘, 인간과 자연에 대한 깊은 관찰, 완벽한 은유법의 사용 및 그의 뛰어난 미적 감각 등은 평론가들의 격찬을 받고 있다.

과학에서는 특히 수학과 천문학에서 큰 발전을 보였다. 인도인들이 영(零)의 개념을 최초로 알아냈다. 595년에 만들어진 구자라트 지방의 한 비명에 의하면 인도인들은 영의 개념을 분명히 알고 있었음이 증명되고 있다. 아리야바타(Aryabhata, 476-?)는 이 시대 최고의 수학자이며 천문학자였다. 그가 처음으로 수학을 별개의 과목으로 분리해 다루었으며 대수, 기하 및 삼각법에 관한 훌륭한 저서를 남겼다. 그의 수학에 있어서의 중요한 특징은 독특한 기호를 사용한 것인데, 이는 다른 고대인들에게는 알려지지 않았던 십진법에 근거하고 있었다. 그가 십진법을 처음 알아냈는지, 혹은 이미 알려진 것을 단순히 개선했는지는 분명치 않다. 그는 또한 π에 대해 놀라울 정도로 정확한 값인 3.1416에 도달하였다.

아리야바타는 탁월한 천문학자였다. 지구는 하나의 공과 같이 둥글며 자체의 축을 중심으로 회전한다고 주장하였다. 그것도 지구는 태양의 주위를 돌고 있다고 보았으며 하루의 시간을 큰 오차 없이 계산해 냈다. 물론 태양중심설, 즉 지구가 태양의 주위를 회전하고 있다는 지동설은 일찍이 기원전 3세기에 그리스의 아리스

타쿠스Aristarchus에 의해 제시된 일이 있었다. 그러나 이 사실을 도외시하고 다만 기독교의 우주관인 지구중심설을 깨고 코페르니쿠스Copernicus가 16세기에 혁명적인 지동설을 발표한 것과만 비교한다면 인도의 아리야바타의 주장은 천 년을 앞서고 있는 것이다.

천문학과 관련된 점성술도 크게 발달하였다. 점성술이 크게 유행하여 바라하미히라Varahamihira와 브라마 굽타Brahma Gupta 등이 점성가로서 이름을 남겼으며 점성술에 관한 책들이 많이 나왔다. 바라하미히라는 당대 최고의 명성을 지닌 점성가로서 점성술에 관한 일종의 백과전서를 펴냈다. 여기에는 결혼 택일이나 전쟁터에 나가는 왕의 운세 등에 관한 내용뿐만 아니라 천체의 운행과 그것이 인간에 미치는 영향, 지리, 건축, 신상(神像)의 제작, 정원의 설계, 여러 형태의 인간과 동물의 성격까지 다양하게 열거해 놓았다.

굽타시대의 장인들은 철을 다루는 데 우수한 재능을 보여주었다. 쿠샨왕조의 유명한 불교학자 나가르주나는 의학, 화학 및 야금술에도 정통했던 것으로 알려졌다. 굽타시대는 구리와 철로 만든 훌륭한 불상을 남기고 있으며, 특히 델리에서 멀지 않은 메라울리Mehrauli의 철주(鐵柱)는 이때에 만들어진 것으로서 뛰어난 야금술을 잘 보여주고 있다. 이 철주는 천 년이 훨씬 넘도록 풍우에 노출되어 있지만 전혀 녹슬지 않고 있어 현대 야금학자들마저도 그 뛰어난 기술에 놀라워 하고 있다.

굽타시대는 미술, 특히 불교 미술에 있어서 훌륭한 발전을 보여주었다. 건축, 조각, 회화가 모두 놀라운 수준에 이르렀으며 5세기경에 그 절정에 이르렀다. 굽타 미술은 불상과 힌두 신상을 완벽한 형태로 발전시켜 놓았다. 돌이나 동으로 만든 불상이 사르나드 등에서 많이 발견되고 있으며, 어떤 것들은 아주 훌륭한 작품으로 인정되고 있다. 시바Siva, 비스누Vishnu 등의 힌두 신상도 여러

윈강 석굴

카일라사 사원

곳의 힌두 사원, 특히 쟌시 Jhansi 지방의 데오가르 Deogarh 사원 등에 뛰어난 조각품으로 남아 있다. 아름답고 매력 있는 모습에 고상한 자세의 조각으로서 정신적 표현을 잘 묘사하려고 노력한 흔적이 엿보인다. 굽타시대의 미술은 흉노족과 그 후 모슬렘 침략자들의 파괴로 부분적으로 남아 있을 뿐이며 인도 미술가들이 데칸 고원 또는 네팔, 티베트 등으로 피신하여 그곳에서 굽타미술을 계속 발전시켰다.

굽타미술이 이민족에 의해 많이 파괴되었지만 석굴미술은 비교적 잘 보존되어 있다. 석굴은 원래 더위를 피해 수도하는 도량(道場)으로, 인도에는 전국적으로 천 개가 훨씬 넘는 석굴이 존재하지만 가장 유명한 것으로는 대체로 굽타시대에 만들어진 아잔타 Ajanta, 엘로라 Ellora 및 아우랑가바드 Aurangabad 석굴을 들 수 있다. 석굴미술은 자이나교와 힌두교의 것들도 있지만 대부분은 불교 신앙과 관련된 것들이다.

아잔타의 경우 29개의 석굴에 건축, 조각 및 회화가 집약되어 있다. 아잔타 석굴의 벽화와 천정화는 인도 미술의 극치를 나타낸 것으로 높이 평가받고 있다. 아잔타 석굴은 사실상 불교 미술만으로 구성되어 있으며 불상, 석가의 생애, 불교의 정토(淨土) 세계뿐만 아니라 인도 사람들의 생활풍속을 잘 묘사해 놓고 있다. 특히 모자(母子) 그림은 세계의 벽화 가운데서 으뜸으로 꼽히고 있다. 아잔타 미술은 조그마한 진주와 꽃에 이르기까지 고도의 솜씨로 다듬어졌으며 색채를 훌륭하게 배합하였다. 아잔타 화풍은 서부 인도의 미술과 페르시아 미술과의 훌륭한 융합을 보여주고 있다.

엘로라 석굴에서는 그림을 찾아볼 수 없지만 불교 미술 뿐만 아니라 자이나교와 힌두교의 미술이 나란히 배치되어 있다. 바위를 깎아서 만든 건축물은 승원(僧院)이나 사당이기 마련이지만 엘로라에는 웅대한 모습의 카일라사 Kailasa 사원이 자리잡고 있다. 카일라사 사원은 커다란 암산(岩山)을 그대로 놓아둔 채 바윗돌을 떨어내어 거대한 사원을 조각하여 만든 것으로 그 규모에 경탄을 금할 수 없게 한다. 그 기술적인 면뿐만 아니라 특히 수많은 사람들의 노력(勞力)과 관련하여 생각할 때, 어디에서도 여기에 필적할 만한 유례를 찾을 수 없을 듯한 엄청난 규모의 예술품이다.

2 인도 문화의 국외 전파

인도가 국경을 넘어 외국에 영향을 미친 것은 정치적인 면에서보다는 말할 것도 없이 문화적 종교적인 면이 훨씬 강하였다. 남인도의 항구들과 동남아 국가들과의 바다에 의한 소통은 기원전부터 이루어졌지만 실제적인 이민이 이루어진 증거는 기원후부터 분명히 나타나고 있다. 사따바하나 Satavahana 시대에는 인도 상인들이 말라야 해안을 따라 메콩 Mekong 강 유역으로 올라가고 바다를 통하여 말라카 Malacca 해협을 빈번하게 통과하였다. 수마트라, 자바 및 보르네오로 진출하여 식민지화한 것은 인도인들의 모험에 찬 꾸준한 항해의 결과였다. 남인도 해안에 출몰하는 무뢰한들을 주민들로 하여금 격퇴하도록 도와준 성자 아가스티야 Agastya의 전설이 전해지고 있다. 이것은 초기 인도 항해자들이 남인도 해안 주민들에게 위협을 주는 해적들을 쫓아버리려는 목적에서 항해를 시작하고 있음을 말해 주는 것으로 추측된다.

인도 문화가 인도아대륙을 뛰어넘어 그 우수성을 전파한 것은 기원후 3-4세기 경이었다. 이전부터 인도 문화가 서서히 보급되고 있었지만 4세기 경에는 문화 전파의 추진력이 급속화되어 오늘날 동남아 대부분의 지역이, 중국에 병합된 북 베트남을 제외하고는, 인도 문화의 영향권 아래 들어갔다. 인도화된 조그마한 왕국들의 존재가 말라야, 베트남, 자바 및 보르네오 등지의 비명에 의해 증명되고 있으며, 5세기 중엽 흉노족의 인도 침입이 인도인으로 하여금 이들 지역으로 이민하게 하는 자극제가 되었다.

동남아가 문화적으로 인도화된 요인은 군사적인 정복이 아닌 무역과 종교 때문이었으며, 동남아 사람들은 인도 문화를 능동적으로 받아들였다. 보르네오의 비명에서는 물라르바르만Mularvar-man 왕자가 브라만 사제의 지휘 아래 희생물을 바치는 정통적인 힌두 의식을 행하고 있음을 볼 수 있으며 주변의 나라들 즉 수마트라, 자바뿐만 아니라 말라야, 캄보디아Funan는 이미 인도 문화의 지배 아래 놓여 있었던 것으로 보인다. 중국의 구법승 법현(法顯)이 인도 순례를 마치고 귀로에 자바에 몇 달 머물렀을 때 그는 그곳에서 브라만교가 번성하고 있음을 발견했던 것이다.

동남아시아의 훌륭한 건축, 조각 및 고고학적 자료들은 인도 문화와 원주민의 그것들이 잘 조화된 형태를 보여주고 있다. 가장 훌륭한 문화 유적으로서는 세계 최대의 종교적 건축물로 알려진 캄보디아의 앙코르와트Ankorwat와 인간이 만든 최고 예술 작품의 하나로 꼽힌 중부 자바의 바라부두르Barabudur 불교 사당을 들 수 있다. 인도의 종교는 인도네시아와 말라야에서 이슬람 세력에 의해 쇠퇴하고 말았지만, 그 대신 모든 사람들의 경탄을 불러 일으키는 불후의 기념물을 남긴 것이다. 한편 발리 섬 등에는 아직도 힌두교의 의식이 행해지고 네 계급에 근거한 힌두 사회제도가 존재하고 있다.

결국 동남아시아에 대한 문화적 정복을 놓고 벌인 인도와 중국과의 경쟁에서, 북 베트남을 제외하고는 이 광범한 세계에서 인도가 승리를 거둔 셈이었다. 굽타시대 말기에 티베트에서 전개된 똑같은 문화적 쟁패전에서도 승리자는 인도였다. 티베트가 불교 국가로 되었으며 산스크리트 계통의 언어가 이 나라에 뿌리박게 된 것은 이를 잘 증명해 주고 있다. 인도 문화의 전파가 이룩한 최대의 승리는 대승불교가 중국, 한국 및 일본에 광범하게 보급되어 성공을 거둔 점이었다.

3 구법승(求法僧)과 나란다 대학

불교는 인도 서북지방에서 옥서스Oxus 및 타림Tarim 분지를 지나 중국에 전해졌다. 히말라야 산을 곧바로 넘을 수 없어 중앙 아시아를 우회하여 불교가 중국에 전파된 것이다. 중국사절단이 기원전 2세기 말에 신강의 유치족을 방문한 일이 있어서 중국은 이미 인도에 대한 지리적 지식을 갖고 있었다. 또 오래 전부터 인도의 승단이 중국을 방문하였을 것이 거의 틀림없지만, 중국에 분명한 불교 근거지가 마련된 것은 낙양에 백마사원(白馬寺院)이 건립된 후한(後漢) 때의 일이다(65년). 카슈미르 등지의 인도 불교학자들이 여러차례 장안을 방문했으며, 그들은 불경뿐만 아니라 인도의 문화, 예술, 서적 등을 중국에 전하였다.

한편 많은 중국 승려들이 불교 성지를 순례하기 위하여, 또 불경과 산스크리트를 공부하기 위하여 인도를 방문하였다. 그들 가운데 대표적인 구법승이 법현, 현장, 의정(義淨) 등이다.

법현은 15년에 걸친 여행을 하였지만 인도 영내에 체재했던 기간은 401-410년간으로 알려지고 있다. 그는 인도 여행에 관한 기록을 남겼지만 불행히도 역사에 관해서는 큰 도움을 못 주고 있다. 인도는 범죄가 없고 평화로운 곳이며 국민성이 순박하고 통치 형태가 온화하다고 기록하였다. 여행자를 위한 숙박소가 노변(路邊)에 마련되어 있고 시설 좋은 무료병원도 있었다. 수도 빠탈리푸트라에는 소승 및 대승불교의 사원이 있어 6-7백 명의 승려가 수도하고 있었는데 법현은 이곳에서 3년 동안 불법을 공부하였다. 그러나 법현은 나란다 대학에 관해서는 전혀 언급이 없는 것으로 보아 이 대학은 그 후에 설립된 듯이 보인다.

여행 거리, 인도 체류 기간 및 여행기의 중요성 등에 비추어 볼 때 구법승들 가운데 단연 으뜸은 현장이었다. 인도를 방문하여 불교에 대한 지식을 얻고 불경을 수집하려는 목적에서 길을 떠났던

나란다 대학의 유지(遺址)

현장은 중국 서쪽으로 방향을 잡아 사마르칸드 Samarkand를 거쳐 카불, 페샤와르의 길을 따라 인도로 들어갔다. 그는 불교 성지는 말할 것도 없거니와 북인도의 주요한 지역들을 두루 거쳐 벵골까지 가서 데칸을 경유 남인도 마드라스 부근의 깐치 Kanchi에 이르렀다. 서쪽으로 향하여 말와 Malwa, 물탄 Multan, 신드 Sind를 거쳐 다시 나란다 대학에 이르렀으니 거의 인도 전역을 주유(周遊)한 그의 여행길에 놀라울 뿐이다.

현장이 남긴 『대당서역기(大唐西域記)』는 당시 인도의 정치, 사법, 세정(稅政), 군사력, 대외무역, 사회제도 및 풍습까지도 다양하게 기록해 놓은 매우 중요한 사료이다. 다만 그의 기록은 불교와 불교의 후원자였던 하르샤 왕의 통치를 극도로 칭송함으로써 사료로서의 신빙성을 얼마쯤 흐리게 만들고 있는 것도 사실이다.

현장은 하르샤의 조정에 오래 머물면서 후대를 받았으며 왕을 독실한 불교 옹호자로 묘사하였다. 하르샤 왕은 현장에게 경의를 표하기 위해 종교회의를 소집하였고 또한 그에게 귀국길의 노자(路資)와 호위병의 편의를 제공하기도 하였다. 현장은 인도에 14년 머무는 동안에 다섯 해를 불교 학문의 중심지로 묘사했던 나란다 대학에서 공부하였다. 그는 굽타제국의 수도였던 빠탈리푸트라보다 하르샤 왕국의 수도인 까나우즈 시의 중요성을 강조하면서 성곽으로 둘러쌓인 매우 번영하는 아름다운 도시로 기록하였다. 현장은 하르샤 왕에 의해 왕국이 잘 다스려지고 있으며 인도인들을 교육, 문학, 미술의 애호가로 묘사하였다. 현장은 중국을 떠날 때는 인도 여행에 대한 당나라 황제의 허락을 얻지 못하고 슬그머니 빠져 나왔지만 많은 불경과 불상을 수집해 가지고 장안에 돌아갔을 때는 황제의 열렬한 환영을 받았다.

나란다 대학은 굽타시대에 크게 번영하여 세계적 명성을 지닌 교육의 중심지였다. 나란다 대학은 5세기에 인도의 각 지역 및 불교세력이 미쳤던 외국의 제왕과 부호들의 성금에 의해 설립되었다. 하르샤 왕도 나란다 대학을 적극 후원하여, 절을 세워주기도 하였다. 나란다 대학은 현장 등의 구법승의 기록 이외에도 생생한 유지(遺址)와 여러 비명에 의해서도 충분히 증명되고 있다. 학생 수는 교수를 포함하여 1만 명을 넘었다. 교수들은 가르치면서 또한 학생들과 함께 공부하였다. 나란다 대학에서 공부했던 사람들은 인도, 동남아, 중앙아시아, 중국, 한국 등 사실상 모든 불교 국가에서 온 학자들이었다. 나란다 대학에서 10년 동안 공부했던 당나라의 의정은 이 대학에서 후이니에(Huih-Nieh, 범어명은 Arya-varman)라는 한국승의 이름이 새겨진 것을 발견하였다.[1] 의정은 우리의 혜초(慧超) 스님보다 50년 먼저 구법승으로 인도를 방문하였다는 점을 생각하면 혜초 스님 이전에 이미 한국의 구법승이 있었음을 알 수 있다.

나란다 대학은 적어도 여덟 개의 칼리지와 세 개의 도서관을 가지고 있었다. 나란다 대학은 주로 대승불교와 이에 관련된 과목들을 교수했지만 그 외에 힌두교, 논리, 철학, 의학, 전기(傳記), 베다문학, 심지어 마술까지 포함한 보편적 교육을 시켰다. 나란다 대학은 불교 뿐만 아니라 힌두교의 교리를 자유롭게 토의할 수 있는 분위기였다.

나란다 대학은 인도에서는 쇠퇴해 가던 불교를 여러 나라에 보급 발전시키기 위해서 포교단을 조직하여 교육시켰다. 고승(高僧)들이 저술한 책들이 이곳으로부터 여러 나라에 보내졌다. 나란다의 학자 수바카라 심하Subhakara Simha는 8세기 초 중국에 가서 불경 번역에 종사한 일이 있었다. 불교뿐만 아니라 인도문화가 7-8세기에 나란다 대학으로부터 아시아의 모든 불교 국가에 전파되어 나갔다.

---

1) K. M. Panikkar, *A Survey of Indian History*, Bombay. 1986, p. 86.

4 힌두교의 완성과 불교의 쇠퇴

굽타시대는 브라만교의 부흥, 다시 말하면 힌두교가 완성된 때이다. 인도의 정통종교는 브라만교에서 힌두교로 이어지는 신앙형태였을 뿐이며 결코 불교나 자이나교는 아니었다. 아소카 대왕의 비호 아래 불교가 북인도에서 주민 다수의 종교로 되는 듯이 보였다. 그러나 자이나교도와 불교도들의 감정과는 상반된, 희생물을 바치는 의식을 행해 온 정통 힌두 신앙이 결코 절멸된 일은 없었다. 카스트 제도가 없는 외국인들에게는 브라만교보다 불교가 더 쉽게 보편적으로 받아들여질 수 있는 종교다. 그러나 이방인에게도 불교의 교리가 우월하게 받아들여지지 않았으며, 불교가 인도 전체의 지배적인 종교로 되었던 때는 한 번도 없었다. 쿠샨왕조의 카니슈카 왕만은 불교를 적극 옹호하였다. 불교 색채가 뚜렷한 주화가 나왔던 것은 카니슈카 왕 때 뿐이고 그 후의 왕들은 대개 힌두의 시바 신을 섬기고 있었다.

5세기 경부터 힌두교의 반격이 시작되었는데 당시 힌두교는 굽타왕조의 후원을 받고 있었다. 국왕이 브라만 경전에 나타난 사회제도와 규율을 회복시키려고 노력하였으며, 개인적으로는 불교에 귀의했던 하르샤 왕까지도 공식문서에는 시바 신의 숭배자로 기록되어 있다. 훌륭한 시인, 혹은 개혁가들이 힌두신들을 숭배하면서 불교를 공격하고 나섰다.

불교의 교세 확장을 막고 힌두교에 철학적 이론을 부여했던 인물이 산카라(Sankara, 788-838년 경)였다. 인도의 최남단, 케렐라 지방의 브라만 출신인 산카라는 짧은 생애 동안이지만 그의 고향에서 히말라야 산록에 이르는 광범한 지역을 떠돌면서 포교함으로써 〈부처 다음가는 거룩한 설법자〉[2]로 평가받기에 이르렀다. 산카라는 힌두 포교단을 결성하여 인도 각지에 힌두 교리를 전파하

---

2) S. Wolpert, *A New History of India*, New York, 1982, p. 98.

시바 신(神)과 힌두 사원

였다.

힌두교는 그리스인, 사카족, 쿠산족과 같은 이방인까지도 끌어들이려고 노력하였다. 힌두교는 인도에서 가장 대중적인 종교의 지위를 확고히 하였으며 북인도의 벵골, 비하르, 우따르 프라데시 Uttar Pradesh 등지에서도 불교의 세력을 능가하였다. 당시 불교 미술의 발달과 승원과 탑 등이 건조된 것은 아직 불교가 대중적인 종교라는 것을 보여주지만, 힌두교의 점증하는 인기 때문에 불교는 인도에서 그 지위가 크게 약화되어 갔다. 힌두교는 국내에서의 포교뿐만 아니라 인도 국경 밖으로의 세력 확장을 도모하였다. 힌두 사절단이 서쪽으로는 시리아, 메소포타미아까지, 동남아 쪽으로는 자바, 수마트라, 보르네오 섬에까지 파견되었다.

브라만교의 의식은 주로 희생물을 바치는 것이었는데, 새로운 힌두 신앙의 그것은 보통 그들의 신상을 놓고 참배하는 것이었다. 비싼 제물을 바치는 형식적인 제의(祭儀)를 타파하고 신도들의 경제적 부담을 줄인 것이다. 요컨대 희생물 바치는 것을 중요시하던 인습적인 의식(儀式)이 신상에 대한 경건한 믿음으로 대체되었다. 새로운 힌두교의 의식은 단순히 기도하고 경의를 표하는 것이 아니라 신에게 꽃과 과일 등을 바치는 것이었다. 힌두교에서 주장하는 인간의 4대 목표는 믿음으로 덕을 실현하는 다르마Dharma, 경제적 행복을 누리는 아르타Artha, 안락을 누리는 까마Kama, 그리고 영혼의 구원에 이르는 모크샤Moksha등이다. 앞의 세 개의 목표는 모크샤로 인도하는 과정이다.

굽타시대 신앙생활의 한 특징은 서로 다른 종교 집단 사이에 존재한 종교적 관용의 마음이었다. 힌두교 불교 자이나교의 학자들이 함께 종교적 철학적 토론을 열었으며 자신들의 주장을 저술하여 다른 종교에 대해 우위를 점하려고 노력하였다. 각 종교사이에 적대감은 존재하지 않았으며 서로 다른 종교의 지도자나 신도들이 평화롭게 생활하였다. 소승 및 대승불교의 승려들이 같은 승원에서 생활하였으며, 힌두교는 석가모니를 힌두신 비스누의 화신(化身)으로 받아들였다. 굽타제국의 역대왕들은 불교와 자이나교를 포함한 모든 학자 및 종교 단체들을 지원하였으며 공적 및 사적 생활에서 종교적 관용을 보였다. 사무드라 왕 자신은 힌두교를 신앙했으면서도 왕자의 스승으로 저명한 불교학자인 바수반두 Vasubandhu를 임명하기도 하였다.

불교가 인도에서 쇠퇴한 데 대해서는 여러 가지 원인이 지적될 수 있다.

첫째, 불교의 속인(俗人) 조직단체의 결여가 그 본고장인 인도에서 불교가 거의 사라지게 만든 결과를 가져왔다. 불교는 실제로 부처의 가르침에 깊게 따르는 사람들, 즉 승려들에게만 구원이 한정된 느낌이 있었으며 승단(僧團) 마저도 최소한에 머물렀다. 불교는 구원의 종교이면서도 속인에게 깊은 관심을 갖지 못함으로써 그 외적인 취약성을 갖게 되었다. 온갖 포용력에도 불구하고 여기에서 불교는, 속인계급과 종교 지도자와의 밀접한 관계를 구축할 수 있었던 힌두교를 비롯한 다른 종교와 경쟁할 수 없게 되었다.[3] 불교에는 신앙의 실체가 오직 사원이나 승려 집단에 집중되었으므로 만약 이것들이 붕괴되면 종교 자체가 같은 운명에 처하게 되었다. 이러한 붕괴는 철저하여 석가의 탄생지 룸비니 Lumbini의 위치마저도 유럽인 고고학자들이 최근에 발굴해 낼 때까지 완전히 잊혀져 있을 정도였다.

둘째, 승가의 부패였다. 비구승과 비구니의 배움의 도량이었던 승가가 도덕적 부패의 중심지가 되었다. 사람의 마음을 어지럽게 만드는 요인인 재물과 여자가 승가에 자연스럽게 들어왔다. 지배계급이나 상인 등 부유한 신도들의 지원으로 승가가 물질적으로 번창하였다. 옛날에 돈의 소유를 엄격히 금했던 규율이 약화되었다. 신도 대표들이 돈을 모아 승려들을 위해 사용하였으며 불사

---

3) Max Weber, *The Religion of India*, New York, 1967, p. 233-234.

(佛寺)의 지주제(地主制)가 여기저기에 나타나게 되었다. 비구승의 승가 옆에 건립된 비구니의 승가는 비구승단의 통제 아래 있었기 때문에 쉽게 접근할 수 있었으며 깊은 수양을 쌓지 못한 젊은 이들이 여러 유혹을 받게 되었다. 대승불교에서 특히 불상 숭배와 종교적 축제가 중요시됨에 따라 의식을 치르기 위해 재물이 필요하게 되고 젊은 남녀의 승려들이 쉽게 접촉할 수 있게 되었다. 불교의 일부 종파 가운데는, 예컨대 비즈라야나 Vijrayana파는 불교의 교리를 잘못 해석하여 술 등 사람을 마취시키는 것들을 인정하고 남녀의 성적 관계를 허용하는 경우도 있었다.[4] 이러한 요인들이 승려들의 경건한 생활태도를 파괴하여 버렸다..

셋째, 승려들의 도덕적 부패가 불교를 지적 파탄으로 이끌었다. 승려들의 경건치 못한 생활태도가 불교의 도덕적 힘을 상실하게 만들었으며, 나가르주나 등의 지적 업적을 이어 받을 만한 불교학자들을 배출하지 못하였다. 불교의 힘의 원천은 고결한 행동과 도덕인데 이를 상실함에 따라 불교는 점차 대중적 지지기반을 잃게 되었다. 힌두교가 굽타 왕들의 후원 아래 부흥하고 있을 때 불교는 이러한 종교적 도전에 당면하여 지적인 측면에서 대처할 수 없었다.

넷째, 불교가 수많은 종파로 분열되었다. 소승과 대승으로 갈라지기 전에 이미 여러 종파가 나타났다. 이들 종파는 각기 다른 이론과 행동규범을 포교했는데 이는 신도들을 혼란에 빠지게 만들었다. 현장은 불교가 수많은 종파로 분열되어 있는 것을 목격했으며 이들 사이의 대립은 불교에 대한 국민의 신망을 잃게 만들었다.

다섯째, 불경을 산스크리트로 기록한 것도 일반 신도들을 유리시키는 결과를 가져왔다. 소승불교의 경전은 빨리 Pali 어로 기록되었으나, 대승불교는 불경을 산스크리트로 편찬하였다. 산스크리트는 이해하기 힘든 문장어로서 대중언어가 아니었으므로 불교는

4) L. P. Sharma, *Ancient History of India*, New Delhi, 1989, p. 83.

일반 대중과의 긴밀한 관계를 유지할 수 없었으며 따라서 중하층에 대한 정신적 지배력을 상실하게 되었다.

여섯째, 불교는 지배자의 후원이 부족했다. 물론 석가모니 자신은 당대 왕들의 지지를 받았으며 또 그 후에도 아소카, 카니슈카, 하르샤 왕 등의 후원이 있었다. 그러나 대부분의 지배자들은 불교가 아닌 힌두교를 지지해 왔었다. 숭가 왕조의 왕들이 힌두교를 지원했으며, 굽타왕조는 힌두교에 대한 후원의 절정기였다. 또 이민족의 끊임없는 침입 속에서 불교의 비폭력 철학은 설 자리를 잃었으며 전쟁, 정복, 기사도의 행동이 인도 지배계급의 마음을 사로잡게 되었다.

일곱째, 불교가 인도에서 쇠퇴하게 된 이유는 한마디로 요약하면 불교와 힌두교가 구별하기 힘들게 된 점에 있다. 불교는 다른 종교와 마찬가지로 인도의 전통적 종교 관념인 윤회와 업 사상을 그대로 받아들였으며, 힌두교와 가장 두드러지게 다른 점은 불교가 무신론이며 카스트 제도를 배척하고 있다는 점이었다. 대승불교의 출현은 결과적으로 인도에서 불교가 쇠퇴하게 된 계기를 만들었고, 동시에 그러한 종교적 변화는 브라만교가 부흥하고 있는 증거이기도 하였다. 석가를 사실상 신격화시켜 유신론적 방향으로 나아가고 있는 대승불교는 힌두교와 공통점이 너무나 많아서 전문가마저도 뚜렷이 구별하기 힘들 정도가 되어 버렸다.

마지막으로 불교는 카스트 제도를 극복하지 못하였다. 석가는 힌두교의 하부구조인 카스트 제도를 비난하고 만민평등을 외쳤지만 이러한 불교의 평등 이론이 인도 하층민의 마음을 사로잡지 못하였다. 고대인도에서 나타난 모든 종교의 기본적 종교 관념인 윤회와 업 사상이 인도인의 마음속에서는 불교의 평등 이론을 압도하고 있었다. 현세의 처지를 숙명적으로 받아들이면서 분수를 지키며 성실하게 살아갈 때 내세에서는 더 좋은 상태로 태어날 수 있다는 업 사상이 카스트 제도를 철학적으로 뒷받침하고 있었다.

따라서 인도인들은 불교의 혁명적인 평등 이론에도 불구하고 엄격한 계급제도를 극복하지 못하고 말았던 것이다.

이제 승원에서 가르치는 불교 이론은 불타의 가르침보다는 오히려 힌두교의 이론에 더욱 가까워지는 경향이 있었으며, 불사가 힌두 사원으로 변하기도 하였다. 인도 불교에는 프로테스탄트 정신이 결여되었으며, 그 특성과 독립 존재성마저도 잃어 갔다. 5세기 초 인도를 방문했던 법현의 눈에는 인도가 불교 국가로 보였지만, 7세기 전반에 인도 불적지를 순례하였던 현장은 이때 이미 불교가 쇠퇴해 가고 있는 것을 간파하였다. 현장은 인도를 브라만 계급의 왕국이라고 불렀다. 갠지스 강 유역의 신성한 불교 사원에는 불상 옆에 힌두교의 브라마Brahma 신과 인드라Indra 신상이 서 있었다. 코살라의 왕은 브라만교의 사원에 힌두신과 부처를 나란히 앉혀 놓았던 것이다.[5]

힌두교는 10세기 말까지 지식계급에 의해 받아들여졌으며, 힌두교는 더 나아가 불교를 흡수해 버렸다. 한때 북인도를 중심으로 굉장한 세력을 가졌던 불교는 본거지인 인도에서 거의 자취를 감추고 다만 미미한 교세로 명맥을 유지해 갈 뿐이다.

5) Max Weber, 앞의 책, p. 247.

제 12 장
인도 봉건사회의 성립과 모슬렘의 침입

1 인도에서의 봉건제도

많은 사회주의 학자들은 인도사에서 봉건제도가 지배한 기간을 7세기 경부터 무갈제국의 초기까지로 보고 있다. 그러나 봉건제도라는 용어를 사용하는 문제에 있어서는 많은 논란이 일고 있다. 원래 봉건제도라고 말할 때 연상하게 되는 중세 유럽의 사회경제적 질서와 중세 인도의 그것과는 크게 다르다는 사실에 입각하여 깊은 의문점이 제기되고 있다. 인도에서 몇 세기 동안 진행되어 온 봉건제도의 형태는 서양의 봉건제도와는 일치하지 않으므로 어떤 역사학자들은 인도의 그것을 준(準)봉건제도, 또는 〈봉건주의적〉이란 용어를 사용하여 적당히 묘사하려고 한다.

인도의 봉건제도도 본질적인 면에서는 다를 바 없으면서도 유럽 봉건제도의 형태만큼 경제적 계약을 강조하지 않았다. 중세 서양에서 전형적으로 발달한 봉건제도는 분권화된 사회구조라고 규정할 수 있으며 여기에서 정치적 권력은 영주가 자기에게 경제적으로 예속된 사람에 대해 행사하였다. 가신(家臣)이 경제적 지원과 보호를 받는 대신에 주군에게 복종하고 성실히 봉사하는 쌍무적 형태를 봉건제도라고 한다면 이는 중세 서양에만 국한된 것이 아니고 세계 여러 나라에서 또 여러 시대에서 얼마든지 찾아볼 수 있을 것이다. 다만 서양의 봉건제도는 종사제(從士制, Comitatus)와 은대지제(恩貸地制, Beneficium)에서 볼 수 있는 바와 같이 직위나 토지를 매개로 하여 주종관계를 맺는 것으로서 법률적으로 인정된 사회구조라는 점에서 다른 경우와 차이가 있을 뿐이다.

경제적 관점에서 볼 때는 봉건제도를 곧 농노제도로 보는 경향이 있으며, 서양 봉건제도에서는 분명히 농노제도가 지배적인 생산관계를 이루고 있었다. 인도의 봉건제도에는 유럽의 경우처럼 대규모의 농장도 없었고 광범위한 장원제도도 존재하지 않았다. 사실상 인도에는 농노제도도 없었다. 즉 농민은 법적으로 봉건 지주에게 얽매어 있지 않았으며, 지주들은 사법권을 행사했지만 그것은 세금 징수와 관련해서만 농민을 처벌할 수 있었다. 인도의 봉건제도에서는 유럽에서와 같은 영주와 가신 사이의 관계에 있어서 심각한 자유와 속박의 긴장은 존재하지 않았다.

인도에도 봉건제도의 기본적 조건은 존재하였다. 왕은 가신에 해당하는 관리나 선발된 사람에게 다양한 크기의 땅으로부터의 소득을 인정하였다. 토지에 대한 조건부의 소유, 즉 토지 자체가 아니라 토지로부터의 소득만을 인정하고 왕은 대신에 일정액의 국세를 요구하였다. 7세기 이래 관리들에게 현금 급료 대신에 토지를 분여(分與)하는 경향이 있었는데, 이러한 관습은 봉건적인 방향으로 나아가도록 촉진시켰다.

유럽에서와 마찬가지로 인도에서도 경제는 농민과 장인들의 육체적 노동에 근거하였다. 경작하는 일은 농민과 주로 수드라가 담당했으며 그들은 토지에 얽매어 있으면서 소출의 일정한 몫을 지주에게 넘겼다. 가신은 자신에게 할당된 토지를 경작자에게 빌려줄 수 있었으며 경작자로부터 약정한 액수를 징수하였다. 가신은 토지로부터의 소득의 일부를 왕에게 바쳐야 하는 의무를 지고 있었는데 서약을 위반하는 행위는 가증스러운 범죄로 인식되었다.

군주와 가신과의 관계는 긴밀했지만 종속적이었다. 두 사람의 관계가 어떻게 이루어졌는가에 따라 종속의 정도에 차이가 있었다. 전쟁으로 정복된 가신은 독립적 행동이 매우 제한되었으나, 강력한 힘을 갖춘 봉신(封臣)들은 왕의 허락도 받지 않고 자신에게 주어진 토지를 분여하여 자기 밑에 가신을 둠으로써 계급구조를 형성하기도 하였다.

가신은 왕을 위해 규정된 액수를 바치고 군대를 유지하는 일뿐만 아니라 왕의 생신(生辰) 등 특별한 궁정 행사에는 참석하는 것이 의무였다. 그 대신에 가신에게는 남다른 특권이 부여되었다. 가신은 봉건적 권위를 상징하는 칭호나 상징물, 예컨대 옥좌(玉座) 또는 특별히 고안된 가마와 말총으로 만든 파리채를 사용할 수 있으며 삼현육각(三弦六角)을 울리고 국가 행사 때는 코끼리를 타는 것이 허용되었다.[1] 가신들의 칭호는 지역과 등급에 따라 다양했는데 토후(土侯)라는 의미의 가신들을 마하사만타mahasa-manta, 라자raja, 라나카ranaka 등으로 불렀다.

인도의 국유지 제도는 어떤 법률상의 자료에 규정되어 있는 것을 발견할 수 없지만, 토지로부터 엄격하게 거두어들이는 지대는 국세의 형태를 취하였다. 인도의 전통에 의하면 토지는 왕에게 속하지 않았다. 〈지상의 주인은 왕이다〉라고 할 때 그 의미는 토지의 보호자로서 세금을 받을 수 있는 권리를 뜻하였다. 경작자에게는 토지가 그들이 일하는 전답과 전통적인 규율 아래서 그들이 보유하고 있는 권리를 의미했지만, 국가나 봉건 영주에게는 토지가 주민으로부터 일정액의 세금을 징수할 수 있는 근거를 의미하였다. 국유지 제도 아래서는 국가가 토지세의 액수와 징수 방법을 규정하는 것인데, 인도의 토지세는 국가 관리에 의해 징수되기도

---

1) Romila Thapar, *A History of India*, I. London, 1969, p. 243.

하고 또는 징세권이 봉건 영주 자신들에게 부여되기도 하였다. 그 결과로 인도에서는 각 개인과 집단이 서로 다른 독특한 토지에 대한 개념과 권리를 가지고 있었다. 국유가 지배적인 형태였지만 전통적으로 독립적인 지주가 소유한 소규모의 토지도 존재하였다. 이 지주, 이른바 자민다르 Zamindar 는 그들이 경작자들로부터 요구하는 지대의 액수를 스스로 결정하고 때로는 자신들의 농장을 감독하기도 하였다.

농업노동력의 기본 단위는 가족이었지만 촌락공동체의 저명한 사람들로 구성된 촌락위원회의 도움과 지시를 받았다. 촌락공동체는 주로 친족 관계에 의해서 몇 개의 혹은 수십 개의 부락으로 뭉쳐 있었다. 촌락공동체는 토지를 주기적으로 재분배하기도 하고, 전체로서 휴경지를 다스리며, 개별적인 성원에게 토지 소득을 할당하기도 하였다. 공동체의 결의나 지시는 가끔 돌이나 또는 오래 견딜 수 있는 물질 위에 기록해 두었는데 중요한 결정들은 주로 촌장과 촌락위원회의 영향력 아래에서 이루어진 것으로 보인다.[2]

촌락은 자급자족의 경제에 근거하고 있었으며 생산은 마을에서 필요한만큼 이루어졌다. 잉여의 생산이 이루어지면 교역에 쓰일 수도 있었지만 사실은 잉여 생산이 농민에게 거의 도움을 주지 못하였다. 왜냐하면 지주가 그만큼 더 많이 요구하기 때문이었다. 따라서 생산 증대를 위한 자극적 요인이 부재한 상태에서 부락은 최저의 생활수준이 유지될 수밖에 없었는데 자급자족의 경제가 결국 무역의 침체로 이끌어 가는 원인이기도 하였다. 왕이나 가신도 잉여의 부를 수공업 생산이나 무역에 투자하지 않고 위세를 과시하기 위해 화려한 저택과 거대한 사원을 건축하는 등 전시적 효과를 위해 소비하였다.

중세 인도에서는 모슬렘 왕국뿐만 아니라 힌두 왕국마저도 원래 주군이 전사(戰士)에게 면세토지를 부여함으로써 봉건제도가 시작

---

2) K. Antonova, *A History of India*, Moscow, 1987, p. 183.

178

되었다. 가신은 자신이 왕Maharaja이라는 왕호(王號)를 부칠만큼 강하다고 느낄 때까지는 스스로 〈조공을 바치는 사람Samanta〉이라고 부르곤 하였다. 가신이 주군의 종주권을 인정하는 동안에는 주군의 방어를 위해서 군대를 유지하면서 자기 소득의 얼마만큼을 보내야 하고 때로는 주군에게 딸을 바쳐야만 했다. 인도의 봉건제도는 군사적 봉사를 약속한 대가로 조건부의 토지를 소유할 수 있을 뿐만 아니라 정치적 분권주의와 경제적 자급자족을 포함하고 있었다. 군인이나 관리 등에 대한 보상으로 왕이 보통 자기르Jagir라고 부르는 면세토지를 부여하는 경우는 무갈제국 말기인 19세기까지도 흔히 존재했으며, 이러한 양도된 세금은 인도의 새로운 지배자로 군림한 영국인에 의해서도 주장되었다. 면세토지는 힌두 왕들이 브라만 계급에게 가끔 인정하기도 하였지만 서구에서와 같은 어떤 단일의 성직자 계급은 나타나지 않았다.

정치적 중앙집권력이 쇠퇴하여 작은 전쟁이 빈번해짐에 따라 봉건적 관계에 있어서 군사적인 면, 즉 왕이 요구할 때 봉신이 무장한 병사를 제공하는 의무가 점차 중요시되었다. 어떤 경우에는 왕에게 연례적으로 바치는 액수 대신에 군대를 제공하기도 하였다. 왕이 전쟁을 선포하면 가신은 병사와 장비를 자발적으로 보내는 것이 상례였다. 만약 가신이 약정 사항을 이행하지 않을 때 토지는 왕에 의해 몰수당하게 되었다. 토지 양여는 차지인(借地人) 당대뿐이며 사망하면 재계약하게 되었지만 실제로는 가신이 보유한 토지는 세습적인 경향이 있었고 왕의 통제력이 약화되었을 때 더욱 그러하였다.

그러나 인도 모슬렘 왕조가 단명으로 흥망을 거듭한 후 왕권이 점차 강화되어 감에 따라 분권주의적 성격의 봉건제도는 자연히 약화되었다. 모슬렘 왕국은 군인에게 봉토를 지급하는 제도를 강화함으로써 이전의 봉건 영주들은 중간 정도의 지주로 전락하는 경향이 있었으며, 무갈제국으로 들어오면 중앙정부가 의도적으로 자민다르에게 다양한 지위를 부여함으로써 자민다르는 더욱 모호한 성격의 계급이 되어 버렸다. 자민다르는 정부와 접촉할 수 있는 종족의 우두머리가 되기도 하였지만, 단순한 지주나 촌장 혹은 옛 봉건 지주의 후예라는 허울좋은 자리만을 유지하게 되었다. 결국 무갈제국의 강력한 중앙정부가 출현함으로써 인도 봉건제도는 그 미묘한 특성을 점차 잃게 되었다.

2 이슬람 세력의 성장과 인도의 정세(情勢)

이슬람 세력의 성장이야말로 세계사에서 보는 놀라운 사건 가운데 하나이다. 몇 사람으로 조직된 교단이 불과 1세기가 지난 후에는 세계제국을 건설하였기 때문이다. 이슬람교는 유목민의 집합지였던 아라비아에서 출현하였으며, 이 종교는 유태교나 기독교와 마찬가지로 종교면에서 창조적 천분(天分)을 소유한 셈족 Semites에 의해 이룩되었다. 이슬람교는 마호메트(Mahomet, 570~632)에 의해 창시된 종교로서 그는 자신을 아라비아인을 구원하는 신의 사도로 자처하였다. 이슬람교는 기독교의 영향을 받아 성립하였으며, 기독교의 여호와 Yaweh 유일신 대신에 알라 Allah를, 예수 대신에 마호메트 자신을 내세웠다.

마호메트의 후계자인 칼리프(Caliph, 교주)는 종교뿐만 아니라 정치적 지도자이며 군사령관이고 동시에 입법자이기도 하였다. 역대의 칼리프들은 손에 경전 『코란』과 칼을 들고 동서로 교세를 확장해 나갔으며, 제5대 칼리프인 우마야 Umayya 가(家)의 무아위야 Muawiya 때는 다마스커스를 중심으로 사라센제국을 건설하였다. 모슬렘은 북아프리카를 지나 이베리아 반도의 피레네 산맥을 넘어 유럽 기독교 세계를 위협했으며, 콘스탄티노플을 세 번이나 포위하여 비잔틴 제국을 위기에 몰아넣기도 하였다. 그들의 지배

영역은 사방으로 확대되어 대서양에서 인더스 강에 이르고, 카스피아 해에서 나일 강에 이르는 세계제국이었다. 그 후 압바스 Abul Abbas가 바그다드를 중심으로 압바스 왕조를 수립하였으며, 우마야 왕조의 일파도 스페인의 코르도바Cordova에 세력을 유지하였으므로 사라센제국은 동서 칼리프국(國)으로 분열되고 말았다. 인도에 수립되는 모슬렘 왕조도 이론상으로 보면 동(東)칼리프국의 일부였지만 실제로는 주권을 가진 독립국가였다.

굽타제국이 쇠퇴한 이후 11세기까지 인도에는 외부로부터의 침입이 없었으며, 따라서 외적의 위협 아래서 성장하게 되는 애국심이나 민족의식은 점차 상실되어 갔다. 오랫동안의 평화 속에서 부를 축적함에 따라 경제적 생활은 개선되었으나, 반면에 정치조직은 미약하였다. 인도라는 국가의식이 결여되었으며 외국인에 저항하기 위한 통합이념도 없었다. 여기에다가 지배계층의 반목이 끊임없이 계속되었고 군대와 전쟁 기술의 개선에 대한 정부의 무관심으로 국력이 약화되었으며, 이렇게 몇 세기가 지나면서 인도는 무력한 상태에서 모슬렘의 침입에 직면하게 되었다.

모슬렘은 공격해 오기 전에 인도의 서해안 지역과 빈번한 교역을 추진해 왔으며 그들의 세력이 강대해짐에 따라 인도내에 영토를 갖겠다는 야망을 보이게 되었다. 모슬렘의 인도 침입도 이슬람제국의 강렬한 영토 확장 정책의 일환이었지만 거기에는 이슬람교를 전파하려는 종교적 열정과 함께 오랜 무역을 통하여 알게된 풍요로운 인도의 재화를 약탈하려는 욕망이 강하게 작용하고 있었던 것이다.

3 모슬렘의 인도 침입

모슬렘은 8세기 초 이슬람 깃발을 발루치스탄Baluchistan까지 옮겨놓고 곧 그곳을 근거지로 하여 신드Sind 지방을 병합하였으며 10세기에는 펀잡으로 진출하였다. 카불 서남쪽에 자리잡은 가즈니Ghazni 지방의 마흐무드Mahmud는 11세기 초 10여 차례 인도를 공격하였다. 처음에는 페샤와르에서 인도군과 대적하였으며 몇 년 간격을 두고 물탄Multan, 타네스와르Thaneswar를 공격하여 약탈하였다. 다음으로 힌두의 성스러운 종교 도시 마투라Mathura를 수 주일 동안 마음껏 유린하였다. 힌두 사원을 파괴하고 신상을 가즈니로 가지고 가서 힌두교를 종교적으로 더럽히기 위해 많은 사람이 모이는 광장에 놓아두기도 하였다.

마흐무드는 아프가니스탄, 펀잡 및 신드를 그의 왕국에 병합하였지만 그러나 그는 인도에 지속적인 영향을 미치지는 못하였다. 마흐무드는 폭풍처럼 몰려와서 모든 것을 파괴해 버린 후 곧 지나가 버렸다. 인도인들은 그의 정복과 약탈을 곧 잊어버리고 도시와 사원을 재건하였다. 그렇지만 그가 인도의 서쪽 국경지방을 장악한 것은 다음의 모슬렘 침략자들이 인도에 쳐들어오는 것을 유리하게 만드는 전진기지를 구축한 셈이었다.

만약 국경지방을 제외하고 생각한다면 12세기 말까지는 모슬렘의 본격적인 인도 정복이 시작되지 않았다고 말할 수 있다. 이슬람 세력을 인도의 심장부까지 옮겨놓은 것은 터키족이었는데, 아프가니스탄의 산악국가 구르Ghur의 무하마드Muhammad가 인도에 터키족의 지배시대를 열었던 인물이었다. 구르는 가즈니와 헤라트Herat 사이의 고지(高地)로서 농업이 주산업이었지만 중앙아시아에서는 명마(名馬)와 철의 산지로 널리 알려져 있었으며, 주민들은 전쟁에서 탁월한 능력을 보여준 종족이었다.

가즈니와 구르의 지배가문은 전통적으로 적대관계에 있었으며 구르는 가즈니의 종주권을 인정해 오기도 했으나 가즈니의 세력 약화를 틈타 무하마드는 가즈니를 정복하였다(1173-1174). 무하마드 구르는 마흐무드 가즈니의 출중한 군대 지휘 능력을 따를 수

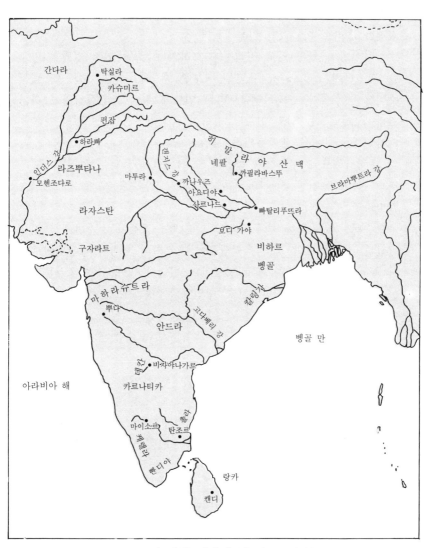

간다라

탁실라

카슈미르

펀잡

하라빠

인더스 강

라즈뿌타나

모헨조다로

라자스탄

구자라트

마투라

갠지스 강

까나우즈

아요디아

사르나트

히 말 라 야 산 맥

네팔

까필라바스뚜

브라마뿌뜨라 강

빠탈리푸뜨라

보디 가야

비하르

벵골

마 하 라 슈 트 라

뿌나

고다베리 강

안드라

크리슈나 강

데칸

비챠야나가르

벵골 만

아라비아 해

카르나티카

마이소르

탄조르

까베리 강

빤디아

랑카

캔디

모슬렘 침입 이전의 인도(1200년경)

없었다. 그러나 그의 장점은 거듭된 패배에도 불구하고 결코 그의 야망을 포기하지 않은 데 있었으며 오히려 실패를 경험으로 삼아 결전을 승리로 이끌었던 인물이었다.

무하마드 구르는 인도 공격을 도모하였다. 그는 먼저 펀잡 지방을 점령하여 인더스 강 유역을 확보한 후 갠지스 평야를 공격할 준비를 갖추었다. 그는 약탈보다는 인도에 왕국을 건설하려고 하였다. 무하마드는 인도 안으로 깊숙이 진격하여 1191년 델리 북쪽 타라인 Tarain에서 프리트비라즈 Prithviraj가 이끄는 힌두 연합군과 대적하였으나 패배하고 말았다. 그러나 다음 해 무하마드는 권토중래하여 동일한 전장(戰場)에서 힌두 연합군을 무찌르고 프리트비라즈를 살해하였다.

모슬렘 침입자들은 힌두보다 군사력에서 강했고 전술면에서 뛰어났다. 무하마드의 군대는 약탈물에 고무되어 사기가 충천하였으며 무기력한 인도군을 크게 압도하고 있었다. 인도군 지휘관들은 상군(象軍)에 너무나 의존하고 있었으나, 명마로 조직된 아프간 기병들은 신속한 기동력 면에서 훨씬 뛰어났다. 인도군은 밀집대형으로 싸웠으나 아프간 군대의 기습작전에 효과적으로 대처할 수 없었다.

1192년의 제2차 타라인 전투는 인도사에서 결정적인 계기를 몰고온 전투 가운데 하나로서 힌두 전체의 사기를 아주 꺾어버린 사건이었다. 이는 모슬렘이 인도를 지배하게 되는 중대한 결전으로서 힌두스탄 전역에 재난을 몰고온 사건이었다. 무하마드 구르의 성공적인 군사작전이 인도아대륙의 정치사에 새로운 장을 열어 놓았던 것이다.

제13장

인도 모슬렘 왕조의 부침(浮沈)

1 노예왕조

무하마드 구르는 타라인 전투에서 승리함으로써 델리를 공략할 수 있는 전략적 지점을 확보하였으며, 다음 해 부하 장군 꾸틉 웃 딘 아이박Qutb-ud-din Aibak으로 하여금 델리를 장악하도록 하였다. 델리는 10세기 말 지방 토후에 의해 설립된 조그마한 도회였지만 모슬렘 정복자들이 정치적 수도로 만들어 무갈제국이 출현할 때까지 향후 3백여 년 동안 인도 모슬렘 왕국의 중심지가 되었다. 델리는 갠지스 강 유역과 중서부 인도에 접근하기 편리한 전략적 요충지이며 또한 아프가니스탄으로부터 인도 깊숙이 연결시켜 주는 편리한 통로 위에 위치해 있었다.

무하마드 구르는 인도에 대한 계속된 군사작전을 꾸틉 웃 딘 아이박의 수중에 남겨놓고 원래의 그의 왕국인 인도의 서북 국경지방으로 돌아갔다. 꾸틉 웃 딘은 델리에 이어 베나레스까지 진격하였다. 인도 중심부에 그들의 세력을 구축함에 따라 주변지역을 쉽게 장악할 수 있었다. 모슬렘 군대는 수백 년 동안 번영해 왔던 나란다 대학을 파괴해 버리고 나아가 벵골 지방까지 공격하였다. 모슬렘 지배자는 편잡에서 벵골에 이르는 한 제국을 건설한 것이다.

무하마드 구르가 암살당하자(1206) 꾸틉 웃 딘 아이박이 인도의 새로운 정복왕으로 계승하였는데 보통 이때부터 인도 모슬렘 왕조의 시작으로 계산한다.

꾸틉 웃 딘 아이박은 원래 터키족의 노예 신분이었으나 그의 탁월한 능력 때문에 타라인 전투 이후 지사로서 인도를 지배하게 되었다. 일찍이 바그다드의 모슬렘 지배자들은 페르시아의 영향력과 아랍인들의 반란을 경계하기 위해 터키족 노예들을 호위병으로 삼았는데 이 터키족이 점차 지배세력으로 성장해 나갔다. 꾸틉 웃 딘은 전형적인 중앙아시아의 전사로서 포악하고 무자비한 군주였으나 강력한 세력을 구축한 후 결혼동맹으로 자신의 지위를 강화해 나가는 치밀함도 보여주었다. 꾸틉 웃 딘 자신은 키르만Kirman 지사인 타즈 웃 딘 일디즈Taj-ud-din Yildiz의 딸을 왕비로 맞이하고, 공주들을 신드 지사 나시르 웃 딘 꽈바차Nasir-ud-din Qabacha와 유능한 부하 일투트미스Iltutmish와 결혼시켰다. 이들 세 사람은 왕인 꾸틉 웃 딘 자신과 마찬가지로 모두 원래 노예출신이었다. 따라서 꾸틉 웃 딘에 의해서 건국되고 노예 출신 군주들에 의해 계승되었으며 또 궁정, 행정, 군사의 고위직이 대부분 왕의 노예들에 의해 점유되었던 이 왕조를 인도사에서 보통 노예왕조라고 부른다.

노예왕조의 통치 형태는 포악한 전제정치였으며 술탄은 국가의 우두머리이며 군사령관이었다. 지방정부는 중앙정부의 복사판으로, 지사는 왕의 권위를 대신하고 있었다. 중앙정부로부터 멀리 떨어진 지방일수록 자치의 형태를 그만큼 더 누릴 수 있었다. 지사는 국세의 일부를 자신의 경비로 남겨두는 것이 허용되었는데 이 제도가 결국 그를 세금청부인으로 만들어버리게 되었다.

꾸틉 웃 딘 아이박은 티베트 국경 쪽으로 영토를 넓히기도 하였
으나 낙마로 사망하자 그의 유능한 부하이며 양자였던 일투트미스
가 왕위를 이어 받았다. 그는 일디즈와 꽈바차 등의 적수들과 싸
우느라고 많은 시간을 허비하였다. 갠지스 평야에 세력을 강화한
그는 벵골 지방의 영토를 더욱 확대하였다. 일투트미스는 연대기
기술자로부터 신앙심이 깊은 군주로, 또 통치하는 데 있어서는 억
압보다 설득과 관용의 방법을 더 좋아한 군주로 묘사되었다. 우제
인 Ujjain 과 그왈리오 Gwalior 지방의 힌두 라즈푸트족 Rajputs에
대한 군사작전에서는 포악성을 자제했지만 벵골 지방에서의 반란
을 진압하는 데는 무자비하게 행동하였다.

다음 왕위는 야망적인 공주 라지야 Raziyya에 의해 계승되었다.
라지야는 인도를 다스린 유일한 모슬렘 여왕이었으며 현명하고 관
대한 군주로, 또 공평무사한 재판관으로 묘사되었다. 노예왕조의
절정기에 즉위하였지만 바틴다 Bhatinda 지방의 지사인 남편과 왕
위 다툼을 벌이다 5년만에 모두 살해당하고 말았다. 이후 몇 년
동안은 일투트미스의 왕실수비대였던, 이른바 〈40인 노예〉가 지배
하는 시기였다.

이 특이한 지배집단에서 가장 잔인무도한 인물로 알려진 발반
Balban이 권력을 장악하였다. 노예왕조의 지배자 가운데서 그는
일투트미스와 함께 가장 유능한 군주로 알려진 인물이었다. 발반
은 장관에서 왕으로 올라간 사람이었다. 끊임없는 권력 싸움과 정
치적 음모가 중앙정부의 권력을 약화시켰으며, 불안한 시대가 철
(鐵)의 의지를 가진 발반과 같은 왕을 원했다. 그는 결연한 의지와
무자비한 방법으로 반란을 진압해 나갔다. 그는 인간의 생명을 조
금도 존중하지 않은 폭군이었다. 옛 동지인 〈40인 노예〉를 살해하
기 위해 자객을 이용하였으며, 첩자제도를 채택하여 안전을 도모
하였다. 독실한 이슬람교도였으면서도 그가 강요했던 자의적인 명
령은 이슬람 법과 일치하지 않았다. 정부의 요직은 사실상 순수한

터키족에 국한했으며 관리의 채용에 있어서 힌두를 철저히 배제하였다. 발반의 사망으로 노예왕조는 사실상 종말을 고했으며 불과 3년 동안 더 존속했을 뿐이었다.

2 킬지 왕조

노예왕조가 혼란 속에 빠졌을 때 왕권 다툼에서 승리한 것은 터키족인 킬지Khilji 일파였다. 잘랄 웃 딘 킬지Jalal-ud-din Firuz Khilji가 발반 왕의 부하 장군의 지위를 이용하여 쿠데타를 일으켜 킬지 왕조(1290-1320)를 열었다. 델리에 정도(定都)한 두번째 모슬렘 왕조를 일으킨 킬지족은 원래 터키계의 일족이었으나 아프가니스탄으로 이주했고 무하마드 구르가 침입한 이후에는 인도 본토에 정착했었다. 킬지 왕조의 지배자는 노예왕조 때 소외되었던 아프간 귀족들의 충성심을 얻으려고 노력하였다. 킬지 왕조는 아프간족과 인도 모슬렘에게 고위관직을 부여하는 회유책을 도모하였다. 따라서 킬지 왕조 때 모슬렘 왕조의 인도화가 크게 이루어졌으며 원주민의 지지에 크게 의존하였다.

잘랄 웃 딘 왕은 즉위 6년 만에 조카이며 양자인 알라 웃 딘 킬지Ala-ud-din Khilji에게 왕위를 빼앗기고 참수당하였다. 알라 웃 딘은 군대의 지지와 민심을 얻고 있었는데 전왕(前王)이 노령의 흐린 정신 상태에 있었기 때문이었다. 알라 웃 딘은 모슬렘 왕조의 강력하고 위대한 군주로 알려진 인물이었다. 그는 즉위 직전에 데칸에 출정하여 부유한 도시 데바기리Devagiri를 공격하고 난공불락의 요새로 알려진 가파른 바위에 세워진 성을 장악하였다. 데칸 고원지방과 동부 인도를 성공적으로 평정해 갔는데 알라 웃 딘이 모슬렘으로서는 최초로 데칸을 정복했다고 말할 수 있다. 구자라트 지방의 번영했던 항구들을 약탈하여 많은 전리품을 가져왔다. 총애하는 왕비가 되었던 카말라 데비 Kamala Devi도 이때 데려왔다. 알라 웃 딘은 남인도에 대한 군사작전을 개시하여 안드 라 프라데시에 자리한 까타티야 Katatiya족의 수도 와랑갈 Warangal을 공격하기도 하였다. 또 몽고족의 침입에 대항하여 국가를 성공적으로 방어하였다.

알라 웃 딘은 중앙정부의 권력을 강화하고 행정개혁을 도모하였다. 몽고족의 끊임없는 침략에 대비하여 대규모의 상비군을 두었으며 이를 유지하기 위해 세금을 크게 높였다. 전면적인 토지조사를 실시하여 새로이 높은 세율을 정했으며 고대로부터 내려오는 6분의 1세(稅) 대신에 소출의 반액까지 지대(地代)로 받아갔다. 목초지에도 높은 세금을 부과하고 젖소와 말에 대한 세금을 신설하기도 하였다.

무거운 세금을 부과한 목적은 강력한 군사력을 유지하기 위한 것뿐만 아니라 국민의 여유 있는 생활을 막아서 무기를 들고 일어날 능력을 없애버리기 위한 것이기도 하였다. 광범하게 쳐놓은 스파이망과 고압적인 관리들은 국민에게 왕을 두려움의 존재로 만들어 갔다. 알라 웃 딘이 병약하여 판단력이 흐려짐에 따라 구자라트 정복 때 왕비와 함께 데려왔던 환관(宦官) 카푸르 Kafur가 군사 및 행정력의 실권을 장악하였다. 왕자인 꾸툽 웃 딘 무바라크 Qutb-ud-din Mubarak가 왕위를 이어 받았으나 겨우 4년간을 지탱했을 뿐이다.

3 뚜그락 왕조

14세기의 대부분은 뚜그락 가문(家門)이 델리를 지배하였다. 꾸툽 웃 딘 무바라크를 살해하고 스스로 왕이라 칭했던 뚜스루 칸 Khusru Khan은 편잡 지방의 지사였던 가지 말리크 Ghazi Malik

에 의해 패배당했다. 가지 말리크는 킬지 왕조의 알라 웃 딘 왕에 의해 국경지방의 지사로 임명되었는데 몽고족의 침입을 성공적으로 저지함에 따라 서북지방을 방어했던 공로로 높은 직위에 오른 인물이었다. 가지 말리크는 기야스 웃 딘 뚜그락Ghiyas-ud-din Tughluq이라는 이름으로 왕위에 올랐다(1320). 그의 아버지는 노예왕조의 발반 왕 때 힌두스탄으로 들어와 편잡 지방의 힌두 자트족Jats과 결혼하였으므로 뚜그락 왕조는 비교적 토착적인 성격을 띠고 있었다.

기야스 웃 딘은 유능하고 청렴한 사람을 지사에 임명하였으며 농업을 장려하고 관개시설의 확충에 힘썼다. 또 사법 및 경찰행정을 개선하였으며 빈민구제책을 계획하고 우편제도를 발전시키는 등 내정 쇄신에 노력하였다. 군사력을 강화하여 와랑갈을 정복하고 벵골 지방으로 깊숙이 진격하여 반도들을 응징하였다. 왕과 세자는 벵골 원정의 전승기념식에 참석했다가 다른 왕자들이 아마도 의도적으로 허술하게 설치해 놓은 천막이 갑자기 내려앉은 바람에 참변을 당하고 말았다.

무하마드 뚜그락Muhammad Tughluq은 영토 확장 정책을 의욕적으로 추진하였다. 킬지 왕조의 알라 웃 딘은 남쪽지방의 왕들을 굴복시키는 것으로 만족했으나, 무하마드의 목표는 그들의 영토를 병합하는 것이었다. 무하마드는 남부지방의 저항을 분쇄하기 위한 굳은 결의를 보여주는 표시로 데칸에 제2의 수도를 건설하고 많은 귀족과 관리들로 하여금 델리를 떠나 데바기리로 이주토록 하였다.

무하마드는 데칸 고원 남쪽의 지역들을 병합하기 위해 출정하였으나 페스트 전염병의 만연으로 와랑갈 남쪽으로 진군할 수는 없었다. 중부지방에 심한 기근 현상이 일어났는데도 왕은 날마다 연회를 베푸는 등 극도로 호사스런 생활을 했으므로 국민생활은 악화되고 불만이 고조되었다. 마두라 지방에 뚜그락 지사(知事) 아산 사 Ahsan Shah가 모슬렘 독립국을 세움에 따라 이를 응징하기 위해 무하마드는 남인도로 군대를 출정시켰으나 라호르, 델리, 한시 Hansi 등에서 반란이 일어나자 회군할 수밖에 없었다. 파흘 웃딘 Fakhr-ud-din은 반란을 일으켜 벵골 지방을 델리의 지배권으로부터 유리시켰으며, 모슬렘 장교가 반란에 성공한 것에 자극 받아 타밀란드 Tamiland에서도 힌두 왕국이 일어나게 되었다.

무하마드를 계승한 피루즈 사 Firuz Shah는 역대 술탄 가운데 지성을 갖춘 왕으로 알려진 인물이었다. 37년간 통치하면서 전쟁을 피하고 평화정책을 추구하였으며 또 이때는 대체로 비가 많이 내려 풍년을 이루었다. 그는 수도를 가꾸는 데 열성을 보여 수많은 회교 사원과 학교 및 병원을 설립하였으며 훌륭한 정원과 성을 남겼다. 다양한 관개시설을 계획하여 운하를 개설하고 많은 저수지를 건설함으로써 지금까지의 황무지를 경작지로 바꾸었다. 지성을 갖춘 군주로서 그는 고문을 폐지하고 교육 문제에 큰 관심을 보였으면서도 이슬람 교리에 철두철미함으로써 힌두의 반감을 불러 일으켰다. 특히 지금까지는 면세 특혜를 주었던 브라만 계급에게 인두세(人頭稅)를 확대함으로써 이들의 불만을 샀다. 한편 힌두의 하층계급이 인두세를 면제받기 위해 상당수가 이슬람교로 개종하는 것이 피루즈의 치하에서 일어났다.

피루즈의 사망으로 뚜그락 왕조가 쇠퇴일로를 걷고 있을 때 티무르 Timur가 인도를 침범하였다. 오래 전부터 몽고족이 간헐적으로 인도를 괴롭혔지만 최악의 사건은 악명 높은 티무르의 주도 아래 1398년에 일어났다. 차가타이 Chagatai 한국(汗國)의 지배자인 티무르는 페르시아를 공격하고 바그다드를 장악한 후 뚜그락 세력이 포악한 행동을 자행함으로 마땅히 응징해야 한다는 구실을 내세우면서 인도로 쳐들어왔다. 티무르는 기병을 주축으로한 9만 병력으로 인더스 강을 건넜으며 진격해 오는 동안 거의 아무런 저항을 받지 않았다. 소규모의 접전 끝에 델리를 점령하고 티무르는 스스로를 인도의 왕이라고 선언하였다. 그는 병사들이 도시를 유린하는 것을 묵인하였으며 델리에서는 대대적인 약탈과 학살이 난무하였다. 티무르는 몇 세기 동안 축적되어온 인도의 재화를 그의 수도 사마르칸드 Samarkand로 가져갔으며 동시에 수만 명의 인도 여인과 노예, 그리고 그의 궁전을 짓기 위한 건축가들을 살아있는 전리품으로 끌고 갔다. 티무르는 델리에 불과 2주일 동안 머무른 후 돌아갔지만 그의 뒤에는 무정부 상태와 기근과 전염병만이 남았을 뿐이었다.

티무르가 인도에 침입했던 정치적 여파는 뚜그락 왕조의 해체를 촉진시킨 결과를 가져왔다. 이미 분리되어 나간 벵골에 이어 구자라트가 독립을 선포하고 나섰다. 구자라트는 서양과 활발한 무역을 전개하였으며 수도 아메다바드는 당시 〈인도의 베니스〉로 서양에 널리 알려졌다. 이 때 건조(建造)된 훌륭한 회교 사원과 호화로운 왕궁이 당시의 번영을 잘 증명해주고 있다. 구자라트 동쪽의 말와 Malwa 지방이 델리의 모슬렘 지배권으로부터 이탈하였다. 메마른 말와는 구자라트가 누린 풍요로움과 힘이 결여되어 있었지만 구자라트와 갠지스 평야 사이에 위치하여 정치적 전략적으로 매우 중요한 지점이었다.

4 남부의 힌두 세력 ─ 비자야나가르 왕조

모슬렘 왕조가 흥망하는 불안한 정세 속에서도 남인도는 술탄의 지배를 받지 않았다. 데칸 남쪽에 국가를 건설하고 힌두교를 보호하며 독립을 유지했던 나라가 비자야나가르 왕국(Vijayanagar, 1336-1646)이었다. 비자야나가르 왕국은 하리하라 Harihara, 부까 Bukka 등 다섯 형제에 의해 건설되었다. 이 왕국의 시조인 하리하라 1세는 원래 지사로서 뚜그락 왕을 섬기기 위해 이슬람교로 개종했다가 다시 힌두교로 개종하였다. 유력한 지주들의 강력한 지지를 획득한 하리하라는 호이살라 Hoysala 지방의 왕 바랄라 3세 Balala Ⅲ의 지배 영역을 공격하였다. 1343년에는 비자야나가르가 지금까지 호이살라에 조공해 왔던 모든 지역에 대해 통치권을 주장하고 나섰다.

형에 이어 왕위에 오른 부까 왕때 비자야나가르는 남인도에서 가장 강력한 세력으로 부상하였다. 그 지배 영역은 고아, 마이소르, 차울 Chaul, 트리치노폴리 Trichinopoly, 깐치 Kanchi 등을 포함하였다. 강력한 힌두 왕국 비자야나가르의 출현은 모슬렘 세력이 남인도로 팽창하는 것을 막았으며 그 역사는 주로 데칸의 모슬렘 왕조와 전쟁을 수행하는 것으로 일관하였다.

정치체제는 전제군주제로서 세습군주는 강력한 권력을 장악하고 있었다. 비자야나가르는 군국주의적 국가였으며 모든 정치적 기구는 군사적 요구에 종속되었다. 대규모의 상비군을 유지하였으며 군사훈련을 위한 정규적 군사학교가 있었고 포병은 외국인에 의해 교육받았다. 경찰제도가 매우 효율적으로 운영되었다. 만약 도둑이 들었을 때는 경찰이 책임지고 배상해야 했다. 재판은 몇 등급의 법정에서 이루어졌으며 최종심은 왕 앞에서 열렸다. 순회재판소가 존재했었던 듯하며 부락위원회나 길드가 조그마한 사건을 심리하였다.

카스트 제도가 보편적으로 받아들여진 사회였으며, 도시나 농촌에서는 카스트에 따라 분리 거주하는 경향이 있었다. 브라만 계급은 특권을 유지하고 있었다. 그들은 군사적 의무에서 면제되었으며 재물을 모으는 것으로부터는 초연하여 종교적으로 봉사하는 일에 헌신하였다. 브라만 계급은 왕과 국민으로부터 나온 자발적인 헌금에 의해 생활하였다. 사제들은 종교적 윤리적 행동에 있어서 국민에게 모범을 보일 뿐만 아니라 일상의 문제 해결에 있어서 도와주고 충고하였다. 브라만 계급의 지적인 우월성이 그들의 높은 지위를 충분히 유지시켜 주었다.

5 로디 왕조

불룰 칸Buhlul Khan이 로디Lodi 왕조를 건설함으로써 쇠약해 있던 모슬렘 왕조를 부흥시켰다. 로디족은 순수한 아프간족의 일파로서 델리에 새로운 왕조를 수립하여 북인도에 지배권을 확립하였는데 이는 터키족 지배의 퇴조를 의미하였다. 불룰 칸은 아프간족의 지배자로서는 처음으로 델리의 왕좌를 차지하였다. 투쟁적인 종족의 기질을 타고난 그는 매우 호전적이고 야망적인 인물로서 술탄의 강력한 위세를 회복하려고 노력하였다.

라호르 지방의 지사였던 불룰 칸은 델리의 왕좌를 차지할 때 그를 도와주었던 장관 하미드 칸Hamid Khan을 아프간족의 도움을 얻어 투옥시킨 후 그의 강력한 영향력을 제거해 버렸다. 아프간 귀족들은 터키족에 비하여 권위에 덜 순종적이었으며, 종족의 독립성을 열성적으로 지키려고 하였다. 아프간 귀족들이 로디 왕조를 지탱해 나간 주축이었다. 왕도 귀족들에게 수조권(收租權)을 인정함으로써 그들의 마음을 사로잡았다.

불룰 칸은 자운뿌르Jaunpur를 굴복시키는 등 주변의 군소 세력들을 병합하였다. 용기와 책략을 가진 그는 힌두스탄에서 모슬렘 세력의 권위를 회복하였다. 그는 가난한 사람들에게 동정적이었으며, 왕 자신이 교육받은 사람이 아니었으면서도 학자들을 우대하였다.

시칸다르Sikandar는 로디 왕조의 세 명의 왕 가운데서 가장 유능한 인물이었다. 로디왕은 능률적인 정부를 왕국의 중심부에 수립함으로써 후일 무갈제국의 통치조직을 위한 기반을 마련하였다. 시칸다르는 그왈리오와 라즈푸트를 통제하기 위해 아그라Agra에 새로운 수도를 건설하였는데 이것도 무갈제국 수도의 기초를 다진 셈이었다.

주도면밀하고 강직한 성격의 지배자인 시칸다르는 부왕(父王)과 마찬가지로 빈한한 사람들을 보살피고 학문을 옹호하여 의학과 음악에 관한 책을 편찬하기도 하였다. 그는 자신이 직접 페르시아어로 시를 쓰기도 하고, 사법제도를 공정하게 운영하면서 낮은 계층의 불평에도 귀를 기울였다. 그러나 국내의 평화와 번영을 유지했으면서도 종교적 입장은 매우 편협하여, 특히 힌두교에 적대적이었다. 심지어 마투라의 힌두 사원을 폐쇄하고 모슬렘으로 하여금 사용하도록 하였다.

이브라힘Ibrahim은 군사적 재능을 가지고 있었으나 판단력과 관용성이 부족하여 결국에는 그를 파멸로 이끌었다. 선대(先代)의 두 왕은 술탄의 권력을 완화하여 아프간족의 충성심에 호소했으나 이브라힘은 절대권을 주장하고 종족적 감정을 고려치 않았다. 힘과 능력을 갖추고 있다고 확신한 이브라힘은 귀족들을 억압하는 정책을 펴나갔다. 왕의 완고한 조치가 아프간 귀족들의 충성심을 유리시켰으며 그는 억압정책을 점점 강화시켜 나갔다.

억압을 받아온 장교와 관리들은 외부의 도움을 얻어 왕위를 전복하려고 계획하였다. 복수와 야망, 처벌과 불만이 델리의 모슬렘 왕조를 멸망으로 이끌었다. 편잡 지방의 지사 다우라트 칸 로디 Daulat Khan Lodi와 왕의 숙부 알람 칸 Alam Khan이 카불에서 정치적 야망을 키우고 있던 바부르 Babur로 하여금 인도를 공격토록 설득하였다. 바부르는 편잡 지방의 병합을 꿈꾸고 있었으므로 군대를 북인도로 몰아왔으며, 힌두 라즈푸트 왕도 델리 지배를 목표로 하고 있었으므로 바부르와 제휴하였다. 1526년 바부르는 빠니파트에서 이브라힘과 대적하여 승리하고 그를 살해함으로써 로디 왕조는 종말을 고하고 말았다.

6 모슬렘 지배의 영향

봉건적 경제구조 속에서 주민의 대부분은 농업에 종사하고 있었지만, 도시를 중심으로 상공업이 발달하였다. 인도는 모슬렘 지배의 국가가 되었지만 유럽이 게르만 민족의 이동 이후에 경험했던 것과 같은 큰 변동은 없었다. 인도의 도시생활은 쇠퇴하지 않았다. 상인들은 길드를 조직하여 국가의 경제적 정치적 생활에서 중대한 역할을 하였다. 상인들이 장인들보다 더 부유하고 영향력이 컸다. 국내상업은 쇠퇴하지 않고 지속되었으며 가장 편리하고 주요한 무역로는 갠지스 강과 그 지류였다. 대외무역에 있어서는 지중해 국가들과의 관계가 점차 쇠퇴하고 있었지만 아직도 인도 상품들이 이집트에서 중국에 이르는 국가들에게 수출되고 있었다. 인도는 주로 면직물과 함께 향료, 상아, 보석, 목재 등을 수출했고, 수입품은 명주, 금, 사치품 등이었다.

모슬렘의 인도 통치는 법의 지배에 근거했다기 보다는 개인 지배였다. 중앙이나 지방을 막론하고 통치 형태는 자의적인 전제정치였으며 반란이나 암살 이외의 방법에 의해 견제되는 일은 없었다. 술탄은 그의 뜻에 어긋난 법률적 제재를 인정하지 않았다. 왕위 계승은 대개 고급 군인장교들의 변칙적인 선출 방법에 의했으며 술탄이 되는 사람은 필수적으로 왕의 자제이어야 할 이유도 없었다.

모슬렘의 침입으로 인도는 동적(動的)인 종교의 도전을 받게 되었다. 이슬람교가 도입됨에 따라 일어난 사회적 결과는 인도 사회가 수직적 기반에 입각하여 구분되어 버린 것이었다. 이전에는 힌두 사회가 수평적으로 구분되어 있었으며, 불교나 자이나교도 이 구분에 영향을 미치지는 못했었다. 불교나 자이나교는 동화될 수 없는 요소가 아니었으며 기존의 구분에 쉽게 적응하였다. 그러나 모슬렘은 인도 사회를 맨 위에서 맨 아래까지 양분해 버렸다. 오

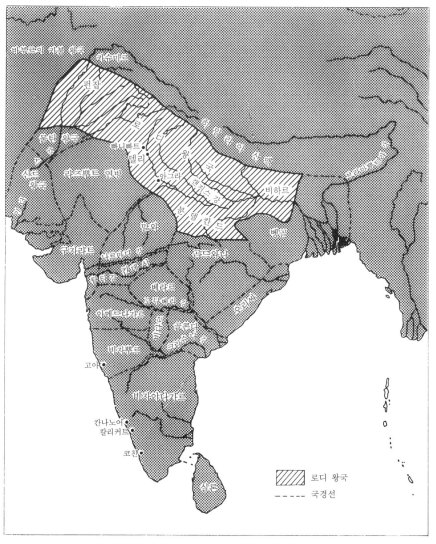

무갈 제국 이전의 인도(1500년경)

로디 왕국

국경선

늘날 볼 수 있는 두 개의 분리된 민족은 처음부터 구분되어 나타
났으며 두 개의 평행사회가 동일한 영토 위에 형성되었던 것이다.

굽타시대가 마감하고 무갈제국이 일어나기 전까지의 초기 모슬
렘 지배시대가 보여준 역사는 토인비 A. J. Toynbee가 지적한대로
〈바보의 이야기〉[1]였다. 모슬렘의 침입으로 이른바 신상파괴자(神
像破壞者)들에 의해 불교 유적지와 힌두 사원이 유린되었다. 인도
의 고대 문화유적은 모슬렘 침입 과정에서 회복할 수 없을 정도로
파괴되었다. 모슬렘은 인도에 새로운 건축 양식을 도입하여 꾸탑
미나르 Qutb Minar와 같은 훌륭한 탑을 건조하기도 하였지만, 문
학 과학 등의 학문에는 볼 만한 것이 없었다. 몇 세기 동안을 경
과하면서도 인도 모슬렘은 훌륭한 학자나 과학자를 배출하지 못
했다.

---

1) A. J. Toynbee, *Mankind and Mother Earth : A Narrative History of the World*, Oxford University Press, 1976, p. 412.

제 14 장

모슬렘 왕조의 영광 — 무갈제국

1 무갈제국의 창건

모슬렘이 인도를 지배해 온 수백 년 동안 인도사는 정치 경제 문화적인 면에서 극심한 침체기를 맞이했지만, 16세기에 건설된 무갈Mughal제국은 인도 모슬렘 왕조의 영광이었다. 무갈 왕조에 이르러 통일제국이 수립되었으며 또한 인도 역사상 드물게 볼 수 있는 훌륭한 문화가 발달하였다.

무갈제국의 시조는 차가타이 터키계인 바부르(Babur, 1526-1530)로서 카불 주변지역에 그의 지배권을 강화한 후 인도로 침입해 들어왔다. 바부르는 스스로 자신을 아버지 편으로는 차가타이 한국의 지배자였던 티무르의 후손으로, 또 어머니 편으로는 칭기즈 칸 Chingiz Khan의 후손으로 불렀다. 바부르는 네 차례의 공격 끝에 델리 부근의 빠니파트Panipat 전투에서 승리하고 델리를 평정한 후 아그라 Agra에 입성하였다(1526). 이때부터를 무갈제국의 시작으로 본다. 바부르는 티무르가 14세기 말 델리를 유린하고 스스로 인도의 왕이라고 칭했던 그 상속권을 주장하고 나섰던 것이다. 바부르는 인도인들을 처음부터 그의 신민(臣民)으로 생각했을 뿐 포획한 전리품으로 다루지는 않았으므로 부하 장병들이 약탈하는 것을 엄하게 다스리기도 하였다.

바부르가 열 배나 많은 병력의 로디군(軍)[1]을 이길 수 있었던 것은 차가타이 및 아프간족으로 구성된 뛰어난 정예부대를 보유하고 있었기 때문이었다. 잘 훈련된 보병에다 상당수의 기병으로 조직된 군대를 지휘했던 바부르는 원래 뛰어난 궁수(弓手)였지만 기병을 다루는 법도 탁월하였다. 또 성능 좋은 서양 무기, 특히 대포를 보유하고 있었는데 이것들은 터키족이 서양으로부터 가져온 것들이었다.

바부르는 교양 있고 명석한 인물로 알려졌으며, 페르시아의 영향을 강하게 받았다. 일찍이 우즈베크족에게 빼앗겼던 선조의 땅을 바부르가 되찾은 것도 페르시아의 도움으로 가능했으며, 개인적으로 그는 페르시아 문화에 심취해 있었다. 바부르는 예술과 문학에 많은 관심을 가졌고 페르시아어로 시를 쓰기도 하였다. 그는 꽃과 정원을 사랑하였으며 인도의 혹서 속에서 가끔 중앙아시아의 고향을 생각하였다. 그는 종교에 대해서도 완고한 사람은 아니었으며 아그라를 훌륭한 수도로 가꾸기 위해 콘스탄티노플에까지 사람을 보내서 건축가를 초빙하기도 하였다.

바부르는 무갈 왕조를 수립한 지 불과 4년 후에 병든 세자를 위해 목숨을 바친 것으로 전해지며 이어 장남 후마윤 Humayun이 즉위하였다. 후마윤은 교양을 갖추고 학식 있는 인물이었지만 강인한 통치자는 못 되었다. 후마윤은 왕권 강화보다도 아편과 점성술 등에 탐닉하는 경향이 있었다. 그는 부왕 밑에서 복무했던 아프간족 장군들과 왕위를 넘보는 동생들의 도전을 받고 있었는데

---

1) 바부르는 12,000명의 보병 이외에 훌륭한 기병을 보유하고 있었는데 반하여 로디 왕조의 마지막 왕인 이브라힘 Ibrahim은 약 10만 병력으로 대적했던 것으로 전해지고 있다. (R. C. Majumdar, *An Advanced History of India*, London, 1980, p. 420.)

장자상속제가 확립되어 있지 않은 상태에서 흔히 일어날 수 있는 일이었다. 아프간 장군들 가운데 대표적 인물인 세르 칸Sher Khan이 비하르 지방을 장악한 후 벵골 지배를 도모하려하자 후마윤은 그를 제압하려 시도했다가 오히려 패배하여 즉위 10년만에 축출당하고 말았다.

후마윤은 국토 없는 망명 군주로서 인도 서부의 사막을 방황할 때 왕자 아크바르Akbar를 낳았다. 후마윤은 더 나아가 페르시아로 망명하여 그곳 지배자의 보호를 받으면서 세월을 보내야 했다. 한편 세르 칸은 북인도에서 가장 활발한 영토 확장 정책을 도모하였지만 그가 피살되자 그의 지배 영역은 산산조각이 나고 말았다. 인도가 무정부 상태에 빠져들자 후마윤은 페르시아의 지원을 얻어 인도로 돌아왔다. 자신의 영토와 왕위를 되찾았지만 불행히도 그는 수개월만에 사망하고 말았다.

2 아크바르 대제

무갈제국의 가장 걸출한 군주로서 제국을 확고한 기반 위에 올려놓았던 왕이 〈위대한 인물〉이란 이름의 아크바르 대제(Akbar ; 1556-1605)였다. 아크바르는 부왕이 왕위에서 쫓겨나 있을 때 신드 사막지방의 아마르꼬트 Amarkot에서 태어났으며 후마윤은 페르시아로 망명하면서도 왕자는 페르시아계의 모후(母后)와 가장 신임했던 참모 바이람 칸Bayram Khan과 함께 이곳에 남겨놓았다. 아크바르는 인도의 서부지역에서 말 달리고 사냥하고 싸우는 법을 배우면서 거친 전사로 성장하였다.

아크바르는 13세로 즉위했으며 처음 5년 동안은 바이람 칸에 의존하였다. 또 다음 몇 년간은 유모 아나가Maham Anaga가 실권을 휘두르기도 하였다. 아크바르가 왕위에 올랐을 때만 해도 그의 왕국은 영토와 군사력 면에서 보잘 것이 없어 남인도의 힌두 왕국 비자야나가르보다도 열세였고, 인구면에서는 벵골이나 구자라트 지방의 모슬렘 왕국보다도 작았다. 그의 영토는 펀잡과 갠지스 강 유역을 포함하고 있었을 뿐이었다.

대제국의 건설을 꿈꾸었으면서도 아크바르는 덕치주의를 통치원리로 채택하지는 않았다. 아크바르는 누구보다도 큰 야심가였으며 전사로서의 명성을 얻기를 희망하였다. 무갈 지배자는 인도에서 외국인으로 생각되었으므로 그의 지배는 군사적으로 다스려 나갔다. 아크바르는 쉴새없는 정복전쟁을 통하여 수많은 참상을 보여주었으며 무자비하고 야만적인 형벌을 인정하기도 하였다. 그는 동서로 끊임없는 영토를 넓혀나갔다. 북인도를 석권하였으며 또한 구자라트, 벵골, 오리싸, 카슈미르 및 신드 지방 등을 그의 제국에 병합시켰다. 유럽에서 인도를 〈대(大)무갈제국〉이라고 부르게 된 것도 아크바르 치세 때였다.

아크바르는 독재적이고 무한한 권력을 소유하고 있으면서도 현명한 군주였다. 그는 인도 국민의 복지를 생각하였으며 국민단합을 강조하였다. 인도에 국민의식이란 없고 종교가 분리 요인이 되고 있던 때에 아크바르는 화목한 국민국가를 수립하려고 노력하였다. 서로 다른 종교를 초월하여 인도의 공통된 국민성을 생각하였다. 아크바르는 전쟁을 피하거나 싫어하지는 않았지만, 칼이나 전쟁에 호소하는 것보다는 사람의 마음을 얻는 것을 더 좋아하였으며 이것이 훨씬 지속적이라는 것을 알아차린 인물이었다. 따라서 그는 힌두의 환심을 사려고 노력하였다.

지배 민족인 소수의 모슬렘과 국민의 압도적 다수를 점하고 있는 힌두 사이에는 간헐적으로 충돌이 일어나고 항상 대립 상태에 있었다. 소수 민족인 모슬렘의 통치조직은 미약했으므로 힌두와 화해하지 않고는 무갈제국의 유지와 평화는 보장되기 어려웠다. 아크바르 대제는 인도의 지배자는 모슬렘만의 왕이어서는 안 되며

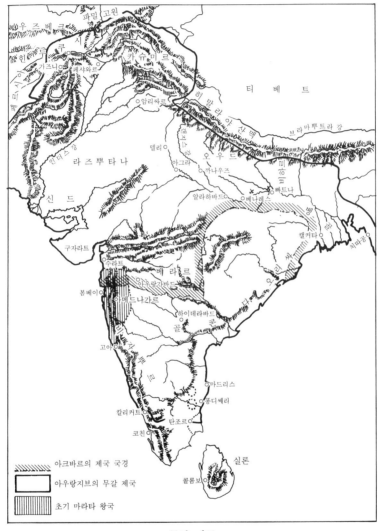

우즈베크
파밀고원
투 르 크
시 르
카 슈 미 르
가즈니
페샤와르
티 베 트
암리싸르
히 말 라 야 산 맥
브라마뿌트라 강
인더스 강
델리
라 즈 뿌 타 나
갠지스 강
오 우 드
아그라
신 드
까나우즈
빵
알라하바드
베나레스
빠트나
구자라트
캘커타
치따공
수라트
베 라 르
봄베이
아우랑가바드
고다바리 강
메드나가르
하이데라바드
고아
골
콘
크리슈나 강
마드라스
뿐디쎄리
칼리커트
탄조르
코친
실 론
콜롬보

░░░ 아크바르의 제국 국경

☐ 아우랑지브의 무갈 제국

▦ 초기 마라타 왕국

무 갈 제 국

그의 통치는 힌두와 모슬렘이 함께 자발적으로 동의하는 전체적인 충성의 근거 위에서만 이루어질 수 있다고 생각하였다. 따라서 그의 힌두에 대한 화해와 관용의 정책은 불가피한 것이었다.

지금까지 모슬렘 지배자들은 힌두를 전혀 돌보지 않았었지만 아크바르는 북인도의 가장 강력한 힌두세력인 라즈푸트족 Rajputs과 혼인동맹을 맺었다. 왕 자신이 라즈푸트 공주와 결혼하였으며 왕자도 라즈푸트 힌두 처녀와 결혼시켰다. 더 나아가 라즈푸트 족장들을 지사나 군지휘관, 또는 정부의 책임 있는 자리에 임명하였으며 재능에 따라 힌두를 많이 등용하였다. 결국 라즈푸트족의 충성과 봉사를 대가로 하여 아크바르는 이들에게 고위관직과 제국의 명예를 부여해 주었다. 힌두세력의 강력한 일부를 신제국(新帝國)에 끌어들임으로써 외국인 지배자라는 인상을 크게 약화시키려고 하였다. 아크바르 대제는 그가 정복하여 퇴위시킨 힌두 지배자의 가족을 노예로 만들어 버리는 정책을 폐지하기도 하였다.

아크바르 대제는 비(非)모슬렘에게만 부과해 왔던 성지순례세와 인두세(人頭稅, Jizya)를 폐지하였다. 당시 제국의 주요한 세원이었던 이들 세금을 폐지함으로써 정부는 엄청난 재정 손실을 보았으면서도 대제는 그러한 희생 위에서만 인도에 하나의 국민국가가 수립될 수 있다고 믿었다. 대제의 관대하고 화해적인 태도가 힌두, 특히 라즈푸트족을 그에 대한 철저한 지지자로 바꾸어 놓았다. 아크바르의 무갈제국이 카불에서 벵골에 이르는 대제국으로 성장할 수 있었던 것도 결국 라즈푸트족의 협조 때문에 가능했다고 볼 수 있다. 아크바르 대제의 이와 같은 비모슬렘에 대한 관용정책은 모슬렘에게는 불만이었으며 가끔 아크바르에 대한 반란으로 나타나기도 하였다.

아크바르 대제는 힌두와의 화해를 기반으로 하여 국민국가를 유지하고 나아가 인도의 통일을 이룩하도록 후손에게 간곡한 유훈(遺訓)을 남겼다. 그의 원대한 이상이었던 인도의 통일정책은 후

대의 왕들에 의해 결코 후퇴되지도 않았고 그렇다고 성공적이지도 못하였다. 아크바르 대제의 정책을 계속 추진해 나가려고 노력한 왕들도 있었지만 어떤 왕은 이 정책에 계획적으로 위배된 방향으로 몰고 가기도 했기 때문이다.

3 무갈제국의 융성

아크바르의 말년은 왕자 쌀림Salim이 반란을 일으켜 알라하바드에서 독립된 지배자로 선포하고 나섬으로써 무갈제국과 대제의 권위를 흐리게 만들었다. 쌀림은 힌두 라즈푸트족의 왕비에서 태어난 왕자로서 페르시아식 칭호인 자항기르(Jahangir ; 세계를 장악한 자, 1605-27)라는 이름으로 아크바르를 계승하였다.

무갈제국 시대에는 왕이 아직 살아있는 데도 왕위 다툼을 치열하게 전개하고 있는 것을 자주 볼 수 있는데, 그것은 분명한 왕위 상속의 서열이 정해져 있지 않았기 때문이다. 또 제국의 분할은 신성모독이며 무갈제국은 어떤 경우에도 하나로 통일을 유지해야 한다는 아크바르 대제의 유훈이 왕자들에게 초조한 마음과 함께 다른 한편으로 야망을 북돋아 주고 있었다. 왕위계승자로 예정되어 있다는 사실만으로는 어느 누구도 권력을 장악할 수 없었다. 골육상쟁의 왕위 다툼은 무갈제국의 왕자들에게는 숙명적이었다.

자항기르는 아쌈 지방에 대한 침공을 단행하였으나 참패로 끝났으며, 그의 가장 뚜렷한 군사적 승리는 구자라트 방면의 힌두세력인 메와르Mewar 지방의 라즈푸트족을 제압한 사실이었으며, 카슈미르에 대한 공격에서도 성공하였다. 자항기르는 인도에 들어와 있는 포르투갈인들이 적극적인 선교활동을 전개하면서 가끔 무갈제국의 선박을 공격해 왔으므로 이들과 충돌을 일으키기도 하였다.

자항기르 시대의 가장 중대한 사건은 영국 상인들이 인도에 진출한 일이었다. 영국인들이 처음으로 무갈 황실에 나타나 공손하게 교역의 허락을 요청했던 것은 1608년의 일이었고 4년 후에는 무갈 황제의 명령에 의해 영국동인도회사가 수라트 Surat에 상관(商館)을 설치하는 것이 허용되었다. 자항기르는 충돌을 일으키고 있는 포르투갈인들의 경쟁자로서 영국 상인을 지지하고 나섰다. 포르투갈인들과는 달리 홀랜드와 영국의 상인들은 인도 내륙으로 깊숙이 침투하기를 열망하였으며 그들은 수라트에 이어 아그라, 빠트나 등지에까지 무역 근거지를 세울 수 있었다. 영국 왕 제임스 1세 James I는 토머스 로우 Thomas Roe를 무갈 조정에 사신으로 보내 영국 상인들의 특권을 확보하려고 하였다. 로우는 자항기르의 궁정에서 3년(1615-1618)을 보냈으며 인도에서의 그의 생활을 일기로 남겼다.

자항기르 때는 아크바르 대제가 추진했던 종교적 관용정책이 크게 퇴색하였으므로 많은 힌두와 일부 모슬렘의 불만이 있었다. 장남 쿠스랍 Khusrab은 펀잡으로 도망하여 그곳에서 반란을 일으켰다. 시크족의 제5대 구루(Guru, 스승)인 아르잔 Arjan이 쿠스랍을 재정적으로 지원하였다. 그러나 쿠스랍의 군대는 패하여 추종자들은 죽고 자신은 맹인이 되어 옥사하였다. 자항기르는 아르잔에게 많은 벌금을 부과했으나 아르잔이 이를 거부하자 처형해 버리고 말았다. 시크족이 그 후 무갈제국에 적극적으로 반대의 자세를 취하면서, 오히려 새로운 인도의 지배자로 군림하는 영국 세력에게 협조의 태도를 보이게 된 원인(遠因)을 대개 이 사건에서 찾고 있다.

사 자한(Shah Jahan, 1628-1658)이란 왕호를 가지고 즉위했던 쿠람 Khurram도 자항기르가 아크바르에게 그러했던 바와 마찬가지로 부왕에 대하여 반란을 일으켰다. 일찍이 반란을 일으켰다가 옥사한 쿠스랍 밑으로 빠르웨즈 Parwez 왕자가 있었으나 쿠람은 군사적 공훈으로 형의 세력을 압도해 갔다. 사실상 무갈제국의 군사령관으로서 쿠람은 데칸 고원 지방의 아메드나가르 Ahmadnagar 를 침공하여 승리한 후 자항기르 왕으로부터 사 자한(세계의 왕)이란 칭호를 받았으며 풍요로운 구자라트 지방의 지사로 임명되었다. 상습적인 마약 흡연자였던 자항기르는 나라를 다스리는 일에 흥미를 잃고 통치권을 아름다운 왕비 누르 자한(Nur Jahan, 세계의 빛)과 왕비의 오빠 아사프 칸(Asaf Khan)에게 넘겨주고 있었다.

왕위 계승에 확신을 갖지 못한 사 자한은 구자라트 지방으로부터 거두어들인 세금을 대규모 군대를 양성하는 데 사용하였다. 사 자한은 아프가니스탄의 칸다하르 Kandahar 지방을 수복하라는 왕명을 거역하고 반란을 일으켜 건강이 악화된 자항기르의 축출을 시도하였다. 그러나 사 자한은 뛰어난 전사였으면서도 패배하고 말았다. 그는 골콘다 Golkonda로 도망하여 그곳 모슬렘 지배자의 도움을 받고 벵골 지방으로부터도 지원을 받았으나 또한 패배하고 말았다. 사 자한은 항복할 수밖에 없었는데 자항기르는 아들을 용서하여 구자라트로 되돌려 보냈다.

자항기르가 사망했지만(1627) 사 자한은 왕위 다툼으로 이듬해에야 제위를 계승할 수 있었다. 부왕이 사망했을 당시 사 자한은 멀리 데칸에 머물고 있었으므로 궁중에서는 누르 자한을 중심으로 또다른 왕자 샤르야르 Shahryar를 왕으로 옹립하려고 계획하였다. 샤르야르는 누르 자한의 사위였는데 전 남편 세르 아프간 Sher Afgan의 소생인 딸과 결혼한 관계였다. 그러나 사 자한은 또다른 실력자인 아사프 칸의 지지를 받고 있었으므로 왕위 다툼에서 승리할 수 있었다. 아사프 칸은 누르 자한의 오빠였지만 사 자한의 유명한 왕비 뭄타즈 마할 Mumtaj Mahal의 아버지였으므로 누이보다는 딸과 사위의 편에 서서 사 자한의 등극을 도왔던 것이다.

사 자한은 군사적 용맹이나 문화적 관심에 있어서 바부르나 아크바르에 비교되기도 하였다. 그는 사마르칸드를 차지하겠다는 무갈제국의 옛 야망을 실현하려고 하였으나 성공하지 못하였다. 페르시아로부터 칸다하르를 되찾으려 했지만 그곳을 완전히 장악하지 못함에 따라 이후 사마르칸드를 얻겠다는 무갈제국의 꿈은 좌절되고 말았다. 그는 무갈제국의 지배권을 남쪽으로 확대하였다. 데칸 지방으로 진출하여 비자뿌르와 골콘다를 제압하였다. 골콘다는 무갈제국의 종주권을 인정하고 조공을 하기로 약속하였다.

사 자한이 통치하는 30년 동안은 왕권에 도전하는 반란이나 외침이 없었으므로 무갈제국의 전성기로 불려진다. 이때는 인도와 서남아시아 사이에 무역이 활발하였고 유럽과도 상업적 교류가 시작되었으므로 국가 재정이 풍족하였다. 국내의 평화와 물질적 번영 속에서 훌륭한 문화가 발달했던 시기였다.

제15장
무갈제국과 마라타 힌두세력과의 대립

1 아우랑지브의 반(反)힌두 정책

사 자한의 말기에도 왕위 계승 문제를 둘러싸고 왕자들 사이에
유혈 반목이 일어났다. 사 자한은 장남 다라 수코 Dara Shukoh 에
게 양위하려고 하였으나 3남인 아우랑지브 Aurangzeb 가 부왕에게
반기를 들고 일어났다. 아우랑지브는 사 자한을 퇴위시켜 1666년
사망할 때까지 8년 동안 아그라 성(城)에 유폐시켰다. 아우랑지브
는 동생 무라드 바크스 Murad Bakhsh 와 동맹하여 형 다라 수코
의 군대를 무찌르고, 재판에서 이단으로 규정하여 처형해 버렸으
며, 둘째 형 수자 Shuja 는 인도를 떠나도록 하여 망명중에 죽도록
만들었다. 아우랑지브 자신을 도왔던 동생 무라드에게는 펀잡을
중심으로 인도 서북지방을 넘겨주기로 약속했으나 이를 폐기하고
구금시켰다가 살해해 버리고 말았다.

아우랑지브는 알람기르(Alamgir ; 세계의 정복자, 1658-1707)이
라는 이름으로 제위에 올랐다. 그는 반세기를 통치하는 동안 전반
에는 제국의 대내적인 문제에 관심을 두었지만, 그 후반은 데칸

지방을 공략하는 힘겨운 일에 매달렸다.

아우랑지브는 처음부터 철저한 이슬람 성격의 국가를 부흥하려고 노력하였다. 그에게는 일찍이 힌두와의 화해를 도모하기 위해 적극적으로 추진했던 아크바르 대제의 국민국가정책이나 종교적 관용정책이 이슬람 이념의 부정으로 생각되었다. 인도는 하나의 이슬람 국가라는 생각에서 그의 정책을 추진하였을 뿐, 국민 다수가 힌두라는 사실을 고려하지 않았다. 이슬람 법만이 강요되었으며 힌두의 종교적 행사는 불법화되었다. 그는 이교도의 사원이나 학교를 허물어 버리도록 명령하기도 하였으며 어떤 경우에도 힌두 사원의 신축과 이미 허물어진 사원의 보수를 금지하였다. 아크바르 대제가 폐지했던 인두세를 힌두교도에게 부활시켰다. 힌두 관리를 모슬렘으로 대체하였으며, 힌두 상인에게는 모슬렘 상인보다 두 배의 세금을 부과하였다.

아우랑지브의 편협한 모슬렘 중심의 국가정책은 당연히 전국에 불만세력을 형성하여 무질서가 팽배하였다. 이교도에 대한 무자비한 탄압정책이 힌두의 여러 종족과 시크족의 세력을 오히려 강화시킨 결과를 가져왔다. 가장 위협적인 현상은 아크바르 대제 이래 사실상 무갈제국을 지탱해 주고 있던 힌두 라즈푸트족의 불만이 고조된 점이었다. 라즈푸트족은 지금까지의 협조자의 위치에서 적대세력으로 무갈제국에서 이탈해 가고 있었다. 특히 라즈푸트족의 일파인 분델라Bundela족의 차뜨라살Chhatrasal은 반란을 일으켜 두 번이나 무갈제국의 군대를 물리치고 독립국가를 선포하기도 하였다.

아우랑지브는 역대 무갈 황제들 가운데서 가장 포악무자비하고 주변의 어느 누구도 신뢰하지 않는 등 많은 결점을 갖고 있는 인물이었음에도 불구하고 그의 성격을 부정적으로만 볼 수는 없다. 그는 탁월한 행정능력과 강인한 체력을 갖추고 있었으며 어느 왕보다도 신앙심이 깊은 정통 이슬람교도로 살았다. 모슬렘 의식을 빈틈없이 수행하였으며 그에게는 후궁에서 지내는 시간보다 기도하는 시간이 더 많았다. 그는 음주는 말할 것도 없거니와 대부분의 무갈 황제들이 탐닉했던 아편 상용 등의 악습을 결코 가까이하지 않았다. 스스로 기호와 복장에 있어서 금욕적인 생활을 하였으며 황제는 정신(廷臣)들에게도 절제를 강요하였다. 도박과 부정한 남녀관계를 제국내에서 엄금하는 것을 일상의 신앙생활로서 강조하였다. 그는 비종교적 축제가 이교적 습성이라고 하여 정부의 지원을 중단했으며 새로운 기념비적 건축물도 철저히 금하여 국가재정의 지출을 줄여 나갔다.

아우랑지브는 사 자한의 실패를 거울삼아 혹은, 부왕의 정책에 대한 반감에서 서북쪽으로 진격하는 야망을 포기하고 관심을 남쪽으로 돌렸다. 그는 우선 동쪽으로는 아쌈에 원정하고 벵골 만(灣) 멀리 치따공Chittagong을 정복한 후 서남쪽의 힌두세력과 충돌하였다. 마르와르Marwar와 메와르Mewar의 라즈푸트 세력이 동맹하여 무갈제국에 대항했으므로 평화협정(1681)에 의해 마무리 했을 뿐 아우랑지브가 이 힌두세력을 완전히 굴복시키는 데는 어려움이 있었다.

아우랑지브는 라즈푸트와의 전쟁에 이어 다음으로 데칸에 눈을 돌려 그의 생애의 마지막 20여 년을 그곳에서 보냈다. 이 기간에는 데칸의 아우랑가바드Aurangabad가 사실상 무갈제국의 수도인 셈이었다. 그는 사 자한이 성공적으로 추진했던 데칸의 모슬렘 왕국들에 대한 정복을 완료하였다. 즉 비자뿌르Bijapur, 골콘다 및 아메드나가르 등이 무갈제국의 영토에 포함되었다. 승승장구의 아우랑지브는 멀리 탄조르Tanjore와 트리치노폴리Trichinopoly의 힌두 왕들로부터 처음으로 조공을 받음으로써 그의 지배권이 동해안선 쪽으로는 거의 남단에까지 이르렀다.

1690년 경이 아우랑지브의 전성기로서 일찍이 아소카 대왕 이후 아마도 가장 넓은 판도인 인도 대부분의 지역을 장악하였다. 그의 세력 범위가 동서로는 치따공에서 카불에 이르고, 북쪽의 카슈미르에서 남쪽으로는 카베리Kaveri까지 나아갔다. 이와 같은 엄청난 규모의 지배 영역은 아크바르 대제 이래 무갈 황제들이 꿈꾸어 온 이상이 실현된 것을 의미하였다. 그러나 그의 제국은 너무 광대하여 한 사람이 효과적으로 지배할 수는 없었으므로 도처에서 반란이 자주 일어나기도 하였다.

2 쉬바지의 마라타 세력

아우랑지브는 통치 기간의 후반을 사실상 데칸 고원의 힌두 세력인 마라타족Marathas과의 소득 없는 싸움으로 헛되이 보냈다. 그의 숙원은 마라타족을 소탕하는 일이었으며 이를 위해 사실상 수도를 데칸으로 옮겨놓고 50만 대군으로 총력을 기울였다. 데칸 전쟁은 무갈제국의 재정을 매우 고갈시켰을 뿐만 아니라 아우랑지브가 오랫동안 데칸에 머무는 동안 델리의 조정은 무능하고 부패한 관리들에 의하여 기강이 크게 해이해졌으며 시크족은 공공연하게 폭동을 일으키기도 하였다.

마라타족의 근거지는 봄베이 동쪽의 산악지대이며 그들은 체격은 왜소하나 성격은 매우 끈기 있고 거친 종족이었다. 마라타족은 아우랑지브가 표현한 바와 같이 〈데칸 고원의 산(山)쥐〉로서 주변 종족들로부터는 약탈자와 산적으로 비난받아 왔다. 국고 수입의 대부분은 물론 세금에 의존했지만 상당량은 도둑질에 의해 충당하였다. 마라타족의 군대는 국방이나 영토 확장을 위해 존재했다기보다는 주로 약탈을 위해 조직되었다.

마라타족은 전쟁과 무질서 속에서 성장했으므로 어떤 체계적인 정치조직도 갖추고 있지 못하였다. 마라타족이 한 민족국가로 조직된 것은 17세기였으며 민족의 영웅으로 활약했던 인물은 쉬바지

(Shivaji, 1627-1680)였다. 쉬바지에 의해 강력한 민족 통합이 이루어졌지만 다른 한편으로 데칸 고원의 지리적 조건이 마라타족의 민족성과 역사를 특징지었던 것도 사실이다. 마라타족은 빈다야 Vindhya 및 사히드리 Sahydri 산과 나르마다 Narmada 및 탑티 Tapti 강 등에 의해 천연적으로 둘러싸여 보호되고 있었으므로 외적의 침입으로 쉽게 점령당하지 않게 되어 있었다. 또한 마라타족의 언어와 문학작품에 대한 사랑과 자부심이 이 지역 주민을 강하게 결속시키고 있었다.

쉬바지의 아버지 샤지 Shahji는 원래 아메드나가르의 모슬렘 왕을 섬겼으며 뿌나 Poona 지방의 지도자로 성장한 후 주변 비자뿌르의 술탄이 회유함에 따라 그에게 충성심을 돌렸던 인물이었다. 그러나 쉬바지는 세력 확장을 도모함에 따라 필연적으로 주변의 비자뿌르와 충돌하게 되었다. 쉬바지는 아우랑지브가 무갈 황제로 즉위하기 훨씬 이전부터 라이가르 Raigarh 성을 시작으로 비자뿌르 영내의 여러 성을 공격하여 특히 자블리 Javli 성을 점령하고 토후 찬드라 라오 Chandra Rao를 살해함으로써 비자뿌르 왕을 격분시켰다.

쉬바지를 응징하기 위해 파견된 유능한 장군 아프잘 칸 Afzal Khan이 성을 포위하고 압박을 가하자 식량과 식수의 부족으로 오래 지탱할 수 없게 된 쉬바지는 항복을 통보하면서 아프잘 칸과 대좌하여 최종적인 조건을 논의하자고 제의하였다. 쉬바지는 손을 가릴 수 있는 헐렁한 소매의 옷을 입고서 한 손에는 전갈꼬리의 단도(短刀)를 들고, 다른 한 손에는 면도날 같은 쇠로 만든 가공할 호랑이 발톱을 숨기고 아프잘 칸을 찾아갔다. 의례적인 포옹의 자세를 취하는 순간 쉬바지는 일격을 가하여 아프잘 칸을 현장에서 즉사케 했다. 무적의 아프잘 칸이 사망하자 그의 병사들은 흩어졌으며, 이 사건은 마라타 세력의 진정한 득세를 의미하였다. 주변의 어느 군소 세력도 겁없는 마라타 지도자에게 감히 도전하지 못하였다.

3 아우랑지브와 쉬바지의 대립

쉬바지는 마라타족의 세력을 강화하면서 무갈 영토를 가끔씩 공격하여 약탈함으로써 아우랑지브가 데칸 지사로 있을 때부터 충돌하였다. 아우랑지브는 즉위한 후 사이스타 칸 Shayista Khan을 데칸 지사에 임명하여 쉬바지를 제압하도록 했으나 도리어 뿌나의 야습에서 참패함으로써 왕자 무아짬 Muazzam으로 지사를 대체하였다. 쉬바지는 당시 무갈제국의 서양 무역으로 통하는 길목인 수라트 항(港)과 아메드나가르를 대담하게 약탈하면서 스스로 왕이라고 선포하였다(1664).

아우랑지브는 야심적인 팽창 정책을 추진하고 있는 쉬바지의 기세를 꺾기 위해 가장 유능한 부하 장군인 자이 싱 Jai Singh을 데칸에 파견하였다. 자이 싱은 비자뿌르 및 주변의 몇몇 국가들과 동맹하여 뿌란다르 Purandar를 포위하여 압박을 가했으므로 월등한 군사력에 직면한 쉬바지는 협상에 응할 수밖에 없었다. 쉬바지는 보유하고 있던 35개의 성 가운데 23개를 양도하고 무갈제국의 종주권을 받아들였다. 자이 싱이 이어 비자뿌르를 공격했을 때, 쉬바지는 원군을 보내 무갈제국을 도와주었다.

아우랑지브는 쉬바지가 보여준 공로의 대가로 상을 내리고 아그라의 무갈 궁전으로 초대하였다. 쉬바지가 이에 응한 의도는 아우랑지브와 그의 궁전 및 군사력을 직접 보고 후일의 결전에 대비하려는 것으로 풀이하는 경우도 있지만 아무튼 그는 황제로부터 냉대를 받았으며 자신이 수인(囚人)이 되고 만 것을 알았다. 감시가 해이한 틈을 타서 위장 탈출하는 데 성공하였으며 아그라를 빠져나온 후 걸인으로 변장하고 베나레스, 가야 Gaya, 텔링가나 Telingana를 거쳐 우회한 후 9개월 만에 데칸의 근거지에 도착하였다. 이후 3년 동안은 무갈제국과 화평을 유지했으며 아우랑지브는 쉬바지에게 토후의 지위를 내렸다. 그러나 쉬바지는 1674년 라이가르에서 대관식을 갖고 스스로 차뜨라파띠(Chatrapati, 왕 중왕)라고 선포하였다.

쉬바지는 독립 왕국의 지배자의 지위뿐만 아니라 효율적인 행정적 군사적 조직을 갖추었다. 그의 강인한 독립 의지가 국민들로 하여금 막강한 아우랑지브의 총공세에 굽히지 않고 맞설 수 있도록 만들었다. 쉬바지는 다시 왕위에 오르기 전부터 무갈제국에 대하여 도발을 재개하였으며 그 후에도 계속하였다. 그는 무갈 지방 관리들에게 보호를 대가로 세액(稅額)의 일부를 강요하였으며 수라트를 다시 약탈하였다. 마라타 왕국은 계속하여 남부 깊숙이 서해안선을 따라 지배 영역을 확대함으로써 무갈제국 뿐만 아니라 고아 Goa의 포르투갈인들과도 긴장 관계가 계속되었다.

쉬바지는 군사적 모험을 천성적으로 좋아했으며 게릴라 전법과 경기병대(輕騎兵隊)의 기습에 뛰어났다. 그의 용감성, 인내심 그리고 군사적 지휘 능력은 탁월하였다. 쉬바지의 병력은 기병이 주축으로 약 4만 기(騎)를 보유하고 있었으며 또 1만 보병과 약간의 해군력도 가지고 있었다. 여기에 3천 마리의 낙타와 1,200의 상군(象軍)이 가세하였다. 포병에 대해서는 정확하지 않지만 수라트의 프랑스 상관(商館)으로부터 구입한 화승총과 대포를 갖추고 있었다.[1]

무갈제국이 힘의 절정기에 이르렀을 때 쉬바지는 이에 대항하여 힌두 왕국을 수립하였으며 이교도의 멍에로부터 그의 조국과 종교를 해방시키려는 고귀한 이념에 그의 생애를 걸었던 것이다. 그의 업적은 백 여 년간 강력한 세력으로 뻗어나갈 수 있는 마라타 국

---

1) R. C. Majumdar, *An Advanced History of India*, London, 1980, p. 513.

가를 수립한 데 있었으며 그의 국민도 그를 위대한 국가 건설자와 영웅으로, 또 애국자로 바라보았던 것이다.

아우랑지브가 제위 후반에 총력을 기울였던, 데칸에 대한 정복 전쟁은 여러 면에서 엄청난 희생을 치른 전쟁이었다. 아무 소득 없는 전쟁에서 해마다 수십 만 명이 희생되었다. 마라타 성은 한 주일은 빼앗겼다가 되찾고 또 한 달 동안은 수복했다가 다시 빼앗기는 전쟁을 수없이 반복하였다. 전비는 이루 헤아릴 수 없었다. 아우랑지브의 이동하는 수도——주변 30마일에 이르는 텐트 도시, 약 250개의 저자거리, 50만 명이나 되는 상인 등 군부대를 따라다니는 사람들, 먹이를 주어야 할 5만 마리의 낙타와 3만의 코끼리 —— 가 4반세기 동안의 침공에서 인도의 잉여 곡물과 재부를 일부 혹은 전부 빼앗아 가버렸다. 또한 이 재난의 기간 동안에 기근뿐만 아니라 역병(疫病)이 무수한 인명을 빼앗아 갔다[2]

아우랑지브는 무갈제국의 엄청난 군사력과 자원에도 불구하고 결국 〈데칸 고원의 산쥐들〉인 마라타족을 굴복시키지 못했다. 그것은 험준한 자연 조건과 끈질긴 마라타족의 성격 때문이었다. 마라타족은 무갈 군대가 강하게 압박을 가하면 항복하는 듯하면서 전투를 포기하고 농사짓는 일로 돌아갔으며 무갈 군대가 물러가면 그들은 곧 군대로 복귀하였다. 산악지대에서 중무장은 필요치 않았으며 수시로 마라타인들은 농군에서 전투부대로 변신할 수 있었다. 아우랑지브는 사망할 때까지 마라타족에 대한 군사작전을 계속했으나 가끔 여러 성을 얻기도 했지만 그것도 주로 매수에 의했을 뿐 영속적인 성공은 거두지 못하였다. 아우랑지브가 살아있을 때 마라타족은 나르마다 강을 건너 말와에 진출했으며, 칸데시 Khandesh와 베라르 Berar를 제압하고 구자라트에 침투하여 제국의 영내를 약탈하기도 하였다.

---

2) S. Wolpert, *A New History of India*, New York, 1982, p. 167.

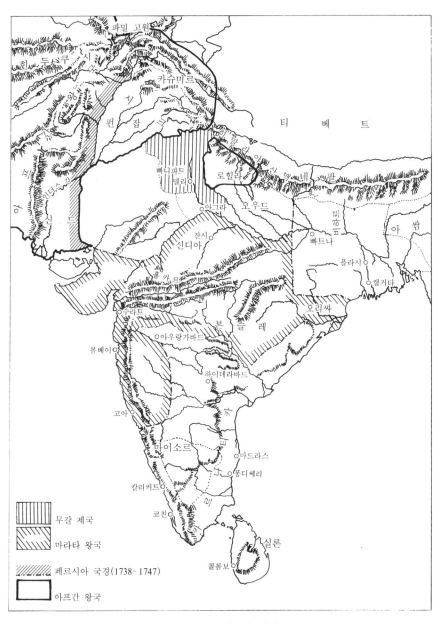

파밀 고원

힌 두 쿠 시

카슈미르

펀 잡

티 베 트

빠니파트
델리
로힐라

아 쌈
네
빠
팔

아그라
오우드

빠트나

잔시
신디아

플라시

캘커타

수라트

오리싸

아우랑가바드

봄베이

하이데라바드

고아

마이소르

마드라스

퐁디쎄리

칼리커트

코친

실론

콜롬보

	무갈 제국
	마라타 왕국
	페르시아 국경(1738-1747)
	아프간 왕국

무갈 제국의 쇠퇴

4 무갈제국의 쇠퇴

쉬바지가 사망한 후 방종한 왕자 삼바지Sambhaji가 즉위함으로써 국가의 기강이 해이해졌으나 그가 무갈 군대에게 포로로 잡혀 혹독한 고문 끝에 처참하게 죽자 이는 마라타인들의 저항의식에 다시 불을 붙인 계기가 되었다. 동생 라자람Rajaram이 챠뜨라파띠의 칭호를 이어 받아 10년 동안 마라타족의 꿋꿋한 독립의 깃발을 유지했고 그 후 쉬바지 3세Shivaji Ⅲ의 섭정인으로서 모후 타라 바이Tara Bai가 남편의 유업을 받들어 불굴의 투쟁정신으로 무갈제국의 압박에 성공적으로 대항해 나갔다.

아우랑지브는 생전에 왕자 아크바르Akbar의 도전을 받았다. 쉬바지가 사망한 직후 아우랑지브는 아크바르로 하여금 반란을 일으킨 라즈푸트족을 공격하도록 명령했지만 오히려 부왕의 학정에 반항하여 스스로 황제라고 선포하였다. 아크바르 왕자는 아우랑지브 군대의 압박에 못 이겨 남쪽으로 도망하였으며 쉬바지의 아들인 삼바지 왕과 제휴하였다. 아크바르의 계획은 라즈푸트족과 마라타족의 도움을 얻어 아우랑지브를 몰아내고 3대 왕 아크바르 대제의 힌두에 대한 관용정책을 부활하려고 하였다. 아우랑지브는 이때 왕자를 제압하고 삼바지를 고문하여 죽게 한 일이 있었다.

아우랑지브가 전장에서 89세로 병사한 후 극심한 왕권 다툼의 혼란 속에서 제국의 붕괴 징조가 나타나기 시작하였다. 황제가 사망하자 세 왕자들 사이에는 상례화되어 버린 왕위계승 싸움을 거친 후 장자가 바하둘 샤Bahadur Shah라는 이름으로 제위에 올랐다. 그는 이미 노령이었지만 학식과 재능을 갖춘 인물로서 공평하고 허물에 대해서도 관대한 태도를 보인 지배자였다. 바하두르는 라즈푸트족을 평정하고 시크족을 패배시키는 등 순조로운 새 출발을 보였으나 즉위 5년 후에 사망하고 말았다(1712).

왕자 네 명 사이에 왕권 다툼이 일어났으며 벵골 지사로서 네

명 가운데서 가장 뛰어난 차남 아찜 우스 산 Azim-us-Shan이 나머지 세 형제와의 싸움에서 패하여 피살되고 말았다. 세 왕자는 또다시 반목하였으며 가장 나이 많고 못된 성품의 무절제한 방탕아 자한다르 사 Jahandar Shah가 황제의 자리를 차지하였다. 총애하는 왕비 꾸마리 Lal Kumari의 영향력이 대단하였으며 일 년도 못된 자한다르의 수치스러운 통치 기간에는 오직 폭력과 음유시인(吟遊詩人)과 배우와 노래 부르는 사람들이 제철을 맞은 세상이었다. 자한다르는 장관 줄피갈 칸 Zulfigar Khan에 의해 암살당했으며 아찜의 아들 파루크시야르 Farrukhsiyar가 즉위하였다. 새로운 왕은 줄피갈 칸을 포함한 수많은 사람들을 살해하고 공포정치를 실시하였다. 방탕스런 왕 밑에서 실권을 휘두른 사람은 두 동생이었으며 파루크시야르도 불과 몇 년 후 왕위에서 축출되어 피살되고 말았다.

아우랑지브가 사망한 후 13년 동안에 왕실이 일곱 번이나 유혈 분쟁에 휘말림으로써 무갈 황제의 권위는 극도로 실추되고 대제국은 급속히 쇠퇴의 길을 걷게 되었다.

대내적인 혼란에 빠진 무갈제국은 더욱 끈질기게 항거해 오는 시크족, 라즈푸트족 및 자트족 Jats 등과 싸워야 했다. 제국의 약화를 좋은 기회로 이용하여 여러 지역에서 실력자들이 스스로 왕이라 칭하고 일어났으며 하이데라바드와 벵골에서는 새로운 왕조가 탄생하기도 하였다.

마라타족은 쉬바지가 사망한 후 후손들이 왕위를 계승하였지만 단명(短命)으로 끝남으로써 국력의 약화를 보이는 듯했으나 무갈제국의 압력 아래서 오히려 강한 민족의식으로 뭉쳐나갔다. 쉬바지 왕조의 권위가 인정되기는 했지만 실권은 수석장관 Peshwa의 수중으로 넘어갔다. 수석장관인 바지 라오(Baji Rao, 재직 1720-40)는 야망에 가득찬 인물로서 무갈제국으로부터 힌두의 인도를 되찾기로 다짐하였다. 그는 말와, 구자라트, 라즈푸트나 및 분델칸드 Bundelkhand를 석권하였다. 이에 대항할 수 없었던 무갈 황제는 말와와 나르마다 강 유역의 주권을 마라타족에게 인정할 수밖에 없었다. 발라지 Balaji Baji Rao는 아버지 바지 라오의 수석장 관직과 함께 원대한 야망까지도 계승하였다. 마라타 세력을 결집시키고 공식으로 뿌나를 수도로 정하였다. 펀잡 지방의 라호르를 점령하고 히말라야 산과 인더스 강에까지 마라타의 세력이 확대되자 무갈제국은 쇠퇴하고 쉬바지의 꿈이 실현된 듯이 보였다.

무갈제국에 대한 결정적 타격은 페르시아의 지배자 나디르 사 Nadir Shah의 침입(1739)에서 비롯되었다. 나디르는 무갈 군대의 저항에도 불구하고 큰 어려움 없이 델리까지 진격하였다. 델리 시민은 나디르의 사망 소식에 그의 군대를 공격하여 수없이 살해했으나 거짓 소문으로 밝혀지자 이번에는 나디르의 군대가 델리 시민에 대해 무차별의 광란적 살육을 자행하였다. 나디르가 사망한 후 그의 부하 아메드 사 두라니 Ahmad Shah Durrani가 아프가니스탄에 왕국을 건설하고(1747) 인도에 공격을 재개하였다. 펀잡 지방을 점령하고 카슈미르를 정복하였다.

한편 마라타족이 델리까지 진격함으로써 두 세력은 충돌할 수 밖에 없었다. 델리 북쪽의 역사적 전투장인 빠니파트의 결전(1761)에서 마라타 측은 아프간에 비하여 6만 병 대 4만 5천 병의 열세로 대적하다가[3] 참패함으로써 쉬바지의 이상이었던 마라타 왕국의 영광도 단명으로 끝나고 말았다.

요컨대 무갈제국이 쇠퇴하게 된 요인은 첫째, 데칸 지방의 소모적 전쟁으로 제국의 인적, 물적 자원이 고갈된 데 있었다. 둘째, 늙은 황제 아우랑지브가 데칸 지방에 오래 머무른 동안 중앙정부의 기강이 무너져 갔으며, 셋째, 아우랑지브의 이교도에 대한 편협한 불관용 정책으로 힌두 특히 제국의 지주(支柱)이기도 했던 라즈푸트족이 이탈해 나갔다. 넷째, 아우랑지브의 사망 후 집요한

---

3) R. C. Majumdar, 앞의 책, P. 543.

왕위계승 싸움으로 귀족 관료들의 분열 반목이 뒤따랐으며, 마지막으로 결정타는 마라타족과 아프간족이 가해 왔었다. 이러한 상황에서 무갈제국은 이미 분쇄되어 갔으며 제국의 혼란과 방심속에서 영국 세력은 상인으로 위장하고 인도로 몰려오고 있었다.

제16장
무갈제국의 제도 정비와 경제활동

1 중앙과 지방의 행정조직

무갈제국의 통치조직은 아크바르 대제에 의해서 기틀이 잡혔는데 이러한 면에서도 그는 무갈제국의 진정한 건설자였다. 통치 형태는 인도적인 요소와 외국적인 요소가 혼합된 것이었다. 즉 인도 환경에 페르시아 및 아랍의 제도를 도입한 것이었다. 정치권력은 황제에게 집중되었으며 그의 권력은 무한하였다. 황제의 말이 곧 법이었으며 어느 누구도 그의 의지를 거역할 수 없었다. 황제는 무갈제국의 최고 권위자이며 행정부의 우두머리이고 군사령관이었다. 그는 또한 사법의 수행자이며 종교에 있어서는 알라 신의 대행자였다.

무갈제국은 고도로 중앙집권화된 전제국가였다. 모든 권력의 원천이었던 황제 자신이 종교, 종족, 지역에 관계없이 모든 신민(臣民)의 무조건적인 충성을 요구하였다. 무갈제국의 통치조직은 피라미드와 같은 것이었다. 황제는 관료와 군대 등 지배 계급의 맨 꼭대기에 군림하였으며 국가가 안정되고 왕조가 유지되려면 지배자가 높은 권위를 갖추고서 지배 계층 사이의 균형을 조종하면서 신하의 불만을 덜어주는 데 기민해야 했다. 무갈제국이 〈경찰국가〉〈군인국가〉〈신정국가(神政國家)〉〈동양전제국가〉 등으로 묘사되는 경우도 있지만 오히려 적절한 표현은 하나의 철두철미한 이슬람 국가였다. 통치조직으로 볼 때 황제와 지배계급이 모슬렘으로 구성된 이슬람 국가였다. 많은 인종과 종교가 병존함으로써 분리주의, 지방주의가 뿌리깊은 무갈제국에서 비(非)모슬렘에게 고위관직을 부여한 것은 효과적인 대담한 실험이고 정치적 이상이었는데 이것은 몽골 전통으로부터 본받은 것이기도 하였다.

무갈 황제는 여러 장관들을 휘하에 두고 있었지만 그 가운데서도 세정(稅政) 및 재정 분야, 군사 분야, 상공 분야, 종교 및 사법 분야의 네 장관이 주요한 위치에 있었다. 장관들은 황제에게 전적으로 책임을 졌으며 황제는 자의로 그들에 대한 임면권을 행사하였다. 의회기능을 가진 기관은 없었으며 국민의 목소리가 황제에게 전달될 수 있는 어떤 제도적 장치도 존재하지 않았다.

무갈제국의 통치는 군사적인 성격을 띠고 있었으며 관리는 모두 군인 명부에 올라 있었다. 제국의 행정조직은 관리와 군사 부문의 구별이 없는 관료정치적이었다. 페르시아어에서 유래한 맨삽다르(Mansabdar, 관리)라고 불리는 장교는 33등급으로 분류되었다. 등급은 비상시에 황제를 위해 군대를 일으켜 봉사할 것으로 기대되는 숫자에 근거하였다. 장교는 각각 적게는 10명에서 많게는 5천 명(나중에는 1만 명)까지 거느릴 수 있었다. 말할 것도 없이 많은 숫자를 거느린다는 것은 그만큼 높은 신분을 의미했으며 왕족에게는 최고의 직위mansab가 주어져 5천 명에서 1만 명까지 지휘하였다.

맨삽다르는 무갈제국의 공식적인 귀족층을 형성하는 것으로서 이 제도는 곧 군대, 귀족, 관직을 하나로 묶고 있는 것이었다. 여러 등급으로 나누어진 이 직위는 세습적이었던 것이 아니라 그 임명과 승급이 황제의 호의에 의해 결정되었다. 아크바르 대제가 시작했던 이 제도는 제국에 대한 봉사를 위한 것이었는데 외국인이 많이 포함되었으며, 이교도와의 화해를 의도했기 때문인지 특히 힌두의 직위는 상대적으로 높은 편이었다.

관리와 군인의 권능을 동시에 갖추었던 무갈제국의 장교는 정부로부터 은급(恩給)을 받았는데, 그것은 현금으로 지급되거나 혹은 자기르Jagir의 권한이 주어졌다. 자기르는 토지에 대한 소유권을 인정하는 것이 아니라 봉급에 상응하는 토지세를 일정 기간 동안 징수하는 권한만을 부여하는 것이었다. 관리들은 현금보다 자기르를 더 좋아했는데 그것은 징수하기로 규정된 액수 이상을 가끔 거두어 들일 수 있기 때문이었다. 정부로서는 자기르의 인정이 수혜자에게는 너무 큰 권한을 주고 국가에게는 너무 큰 부담을 안겨주는 것으로 생각되었다. 관리들의 봉급은 현금으로 지급 받든, 또는 자기르의 특권을 누리든 간에 상당히 후했던 것으로 알려지고 있다.

무갈제국의 지방 통치조직은 앞서의 모슬렘 왕조가 유지했던 제도를 개혁한 것이었다. 아크바르는 제국을 12개(뒤에 15) 주로 분리했으며, 주(州, Suba)의 숫자는 자항기르 황제 때는 17개로, 아우랑지브 때는 21개로 증가하였다. 각 주는 여러 개의 지구Sakar로 나뉘고 다시 지구는 몇 개 마을의 통합 단위인 빠르가나Pargana로 세분되었다. 각 주에는 중앙정부가 임명한 지사(知事, Subadar)가 행정을 집행하는 최고 책임자로서 자리하고 있었으며 그 밑에 세무, 재정, 사법, 경찰, 군사, 보도 및 시 행정 등을 담당하는 관리들을 두고 있었다.

치안 담당관과 세무 담당관은 특히 주요한 위치를 차지하고 있었다. 전자는 군대를 지휘하고 법과 질서유지의 책임을 맡았으며, 후자는 토지를 평가하고 세금을 징수하기 때문이었다. 지사는 군사령관을 겸하고 있었으므로 치안 담당관은 지사의 직접 지휘 아래에 들어 있었지만 세무 담당관Dewan은 그렇지 않았다. 세무 담당관은 사실상 지사와 경쟁 관계에 있었다. 세무 담당관은 지사와 마찬가지로 황제가 임명하였으며 두 사람은 황제에게만 책임을 졌다. 세무 담당관은 지사에 대해 견제 역할을 하고 있었는데 한쪽의 세력이 비대화하는 것을 막는 것이 지방에서의 반란을 방지하기 위한 효과적인 대비책이었기 때문이다. 지사는 세무 담당관이 자금을 손에 쥐고 있는 상황에서 반란을 도모하기는 어려웠으며, 세금 담당관은 군대를 갖지 못했으므로 반란을 일으킬 수 없었다.

당시 시골에는 치안 유지와 범죄 방지를 위해 .특별히 경찰제도가 마련되어 있지는 않았다. 다만 예로부터 내려온 관례대로 범죄 행위가 일어났을 때는 촌장과 경비가 해결하였다. 촌장은 세습적으로 지주 행세를 해왔던 자민다르Zamindar 가운데 대표적 인물이었다. 촌장의 권위는 그가 소유하고 있는 토지의 크기에 따라 결정되기 마련이었으며 실제로 그는 마을의 지배자이고 소유자였다. 촌장은 세금을 할당하는 일과 함께 경비의 도움을 받아 마을의 평화를 유지하고 분쟁을 해결해야 할 의무를 지고 있었다.

도시에서는 공공질서의 유지를 위해 시장Kotwal의 지휘 아래 경찰제도가 운영되었다. 경찰의 의무는 도둑 검거, 가격 결정, 도량형 점검, 야경 순시, 주변지역의 사태 파악, 시민의 수입지출의 파악, 가축 도살 방지 등이었다. 경찰이 없는 소도(小都)의 경우 세리(稅吏)가 경찰 업무까지 수행하였는데 이러한 관례는 영령인도(英領印度)에서도 마찬가지로 계속되었다. 군대가 주둔하고 있는 지역에서는 군지휘관Faudar이 법과 질서를 유지하였다. 그는 군사 업무뿐만 아니라 경찰과 형사재판의 업무까지 책임져야 했다. 그는 반란을 진압하고 도둑을 체포하며 여러 정보를 입수하면서 민간의 불만이 폭발하지 않도록 때로는 힘을 과시해야 했다.

2 사법제도와 세제(稅制)

무갈시대에는 근대적 법령이나 성문법 같은 것은 존재하지 않았다. 재판관은 주로 『코란』의 규정, 황제의 명령, 또는 저명한 법률박사Mufti의 해석에 따라 심판하였다. 관리들이 형사 사건을 다루는 경우는 흔히 볼 수 있었지만 민사 사건은 법률 사무를 다루는 관리인 카지Qazi의 소관이었다. 카지가 각 지방에서 수사권을 가지고 주로 『코란』에 근거하여 범죄 사건을 처리하였을 뿐, 법전이나 재판 기록은 존재하지 않았다. 힌두끼리의 민사 사건일 경우 촌민회(村民會, Panchayat)의 결정이나 브라만 계급의 의견이 대체로 해결책이었다.

황제는 재판 업무를 그의 주요한 의무의 하나로 생각하였다. 지방재판소를 거친 항소심의 최종 재판은 황제가 칼리프의 대행자로서 직접 판결을 내렸다. 무갈시대의 형벌에는 사형(死刑)제도도 존재했고 추방시키는 경우도 있었지만 대체로 대중 앞에서 수모를 주거나 태형(笞刑), 또는 벌금을 부과하였다. 감옥제도는 없어서 성(城) 안에 감금하였다.

무갈제국의 세금은 국세와 지방세로 분류되었다. 중앙정부에서 징수하는 세금은 토지세, 관세, 상속세, 인두세 등이었으며, 지방세는 중앙정부의 동의 없이 부과하는 세금으로서 소비세, 교통세, 직업세 등이었다. 물론 국가의 주요한 세원(稅源)은 토지세로서 국가가 임명한 관리 Amil이 농민으로부터 징수하였다. 무갈시대에는 정확한 토지 조사가 되어 있었으며, 농지는 매년 경작지와 지력(地力)의 회복을 위한 휴경지로 구분되었다. 토지는 비옥도에 따라 네 등급으로 나누었으며 토지세는 소출의 3분의 1을 납부하도록 하였다. 아우랑지브 때는 소출의 반을 토지세로 요구하기도 하였다. 납세는 현물이나 현금의 방법 어느 것도 가하였지만 가급적 농민이 현금으로 납부하도록 장려하였다. 토지세의 3분의 1 세율은 대부분의 힌두 왕국들이 마우리아 제국 이후 적용해 왔던 6분의 1 세율보다는 훨씬 높지만 여러 가지 잡세가 면제되었으므로 실제로 농민들은 수치만큼 두 배의 부담을 느끼지는 않았다.

3 토지 소유와 농업의 실태

무갈제국은 말할 것도 없이 농업국가였다. 17세기 초 무갈제국이 안정기에 접어들었을 때 총인구는 약 1억 내지 1억 2천만 명으로 추산되며 농촌인구는 대략 85%를 점하고 있었다.[1] 국민 대다수는 농촌공동체라는 조그마한 세계 안에서 생활하였다. 이 공동체는 자급자족적이며 민주적이라는 의미도 있었지만 그보다는 오히려 조세 문제와 밀접하게 관련되어 있었다. 농촌공동체는 부락의 토지를 공동소유자의 입장에서 관리하였다. 토지 경작은 국가에 대한 의무였으며 모든 가경지(可耕地)는 반드시 파종해야 했다. 촌장은 경작지의 세금을 할당하고 징수하는 책임을 맡고 있었다. 촌장은 마을을 대표할 뿐만 아니라 국가의 일을 도왔다. 세금의 전액을 징수한다는 조건 아래서 그는 마을의 전체 경작지 가운데 40분의 1의 보유지를 갖게 되며 이 땅은 면세되었다. 세금 징수는 가혹하게 행해졌으며 일부 지역에서 금납(金納)을 요구하자 농민의 부담은 더욱 커졌다. 농민들은 돈을 마련하기 위해 곡물을 팔아야 하므로 상인이나 대금업자에게 의존할 수밖에 없었다.

토지 소유의 형태는 어느 나라에서나 매우 복잡하고 분명하지 않기 마련인데 인도의 경우도 마찬가지였다. 무갈제국의 토지 소유 형태는 한 마디로 국유지였으며 당시 인도를 여행했던 유럽인들도 〈왕이 인도 전토(全土)의 소유자〉[2]라고 기술하였다. 정복된

---

1) Tapan Raychaudhuri, *The Cambridge Economic History of India*, I. Cambridge University Press, 1982, p. 163.

땅은 모두 국유지가 되었으므로 무갈제국의 팽창에 따라 국유지도 크게 확대되었다. 왕은 이 땅을 관리들에게 자기르로 분배해 줄 수 있었으며 또 종교의식을 관장하고 있는 사람이나 학자들에게 나누어 주기도 하였다.

자기르는 조건부 토지 소유였다. 토지세를 요구할 수 있는 사람은 이론적으로는 왕뿐이었지만 사실은 특수지역에 대한 징세권을 잠정적으로 양도하는 경우가 있었는데 이것이 자기르였다. 자기르의 특혜를 받은 사람은 일정한 군대를 유지해야 할 의무를 졌으며 군대의 규모는 토지의 크기에 비례하였다. 대체로 군대 유지비는 징수한 지대(地代)의 3분의 1 정도의 액수였다. 이러한 군대가 왕이 거느리는 군대의 일부가 되었다. 이 토지는 세습되지 않고 대개 10년 이내에 국가에 귀속되는 것이 상례였다.

한편 무갈시대에는 자민다르 형태의 사유적인 토지 소유자가 있었다. 자민다르는 〈토지의 소유자〉 혹은 〈보유자〉의 뜻을 지닌 페르시아어로서 그의 토지에 대한 권한은 〈통제의 정도〉 혹은 〈부속물〉의 의미가 강했으며 반드시 〈소유권〉을 의미하지는 않았다. 자민다르가 14세기에는 지역의 장(長)이라는 의미로 보통 사용되었는데 여기에서 지역이라는 말은 토지나 마을보다는 넓은 영역을 가르키는 것이었다. 아크바르 대제 이후에는 농민의 생산물에 직접 분배를 요구할 수 있는 세습적인 권한을 갖는 사람을 지칭하였다. 아크바르는 제압했던 군주들이 무갈제국의 종주권을 인정하고 조공을 해오기로 확약하면 이들에게 자민다르의 지위를 부여하기도 하였다.

자민다르의 주된 권한은 농민에게 토지세를 부과하는 일이었다. 그는 농민으로부터 지대를 징수하여 10분의 1을 남기고 나머지 모두를 정부에 납부하였다. 그러나 자민다르의 총수입은 10%를 넘을 것으로 평가되고 있는데 그것은 자민다르가 농민에게 강요하

2) 위의 책, p. 235.

는 액수는 규정액을 초과하는 것이 예사였기 때문이다. 자민다르의 권한은 자유로이 매매되고 있었다.

농사를 짓는 데 있어서 무갈시대의 농민들은 비료 사용을 거의 몰랐다. 다만 해안지방에서 물고기를 거름으로 사용하는 예가 있었다. 가경지의 확대를 정부에서 촉구하였지만 삼포제(三圃制)와 같은 경작방법을 실시함으로써 휴경지가 있을 수밖에 없었으며 아무튼 윤작(輪作)의 방법이 중요시되었다. 저수 혹은 홍수를 관리하기 위해 관개시설에 힘썼지만 대개는 우물을 판다든지 조그마한 저수지를 만드는 것이 고작이었다.

예로부터 내려온 여러 종류의 곡물을 생산하였지만 특히 눈에 띄는 것은 17세기에 들어와서 담배와 옥수수가 새로이 도입되어 재배되었던 점이다. 이것들은 신대륙으로부터 전래된 것인데 특히 담배는 17세기 중엽에 이르면 들어온지 불과 반세기만에 무갈제국의 전역에서 재배되었다. 옥수수는 19세기에 도입된 것으로 주장되기도 하지만 17세기에 이미 마하라슈트라 지방에서 재배했으며 19세기 후반에는 라자스탄에서 널리 수확하였다. 또 무갈시대에는 밀이나 보리 등의 주곡 이외에도 목화, 쪽, 설탕, 황마, 고추, 커피, 감자 등이 재배되고 양잠도 널리 이루어졌지만 차(茶)는 아직 알려지지 않았다.

4 활발한 상업활동과 대외무역

무갈시대는 상업이 크게 번창했던 때였다. 시골에서는 보통 1주일에 두번씩 장(場)이 섰고, 도회에서는 하루에 두 번이지만 계절에 따라 장이 서는 시간이 달랐다. 서늘한 계절에는 해가 뜬 후와 해가 지기 전에 장이 열렸지만 더운 여름에는 장이 서는 시간이 해가 뜬 직후 두 시간 정도와 해가 진 후 세 시간 정도였다. 모든 물건은 저울로 무게를 달아 팔았다.

상업의 발달은 당연히 도시의 번영을 가져왔다. 유럽인 여행자들의 눈에는 수도인 아그라와 펀잡 지방의 라호르는 런던이나 파리보다 더 커 보였다. 라호르는 지방도시였지만 무갈제국의 매우 풍요로운 교역의 중심지였다. 수도는 훌륭한 도로에 의해 사방으로 연결되었다. 벵골에서 페샤와르에 이르는 동서를 잇는 간선도로가 무갈제국 초기에 보수 완공되었다. 또 아그라에서 아라비아 해안의 수라트로 연결된 도로는 매우 중요하였다. 이 길은 서양 무역을 위한 통로였으며 동시에 모슬렘의 성지 메카로 가는 길이기도 하였다. 당시 수라트는 각국 상인들이 모인 세계 무역항이었으며 포르투갈·홀랜드·영국·프랑스의 상관(商館)이 있었다.

무갈제국 이전부터 인도와 카불 지방과는 육로를 통한 정기적인 교역이 대규모로 진행되어 왔다. 당시 카불은 국제무역의 중심지로 중앙아시아와 중국 등의 산물을 구할 수 있었다. 인도 산물을 실은 7천 마리의 말과 낙타 1만 1천 마리가 옷감, 융단, 설탕, 약재 등을 가지고 카불로 들어가기도 하였다. 3-4백 명의 대상(隊商)들이 무리지어 다니면서 활발한 교역활동을 진행하였다.[3]

무갈제국은 아크바르 대제 때부터 유럽 및 아시아 여러 나라와 활발한 무역을 추진하였다. 육로보다는 해로가 더 안전하고 유리하여 인도 서남 해안지방의 항구와 벵골 지방의 항구를 중심으로 대외무역이 성행하였다. 인도가 수입해 온 상품은 금괴, 생사(生絲), 말, 철, 호박(琥珀), 향수, 약재, 보석 등이었으며, 수출품은 직물, 쪽, 후추, 아편, 초석(硝石) 등이었다. 무갈 정부는 어느 누구도 금과 은을 국외로 유출하는 것을 허용하지 않았는데, 유럽 상인들은 본국의 반대와 비난에도 불구하고 인도 산물을 구입하기 위해서 금괴를 가져왔다.

무갈제국의 생산품 가운데서 가장 중요한 것은 면직물이었다.

---

3) 위의 책, p. 326.

면직업은 인도의 북부 및 중부 전역에서 매우 번성하였는데 특히 뱅골에서 오리싸에 이르는 지역은 하나의 커다란 면직 공장과 같았다. 면직은 다양한 색과 무늬를 박아 고급스러워 보였다. 카페트 업도 점차 성행하였지만 비단과 모직물은 면직업만큼 크게 번성하지 못하였다.

대외무역이 크게 번창하면서 무갈제국의 왕족과 귀족들이 상업 활동에 적극적으로 참여하였다는 사실이 특이한 일이다. 〈아크바르 자신이 상인이었으며 상업적 이익을 얻는 것을 경멸하지 않았다.〉[4] 구자라트, 아그라, 카슈미르의 주요 산업의 어떤 것들은 사실상 왕 자신이 소유하고 있었다. 여러 주에는 다양한 통관세가 존재하였는데 그것들은 황제와 왕비 그리고 왕족들의 이익을 보장해주기 위한 것이었다.

자항기르는 어떤 사람도 값진 보석을 소유하는 것을 인정하지 않았다. 왕은 보석을 매점하였으며, 그의 허락 없이는 누구도 5캐러트 이상의 보석을 살 수 없었다. 왕비 누르 자한은 오빠 아사프 칸과 함께 왕에게 영향력을 행사하여 많은 이권에 개입하였다. 누르 자한은 우아한 미모에다 문예에 남다른 재능을 갖고 상식이 풍부했던 왕비로서 가장 두드러진 성격은 엄청난 야심을 갖고 있는 점이었다. 누르 자한은 일찍이 페르시아계의 사업가와 결혼한 일이 있었지만 나중에 자항기르의 총애를 받게 되어 아버지 이티마드 웃 다울라 Itimad-ud-daula와 오빠와 함께 대단한 세도를 누렸던 여인이었다. 누르 자한은 온갖 이권뿐만 아니라 면직물과 쪽 무역에 직접 관여한 것으로 전해지고 있다. 왕자도 페르시아와 사무역(私貿易)을 행하고 있었다.

사 자한도 쪽과 초석을 자신이 독점 판매하였다. 사무역에 참여하여 보석, 면직물, 향료, 향수 등을 아라비아의 모카 Mocha로 수

---

4) V. Smith, *Akbar : the Great Mogul*, Oxford University Press, 1959, p. 411.

출하였다. 공주 자하나라Jahanara도 사무역에 관여 하였다. 다른 황족들은 무역활동에 더욱 적극적으로 참여했으며 사 자한의 장인도 무역인으로 널리 알려진 인물이었다.

원래 골콘다의 수석 장관이었던 줌라Mir Jumla는 독점상인으로 광범하게 활동하였다. 골콘다에서 무갈제국으로 충성심을 돌린 그는 황제의 측근으로서 대규모로 무역활동에 참여하였다. 그는 상품을 육로 수송하는 데 안전을 위하여 군대를 유지하고 있었으며, 또 여러 나라와의 무역을 위해 10척의 선박을 가지고 있었다.

아우랑지브는 무역에 큰 관심이 없었고 오직 데칸 전쟁에 매달려 있었다. 그 후 정치적 혼란의 당연한 결과로 인도의 경제적 번영은 쇠퇴해 갔다. 왕위 쟁탈전과 재정 고갈은 국내의 평화와 질서를 파괴하였으며 그 결과 산업 전반이 커다란 타격을 받아 침체하게 되었다.

5 무갈시대의 생활 상태

무갈시대에도 빈부의 차이가 극심했으므로 국민의 생활수준을 일률적으로 말할 수는 없지만 농민 생활은 매우 어려웠던 것으로 보인다. 이 시대의 역사가나 문인 그리고 유럽인 여행가나 상관의 기록들은 한결같이 농민의 비참한 실상을 묘사하였다. 농민과 하층민은 신발을 신지 못하고 요부(腰部)만 겨우 가린 옷을 입었을 뿐이었다. 인도에는 면직업이 크게 발달했음에도 불구하고 서민들은 거의 옷을 입지 못하고 살았다.

서민 생활에 있어서 치명적인 위협은 간헐적으로 찾아오는 불가항력적인 대규모의 기근이었다. 인도에서 농사에 결정적인 영향을 주는 것은 예로부터 강우량이었으며 가뭄이 들었을 때는 가공할만한 기근이 엄습해 왔었다. 아크바르 때도 기근은 찾아 왔었지만 특히 구자라트를 휩쓴 기근(1630-1632)과 데칸 지방의 기근(1702-1704)은 각각 3백만 명과 2백만 명의 아사자를 낸 처참한 재난이었다. 구자라트 기근의 참혹상에 대해서는 홀랜드 상인들의 생생한 기록이 남아있다. 〈기근이 악화되자 모두들 굶주림에 울부짖고 어디에서나 시체만 볼 수 있었다. 남자들은 아내와 자식을 버렸으며 여자들은 스스로 몸을 팔아 노예가 되었다. 어머니는 어린애들을 팔았으며, 어떤 가족은 음독(飮毒)하거나 함께 강물에 몸을 던졌다. 심지어 굶주린 자들이 인육(人肉)을 먹었으며, 길거리를 돌아다닐 경우 피살되어 먹힐 위험이 있었다……〉5)

경제학자들은 기근이 없던 평온한 무갈시대의 서민 생활과 20세기 전반의 인도인 생활을 비교하려고 시도하였다. 영국이 인도를 식민지로 통치한 전후의 인도인 생활 상태를 비교하려는 시도였다. 정확한 비교는 어렵지만 무갈시대에는 곡식, 채소, 향료, 고기, 우유 등은 값싸고 풍족했으므로 서민들이 오늘날보다 높은 영양가를 취할 수 있었지만 설탕, 소금 등은 오늘날보다 훨씬 비쌌다. 또 20세기의 인도 농민과 노동자들은 옷이나 공업제품 등에 있어서는 그때보다 더 많은 혜택을 입고 있다. 따라서 무갈제국의 경제에 관한 대표적 연구가들은 대체로 당대의 서민은 현재와 거의 비슷한 수준의 경제적 생활을 영위했던 것으로 평가하고 있다.6)

도시의 하층민은 처참한 농민의 생활과 크게 다를 바 없었지만 중상층은 대체로 풍요로운 생활을 영위하였다. 서양인 여행자들의 기록도 서민의 가난한 생활 형편보다는 지배계급의 호사스런 생활을 많이 묘사하고 있다.

무갈제국의 상층계급은 토후(土侯, Raja), 귀족 및 부유한 도시 상인이었다. 토후는 제국내의 국가를 다스리고 있는 사실상의 소군주(小君主)였다. 무갈 귀족은 아마도 세계에서 가장 높은 은급

---

5) W. H Moreland, *From Akbar to Aurangzeb : A Study in Indian Economic History*, Delhi, 1982, pp, 211-213.
6) 위의 책, pp. 302-333. Tapan Raychaudhuri, 앞의 책, pp. 460-461.

(恩給)을 받았다. 귀족은 개인적인 은급 이외에도 그들의 군대에 급료를 지불하는 데서도 이익을 보았다. 지급하기로 규정된 액수보다 적게 병사에게 지불함으로써 그 차액을 챙겼던 것이다. 또 귀족은 교역에 관여하여 돈을 벌고 상인에게 대금(貸金)하였다. 무갈시대에는 상업이 번창함에 따라 상인들의 경제적 영향력은 크게 신장되었으며 특히 대외무역로에 위치한 항도에는 재력이나 호사스런 생활에서 귀족을 능가한 거상(巨商)들이 많았다.

상층계급은 저택을 치장하는 데 많은 돈을 소비하였다. 큰 마당에는 아름다운 정원을 가꾸어 놓고 실내에는 값비싼 카페트를 깔고 면(綿)메트리스로 벽을 덮었으며 대형 냉풍기(冷風機)를 갖추고 있는 호화스러운 집들이 있었다. 벵골 지방에서는 벽돌로 지은 3층 집이 많았다. 먹는 과일은 중앙아시아나 아프가니스탄에서 수입하기도 하고 얼음은 1년 내내 사용하였다. 서남아시아에서 수입해 온 고급술과 아라비아에서 들여온 커피를 마셨는데 여성들도 규방(閨房)에서 이것들을 즐겼다. 의복은 값비싼 비단과 면직 제품으로 만든 것을 입었으며, 더워서 양말은 신지 않았지만 금은 장식이 되어 있는 가죽 구두나 비단 구두를 신었다. 보석 장신구로 화려하게 치장했으며, 상인들도 귀족들을 본받아 결혼 비용으로 엄청난 액수를 소비하였다.

무갈시대에 보여준 상층계급의 생활 상태는 호화와 사치의 극치였다. 제국이 기울고 있는데도 그들의 호사스런 생활 태도는 조금도 변하지 않았다. 그들의 무절제한 생활 태도가 무갈제국의 쇠망에 직접적인 영향을 주었다고 속단할 수는 없지만 그들의 생활에서는 근검절약하는 청교적 자세를 전혀 찾을 수 없었다.

제 17 장
무갈시대의 문화

1 시크교의 출현

무갈제국이 출범하는 시기를 전후하여 새로운 종교들이 나타났
는데 시크교Sikhism와 아크바르 대제의 절충적 종교가 그것들이
다. 국민의 압도적인 대다수는 힌두이고 지배자는 모슬렘인 정치
적 상황에서 국가의 종교정책은 억압 일변도로 나아갈 수는 없었
다. 이러한 분위기에서 힌두교와 이슬람교 사이의 화해를 모색하
려는 종교적 운동은 당연한 현상일 수도 있었다.

시크교는 나나크(Guru Nanak, 1469-1539)에 의해 창시되었다.
나나크는 15세기 초에 활약했던 종교개혁가 까비르Kabir의 영향
을 크게 받았다. 까비르는 힌두교와 이슬람교 사이에서 화합 정신
을 북돋우기 위해 최선을 다했던 인물이었다. 전하는 바에 의하면
힌두로 태어났지만 불우하게 버려진 몸이었는데 모슬렘 직조공(織
造工)에 의해 양육되었다. 까비르는 사랑의 종교를 강조하였다.
이슬람교의 알라 신과 힌두교의 라마Rama 신은 다만 이름이 다
를 뿐이라고 주장하면서 두 종교의 동질성을 역설하였다. 까비르

는 힌두교와 이슬람교의 종교적 의식과 외적인 형식주의의 효험을 믿지 않고 구원의 방법으로 진정한 믿음을 강조하였다.

나나크는 펀잡 지방의 라호르 시에서 멀지 않은 탈완디 Talwandi에서 태어났다. 상인 출신이었던 듯한 그는 종교에 깊은 관심을 가졌으므로 힌두교와 이슬람교의 교의에 정통하였지만 두 종교의 부패에 실망하고 새로운 종교를 모색하였다. 그는 힌두교와 이슬람교에서 좋은 점은 취하고 나쁜 점은 버리는 절충적 종교를 일으켜 창조적인 하나의 신에 대한 헌신을 강조함으로써 시크교의 첫 스승 Guru이 되었다. 경전은 하나의 신을 여러 이름으로 표현하고 있으며 나나크가 가장 좋아한 이름은 사뜨까르타르(Sat-Kartar : 진정한 창조자)였다. 스승을 따르는 추종자들을 시크 Sikhs, 즉 제자들이라고 불렀는데 펀잡 지방의 강인한 자트족 Jats 힌두 출신과 모슬렘의 농민들이 신도들이었다.

나나크는 『우파니샤드』의 일신교 이론의 진정한 부흥자였다. 그의 사명은 여러 종교들 사이의 반목을 종식시키는 것이었으며 나나크는 전 생애를 힌두교와 이슬람교에 내포된 좋은 점에 근거한, 보편적인 관용의 복음을 전파하는 데 헌신하였다. 신비적인 노래를 부르는 사람으로 알려진 나나크는 까비르와 마찬가지로 두 종교의 형식주의를 맹렬히 비난하고 나섰다. 〈신앙은 단순한 언어 속에 깃들어 있는 것이 아니다. 신앙은 무덤이나 화장터를 돌아다니거나 명상의 자세로 앉아 있는 데 있는 것이 아니다. 또 신앙은 외국의 성지를 순례하고 성수(聖水)에서 목욕하는 데 있는 것도 아니다. 모든 사람을 평등하게 바라보는 자가 참다운 신앙인이다. 세상의 불순한 것들 사이에 순수한 것을 머무르게 하는 것, 거기에서 신앙의 길을 찾아야 한다.〉[1]

나나크는 평화의 사도로서 이슬람교로부터 일신교와 형제애의

---

1) R. C. Majumdar. *An Advanced History of India*, London, 1980, p. 399.

이념을 빌려왔으며 힌두교의 카스트 차별을 배척하여 경건파의 종교를 창설하였다. 그는 제자들로 하여금 만민평등을 생각하고, 순수성을 유지하며, 극단적인 금욕주의와 향락 추구를 멀리하며, 위선과 이기심과 거짓을 버리도록 요구하였다. 극단적인 고행과 향락 사이의 중도(中道)를 주장하고 있는 점은 그가 또다른 인도 종교인 불교의 영향을 받고 있는 점이기도 하였다.

나나크를 계승했던 네 명의 〈스승〉은 단지 평화적 개혁 종교의 지도자들이었을 뿐 군사적 조직이나 정치적 세력은 생각지도 않았다. 시크교도는 응집력 있는 집단으로 성장하였으며, 아크바르 대제의 종교적 관용정책의 분위기 속에서 신도수가 증가하였다. 제4대 스승인 람다스Ramdas는 아크바르의 조정에서 근무한 일도 있었고 펀잡 일부의 땅을 지급 받기도 하였다. 이곳이 시크교도의 성도(聖都)로서 유명한 황금사원(黃金寺院)의 자리가 되었다.

람다스의 아들 아르잔Arjan이 제5대 스승으로서 이 거대한 시크 사원을 건립하였고 이 도시를 암리싸르(Amritsar, 불로주(不老酒)의 샘)라고 명명하였다. 아르준은 영적인 교도(教導)와 사업을 결합하여 신도들의 헌납을 받아들임으로써 재부를 축적하였다. 아르준은 헌금, 즉 일종의 신앙세를 납부하도록 요구하여 시크 재단의 기초를 마련하였다. 그의 지휘로 시크교의 성전(聖典) 『그란트 사힙 Granth Sahib(스승의 책)』의 원전이 편찬되었는데 이것은 선대(先代) 스승들의 저작과 힌두교 및 이슬람교의 가르침에서 원용한 것이었다.

나나크의 후계자들은 처음의 종교적 지도자들과는 달리 점차 지역정치에 빠져들어가 마치 지방 수령과 같이 행동함으로써 무갈제국과 충돌하게 되었다. 시크교도와 무갈제국의 첫 충돌은 아르준이 자항기르 황제에게 반란을 일으킨 쿠스랍 왕자를 지원한 사건에서 비롯되었다. 아르준은 벌금의 납부를 거부함으로써 황제에의해 고문 끝에 처형당했는데, 그의 아들인 제6대 스승 하르 고빈드 Har Govind는 시크교단을 무갈제국의 학정에 항거하는 강인한 군단(軍團)으로 바꾸어 놓았다.

제9대 스승인 테즈 바하두르 Tegh Bahadur 때에 와서는 무갈제국과의 첨예한 적대관계가 돌이킬 수 없을 정도로 악화되었다. 바하두르는 아우랑지브 황제의 정책에 협조하지 않았을 뿐만 아니라 카슈미르 지방의 브라만 계급으로 하여금 무갈제국에 반항하도록 종용함으로써 황제의 분노를 사게 하였다. 아우랑지브는 그를 체포하여 델리로 압송해 놓고 죽음과 이슬람교로의 개종 가운데 하나를 택하도록 강요하였다. 테즈 바하두르는 목숨보다는 시크교의 신앙을 택함으로서 효수당하고 말았다. 바하두르의 순교는 무갈제국에 대한 시크교도의 더욱 강렬한 복수심을 불러 일으켰다.

제10대이며 마지막 스승인 고빈드 싱 Govind Singh은 아버지의 처형에 대한 복수심에서 무갈제국에 대항하기 위해 군사조직을 강화하였다. 고빈드가 시크 군사세력의 진정한 창설자였으며 그는 처음부터 무갈제국에 대해 결의에 찬 적이었다. 그는 시크교단을 군사조직으로 바꾸어 놓고 각 성원을 자신의 생명과 명예는 말할 것도 없거니와 가족의 생명까지도 버릴 수 있는 집단으로 결집시켜 놓았다.

고빈드는 시크교도의 단결과 우애를 다짐하기 위해 아마도 기독교에서 영향을 받은 듯한, 성사(聖事)를 채택하였다. 단도(短刀)로 휘저은 성수로 세례 Pahul하는 의식을 만들었다. 원형으로 둘러 앉은 성찬 참석자들이 성스런 밀가루, 버터, 설탕을 섞어 함께 마시면 그들은 카스트의 차별 규율에서 해방되어 모두 평등하게 되는 것이다. 이 의식에 참여한 사람들을 칼사(Khalsa : 순수한 군단)라 부르고 싱(Singh : 사자)의 칭호를 주었다. 시크교도의 성스런 군사집단은 중세 유럽의 성당기사단(聖堂騎士團, Templars)에 비교될 만한 것으로 그 세력은 크게 성장하여 시르힌드 Sirhind와 라호르의 무갈 지방정부와 충돌하기에 이르렀다.

고빈드는 그의 종교적 형제들에게 편잡어의 첫 글자를 나타내는 5K, 즉 긴 머리 Kesh, 머리빗 Kungha, 짧은 바지 Kuchcha, 팔찌 Kara, 단도 Kirpan를 지니도록 요구하였다. 오늘날 이 명령은 철저히 지켜지고 있다고는 말할 수 없으며 육식은 무방하지만 금연을 완고하게 강조하고 있다.

2 아크바르의 경신교(敬神教)

아크바르 대제는 국민 통합을 유지하면서 제국의 진정한 발전을 도모하기 위해서는 종교적 관용정책이 절실히 필요하다고 생각하였다. 아크바르의 종교적 개혁도 그가 추진했던 다른 개혁이 의도했던 것과 마찬가지로 결국 그의 권력의 사회적 기반을 확대하려는 것이었음은 말할 것도 없다. 그는 왕 자신이 힌두의 종교적 관습을 존중할 때에만 그들도 충성심을 보일 것이라는 점을 인식하고 힌두를 비롯한 비(非)모슬렘에게만 부과해 왔던 성지순례세와 인두세를 폐지하였다. 이러한 합리적인 종교정책에 정통 모슬렘 고위관리들이 반대하고 나서자 아크바르는 이슬람교의 정통 이론에 회의를 갖기 시작하였다.

아크바르는 독실한 순니파 Sunni의 모슬렘으로 성장했으며 제위 초기에는 이교도를 처형한 일도 있었던 것으로 전해진다. 그 후 페르시아에서 망명해 온 수피파 Sufis 승려들의 범신론적 신비주의에 접하고서 그의 정통 이슬람교로 향한 마음은 크게 이완되었다. 그의 종교적 태도에 결정적 변화의 계기를 가져온 것은 1575년 경 당대의 신학자인 사히크 무바라크 Shaikh Mubarak와 문예에 뛰어난 그의 두 아들 파이지 파즐 Faizi Fazl과 아불 파즐 Abul Fazl 형제를 만나면서부터였다.

아크바르는 다방면에 걸친 지식과 모든 종교의 이론을 폭넓게 이해하려는 태도에서 철학적 문제들을 토의하기 위해 육중한 기둥이 받치고 있는 8각형의 이른바 예배소를 설립하였다. 왕은 먼저 학식 많은 모슬렘 승려들을 불러 그들의 주장을 들었으나 그들은 저속한 증오심, 병적일 정도의 지나친 정교주의(正敎主義), 개인에 대한 인신공격 등의 형태를 취할 뿐 아크바르의 의문에 만족스런 해답을 주지 못하였다. 모슬렘 대표들의 편협한 말다툼이 대제의 호기심 많은 마음을 충족시키지 못함으로써 그는 다른 곳에서 진리의 길을 찾고자 하였다. 이슬람교도 만인의 종교는 될 수 없다고 판단하고 아크바르는 인도의 다른 종교집단, 즉 힌두, 자이나교도, 조로아스터교도 및 기독교도와도 접촉하기 시작하였다. 기독교 측에서는 아크바르의 요구로 고아Goa 지방의 제수이트 교단이 몬스라뜨Monserrate 등을 무갈 조정에 파견하였다. 대제에게는, 이들 종교의 지도자들이 서로 다른 그들의 종교적 이론을 개진하는 한밤의 토론장에 나아가 경청하는 것보다 더 흥미로운 일은 없었다.

　여러 종교의 열띤 토론을 듣고 아크바르는 이슬람교에서 더욱 멀어져 갔다. 대제의 종교 문제에 있어서의 상담역은 아불 파즐이었는데 그는 신앙 문제에 있어서 매우 자유주의적이었다. 신에게 접근하는 길은 여러 가지가 있으며 모든 종교는 진리를 내포하고 있다고 믿었다. 아크바르로 하여금 이슬람교 이외의 다양한 이교적 가르침에 대한 관심을 불러 일으키도록 인도했던 인물이 아불 파즐이었다. 아크바르 대제는 이슬람교가 아닌 위의 네 종교에 대해서도 경의를 표했으며, 자신이 그들 종교의 의식을 행하기도 하였다. 대중이 보는 앞에서 태양과 불 앞에 엎드려 조로아스터교의 의식을 행하기도 하였다. 한 때는 자이나교의 영향을 받아 동물에 대한 불살생(不殺生)이론을 채택하였으며 좋아하는 사냥놀이와 육식을 자제하기도 하였다. 그의 자유주의적이고 합리적인 마음은 혐오할만한 힌두 관습, 예컨대 남편의 화장 때 과부의 순사(殉死)

를 요하는 풍습 등을 금지하는 조치를 내리도록 만들었다.

　아크바르의 종교정책에 대하여 관용을 모르는 모슬렘 사이에서는 반란이 일어나기도 하였다. 특히 벵골과 편잡 지방에서 집중적으로 일어났는데, 아크바르는 반란을 진압한 후에는 지나친 방향으로 나아가 스스로 새로운 종교를 모색하였다. 1579년에는 유명한 절대불류령(絕對不謬令, Infallibility Decree)를 발포하여 황제가 종교적, 혹은 일반적인 모든 문제에 있어서 최고의 조정자로 군림하였다.

　이 포고령은 사히크 무바라크가 기초한 것으로 전해지며 『코란』과 힌두 경전에 의해 부여된 권력을 왕으로 하여금 받아들이도록 탄원하는 형식으로 작성되었다. 이 칙령은 모든 사람에게 구속력을 가지며 이를 거역한 자는 내세에서 천벌을 받게 되며 현세에서는 종교적 특권과 재산을 잃게 될 것이라고 규정하였다. 이 포고령은 상충하는 종교적 의견 가운데 하나를 아크바르 자신이 마음대로 택할 수 있게 만든 것이다. 결국 아크바르는 세속적인 왕이면서 동시에 종교적 최고의 권위까지 행사하게 되었다.

　아크바르는 종교적 토론장에 나가고 나름대로 여러 종교의 이론을 연구했지만 각 종교의 비타협성과 불관용성에 실망하였다. 여러 종교에서 크게 영향을 받았지만 그는 어느 종교에도 개종하지는 않고 자신이 절충적 종교인 경신교(敬神敎, Din-i-Ilahai)를 공포하기에 이르렀다. 새로운 종교는 이슬람교의 『코란』에서, 브라만 경전에서 또 기독교의 복음 등에서 부분적으로 원용하여 종합하였다. 이슬람교에서 마호메트가 영감을 받은 예언자라는 주장을 배척하고 마호메트 대신에 아크바르 자신으로 대체하였다. 새로운 종교의 표어는 〈신은 위대하다 Allahu Akbar〉로서 이것은 〈아크바르는 신이다〉라는 의미로 통하는 것이었다. 따라서 아크바르 대제가 창시한 종교의 요체는 하나의 신에 대한 믿음이고 황제를 지상에 내려와 있는 신의 대리인으로 인정한 것이었다.

아크바르 대제는 종교적 관용정책과 지배자에 대한 숭배를 결합시키려고 하였다. 그의 이상은 공정한 지배자가 되는 것이었으며 유럽의 절대주의 이론을 거울 삼아 신의 은총에 의해 정당성을 찾으려고 하였다. 아크바르는 힌두 왕들과는 달리 법의 유일한 옹호자가 아니라 당연히 입법자가 되는 것을 원하였다. 아크바르의 이상은 정통파 모슬렘에 의해서는 비판을 받았으나, 힌두는 대제의 정책을 이해하는 입장이었다. 인간을 전지전능한 알라 유일신의 의지에 완전히 예속시켜 버리는 정통 이슬람교에서는 아크바르의 새로운 종교원리를 받아들일 여지가 없었다.

아크바르의 이상은 새로운 종교를 통하여 인도의 민족 통합을 이룩하려는 것이었다. 그는 모든 종교의 좋은 점을 종합하면 그가 이상으로 하였던 국민국가의 실현은 가능할 것으로 생각하였다. 그의 종교적 이상은 순수하고 원대한 것이었을지라도 새로운 종교를 창시하겠다는 그의 생각은 너무 소박하고 성급한 발상이었다. 경신교는 〈아크바르의 어리석음의 기념비이며 제한받지 않은 괴물 같은 독재권이 성장한 결과〉[2]로 비판받기도 하지만 종교에 대하여 보편적 관용정책을 추구했던 아크바르는 그의 신종교를 광신적으로 강요하지는 않았다. 아무튼 그의 대담하고 원대한 종교적 이상주의는 기회주의적인 정신(廷臣)들과 일부 가난한 사람들로부터 지지를 받았을 뿐, 이 종교는 아크바르 대제의 사망과 함께 사실상 자취를 감추고 말았다.

3 문학과 교육

무갈제국과 조정에 미친 페르시아 문화의 영향은 아무리 강조해도 부족할 정도였다. 만약 무갈제국의 큰 도시들만 방문했던 여행

---

2) 위의 책, p. 452.

자가 있었다면 그는 틀림없이 인도는 이슬람 국가로서 소수의 이교도인 복속민이 살고 있으며 페르시아어가 통용어라고 믿었을 것이다. 이슬람 궁전과 사원, 군대와 관리 등 어디에서나 눈에 띠고 귀에 들리는 것은 페르시아와 관련된 것들이었을 것이다. 물론 이러한 첫 인상은 시골로 들어가면 거의 사라졌겠지만 무갈인들이 인도 곳곳에 심어준 것이 페르시아 문화의 정신이었다. 페르시아 문화의 영향은 아크바르 대제의 범신론적 신비주의 뿐만 아니라 특권층의 의복, 실내장식, 예법 등이 모두 페르시아 궁중생활과 관습을 반영한 것이었다.

인도를 정복했던 무갈인들은 물론 터키족이었으므로 그들은 유목생활의 유습, 예컨대 칸Khan이란 칭호를 사용하고, 말고기와 사냥을 좋아하였으며, 술잔치를 즐겼지만 곧 급속히 확산되어 가는 페르시아 문화에 매혹당하고 말았다. 그렇지만 무갈제국의 문화가 수입품의 수준에만 머문 것은 아니었다. 아크바르 대제의 문화활동에 대한 관심과 종교적 관용정책의 영향으로 무갈 문화는 민족적인 멋 같은 것을 보이기 시작하였다. 이 때의 인도 문화는 무갈 문화와 라즈푸트 문화가 융합된 형태를 보이게 되었는데, 새로운 절충 문화는 아크바르가 힌두 문학과 그 발전을 장려함으로써 뚜렷이 나타났다.

페르시아어는 이미 뚜그락 왕조에 의해 장려되어 상업과 문학을 위해 사용되었다. 델리를 중심으로 페르시아 문학이 발달하였지만 그 영향력은 제한적이었고 여기에 참여한 사람도 소수였다. 그러나 무갈시대에 들어오면 전체적인 분위기가 크게 변하였는데 그것은 페르시아어가 제국의 행정 및 법률 용어로 도입되었기 때문이다. 광범한 무갈제국의 행정조직으로 연결된 관청 용어로서의 페르시아어의 영향력은 매우 커서 야망을 가진 젊은이들에게는 페르시아어가 출세의 도구로서 필수적이었다. 라즈푸트족을 비롯한 힌두가 정부 관리로 많이 진출할 수 있는 기회가 주어짐으로써 페르시아어의 중요성은 더욱 확대되었다. 페르시아 문화, 특히 궁중문화가 무갈제국에 도입됨으로써 페르시아어는 궁중의 사교 언어로서 뿐만 아니라 인도 전역에 걸친 외교어로서 각광을 받게 되었다.

페르시아어로 씌어진 무갈시대의 문학은 궁중문학으로 크게 발달했던 것이 사실이지만 그 범위는 궁중과 이슬람교도에만 국한되었던 것은 아니다. 궁중시(宮中詩)에서는 종교적 관용에 관한 것, 시인이 힌두 신을 사랑하는 것, 또 만인에 대한 인류적 사랑 등의 내용이 발견되며 어떤 시인들은 힌두 서사시에서 따온 테마로 쓰기도 하였다. 무갈시대의 문학은 점차 여러 언어와 다양한 장르로 표현되었는데, 인도주의적 이념을 내포하고 있었다. 카스트 장벽에 반대하도록 호소하기도 하고 모든 인간은 신 앞에서 평등하다는 것을 선언하기도 하고 부자(富者), 지주 및 종교적 지도자의 권위를 조롱하기도 하였다.

페르시아어로 썼던 가장 훌륭한 시인으로는 파이지와 베딜 Bedil이 꼽혔다. 파이지는 서정시의 최고봉으로 명성을 누렸으며, 아크바르 대제의 총애를 받아 외교관으로 활약하기도 했다. 베딜의 시는 깊은 감정과 우수가 깃들어 있었으며 국민을 억압하는 군주의 포악성을 비난하였다. 페르시아어가 그 위력을 상실하게 된 먼 후대에 가면 베딜은 인도에서 잊혀져 갔지만 그의 시는 중앙아시아에서 제2의 고향을 얻게 되었다.

한편 아크바르 대제는 힌디의 장려를 위해 계관시인(桂冠詩人)을 임명하였는데 비르발 Raja Birbal이 그 명예로운 칭호를 처음으로 얻었던 인물이었다. 그 영향은 16세기의 많은 젊은이들로 하여금 북부지방의 토속어인 힌디를 공부하도록 유도하였으며, 그 결과 힌디는 오늘날 인도의 가장 광범위한 세력의 국민적 언어가 되었다. 힌디작품 가운데 가장 유명하고 인기 있었던 것은 툴시다스 Tulsi Das에 의한 『라마야나』 번역서였다. 다스의 작품은 힌두 축제에서 노래 불려지고 국민사이에 널리 알려졌다. 또 무쿤다

246

람 차크라바르띠Mukundaram Chakravarti는 벵골 지방의 생활상을 사실적으로 묘사했으며, 거기에는 민속과 가공이 뒤섞여 있다. 우르두 문학은 북인도에서는 발달하지 않았지만 데칸 지방에서는 활기를 띠었다. 파이지의 동생 아불 파즐은 페르시아어로 훌륭한 역사서를 남겼는데 그가 편집한『아크바르 시대의 개요』는 7년 노력의 결과로서 당시 무갈제국의 역사를 개관하였다.

무갈시대에는 국가에 의해 설립되어 유지되는 근대적 교육제도는 존재하지 않았다. 다만 초등교육은 부분적으로 실시되었는데, 지배자들이 힌두 모슬렘 사원이나 승려와 학자들에게 토지나 금전을 지급하면서 교육시키도록 장려하였다. 따라서 소년들은 사원에서 기초적인 교육을 받았으며 산스크리트나 지방어의 교육을 위한 특수학교도 존재하였다.

무갈제국의 통치자들은 대체로 교육의 옹호자였다. 아크바르 대제는 수도와 주요 도시에 학교를 건립하였으며 학문을 좋아하여 국내외 학자들을 조정에 초청하기도 하였다. 다음의 황제들도 교육에 많은 관심을 보이면서 학자들을 우대하고 학교를 설립하였다. 아우랑지브는 교육 받은 군주였지만 교육발전을 위해 한 일은 없었으며 오히려 반(反)힌두정책을 추진하면서 힌두 학교를 파괴하기도 하였다.

무갈시대에는 결국 귀족과 관리들의 자제들이 집안, 혹은 소수의 학교에서 교육을 받은 정도였다. 주요 교과목은 고전, 종교 그리고 페르시아 아랍 어문학(語文學)등이었다. 페르시아어 문학의 발달에 힘입어 아불 파즐 등은 황제의 명을 받아 산스크리트 및 다른 언어들로 기록된 문학서들을 페르시아어로 번역하기도 하였다.

아크바르 대제는 문맹자로 전해지고 있다. 부왕 후마윤이 아크바르를 국경지방에 남겨놓고 페르시아로 망명했으므로 왕자는 뛰어난 전사(戰士)로 성장했을 뿐 글을 배울 기회를 갖지 못했었다. 아크바르 대제는 글을 읽고 쓸 줄은 몰랐으면서도 비범한 기억력의 소유자였다. 학문에 남달리 큰 관심을 가지고 있었던 그는 책을 읽어주면 그 내용을 잘 기억하였다. 그는 남들이 눈으로 읽는 것보다 더 많은 것을 귀로 읽었다. 그의 학문적 관심은 종교뿐만 아니라 철학, 역사, 정치학 등 다방면에 이르렀으며 많은 책을 수집하였다.

아크바르 대제 뿐만이 아니라 역대 황제들이 대체로 열성적으로 책을 사랑하고 수집했으므로 훌륭한 도서관이 설립되는 계기가 되었다. 당시 제국도서관에는 귀중한 필사본 24,000권이 소장되어 있었다.[3] 많은 양의 장서는 분야별로 적절히 분류되었다. 궁중의 도서 수집열에 힘입어 필사의 재주가 탁월한 경지에 이르렀다. 아크바르 조정의 능필가(能筆家) 가운데 가장 이름난 사람은 카슈미르 출신의 후세인 Muhammad Hussain이었는데 그는 〈골드 펜 Gold Pen〉이란 별명을 얻었다. 궁중 외에서도 서적 수집열은 상층계급을 중심으로 성행하였는데 후일 북인도의 큰 도서관은 그 기원을 대개 무갈시대에서 찾을 수 있다.

4 무갈시대의 미술

무갈제국은 문화면, 특히 미술 부문에서 훌륭한 시대를 열어 놓았다. 역대 군주들의 문예에 대한 특별한 관심과 후원에 힘입어 찬란한 문화시대가 열리게 되었다. 활발한 상업활동에 따른 경제적 번영 속에서 지배자의 문화정책에 자극을 받아 예술가들이 자유롭게 개성을 발휘할 수 있었다. 농민과 상공 시민들의 노고와 희생으로 번영하게 된 풍요 속에서 극도의 사치 풍조에 젖은 상층계급은 고상한 취미 활동으로 예술 방면에 관심을 돌리게 되었다. 토후와 귀족층은 미술의 애호가이며 후견인이기도 하였다. 무갈제

---

3) K. M. Panikkar, *A Survey of Indian History*, Bombay, 1986. p. 175.

국의 활발한 문화활동은 분명히 상공업의 번영과 때를 같이하여 가능하였으며 당시의 궁중생활과 귀족생활은 서양 세계에서도 부러워할 정도로 호사스런 분위기였다. 따라서 무갈제국의 뛰어난 예술품들은 그 시대의 특출한 천재에 의해서 가능했다기보다는 제국의 부(富)와 지배층의 사치 풍조가 최고의 미를 간직한 건물을 짓고 화려하게 장식을 하고 호화로운 정원을 꾸미도록 만들었던 것이다.

무갈황제들은 아우랑지브를 제외하고는 위대한 기념비의 건설자들이었으며 제국의 중앙집권화에 따라 상층계급 사이에 문화적 통합이 이루어진 것도 사실이었다. 강력한 무갈제국의 위세는 빠른 속도로 희미해 갔지만 그들이 세운 화려한 문화재들인 궁전, 영묘(靈廟), 회교 사원 및 성(城) 등은 훌륭한 그림들과 함께 제국의 영광을 생생하게 전해주고 있다.

무갈시대의 미술은 모슬렘과 힌두의 미술 전통 및 요소가 훌륭하게 융합된 형태였다. 다시 말하면 무갈제국의 건축물은 인도와 페르시아 미술 양식이 서로 영향을 주고 받아 훌륭한 조화를 이루었으며 여기에 비잔틴 양식의 영향도 있었다. 페르시아 미술 양식은 벌써 오래 전부터 인도에 도입되었으며 다만 무갈시대에 와서 불후의 걸작품으로 표현되었을 뿐이다. 페르시아 미술 양식은 고대 메소포타미아와 사산 왕조의 훌륭한 미술과 압바스 왕조의 모슬렘 건축 양식이 융합된 형태로서 모슬렘의 인도 침입 과정에서 함께 전래되었다. 모슬렘은 원래 고대 로마인들이 알아냈던 아치 건축 기술을 훌륭하게 발전시켰으며 아라베스크라는 독특한 미술 양식으로 명성이 높았다.

모슬렘이 12세기 말 처음으로 인도에 침입해 왔을 때 힌두 석공들은 아치를 제대로 만들지 못했었지만 14세기까지 모슬렘 건축가들로부터 아치 기술을 습득하였다. 한편 힌두 건축 양식이 모슬렘 미술에 영향을 준 증거는 가느다란 원주(圓柱), 도리를 받치는 선반받이, 다양한 무늬 양식, 벽면에 장식용으로 불쑥 튀어나오게 만든 모양 등에서 잘 나타나고 있었다.

모슬렘 건축에서와 마찬가지로 무갈시대의 건축물에서 가장 뚜렷하게 눈에 띄는 돔 양식은 원래 로마제국과 비잔틴제국에서 발달했던 건축 양식으로 모슬렘의 손을 거쳐 인도에 전해졌을 것이다. 무갈 건축물들의 특징을 이루고 있는 돔은 후대의 건축에 친밀감을 주는 특색이 되었다.

무갈제국의 시조 바부르는 문예에 대하여 사랑과 상당한 소양을 갖추고 있었던 인물이었지만 재위 기간이 5년에 불과하였으므로 훌륭한 예술품을 남긴 것이 없다. 예술에 대한 남다른 흥미를 가졌던 후마윤은 페르시아의 망명 중에 페르시아의 시, 미술, 음악을 공부하고 그 나라의 미술가들과도 교유할 수 있는 기회를 가졌지만 귀국 후 수개월만에 사망하였으므로 역시 무갈제국의 예술을 발전시키는 데 기여할 시간을 갖지 못하였다.

무갈시대의 미술도 아크바르 대제와 함께 시작되었다. 제국의 세력이 확대됨에 따라 장대한 건물들이 각지에서 눈에 띄게 되었다. 대제는 다른 학문과 마찬가지로 미술에 대해서도 깊은 관심을 가지고 있었으며, 그의 관대하고 융화적인 마음이 다채로운 미술의 발달에 도움을 주었다. 아크바르의 치세는 건축의 눈부신 발달을 보았다. 그는 페르시아로부터 훌륭한 건축가를 초빙하기도 하여 많은 성, 학교, 별장, 탑, 연못 등을 건설하였지만 대표적 건축물로서는 후마윤 왕묘(王墓)와 파트뿌르 시크리 Fathpur-Sikri라는 궁전도시였다.

델리에 세워진 후마윤 왕묘는 아크바르가 처음으로 세운 야망적인 산뜻한 기념비로, 흰 대리석을 아낌없이 사용함으로써 순수한 페르시아 건축 양식에서 탈피하고 있음을 볼 수 있다. 아크바르 대제가 보여준 건축에 대한 열정의 가장 특징적 산물은 파트뿌르 시크리였다. 대제는 길지(吉地)로 믿었던 수도 아그라의 서쪽 교

팔레트를 쓰리다

타지마할

외 멀리 자리잡은 시크리에 거대한 왕궁과 회교 사원을 짓기로 결심하였다. 구자라트를 정복한 후 성자(聖者)가 사는 곳으로 생각했던 시크리에 7년에 걸쳐 궁전도시를 건설하고 파트뿌르(승리의 도시)라고 명명하였다. 같은 이름의 도시와 구분하기 위하여 파트뿌르 시크리로 부르게 되었다.

이 궁전도시는 비교적 단조로운 건물들로 구성되었지만 주변의 정경과 아주 잘 어울린 곳에 세워졌다. 내구성이 강한 건축 자재인 붉은 사암(砂岩)으로 건조되었으므로 거대한 회교 사원은 거의 완벽한 형태로 남아있으며 왕궁 건물도 크게 훼손되지 않은 상태를 보이고 있다. 전국 각지의 미술가들이 조각하고 채색하여 건물을 장식하였으며 대리석과 사암으로 만든 우람한 정문은 인도에서 가장 완벽한 건축물의 하나로 평가되고 있다. 아크바르 시대의 건축 작품들이 가장 잘 집합되어 있는 파트뿌르 시크리는 오직 15년간(1569-1584)만 무갈제국의 수도로서의 역할을 했을 뿐이었다.

자항기르는 부왕에 비교될만한 규모의 훌륭한 건축물을 남기지 못하였다. 건조물의 수효도 훨씬 적지만 아크바르 왕묘와 이티마드 웃 다울라의 장려한 무덤만은 특히 돋보인다. 아마도 아크바르 자신에 의해 이미 계획된 듯한 이 왕묘는 자항기르에 의해 완성되었지만, 고대 캄보디아 건축 양식을 닮고 있는 것이 이채롭다. 이티마드 웃 다울라는 자항기르가 총애했던 유명한 왕비 누르자한의 아버지로서 그의 묘는 보석으로 장식하고 흰 대리석을 다듬어 만든 것으로 자항기르 치세 동안에 만든 최고의 건축물로 꼽힌다.

아크바르와 자항기르의 치세에는 아직 새로운 힌두 사원을 건립하는 것이 허용되었다. 예컨대 토후 분델라 Bir Singh Bundela는 330만 루피(247,500파운드)라는 거금을 들여 마투라에 케사바 데바 Kesava Deva 사원을 완성하였는데[4] 인도에서 가장 화려한 사

---

4) V. Smith. *The Oxford History of India*, Oxford University Press,

모티 마스지드

원 가운데 하나로 인정되고 있다.

사 자한 치세의 건축물이 보여주고 있는 아름다움은 너무나도 유명하다. 인도·페르시아 건축 양식이 뛰어난 형태로 최고조에 이른 것이 사 자한 때였다. 아그라의 타지마할 Taj Mahal과 모티 마스지드(Moti Masjid ; 진주(眞珠) 회교 사원), 그리고 델리의 레드포트(Red Fort ; Lal Qila)등이 가장 널리 알려진 이 시대의 건조물이다. 사 자한의 또다른 많은 기념비들 즉 궁전, 성, 회교 사원, 정원 등이 아그라와 델리뿐만 아니라 라호르, 카슈미르, 카불, 아즈메르, 아메다바드 등지에 뛰어난 작품으로 남아있지만 그 청정함과 우아함의 극치를 이룬 타지마할과 모티 마스지드의 명성에 짓눌려 제대로 빛을 발휘하지 못하고 있다.

모티 마스지드는 인도와 페르시아 건축 양식이 훌륭하게 조화된 대표작으로 전해지며, 특히 타지마할은 사랑하는 왕비 뭄타즈 마

1983, p. 401.

할 Mumtaj Mahal의 죽음을 슬퍼한 나머지 사 자한이 매일 2만 명을 동원하고 5백만 루피라는 엄청난 액수를 들여 22년 만에야 완성한 것으로[5] 세계적 경이의 하나로 일컬어지고 있다. 네 귀퉁이에 크고 날씬해 보이는 탑이 솟은 이 장려한 묘는 사마르칸드에서 일했던 콘스탄티노플 출신의 터키인에 의해 설계되었다는 설도 있지만 아무튼 이 감동어린 산뜻한 흰 대리석의 타지마할은 그 장대함과 아름다움을 세계에 과시하고 있다. 사 자한은 자신을 위한 또다른 묘를 타지마할 옆에 세우려고 계획했던 것으로 전해지나 아마도 말년에 그가 패륜아 아우랑지브에 의해 겪은 비운으로 뜻을 이루지 못했을 것이다.

한편 공작옥좌(孔雀玉座)는 무갈 황실의 호사스런 생활을 단적으로 표현한 것으로서 보석을 박아 순금으로 제작한 것이었다. 당대의 프랑스 보석상은 이 옥좌를 1억 5천만 프랑으로 가격 평가하였다.[6]

대체로 사 자한 시대의 건축물 구조는 아크바르 때의 건축에 비하여 웅장함과 독창성에 있어서는 뒤지지만 사치스런 전시 효과와 풍부하고 기교 있는 장식에서는 앞선 것으로 평가되고 있다. 아크바르와 자항기르 시대의 기념비들이 사 자한 때의 그것들보다 육중하고 남성다운 것으로 보고 있다. 그러나 세계는 여성적 우아함을 간직한 사 자한의 타지 마할을 그 이전의 혹은 이후의 건축물보다 더 좋아하고 훌륭하게 평가하는 데 일치하고 있다. 사 자한의 건축물들은 힘보다는 우아함과 특별히 값비싼 장식품을 아낌없이 사용하고 있는 것으로 특징지을 수 있다.

아우랑지브는 예술에 관심을 나타내지 않았기 때문에 건축 양식도 보잘것 없이 조락해 갔다. 이 시대에는 뛰어난 수준높은 건축물을 발견할 수 없다. 아우랑지브도 델리에 또다른 모티 마스지드

---

5) R. C. Majumdar, 앞의 책, p. 586.
6) R. C. Majumdar, *Main Currents of Indian History*, New Delhi, 1979, p. 167.

를 값비싼 재료로 짓기 시작했으나 나중에는 재원 부족으로 단조로운 건축물로 끝을 맺고 말았다. 그는 데칸의 아우랑가바드에 총애했던 왕비 라비야 다우라니Rabiya Daurani의 묘를 타지마할과 전체적으로 비슷하게 계획하였으나 우아한 모습을 결여하고 있다. 아우랑지브는 미술의 발달에 공헌하기는커녕 이슬람주의에 철저한 나머지 힌두 사원과 학교를 허물어버린 행위로 유명하다.

회화도 건축과 같은 시기에 최고조에 이르렀다. 그림도 건축과 마찬가지로 인도적 요소와 외부의 요소가 혼합된 것이었다. 무갈 제국 초기에는 페르시아 미술의 영향을 강하게 받았다. 일찍이 중국 미술, 즉 인도 불교·이란·박트리아·몽고의 미술 등이 혼합된 형태가 13세기 몽고인 정복자들에 의하여 페르시아에 전해졌다가 티무르의 정복과 그 후손들에 의해 인도에 도입되었다. 아크바르 시대에는 인도·중국·페르시아 미술의 특징들이 동화되고 융합되었다. 후마윤은 망명에서 돌아올 때 페르시아 화가들을 데려와 힌두 서사시에 나오는 장면들을 소재로 그림을 그리도록 하여 궁전을 장식하도록 하였다.

아크바르의 조정에서도 힌두 화가와 함께 페르시아 화가들이 활동하였다. 그림에도 많은 관심을 가졌던 아크바르 대제의 궁정에는 100여 명의 화가들이 일하고 있었다. 비잔틴 미술의 모자이크 만드는 것과 마찬가지로 솜씨 좋은 대가(大家)가 윤곽을 그려놓으면 여러 분야의 미술가들이 분담하여 그림을 완성하였다. 파트뿌르 시크리의 벽은 힌두와 페르시아 학파의 미술가들이 공동작업으로 아름답게 꾸며놓았다.

자항기르는 예술 활동을 후원했을 뿐만 아니라 자신이 뛰어난 미술품 수집가이고 감식가였다. 마음에 드는 그림에 대해서는 인도의 미술품이나 외국의 것을 막론하고 고가를 지불하면서 사놓았다. 그의 이러한 욕망이 무갈 미술을 페르시아의 영향에서 벗어나 인도적인 미술을 발달시키도록 이끌었던 것이다.

아크바르 시대까지는 어딘지 모르게 약간 조잡할 정도로 페르시아 작품을 모방하는 것이 유행이었으나, 사 자한 때에는 힌두 고대미술과 유럽 미술의 영향을 강하게 받기 시작하였다. 무갈제국의 미술가들이 옛 힌두의 미술 전통과 유럽 회화를 공부함으로써 명암법이 도입되고 차분한 색조를 띠게 되었다. 사 자한 시대의 초상화는 놀라울 정도로 생동감이 있고 실물과 같이 매력적인 느낌을 주고 있다. 그렇지만 사 자한은 부왕만큼 그림에 관심을 보이지 않았으며, 오히려 건물을 짓고 보석을 수집하는 일 등에 열의를 보였던 인물이었다.

제 18 장

포르투갈의 인도 진출

1 인도 항로의 발견

16세기 초에는 무갈인들이 육로로 인도를 정복하고 무갈제국이
라는 모슬렘 왕조를 건설하였지만, 이보다 조금 앞서 1498년에는
서구의 기독교인들이 조용히 해로로 인도에 도착하였다. 인도는
몇 세기에 걸친 모슬렘 지배를 경험한 후, 이제 다시 유럽 기독교
세력에게 그 면모를 노출하게 된 것이다. 최근 인도가 독립할 때
까지 450년 동안 서구 세력과 맺어 온 복잡하고 불행한 관계가 시
작하는 첫 해라는 의미에서 1498년은 인도사에서 하나의 중대한
전환점으로 볼 수 있을 것이다.

동양으로 진출한 유럽 세력의 선두주자는 포르투갈이었다. 포르
투갈 사람들은 일찍이 지브롤터 해협을 지나 무어족과 싸우기도
하고 아프리카의 서해안을 침략하기도 하였다. 이미 15세기 초부
터 포르투갈의 항해왕자(航海王子) 엔리케(Henrique : Henry the
Navigator)는 동양 진출의 꿈에 부풀어 있었다. 왕자는 자신이 곧
항해가는 아니었으며 그는 새로운 과학적 지리적 지식을 시험해

보고 싶어하였다. 그는 항해학교를 새워 항해술, 조선, 천문, 지리에 관한 연구를 의욕적으로 추진해 나갔다. 한편 15세기 중엽 오스만 터키족의 중동내침(中東來侵)으로 동서를 이어 주던 오랜 육상교역로가 막힘에 따라 포르투갈 인들은 새로운 항로의 발견이 더욱 절실함을 느끼게 되었다. 동양에 이르는 새로운 항로의 발견에는 동서무역에 따른 경제적 이익뿐만 아니라 종교적 동기가 크게 작용하였음은 말할 필요도 없다.

포르투갈의 장교 바르톨로뮤 디아스Bartholomew Diaz는 무서운 폭풍우를 뚫고 아프리카 최남단에 도달하여(1486) 이곳을 〈폭풍의 곶(岬)〉이라고 명명하였다. 디아스가 귀국하여 존 2세John II에게 보고하자 왕은 이곳을 보다 좋은 이름인 〈희망봉〉으로 바꾸어 주었다. 아프리카 남단까지 이르는 길을 열어 놓은 것은 인도 항로의 발견에 있어서 커다란 진전이었다.

역시 포르투갈의 장교 바스코 다 가마Vasco da Gama는 대포로 무장한 120톤 급의 배 네 척을 거느리고 희망봉을 돌아 좀 더 항해하다가 잔지바르 부근에서 아라비아 선원들을 만났는데 여기에서 인도에 갈 수 있는 항해 안내인을 얻을 수 있었다. 바스코 다 가마는 리스본을 떠난 후 온갖 어려운 항해를 경험하고서 세 척의 배만으로 10개월 만에 인도 서남해안의 칼리커트Calicut 항구에 도달하였다(1498). 칼리커트는 당시 아랍인과 중국 상인들에게는 널리 알려진 번영하는 국제 무역항이었다. 바닷길로 인도에 도달함으로써 서양인들의 오랜 숙원이 달성되었는데 이 사건이 이른바 인도 항로의 발견이었다.

바스코 다 가마는 칼리커트에 도착하여 자신은 기독교인과 향료를 찾으러 인도에 왔다고 말한 것으로 보아 그의 항해 목적이 종교적 혹은 정치적 및 상업적 동기에서 비롯되고 있음을 알 수 있다. 여기에서 그가 찾고 있는 기독교인은 전설적인 프레스터 존 Prester John 왕의 국민들을 말하는 것이었다. 당시 유럽에서는 동방의 어느 곳에 프레스터 존이 다스리는 기독교 왕국이 존재한다는 소문이 퍼져 있었다. 기독교 성지를 점령한 모슬렘을 응징하기 위해 노력했던 2백년간의 십자군 원정도 결국 실패로 돌아간 마당에 있어서, 유럽인들이 모슬렘을 협공하여 기독교권(基督敎圈)을 구해 줄 전설적인 기독교도를 동방에서 찾으려 했던 마음을 이해할 만하다. 동방의 기독교인은 아비시니아인(Abyssinians : 에티오피아인)을 의미한다는 주장도 있지만 아무튼 바스코 다 가마는 환상적인 프레스터 존의 기독교인을 찾을 수 없었다.

종교적 정치적 목표는 이루지 못했지만 상업적 이익은 충분히 달성하였다. 바스코 다 가마의 일행은 칼리커트에 그들의 방문을 알리는 기념비를 세웠으며 칸나노어 Cannanore, 코친 Cochin 항을 거쳐 향료 등의 귀중한 동양 산물을 가득 싣고 귀국하였다. 리스본에 2년 여 만에 도착했을 때는 두 척의 배에다 처음 170명 가운데 생환자는 겨우 55명뿐이었지만 칼리커트 시장에서 구입해 온 상품의 견본들은 포르투갈 상인들의 호기심을 끌기에 충분하였다. 바스코 다 가마 일행은 이때 항해경비를 계산하면 60배의 이득을 본 것으로 전해지고 있다.[1]

2 포르투갈의 세력 확장과 알부케르케 총독(總督)

바스코 다 가마의 성공적인 인도 항해는 포르투갈의 많은 사람들로 하여금 일확천금의 꿈을 갖도록 만들었다. 당장 13척으로 구성된 선단이 1500년 초 카브랄 Pedro Alvarez Cabral의 지휘 아래 포르투갈을 떠났으며 험한 항해 끝에 6척만이 칼리커트에 도착하였다. 그렇지만 이 정도의 규모로도 인도 서남해안의 힌두지배

---

1) H. Dodwell ed, *The Cambridge History of India, Vol.V. British India*, Cambridge University Press, 1978, p. 4.

자로 하여금 평화우호조약을 맺도록 하는 데는 충분하였다. 포르투갈 인들에게는 도매상점을 매입하는 것이 허용되었으며 여기에 남게 된 50여 명의 포르투갈 상인들은 다음 상선들이 본국에서 도착할 때까지 향료를 비롯한 인도 상품을 싼값으로 구입하여 보관하는 일을 담당하였다.

조약에 따라 인도와 포르투갈 사이에 우호적인 협력 관계가 유지되었던 것은 결코 아니다. 카브랄은 칼리커트에서 향료를 실은 채 정박중이던 모슬렘 상선을 약탈하였으며, 모슬렘은 이에 대한 보복으로 포르투갈 상관(商館)을 공격하여 모든 유럽인을 살해해 버린 사건이 일어났다. 바스코 다 가마는 이에 대한 앙갚음을 하기 위해 다시 1502년 중무장을 갖춘 15척의 함대를 이끌고 인도에 와서 항구를 초토화시키고 수 척의 모슬렘 선박을 나포하였으며, 약 8백 명의 모슬렘 선원들의 귀와 코와 손을 절단하여 그곳의 지배자에게 보내 위협하였다.[2] 끔찍한 학살과 약탈의 연속이 포르투갈 인들로 하여금 그들의 안전을 도모하고 향료를 확보하기 위해서는 인도와 단절되지 않은 직접 관계를 유지하는 것이 절실히 필요하다는 것을 느끼도록 만들었다. 백만 명에도 못 미치는 인구를 가지고 있던 포르투갈로서는 동양에서 영토적 야심보다는 상업적 이익을 확실히 보장하기 위해 전략적 지점에 상관을 설치하고 이를 강화하는 일을 서둘러야 했다.

포르투갈 사람들은 그들의 상업적 이익을 완벽하게 보장하기 위해서는 아라비아 해와 인도양의 제해권(制海權)을 장악하는 것이 절실함을 깨달았다. 동양 여러 나라에서 이집트, 더 나아가 유럽까지 연결하는 향료무역을 아랍인들이 장악하고 있었으므로 이를 차단시키는 것이 필요하였다. 이 계획을 성공시키기 위해서는 인

---

2) S. Wolpert, *A New History of India*, New York, 1982, p. 136. 바스코 다 가마는 64세 때 고아 Goa의 총독으로 임명되어 1524년에 인도를 세번째 방문하였지만 부임 후 3개월 만에 사망하였다. 그의 유해는 칼리커트 남쪽 코친 Cochin에 묻혔으나 후에 포르투갈로 이장되었다.

도의 말라바르Malabar를 수중에 넣는 것이 급선무였으며, 말라바르는 칼리커트를 포함하여 남북으로 길게 뻗은 인도의 서남해안지방이었으므로 이곳은 궁극적으로는 인도양을 지배할 수 있는 요충지였다. 포르투갈 인들은 대담한 계획을 성공적으로 수행해 나갔는데 그것은 성능 좋은 대포를 장치한 포르투갈 함대의 월등한 힘과 인도에 파견된 탁월한 인물의 수완 때문이었다.

인도에 포르투갈의 정치적 근거지를 구축하였던 인물은 알부케르케 총독(Alfonso de Albuquerque, 1509-1515)이었다. 인도에 파견된 포르투갈의 초대 총독 알메이다(Dom Francisco de Almeida, 1505-1509)에 이어 부임한 알부케르케의 목표는 인도에 포르투갈의 제국을 수립하는 것이었으며 포르투갈의 왕을 유럽에서 가장 부유한 왕으로 만들겠다고 공언하였다. 군 지휘관의 한 사람으로 인도에 왔다가 총독으로 임명된 그는 새로운 제국의 설계자이고 비범한 전략가이며 모슬렘을 극도로 증오하는 종교적 광신자였다.

알부케르케의 야망은 말라바르의 장악에만 한정되었던 것이 아니고 더 나아가 말라카 해협, 페르시아 만, 홍해의 길목에 근거지를 마련하는 것이었다. 그는 말라바르 해안의 고아Goa를 장악하여 동양에서의 포르투갈 세력의 지휘 본부로 삼으려고 결심하였다. 그는 비자야나가르 왕국의 가장 좋은 항구였다가 지금은 모슬렘 왕국인 비자뿌르의 통치 아래 있던 고아를 1510년에 점령하였다. 출중한 군대 지휘 능력을 갖춘 그는 고성능의 화기를 가지고 상업적 정치적 요지를 장악했던 것이다. 이는 일찍이 알렉산더 대왕이 펀잡 지방을 정복한지 1800여 년 만에 다시 유럽인들이 인도의 영토 일부를 차지한 것이다. 고아의 주민은 힌두였지만 지배계급은 모슬렘이었으므로 모슬렘에 매우 적대적이었던 알부케르케는 이들 모두를 관직에서 축출해 버렸다. 그는 세금을 반감하여 주민의 호감을 얻음으로써 그곳에 포르투갈의 지배권을 쉽게 확립할 수 있었다.

인도를 비롯한 동양의 여러 나라가 유럽과 무역을 개시한 것은 물론, 국가적 이익을 염두에 두었기 때문이다. 원거리 무역의 목표는 지배자의 권위와 국가의 이익을 고양시키는 것이었으며 또한 상인에게 과세함으로써 세수(稅收)를 증대시키려는 의도를 포함하고 있었다. 상인들의 입장에서도 그들의 상업적 이익을 보장받기 위해 지배자에게 세금을 납부하는 것은 당연한 일로 생각하였다.

국왕에 대한 충성심과 용기를 갖추고 있었던 알부케르케는 다음 해 말라카Malacca를 장악하여 향료군도(香料群島, Spice Islands)와 극동에 이르는 무역로를 확보하였다. 몰루카 섬Molucas이라 불리는 향료군도는 자바 섬 부근에 펼쳐져 있는 작은 섬들을 총칭하는 지역이었으므로 향료무역에 있어서 말라카 해협을 지배하는 일이 얼마나 중요한 일인가는 곧 알 수 있다. 싱가포르 항의 중요성은 최근에야 나타났을 뿐 당시는 말라야 해안의 말라카 항이 무역의 중심지였다. 알부케르케는 9일 동안의 싸움 끝에 말라카 항을 장악함으로써 광범한 상업적 지배권을 행사하게 되었는데 이 항구는 이후 130년 동안 포르투갈의 영토가 되었다.

알부케르케는 아랍인들의 홍해를 통한 교역에 타격을 주기 위해 아덴Aden을 공격하였다. 포르투갈인과 말라바르 인들이 연합하여 아덴 군대와 치열한 백병전을 벌였으나 성공하지 못하였다. 그러나 그는 홍해의 소코트라Socotra 섬을 확보하여 해상권을 장악하고 아랍 선박을 공격함으로써 포르투갈 인들이 이곳에서 상업활동을 어려움없이 수행할 수 있도록 만들었다. 페르시아 만에서는 훨씬 성공적이었다. 1515년 사망 직전 알부케르케는 오르무즈Ormuz 섬을 점령하고 거기에 요새를 구축하였다. 그는 포르투갈의 동양 무역을 원활히 수행하기 위해서는 말라카, 오르무즈 및 아덴을 장악해야 한다고 믿었는데 앞의 두 곳을 확보하여 그의 계획을 상당부분 성공시킨 셈이었다. 오르무즈는 국제무역의 중심지로서 그 중요성에서 말라카와 견줄만 하였다.

그 후 포르투갈 인들은 인도 서해안의 디우Diu, 다만Daman, 봄베이 등의 항구들도 장악하였는데 소코트라, 오르무즈와 함께 이 거점들은 이라크와 페르시아, 멀리는 이집트까지의 무역로뿐만 아니라 모슬렘이 메카 성지순례 길까지 무력으로 통제할 수 있게 만들었다.

3 포르투갈의 통치정책─선교 및 상업활동

고아의 포르투갈 행정부의 우두머리는 총독이었으며 민간행정 뿐만 아니라 군대에 대한 전반적인 통솔권을 행사하였다. 사법권 의 행사에 있어서도 민사 사건에 있어서는 총독의 결정이 최종적 이었으며 형사 사건에 있어서도 포르투갈의 귀족 신분의 경우를 제외하고는 사형 언도까지 가능하였다. 포르투갈은 동양에서 100 년 동안 지속된 모험의 역사에서, 내륙 깊숙이 제국을 건설하려는 노력을 보이지는 않았다. 인도의 강력한 세력체와 패권을 겨루는 충돌도 없었다. 포르투갈 인은 다만 공해(公海)의 지배에만 관심 이 있었고 그들의 목표는 항상 중요한 항구를 장악하여 이를 방어 하는 것이었다. 이 목표를 위해서는 유능한 행정가보다는 용감성 과 인내심을 갖춘 군인과 항해자가 필요했었다.

포르투갈은 동양의 무역로를 확보한 후 힘을 배경으로 하여 동 양의 상인이나 상선에게 조공을 요구하였다. 인도 상선이 어떤 목 적지로 항해할 때 고아의 포르투갈 총독으로부터 통행증을 사야하 는 경우가 있었다. 예컨대 비자뿌르 왕은 협약에 따라 포르투갈의 동의 아래서만 오르무즈와 메카로 가기 위해 페르시아만과 홍해로 배를 보낼 수가 있었다. 포르투갈 해군의 감시가 삼엄한 상태에서 인도의 상선들이 고아의 포르투갈 관리나 상인들과 협력하지 않고는 동아시아, 향료군도, 중국, 일본 등으로 나아가지 못한 때도 있었다.

16세기 초에 포르투갈의 해군은 총포, 선박 장비, 항해 기술에 있어서는 단연 세계 최고였다. 16세기 동안 약 8백 척의 선박을 동양에 파견하였다는 것은 놀라운 일이다. 그러나 유럽의 동양무역에서 오랫동안 포르투갈의 경쟁자가 없었다는 사실이 선박의 장비를 노후한 채로 유지함으로써 해상 사고에 따른 희생자의 수효를 급증케 만들었으며 많은 선상(船上) 희생자 때문에 항해할 때마다 선원들을 새로이 모집해야만 했다.

원주민과의 혼인에 의한 식민정책이 알부케르케의 통치 전략이기도 하였다. 알부케르케의 혼인정책은 중대한 결과를 가져왔다. 그의 목표는 포르투갈인의 피를 가진 주민을 양성하여 이들에게 포르투갈 카톨릭 문화를 주입시키려는 것이었다. 그 결과 이른바 〈Luso-Indians〉 즉 고아인이라는 인종이 나타났는데 그들은 주로 혈통은 인도인이면서 종교는 카톨릭이고 사고 방식은 매우 서구적인 사람들이었다. 그들은 상인, 혹은 전문직업인으로 인도 여러 곳에 퍼져나가 이익공동체를 형성하기도 하였으며, 때로는 약탈과 노예무역에 관여하기도 하였다. 한 번은 사 자한의 유명한 왕비 뭄타즈 마할의 계집종 두 명을 납치해 갔다가 사 자한의 무자비한 보복을 당한 일도 있었다. 왕은 벵골 지방의 후글리 Hughly 시를 공격하여 포르투갈의 거류지를 파괴하고 4천 명의 포로를 아그라로 압송하기도 하였다.[3]

포르투갈의 인도 진출의 동기에는 원래 상업적인 면이 강했지만 항상 종교적 목표도 포함되어 있었다. 예수회 Order of Jesuits의 선교단은 종교개혁으로 유럽에서 잃은 많은 카톨릭 신도들을 동양에서 되찾겠다는 사명감을 가지고 인도에 파견되었다. 대표적인

---

3) R. C. Majumdar, *Main Currents of Indian History*, New Delhi, 1979, p. 178.

인물은 프란시스 자비에르Francis Xavier로서 그는 이그나시우스 로욜라 Ignatius Loyola에 의해 선정되고 교황 바울 3세Paul Ⅲ에 의해 교황사절로 임명되었다. 프란시스 자비에르는 인도의 이교도들을 카톨릭으로 개종시키겠다는 일념하에서 인도에 도착하였는데(1542), 이는 포르투갈의 해외활동에서 종교의 우월권이 기반을 마련하는 계기가 되었다. 정치권력에 비하여 교회세력이 점차 강화됨에 따라 많은 재원이 소비되고 총독 행정부의 권위를 약화시키는 경향을 보이게 되었다.

자비에르는 고아를 비롯한 인도 서해안지방의 선교 업적에도 불구하고 여기에 만족하지 못 했던 듯하다. 그는 인도에 온지 6년 후에 원래 동지이며 또한 예수회의 창설자인 이그나시우스 로욜라에게 보낸 서한에서 〈모든 인도 국민은 매우 야만적이고 사악하고 미덕에 집착함이 없으며 일관성 있는 성격이 아니고 순박하지 못하다〉[4]라고 보고하였다. 그는 인도인이 성경의 가르침에 냉담하고 〈영적(靈的)인 음식〉을 거부하는 것에 실망하고 일본으로 떠나 갔다.

포르투갈 사람들이 인도에서 보여준 종교정책은 매우 불관용적이고 억압적이었다. 정치적 정복정책에는 소극적이었던 포르투갈인들이 기독교와 그들의 문화를 인도에 도입시키려는 데는 매우 적극성을 보였으므로 인도인과 반목을 일으키기도 하였다. 처음 알부케르케와 그를 계승한 몇 명의 총독은 고아 주민들의 관습에 간섭하지 않았다. 그러나 1517년 프란시스코 선교단이 인도에 도착한 후 고아는 당장 종교적 선전장이 되어버렸다. 포악하고 부패한 총독들은 인도인의 종교적 감정을 전혀 이해하려고 하지 않았으며 1540년에는 포르투갈 왕의 명령에 의해 고아의 모든 힌두 사원을 허물어 버렸다. 또 20년 후에는 이교도들을 탄압하기 위해 종교재판소를 설치하기도 하였다. 이러한 일련의 조치들은 인도인

4) S. Wolpert, 위의 책, p. 138.

들의 관점에서 볼 때 도저히 납득할 수 없는 억압 정책들이었다.

종교적 관용정책을 폈던 아크바르 대제가 서양 기독교도와 처음으로 접촉하게 된 것은 1572년 이었다. 대제는 기독교의 복음을 정확하게 이해하기 위해 포르투갈의 근거지인 고아의 당국자에게 저명한 기독교 이론가를 보내주도록 요청하였다. 선교회는 어쩌면 황제와 그의 측근들을 개종시킬 수 있는 결정적 계기가 될 수도 있다는 기대에서 이 초대에 정중하게 응했으며 카브랄Antonio Cabral과 또 아쿠아비바Rodolfo Aquaviva, 몬세라뜨Antonio Monserrate 신부를, 다음에는 제롬 자비에르Jerome Xavier, 삐네이로Emmanuel Pinheiro 신부 등을 수차례에 걸쳐 무갈 조정에 파견하였다. 그렇지만 선교사들이 들려준 기독교의 복음도 대제를 충분히 만족시킬 수 없었으며 따라서 대제를 개종시키려는 야심찬 계획은 결국 수포로 돌아갔다.

포르투갈 상인들을 원래 인도로 유인했던 것이 향료무역이었다. 지금까지는 향료군도와 베니스 사이에서 엄청난 이득을 보았던 사람들이 아랍 상인들이었다. 포르투갈 상인들은 모슬렘 상인들로부터 인도의 직물, 페르시아의 말, 동아프리카로부터 금과 상아, 인도와 인도네시아로부터 향료무역을 빼앗음으로써 그 이익을 가로챘다. 포르투갈은 인도의 코로만델, 마드라스, 치따공 등지에 근거지를 마련했으며 중국의 마카오와 스리랑카의 콜롬보를 장악하였다.

16세기 초는 포르투갈 상인들이 동양무역에서 활동했던 전성기였으며 유럽으로 가져가는 향료의 양은 엄청나게 증가하였다. 포르투갈 상인들은 인도에서 향료뿐만 아니라 직물도 대량으로 수입해 갔으며 도자기 등 중국 상품과 페르시아의 말을 인도에 팔기도 하였다. 포르투갈 왕은 아프리카의 금을 독점 수입했던 것과 마찬가지로 후추무역을 왕실의 독점으로 선포하였다. 포르투갈은 유럽의 동양무역에서 독보적인 존재로 되었다. 포르투갈 상인들은 아랍인들이 거의 침투하지 못했던 중국에까지 해상무역의 범위를 넓혔다. 그들은 동양의 주요 항구들을 연결하며 항해하였는데 예컨대 오르무즈-고아, 말라카-태국, 마카오-나가사키 사이의 무역이었다. 동양에서의 이들 무역로는 희망봉을 돌아 항해하는 것보다 훨씬 쉽고 가까웠으므로 동양 각지를 연결하는 이 무역에 투자하는 것은 훨씬 빠르고 안전한 이윤을 보장해 주는 길이었다.

제 19 장
영국의 동인도무역

1 영국동인도회사의 설립

영국이 세계를 무대로 본격적인 해상활동을 시작한 것은 엘리자베드 여왕(Elizabeth, 1558-1603)때부터 였다. 여왕은 해상활동을 적극적으로 지원하였으며 재정적 또는 정치적으로 지원한 대가로 이익금의 많은 부분을 차지하였다. 대부분의 서구 강대국들의 경우와 마찬가지로 영국의 해상활동도 처음에는 결코 자랑스럽게 말할 수 없는 해적 행위, 밀수 및 노예무역으로 출발하였다.

존 호킨스John Hawkins는 1560년대에 여왕의 적극적인 지원아래 극히 비인도적인 노예무역을 무자비하게 행하여 일약 영국의 이름난 재산가가 되었다. 여왕에 의해 사략선장(私掠船長)에 임명되었던 프란시스 드레이크Francis Drake는 3년 동안의 세계주항(世界周航)에서 막대한 약탈품을 가지고 귀국하여(1580) 영국인들을 깜짝 놀라게 만들었다. 이때 드레이크는 스페인이 중남미의 식민지로부터 가져오는 귀금속 등 값진 물건들을 주로 해상에서 약탈하였으므로 이는 스페인과 영국이 직접 무력충돌하게 되는 주요한 원인이 되었다. 스페인의 필립 2세 Philip II가 무적함대를 파견하여(1588) 일거에 영국을 타도하려고 하였을 때 이를 격퇴하고 영국군을 승리로 이끌었던 지휘관들도 드레이크 등 노예무역과 해적 행위를 통하여 여러 해 동안 해상활동의 경험을 쌓은 사람들이었다.

대서양의 패자(霸者)인 스페인의 무적함대를 격파함으로써 영국은 바다를 통하여 세계 무대로 뻗어나갈 수 있는 계기를 잡게 되었다. 드레이크는 몇 년 후 다시 세계일주 항해를 하였는데 약탈물과 함께 희망봉을 돌아 향해할 수 있는 항해 데이터를 가져왔다. 또 제임스 랑카스터 James Lancaster도 희망봉을 돌아 인도양을 다녀 왔으므로 다시 한번 영국인에게 인도 항해의 가능성을 보여 주었다.

런던 상인들은 1600년 말 엘리자베드 여왕으로부터 특허장을 얻었는데 이는 동인도 무역의 독점권을 인정하는 것이었다. 이것이 영국동인도회사의 설립으로서 여기에서 〈동인도〉란 동양 전체를 의미하는 것이었다. 따라서 일단의 런던 상인들은 여왕으로부터 인도 본토의 무역뿐만 아니라 동양 전체의 무역에 대한 독점권을 획득한 것이었다. 영국의 동인도 무역은 처음부터 국가에 의해서 추진되었던 것이 아니고 국왕에게서 특허를 얻은 일개 주식회사에 의해서 시작되었다.

동인도회사의 출현은 영국의 상업자본이 성장한 결과를 의미하였다. 중세의 길드적(的) 상인들은 주로 소상점주(小商店主)와 장인들로 구성되어 있었으며 상인과 수공인(手工人)과의 구별이 뚜렷하지 않았다. 점차 상인과 기능공이 분명히 구별됨에 따라 도매상인 집단이 출현하게 되었다. 외국 무역의 중요성이 증대되고 영국 상인 자본이 영향력을 행사하게 되자 상인 모험가들의 회사들이 나타나서 유럽의 특수지역, 서아시아, 북아프리카등의 무역을 독점하려는 행동을 표면화하고 나섰는데 그것들 가운데 가장 강력한 힘을 가지고 나타난 집단이 동인도회사였다.

영국 왕실이 동인도회사를 지원한 동기와 태도가 항상 일관된 것은 아니지만, 국왕은 동인도 무역의 번영을 위해 회사에게 필요하다고 생각되는 지원을 아끼지 않았다. 국왕이 동인도 무역을 지원한 이유는 우선 국민 생활의 편의를 위한 것이었다. 동인도회사는 왕의 신민(臣民)에게 지금까지는 외국 상인으로부터만 구입할 수 있었던 동양 산물을 공급하고 있었기 때문이었다. 무역이 번창하여 특히 재수출(再輪出) 무역이 활기를 띨 경우 영국의 경제적 번영이 약속되고 금융시장이 안정을 유지할 수 있다는 점을 간과하지 않았다. 한편 동인도회사의 무역활동은 궁극적으로 조선사업(造船事業)을 조장시킬 뿐만 아니라, 상인해군(商人海軍)을 강화시키는 결과도 기대할 수 있었는데 그것은 이전의 노예무역과 해적 활동 등이 스페인의 무적함대를 격퇴시키는 데 공헌했던 사실에서 증명된 바 있었다.

또 영국 왕실은 동인도회사로부터 때때로 빚을 얻어 쓸 수 있을 것이라는 점도 계산하였다. 왕실이 동인도회사에 무역의 독점권을 부여하여 도움을 주면서 그 대가로 회사로부터 돈을 빌려 쓴다는 밀접한 상관 관계가 양쪽 사이에 존재하였다. 영국왕은 동인도회사에 부여한 특허 기간을 다분히 의도적으로 15년으로 한정하였다. 따라서 동인도회사 자체가 특허의 갱신에 따라 존재할 수 있었으므로 국왕의 호의를 얻어야 했으며 정부는 가끔 재정면에서 동인도회사의 협조를 구할 수 있게 되었다.

영국동인도회사는 특별히 눈에 띄지 않은 한 개의 주식회사로 출발하였지만 이후 몇백 년 동안 존속하면서 외국 무역에 관여한 주식회사로서는 가장 두드러진 대담한 역할을 보여주었다. 더욱 중요한 것은 동인도회사가 영국의 제국주의정책을 추진하는 중대한 도구의 기능을 담당함으로써, 영국이 동양에 광대한 식민지를 건설할 수 있는 길을 열어 주었다는 데에 특별한 의미를 부여해야 할 것이다.

2 동인도회사의 초기 무역활동

영국 상인들이 맨처음에 관심을 갖고 있었던 곳은 인도가 아니었다. 동인도회사의 목표는 동양 무역에서 가장 이익나는 길을 발견하고 이를 지배하는 것이었다. 런던 상인들이 처음부터 가장 열성적으로 관심을 보였던 것은 향료무역이었으며 따라서 그들의 무역 대상지역은 인도 본토가 아니고 향료군도였다.

동인도회사가 17세기 초에 주로 다루었던 향료의 종류는 네 가지였다. 향료의 종류는 다양하여 매우 값비싼 향료도 있었지만 극히 적은 양의 매매에 그쳤을 뿐 동인도회사가 특별히 선호하여 취급했던 향료는 정향(丁香, clove), 육두구nutmeg, 메이스(mace : 육두구 껍질을 말린것), 계피(桂皮, cinnamon) 등이었다. 이들 네 종류의 향료 이외에도 영국 상인들은 생강을 많이 다루었지만 생강은 향료의 범주에 포함되지 않았다.

정향, 육두구, 메이스의 주산지는 보통 몰루카 섬(향료군도)으로 알려진 자바 섬과 쎌레베스Celebes 섬의 동남쪽에 산재해 있는 조그마한 섬들이었으며, 계피는 스리랑카와 인도 말라바르 해안에서 주로 생산되었다. 향료무역에서 압도적으로 많은 양을 차지했던 것은 정향이었으며, 다른 향료는 때로는 무역량이 상당히 증가한 경우는 있었지만 대체로 정향에 비하여 매우 적은 양이었다.

영국 상인들의 관심 지역은 향료군도였지만 이곳에 홀랜드의 지배권이 확립되자 영국 동인도회사는 어쩔 수 없이 다음으로 인도 본토로 눈을 돌렸다. 동양 무역이 한창 번성해 갈 무렵 향료군도와의 무역 단절은 영국 상인에게 큰 타격을 주었다. 동인도회사의 대표들이 무갈 황제 자항기르의 어전(御殿)을 방문하고 교역의 허락을 요청했던 것은 1608년의 일이었으며 4년 후에는 황제의 명령에 의해 영국 상인들이 수라트에 상관을 설치하는 것이 허락되었다. 얼마동안은 수라트 항이 영국동인도회사의 가장 중요한 근거지가 되었다. 17세기 후반까지 마드라스 부근에 성(聖) 조지St. George 성(城)을, 캘커타에 윌리엄 성Fort William을 건설하는 것이 무갈 정부에 의해 허용되었으며 아라비아 해안의 봄베이 항이 수라트의 역할을 이어받음에 따라 앞으로는 마드라스, 캘커타, 봄베이의 상관을 중심으로 영국의 인도 무역이 전개되었다.

동양 무역이 호조를 보여 동인도회사의 초기 활동에 있어서 가장 번창한 시기가 도래하였으며 제1차(1613-1616) 주식의 총액은 429,000파운드(£)에 달했고, 네 번에 걸친 항해에서 29척의 배가 파견되었으며 87.5%의 이익을 올렸다. 제2차(1617-1622)는 자본금이 1,629,000파운드로 증가하였으며 세 번의 항해에서 25척의 배가 파견되었고 이익금은 만족할 정도였다.[1]

동인도회사가 초기 무역활동에서 얻은 이익률에 대해서 정확한 것은 알 수 없다. 다만 인도 상품을 유럽에 가지고 가서 영국 상인들은 대체로 두 세배쯤 비싸게 판 것으로 추측되고 있다. 그러나 당시 원거리 항해에 있어서의 여러 위험성과 많은 경비를 생각한다면 이 정도로 큰 이익을 보았다고 보기는 어렵다.

동인도회사의 활동 초기에는 투기업자들이 스스로 자본금을 투자하여 그 출자액에 비례한 이익금이 배당되었으나, 얼마 후에는 영구적인 주식에 의거하여 운영되었다. 주주의 대부분은 런던에 머물면서 그들의 대리상을 파견하여 원주민과 무역하였으며, 근거지를 획득하였을 때 근거지의 영국인 우두머리를 지사(知事)라고 불렀다. 동인도회사의 전반적인 행정은 24명으로 구성된 런던의 중역회의에 의해서 행해졌다.

---

1) J. Williamson, *A Short History of British Expansion*, Vol.I. London, 1959, pp. 227-228.

영국동인도회사가 인도 본토와 무역을 시작하였을 때는 후추, 향료, 생사, 초석, 쪽, 설탕, 면직물 등을 구입하여 영국으로 가져 갔지만 1620년대부터는 면직물[2]이 가장 많은 양을 차지하게 되었다. 면직물 가운데 옥양목 칼리코calico는 칼리커트Calicut 항을 통하여 대량으로 유럽에 수출되었기 때문에 붙여진 명칭이었다. 값싸고 품질 좋은 칼리코는 영국에서 귀족뿐만 아니라 일반 시민들에 의해서도 널리 애용되고 있었으므로 그 교역량이 점점 증가해 가고 있었다. 동인도회사가 인도에서 구입해 갔던 칼리코의 양이 1613년에는 겨우 5,000통(필)에 불과했었으나 10여 년 만인 1625년에는 무려 221,500통에 이르고 있다.[3]

인도의 면직물과 견직물은 영국인들만 사용했던 것이 아니라 유럽 대륙에서도 널리 애용되었다. 프랑스에서도 인도 면직물 때문에 국내의 견직업 및 면직업이 타격을 받게 되었다. 인도 면직물은 독일, 이탈리아, 스페인에서도 널리 애용되었으며, 많은 양의 칼리코가 영국을 거쳐 스페인으로 들어가기도 하고 또 인도로부터 직접 육로를 통하여 터키로 보내지기도 하였다.

3 중상주의 정책과 동인도무역

당시 유럽 절대주의국가들의 경제정책은 중상주의 정책이었다. 중상주의 정책은 물질적인 면에서 국가를 부강하게 하는 정책으로서 경제적 측면에서의 민족주의라고 말할 수 있다. 국력은 재부

---

2) 당시 유럽에서 인기 있었던 인도 면직물의 명칭은 muslin, chintz, calico, diaper, dimity 등 다양하였으며 동인도회사의 문서에 기록된 다양한 면직물의 이름은 당대의 문학작품과 서한집 등에서 자주 발견되고 있다.

3) K. N Chaudhuri, *The English East India Company – The Study of an Early Joint-Stock Company 1600-1640*, London, 1985. p. 193.

(財富)의 증대에 따라 얻어지므로 국가가 국민의 물질적 이익을 보호하는 것은 절대적으로 필요하였다. 국가가 국민의 경제활동에 관여하는 목적에는 생산량과 무역량을 증대시키려는 것 뿐만 아니라 국고를 튼튼히 함으로써 군사력을 증가시켜 세계에 위세를 떨쳐보려는 정치적 야망도 다분히 포함되어 있었다.

중상주의의 요점은 중금주의(重金主義)와 무역차액제(貿易差額制)에 있었다. 중금주의는 국가의 번영이 귀금속의 양에 따라 결정된다는 이론으로써 중남미의 식민지로부터 엄청난 금과 은의 유입에 따라 스페인이 번영한 예를 들어 이 이론은 더욱 강조되었다. 중상주의 이론에 의하면 국가의 부를 축적하는 것은 곧 금과 은을 획득하는 것이었으므로, 귀금속의 국외 유출을 막고 반대로 금과 은을 외국에서 얻는 것은 곧 국가의 경제적 목표였다.

국가의 재부를 축적하기 위해서는 국내 산업을 보호하는 일이 중요하였으며 그 보다 더 중요한 것은 대외 무역 활동을 강화하는 것이었다. 외국 무역의 득실은 수출입의 성격에 따라 결정되었다. 수입보다 수출이 많을 때 국가의 번영은 보장되는 것으로서 이익나는 수출입액의 차액을 금은으로 들여오는 것은 가장 바람직한 무역 형태였다. 금의 유출을 규제하고 국내 산업의 보호 육성을 위해서 원료는 외국에서 수입하면서 완제품은 수입을 강력히 규제하는 것이 필요하게 되었다.

그렇지만 당시 동인도회사가 인도로 수출하는 상품량보다는 인도에서 사가는 상품량이 훨씬 많았으므로 영국에게는 불리한 무역 불균형 현상이 나타나고 있었다. 또 영국이 인도로부터 수입해 간 상품은 완제품의 성격을 띠었으므로 영국의 국내 산업을 침체시킬 우려가 있었다. 영국이 좋아하는 향료나 직물 등은 소비상품으로서 이러한 물품을 구입하기 위하여 영국의 금과 교환하는 것은 중상주의의 관점에서 볼 때 심각히 우려할만한 현상이었다. 실제로 금괴는 영국이 인도에 수출하는 주요 품목이었으며 영국의 공산품은 동인도회사의 대외무역에서 극히 적은 양을 점할 뿐이었다.

동인도회사가 출현한 지 처음 10년 동안에 이 회사의 총 수출액
은 170,673파운드(£)로서 그 가운데 무려 119,202파운드가 금괴
였다. 다음 10년 동안에도 금의 유출 현상은 더욱 심화되었다. 동
인도회사가 무역을 시작한 처음 20년 동안 인도에 대한 총 수출액
840,376파운드 가운데 단지 292,286파운드만 상품이었으며, 그것도
대부분이 영국 상품이 아닌 외국 상품이었고 나머지는 금괴였다.[4]

영국의 동인도 무역에 있어서의 역조 현상은 영국을 오히려 빈
곤하게 만드는 요인이 된다는 점을 지적하여 동양무역의 무용론을
주장하는 사람들이 많이 나타났다. 엄청난 양의 금을 계속하여 유
출시키고 있는 영국의 동인도무역은 그 존속 여부를 심각하게 고
려해야 할 위기에 봉착하였다.

그러나 동인도무역 옹호론자들은 무용론자들을 반박하고 나섰는
데 그 대표적인 인물이 중상주의 이론가인 토머스 문 Thomas
Mun이었다. 그의 이론에 의하면 영국에는 금은광(金銀鑛)이 없기
때문에 오직 대외무역을 통해서만 귀금속을 들여올 수 있을 뿐이
다. 금의 유출 없이 동인도무역은 불가능하다. 그러나 금의 유출
은 영국으로 더 많은 보물을 가져오기 위한 첫 조치일 뿐이며 예
컨대 10만 파운드의 금을 동인도로 보내서 후추를 사가지고 이탈
리아나 터키에 팔면 오랜 항해에 따른 경비, 수출입 관세, 보험료
등 많은 지출을 포함하여 70만 파운드를 얻을 수 있다고 토머스
문은 주장하였다. 그는 동인도무역이 궁극적으로는 금의 유입을
가져올 뿐만 아니라 조선업의 발달과 해상훈련에 따른 해군력의
강화로 국가를 부강하게 만든다고 주장하였다[5]. 그는 영국의 정치
적 위력과 상업의 성장이 동인도무역의 성쇠에 따라 부침(浮沈)하
게 된다고 강조하였다. 그의 논리정연한 이론은 동인도회사에 대

---

4) P. J. Thomas, *Mercantilism and the East India Trade*, London, 1963,
  p. 10.
5) 위의 책, pp. 12-14.

한 공세를 무력화시켰으며 많은 영국인에게 설득력을 주어 동양 무역은 계속되었다.

이른바 청교도혁명(淸敎徒革命)으로 독재권을 행사하게 된 올리버 크롬웰Oliver Cromwell은 중산층을 보호 육성하고 해상 활동을 장려하기 위하여 항해조례(航海條例, 1651)를 발포하였다. 항해조례는 당시 유럽의 해운업을 사실상 장악하고 있던 홀랜드에 타격을 안겨준 조치로서 이후 영국의 동인도무역은 크게 활기를 띠게 되었다. 영국에서는 인도 생산품의 수요가 급격히 증가하여 동인도회사를 크게 고무시켰다. 왕정복고(1660) 이후 30여 년 동안은 동인도회사의 황금기를 이루었다. 한 때는 영국의 또다른 무역회사가 출범하기도 하였지만 곧 통합되어 동인도회사는 꾸준한 무역활동을 전개해 나갔다.

영국동인도회사가 인도에서 영토 획득을 시작하기 전까지 1세기가 넘도록 취해 온 동양 무역의 형태는 대체로 세 가지였다. 첫째, 영국과 동인도 사이의 순수한 쌍무적 무역 형태, 둘째, 동인도회사가 동양 상품을 재수출하는 형식으로 유럽 대륙에 파는 상업활동, 그리고 셋째는 아시아에서 여러 나라의 항구와 항구를 연결하면서 행하는 무역 형태 등이었다. 중금주의의 이론에 비추어볼 때 첫번째의 경우는 영국의 귀금속을 유출시키는 결과를 가져오게 됨으로 불리한 무역 형태이며, 나머지 두 개의 무역 형태는 영국으로 이익금을 금과 은으로 가져올 수 있다는 의미에서 바람직한 경우였다.

그럼에도 불구하고 동인도회사의 상업활동에서는 영국에게 불리한 무역 역조현상이 계속되어 영국의 재화가 많이 유출되었다. 영국동인도회사는 재수출 형태로 유럽 대륙과의 교역에 노력하면서, 한편으로 외국 상인들에 의한 상품 수입을 보호관세로서 규제하려고 하였으나, 밀무역이 유럽 대륙에 성행함으로써 타격을 받게 되었다. 우수하고 값싼 인도 직물이 계속하여 영국에 대량으로 수입됨으로써 영국의 직물 공업은 위축되었다.

인도는 17세기까지만 해도 면직물 공업의 중심으로서 전세계를 통하여 경쟁자가 없었다. 당시 견직물은 중국이 첫째이고, 모직물은 영국이 으뜸이었다. 당시 인도와 중국은 그들이 생산한 직물 제품만으로 세계 모든 사람들의 옷감을 충당할 정도였다. 이때 영국은 무역 역조현상을 타개하고 국내의 직물 산업을 보호하기 위해 인도 면직물의 수입을 제한하고 영국내에서의 사용을 강력히 규제함으로써 18세기 초에는 영국으로 들어가는 칼리코의 양이 현저히 감소하였다. 한편 영국은 산업혁명을 일으켜 직물의 생산 부문에 기계를 도입함으로써 베를 짜는 과정을 신속하고 용이하게 만들었을 뿐만 아니라 생산 비용을 크게 절감할 수 있었다. 여기에서 지금까지의 상황은 역전되어 갔다. 대규모의 공장에서 대량으로 생산되는 영국의 면직물은 이제 인도의 면직물보다 오히려 값이 싸고 품질은 더 좋았다. 여기에서 세계 최고의 지위를 자랑했던 인도의 전통적인 면직물 산업은 머지않아 산업혁명을 거친 영국의 직물 공업 앞에서 비참하게 무너지는 운명을 맞게 되었다.

제 20 장
인도에서의 유럽세력의 각축

1 포르투갈과 홀랜드의 대립

서구 세력으로서는 가장 일찍이 동양으로 진출했던 포르투갈인들은 고아에 이어 봄베이, 마드라스 및 후굴리(벵골) 등지에 상관을 설치하고 인도 본토와 활발한 무역활동을 진행시켜 나갔다. 포르투갈 상인들은 인도와 동양 여러 나라로부터 향료와 직물을 대량으로 구입해 갔으며 16세기 말까지 동양 무역은 사실상 포르투갈의 독무대였다.

17세기 초부터 홀랜드, 영국, 프랑스 등이 차례로 동인도로 진출하기 시작하였다. 16세기 말부터 홀랜드와 영국의 상인들은 인도에서 탐색 항해를 조직화하기 시작하였다. 일찍이 유럽에서 동서의 방향으로 진출해 나갔던 바다의 패자인 포르투갈과 스페인의 해군력이 점차 약화됨에 따라, 암스테르담과 런던의 상인들이 동양에서 이익나는 사업에 직접 참여하려고 한 것은 당연한 일이었다. 머지 않아 출현하게 되는 영국과 홀랜드의 동인도회사 설립은 진취적인 상인들의 이러한 야망이 구체적으로 표현된 것이었다.

고아에서 6년 동안을 보냈던 홀랜드인 린쇼튼Linschoten은 그의 인도 생활에 관한 글에서 포르투갈 상인들이 인도에서 어떻게 이익나는 무역활동에 종사하고 있는가를 생생히 묘사하여 유럽인들의 마음을 부풀게 만들었다. 곧 홀랜드의 상선 네 척이 하우트만Corneilius de Houtman의 인솔로 동양으로 항해를 시작하였다 (1595). 하우트만은 1년만에 자바에 도착하였으며 홀랜드를 출발한 지 2년 여 만에 귀국하였는데 선원의 3분의 1만이 생환하였다. 1595-1601년 동안에 홀랜드는 수마트라와 향료군도 등에 65척의 선박을 파견하였다.

홀랜드의 동인도회사는 1602년 설립되었는데 영국 동인도회사보다는 훨씬 강력한 힘을 가진 적극적인 집단이었다. 동인도회사의 중역회의는 76명으로 구성되었으며 회사의 총자본금은 영국 동인도회사의 그것보다 무려 10배나 많았다. 동인도회사는 희망봉 동쪽의 모든 무역을 21년 동안 독점하기로 되었으며 설립한 지 3년 동안에 38척의 선박을 인도양에 보냈다.

홀랜드의 동인도회사는 의회로부터 특허장을 얻었는데 이 특허장은 회사가 전쟁을 수행하고 조약을 체결하고 영토를 획득하여 거기에 축성하는 권한까지 부여하고 있었다. 홀랜드의 동인도회사는 처음부터 힘으로써 향료무역을 독점하고 이를 방어하겠다고 다짐하였다. 홀랜드는 향료군도에 더 많은 관심을 가졌으면서도 인도 본토의 마드라스 북쪽 뿔리커트Pulicat를 시작으로 구자라트, 벵골 및 코로만델Coromandel 해안에 상관을 설치하기도 하였다. 홀랜드 상인들은 처음에는 향료군도와 교역했으며 인도에서도 후추 무역에 참여하여 이익나는 길을 찾았다.

동인도 무역의 패자인 포르투갈의 지위를 약화시키기 위한 홀랜드의 계획은 포르투갈의 선박을 개별적으로 공격하면서 육지에 홀랜드의 거점을 확대해 가는 것이었다. 홀랜드의 동인도회사는 설립된지 불과 몇 년 후에 고아와 말라카를 해상으로부터 봉쇄할 만큼 충분히 강해졌다. 향료군도에서 홀랜드는 암보이나 Amboina를 장악하여(1605) 포르투갈의 세력을 제압하였다. 포르투갈은 필리핀으로부터 스페인의 도움을 받고 있었지만 홀랜드의 해군력을 당해 낼 수 없었다. 포르투갈이 인도의 수라트와 코로만델 등지에서 사온 직물이 인도네시아 군도에서 널리 거래되고 있었으므로 홀랜드는 말라카를 공격하고(1641) 고아를 봉쇄하고 코로만델 해안을 순시할 필요를 느꼈다. 홀랜드는 계피 무역의 독점을 확고히 하기 위해 포르투갈의 거점인 콜롬보를 장악하고(1655) 인도의 코친을 점령하였다(1659-1663).

뒤늦게 동양으로 진출한 홀랜드가 매우 호전적으로 포르투갈과 대결하면서 포르투갈의 세력근거지를 공격하였던 큰 이유는 종교적 대립 때문이었다. 신교 국가인 홀랜드는 식민지 쟁탈전과 무역로의 확보를, 구교 국가인 스페인의 전제정치에 대한 자유투쟁의 대의를 수행하는 것으로 생각하였다. 포르투갈은 1580년부터 1640년까지 스페인에 병합되어 한 국왕의 지배 아래 있었다.

한편 네덜란드는 스페인의 통치하에 있었는데 북부의 홀랜드 Dutch와 남부의 벨지움 Flander으로 구성되어 있었다. 남부지방의 주민들은 라틴어 계통의 언어를 사용하면서 카톨릭교를 신봉하고 있었으므로 스페인 지배 아래 있으면서도 심각한 불만 상태에 있지는 않았다. 그렇지만 북부의 홀랜드인들은 독일어 계통의 언어를 말하면서 스페인의 카톨릭교와 대립하는 프로테스탄티즘을 신앙하고 있었다.

홀랜드인들은 유럽을 카톨릭으로 다시 통일하려는 야심만만한 스페인 필립 2세의 종교적 탄압정책에 항거하여 독립운동을 전개하고 나섰다. 홀랜드인들은 유능한 외교적 수완가이며 탁월한 게릴라 전략가인 오렌지 공(公) 윌리암 William of Orange의 지휘 아래 불굴의 저항운동을 보여주었다. 홀랜드인들이 동양 무역을 조금도 위축시키지 않고 활발히 전개하면서 동시에 수십 년에 걸친 독립전쟁을 성공적으로 계속할 수 있었던 것은 무역활동에서 얻은 부로써 유능한 용병을 거느릴 수 있었기 때문이었다.

2 포르투갈과 영국의 대립

영국은 스페인 및 포르투갈과 심각한 대립 관계에 있지는 않았다. 영국은 프로테스탄트 국가가 되었지만 교의와 의식(儀式)에 있어서는 카톨릭과 거의 차이가 없었으므로 두 카톨릭 국가와 첨예하게 대립할 이유는 없었다. 영국은 17세기 초에 스페인과 평화조약을 체결하여 우호 관계를 유지하였지만 포르투갈과는 동양 무역에서 경쟁하고 있었다. 교황 알렉산더 6세 Alexander Ⅵ의 종용에 따라 스페인은 자오선의 서쪽으로 진출하고 포르투갈은 동쪽으로 나아가고 있었으므로 인도로 진출하려고 계획하고 있던 영국이 포르투갈과 대립 상태에 들어간 것은 당연한 일이었다.

영국동인도회사가 설립된 직후 제임스 랑카스터의 지휘 아래 4척의 배가 런던을 출발하여 1602년 6월에 수마트라에 도착하였다. 이때 영국 상선들은 말라카 해협에서 포르투갈 선박으로부터 9백 톤의 향료와 면직물을 탈취하기도 하였다.[1] 영국동인도회사의 세 번째 항해는 윌리엄 호킨스 William Hawkins가 3척의 배를 지휘하여 1608년 수라트에 도착하였는데 이때 영국 상인들은 수도 아그라까지 가서 무갈 황실과 처음으로 접촉하였다. 호킨스는 무갈 관리들에 의해 철저히 냉대를 받았고, 그의 배와 승무원들은 수라트에 정박해 있는 동안 포르투갈 해적들에 의해 납치당하기도 하였다. 호킨스는 끊임없이 음모를 꾸미는 포르투갈인들 때문에 몇 차례 생명의 위협을 느끼기도 하였다.

영국 상인들이 처음 인도 본토로 진출할 때 포르투갈 인들은 이

---

1) S. Wolpert, *A New History of India*, New York, 1982, p. 142.

를 방해하였지만 영국은 인도에서 보다도 오히려 페르시아와 동맹하여 페르시아 만의 포르투갈 근거지를 괴롭혔다. 영국과의 무력 경쟁에서 열세가 드러난 포르투갈은 인도내에서의 상업의 협조를 다짐하고 충돌을 피하였다.

포르투갈이 스페인의 지배로부터 독립한 후 올리버 크롬웰은 1654년의 조약에 따라 영국이 동인도 무역에 참여할 수 있는 권리를 포르투갈로부터 인정받았다. 두 나라의 관계는 더욱 개선되어 포르투갈의 캐더린 Catherine of Braganza 공주가 결혼지참금으로서 봄베이를 할양하자 영국의 찰스 2세 Charles II는 인도에 있어서의 포르투갈에 대한 지지를 약속하였다.

사실 이때 포르투갈은 영국이나 홀랜드의 상업적 경쟁자가 될 수 없을 정도로 쇠약해졌다. 동인도에서의 해상 무역로에 대한 포르투갈의 통제력은 인도에 와 있던 관리들의 부패와 행정적인 해이로 약화되었다. 포르투갈인들이 고아 지방에서 보여주었던 종교적 불관용정책은 인도인의 적개심을 불러 일으켜 포르투갈의 기반을 심각하게 약화시켰다. 한편 동양으로만 진출하던 포르투갈의 상인들이 폭풍우를 만나 우연히 브라질을 발견하여 식민활동의 눈길을 서쪽으로 돌림에 따라 포르투갈의 세력은 인도에서 현저히 약화되고 말았다. 따라서 인도에서 영국의 실제적인 경쟁자는 포르투갈이 아니고 홀랜드였다.

3 영국과 홀랜드의 대립

거의 같은 시기에 동양으로 진출했던 영국과 홀랜드는 매우 적극적인 상업활동을 추진해 나갔다. 홀랜드가 훨씬 투쟁적이었으며 회사의 자본금도 5만 파운드(£) 대 54만 파운드로 홀랜드가 영국에 비하여 10배의 우위를 점하고 있었다.[2] 두 나라는 충돌없이 원만하게 상업적 이익을 획득하기 위해서는 어떤 협조체제가 필요하다고 느끼게 되었다. 홀랜드가 제의했던 내용은 두 나라 회사가 연합하는 것이었다. 이를 위해 두 나라 국왕의 후원 아래 양측 동인도회사는 런던과 헤이그에서 두 번이나 회담을 가졌으나 분명한 합의에 도달하지 못하였다. 홀랜드의 주장은 영국과 홀랜드가 군사적 공동작전을 펴서 동양에서 포르투갈 세력을 축출해 버리자는 것이었다. 그러나 영국의 입장은 홀랜드의 요구를 받아들일 수 없었다. 대양에서의 항해의 자유는 모든 국가에 공평하게 주어져야 한다는 것이 영국의 입장이었다. 나중에 영국과 홀랜드 사이에 협약이 이루어졌지만(1618) 그것은 두 나라 동인도회사의 완전 통합이 아니라, 각 회사는 별개로 존재하면서 포르투갈과 스페인에 대한 방어 조치에 있어서만 협조한다는 것이었다. 이 협약은 단지 서면으로만 작성되었을 뿐이지 충실히 이행되지는 않았고 두 나라 동인도회사의 경쟁은 계속되었다.

홀랜드의 동인도회사는 설립된 지 3년도 되기 전에 선박 38척을 인도양으로 보내 포르투갈의 함대를 제압하였으며, 또 포르투갈로부터 향료군도의 근거지를 탈취하여 지배하기 시작하였다. 17세기 중엽까지 홀랜드는 포르투갈로부터 말라카 및 스리랑카의 근거지를 탈취하여 사실상 홀랜드는 향료무역에서 포르투갈의 역할을 대신하였다. 더 나아가 홀랜드는 인도의 벵골 및 코로만델 등지의 생사, 면직물, 초석, 쌀, 아편 등을 동양 여러 나라에 팔았다.

홀랜드의 상인들이 동양에서 추진했던 정책 목표는 우선 그들의 독립운동과 무역활동을 방해하고 있는 스페인·포르투갈 연합국가에 대담하게 보복을 감행하는 것이고 다음으로 동양에서 이익나는 무역을 독점하면서 요충지를 식민지화하는 것이었다. 첫번째의 목표는 동양에서 포르투갈의 세력이 쇠퇴함으로써 달성되고 있었지만, 두번째의 목표를 실현하기 위해서는 영국 세력과 충돌할 수

---

2) Percival Spear, *A History of India*, II, Penguin Books, 1970, p. 65.

밖에 없었다. 영국의 스튜어트 왕조가 카톨릭에 호의적인 방향으로 기울고 있었으므로 홀랜드와의 관계는 심각하게 대립하였다.

영국과 홀랜드는 처음에는 화해 속에서 동인도 무역을 진행하는 듯하였으며 향료군도에서의 무역은 영국이 훨씬 열세에 있었고 다만 후추 무역에 있어서는 거의 동등하였다. 화해의 분위기는 불과 몇 년만에 끝나고 암보이나에서의 영국인 학살사건(1623)은 두 나라 사이의 관계를 급격히 악화시켰다. 암보이나에 주재하는 홀랜드의 지사(知事)는 영국 상인들이 홀랜드의 성에 침입하려고 계획하였다는 혐의로 18명을 체포하여 아홉 명을 고문 끝에 처형해 버렸다. 이후부터 영국 상인들은 향료군도로 진출하는 것을 주저하게 되었으며 홀랜드는 점차 향료군도에 대한 그들의 상업활동을 더욱 강화하였다. 홀랜드는 향료군도로부터 포르투갈을 축출시킨 후로는 사실상 동인도 무역에서 패자가 되었다. 17세기 중엽 홀랜드의 함대가 영국 상선 3척을 페르시아 만에서 납치해 간 사건이 일어난 후로 영국동인도회사는 동양 무역을 한 때 거의 중단하기에 이르렀다.

크롬웰의 항해조례의 발포로 영국의 동인도 무역은 국가의 보호 아래 다시 활기를 띠게 되었다. 항해조례는 영국 선박이나 수입품 생산국의 선박에 의하지 아니하고는 영국이나 영국 식민지에 상품 수입을 금지하는 조치였다. 이 조치는 말할 것도 없이 당시 해운업을 사실상 독점하고 있던 홀랜드에 타격을 주려는 것이었다. 영국과 홀랜드 사이의 상업적 경쟁은 18세기 중엽까지 날카롭게 대립하였다. 홀랜드의 동인도회사는 독자적으로 무역하는 홀랜드 상인들의 출현을 질투하여 억압함으로써 홀랜드 인들의 동양무역이 활기를 잃어갔다. 홀랜드는 그들의 무역 활동 범위를 점차로 말레이 반도와 향료군도에 국한하고 영국은 인도 본토에 주력하였다. 홀랜드는 오스트리아 왕위계승 전쟁에서는 영국편에 섰으므로 우호 관계가 유지될 수 있었지만, 중립을 표방했던 7년 전쟁(1756-

1763) 이후에는 영국의 벵골에서의 성공적인 세력 구축(構築)이 홀랜드에게는 극도의 불안감을 심어주었다. 이제 홀랜드는 동인도 무역에서 더 이상 영국의 경쟁자가 될 수 없었다.

영국동인도회사가 홀랜드의 세력을 인도에서 완전히 구축(驅逐)한 것은 1759년이었다. 인도 본토에 영국만큼 확고한 근거지를 갖추고 있지 못한 홀랜드는 영국 세력을 축출하기 위해 자바로부터 그들의 군대를 끌어들일 것을 벵골 토후와 모의하였으나 이때쯤 이미 벵골 지방에 지배권을 확립해 가고 있던 영국군에 의해 좌절되고 말았다. 영국동인도회사는 홀랜드가 유일하게 본국과 직접 연락할 수 있었던 스리랑카의 홀랜드 근거지를 점령하자(1782) 홀랜드는 희망봉 동쪽에서 완전히 물러날 수밖에 없었다.

4 영국과 프랑스의 결전

프랑스는 동양 무역에 참여했던 유럽의 국가들 가운데서 가장 늦게 진출하였으나 포르투갈과 홀랜드의 세력이 쇠약해진 때였으므로 인도의 지배권을 둘러싸고 영국과 결전을 벌이게 되었다. 프랑스는 영국과 홀랜드의 동인도회사가 출범했던 17세기 초 앙리 4세 Henri Ⅳ 때 동양에 관심을 가지고 있었지만 실제 동양으로 활동을 개시했던 것은 루이 14세 Louis ⅩⅣ의 유명한 중상주의자 콜베르 Jean Baptiste Colbert 재무상의 후원으로 동인도회사가 정식으로 출범하면서부터 였다(1664).

영국의 동인도회사가 국가에 의존하지 않은 순수한 민간 상인의 집단이었는데 반하여 프랑스의 동인도회사는 자발적인 민간 회사로서가 아니라 국가의 예속 기관으로서 활동하였다. 프랑스 정부가 조직한 동인도회사는 중역이 국왕에 의해 임명되고 국왕은 회사를 지원할 의무를 지고 있었다. 국영 기업체와 유사했던 프랑스

288

동인도회사는 그 운명이 국가의 관심 여하에 따라 좌우되었다. 프랑스 상인들의 처음 목표는 스리랑카에 세력 기반을 마련하는 것이었지만 이 곳에 이미 홀랜드의 지배권이 확립되어 있었으므로 인도 본토로 눈을 돌려 수라트에 프랑스의 첫 상관을 설치하였으며 다음으로 마드라스 부근의 퐁디쎄리 Pondicherry에 세력 근거지를 마련하였다(1674).

프랑스는 홀랜드와 대립하여 퐁디쎄리를 당분간 빼앗긴 일도 있었지만(1693) 홀랜드의 세력은 곧 쇠퇴하고 영국과 프랑스가 인도에서 마지막으로 패권을 다투게 되었다. 인도에서의 영국 무역의 중심지는 마드라스였고, 프랑스의 그것은 퐁디쎄리였다. 프랑스는 퐁디쎄리를 중심으로 인도 무역을 본격적으로 전개하였으나 그 무역량은 영국의 수준에 미치지 못하였으며, 그 자산도 훨씬 미약하였다. 그러나 1728-1740년간에 프랑스의 인도 무역량은 약 10배 즉 89,000파운드(£)에서 880,000파운드로 증가하였으며 한편 영국의 무역량도 같은 기간에 프랑스의 그것보다 약 2배인 1,795,000파운드 이상이나 되었다.[3]

프랑스의 세력은 유능한 외교가이며 전략가인 듀플레 Joseph Francois Dupleix가 퐁디쎄리의 지사가 되면서부터(1742) 급격히 성장하였다. 듀플레는 원래 동인도회사에 소속된 상인이었지만 그의 비범한 두뇌와 능력 때문에 지사의 자리에까지 오를 수 있었다. 듀플레의 전략은 외교적 수완과 군사적 우위를 이용하여 인도의 지방세력을 자신에게 복속시키고 다른 한편으로 영국인들의 상업활동을 방해하여 이들을 축출함으로써 사실상 남인도의 지배자가 되려는 것이었다.

영국과 프랑스가 인도에서 무력충돌로 접어들 무렵 양측은 군사력면에서 우열을 가늠하기 어려울 정도로 균형을 이루고 있었다.

---

3) P. Spear, *The Oxford History of Modern India 1740-1947*, Oxford, 1975, p. 13.

그렇지만 영국동인도회사가 좀더 부유하고 보다 의욕적으로 상업 활동을 행하고 있었으며 상선도 더 많고 항해도 보다 빈번하게 정기적으로 이루어지고 있었다. 다시 말하면 재정과 물질적인 면에서는 영국 측이 앞서 있었다. 그러나 프랑스는 유능한 지사와 군지휘관을 보유함으로써 열세를 보완하고 있었다. 두 나라의 세력 근거지인 마드라스나 퐁디쎄리가 모두 인접한 항구였으므로 인도 무역의 지배권을 장악하기 위해서는 우세한 해군력으로 본국과의 해상 교통로를 안전하게 하는 것이 무엇보다도 중요하였다. 영국은 마드라스 이외에 봄베이나 캘커타와 같은 주요 항구와 많은 상선을 보유하고 있었으므로 이들 지역에서의 물자의 공급이 비교적 용이하였을 뿐만 아니라 본국과의 연락이 원활하였다.

영국과 프랑스의 동인도회사는 표면적으로는 나란히 무역에 종사해 왔으나 유럽에서 오스트리아 왕위계승 전쟁(1739-1748)이 발발하자, 멀리 동양에까지 비화하여 인도 남부지방에서 충돌하게 되었다. 듀플레는 영국의 세력 근거지인 마드라스를 공격하여 며칠 후 이를 장악하였다. 이때 영국군 포로 가운데는 21세의 로버트 클라이브Robert Clive도 포함되어 있었다. 프랑스 군대는 이어 마드라스 남쪽에 위치한 영국의 성(聖) 데이비드St. David 성(城)을 공격하였으나 영국의 지원군이 도착함으로써 실패하였다. 영국과 프랑스 사이에서 일어난 첫 충돌에서는 프랑스가 승리하여 프랑스 군대의 명성을 날렸으나 영국군은 1751년 비정규전의 천재인 클라이브의 지휘 아래 카르나티크Carnatic의 정치적 요지인 아르코트Arcot를 불과 2백여 명의 병력으로 점령하여 적의 포위가 풀릴 때까지 53일간을 성공적으로 항전하여 지난번의 패배를 설욕하였다. 오스트리아 왕위계승 전쟁이 종결되자 인도에서의 영국과 프랑스 사이의 무력충돌도 끝이 나고 어느 편에게도 영토의 취득은 없었다. 마드라스는 신대륙의 케이프 브레톤Cape Breton 섬과의 교환 조건으로 영국에 되돌려졌다.

듀플레가 본국으로 귀환하자(1754) 인도에는 당분간 평화가 유지되었다. 그러나 유럽에서 7년 전쟁이 발발하자 인도에서의 영국과 프랑스의 충돌이 재연(再燃)되었다. 지사이며 군사령관이었던 렐리 Lally가 지휘하는 프랑스의 주력부대가 성 데이비드 성으로 진격하여 마드라스를 탈취하려고 하였다. 그러나 영국의 로렌스 Stringer Lawrence 등의 강력한 방어로 뜻을 이루지 못하고 도리어 쿠트 Coote에게 참패하였다. 렐리는 퐁디쎄리가 함락당할 때까지 8개월 동안의 포위 속에서 고통을 겪어야 했는데 이는 인도에서 영국과 패권을 겨루는 마지막의 몸부림이었다.

　이 전쟁은 지난번의 경우와는 상황이 매우 달랐다. 앞서의 전쟁에서 프랑스가 승리할 수 있었던 것은 본국과의 해상 교통이 긴밀하게 이루어졌고 반면에 영국 측이 지원군과 군수물자를 수송해 올 수 없는 사정 아래서 가능했던 것이다. 그러나 이번 전쟁에서는 프랑스 군대가 퐁디쎄리를 중심으로 전쟁을 수행해 나갈 수밖에 없었는데 반하여 영국측은 다른 지방으로부터 군량과 군자금을 공급받고 본국으로부터는 응원군을 지원받을 수 있다는 이점을 가지고 있었다. 프랑스군은 해상 통로가 차단되었기 때문에 육로를 통하여 어렵게 군수품을 공급받을 수밖에 없었지만 영국 측의 경우 마드라스가 지탱해 낼 수 있도록 벵골로부터 물자 보급이 이루어졌다.

　요컨대 영국군의 승리는 우월한 해군력과 풍부한 자원을 보유하고 있었던 데에 그 원인이 있었다. 영국군이 우세한 해군력으로 프랑스군의 해상 통로를 차단하고 있었으므로 프랑스군은 응원군과 보급 물자를 제때에 공급받을 수 없었다. 프랑스군은 심지어 병사와 노무자에게 급료를 제대로 지급하지 못할 정도로 재정면에서 곤란을 겪었지만, 영국군은 인도내의 다른 근거지와 혹은 본국으로부터 충분한 인적 및 물적 지원을 받을 수 있었다. 포르투갈과 홀랜드를 제압하고 프랑스 세력까지 축출함으로써 150년 동안

의 동인도 무역을 둘러싼 대립 경쟁은 사실상 종결되고 이제 영국
은 인도 무역에서 독보(獨步)하는 존재로 되었다.

제 21 장
벵골에서의 영국 지배권의 확립

1 플라시 전투

동인도회사가 출범한 이후 150년 동안 영국은 인도를 복속시키거나 내정간섭하려는 의향을 전혀 보이지 않았다. 영국인들의 목적은 오직 동인도 무역을 계속해 나가면서 더 많은 상업적 이익을 취득하는 것이었다. 그들은 상업적 이익만을 추구해 왔기 때문에 인도의 원주민 세력과의 충돌을 피해 왔으며 원주민과 반목하는 것은 인도 무역에 커다란 손실을 가져올 뿐이라고 생각하였다. 특히 동양에서 유럽의 열국과 각축하고 있는 마당에서 인도와 충돌하는 것은 원주민의 반발을 불러 일으켜 영국의 동인도 무역이 치명적 타격을 입을 것이 자명한 일이었다. 따라서 영국동인도회사는 무갈제국과 우호관계를 유지하면서 마드라스, 봄베이 및 캘커타를 중심으로 그들의 무역활동만을 계속해 나갔다.

동인도회사와 벵골 토후(土侯)와의 관계는 오래도록 우호적이었으나 영국의 캘커타에 대한 축성(築城) 문제로 서로 충돌하게 되었다. 영국은 프랑스에 대한 방어조치를 구실로 내세워 캘커타에 축성하였는데 여기에다 대포를 장치하고 성을 증축하기 시작하였다. 벵골 토후 시라즈 웃 다울라Siraj-ud-daula는 증축의 중지를 요구하였으나 동인도회사의 캘커타 지사 드레이크Roger Drake가 이에 불응하였으므로 토후는 캘커타로 진군하여 동인도회사의 근거지인 윌리엄 성Fort William을 함락시켰다(1756). 이 소식이 마드라스에 전해지자 부지사 로버트 클라이브가 지휘하는 지원군이 편성되었는데 육해군으로 구성된 원정군은 어려움 없이 캘커타를 수복하였다. 불과 2천 여명의 육군과 5척의 해군으로 편성된 군대였지만 프랑스군을 공격할 준비가 되어 있었으므로 신속하게 출동할 수 있었다.

유럽에서 7년 전쟁이 발발하자 벵골 사태는 새로운 국면에 접어들었다. 영국군이 프랑스의 벵골 근거지인 찬더나고르Chanderna-gore를 탈취하려고 하자 토후 시라즈 웃 다울라는 그의 주민의 일부가 괴로움을 겪는 것을 방치할 수 없다는 이유로 프랑스군에 대한 공격을 중지하도록 요구하였다. 그러나 클라이브는 이 요구를 무시하고 찬더나고르를 공격하여 이를 접수하였다. 토후는 프랑스군에게 피신처를 마련해 주는 등의 호의를 보였으므로 클라이브는 시라즈 웃 다울라 대신에 자파르Mir Jafar를 벵골 토후로 앉히려는 음모를 꾸몄다. 이에 격분한 시라즈 웃 다울라는 영국군과의 일전을 각오하고 소수의 프랑스군과 합세하여 플라시Plassey에서 클라이브가 지휘하는 영국군과 대결하였는데 이것이 유명한 플라시 전쟁(1757)이었다.

플라시 전투에 동원된 병력 규모를 살펴보면 영국군은 유럽인 800명과 세포이(Sepoys : 인도인 용병) 2,200명으로 도합 3,000명 규모였으며 토후군은 약 5만 명이었고 토후군을 지원한 프랑스군은 소수의 장교와 토후에게 고용된 몇몇 군인뿐이었던 것으로 보인다. 플라시 전쟁은 큰 병력의 규모에 비하여 하루도 지속하지 못한 보잘것 없는 전투였다. 아침에 전투가 시작되어 오후에 영국

군의 승리가 결정되었다. 플라시 전쟁은 〈전투이기보다는 오합지졸
의 모임〉[1]이었고, 〈단순한 소규모의 충돌에 지나지 않았으며〉,[2]
〈포성(砲聲)〉[3] 이상의 아무것도 아니었다.

　그러나 플라시 전투는 영령인도사(英領印度史)에서 획기적인 사
건이었다. 프랑스 세력이 인도에서 쇠퇴하고 유럽의 여러 세력을
제압한 영국은 이제 종래의 무역활동에서 벗어나 인도 경영으로
나아가는 계기가 되었다. 이 사건은 단지 벵골의 지배뿐만 아니라
영국이 인도아대륙을 지배하게 되는 첫 발판이 되었다. 영국은 지
금까지의 평화적인 무역만을 추구하던 소극적인 태도에서 한 발자
국 전진하여 그들의 상업적 이익을 확보하기 위해서는 인도의 원
주민 세력과도 실력으로 대결한다는 적극적인 강경책을 취하게 되
었다. 동인도회사는 이제부터 인도와의 관계에 있어서 회유책과
억압책을 그들의 실리와 그때의 정세에 따라 교체적으로 사용하게
되었다. 한편 플라시 전투는 영국의 동인도 무역에 있어서의 중심
지를 마드라스에서 벵골로 이동시켰다. 지금까지는 데이비드 성
(城)을 중심으로 한 마드라스 주(州)가 봄베이, 마드라스, 벵골의
세 개 주 가운데서 가장 번영하였으나 플라시 전투의 결과 영국이
벵골을 장악하여 이곳에서의 지배권이 확립됨에 따라 벵골 주가
지도적인 지위로 승격하게 되었다.

2 동인도회사의 수탈 정책

　영령인도사는 플라시 전투와 함께 시작되었으며 이후 얼마 동안

---

1) P. Roberts, *History of British India*, Oxford University Press,
1977 p. 140.
2) R. C. Majumdar, *An Advanced History of India*, London, 1980,
p. 665.
3) V. Smith, *The Oxford History of India*, Oxford, 1983, p. 468.

영국인들의 인도에 대한 파렴치한 수탈 행위가 대대적으로 자행되었다. 클라이브는 플라시 전쟁이 끝난 후 벵골 토후인 시라즈 웃다울라를 폐하고 자파르로 대체하였으며 자신은 다음해에 동인도회사에 의해 벵골 지사로 임명되었다. 자파르는 벵골 주의 명목상의 지배자에 불과하였고 그의 권좌 뒤의 실권자는 클라이브였다. 벵골 토후는 사실상 동인도회사의 피보호자에 지나지 않게 되었다. 벵골 토후를 폐립할 수 있을 정도로 동인도회사의 세력이 강해졌으므로 벵골 토후의 지배 아래 있었던 지역 즉 벵골, 비하르 Bihar 및 오리싸Orissa 주는 사실상 영국의 영향력 아래에 있는 셈이었다.

영국인은 원래 정부의 관리로서 인도에 왔던 것이 아니었고 동인도회사의 서기와 상인으로 파견되었다. 영국인들은 그들이 회사로부터 받은 봉급과는 비교도 안될 만큼 많은 액수의 재화를 예물의 수수와 사무역(私貿易)에 참여함으로써 취득하였다. 예물을 받는 것은 높은 직위에 있는 사람들의 전유물이었으므로 일반 직원들이 주로 관심을 갖게 된 것은 사무역이었다. 사무역은 인도에서 사사로이 행하는 내지교역(內地交易)을 뜻하는 것이었다.

무갈 황제는 칙령(1717)으로 동인도회사가 인도에서 무역을 영위하는 데 있어서 모든 수출입 관세의 면제를 인정하였다. 동인도회사가 유럽에서 들여오거나 또는 유럽 대륙으로 가져가기 위해서 인도에서 매입한 모든 상품은 관세를 지불하지 않고 통과할 수 있게 되었다. 그렇지만 동인도회사 직원들의 사무역은 인도의 통용 규정을 따르도록 되어 있었다.

그러나 플라시 전쟁 후 클라이브는 사실상 자신이 임명했던 벵골 토후 자파르에게서 조약상의 뚜렷한 조항도 없이 동인도회사 직원도 면세(免稅)로서 사무역에 참여할 수 있는 권한을 인정받았다. 영국인의 사무역이 면세받게 되자 동인도회사의 직원들은 세금의 부담없이 인도에서 상업활동을 하는 반면에, 인도 상인들에게는 무거운 세금이 부가되었다. 여기에서 인도 상인들은 몰락하고 토후의 징세액은 감소하였으며 반대로 동인도회사의 직원들은 교역을 독점하여 막대한 재화를 축적하였다. 이와 같은 현상은 클라이브가 1760년에 귀국하고 반지타르트 Vansittart가 벵골 지사에 임명된 후에도 계속되었다.

반지타르트에 의해서 벵골 토후가 되었던 카심 Mir Kasim은 불합리한 상업활동의 시정을 요구했으므로, 동인도회사와의 합의에 따라 수출입무역에 있어서는 면세 통과가 되지만 인도에서 생산한 필수품에 대해서는 영국인도 일정액의 세금을 지불하도록 하였다. 카심과 반지타르트와의 협약에서는 교역하는 데 있어서 인도 상인에게는 40%의 세금을, 그리고 영국인에게는 9%의 세금을 지불하도록 결정하였다.

그러나 캘커타의 동인도회사 참사위원들은 그들의 지사가 합의한 협약을 인정하지 않았으며 9%의 과세 대신에 소금에만 2.5%의 세금을 인정하고 그 외의 모든 상품은 면세된다는 것을 결의하였다. 토후는 반지타르트 지사의 협약이 참사위원회에서 부결되자, 비장한 결심으로 모든 내지통관세(內地通關稅)를 전면적으로 폐지해 버렸다. 이제 원주민도 동인도회사의 직원들과 동등한 조건에서 상업활동을 할 수 있게 되었다.

토후의 결단은 그의 세입금의 희생을 각오하는 조치였으며 동인도회사에 대한 대담한 도전이었다. 그 결과는 말할 것도 없이 전쟁으로 나타났다. 영국 동인도회사 측과 벵골 토후군 사이에 1763년 전쟁이 발발함으로 카심은 훨씬 많은 병력으로 항전했으나 결국 패주함으로써 다시 한번 자파르가 토후가 되었다. 카심은 보복으로 많은 영국인 포로를 살해하고 오우드 Oudh 지방의 토후와 합세하여 벵골을 탈환하기 위해 설욕전을 벌였으나 박사르 Baxar 전투에서 또다시 패배하고 말았다.

박사르 전투는 플라시 전투에 비하여 훨씬 치열했으며 플라시 전투가 영국 세력이 확장할 수 있는 지반을 마련했다고 한다면 박사르 전투는 영국 세력의 최종적인 승리였다고 말할 수 있다. 이후 벵골 토후는 전혀 유명무실한 존재로 전락하고 말았다. 자파르가 토후의 지위를 되찾은 후로 인도 상인에게는 종전의 세율이 적용되고 영국인에게는 소금에 한하여 2.5%의 세금만을 부과하기로 결정하였다. 따라서 영국인은 이전보다 더욱 확고하게 부여된 사무역에서의 특권을 향유하면서 막대한 재부를 모았다.

동인도회사의 벵골 지사에 의해 원주민의 토후가 교체될 때마다 엄청난 액수가 예물의 형태로 주어졌다. 플라시 전투 후 동인도회사는 새로운 벵골 토후인 자파르에게서 예물로 1,238,575파운드 (£)를 받았으며 그 후 8년 동안에 영국군은 3,770,833파운드의 요구액 이외에 2,169,665파운드를 가산하여 취득하였다. 한편 클라이브의 후임이었던 반지타르트 지사도 벵골 토후를 교체하여 새로이 토후가 된 카심으로부터 버드완Burdwan, 미드나뿌르Midnapur 및 치따공Chittagong 등의 세 지역과 남인도에서의 전쟁 비용을 위한 기부금으로 50,000파운드를 넘겨받았다. 세 지역의 세금이 동인도회사로 양도되었고 자파르가 체불한 금액도 지불되었다.[4]

1765년에 벵골 지사로 다시 부임하였던 클라이브나 반지타르트 지사 및 동인도회사의 직원들은 강제로 혹은 예물의 형식으로 토후로부터 막대한 재화를 수탈했으면서도 그들의 행위가 범법행위라고 생각하거나 혹은 도덕적인 죄책감을 전혀 느끼는 일이 없었다. 클라이브는 이에 대한 변명으로 이때에는 예물의 수수를 금하는 회사의 법규가 없었을 뿐만 아니라, 예물이 강요된 것이 아닐 때나 혹은 그것이 독립국가의 군주에 의해 주어졌을 때 그것은 불명예스러운 것이 아니라고 주장하였다.[5] 그렇지만 벵골 토후의 폐

4) R. Dutt, *The Economic History of India under Early British Rule*, London, 1966, pp. 19, 32.
5) *Reports of the House of Commons*, Vol. 3. p. 148, P. Roberts, 위의 책 43쪽에서 인용함.

립에 관한 결정권이 사실상 동인도회사의 수중에 있었고 또 당시 영국인이 재물을 취득하는 데 혈안이 되어 있었다는 것을 생각할 때 재화에 대한 강제적 요구가 없었으리라는 것은 수긍할 수 없는 일이다. 또 벵골 토후는 무갈 황제를 종주(宗主)로서 계속 받들어 왔으며 토후 Nawab의 어의(語義)가 말해주는 바와 같이 독립군주는 아니었다.

클라이브는 개인적인 특혜를 받아 엄청난 수입을 올리고 있었다. 그는 무갈 황제로부터 캘커타와 부근의 24개 마을 Parganas에 대한 자기르 Jagir의 특권을 인정받고 있었다. 황제가 이들 지역의 수조권(收租權)을 클라이브 개인에게 인정한 것이었다. 클라이브가 본국으로 귀국함에 따라 자기르의 특권이 중지되었지만 다시 부임하자 그 특권은 부활되었다.

동인도회사의 인도 무역은 활발하게 계속되었다. 무역 경쟁국들을 제압함에 따라 영국인의 동인도 무역에 대한 의욕도 더욱 왕성해졌고 또 무역의 안전성을 느껴 안심하고 투자했으므로 영국의 무역활동은 더욱 활기를 띠었다. 동인도회사의 직원들은 사무역 또는 인도 원주민에 대한 수탈 방법에 의해 막대한 재화를 벌었으며 그들은 귀국하여 동인도회사의 주식을 대량으로 매입하거나 또는 선거구에 재화를 투입하여 하원으로 진출하는 것이 예사였다. 당시 영국에는 인도에서 돈을 모아 거부가 된 집단이 생겨났으니 그들은 이른바 벼락부자 Nabob라고 불리는 사람들이었다.

클라이브는 다시 부임하자 박사르 전투에서 패한 오우드의 토후 수자 웃 다울라 Shuja-ud-daula로부터 코라 Kora와 알라하바드 Allahabad의 두 지역을 할양받았다. 이 지역은 북인도의 중심부까지 세력을 뻗을 수 있는 좋은 지점이었지만 클라이브는 두 지역을 무갈 황제 사 알람 Shah Alam에게 바치고 오히려 매년 260만 루피(약 26만 파운드)씩을 조공으로 바치겠다고 하였다. 클라이브의 이 조치는 더 이상 영토의 획득은 필요치 않다고 느꼈을 뿐만 아니라 무갈 황제의 권위를 받들어줌으로써 거기에 대한 반대급부를 기대했던 것으로 보인다. 황제는 클라이브에 대한 고마움의 대가로 벵골, 비하르 및 오리싸 지방의 디와니diwani, 즉 징세 업무와 민사 재판에 관한 권한을 인정하였다. 디와니의 양도는 동인도회사가 벵골과 그 부근 지역을 직접 통치할 수 있는 발판을 마련해 준 것이었다. 이제 동인도회사의 벵골 지사 클라이브는 무갈 황제의 대리인으로서 세금의 징수는 물론 그 지방의 민사 재판까지도 다스리게 되었다.

벵골 토후는 무갈 황제의 지사로서 두 가지 기능을 갖고 있었다. 하나는 디와니의 권한이고 다른 하나는 니짜마뜨nizamat로서 군사력을 통솔하고 형사 재판을 다스리는 권한이었다. 벵골 토후는 1765년 니짜마트를 동인도회사에 이양할 수밖에 없었다. 동인도회사는 황제로부터 디와니를 인정받았고, 벵골 토후로부터는 니짜마트를 취득하였다. 동인도회사는 징세 업무에 관한 권한은 물론 군사력 및 사법권까지 행사하게 되었으니 이제 벵골, 비하르 및 오리싸 지방은 완전히 영국 지배 아래로 들어간 것이다.

클라이브는 벵골 지방을 직접 통치하지는 않았다. 그는 원주민 대리인을 통하여 다스려 나갔다. 즉 인도인 세무관을 통솔하기 위해 영국인 감독관이 임명되었지만 모든 실무적인 행정은 인도인 관리를 통해서 처리되었다. 이러한 지배체제가 클라이브의 이른바 2중 통치제도였다. 이 제도는 벵골 지방의 전반적인 행정을 영국인이 직접 통치한다는 인상을 주지 않기 위한 것으로서 간접 통치에서 직접 통치로 넘어가는 과도기적인 통치의 한 표본으로 볼 수 있을 것이다.

3 대기근의 참상

클라이브가 귀국한 후 베럴스트Henry Verelst와 카티어John Cartier가 각각 벵골 지사에 임명되었다. 그들이 재임한 5년 동안에는 특별한 변혁이나 정치적 사건도 없었다. 클라이브가 재부임한 후 3년 동안은 예물을 주고받고 사무역에 참여하는 일을 금지하려고 시도하였으므로 이 방면에서 다소의 성과를 보았으나 그 이후부터는 통제가 해이해져 사무역이 다시 성행하게 되었다. 이 기간에 일어난 가장 중대한 사건은 가공할 만한 기근이 계속된 점이었다. 1769-1770년 동안에 미증유의 기근이 벵골 지방을 엄습하여 주민의 3분의 1, 다시 말하면 약 1천만 명의 생명이 아사 혹은 병사했으며 경지의 3분의 1이 황무지화되어 버렸다.

기근의 직접적인 원인은 말할 것도 없이 간헐적으로 나타난 강우(降雨)의 부족이었다. 그러나 기근으로 인하여 그렇게도 참혹하게 많은 생명이 죽어간 것은 그 원인이 주민 대부분의 만성적인 빈곤 때문이었다. 만약 주민들이 풍족한 상태에 있었다면 한 지역에 한정된 식량의 부족은 인근 지방에서 매입해 올 수도 있었을 것이다. 그러나 주민들은 전혀 재력이 없었으므로 이웃 지역에서 곡물을 사올 수도 없었으며 지역적인 식량 부족이 엄습하기만 하면 그들은 수 십만 혹은 수 백만 명씩 죽어 갔다.

동인도회사 직원들은 주민들의 엄청난 숫자가 아사하고 농지는 계속 황폐화되어 가는 것을 보고도 구호대책을 강구하기는커녕 오히려 먼 지역에서 곡식을 사다가 고가로 팔아서 커다란 이익을 보았다. 이 가공할 재난의 시기에 동인도회사가 취한 세금의 징수는 너무도 가혹하였다. 최악의 기간에 토지세를 5%미만 감했으나 다음 해에는 실제적으로 거기에 10%를 가산하였다.[6] 동인도회사의 벵골 지사가 1772년 말 본국의 중역회의 앞으로 보낸 글에서 〈벵

---

6) P. Roberts, 위의 책, p. 167.

골 주의 주민이 적어도 3분의 1은 사망하였고 그 결과에 따른 경작의 감소에도 불구하고 1771년의 순 징세액은 1768년의 그것을 상회하고 있다〉[7]라고 밝히고 있는 점에서도 동인도회사의 징세 조치가 얼마나 가혹했는가를 뚜렷이 알 수가 있다.

동인도회사가 플라시 전쟁을 계기로 벵골 지방을 장악한 후 처음 10년 동안은 영국인들이 원주민을 희생시키면서 축재에 혈안이 되었던 시기였다. 당시 동인도회사의 벵골 지배는 뇌물과 부패가 횡행하던 무정부 상태였다. 클라이브는 영국의 지배권을 인도에 확립하는 데 결정적인 역할을 한 인물이었지만 아무런 죄책감도 없이 예물의 수수를 자행함으로써 영국인들의 인도에서의 부패와 타락에 대한 좋지 못한 선례를 보여준 셈이었다. 참혹한 기근의 결과로 나타난 경지의 황폐와 인구의 격감은 동인도회사의 전체적인 이익을 저하시켰고 이에 따른 재정적인 위기는 인도 통치에 대한 문제에 국가가 관여하는 계기가 되었다. 이 기간 동안의 인도 지배야말로 〈영령인도사에 있어서 영국의 명성에 위험스럽고 용납될 수 없는 불명예를 던져준 시기〉[8]로서 아무리 영국의 인도 통치를 긍정적으로 칭송한 학자라도 변명의 여지가 있을 수 없는 원주민에 대한 극심한 수탈 행위가 자행되었던 때였다.

---

7) R. Dutt, 앞의 책, p. 53.
8) P. Roberts, 앞의 책, p. 148.

제 22 장
총독정치의 실시

1 인도 통치 규제법

영국인들이 인도에서 사무역에 적극적으로 참여함으로써 개인적
인 수입은 엄청나게 증가하였지만 동인도회사의 이익은 오히려 감
소하는 결과를 가져왔다. 동인도회사 직원들의 무절제한 사리사욕
에의 탐닉이 그들의 기강을 문란시켰고 그 결과로 야기된 회사의
재정적 위기는 영국내에서 비난의 소리와 함께 동인도회사에 대한
통제의 필요성을 강조하도록 만들었다.

당시 영국 정부와 의회가 동인도회사에 대하여 취할 수 있는 행
동의 가능성은 세 가지가 있었다. 첫째는 동인도회사의 특권과 권
한에 간섭하지 않는 채로 방치하는 것이며, 둘째는 인도내의 소유
지역에 대한 주권을 영국 정부가 완전히 장악하고 동인도회사의
직원들을 문관으로 바꾸는 일이고, 셋째는 국가가 동인도회사와
협력하는 것으로서 행정의 주요한 부문에 대해서는 국가가 지배하
고 행정의 세목(細目)과 상업의 독점은 동인도회사에게 인정하며
직원의 서임권도 국왕의 재가를 받도록 하는 것이었다. 첫째의 경

우는 클라이브 시대에 본 바와 같이 사원들의 탐욕적인 사리의 추구가 원주민의 출혈을 강요하고 부패의 풍조가 만연하였다. 결과적으로 원주민의 빈곤화는 동인도회사의 미래의 이익을 위태롭게 만들었다. 따라서 첫째의 가능성은 바람직한 조치가 될 수 없었다. 둘째의 경우는 너무나 급속한 조치일 수밖에 없었다. 동인도회사는 무갈제국의 단순한 대리인의 자격으로서 뱅골, 비하르 및 오리싸 지방을 다스려왔다. 그것은 하나의 주식회사에게는 주어질 수 있는 지위였지만 대영제국의 정부에게 인정될 수 있는 지위는 아니었다. 만약 뱅골 지방이 영국 왕에 의하여 병합된다면 그 행위는 무갈제국에 대한 완전한 주권 침해가 될 것이므로 둘째의 가능성도 적절한 방법이 될 수 없었다. 따라서 영국의 정부와 의회가 선택할 수 있는 조치는 셋째의 가능성을 점차적으로 실현해 가는 것이었다.

1773년에 인도 통치 규제법 the Regulating Act이 영국의회를 통과하였는데 이 법은 동인도 문제를 〈규제하기 위하여〉 제정되었기 때문에 붙여진 이름이었다. 동인도회사는 그들이 소유해 온 모든 특권이 당장 허물어지고 그 권한은 결국 국왕에게로 넘어 갈 것을 우려하면서 반대하였다. 유명한 자유주의적 의회주의자이며 정치사상가인 에드먼드 버크 Edmund Burke도 이 조치의 원리가 〈국민의 권리, 국민의 신앙 및 국민의 정의에 대한 위반〉[1] 이라고 비판하였지만 압도적인 지지로 의회를 통과하였다.

인도 통치 규제법은 한 마디로 총독정치를 실시하기 위해 규정한 법이었다. 이 법에 따라 1명의 총독과 4명의 참사위원을 두며 이들이 뱅골, 비하르 및 오리싸 지방의 민사 및 군사 행정은 물론 징세 업무를 관리하도록 하였다. 총독과 참사위원회는 마드라스, 봄베이 등의 행정을 감독하고 통제할 권한을 가지며 이들 지역이 총독과 참사위원회의 동의 없이는 인도의 원주민 세력과 개전(開

---

1) A. Keith, *A Constitutional History of India*, London, 1976, p. 70.

戰) 및 선전포고를 발하거나 또는 평화조약을 체결할 수 없게 되었다. 총독과 참사위원은 동인도회사의 근거지인 벵골 지방의 윌리엄 성(城)에 도착한 때부터 5년 동안 재임하도록 하며 국왕의 명령이나 동인도회사 이사회의 결의에 의하지 않고는 재임 기간 동안에 면직당하지 않도록 규정하였다.

인도 통치 규제법은 또한 윌리엄 성에 1명의 재판장과 3명의 판사로 구성되는 최고사법재판소를 설치하도록 규정하였다. 이들 판사는 영국이나 아일랜드 고등법원의 법정(法廷)변호사 가운데서 영국왕이 임명하며 적어도 5년간 재직하도록 하였다. 최고사법재판소는 모든 민사, 형사, 해군 및 종교 재판권을 행사할 권한을 가지며 사법권은 벵골, 비하르 및 오리싸 지방에 거주하는 모든 영국인과 동인도회사의 보호 아래에 있는 사람에게 적용되었다. 재판장이나 판사가 규제법을 위반하거나 직무를 수행하는 데 있어서 범죄나 부정행위를 저질렀을 경우에는 본국의 고등재판소에 제소하도록 되었다.

인도 통치 규제법이 제정되기 이전에는 인도 통치를 위한 뚜렷한 체제가 세워져 있지 않았었다. 지사와 9명으로 구성된 위원회가 벵골 지방을 다스렸지만 그들의 권한도 분명하게 규정되어 있지 않았다. 그런데 이제는 규제법에 의해서 마드라스 및 봄베이 등은 조약의 체결이나 전쟁을 독자적으로 수행할 수 없다는 점에서 벵골에 예속된 것이다. 더욱이 지사들은 동인도회사의 행정, 세무 및 이익에 관련된 모든 조치에 대한 정보를 정기적으로 총독에게 보내야 했다.

따라서 인도 통치 규제법은 아직 시작하는 단계였지만 영국의 지배권이 미치는 지역을 어느 정도 하나의 최고통치권에로 예속시켰다. 이는 영령인도를 통일된 지배 아래서 다스리게 되는 제1차적인 거보(巨步)였던 것이다. 규제법의 중요성은 처음으로 의회가 동인도회사에 대한 지배권을 주장한 점과 지금까지 회사원들의 원주민에 대한 비행을 방관만하던 의회가 인도 국민에 대해서도 관심을 나타내기 시작했다는 점에 있다고 할 것이다.

2 워렌 헤이스팅스 총독의 토후국에 대한 정책

인도 통치 규제법은 초대 총독과 참사위원들의 명단을 밝히고 있는데 총독에는 벵골 지사였던 워렌 헤이스팅스(Warren Hastings, 재임 1774-1785)가 임명되었다. 그는 2년 전 벵골 지사로 부임할 때까지 이미 인도에서 22년 동안 동인도회사 직원으로 일해 왔었다. 워렌 헤이스팅스 초대 총독은 당시 동인도회사가 치유해야 할 병폐와 또 자신이 해야 할 일을 알고 있었지만 그의 권한 행사에는 한계가 있었다. 규제법은 벵골을 비롯한 영국 지배 아래에 있는 모든 지역의 전반적인 행정을 총독과 참사위원회에 일임하였지만 모든 문제는 다수결의 원칙에 따라 결정하도록 규정하였다. 총독도 참사위원과 마찬가지로 한 개의 투표권밖에 행사할 수 없었으므로 참사위원들과 원만한 관계에 있지 못했던 워렌 헤이스팅스로서는 그의 개혁이 번번이 벽에 부딪치는 상황이었다.

워렌 헤이스팅스 총독의 인도 원주민 세력에 대한 정책은 방어정책으로 일관하였다. 클라이브 이후 인도에서의 외교정책은 영토의 확장에 있는 것이 아니라 이미 얻은 지역내에서 평화를 유지하면서 상업적 이익을 조심스럽게 확보해 나가는 것이었다. 동인도회사는 플라시 전쟁 이후 약 50년 동안은 팽창정책을 회피하고 토후국들과 상호방위조약을 맺어 왔었다. 동인도회사가 방어정책을 취한 현실적인 이유는 전쟁이 일어나면 세금을 전비로 지출해야하며 그렇게 되면 그들의 상업적 투자액이 감소될 것을 잘 인식하고 있었기 때문이다.

워렌 헤이스팅스 총독의 원주민에 대한 정책으로서는 많은 비판을 받게 되었던 로힐라Rohilla 전쟁과 큰 고심거리였던 마라타와의 분쟁을 살펴볼 필요가 있다. 로힐칸드Rohilkhand는 히말라야 기슭에서 오우드의 서북쪽에 뻗어 있는 비옥한 나라로서 주민의 대부분은 힌두였지만 지배 인종은 원래 아프가니스탄에서 이주한 로힐라인이었다. 로힐칸드는 면적이 고작 1만 2천 평방마일이었고 인구는 약 6백만 명의 소국이었다. 한편 이웃하고 있는 오우드는 면적과 인구에 있어서 로힐칸드에 비해 2배나 컸지만 두 나라가 모두 마라타족에게 위협을 느끼고 있었으므로 공수동맹(攻守同盟)을 맺고 있었다. 조약의 내용에는 마라타족이 로힐칸드를 침범할 경우 이들을 축출하는 일은 오우드의 토후가 책임지며, 마라타족이 물러가면 로힐칸드는 오우드에게 4백만 루피를 지불하기로 되어 있었다.

마라타족이 1773년 로힐칸드로 공격해 왔으므로 토후 하피즈 라흐마트Hafiz Rahmat는 오우드의 도움을 청하였고 오우드의 토후 수자 웃 다울라는 앞서 체결한 동맹조약을 이행하기 위해서 영국군과 합세하여 로힐칸드에 출병하였다. 그러나 마라타족의 주력부대는 갠지스 강 건너편에 포진하고서 더 이상 진격해 오지 않았다. 결국 마라타족은 오우드군과 영국군의 시위 때문이었는지 충돌없이 물러갔다. 오우드는 곧 로힐라에게 약정액 4백만 루피의 지불을 요청하였으나 로힐칸드의 라흐마트는 지불 이행을 회피하였다.

오우드의 토후인 수자 웃 다울라는 조약 위반에 대한 응징으로 로힐라를 공격하기 위하여 워렌 헤이스팅스 총독에게 5백만 루피의 지불을 조건으로 영국군의 지원을 요청하였다. 총독은 이 제의를 받아들였는데 그는 영토 확장에 따른 어려움을 겪기보다는 차라리 손쉬운 금전을 취득함으로써 동인도회사의 궁핍한 재정을 타개하는 것이 현명한 방법이라고 판단하였다. 오우드의 요청에 따라 영국군은 8개 중대의 병력을 파견하였으며 연합군은 로힐칸드

를 공격하였다. 로힐라군은 용감하게 항전하였으나 중과부적으로
다수의 사상자를 내고 패배하였으며 토후 라흐마트도 끝까지 싸우
다가 전쟁터에서 옥쇄하였다. 전사한 토후의 아들이 오우드와 동
인도회사에게 8백만 루피의 지불을 약속하면서 로힐칸드의 전역을
유지할 수 있도록 간청하였으나 연합군측은 이를 묵살하고 로힐칸
드의 대부분을 오우드가 병합해 버리고 말았다.

　워렌 헤이스팅스 총독이 로힐라 전쟁에 개입했던 것은 동인도회
사의 재정난을 타개하는 방책으로 채택되었지만 거기에는 또 다른
이유가 있었다. 동인도회사는 강력한 위세를 떨치고 있는 마라타
를 두려워하고 있었으므로, 오우드를 완충국으로 확대시킴으로써
자체의 안전도를 강화하려는 계획이 워렌 헤이스팅스가 로힐라 전
쟁에 참여한 주요한 목적이기도 하였다. 그렇지만 약소 민족의 파
멸을 강요한 총독의 로힐라에 대한 정책은 동인도회사에게는 재정
적 도움을 주었다고 하더라도 원주민의 인권을 유린하고 파멸로
몰아넣은 가혹한 처사였다는 비난을 면할 수 없게 되었다.

　한편 18세기 중엽 마라타족이 인도 전역을 지배할 듯한 기세는
아프간족과의 쟁패전이었던 1761년의 빠니파트 Panipat 전투에서
패배함으로써 꺾이고 말았다. 그렇지만 광대한 지역을 장악하고
있던 마라타는 이 전쟁에 의해서 제기할 수 없을 정도로 아주 궤
멸된 것은 아니었다. 아프간족이 물러갔으므로 마라타족은 재빨리
그들의 패세를 만회하여 인도에서 가장 강력한 세력으로 떠오르고
있었다.

　봄베이의 동인도회사 측은 주변지역을 얼마간 소유함으로써 그
들의 항구에 대한 방비를 강화하려고 계획하였으므로 자연히 데칸
고원의 뿌나에 근거지를 두고 있던 마라타족과 대립하게 되었다.
마라타는 남인도의 유수한 세력인 하이데라바드 및 마이소르와 연
합하여 영국에 대항하였으므로 워렌 헤이스팅스 총독은 벵골로부
터 지원군을 파견하였다. 영국군은 인도의 중심부를 횡단하여 요

충지 바쎄인 Bassein을 장악하였으며 또한 일반적으로 난공불락의 요새로 생각되었던 그왈리오 Gwalior를 함락시켜 영국군의 승리를 확정지었다. 살바이 Salbai 조약에 따라 마라타는 동인도회사에게 약간의 영토를 할양하고 30만 루피를 지불하였다.

7년 동안에 걸쳐서 지지부진하게 계속되었던 마라타 전쟁을 통하여 동인도회사는 오직 봄베이 부근의 요충지인 살세트 Salsette만을 얻었을 뿐, 많은 전쟁 비용의 지출에 비하여 실질적인 소득은 거의 없었다. 워렌 헤이팅스 총독은 마라타 전쟁으로 인하여 심각한 재정적 타격을 받게 되었으며, 그 후 궁핍한 재정을 타개하기 위하여 주변의 약소 민족을 압박하게 된 것은 후일 영국의회에서 그의 정책에 대한 극렬한 비난의 소리를 불러 일으키도록 만들었다. 그러나 살바이 조약은 동인도회사와 마라타와의 관계를 분명히 규정함으로써 이후 20년 동안은 분쟁없이 평화적인 관계를 유지하게 되었다. 또 이 조약으로 말미암아 동인도회사가 인도에서 지배적인 세력으로 승격하게 된 것은 워렌 헤이스팅스 총독이 추진한 정책의 커다란 공헌이라고 볼 수 있다.

워렌 헤이스팅스 총독의 인도 원주민에 대한 정책도 독자적인 판단에 의해 추진되었던 것이 아니고 런던 동인도회사 이사회의 직접적인 간섭을 받아왔다. 워렌 헤이스팅스는 그의 사신(私信)에서 〈이사회는 동인도회사의 이익을 위해서 어떤 세력과도 대립하는 것을 바라지 않았으며 그러면서도 그들이 보내온 첫번째 지시는 인도의 여러 세력에 대한 간섭을 절대적으로 금하라는 내용이었고, 두번째 것은 인도의 제일 세력인 마라타족에 대해서는 간섭하고 개전하라는 명령이었다〉[2]라고 밝히고 있다. 따라서 동인도회사가 인도에 대하여 내정 간섭과 영토 확장을 자제한 것은 회사 자체의 안전한 이익을 확보하기 위한 태도로 보아야 할 것이며 영

---

2) A. Keith ed., *Speeches and Documents on Indian Policy*, Vol. I. Oxford, 1962, p. 92.

토의 안전이 위협을 당하거나 이권이 침해를 받을 우려가 있을 때는 인도의 토후세력에 대한 내정 간섭과 영토 침략도 불사하였다는 것을 알 수가 있다. 영국군이 원주민과 싸워 승리할 수 있었던 것은 원주민 세력들이 분열되어 있었고 동인도회사 측은 성능 좋은 신무기와 함께 잘 훈련된 장교와 세포이를 보유하고 있었기 때문이었다.

3 세제 및 사법 개혁

동인도회사가 뱅골 지방의 징세권을 장악한 이후 주요한 세원(稅源)으로는 토지세, 염세(鹽稅), 관세, 소비세 및 재산세 등이 있었다. 물론 인도의 국고 수입의 주원은 토지세였다. 따라서 토지소유제도 및 징세 방법은 통치에 있어서 근본적인 중요성을 띨 뿐만 아니라 가혹한 과세는 국민생활을 파탄으로 몰고 갔으며 공정한 징세는 선정(善政)이라는 이름으로 기록되게 되었다.

뱅골 지방의 토지세는 세습적인 대리인에 의해 징수되었는데 그는 행정부와 토지 경작자와의 중간에 서서 세금을 징수하며 한편으로 여러 지역에 걸쳐 토지를 소유하고 있었다. 이들 세습적인 대리인을 자민다르 Zamindar 라고 불렀으며, 그들은 무갈제국의 토지귀족으로서 처음에는 어떤 지역에 세습적인 이권과 특권을 가지고 있는 단순한 세무관리로 생각되었으나 나중에는 토지를 소유할 수 있게 되었다. 한편 각 마을에는 촌장이 있어 자민다르의 대리인으로 행동하면서 토지세를 할당하고 징수하는 일을 도왔다. 뱅골 지방의 토지는 가끔 국가에 의해서, 또는 자민다르에 의해서, 때로는 경작자에 의해서 소유권이 주장되어 토지소유권의 소재가 매우 모호하였다. 자민다르는 대대로 그들의 토지를 소유하여 왔고 실제로 민사적 및 형사적 사법권을 가지고 있는 봉건 영주였으며 경작자로부터 관례에 따라 지대를 받아들일 권한을 가지고 있었다. 농민들은 소득 가운데 고정액을 자민다르에게 납부해 왔는데 그 액수는 전통적으로 총소출의 3분의 1정도였다. 자민다르는 그가 갹출한 액수 가운데서 10분의 9를 국가에 납부하고 10분의 1을 자신의 수고에 대한 보상으로 남겨놓았다. 자민다르는 세금의 징수 뿐만 아니라 지방의 공공질서에 대한 책임까지 지고 있었으므로 벵골 지방의 귀족이었던 자민다르는 징세관이며 치안판사이며 지방 유지이며 동시에 자산가였다.

위렌 헤이스팅스는 아직 벵골 지사로 있을 때 세제개혁 문제에 부딪혔다. 본국의 동인도회사 이사회에서 보내온 지시에 따라 참사위원들은 벵골 지방을 두루 순회한 다음 보고서를 제출하였는데 여기에서 제시한 세제의 방향이 토지세의 징수를 5년 동안 위탁하는 내용이었다. 위렌 헤이스팅스는 지사에 부임한 직후 이사회가 토지세를 인상시키라고 거듭 요구해 오므로 이 문제를 올바로 검토할 여유도 없이 무리한 개혁에 착수하게 되었던 것이다.

1772년 말 벵골 지방에는 〈5년간 정액제〉가 채택되어 토지는 공매에 부쳐졌는데 이 방법은 실제적으로 지가(地價)를 알 수 있는 기회를 마련해 주었다. 최고 경매자에게 세금 징수를 위탁하게 되자 전통적인 자민다르의 권리가 무시되고 농민들은 부담 가능액 이상을 납부해야만 하였다. 자민다르는 경매에서 탈락할 경우 선조 때부터 여러 세대 동안 소유해 왔던 특권을 내놓아야만 하였다. 농민들은 그들이 지불할 수 있는 액수 이상을 납부하였으며 5년 정액제의 기간이 만료될 때쯤 해서는 체납자가 250만 명이나 되었다.[3] 농민들은 체납액을 지불하지 못하면 동인도회사 직원들이 심한 압박을 가했으므로 농민들 사이에는 이농하는 현상이 일어났고 이에 따라 농지는 황폐화되어 갔으며 징세는 실효를 거두

---

3) P. Roberts, *History of British India*, Oxford University Press, 1977, p. 227.

지 못하였다.

폐단이 많던 5년 정액제가 1777년으로 만료됨에 따라 또다시 1
년 정액제를 채택하게 되었다. 경매제도는 수정되었고 우선권이
다시 세습적인 자민다르에게 주어졌다. 이제 토지는 5년 동안 빌
려준 것이 아니라 해마다 임대하게 되었으며 새로운 징세액은 지
방위원회에서 개략적으로 산정하였다. 토지를 매년 자민다르에게
임대해 주는 제도는 1778년부터 시작하여 워렌 헤이스팅스 총독에
의한 두 번에 걸친 개혁의 시도가 있었지만 뚜렷한 결실을 얻지
못하였다. 따라서 토지 세제에 대한 근본적인 개혁은 다음 총독에
게로 넘어가게 되었다.

한편 동인도회사 직원들이 계속 사무역에만 몰두하였으므로 동
인도회사의 재정은 점점 타격을 받게 되었다. 특히 인도내의 교역
에 있어서 영국인에게 주어진 면세특권은 원주민의 상업을 파탄의
경지로 몰아넣었다. 인도인의 생활이 재정적인 파탄의 위기에 이
르게 되면 이들과 교역하고 있는 동인도회사의 이익도 심한 타격
을 받을 것은 자명한 일이었다.

워렌 헤이스팅스 총독은 1775년 상업적인 개혁의 필요성을 절실
히 느끼고 동인도회사 직원들의 물품이 면세 통관되는 악습을 철
폐하였다. 그는 상품의 자유 유통에 커다란 장애물이 되었던 많은
세관을 폐쇄하고 단지 다섯 지역 즉 캘커타, 후글리, 빠트나, 무르
시다바드 및 다카에 소재한 세관만을 남겨 놓았다. 그리고 지금까
지의 인도인과 영국인에게 차등 부과되었던 불공평한 과세 규정을
철폐하고 소금, 담배 등 전매품을 제외한 모든 물품에는 한결같이
세율을 2.5%로 규정하였다. 이제 영국인이나 인도인을 막론하고
동일한 세율 아래에서 자유로이 교역에 참여할 수 있게 되었다.
이 조치는 매우 중대한 것으로서 역대 벵골 지사들이 곤란을 겪어
왔던 문제가 비로소 해결을 본 것이었다. 이 조치에 의해 인도 원
주민의 내지무역이 다시 활기를 띠기 시작하였으며 불공평한 경쟁

이 사라지고 영국인들의 부당 취득도 줄어들게 되었다.

사법제도의 개혁은 인도 통치 규제법의 조항에서도 뚜렷이 나타난 바와 같이 괄목할 만한 진전을 보였다. 동인도회사가 사법권을 다루기 이전에 벵골 지방에 존재했던 재판제도는 즉결 재판이었다. 형사 재판을 다루는 우두머리는 지방의 자민다르였다. 자민다르는 사형 언도까지 내릴 수 있었으나 집행만은 벵골 주 수도인 무르시다바드 당국의 명령에 의존하였다. 또 자민다르는 동시에 민사 재판소의 심판관이기도 하였으며 피고의 배상액 가운데서 상당액을 지급받았다. 법정에서 적용했던 법규는 『코란』에 규정되어 있는 내용과 회교 법률학자의 해설이었다. 『코란』의 생활 규범 자체가 원래 임의적일 뿐만 아니라 이것의 해설 또한 자의적이었으므로 그 판결은 매우 불공평하였다.

워렌 헤이스팅스가 벵골 지사에 부임한 해인 1772년에 상당한 사법의 개혁이 이루어졌다. 동인도회사가 취득했던 인도의 벵골, 비하르 및 오리싸 지방을 여섯 개의 지구로 나누고 각 지구에는 고급관리 5명으로 위원회가 조직되어, 징세관이 누려왔던 관리와 세무에 대한 지배력을 행사하였다. 그들은 지방민사재판소를 감독하도록 하였는데 이 재판소는 동산, 상속, 결혼, 채무 및 계약 등 모든 민사 사건을 다루기 위해 창설되었다. 채권자가 채무자에 대하여 사법권을 행사하는 관례는 철저히 금지되었지만 농민들이 재판관을 찾아 헤매이는 부담을 덜어주기 위해서 10루피 이하의 소액에 해당하는 사건은 촌장(村長)에게 재판권을 위임하였다. 원주민의 관습이나 종교 문제에 있어서는 모슬렘에게는 『코란』이, 힌두에게는 힌두 경전 『샤스트라 Shastra』가 구속력을 가졌으며 회교 법률박사와 브라만계급의 도움을 얻어 법규를 유권해석하고 판결을 내렸다. 지방 형사재판소는 오직 모슬렘으로 구성되며 일반 범죄를 판결하였다. 여기에서도 지방의 민사 재판관과 회교 법률 해설자의 도움을 얻어 재판을 진행하였다.

위렌 헤이스팅스는 지방재판소로부터의 항소 사건을 다루기 위하여 캘커타에 상고 민사재판소 Sadr Diwani Adalat와 상고 형사재판소 Sadr Nizamat Adalat를 설치하였다. 전자는 총독과 2명의 참사위원이 통할하였으며 지방재판소에서의 항소 사건은 지방위원회의 장(長)을 통하여 상소하였다. 후자의 재판관은 인도인이었으며 지방의 수석 민사 재판관, 회교법 해설자 및 3명의 법률박사의 도움을 얻어 항소 사건을 처리하였다.

인도 통치 규제법에 의해 설치된 최고재판소는 재판장과 3명의 배석 판사로 구성되었으며 이들은 영국 고등법원의 변호사로 근무했던 사람 가운데서 임명하였다. 최고재판소는 국왕의 명령에 의해 설치되었으므로 동인도회사 직원들의 비행을 그 결과에 대하여 두려워 함이 없이 처벌할 수 있었다. 최고재판소의 설치 목적은 영국인들의 부패와 부정행위를 막는 데 있었다. 최고재판소의 사법권은 뱅골, 비하르 및 오리싸 지방에 거주하는 영국인과 동인도회사에 고용된 사람에게 미쳤으며, 영국인의 인도인에 대한 소송은 피고의 동의가 있을 때에만 심리되었다.

4 피트법과 총독 권한의 강화

위렌 헤이스팅스 총독은 참사위원들과의 불화로 일관성 있는 정책을 추진하기 어려운 형편에서도 괄목할 만한 개혁을 이루었다. 총독의 몇몇 토후에 대한 압박과 수탈 행위는 영국 의회에서 격렬한 비난을 받았으며 자유주의 사상가인 에드먼드 버크는 위렌 헤이스팅스 총독이 〈국위를 손상시킨 데 대해 영국 하원의 이름으로, 권리와 자유가 침해당한 데 대해 인도 국민의 이름으로〉[4] 그를 고발하였다. 7년 동안이나 계속된 위렌 헤이스팅스 총독에 대

---

4) A. Keith ed., 앞의 책, Vol. I. pp. 154-155.

한 탄핵재판은 재판관이 연 180명이 교체되는 등 대사건이었으나 총독은 결국 모든 혐의에서 풀렸다. 그것은 워렌 헤이스팅스 총독이 행한 몇몇 사건은 비난받을 점이 많았지만 그가 토후들로부터 취득한 금액을 사취하지는 않고 동인도회사의 재정난을 타개하고 군비에 충당한 점이 참작되었기 때문이었다.[5]

워렌 헤이스팅스가 추진했던 개혁은 다음으로 부임하게 된 콘월리스(Lord Cornwallis, 재임 1786-1793) 총독에 의해 보완되었다. 워렌 헤이스팅스 총독이 자신의 정책을 의욕적으로 추진해 나갈 수 없었던 것은 인도 통치 규제법의 제약 때문이었다. 인도 통치 규제법은 벵골 지방의 전반적인 행정을 총독과 4명의 참사위원에게 위임하였지만 모든 문제는 출석위원의 다수결에 따르도록 규정하였다. 초대 참사위원은 총독이 추천했던 사람들이 아니고 규제법에 4명의 위원 이름을 명시해 놓았었다. 워렌 헤이스팅스 총독은 처음 몇 년 동안 대부분의 정책 결정에 있어서 참사위원들과 대립하였다.

워렌 헤이스팅스 총독에 대한 탄핵 재판을 계기로 영국내에서는 인도에 대한 관심이 고조되었으며 총독의 권한의 강화와 동인도회사에 대한 영국 정부의 철저한 통제의 필요성을 강조하게 되었다. 인도 통치 규제법이 지니고 있던 취약점을 보완하려는 의도에서 윌리엄 피트 William Pitt 정부가 1784년의 동인도회사법(the East India Company Act, 1784)을 통과시켰는데 이 법을 보통 피트법이라고 불렀다. 이 법에 따라 국왕이 임명하는 6명의 인도 문제위원회가 조직되었는데 재무상과 다른 1명의 주요 각료 및 네 명의 추밀원 의원으로 구성되었다. 이 기구는 감독국(監督局, Board of Control)이라는 명칭으로 통용되었으며 동인도 문제에 대한 실권을 행사할 수 있는 기구의 위원이 행정부의 각료라는 점

---

5) 졸고, 「영국의 초기 인도통치에 관한 연구-Warren Hastings시대를 중심으로」《사총》14호, 고려대 사학회, 1969, pp. 87-91.

을 고려할 때 동인도회사는 의회보다도 정부의 간섭을 받게 되었다. 감독국은 동인도에 소재한 영국 영토의 민사적 및 군사적 행정과 세정(稅政)에 관련된 모든 사항들을 감독하고 지휘하고 통제할 수 있는 권한을 갖게 되었다.

피트법을 계기로 영국의 인도에 대한 통치는 상업적인 지배에서 정치적인 지배체제로 변모하게 되었다. 동인도회사는 이제 상업적인 이익을 추구했던 상인 집단으로서 보다는 오히려 영국정부의 정치적인 예속 기관으로 존재하게 되었다.

총독의 참사위원에서의 권한과 총독정부의 예하주(隸下州)에 대한 권한도 어느 정도 신장되었다. 참사위원은 4명에서 3명으로 축소되었으며 그 가운데 1명은 군사령관으로서 총독 다음의 서열에 있었다. 참사위원회에서 의견이 양분되었을 때 총독은 두 사람의 발언권, 혹은 결정 투표권을 행사할 수 있었다. 마드라스 및 봄베이의 주지사(州知事)와 참사위원회도 총독참사위원회와 같은 비율의 인원과 권한을 갖게 되었다. 한편 총독과 참사위원회는 토후세력과의 전쟁이나 평화조약 문제 뿐만 아니라 예하주의 군대 및 세금의 출연(出捐)에 관련된 문제들에 있어서 주정부(州政府)를 통제하는 권한을 갖게 되었다. 따라서 주정부는 총독참사위원회의 허락이나 지시가 없이는 원주민 세력과 협상을 추진할 수 없었다.

피트법이 규제법의 미비점을 크게 보완하고 있었지만 아직 총독이 그의 정책을 소신껏 수행해 나가기는 미흡했다. 피트 수상은 먼저 마드라스 주지사 메카트니 George Macartney에게 인도 총독의 자리를 제안하였으나 메카트니는 총독에게 참사위원회를 무시할 수 있고 동인도회사의 군대에 대한 최고지휘권이 부여되지 않는 한 받아들일 수 없다고 거절하였으므로 다음에 콘월리스에게 접근하였다.

콘월리스는 미국 독립전쟁에 영국군 지휘관의 한 사람으로 참전하였으나 요크타운 전장에서 조지 워싱턴 George Washington 장군에게 항복한 불명예를 지니고 있었지만, 청렴결백하고 성실하고 공공심이 강한 인물로 알려져 있었으므로 피트 수상이 그를 인도 총독으로 발탁하였다. 콘월리스는 메카트니가 제시했던 권한이 충족된다는 조건에서 총독직을 받아들였으므로, 피트법을 보강하기 위해서 감독국의 의장 둔다스Henry Dundas가 중심이 되어 〈1786년 개정법〉을 통과시켰다.

이 법에 따라 총독은 특별한 경우에 한하여 참사위원회의 의견을 무시할 수 있으며 또한 동인도회사의 군 최고사령관직을 겸할 수 있게 되었다. 따라서 총독의 권한은 이제 자신의 정책을 충분히 펴나갈 수 있을 만큼 강화되었다.

5 콘월리스 총독의 사법 개혁과 영구정액제

콘월리스 총독은 피트 수상의 신임을 얻고 있었으며 감독국 의장인 둔다스와도 절친한 사이였다. 또 그는 런던에 있는 동인도회사 이사회의 지지를 받고 있었다. 총독의 권한이 강화되었다고 하더라도 본국에서 명령 지휘하는 감독국 및 이사회와 마찰을 일으킨다면 인도에서 개혁을 원만히 수행해 나갈 수 없는 일이었다. 이러한 면에서도 콘월리스는 워렌 헤이스팅스보다 자유롭고 유리한 조건에서 그의 개혁안을 추진해 나갈 수 있었다.

콘월리스 총독은 사법제도의 개혁에 있어서 먼저 민사 문제와 관련하여 궁극적으로 세무와 사법 사무를 분리함으로써, 징세관으로부터 재판권을 박탈하는 조치를 취하였다. 원래 징세관은 지방의 세무는 말할 것도 없거니와 민사 재판권까지 관할해 왔던 것이 무갈제국의 관례였고 동인도회사가 뱅골과 그 주변지역을 통치한 후에도 이를 그대로 답습하였다. 사법 사무를 겸하고 있는 상태에서는 징세관의 관심은 오직 세금 징수에 있었다. 재판관의 지위로서는 그에게 봉급이 주어지지 않았으며, 징세는 그의 수입과 밀접한 관련을 갖고 있었다. 세금 징수를 등한시하였을 경우 자신에게 돌아오는 수수료의 감소는 말할 것도 없거니와 그는 당국의 불만과 감사(監査)의 화살을 받아야 했다. 징세관은 사법 사무를 계속 미루었으므로 제소인은 그냥 기다릴 수밖에 없었으며 따라서 소송 사건의 적체 현상은 심각한 상태에 이르렀다. 콘월리스 총독은 당시 소송 사건이 6만 건 이상이나 미결 상태로 남아 있다는 것을 지적하면서 이와 같은 현상은 소송 의뢰인에게는 파멸적이고 정의의 목표를 좌절시키며 국가 번영의 기초를 위태롭게 할 뿐이라고 우려하였다.[6]

콘월리스 총독은 징세관으로부터 사법 사무를 제외시킴으로써 징세관은 이제 전적으로 세무 관리에만 전념하게 되었다. 따라서 모든 사법 사무는 지방재판소로 넘어가게 되었으며 심지어 세무 소송까지도 일반 판사의 소관으로 넘어가게 되었다. 콘월리스는 계류중인 소송 사건이 산적한 상태이고 또 항소심을 다루는 캘커타 항소 법원까지는 거리상으로 너무 멀다는 점을 고려하여 빠트나, 다카 등 네 곳에 주법원(州法院)을 신설하고 지방재판소에서 불복 항소한 사건들을 처리하였다. 이들 주법원은 지방재판소와 상고 민사재판소의 중간적인 지위에서 소송 사건을 처리해 나갔다. 한편 사법권의 범위는 동인도회사의 지배권이 미치는 지역의 모든 인도인과 유럽인에게까지 확대되었다.

콘월리스 총독은 더 나아가 인도인으로부터 형사 재판권을 박탈해 버리려고 계획하였다. 사법제도에 있어서 원래 민사 문제는 동인도회사의 주재관(駐在官)이 장악하고 있었지만 형사 업무는 인도인의 소관이었다. 총독은 형사 재판권을 모슬렘에게 일임한 것이, 그들의 부정을 조장시키는 소지를 마련해 주며 그 결과 소송

---

6) B. B. Misra, *The Central Administration of the East India Company 1773‒1834*, Oxford University Press, 1959, pp. 245‒266.

사건을 처리하는 데 장기간을 소요하게 만든다고 생각하였다. 총독은 동인도회사가 지배하는 전역을 35개에서 23개 지방으로 개편하고 각 지방재판소는 1명의 영국인 판사가 통할했으며, 2명의 영국 관리가 다스리는 순회재판소는 4개조로 편성되어 모든 지방을 1년에 두 차례씩 순회하면서 형사 사건을 재판하였다.

콘월리스 총독은 클라이브 시대 이후 형사재판권을 맨 위에서 총괄했던 무하마드 레자 칸Muhammad Reza Khan을 해임시키고 그가 주관했던 항소 형사 법원도 무르시다바드에서 캘커타로 이전해 버렸다. 모슬렘에게 일임하였던 이 항소 형사 법원은 총독과 참사위원으로 구성되게 되었으며, 모슬렘 법률 관리인 카지Qazi와 회교법 해설자인 2명의 무프티Mufti의 도움을 받아 재판을 진행하게 되었다. 법원의 행정 사무를 전담하는 서기직에도 영국인 주재관을 임명하였으므로 이제 항소 형사 법원도 항소 민사 법원과 마찬가지로 총독과 참사위원들이 그 재판 진행을 담당하였다.

콘월리스 총독이 인도인을 관직에서 추방해 버린 조치는 사법분야에서 뿐만 아니라 일반 행정직에서도 광범하게 볼 수 있는 현상이었다. 인도인에 대한 불신감에서 발로한 원주민의 공직에서의 철저한 제외정책은 인도인으로 하여금 이민족의 지배에 대한 저항감을 갖게 만들었고 그의 결백한 생활태도와 정책의 선명성을 흐리게 만들었던 것이다.

콘월리스 총독은 경찰권에 대한 개혁도 단행하였다. 경찰권은 도시에서는 코뜨왈(Kotwal ; 경찰서장)에게, 그리고 시골에서는 자민다르에게 부여되어 왔었다. 코뜨왈의 의무는 말할 것도 없이 도시의 평화와 공공질서를 유지하는 것이었다. 자민다르는 무갈제국 이후 동인도회사가 벵골 지방을 지배한 후에도 징세권과 사법권을 행사해 왔는데 총독은 이들로부터 경찰권을 빼앗아 버리고 새로운 제도를 마련하였다. 새로운 경찰제도는 지방을 약 20-30평방마일의 크기로 나누어 경찰관할구Thana로 만들고 이를 총괄하는 다로가(Daroga ; 지방경찰서장)를 두었다. 다로가는 수석치안 판사이기도 한 지방법원 판사에 의해 임명되었는데 그의 의무는 범인을 체포하여 치안판사에게 호송하는 것이었으며 직접 형량을 선고하거나 처벌할 수는 없었다. 향리(鄕里)의 경찰 업무를 맡아 왔던 초끼다르Chaukidars는 다로가의 명령에 따랐으며 이 하위 (下位) 경찰은 범인을 체포하고 도둑이나 부랑아들에 대한 정보를 제공하여 다로가를 도왔다.

콘월리스 총독이 추진하였던 개혁 가운데서 최대의 업적은 토지 세 징수에 있어서 확고한 기준을 세워 놓은 데 있었다. 그는 세제 개혁에 대한 기초 작업을 위하여 세무위원회를 조직하였는데, 이 위원회는 1명의 총독참사위원과 4명의 고위 주재관으로 구성되었 으며, 이 위원회가 해야 할 일은 토지 보유 기간의 확정, 세금의 부과 및 징수에 관한 연구였다. 3년 동안의 연구 끝에 세무위원회 가 정부로 하여금 검토해 볼 수 있는 방안으로 세 가지를 제시하 였다. 첫째, 토지를 농민과 직접 해결하는 방안, 둘째, 총독정부가 지명하는 사람에게 임시로 토지를 임대하는 방안, 셋째, 자민다르 의 지주권(地主權)을 인정하고 이를 기본으로 하여 토지를 그들과 해결하는 방안 등이었다.

첫째 방안은 징세관의 경험과 지식 부족으로 또 세무성이 여러 지역의 세무를 효과적으로 통제할 수 없다는 의미에서 실행 불가 능한 것이었다. 둘째 방안은 공매나 타협에 의하여 세금 징수를 책임맡는 것인데, 이는 경작자나 정부측에게 모두 불리하다는 것 이 경험에 의해 증명되었었다. 따라서 셋째 방안만이 유일하게 채 택될 수 있을 것이라는 의견을 세무위원회가 제시하였다.

콘월리스 총독은 1793년에 이른바 영구정액제(永久定額制, Per-manent Settlement)의 실시를 공포하였다. 총독은 몇해 전부터 준비 단계로 토지의 10년간 보유제를 도입하였다. 그 결과 보유 기간이 확정됨에 따라 세수액(稅收額)이 오히려 증가하였으므로 본국의 감독국과 이사회는 매우 호의적인 반응을 보였다. 여기에 고무된 콘월리스는 지난 몇 년 동안 10년간 보유제에 의해 징수했던 세금 액수의 평균액을 고정 징수액으로 규정하는 영구정액제를 발표하게 된 것이다. 동인도회사의 이사회나 총독이 영구정액제를 추진하는 데는 세수액을 증대시키고 토지세제(土地稅制)를 안정시킨다는 기본적인 목적 이외에도 세제의 빈번한 변동에 따른 농민과 자민다르의 불안감을 없애기 위한 의도가 담겨 있었다. 영국 정부나 동인도회사 측에서 볼 때 토지세에 대해 영구적으로 불변의 고정된 액수를 부과할 경우 이는 결국 회사뿐만 아니라 자민다르와 농민 모두에게 이익이 돌아가는 것으로 평가하였다.

영구정액제의 실시에 관해서는 대체로 많은 찬사가 뒤따랐지만 비난의 소리도 있었다. 영령인도 경제사 분야에서는 고전으로 평가되는 저서를 남긴 국민회의 지도자의 한 사람인 더트Romesh C. Dutt는 영구정액제의 실시야말로 인도의 번영을 가져올 수 있는 계기를 마련해 주었다고 찬사를 보냈다. 영구정액제는 영국이 인도를 지배하기 시작한 이후 국민의 경제적 번영을 가장 효과적으로 보호한 영국 국민의 행동이었으며, 만약 국민의 번영과 행복이 성공적인 통치의 표본이라면 콘월리스의 영구정액제야말로 영국이 아직까지 인도에서 채택한 조치 가운데서 가장 현명하고 성공적인 것이었다고 말하였다.[7] 그러나 최근에 와서 일부 학자들 사이에는 콘월리스 총독의 영구정액제 실시가 커다란 실책이었다고 주장하는 비판도 있다. 영구정액제는 그 산정액이 10년간 보유제를 실시한 과정에서 사실상 가장 많은 세수를 올렸던 액수에 근거를 두었기 때문에 농민들에게는 관대한 조치가 될 수 없었다는 주장이었다.

영구정액제의 실시에 대한 공과는 한 마디로 단언할 수 없지만

---

7) Romesh Dutt, *The Economic History of India under Early British Rule 1757-1837*, Vol. I. Delhi, 1920, p. 64.

원주민, 특히 인도 민족주의자들이 국민회의의 활동을 통하여 거의 해마다 영구정액제의 확대 실시를 총독정부에 청원하였고 영국 지배가 인도에서 종식될 때까지 이 제도는 그대로 존속되었다는 점에서도 긍정적으로 평가할 수 있을 듯하다.

아무튼 영구정액제의 실시로 세액이 고정됨에 따라 경작자는 징세관의 횡포로부터 벗어날 수 있게 되었으며 납세액을 지불하지 않거나 재산을 은닉하는 등의 습관은 없어지게 되었다. 흉작이 들면 곤경에 처하게 되지만 노력의 여하에 따라 많은 소출을 올렸을 때는 경작자 자신의 수입이 그만큼 증가되는 것이므로 증산 의욕을 크게 자극하였다. 농민들은 경작 가능의 토지를 개발하고 지력(地力)을 북돋우어 생산 증대에 힘썼으며 세제의 안정으로 농촌의 질서가 확립되게 되었다. 그러나 영구정액제는 동인도회사와 자민다르와의 관계만 규정해 놓은 것이었다. 다시 말하면 자민다르에 의해 지불되는 액수만 고정시켰을 뿐이므로 이들이 농민에게 보여 왔던 횡포의 여지는 그대로 남겨놓은 셈이었다.

제 23 장
동인도회사의 영토확장 정책

1   웰슬리 총독의 종속조약(從屬條約) 이론

콘월리스 다음의 존 쇼어 총독(John Shore, 재임 1793-1798)은
인도에 대한 불간섭주의, 불침략정책의 절정기에 부임했던 인물이
었다. 워렌 헤이스팅스 초대 총독에 대한 탄핵재판의 파문이 아직
진정되지 않은 분위기였으므로 인도에서의 영토확장 정책은 감히
상상할 수 없었다. 인도에서의 어떠한 전쟁도 동인도회사의 탐욕
과 야망에 의한 것으로 간주되었으므로 전쟁이나 영토 병합은 영
국의회의 동의 없이는 추진될 수 없는 상황이었다.

동인도회사의 이와 같은 원주민 세력에 대한 불간섭정책을 버리
고 당장 영토확장 정책으로 몰고 갔던 인물이 웰슬리 총독(Mar-
quess of Wellesley, 재임 1798-1805)이었다. 모닝턴 백작Earl of
Mornington이라는 그의 이름이 마이소르Mysore를 패배시킨 후
로는 웰슬리 후작의 칭호로 바뀌게 되었다. 웰슬리는 37세의 젊은
나이로 인도 총독에 임명되었는데, 재능 있고 야망에 가득찬 제국
주의자였다. 그는 고전학자이기도 하고 국회의원을 지낸 인물이었

다. 또 그는 5년 동안 감독국의 위원으로 있었으므로 인도에 도착하기 전에 인도 문제에 대해 상당한 지식을 갖고 있었다. 웰슬리가 총독으로 재임했던 7년 동안은 인도에서 동인도회사가 영국 세력 확장에 있어 신기원을 이룩한 시기였다. 웰슬리 총독은, 상업은 평화를 요구하지만 영구적인 힘을 유지하는 것이 궁극적으로 상업적 이익에 결정적으로 도움이 된다고 확신하였다. 따라서 그는 인도에서 패권을 장악하는 것이 영국의 정치적 목표가 되어야 한다고 생각하였다. 영국의회와 동인도회사 안에서도 전진정책(前進政策, Forward Policy)이 결국에 가서는 경제적으로도 본국에 도움이 된다는 생각을 가진 사람이 많아졌다.

대영제국의 팽창과 방어가 웰슬리 총독이 추진했던 정책의 기조였다. 영토 확장을 꾀하는 데 사용하였던 웰슬리의 정책은 전쟁이나 또는 인접한 토후국을 압박하여 이른바 종속조약Subsidiary Treaty으로 이끄는 외교였다. 종속조약은 병합을 위한 전쟁의 서막이었다. 웰슬리 총독은 원주민의 희생을 강요하는 정책을 추진하면서도 그의 행위가 법률, 혹은 도덕적 규범에 추호도 저촉된다고 보지 않았는데, 그것은 영국의 통치권 확립이 인도 국민에게 도움이 된다고 믿었기 때문이었다. 그는 지금까지의 불간섭정책이 인도국민에게 불행한 시기를 연장했을 뿐이라고 생각하였다.

종속조약이라는 책략에 의하면 인도의 어떤 토후세력도 영국 측의 동의 없이는, 비밀리에 어느 국가와도 협상할 수 없도록 하였다. 웰슬리는 외교 관계의 통제를 대가로, 위협받고 있는 나라의 독립을 보장하였다. 그러면서도 규모가 큰 토후국은 평화를 유지한다는 구실 아래 영국군 장교가 이끄는 군대를 주둔시켜야 하며 주둔군의 유지비를 충당하기 위하여 토후국의 일부를 관리할 권한을 영국 측에게 넘겨주어야만 했다. 따라서 토후국은 영국 총독의 대리인이 지휘하는 군대가 자국(自國)의 수도에 주둔하는 것을 허용한 것이다. 만약 이 토후국이 동인도회사와 반목 상태에 들어간

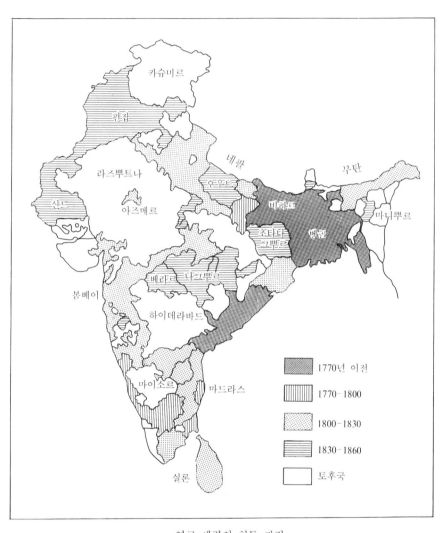

카슈미르

펀잡

라스뿌트나

신드

아즈메르

네팔

부탄

오우느

비하르

벵골

마니뿌르

초타드
날쁘르

베라르 나그뿌르

하이데라바드

봄베이

마이소르

마드라스

실론

■	1770년 이전
▥	1770-1800
▦	1800-1830
▤	1830-1860
□	토후국

영국 세력의 침투 과정

다면 영국의 손길이 자기 나라의 심장부에까지 뻗쳐 있음을 곧 실감하게 되었다. 주둔군에 대한 지원금이 제때에 지불되지 않을 경우 어느 때고 내정간섭의 가능성이 있었다. 조그마한 토후국은 동인도회사에 조공을 하여야 했다. 따라서 토후국들은 영국 측에 예속된 대가로 외적의 공격으로부터 보호될 수 있었다.

웰슬리 총독이 인도에 도착한 후부터 인도의 내정 불간섭과 상업위주의 정책이 급변하여 영토확장 정책으로 나아가고 있지만 이러한 정책 변화의 배경에는 유럽 대륙의 정치적 정세가 결정적인 역할을 하고 있었다. 유럽은 프랑스 대혁명과 나폴레옹 전쟁으로 미증유의 정치적 소용돌이 속으로 빠져들고 있었다. 영국에서는 피트 정부가 프랑스 혁명의 여파와 청년 장군 나폴레옹Bonaparte Napoleon의 강한 도전을 받고 있었다. 더욱이 나폴레옹은 영국과 인도와의 관계를 차단하기 위하여 이집트 원정을 단행하고 있었다. 이 원정은 인도에 대한 중대한 위협을 의미하고 있었으며 나폴레옹은 인도 원정까지 공언하고 있는 형편이었다.

영국과 프랑스가 유럽에서 직접 충돌하고 있는 상황에서 웰슬리 총독의 정책은 우선적으로 프랑스 세력의 흔적을 인도에서 완전히 씻어버리는 것이었다. 인도가 정치적으로 혼란상태에 빠져들어 가면 프랑스 세력이 다시 발을 붙일 수 있는 계기가 될 수도 있으므로 종래의 인도 원주민 세력에 대한 불간섭주의나 세력균형 정책은 적극적인 전진정책으로 대체되어야 했다. 따라서 웰슬리 총독이 처음에 보인 정책은 대불정책(對佛政策) 이상의 것은 아니었다.

2 마이소르의 병합

당시 인도에는 영국의 공격 정책에 맞설만한 세력으로서는 마라타 연맹과 마이소르뿐이었다. 마이소르가 보다 중앙집권화되고 응집력이 있는 국가였다. 마이소르는 좀 더 근대화된 무기를 갖추고 있었으며 또 인종적으로 볼 때, 보다 동질적인 주민으로 구성되어 있었다. 이러한 이유로 영국의 인도에서의 병합 정책에 마이소르가 먼저 대항하는 계기가 되었다.

웨슬리 총독이 모슬렘 왕인 티뿌(Tipu Sultan ; 1782-1799)의 마이소르를 병합하기까지 영국 동인도회사와 마이소르는 몇 차례의 전쟁을 경험하였다.

마이소르는 남인도의 중심부에 위치한 국가로서 동서의 구릉과 카베리Kaveri 강에 둘러싸여 있어 외적이 접근하기 어려운 천혜의 지역이었다. 무갈제국과 마라타 세력이 오랜 세월 투쟁하는 동안에 마이소르는 국력을 강화할 수 있는 기회를 잡을 수 있었다. 풍부한 강물과 관개 시설의 혜택을 입어 농민들은 비교적 풍성한 수확을 얻을 수 있었고 수공업도 발달하였으며 마이소르는 또한 철의 유명한 생산지였다.

1761년 하이더 알리Hyder Ali라는 모슬렘 장군이 쿠데타로 보데야르Vodeyar 힌두 왕국을 넘어뜨리고 마이소르를 지배하기 시작하였다. 그의 첫번째 과업이 군대의 개편이었으며 유럽 군인, 특히 프랑스 장교로 하여금 유럽식의 군사훈련을 시키도록 하였다. 하이더는 기병보다 보병에 특별한 관심을 보였던 인도의 첫번째 지배자였다. 5만 병력에 성능 좋은 대포까지 보유한 하이더는 공격 정책을 추진하여 주변지역을 차례로 병합해 나갔다. 그가 취득한 가장 중요한 지점은 5만 명의 인구를 가진 베드노어Bednore였으며 이 지역은 마이소르의 서쪽 구릉에 위치하여 망갈로어Mangalore를 포함한 말라바르Malabar 해안을 지배할 수 있는 요충지였다. 하이더는 베드노어를 장악한 후 자신의 이름을 본떠서 하이더나가르Hydernagar라고 개명하였다. 하이더가 계속하여 발람Balam과 쿠르그Coorg를 공격하고 최남단의 트라반코어Travancore에 대한 작전을 개시하자 그의 적극적인 팽창 정책에 위협을 느낀 마라타, 하이데라바드 및 영국의 보호 아래에 있던 아르코트 Arcot가 연합하였다. 하이더 알리의 아들 티뿌가 마드라스 서쪽의 아르코트를 공격하자 여기에서 제1차 영국·마이소르 전쟁이 발발하였다(1767).

처음의 전세는 영국군에게 유리하게 전개되었다. 영국군은 마드라스와 봄베이의 양쪽에서 협공하였으며 말라바르 주민들은 토지세의 인상 때문에 하이더에게 반항하고 일어났으므로 영국군은 마이소르의 동남지역을 장악할 수 있었다. 그러나 식량과 군수품이 원활하게 공급되지 못하여 영국군은 곤경에 처하게 된데다가, 하이더가 마드라스 부근까지 육박하여 동인도회사의 근거지를 압박하였으므로 영국측은 평화조약에 응할 수밖에 없었다.

조약에 따라 양측은 점령한 지역을 서로 반환하여 원상태로 회복하고, 만약 제3국으로부터 공격을 받았을 때는 양측이 협력하여 대처하기로 다짐하였다. 그러나 1770년 마라타가 마이소르를 공격했을 때 마이소르는 영국 측의 도움을 구했지만 영국 측은 이미 마라타 세력과 우호 관계에 있다는 점을 내세워 이 요청을 거절하였다. 이때 하이더는 비로소 영국이 인도 토후국들의 제1의 적이라는 것을 처음으로 인식하고 왕자 티뿌와 함께 영국 측에 복수하여 이들을 분쇄해버리겠다고 『코란』을 두고 맹세하였다.

1780년 하이더 알리는 마라타 및 하이데라바드와 연합하여 동인도회사에 공격적인 정책을 재개하였다. 하이더는 하이데라바드의 남쪽 키스트나 Kistna 강에서 카베리 강에 이르는 광대한 지역의 카르나티크 Carnatic를 공격하고 나섰다. 하이더는 기습 공격하여 퐁디쎄리 남쪽의 양항(良港) 포르토 노보 Porto-Novo를 얻고, 티뿌는 아르코트를 포위하여 함락시킴으로써 영국군은 마드라스로 철수할 수밖에 없었다. 사실상 카르나티크 전역이 마이소르의 손안에 들어간 셈이었는데, 영국군은 벵골로부터 유능한 장군 쿠트

Eyre Coote가 이끄는 지원군이 도착함으로써 전세를 역전시킬 수 있었다. 영국군은 하이더와 협조 관계를 유지하고 있던 홀랜드 세력의 거점인 네가빠탐Negapatam을 장악하였으나 아나구디 Anagudi에서 티뿌에게 패배함으로써 작전을 수행하기 어려울 정도에 이르렀다. 그러나 하이더가 병사함에 따라 영국과 마이소르의 대립 관계는 당분간 소강 상태에 들어갔다.

티뿌 술탄은 부왕(父王)의 정책을 계속 추진하였으며 그의 영국에 대한 적개심은 하이더 못지않게 강렬하였다. 티뿌가 마음속에 간직한 필생의 목표는 인도에서 영국인을 축출해 버리는 것이었다. 티뿌는 공격 정책을 개시하여 잃었던 베드노어를 되찾고, 말라바르 해안지방의 영국 측 봄베이 군대의 마지막 거점인 망갈로어를 포위하여 압박하였다. 프랑스는 미국 독립전쟁에 3천 명의 지원군을 파병함으로써 영국과 직접 교전해 왔었다. 1783년 영국과 프랑스 사이에 평화조약이 체결되었다는 소식이 인도에 전해지자 티뿌를 위해 근무하던 프랑스군과 망갈로어의 포위 작전에 가담했던 프랑스군이 영국군에 대항하여 싸우기를 거부함으로써 망갈로어에 대한 공격은 중단할 수밖에 없었다. 티뿌는 영국군과 망갈로어 조약을 체결하여 그의 군대는 카르나티크에서 철수하고 대신에 영국군은 말라바르 해안으로부터 떠나기로 약속하였다.

다음부터 전개되는 영국과 마이소르와의 관계에 있어서는 영국이 항상 공격적인 태도였다. 동인도회사의 세력 확장에 위협을 느낀 티뿌는 프랑스에 도움을 청하기로 결심하였다. 티뿌는 1788년 프랑스에 사신을 보내어 영국에 대항하여 공수동맹을 맺자고 제의하였다. 티뿌의 사신은 베르사유 궁전에서 환대를 받았지만, 대혁명의 전야에 있었기 때문에 프랑스가 인도에까지 파병할 수는 없는 처지였다. 이보다 먼저 티뿌는 콘스탄티노플에 사신을 보내 종교적으로 동족인 모슬렘의 지원을 요청하였다. 그러나 러시아와 반목 상태에 있던 터키로서는 영국의 도움을 희망하고 있는 형편이었으므로 티뿌를 지원할 수 없었다.

티뿌는 계속하여 모슬렘 국가의 도움을 얻기 위해 카불에 사신을 보냈으나 뚜렷한 성과는 없었다. 티뿌는 아프가니스탄의 자만 사아Zaman Shah에게 영국 세력을 약화시키면 인도 정복이 용이할 것이라는 점을 납득시키면서 지원을 요청하였다. 자만 사아는 여기에 유혹되어 실제로 펀잡 지방을 공격하기도 하였으나 그 이상의 진전은 없었다. 티뿌는 아라비아와 모리셔스Mauritius에까지 사절을 보내 영국에 대항하는 동맹자를 구했으나 뚜렷한 성공적인 결과는 없었다.

유럽에서 대혁명 이후 영국과 프랑스가 직접 전쟁에 접어들자 티뿌는 다시 고개를 프랑스에 돌려 도움을 구하였다. 티뿌는 몇 차례에 걸쳐 비밀사절을 프랑스에 파견하여 영국인들을 인도에서 축출하기 위해 공수동맹을 체결하자고 제의하였다. 웰슬리가 인도 총독으로 부임할 즈음에는 티뿌가 프랑스에 접근하는 태도가 훨씬 적극적이었다. 티뿌는 스스로 프랑스의 혁명주의자로 자처하면서 마이소르의 수도 세링가빠탐Seringapatam에 프랑스의 급진적 혁명주의자들을 모방하여 자코뱅파Jacobins를 조직하였으며 9명의 프랑스인을 그의 측근에서 일하도록 하였다. 티뿌는 프랑스의 혁명기(革命旗)를 게양하였으며 자신이 참석한 가운데 자코방파는 〈자유의 나무〉를 심는 의식을 갖추고 〈모든 포악한 지배자에게 죽음과, 티뿌에게는 만수무강을〉 기원하였다. 프랑스는 이를 환영하여 티뿌 술탄을 지원하기 위한 의용병을 모집하는 격문을 발하기도 하였다. 그 결과 약간의 프랑스인이 1798년 4월 망갈로어에 상륙하였다.

나폴레옹의 이집트 원정 소식이 전해지자 웰슬리 총독은 군대를 곧 마이소르로 이동시켰다. 하이데라바드의 지원군과 연합한 영국군이 마드라스로부터 마이소르로 진격하고 또다른 영국군은 반대 방향인 서쪽에서 공격을 가하였다. 전쟁은 짧게 끝났다. 1799년

3월 티뿌는 용감하게 항전하였으나 두 번에 걸친 패배에서 전사하고 영국군은 아무 저항도 없는 세링가빠탐을 유린하였다. 티뿌의 영토였던 마이소르는 분할되어 절반은 동인도회사가 차지하였으며 전쟁 배상금은 200만 파운드였다.

티뿌는 대체로 무자비한 폭군으로 묘사되었지만 그러나 그는 근면하고 경건한 신앙심을 가진 인물이었다. 교육을 잘 받아 페르시아어와 인도의 모슬렘 언어인 우르두 Urdu에 능통하였으며, 학문에도 관심을 가져 좋은 도서관을 갖추어 놓았다. 그는 지략을 갖춘 군 지휘관이었고 외교술에도 뛰어났다. 그가 외교에 열중했던 것은 위협받고 있는 조국의 독립을 계속 유지하기 위해서였다. 티뿌는 분명히 용맹스런 인물이었지만 사려 깊은 사람은 못되었던 듯하다. 왜냐하면 그의 야망은 항상 그의 능력을 뛰어 넘고 있었기 때문이었다.

3 하이데라바드와 오우드의 예속화

웰슬리 총독이 종속조약을 무기로 하여 맨 처음 성공을 거둔 것은 하이데라바드에서였다. 하이데라바드의 지배자 Nizam도 이론적으로는 인도의 다른 토후들과 마찬가지로 무갈 황제의 대리인으로서 데칸 지방의 일부를 다스리고 있었지만 일찍이 아사프 자 Nizam Asaf Jah가, 황제 무하마드 샤아(Muhammad Shah : 1719-1748)가 지배하는 동안에 자신을 사실상의 독립 군주로 만들어 버렸다. 그를 계승했던 알리 Nizam Ali는 마라타 및 마이소르의 야망적인 팽창 정책에 위협을 느끼고 영국 측에 접근하였다. 알리는 마드라스의 동인도회사 세력과 공수동맹을 맺고(1766), 조약에 따라 영국 측은 하이데라바드에 연례적으로 90만 루피를 지불하고, 대신에 알리는 동인도회사에게 전략적으로 중요한 군터르 Guntur

지방의 일부를 넘기기로 하였다. 워렌 헤이스팅스 총독정부 때 마드라스 지사(知事)가 약정액을 지불하지 않자 하이데라바드는 영국 측에 대항하여 마라타 및 마이소르와 연합하기도 하였지만, 영국과 마이소르 사이의 세번째 전쟁 때는 영국 측을 지원하였다.

하이데바라드는 1795년 마라타와의 충돌 때 영국 측의 도움을 청했으나 당시 존 쇼어 총독은 불간섭주의를 내세우면서 중립적인 태도를 취하였고 니짬 알리는 카르다Kharda 전투에서 참패하고 말았다. 그 후 알리는 프랑스 측에 기울어 프랑스의 도움을 구하고 프랑스인들이 조정(朝廷)과 군대에서 활약하도록 하였다. 웰슬리 총독이 인도에 부임했을 때 프랑스혁명의 과격한 자코뱅주의Jacobinism가 니짬 알리의 주위를 감싸고 있었다. 유럽의 정치적 정세와 관련하여 인도에서의 프랑스의 영향력을 깊이 우려했던 웰슬리 총독은 이를 약화시키기 위해 하이데라바드의 영내에서 근무하고 있는 프랑스 군대를 몰아내는 것이 급선무라고 판단하였다.

영국 측에게 상황이 유리하게 전개되었다. 하이데라바드에서 왕자가 반란을 일으켰을 때 니짬 알리는 영국 측의 도움으로 평정할 수 있었다. 알리는 프랑스 측을 의심하기 시작했으며 영국 측과 긴밀한 관계를 유지하고 있던 장관 알람Mir Alam이 니짬 알리에게 영국과의 협력관계를 종용하기도 하였다. 마침 니짬 알리는 마라타에 위협을 느끼고 1798년과 1800년의 두 번에 걸쳐 동인도회사와 종속조약을 체결하였다. 하이데라바드에 주둔하는 영국군의 유지비는 니짬이 부담하고, 하이데라바드의 외교권을 동인도회사가 통제하기로 하였다. 유럽인 장교들을 하이데라바드에서 축출키로 하고 프랑스 장교들에 의해 훈련받은 니짬의 군대는 해산하였다. 한편 니짬은 영국군이 티뿌 술탄에 대하여 최종적인 공격을 단행할 때 지원군을 보내 동맹자로서의 성의를 표하였다.

결국 니짬 알리는 하이데라바드를 독립국가에서 영국 보호령의 지위로 격하시켜 버렸다. 영국 행정가들 가운데는 이제 하이데라바드의 내정(內政) 문제까지도 간섭할 권리가 있다고 주장하기에 이르렀다. 이와 같은 종속 관계가 웰슬리 총독이 인도의 토후국들과 맺게 되는 조약의 모델이 되었다.

웰슬리 총독은 종속조약을 통하여 연약한 원주민 세력들을 복속시켜 나갔다. 남인도의 동해안에 길게 뻗어 있는 카르나티크는 지리적으로 영국과 프랑스의 세력이 충돌하는 지점이었다. 마이소르의 수도 세링가빠탐을 함락시킨 후 영국군은 카르나티크의 지배자였던 무하마드 알리Muhammad Ali와 그의 아들 옴두트 울 우마라Omdut-ul-Umara가 일찍이 티뿌 술탄에게 보낸 비밀서한에서 동인도회사를 공동의 적으로 삼고 있는 내용을 발견하였다. 이를 구실로 하여 웰슬리 총독은 옴두트 울 우마라가 1801년 사망하자 왕자 알리 후세인 Ali Husain의 상속권을 부인하고 전왕(前王)의 조카 아찜 웃 다울라 Azim-ud-daulah와 협약 아래 그를 카르나티크의 명목상의 우두머리로 삼았다. 아찜 웃 다울라는 세금 징수액의 5분의 1을 연금으로 보장받고 모든 행정권을 동인도회사에 넘겨주었던 것이다.

탄조르 Tanjore와 수라트 Surat의 지배자들도 웰슬리 총독에 의해 강제적으로 그들의 통치권을 동인도회사에 양도하고 명목상의 지위만 유지하면서 연금이 주어지는 것에 만족하였다. 남인도의 탄조르의 왕조는 무갈제국과 마라타 세력이 투쟁한 산물로 나타났었다. 탄조르의 왕좌(王座)는 마라타족의 영웅 쉬바지의 아버지 샤지 Shahji로부터 계승되었다. 왕위계승을 둘러싼 내분이 웰슬리 총독으로 하여금 탄조르의 내정 문제에 간섭하고 더 나아가 1799년 지배자로 하여금 종속조약을 맺도록 유도하였다. 조약에 따라 이 왕국의 모든 민사(民事) 및 군사적 행정권이 연 4만 파운드의 연금을 보장받는 조건으로 동인도회사에 넘어갔다.

구자라트 지방의 수라트도 같은 운명으로 동인도회사에 넘어갔다. 토후국의 성격을 띤 수라트는 상업적으로 매우 중요한 무갈제국의 항도였는데 1759년 이래 동인도회사가 무갈제국을 대신하여 그 방어 업무를 떠맡아 왔다. 토후가 이 지역에 주둔한 영국군의 군사 비용으로 동인도회사가 요구한 액수를 지불할 수 없게 되자, 1799년 지배자가 사망한 것을 계기로 정통 상속자와 그의 형제들을 설득하여 다음해 모든 통치권을 동인도회사에 넘기도록 하였다.

웰슬리 총독이 다음으로 눈을 돌린 곳이 오우드 Oudh였다. 오우드는 무갈제국 가운데서도 가장 풍요로운 지역이었으며 한편으로는 벵골, 다른 한편으로는 마라타 및 아프가니스탄 사이의 완충국(緩衝國)으로 존재해 왔다. 로버트 클라이브는 이미 1765년에 오우드의 토후 수자 웃 다울라와 종속조약을 맺었었고 워렌 헤이스팅스와 콘월리스 총독 등은 이 종속조약을 발전시켜 왔다. 그러나 이들은 오우드의 토후와 제한된 목적을 위해 조약을 체결하였지만, 웰슬리 총독은 종속조약을 통치권의 확립을 목표로 하고 수행하였다. 다시 말하면 이때까지의 총독들이 오우드와 맺었던 조약은 방어적인 성격을 띤 것으로 오우드를 마라타와 아프가니스탄에 대한 벵골의 외보(外堡)로 다루었다. 그러나 웰슬리의 오우드와의 조약은 공격적인 것으로서 인도의 중심부에 영국군의 전진기지를 만들려는 것이었다.

웰슬리 총독은 오우드를 병합해 버릴 좋은 구실을 발견하였다. 영국군에 대한 지원금이 만성적으로 체납되고 있었는데 동인도회사측은 오우드의 병력규모는 감축하도록 요구하면서 이곳의 영국 주둔군은 증가시켰기 때문이다. 한편 토지세가 강제성이 거의 없는 방법으로 지지부진하게 징수되고 있던 것도 좋은 구실이 되었다. 마침 1797년 오우드의 토후 아사프 웃 다울라 Asaf-ud-daulah가 사망하자 상속자로 지목되어 계승한 아들 와지르 알리 Wazir Ali와 아사프의 형 사다트 알리 Saadat Ali 사이에 내분이 일어났다. 존 쇼어 총독은 와지르가 무능하고 적자(嫡子)가 아니라는 이유를 들어 사다트를 토후의 자리에 앉히고 알라하바드 지방을 넘겨받았다. 웰슬리 총독이 곧 이어 부임한 후 와지르는 자신이 토후직에서 축출된 데 대한 앙갚음으로 수 명의 영국인을 살해하면서 대항하였다. 아프가니스탄이 오우드 문제에 간섭할 기미를 보이자 웰슬리 총독은 1801년 사다트와 서둘러 종속조약을 맺고 와지르를 체포하여 사망할 때까지(1817) 동인도회사의 윌리엄 성(城)에 구금하여 버렸다.

이 조약에 따라 오우드는 변경지역의 일부를 동인도회사 측에게 양도하였는데 이 지역의 세금은 오우드가 영국 측에 빚지고 있는 액수와 비슷하였다. 오우드는 북부 히말라야 산록을 제외하고는 갠지스 강과 자므나 강 사이의 기름진 땅과 로힐칸드의 절반을 영국 측에 양도하였다. 동인도회사는 베나레스 북쪽으로 갠지스 강 유역의 좋은 땅을 장악한 것이다.

동인도회사와 오우드 사이에 맺어진 종속조약은 영국 측에만 도움을 주는 것이 아니라 오우드에게도 커다란 이익을 가져다 준다고 생각하였다. 즉 이 조약으로 말미암아 토후는 인도내의 여러 적들로부터 안전을 보장받았다고 생각하였지만 결국 오우드는 영국 측에게 돌이킬 수 없을 정도로 더욱 더 의존하게 되는 처지가 되고 말았던 것이다. 웰슬리 총독이 오우드와 종속조약을 체결하였던 것은 한 걸음 더 나아가 델리와 아그라 지역을 장악하려는 것이다. 즉 갠지스 강을 넘어 신디아Sindhia를 공격하여 무갈 황제를 영국 지배하에 두려는 것이었다.

4 해외원정과 구르카족의 평정

웰슬리 총독은 의외로 갑자기 본국으로 소환당했는데, 그 중요한 이유는 당시 유럽에서 영국과 프랑스가 직접 대결하고 있던 사태와 관련하여 생각해 볼 수 있다. 1803년부터 두 나라 사이에 전쟁이 발발하였고 나폴레옹은 영국의 본토 침공을 계획하였다. 주전론자(主戰論者)인 윌리엄 피트가 다시 집권함에 따라 영국과 프랑스의 충돌 상황은 더욱 격화되어 갔으며 위기에 처한 피트 수상과 감독국 의장 둔다스는, 웰슬리 총독이 인도에서 자신의 능력과 영국의 힘이 미칠 수 없는 일에까지 손을 뻗치고 있는 점을 우려하였다. 웰슬리 총독은 인도에서의 프랑스 세력과 그 동맹세력인 티뿌와 신디아 등을 제압하면서 모리셔스 원정까지도 계획하였다. 또 총독은 나폴레옹에게 패배하여 프랑스의 동맹국으로 되어 있는 홀랜드로부터 아프리카 남단의 케이프Cape를 탈취할 것도 강력히 촉구하기도 하였다.(1806년에 영국이 장악함).

웰슬리 총독이 본국으로 소환당했다고 해서 피트 법의 불간섭주의로 당장 복귀한 것은 아니었다. 인도에서는 세력균형도 필요 없고 진정한 화해도 어렵다고 보는 것이 영국인들의 일반적인 견해였다. 어떠한 형태로든지 인도에서 패권을 장악하는 것이 적절한 문제 해결책이라는 생각이 영국의 지배적인 여론이었다.

웰슬리 총독의 후임으로 또다시 67세의 콘월리스가 임명되었으나 그 해(1805) 10월 인도 가지뿌르Ghazipur에서 사망하고 말았다. 조지 발로우George Barlow가 잠시 총독으로 재직한 후에 민토Gillbert Elliot Minto(1807-1813)가 인도 총독으로 임명되었다. 민토가 총독으로 인도에 부임했을 때는 피트가 계속하여 주도해 왔던 제3차의 대불동맹(對佛同盟)도 붕괴되던 때였으며 나폴레옹은 아직 동양 원정을 포기하지 않고 있었다. 민토 총독은 군사작전보다는 외교적 업무를 더 좋아한 인물이었지만, 동인도회사의 근거지를 강화해 나갔으며 원정군을 보내 18세기 초 프랑스가 점령했던 모리셔스 섬을 장악하였다. 또 민토 총독은 홀랜드의 마지막 근거지인 자바Java에 친히 원정하여 이 섬을 탈취하였다.(나폴레옹 전쟁이 끝난 후 1816년 홀랜드에 되돌려 줌). 민토 총독은 나폴레옹이 모스크바 원정길에 오르자 동양의 프랑스 근거지를 공격하였다. 유럽에서 프랑스가 포르투갈을 장악하자 민토는 인도의 고아와 중국의 마카오Macao 등 포르투갈의 식민지를 공격하여 점령하였다. 한편 민토 총독은 사절을 보내 시크족Sikhs의 신흥 세력인 란지트 싱Ranjit Singh과 암리싸르Amritsar 조약을 맺음으로써 1845년 시크 전쟁 때까지는 펀잡 전역에 평화가 유지되었다. 조약을 체결한 후 시크족은 아프가니스탄과 신디아에 대비하여 서쪽과 남쪽으로 주력하였고 영국 측과는 평화를 유지하였다.

헤이스팅스 총독(Marquis of Hastings ; 1814-1823)시대는 영국이 인도에서 취한 정복정책의 결실기였다. 그는 모이라 백작 Earl of Moira으로 인도에 왔으나 나중에 헤이스팅스 후작이 되었다. 헤이스팅스 총독은 동인도회사의 특허가 갱신된(1813) 후에 임명되어, 9년의 재임 기간 동안에 적극적인 군사적 행동을 보여 주었던 인물이었다.

동인도회사의 모든 정책 결정은 캘커타의 총독부에서 행한 것이 아니고 런던에서 수행하였으므로 어느 총독도 영국 집권층의 강력한 지지가 없이는 독자적인 정책 수행을 효율적으로 추진할 수 없었다. 콘월리스 총독은 피트 수상과 둔더스 감독국 의장의 적극적인 후원으로 강력한 권한을 행사할 수 있었으며, 웰슬리 총독도 내각이 그를 지지하는 한에 있어서는 강력하게 행동할 수 있었다. 그러나 존 쇼어나 죠지 발로우 등은 그들의 권한이 취약할 수밖에 없었는데 그것은 동인도회사의 이사들만이 그들을 지지했기 때문이었다. 민토는 휘그(Whig ; 자유당)소속으로서 단기집권 때 총독에 기용되었으므로 그의 권한은 극히 미약할 수 밖에 없었다. 토리(Tory ; 보수당)나 동인도회사도 그에게 큰 호의를 보이지 않았다. 민토 총독은 프랑스에 대한 성공적인 대응책으로써 또 인도에서의 외교 활동에서 보여준 수완으로써 그의 지위를 유지해 나갔다. 새로 부임한 헤이스팅스는 본국 정부의 강력한 후원을 받고 있었으므로 과감히 그의 정책을 수행해 나갈 수 있었다.

헤이스팅스는 오랜 총독 재임 기간에 두 개의 주요한 군사적 행동을 보여 주었다. 첫째가 네팔 지방의 구르카족 Gurkhas에 대한 군사작전이었으며, 다음은 마라타 세력을 제압하는 것이었다.

히말라야 산악지방에 살고 있었던 강인한 민족성을 지닌 구르카족은, 인종은 몽골리안계이지만 그들의 종교는 힌두교였다. 구르카족의 인도와의 교류는 활발치 못하여 힌두 성지(聖地)를 다녀가는 것과 소규모로 교역이 이루어지고 있는 정도였다. 교역품의 대표적인 것은 얼음이었다. 구르카족을 다스려 온 라즈푸트 Rajput 힌두 지배자는 이 히말라야 왕국을 강화해 가다가 18세기 중엽에는 카트만두 Khatmandu를 평정하였다. 또 그는 남서쪽으로 이동하여 심라 Simla 지방을 함락시킨 후 평원으로 관심을 집중시키자 역시 세력 확장을 도모하고 있던 영국의 동인도회사 세력과 충돌하게 되었다. 영국 측은 구르카족의 1만 2천 병력을 공격하기 위해서 3만 4천 병력을 동원하였으나[1] 영국군의 네 개 부대 가운데 세 개 부대는 참패하고 말았다. 자바 섬 전투에서의 영웅 길레스피 R. Gillespi 장군은 성급한 산악전투에 임했다가 패배하여 퇴각하던 중 전사하고 말았다. 헤이스팅스 총독은 다시 증원군을 파견하여 구르카족을 겨우 굴복시킬 수 있었다.

동인도회사와 구르카족 사이에 1816년 사르고울리 Sargauli 조약이 체결되었는데 이에 따라 구르카족은 카트만두에 영국인의 거주를 인정하고 또 남쪽의 변경지역을 영국 측에 양도하였다. 이 지역은 심라를 포함하고 있었는데 심라는 나중에 유명한 휴양지로 발전하였으며 영령인도의 여름철 수도로 되었다. 이 조약 이후 영국 측과 구르카족 사이에는 상호 존중이 이루어져 계속 우호관계가 유지되었으며 구르카족은 그들의 본향(本鄕)인 산악지대에만

---

1) P. Roberts, *History of British India*, Oxford University Press, 1977, p. 280.

머물게 되었다.

5 마라타족의 제압

인도에서 아직 영국동인도회사에 복속되지 않은 큰 세력은 마라타 연맹과 시크족뿐이었다. 동인도회사는 마이소르를 제압한 후 마라타에 눈을 돌렸다. 마라타의 실권자인 페스와(Peshwa ; 수상)는 빠니파트 전투(1761)이후 다른 마라타 토후국에 대한 통제권이 약화되었으며 마라타족은 영국 세력에 굳건히 대항할 수 있는 힘도 없었다. 옛날 무갈제국에 당당하게 맞섰던 쉬바지Shi-vaji의 강인한 마라타 왕국의 영화는 이미 사라진지 오래이고 마라타 세력은 오직 페스와를 종주로 하는 매우 느슨한 연맹으로 존속할 뿐이었다. 티뿌의 마이소르가 붕괴된 사건은 마라타족에게도 같은 운명을 예고한 것이었다.

마라타 세력들은 18세기 말 이후 주도권 다툼으로 반목이 격화되었다. 그들의 끊임없는 내분이 결국에는 영국으로 하여금 마라타 연맹을 해체시켜 하나씩 차례로 복속시키도록 만들었다. 마라타 연맹 가운데서는 우세한 세력이 그왈리오와 인도어Indore였다. 그왈리오의 지배자인 신디아(Daulat Rao Sindhia ; 1794-1827)와 인도어의 홀카르(Jaswant Rao Holkar ; 1797-1811)사이에 계속되어 온 불화가 1801년에는 전쟁으로 폭발하여 서로 상대방의 영토를 약탈하고 주민을 살육하였다. 양측은 기병을 유럽인 장교들의 지휘 아래에 두는 정규적 보병으로 대체해 가면서 군사력을 강화해 나갔는데 1802년 페스와의 근거지인 뿌나의 전투에서 홀카르의 군대가, 신디아와 페스와 바지 라오 2세(Baji Rao II ; 1796-1818)의 연합군을 궤멸시켜 버렸다. 이때 바지 라오 2세는 도주하여 바쎄인의 영국세력 근거지에 피난처를 구하고 종속조약을 맺었다.

바쎄인 조약에 따라 페스와는 동인도회사와 종속 관계에 들어가 마라타 연맹의 맹목적인 우두머리에 지나지 않게 되었으며, 마하라슈트라에 6천여 명의 영국군이 주둔하고 군대유지비 연 260만 루피를 거둘 수 있는 땅을 페스와가 양도하기로 하였다.[2] 또한 마라타의 모든 외교 문제는 영국 당국의 엄격한 지시를 받게 되었다. 바쎄인 조약으로 동인도회사는 인도 최대의 세력인 마라타를 통제하게 되었으며 이는 곧 마하라슈트라 지방이 그 독립성을 잃고 영국의 보호령이 된 것을 의미하였다.

영국군은 뿌나로 진격하여 페스와의 권위를 회복시켜 주었으며 웰슬리 총독은 모든 마라타 세력들에 대한 페스와의 종주권을 강조하면서 바쎄인 조약이 모든 마라타 토후국들에 대해서도 구속력을 갖는다고 선언하였다. 신디아와 홀카르는 바쎄인 조약을 받아들이기를 거부하고 대항하였지만 서로 불신하여 효과적으로 협력하여 대처하지 못하였다.

이때 영국군을 지휘했던 아더 웰슬리 Arthur Wellesley 장군은 웰슬리 총독의 동생으로서 후일 워털루 전투의 영웅이 된 웰링턴 공작 Duke of Wellington이었다. 아더 웰슬리 장군은 처음에 홀카르를 무시하고 신디아에 그의 모든 병력을 집중시켰다. 그는 난공불락의 요새로 알려진 아매드나가르 Ahmadnagar를 장악하고, 하이데라바드 부근의 아싸예 Assaye에서 마라타의 두 세력인 신디아와 나그뿌르 Nagpur의 지배자인 본슬레 Raghuji Bhonsle의 연합군과 격돌하였다. 아더 웰슬리는 5천 명의 영국군을 이끌고서 7배나 많은 마라타 군대를 공격하고 나섰다. 본슬레 군대가 신디아를 남겨놓고 도주해 버려 영국군이 승리하였다. 도주했던 본슬레도 패하였으며 나그뿌르의 요지인 가윌가르 Gawilgarh가 영국 측에 넘어갔다. 1803년에는 본슬레가 종속조약을 받아들일 수밖에 없었

---

2) R. C. Majumdar, *An Advanced History of India*, London, 1980, p. 693.

는데, 이에 의해 나그뿌르는 독립국의 지위를 상실하고 벵골과 마드라스 주 사이에 위치한 쿠딱Cuttack지역을 영국 측에 양도하였다.

한편 북쪽에서는 레이크Lord Lake 장군의 지휘 아래 영국군이 모슬렘의 근거지인 알리가르Aligarh를 장악하고 잇따른 전쟁을 통하여 델리와 아그라를 탈취하였다. 이들 전투에서 신디아 군대는 프랑스 장교 뻬롱Perron과 부르껭Bourquin의 지휘 아래 있었는데 두 사람은 모두 영국군에 투항하고 말았다. 마라타족만으로 구성된 신디아의 군대는 필사적으로 싸웠으나 잘 훈련된 병사들과 우월한 무기를 갖춘 영국군에 패배하여 다수가 전쟁터에서 살육당하였다. 1803년 말 신디아는 조약에 따라 갠지스강 과 자므나 강 사이의 모든 땅을 빼앗기고 또한 아매드나가르와 브로츠Broach를 영국 측에 양도할 수밖에 없었다. 한편 다음해에 일어난 홀카르와 영국 측 사이의 전쟁에서는 처음에는 홀카르가 우세하여 바라트뿌르Bharatpur의 토후와 연합한 군대가 한 때 델리를 포위하기도 하였으나, 서전에서의 승세에도 불구하고 영국군이 반격을 개시하자 바라트뿌르가 단독으로 영국 측에 화평을 제의함으로써 홀카르는 펀잡 지방으로 도주하고 말았다.

신디아와 홀카르를 추종했던 군대의 잔당들은 도적떼로 변하였다. 굶주린 농민들은 약탈당하다가 그들도 도적 무리에 가담하게 되었는데 이들을 핀다르족Pindaris이라고 불렀다. 그들은 거추장스런 가재(家財)도 필요없이 잘 달리는 말을 타고 2-3천 명씩 무리지어 행동하였다. 핀다르족은 홀카르 군대의 용장(勇將)이었던 로힐라Amir Khan Rohilla와 신디아 군대의 지휘관의 한 사람이었던 치투Chitu 등이 인도해 나갔다. 핀다르족은 마라타를 추종하는 비정규군과 척후병의 역할을 하고 있으면서도, 일정한 보수도 받지 않고 마라타 영토 밖에서 도둑질로 생계를 이어가는 집단이었다.

문제는 마라타 지배층이 핀다르족을 암암리에 동정심을 가지고 지원하고 있는 점이었다. 핀다르족은 세력이 급격히 증가함으로써 식량과 말 먹이의 부족으로 마라타 영내로 들어갔다. 영국 측은 핀다르족의 문제에는 관여하지 않은 입장이었지만 1816년 이들이 동인도회사의 지배 영역을 공격하고 나서자 세수(稅收)가 격감하므로 이에 대처하지 않을 수 없었다.

영국군의 많은 병력이 핀다르족을 공격하기 위해 마하라슈트라를 떠나자 뿌나의 마라타족이 폭동을 일으켰다. 동인도회사와의 또 한 번의 종속조약(1817)에 따라 공식적으로 마라타 연맹의 주도권을 포기하게 된 페스와는 핀다르 사건이 영국의 굴레에서 벗어날 수 있는 좋은 기회라 믿고 재기하였으며 나그뿌르 지방도 합세하였다. 마라타족은 뿌나의 영국 관저(官邸)를 불태우고 영국군을 공격하였다. 이때 영국 측은 마라타를 공격하기 위해 인도에서 영토확장 정책을 개시한 이래 최대의 병력을 동원하였다. 1만 3천 명의 영국인이 주축이 된 12만 병력(세포이)에 대포 3백 문(門)이 동원되었다.[3] 마라타는 카드카 Khadka, 시따발다 Sitabalda 및 나그뿌르 등지에서 연달아 패배함으로써 페스와는 영국군의 존 말콤 John Malcolm에게 항복하고 말았다(1818).

헤이스팅스 총독은 마라타 연맹의 상징이 되는 흔적을 없애버리기 위하여 페스와의 칭호를 폐지해 버렸다. 페스와인 바지 라오 2세는 양자 나나 사힙 Nana Sahib과 함께 카운뿌르 Cownpur 부근에 연 80만 루피의 연금을 지급받고 은퇴하는 것이 허용되었을 뿐인데 나나 사힙은 후일 1857년의 대폭동(세포이 반란)때 이름을 떨친 인물이었다. 페스와가 물러남으로써 마하라슈트라 전체가 동인도회사의 봄베이 주(州)에 병합되었는데, 다만 아무런 정치적 영향력도 없는 쉬바지의 후손에게 주어졌던 사따라 Satara와 콜라

---

3) H. Dodwell ed., *The Cambridge History of India, Vol. V. British India 1497-1858*, Cambridge University Press, 1968, p. 380.

뿌르Kolhapur만이 제외되었다.

　마라타 세력의 붕괴는 일시에 일어난 사건은 아니었다. 마라타 연맹은 영국군에 의해 분쇄되었다기보다는 오래 전부터 18세기 후반 내내 해체의 길을 걸어 왔었다. 1818년의 사건은 유력자 없는 인도 중부에 영국 세력이 지배권을 확립한 것이다. 그 결과 편잡과 신드 지방을 제외한 인도 전역에 영국동인도회사의 패권이 수립된 것이다. 동북으로는 아쌈과 히말라야에 접하고, 서쪽으로는 타르Thar 사막에 이르렀다. 편잡 지방에는 란지트 싱의 시크 세력이 굳건히, 그러나 영국 측에 우호적으로 존재하고 있었다.

　1818년의 해결은 인도 통합을 무갈제국의 전성기 때보다 더욱 효과적으로 조직화시켰다. 다만 무갈제국은 영국의 세력권보다 더 멀리 카불까지 이르렀지만, 그러나 데칸에서 마라타족에게 고전하고 있었다. 1818년은 영령 인도사에서 하나의 전환점이었다. 마라타족의 진압으로 패권을 다투는 내전의 시기는 끝났으며, 이는 또한 영국이 추진했던 인도에서의 정복 사업의 한 장이 일단 마감하는 것을 의미하였다. 마하라슈트라를 병합함으로써 인도와 유럽과의 무역은 더욱 원활하게 되었으며, 이제 인도는 19세기 초부터 일어난 영국의 새로운 통치 원리에 따라 다스려짐으로써 서양식 이상주의 아래서 개혁과 변혁이 이루어지게 되었다.

제 24 장

특허법과 인도 경제의 변화

1 특허법의 갱신과 동인도회사

영령인도에 수립된 총독정부의 구성과 성격은 두 개의 특이한 대조적인 권위에서 나왔다. 하나는 무갈제국의 정치적 제도이고, 다른 하나는 영국 왕실의 특허와 하원에서 제정된 법들이었다. 무갈 체제는 전제정치를 조장하는 방향이었으며, 다른 한편 영국의 법규는 입헌주의 정치를 지향하는 것이었다. 인도에서의 총독정부는 두 요소를 교묘하게 혼합하는 형태로 나아갔다. 입헌주의가 전제정치의 틀 속에서 발전해 나갔던 것이다.

영령인도의 법률적 변화는 동인도회사에 대한 특허의 갱신과 항상 연결되어 있음을 볼 수 있다. 동인도회사의 탄생 자체가 영국 왕의 특허에 의해 비롯되었지만 총독정부의 수립 이후 19세기 중엽까지 20년 간격으로 이루어진 특허의 갱신은, 정치적 측면에서만 본다면 권력이 중앙집권화되어 가는 과정이었다. 본국에서는 감독국 의장의 권한이 강화되고 총독의 권한 또한 뚜렷이 강화되었다. 총독의 예하주(隷下州)에 대한 권한은 1793년의 특허법에 의해 더욱 확대되었으며, 총독이 직접 마드라스나 봄베이로 나아가 캘커타 총독정부에서의 경우와 마찬가지로 주정부(州政府)에 똑같은 권력을 행사하는 것이 가능하게 되었다.

1813년의 특허법(the Charter Act of 1813)은 동인도회사가 지금까지 누려왔던 인도 무역에 관한 독점을 철폐해 버렸다. 이 특허법은 중국과의 무역은 예외로 하면서 인도 무역의 독점권만을 깨뜨려 버린 것이다. 동인도회사의 특허 갱신 날짜가 다가옴에 따라 영국 하원에서는 인도 통치에 관한 문제가 논쟁의 주요 제목이 되었다. 이때에 이미 마이소르와 그리고 마라타 영토의 주요한 부분이 영국에 의해 정복되었으며, 제2차 영국·마라타 전쟁도 끝이 나서 영국인의 눈으로 볼 때 가장 이익나는 시장으로서의 인도에 대한 수탈의 전제조건이 성숙되어 있었다. 영령인도에서는 이전의 인도에서 볼 수 없었던 새로운 점이 발견되었다. 영국인이 가는 곳이면 어디에나 질서가 회복되고, 교역이 가능하였으며, 세금은 어김없이 걷히고, 사법권은 정규적으로 제 기능을 발휘하고 있었다. 이 때문에 영국 중산층이 단결하여 동인도회사의 인도 무역 독점에 반대하고 나섰던 것이다.

1813년의 특허법은 인도 통치에 관한 동인도회사의 정치적 특권에는 아무런 영향을 미치지 않았다. 영국의 의회와 여론이 동인도회사의 완전한 무역 독점을 더 이상 용납하지 않겠다는 분위기였으면서도 동인도회사로부터 그 정치적 지위까지 빼앗기를 원하는 것은 아니었다. 오히려 영국측은 동인도회사의 소유 지역에 대해 영국 왕실의 통치권을 확립해 가는 과정을 눈에 띄지 않게 밟고 있었다. 동인도회사를 지휘 감시하는 감독국의 역할이 강화되었는데 권력의 집중화가 이루어지고 있는 감독국의 의장은 반세기가 못 되어 영국 내각의 인도상(印度相)의 출현으로 연결되었기 때문이다. 따라서 1813년의 특허법은 인도가 지금까지 한 개 회사의 식민지에서, 이제 보다 큰 규모의 영국 중산층의 식민지로 변모해

가는 것을 의미하였다.

영국의 상업 발전에 있어서 커다란 전환점은 동인도회사의 무역 독점을 철폐한 1813년의 특허법이었다. 이것은 산업혁명을 진행해 오면서 새로운 제조업자들이 생산한 상품의 판로를 위해 보다 많은 시장을 요구해 온 결과로 나타났다. 새로운 개별적인 제조업자와 상인들이 동양무역의 활동무대에서 동인도회사의 지위를 빼앗은 것이다. 이 특허법은 4반세기 동안 계속된 프랑스 대혁명과 나폴레옹 전쟁의 와중에서도 영국의 사회경제적 분위기가 얼마나 많이 변했는가를 보여준 것이었다. 동인도회사는 특허의 갱신으로 20년의 수명을 연장시킬 수 있었지만 자유무역 옹호자들은 동인도회사가 누려온 인도 무역의 독점을 깨뜨리는 데 성공함으로써 영령인도의 경제사에 새로운 장을 열었던 것이다.

그러나 상공업의 발달은 예상했던 것만큼 빠른 속도로 진행되지는 않았다. 새로운 무역업자들은 아직 자본이 부족했고 유럽 대륙의 혁명과 전쟁이 끝났음에도 불구하고 곧 바로 동양으로 진출하지는 않았다. 따라서 19세기 전반은 영국의 개별적인 상인들과 정부측이 인도 문제를 예의 주시하는 탐색 기간이었다고 말할 수 있다.

동인도회사의 지위에 있어서 더 많은 변화는 1833년에 이루어졌다. 이때 특허법은 집권한 휘그당의 주도로 동인도회사의 권한을 강화하려는 의도에서 추진되었다. 1833년의 특허법은 한마디로 동인도회사의 무역 활동에 관한 특혜를 철폐하면서도 그 정치권력은 빼앗지 않음으로써 이제부터 동인도회사를 왕실의 영향력아래에 있는 단순한 행정기구로 만들어버렸다. 마코올리 Thomas Babington Macaulay는 휘그당의 대변인으로서 특허법안이 영국하원에 상정되었을 때 〈인도 통치는 동인도회사의 전통에 비추어 볼 때 휘그 측도 아니고 토리 측도 아닌, 또 재무성의 기구도 아니고 야당의 도구도 아닌 독립적인 회사로서, 그러면서도 인도를 다스리는 일에 관해서는 하원이 전혀 갖지 못한 상당한 지식과 관심을 갖고 있는 중립적인 단체인 동인도회사의 수중에 놓아두어야 한다〉[1]라고 역설하였다. 인도 정부가 영국의 정당정치로부터 자유롭고 독립적이어야 한다는 원칙은, 영국에서 거의 전체적인 합의로 받아들여졌다.

1833년의 특허법은 총독에게 예하주에 대한 지휘, 감독, 통제의 권한을 강화하여 주(州)로부터 입법권을 빼앗아 모든 법규의 제정권을 총독과 그의 참사위원회에 집중시켰다. 이제 총독과 참사위원회는 지배 지역의 영국인이나 원주민, 그리고 거류하는 외국인 모두에게 적용되는 법규를 제정할 수 있게 되었다. 총독참사위원회의 이러한 주요한 기능을 효과적으로 수행하기 위하여, 법률에 관한 전문지식을 가진 위원이 추가로 참가하게 되었다. 총독참사위원회는 총독, 군사령관 및 네 명의 일반위원으로 구성되었다. 네 명의 일반위원 가운데, 세 명은 10년 이상 인도에서의 경험을 지닌 동인도회사 직원 가운데서 본국의 동인도회사 이사회에 의해 임명되었으며, 나머지 한 명이 법률전문위원이었다. 법률위원은 동인도회사의 직원은 아니었으며, 영국 왕실이 직접 임명함으로써 정부의 인도 지배에 있어서 통제력을 강화시켰던 것이다.

인도가 영국 의회의 통제를 받으면서도 분리된 입법권을 행사하는 강력한 중앙집권적 정부를 갖기를 희망했던 것은, 마코올리뿐만 아니라 당시 영국 정치지도자들의 일반적인 생각때문이었다. 특허법을 통하여 인도에 대한 식민주의적 억압을 위한 구조가 점차 조직화되어 갔지만, 진행이 급진적 변화로 나아가지는 않았다. 동인도회사라는 하나의 무역회사가 이제 실제적인 인도의 정부가 되어버렸다. 동인도회사는 완전히 새로운 과업에 직면하게 되었으면서도 이 과업의 수행을 위해 새로운 장치를 수립하지는 않고 다

---

1) B. B. Misra, *The Administrative History of India 1834-1947 : General Administration*, Oxford University Press, 1990, pp. 11-12.

만 기존의 체제에 적응시켰을 뿐이다. 무역 조직망이 점차 거대한 국가의 통치를 위한 관료주의적 기구로 발전해 갔던 것이다.

2   인도 면직물공업의 파멸

인도의 직물 공업은 특히 면직물 분야에 있어서는 세계 제1의 자리를 차지해 오고 있었다. 인도 전래의 공업 활동은 목화라는 단어 한 마디에 함축할 수 있었다. 무갈제국 초기부터 번성했던 면직물 공업과 활발한 대외무역은 18세기에도 계속되었다. 대부분의 인도 면직물 수출은 영국동인도회사를 통하여 이루어졌으며 이 상품은 영국에서 소비되거나 혹은 영국을 거쳐 유럽 대륙에 재수출(再輸出)되었다. 인도가 생산한 값싸고 품질 좋은 직물이 영국에서 대단한 반응을 얻게 되자 영국의 직물 제조업자들은 입법 조치를 통하여 인도의 직물 공업을 파괴해 버리려고 계획하였다.

영국 의회는 1700년과 1720년에 두 개의 법안을 통과시켜 인도로부터 수입한 면직물 및 견직물은 영국내에서는 입을 수도 사용할 수도 없도록 규제하였다. 그렇지만 유럽 대륙의 여러 나라에서 인도 제품의 직물에 대한 수요가 커서 동인도회사가 영국으로 가져간 상품은 유럽 대륙으로 모두 다시 수출되곤 하였다. 영국 의회는 본국의 직물 공업을 보호하고 노동자들의 일자리를 보장해 주어야 한다는 의도에서 인도 직물에 대한 규제 조치를 계속해 나갔다.

입법 조치로 외국 직물에 가한 인위적인 규제는 영국 면직물 공업을 크게 자극하고 또한 도움을 주었다. 영국 직물에 대한 보호 정책이 내려진 이후 영국의 면직물 공업은 크게 발전하게 되었다. 영국은 머지않아 산업혁명기를 맞이하게 되는데 산업혁명이란 생산부문에 기계를 적용함으로써 커다란 변혁을 가져온 것을 말한다. 직물 공업에서 비롯된 산업혁명은 대개 1760년대에 시작된 것으로 보지만 이미 인도 직물에 대한 규제 조치가 내려진지 불과 10여 년 후인 1733년에 존 케이John Kay는 북(Flying Shuttle : 비사(飛梭))을 발명하여 직물 공업의 혁신을 예고하였다. 1760년대에 접어들면 하그리브스James Hargreaves가 다축방적기(多軸紡績機)를 만들고, 이어 아크라이트Richard Arkwright가 수력방적기(水力紡績機)를 발명함에 따라 영국의 직물 공업은 커다란 진전을 보였다. 또 카트라이트E. Cartwright가 동력직기(動力織機)를 발명하고(1785), 휘트니Whitney의 조면기(繰綿機)가 출현함에 따라 직물 공업은 비약적인 발전과 높은 생산 능력을 발휘하게 되었다. 이제 영국 랭커셔 지방은 〈세계의 면직물 공장〉의 지위를 구축하고 있었다.

이미 1740년에 영국은 영국인 자신들의 손으로 만든 면직물을 유럽 대륙에 수출하기 시작하였다. 영국을 통하여 유럽 대륙으로 들어가던 인도 면직물의 재수출은 구미의 정치적 사태 때문에 커다란 타격을 받게 되었다. 미국 독립전쟁에 이어 4반 세기 동안 계속된 프랑스 대혁명과 나폴레옹 전쟁의 일대 혼란기를 맞이했기 때문이다. 1770년대 말에 벵골에서 유럽으로 수출되는 면직물의 양이 급격히 저하되는 것은 미국 독립전쟁으로 영국은 프랑스를 비롯한 유럽의 몇몇 국가와 충돌하고 있었기 때문이다.

영국은 관세정책을 철저히 하여 수출품에 대해서는 낮은 세금으로 인도로 나가도록 유도하고, 반면에 영국으로 들어가는 인도 공산품에 대해서는 높은 수입관세를 적용하였다. 영국 정부는 인도로 수출하는 영국 면직물에 대해서는 2-3%의 낮은 세금만 부과하면서, 영국으로 수입되는 인도 면직물에 대해서는 20-30%라는 고율의 관세를 적용하였다.[2] 1780년에는 영국 면직물 날염공들의 청원으로 동인도회사 이사회는 벵골로부터 무늬를 날염한 직물의

---

2) K. Antonova, *A History of India*, Moscow, 1987, p. 60.

수입을 4년 동안 금지하기로 결의하였다. 1788년에 가면 동인도회사의 수입품에 대한 무거운 관세와 운송료로 인하여 영국 시장에서 벌써 영국 면직물이 인도 제품보다 더 싸게 팔릴 수 있게 되었다.

　1800년 경부터 영국은 기계 제품의 면직물을 인도에 팔기 시작하였다. 동력직기를 완비하고서 만들어낸 영국 맨체스터 지방의 면직물이 인도 시장으로 밀려들게 된 것이다. 기계를 면직물 생산에 적용했을 때 그 결과는 지금까지와는 도저히 비교할 수도 없는 값싸고 품질 좋은 제품의 대량 생산을 가져왔다. 아무리 노임(勞賃)이 싸다고 하더라도 인도 면직물이 산업혁명을 거친 영국 면직물의 품질 및 가격과는 경쟁이 될 수 없었다. 얼마전까지만 해도 인도 제품의 면직물이 대량으로 유럽에 수출되었지만 이제는 거꾸로 영국 맨체스터의 면직물이 인도 시장에 범람하게 된 것이다.

　영국이 인도에 수출한 면직물의 연간 액수는 1790년에 약 120만 파운드(£)였던 것이 1809년에는 1,840만 파운드로 크게 증가하고 있는 것을 볼 수 있는데[3] 그 후의 증가 속도는 더욱 빠르게 나타났다. 1814-1835년 사이에 인도로 수출한 영국의 목면(木綿) 천은 1백만 야드도 못 된 정도에서 5,100만 야드 이상으로 증가하였다. 같은 기간에 영국이 수입해 간 인도의 무명 옷감은 125만 필에서 30만 6천 필로 떨어졌으며 1844년에 가면 겨우 6만 3천 필에 이르렀다. 가격의 대비도 못지 않게 두드러졌다. 1815-1832년 사이에 수출한 인도 면직물의 가치는 130만 파운드에서 10만 파운드 이하로 떨어졌는데 이는 17년 동안에 거래가 13분의 12의 감소를 보인 것이다. 같은 기간에 인도로 들어온 영국 면제품의 가치는 2만 6천 파운드에서 40만 파운드 즉 16배의 엄청난 증가를 보이고 있다. 1818-1836년 사이에 영국에서 인도로 들어온 무명실과 밧줄의

　3) R. C. Majumdar, *An Advanced History of India*, London, 1980, p. 803.

양은 5,200배나 뛰어올랐다.[4]

플라시 전쟁으로 벵골 지방에 영국의 지배권이 확립된 지 불과 반 세기만에 이 지역의 번영은 처참하게 회생 불능의 타격을 입게 된 것이다. 자유무역의 원리는 인도인의 손으로 짜는 전통적인 면직물 공업을 여지없이 무너뜨리기 시작했다. 영국 랭커셔 지방의 기계로 만든 값싼 면직물이 자유무역주의를 내세우면서 인도 면직물 공업을 파멸시켜버린 것이다. 인도의 면직물 공업이 비참하게 파멸되어 가는 것을 보고도 영국 정부나 인도의 총독정부는 이를 보호하기 위하여 어떠한 입법 조치나 개선 방법을 도입하려는 성의를 보이지 않았다.

영국의 면직물이 인도 제품보다 낮은 가격으로 인도로 들어오자 19세기 중엽까지 그것들은 도시와 항구 부근의 농촌에서 광범한 수요를 불러 일으켰다. 시장을 빼앗긴 인도인들은 그들이 손으로 만든 직물을 영국의 값싼 제품과 동등한 가격으로 팔 수밖에 없었다. 이러한 현상은 인도 장인(匠人)들의 생활 수준을 갑작스럽게 크게 떨어뜨렸다. 마드라스 주에서는 직조공(織造工)의 수입이 1815-1844년 사이에 75%선으로 떨어졌다. 직조공들의 지위는 상인과 대금업자들에 의해 점점 어렵게 되어 갔는데 이때 직조공들의 60%가 상인중개인들에 빚지는 신세가 되었다. 여기에서 어쩔 수 없이 인도의 수출품도 그 성격이 면직물과 명주와 같은 완제품에서 원료로 바뀌어 갔다. 19세기 전반까지 인도는 2천 년 동안 누려 왔던 면직물 생산과 무역에서의 자랑스런 세계적 우위를 잃어버리고 점차 원료를 생산하는 식민지로 또 영국의 값싼 완제품의 상품 시장으로 전락하고 말았다.

---

4) Martin Lewis ed., *The British in India-Imperialism or Trusteeship?*, Boston, 1982, p. 46.

3 경제 구조의 변화와 토착 실업가의 성장

인도는 오래 전부터 무명 옷감과 같은 완제품뿐만 아니라 풍부한 자연산물을 외국으로 수출해 왔다. 예컨대 진주, 향수, 염료, 향료, 설탕, 아편 등을 먼 나라에까지 수출하였으며 금은세공품, 대리석 및 상아 조각품, 유리 제품 등은 매우 섬세하게 만들었고 제지(製紙), 제혁(製革)의 기술도 높은 수준에 이르렀다. 인도는 그 대신에 여러 나라로부터 금, 구리, 아연, 철, 납, 술, 말 등을 수입하였다. 항상 수입에 비하여 수출이 많았으므로 엄청난 금이 인도로 유입되었다. 이러한 현상은 영국인들이 좋아하는 바가 아니었다.

영국인 재배업자들은 강압적인 방법으로 쪽과 양귀비 등을 매입하였다. 쪽은 다카에서 델리에 이르는 광범한 지역에서 재배되었으며 쪽 재배에 관련된 유럽인 업자들만 계산해도 5백 명 내지 1천 명에 이르렀던 것으로 알려졌다. 쪽 재배업자들은 가난한 농민에게 선금(先金)을 지불하여 묶어 놓고 농민 보유지의 많은 부분에 쪽을 심도록 한 후 자의적으로 극히 낮게 정한 금액으로 쪽 전량(全量)을 차지해 버렸다. 재배업자들은 폭력단을 두고 위협하기도 하였으며 농민들은 부채를 안게 되고 부모의 빚은 자식에게 인계되었다. 농민들은 18세기 말부터 19세기에 걸쳐 가끔 소요를 일으켰지만 개선된 것은 아무 것도 없었다. 화학 염료가 발명되어 쪽 재배가 이익이 없는 사업이 되어버릴 때까지 이러한 사태는 계속되었다.

한편 영국인 재배업자들은 1820년대부터 비하르 지방의 농민들에게 사탕수수의 재배를 확장하도록 독려하기도 하였으며 베라르 지방에서는 동인도회사가 수확량이 많은 목화를 도입하기도 하였다. 남인도의 마이소르 지방에서는 커피와 담배가 재배되었다. 그렇지만 인도의 농촌 경제를 양질의 원료 공급자로서의 역할을 하도록 몰고 가려는 영국 측의 노력은 인도 농민들의 낮은 생활수준 때문에 별로 성공을 거두지 못하였다.

면직 공업 등의 파탄으로 인도의 수공업자들은 불운한 세월을 만난 것이지만 무역업자들에게는 이 시기가 사업을 확장할 수 있는 호기이기도 하였다. 잇따른 토후 세력의 평정에 따른 정치적 안정성과 빈번한 유럽과의 교류 확대로 인도의 대내외적 교역이 확대되었다. 상업 발전의 전환점은 동인도회사의 무역 독점을 철폐한 1813년의 특허법에서 비롯되었다. 이 조치는 오래된 상업적 자유에 대한 요구뿐만 아니라 새로운 제조업자들의 더 많은 상품 시장의 요구에 대한 대응으로 나타났던 것이다. 새로운 개별적 상인이 인도와 영국 사이의 무역을 수행하는 데 있어서 동인도회사의 자리를 차지하게 된 것이다. 대내적 상업활동에 있어서는 새로운 경제 이론이 도움이 되었다. 자유무역 이론이 1835년에 내지(內地) 통관세의 철폐를 가져와 모든 상인들에게 큰 이익을 안겨주었기 때문이다.

발전은 기대했던 것만큼 빠르지 못하였다. 번영했던 면직업이 붕괴되고 교역 활동이 특권층의 수중에 들어간 상황에서 무역과 공업에 종사하려는 마음은 위축될 수밖에 없었다. 세계 저 쪽의 방적기 때문에 수많은 인도인들이 작업장에서 쫓겨났고 영국의 산업혁명이 인도의 경제 질서를 흔들어 놓자 이제 인도 경제는 비교적 번영했던 상호의존적이면서도 자급자족적인 상태로부터 불안하고 의존적인 농민 경제로 변모하고 말았다. 재화 유출로 인한 자본 부족과 총독정부의 방관적인 경제 정책이 상공업의 발전을 불가능하게 만들고 있었다. 한편 긍정적인 정책으로 평가받았던 토지세에 대한 영구정액제(永久定額制)의 실시가 농업과 토지에 대한 투자를 촉진시킨 것도 사실이었다. 수공업의 실패가 가난한 사람들을 점차 농업으로 몰고 갔고 동원할 수 있는 자본은 대부분 토지에 투자되었다.

개별적 상인들은 동인도회사의 통제에서 해방되었지만 그러나 그들은 동인도회사가 인도에서 모든 상업적 병폐의 원인만은 아니었다는 것을 알게 되었다. 성장을 위한 자본이 부족하였고 인도라는 나라의 특수성이 필요로 하는 대규모의 경영을 위한 방책이 결여되어 있었다. 경영 자본은 대체로 동인도회사 임직원들의 저축에서 나왔다. 동인도회사가 지금까지의 독점으로서의 역할에서 산업보조자의 역할로 바뀌었던 것이다.

19세기 전반에 인도 경제는 자급자족적인 상태에서 외국 의존의 경제로 변모하는 조용한 혁명을 겪고 있었다. 일부 인도인 특히 캘커타의 브라만 엘리트에게는 영국 지배가 문화적 융합뿐만 아니라 경제적 축재를 위한 도약판이 되었다. 1813년 이후가 대리상에게는 황금기였다. 대리상들은 동인도회사의 보호 방패 아래서 성장하였으며 동인도회사의 독점이 철폐된 후에는 대리상들이 대대적으로 쪽 사업에 간여하여 쪽 재배를 재정적으로 지원하고 진보적인 방법으로 가공하여 완제품을 수출하였다. 인도에는 아직 진정한 은행이 없었으므로 대리상들이 은행으로서의 역할을 하기도 하였다.

1833년의 특허법은 동인도회사가 더 이상 무역회사가 아니라고 규정하였다. 영국동인도회사는 인도에 있는 상공업의 자산을 처분해야 했는데 여기에는 쪽 가공 공장이나 명주실 뽑는 시설물 등도 포함되어 있었다. 이 기회를 재빨리 이용하여 엄청난 재산을 모을 수 있었던 기민한 인도인 실업가들 가운데 대표적인 인물이 타고르 가문(家門)이었다.

유명한 시인 라빈드라나드 타고르Rabindranath Tagore의 조부인 드와르까나드 타고르Dwarkanath Tagore는 일찍이 벵골의 24개 부락지구Parganas에서 영국 징세관을 돕는 일을 하였으며 영국인 실업가와 함께 〈Carr, Tagore & Co.〉라는 회사를 설립하였다. 드와르까나드는 자신의 광대한 토지를 담보로 하여 이 사업을 위해 자본을 조달하였다. 인도 최초의 젊은 실업가였던 드와르까나드는 쪽과 황마(黃麻)를 재배하고 누에를 치기 위하여 뽕나무를 심었다. 그는 동인도회사의 쪽 염료 공장과 직물 공장을 자신이 제시하는 가격으로 그냥 사들일 수 있었는데 이 시설물들이 그의 부동산에 둘러싸여 있었기 때문이었다. 〈Carr, Tagore & Co.〉는 인도에서 아주 이름 있는 경영업체의 원형이었으며 드와르까나드는 이익나는 새로운 사업이 있다고 생각하면 견직물 공장, 설탕 가공 공장은 말할 것도 없고 탄광이나 기선(汽船) 회사 등을 설립하거나 후원해 주고 그 기업들의 경영을 맡았다. 그는 이러한 방법으로 하나의 자사(自社) 전용의 시장을 만들었다. 예컨대 그는 자신이 경영하고 있는 탄광의 석탄을 역시 자신이 지배하고 있는 기선회사에 시장가격보다 높은 액수로 팔 수 있었다.

람 모한 로이 Ram Mohan Roy가 주도한 종교 단체인 브라모 사마자 Brahmo Samaj의 후원자이기도 했던 드와르까나드는 인도인으로서는 처음으로 은행의 중역이 되었으며 캘커타의 몇몇 상인들과 함께 합동은행을 창설함으로써 금융업에서도 선두주자가 되었다. 이것은 어느 회사에 종속된 것이 아닌 독립은행이었으며 1840년대 후반에 경제적 위기가 휘몰아칠 때까지는 아주 성공적으로 운영되어 나갔다. 드와르까나드는 이 위기가 닥치기 전 전성기에 사망하였지만 그 후 어느 인도인 실업가도 타고르 가문에 비교될 만큼 성공하지는 못하였다. 타고르 가문에게 갑작스런 번영을 안겨주었던 유리한 상황이 후대에는 다시 없었기 때문이었다.

제 25 장
벤팅크 총독의 내정개혁과 영어교육 정책

1 복음주의와 공리주의의 영향

인도에서의 개혁운동은 당시 영국의 사상적 영향과 밀접한 관련을 갖고 있었다. 영국의 사상계와 정계에서 커다란 영향력을 행사하고 있던 복음주의자들과 공리주의자들의 활동은 인도의 내정개혁에 직접적인 영향을 미치고 있었다. 당시 영국과 인도 두 나라에 진보적인 개혁의 시대를 열어준 데는 이들의 역할이 결정적으로 작용하고 있었다.

18세기 말부터 복음주의의 부흥은 중상층(中上層) 시민 사이에서 많은 동조자를 얻고 있었다. 복음주의의 영향은 너무 광범하게 퍼져나가서 전통적인 척도로는 잴 수 없을 정도로 강력하였다. 일부에서는 복음주의가 혁명시대에 폭력적인 파괴로부터 영국 사회를 유지시켜준 접합제의 역할을 했다고 믿을 정도였다. 여기까지는 동조하지 않더라도 대부분의 역사가들이 고결한 빅토리아 시대를 열어놓았던 도덕적 동인(動因)으로 복음주의의 중요한 역할을 인정하였으며 산업혁명기의 무정부적 개인주의를 길들이고 훈련시켰던 힘이 복음주의였다고 믿고 있었다. 복음주의의 특징 가운데 하나는 인간성은 완전히 개조될 수 있다는 신념이었는데 그것은 교육을 통하여 가능하다고 보았다. 또한 복음주의자들은 식민지의 수많은 이교도들에게 복음을 전파하는 것은 그들의 장엄한 책임이요 의무라고 확신하였다. 공리주의가 인도의 제반 개혁에 미친 영향은 훨씬 크게 나타났다. 공리주의의 중요성을 말할 때는 그 이론적인 면보다는 정치적인 면에 역점을 두어야 한다. 벤담Jeremy Bentham을 대표로 하는 공리주의 학파의 이론인 〈최대다수의 최대행복〉과 선은 쾌락이요 행복이며 악은 고통이라는 주장은 이미 나타났던 것들로써 새로운 내용은 아니었다. 벤담 사상이 갖고 있는 특징은 이론적인 학설에 있는 것이 아니라 그것들을 여러 가지 현실 문제에 적용시킨 데 있었다.

　공리주의자와 복음주의자의 생각에서 우리는 넓은 의미에서 유사성을 찾을 수 있다. 공리주의와 복음주의는 모두 개인주의 운동으로서 개인을 관습의 예속으로부터 또 귀족과 성직자들의 학정으로부터 해방시키는 일을 모색하였다. 양측의 목표는 각계각층의 개인을 자유롭고 자율적인 인간으로 만들어 양심에 따라 사려 깊게 선택하고 행동하는 생활로 이끌어 가는 것이었다. 인간이 행복의 목표를 달성하지 못한 것은 무지와 판단착오의 결과일 뿐이다. 그 때문에 인간은 원대하고 지속적인 행복보다는 현재의 향락을 더 좋아하는 경향이 있다. 인간은 완전히 교육받을 때까지, 또 지속적인 행복을 얻기 위해 찰나적인 즐거움을 버릴 수 있도록 충분히 훈련을 쌓을 때까지는 〈근엄한 교장선생님〉이 필요한데 그것은 다름아닌 법을 말한 것이었다.

　공리주의자들과 복음주의자들은 모두 급진적 변화를 원했으면서도 서로 대립적인 견해를 보이고 있는 점도 있다. 법의 중요성을 인정하면서도 그 의미를 바라보는 입장은 크게 달랐다. 복음주의자에게는 법이 하나님과 모세Moses의 율법이었지만, 공리주의자

에게는 인간 입법자가 형벌의 고통과 같은 것을 인위적으로 부과
함으로써 사악한 행위를 피하도록 인간을 돕는 것을 의미하였다.
공리주의자들은 여론이나 교육이 행복을 추구하는 인간의 사고와
행동에 영향을 미치는 데 중대한 역할을 한다는 점을 인정하였다.
그러나 이것들은 법의 힘과 비교한다면 아무것도 아니었다. 인간
성을 결정하는 가장 큰 영향력은 입법자와 집행자 즉 법과 정부의
형태였다.[1] 따라서 공리주의자들은 신을 버리고 신의 심판 대신에
인간이 만든 법의 심판으로 대체했던 것이다. 공리주의자들의 개
혁을 위한 처방은 종교적 감정을 포함하고 있지는 않았다.

　인도 문제와 관련하여 특별히 거명될 수 있는 복음주의자는 인
도 총독을 지낸 존 쇼어John Shore와 몇 차례에 걸쳐 동인도회
사 이사회의 대표를 지낸 찰스 그란트Charles Grant 등이었다.
피트 수상의 가까운 친구로서 하원에서 자유주의적 개혁 특히 노
예 문제에 남다른 관심을 보였던 윌버포스William Wilberforce도
당시 영국 정계에서 이름을 날린 복음주의자였다. 그들의 적극적
인 활동이 영국내에서는 비인도적인 노예 무역을 금지시키고, 인
도 문제에 있어서는 1813년의 특허법에 반영되었다. 특히 찰스 그
란트는 인도에 서양 문화와 물질적 번영을 증진시키는 일이 영국
의 원래 목적인 상업적 이익에도 큰 도움이 될 것이라고 역설하였
다. 〈정복의 고결한 씨앗〉인 진정한 종교와 지식이 전파되면 인도
에서의 모든 장애물은 제거될 것이며 거기에 세속적인 보상이 자
연히 수반된다고 보았다. 왜냐하면 서구인의 이념과 언어가 인도
에 도입되면 상업은 뒤따르기 마련이기 때문이었다.

　영국의 복음주의자들은 1813년 동인도회사의 특허 갱신에 즈음
하여 그란트의 이상을 실행에 옮기기 위하여 대대적인 조직적 운
동을 전개하였다. 인도에 기독교 선교사를 파견하여 교회를 설립

---

1) Eric Stokes, *The English Utilitarians and India*, Oxford University
Press, 1992, p. 55.

할 수 있게 하고 교육의 보급을 위하여 별도의 예산을 확보한 것은 복음주의자의 적극적인 활동이 올린 개가였다.

영국은 뱅골 지방을 지배하고 총독정치를 실시해 오면서도 인도에서의 기독교 선교활동은 철저히 억제해 왔었다. 영국 정부는 기독교의 전파가 전통적인 종교에 의해 강하게 지배받고 있는 인도인들을 자극시킴으로써 영국의 상업적 이익이 타격을 입게 될 것을 우려하여 영국 선교사의 인도 입국을 철저히 금지시키고 있었다. 18세기 말 케어리 William Carey가 인도에 들어와 선교활동을 수행한 일이 있었지만 그는 오직 쪽 재배자로 거주하면서 덴마크 선교단으로 활동했을 뿐이었다. 영국 당국은 오히려 인도의 국민감정을 회유하기 위하여 힌두 사원을 관리하는 등 인도인의 전통적인 종교활동을 후원해 주기까지 하였다. 따라서 당시 영국 복음주의자들의 견해와 역할은 동인도회사의 전통적 종교 정책과는 반대되는 것이었으며 이로써 미루어 볼 때 그들의 영향력이 얼마나 크게 작용하고 있었는가를 짐작할 수 있게 한다.

공리주의를 명료하게 정식화시켰던 벤담의 정치철학은 근본적으로 권위주의적이며 독재적인 성격으로 18세기 계몽전제정치의 산물이었다. 벤담의 정치권력의 성격과 그 행사에 관한 개념은 절대주의(絕對主義) 옹호론자의 대표적 인물인 토마스 홉스 Thomas Hobbes의 사상으로부터 연유하고 있다. 통치권은 하나이고 분리될 수 없는 것이며 통치권의 도구는 법이었다. 권리란 법의 창조물일 경우를 제외하고는 의미가 없으며, 자유란 자제(自制)의 부재일 뿐 법이 침묵할 때 자리를 잡게 되는 것이었다.

공리주의자 가운데 또 다른 탁월한 인물인 제임스 밀 James Mill은 교육의 중요성을 강조하면서도 일반적인 의미의 학교 교육이나 기술 교육의 중요성은 하위에 두고 가정 교육과 사회 교육인 여론을 우위에 두었다. 그러나 무엇보다도 중요한 것은 정부 형태와 법 다시 말하면 모든 힘이 의존해 있는 정치 교육이었다. 정치

교육은 개인에게 작용하는 도덕력(道德力)을 직접적으로 결정하고 또한 국민의 체력에서 나오는 간접적인 힘도 결정하게 된다. 왜냐 하면 부(富)의 증대와 생활수준은 정부의 형태에 의존하기 때문이 었다.

제임스 밀은 그의 정치철학을 인도 문제에 적용하였다. 그는 런 던의 동인도회사 집행부에 다년간 근무한 인도 전문가로서 유명한 『영령인도사(英領印度史)』를 저술하였으며, 오히려 더욱 큰 명성 을 누리게 된 그의 아들 존 스튜어트 밀John Stuart Mill도 아버 지의 힘을 빌어 이곳의 〈인디아 하우스India House〉에 근무한 일 도 있었다. 제임스 밀은 인도가 당면한 절실한 문제로서 정부 형 태, 법의 성격, 징세 방법 등 세 가지를 열거하였다. 이것들을 개 혁하면 인도 사회 전체에 엄청난 변혁이 이루어져 빠른 속도로 문 명의 단계에 접어들게 된다고 그는 말하였다. 모든 다른 문제들은 부차적인 것이고 그 중요성도 약하다고 보았다. 〈무지는 자연히 빈곤을 동반하게 되는 것이며 가난한 사람들은 항상 무지하기 마 련이다. 그러나 빈곤은 법과 정부의 형태에서 비롯된 것이며 잘 통치되고 있는 어느 국민에게도 가난이 특징적인 것은 아니다. 따 라서 교육이 어떤 커다란 효과를 가져올 수 있기 전에 국민의 빈 곤은 치유되어야 하며 그들의 법과 정부가 자애롭게 작용해야 한 다.〉[2]

벤담과 제임스 밀은 인도의 변화가 법에 의해 이루어질 경우 거 기에는 주권을 가진 입법기관이 수립되어야 하고 또 인도 정부는 현재의 반(半)독립적인 권력의 변칙적인 집합으로부터 통일된 중 앙집권적 국가로 변모되어야 하는 것이 필수적이라고 보았다. 그 들이 생각했던 통치 형태는 현대적 의미의 자유주의적 정부는 결 코 아니었고 유럽 계몽사상기의 유물인 이른바 계몽전제정치를 이 상으로 했던 것이다. 공리주의자들은 일치하여 인도 문제에 대한

---

2) James Mill, *History of British India*, V. London, 1957, p. 543.

대담한 개혁을 부르짖었다. 왜냐하면 그들은 개혁에 따라 인도에
서는 편견은 이성으로, 거짓은 진실로 대체된다고 보았기 때문이
다. 이성과 복음의 빛이 인도인을 개조시켜 인도에 새로운 질서로
활짝 열릴 것이라고 그들은 확신하였다.

2 벤팅크 총독의 개혁

인도에 개혁의 바람을 몰고 왔던 인물이 윌리엄 벤팅크(William
Bentinck, 1828-1835)총독이었다. 공리주의자들과 생각을 같이했
던 벤팅크는 사실상 그들의 대리인으로서[3] 인도에 파견되었으며
후일의 리폰 Lord Ripon과 더불어 자유주의적 총독으로 불리어지
고 있다. 벤팅크 총독은 인도는 인도인의 이익을 위해 다스려져야
한다고 주장하였으며 그는 피지배 국민의 복지가 영국인의 의무라
는 마음을 가지고 통치한 인물로 알려졌다. 벤팅크의 수많은 개혁
조치는 반드시 부인과의 타협후에 결정하였으며 캘커타 정부 청사
의 벽에는 총독 부인으로서는 유일하게 벤팅크 부인의 초상화가
걸려있을 정도다. 영국 정치인들과 동인도회사 이사회가 벤팅크를
지지했던 것은 그가 공리주의의 이념에 따라 평화를 사랑하고 군
인으로서 기율을 지키며 근검절약한 인물이기 때문이었다.

윌리엄 벤팅크는 이미 20여 년 전인 1803-1807년간에 마드라스
지사(知事)로 재직한 일이 있었지만 벨로어 Vellore 반란을 효과적

---

3) 윌리엄 벤팅크는 인도 총독으로 부임하기 위해 출발하기 전 날 존 스튜
어트 밀 등이 참석한 환송연에서 〈나는 영령인도로 출발하려고 한다. 그
러나 나는 인도 총독이 되려는 것이 아니고 총독이 될 사람은 바로 당
신들이다〉라고 말하여 벤팅크 총독 스스로가 영국 공리주의자들의 대리
인임을 자처하고 있음을 볼 수 있다.(Nancy C. Cassels, "Bentinck :
Humanitarian and Imperialist—the Abolition of Suttee," *The Jour-
nal of British Studies*, Vol. 5(1956), p. 85.

으로 진압하지 못했다고 하여 본국으로 소환당하였다. 벤팅크는 장교로서 스페인에서 활약하기도 하였지만 웰링턴 장군은 그를 좋아하지 않았던 것으로 알려져 있으며 또한 그는 나폴리와 시실리에서 특사와 군사령관의 직무를 수행하기도 하였다. 윌리엄 벤팅크는 정치적 신념으로는 진보적인 휘그당원이었으며, 개혁의 지지자였고, 벤담의 제자였다. 그가 인도 총독에 임명된 것은 동인도회사의 이사회와 조지 캐닝 George Canning 수상의 신임에 의한 것이었지만 벤팅크가 인도에 도착하기 전에 그에게 비판적인 웰링턴 내각이 들어섬에 따라 그의 총독직은 단명으로 끝날 것으로 예상되었다. 그러나 1830년 휘그당의 그레이 Earl Grey 내각이 출범하여 적극적인 자유주의적 개혁운동을 추진하고 나서면서 벤팅크 총독은 영국정부와 동인도회사 측의 지지를 획득할 수 있었다.

벤팅크 총독이 내정개혁에 있어서 첫번째로 추진하여야 할 과업은 경비 절약을 통한 예산 감축이었다. 제1차 버마 전쟁(1824-1826)으로 인한 재정적 어려움을 타개하기 위한 것이었다. 웰슬리 총독의 팽창 정책으로 군사 예산이 증가하였으며 특히 마라타 전쟁 이후 버어마 전쟁 때까지 재정적 적자 상태는 누적되어 왔다. 그의 경비절약 조치는 광범하고 가혹할 정도였다. 벤팅크 총독은 캘커타로부터 4백 마일 내에 주둔하고 있는 군대를 제외하고는 모든 영령인도 군인들의 작전수당 batta을 없애버림으로써 〈가위질하는 인색한 홀랜드인〉이라는 별명을 얻게 되었다.

벤팅크 총독은 모든 분야의 경비 절약 방안을 연구 추진하기 위하여 두 개의 위원회를 조직하고 각 주(各州)에 효과적인 절약 지침을 시달하였다. 예산 감축을 위해 지방의 법정을 폐쇄하기도 하였으며, 특히 행정 사법 부문에 인도인을 고용함으로써 커다란 경비 절약의 효과를 가져올 수 있었다. 이것은 콘월리스 총독이 관직에서 인도인을 철저히 제외시켰던 정책이 시정되는 조치이기도 하였다. 본국의 동인도회사 이사회도 벤팅크 총독의 경비 절약 조치를 환영하고 있었지만 총독은 절약된 금액을 인도인의 복지를 위해 사용하기를 희망하였는데 이에 대해서 이사회의 태도는 냉담하였다. 아무튼 벤팅크 총독은 군사경비뿐만 아니라 일반 행정 부문에서도 과감한 절약 조치를 단행하여 총독 취임 당시 연간 1백만 파운드(£)의 적자 상태에서 150만 파운드의 흑자로 돌려 놓았다.[4]

두번째의 개혁 분야는 사법제도였다. 벤팅크 총독은 콘윌리스 총독이 설립하였던 지방상고재판소와 순회재판소를 폐지해 버렸다. 까다롭고 느린 절차 때문에 소송미결사건이 산적하였으며 관리들은 책임감 없이 자리만 지키고 있는 실정이었다. 콘윌리스 총독은 최하위직에만 인도인을 고용했을 뿐인데 벤팅크 총독은 유능하고 교육받은 원주민을 고용하는 원칙을 확대하는 조치를 취하였다. 원주민 판사의 권한과 봉급을 증대시켜 주었다. 또 지금까지의 법정 용어였던 페르시아어 대신에 지방어를 사용하도록 허용함으로써 원주민 제소인(提訴人)의 편의를 도왔다. 따라서 법정 용어가 하급재판소에서는 지방어로, 고등재판소에서는 영어로 대체되었다.

세제(稅制) 부문에서는 농민의 불만을 완화시켜 주는 조치를 모색하였다. 북인도의 농민들이 보였던 불만의 표적은 1822년의 조례 제7항에 있었는데 이 조항은 총소출 가운데 37%를 국가가 차지하며 세금 약정액은 수시로 수정될 수 있도록 한 것이었다. 농민들은 과도한 평가액을 낮추어 장기적인 고정액으로 개정해 줄 것을 요구하였다. 벤팅크 총독은 실태를 파악하기 위해 직접 서북인도를 여름과 겨울에 걸쳐 광범한 여행을 한 후 2,300만 주민이 살고 있는 북인도의 일부에 반영구정액제(半永久定額制)를 채택하였다. 토질, 경작자 및 부락공동체 등 지역 실정을 참작하여 경작

4) P. Spear, *The Oxford History of Modern India*, Oxford University Press, 1975, p. 143.

자의 증산 의욕을 북돋우고 생활을 안정시키기 위해 30년 동안으로 세액을 고정하였다.

다음의 중요한 개혁 목표는 대담한 사회적 개혁에 있었다. 총독정부는 그동안 인도의 종교적 사회적 문제에 대해서는 중립적 태도를 견지해 왔었다. 인도의 전통적인 종교의식과 관습에 대해서는 극히 비인도적이고 불합리한 것이라 할지라도 간섭하지 않고 묵인해 오고 있었다. 그러나 총독정부의 방관적인 중립정책은 영국의 인도주의적인 진보적 이념과는 대립할 수밖에 없었다.

벤팅크 총독은 힌두의 전통적인 악습인 사티Sutte를 금압(禁壓)하고 나섰다. 사망한 남편을 화장시키는 장작더미에 부인을 순장시키는 풍습이었다. 사티는 원래 정통 이론에 의하면 힌두 과부가 죄를 정화시키는 불꽃을 통하여 죽은 남편과 재결합하기를 열망하여 행한 자발적인 행동 혹은 헌신자인 부인을 뜻하였다. 그러나 이 관습은 가족 가운데서 사티를 통하여 집안의 고결한 명예를 탐하여 순장으로 유도하는 경우나, 과부의 재산을 탐내서 강요하는 경우도 흔히 있는 일이었으며, 혹은 가난한 살림에 한 입이라도 덜겠다는 의도에서 사티가 행해지는 경우도 있었다. 이 악습 때문에 1817년 한 해에 벵골 지방에서만 7백여 명의 여인들이 생화장(生火葬)을 당하였다.[5]

벤팅크 총독의 사티 악습에 대한 과감한 철폐는 본국의 공리주의자와 복음주의자들이 한결같이 인도주의를 강조하면서 보내준 성원에서 비롯되었음은 말할 것도 없다. 지난 20년 동안 인도 총독들은 사티 풍습을 중지시키려고 시도했으면서도 원주민의 반발을 우려하여 과감히 다스려 오지 못하였다. 벤팅크 총독은 사티가 불법이며 이 관습을 살인자로 다스리겠다고 공포하였다. 힌두 일부에서는 그들이 전통적으로 지켜온 관습이 금지된 데 대하여 반

---

5) P. Roberts, *History of British India*, Oxford University Press, 1977, p. 303.

발을 보이기도 하였지만 또 다른 힌두들은 오히려 사티라는 악몽이 없어지게 된 것을 반기기도 하였다. 특히 〈근대 인도의 아버지〉로 알려진 선각자 람 모한 로이가 총독의 조치를 지지하고 나섰던 점이 주목할 만하다.

벤팅크 총독이 종교개혁가이며 사회개혁가인 람 모한 로이에게 사티의 철폐에 대한 의견을 물었을 때 로이는 처음에는 조용하고 간접적인 억제 방법을 원하면서 입법조치는 시기상조라는 태도를 보였으나 나중에는 총독의 결정을 적극 지지하고 나섰다. 로이는 총독의 조치에 반대하는 힌두에 대항하여 수백 명의 서명을 받아 사티의 철폐를 지지하였으며 더욱이 이 악습이 철폐되어야 한다는 정당성을 홍보하기 위해 1831년 영국을 방문하기도 하였다. 로이는 귀국하지 못하고 다음해 영국에서 사망했지만 그의 추밀원에서의 증언 등은 벤팅크 총독의 인도주의적 결단에 커다란 힘이 되었던 것이다. 이 악습이 당장 사라진 것은 아니지만 힌두 사회의 보편적인 관습으로서는 점차 자취를 감추게 되었다.

벤팅크 총독은 터그(Thugs, 강도집단)에 대한 소탕 작전을 전개하였다. 터그는 도둑무리이며 종교의식을 내세우는 살인 집단이었다. 파괴의 여신 칼리Kali에 대한 헌신을 강조하면서 평화적이고 순박한 여행자들을 살해하고 도둑질을 일삼는 세습적인 살인 집단이었다. 터그는 여행자로 얌전하게 변장하고서 소집단으로 활동하였는데 사람이 잠을 자거나 방심하고 있을 때 목을 조르고 수건으로 입을 가려 질식시키고 재물을 빼앗는 일을 일삼았다. 그들은 중부 인도에서 주로 활동하였으므로 특히 이 지역의 피해가 컸지만 종교적 신념에서 저지르는 그들의 행동에 죄책감이 따를리가 없었다.

벤팅크 총독의 터그에 대한 강력한 대처에 따라 그들의 횡포는 사라지게 되었다. 벤팅크가 사티와 터그에 대하여 단호한 억압 조치로 맞섰던 것은 특히 1830-1848년간에 유럽을 휩쓸었던 인도주의의 풍조를 반영하고 있지만 한편 이 조치는 영국이 인도인의 사회 종교적 관습에 대한 본격적인 간섭의 시작이기도 하였다.

또 벤팅크 총독은 언론의 자유를 보장하였다. 근대적인 인도의 신문들은 유럽인 특히 선교단이 복음을 전파하기 위해 발행하였지만 이는 곧 인도인의 문화활동을 자극하고 교육받는 계층의 활동무대로 발전하였다. 본격적인 영토확장 정책을 추진하였던 웰슬리 총독이 신문 등 인쇄물에 대한 언론 규제를 강화하였다. 그는 프랑스 세력과 직접 대결하는 마당에서 언론 규제의 필요성을 느끼고 모든 인쇄물은 출판하기 전에 영국 관리의 검열을 받도록 하였다. 이 규칙을 어길 경우 유럽으로 강제 귀국시키는 조치를 취하였다. 헤이스팅스 총독 때에는 언론 규제가 완화되었다가, 벤팅크 총독 때에 접어들면 신문검열제도가 폐지되고 인도에서의 언론 자유는 유럽과 동등하게 되었다. 벤팅크 총독은 언론에 우호적이었으며 선정(善政)을 베푸는 정부에는 신문이 조력자가 될 수 있다고 믿었다. 1835년에 찰스 메트칼프Charles Metcalfe와 토머스 바빙턴 마코올리 등의 노력으로 언론 규제 조항이 폐지되었는데 메트칼프는 30여 년 동안 인도에서 근무한 개화된 관리로서 벤팅크 총독이 퇴임한 후 총독 직무대리직을 수행한 사람이기도 하였다. 벤팅크 총독의 언론 자유화 조치 이후 신문다운 영자신문(英字新聞)들이 발행되었는데 그 대표적인 것으로는 현재 인도의 *The Times of India, Statesman* 등이다. 물론 약간 조잡한 형태의 *Bengal Gazette*(1780)와 상업지(商業紙) *Calcutta Journal*(1818) 등은 훨씬 전에 발행되었다.

3 영어교육의 도입과 마코올리

벤팅크 총독의 재임 기간에 이루어진 가장 중대한 과업은 영어

교육의 도입이었다.

인도의 문화와 원주민 교육에 처음으로 깊은 관심을 보였던 인물은 워렌 헤이스팅스 초대 총독이었다. 그는 힌두와 모슬렘에게 그들의 고전문화와 학문을 부흥시키도록 촉구하였으며 모슬렘 관리들의 자질을 향상시키기 위해 캘커타 마드라사Calcutta Madrasa(학교)를 창설하여(1781) 아랍어와 페르시아어 등 이슬람에 관한 과목을 교수하였다. 동양문화 특히 인도 고전문화에 남다른 관심을 갖고 있었던 워렌 헤이스팅스는 동양학자 윌리엄 존스Willi-am Jones로 하여금 벵골 아시아 학회Asiatic Society of Bengal를 창설토록 하였으며(1782) 이 학술기관은 산스크리트 학문의 실제적인 중심지가 되었다. 또 워렌 헤이스팅스 총독의 문화운동에 참여하였던 던컨Jonathan Duncan은 당시 콘월리스 총독의 지원을 받아 힌두 신앙의 성도(聖都)인 베나레스에 산스크리트 대학 Sanskrit College를 설립하였다. 한편 웰슬리 총독 때 개교한 캘커타의 Fort William College(1800)는 그 지휘 감독권이 총독정부에 있었다. 이 대학은 동양 언어를 교육시키는 것뿐만 아니라 기독교 신앙을 강조하고 있었으나 그것은 인도인에게 기독교를 전파하려는 의도는 아니었다. 이 대학은 어디까지나 영국인 관리들을 교육시키려는 목적에서 설립되었을 뿐이다.

영국 복음주의자들은 동인도회사로 하여금 인도 국민에게 유용한 지식을 보급시키고 종교적 도덕적 개선을 위한 조치를 취하도록 강력히 촉구하였는데 그 결과가 1813년의 특허법에 반영되었다. 즉 영령인도의 세입 가운데서 해마다 10만 루피를 따로 책정하여 인도 학문의 발전과 인도 지식인의 활동을 장려하기 위하여, 또 원주민에게 과학 지식을 증진시키기 위하여 충당하도록 명시하였다.

당장 주목할만한 성과는 없었지만 꼭 10년이 지난 1823년에는 총독참사위원회의 결의에 따라 영국인 주재관들로 구성된 국민교육위원회가 임명되었다. 국민교육위원회의 건의에 따라 캘커타에 산스크리트 대학이 건립되고 인도 고전과 아랍어 및 페르시아어 작품 등이 출판되었다. 그러나 본국 정부의 의도는 단순히 힌두, 모슬렘 학문의 보급과 전파에만 있었던 것이 아니고 원주민에게 영어교육과 서양 학문을 전파시키는 일까지 포함하고 있었다.

　인도인 교육 문제에 대해서는 영국인 통치자들 가운데서도 계속하여 의견의 불일치를 보여 왔었다. 원주민 교육 문제를 검토하기 위하여 설치된 국민교육위원회에서도 상반된 견해가 오래도록 대립하여 이른바 영어파 Anglicists와 동양어파 Orientalists 사이에 기나긴 논쟁을 불러 일으켰다.

　영어파는 인도인의 지적 향상을 위해서는 영어교육의 도입이 시급하다고 주장하는 사람들이고, 동양어파는 인도인을 교육시키기 위해서는 원주민에게 친숙한 산스크리트나 아랍어 등 동양어를 널리 보급시키는 것이 보다 절실하다고 강조하는 사람들이었다. 동양어파도 원주민의 교육제도를 그대로 놓아두면서 거기에다 서양 학문을 접목시키는 것은 환영하였다. 서양 학문을 인도인에게 교육시키는 데 있어서 그 매개어로 영어를 사용할 것인가, 또는 산스크리트나 아랍어 등 동양어를 사용할 것인가 하는 문제는 오랫동안 첨예하게 대립된 논쟁점이었다. 영어파는 동양 고전어에 의한 번역을 통하여 인도인에게 서양 학문을 광범하게 전파한다는 것은 어리석은 일이라고 주장하고 공통 언어로 영어를 사용함으로써 인도 국민과 지배자인 영국인과의 유대를 강화시킬 것이라고 주장하였다. 이에 반론을 제기한 동양어파는 다른 학식이 없이 영어에만 능통한 것은 오히려 혼란의 근원이 되며 지식에 대한 손실이 될 뿐이므로 동양 고전어의 사용과 육성이 결국에 가서는 교육적 목적을 위해 통용될 토속어를 개발하는 데 도움이 될 것이라고 주장하였다.[6]

6) 졸고, 「영국의 인도에 대한 교육정책── 영어교육정책 수립과정을 중

국민교육위원회에서의 대립된 의견은 영국인들의 생각이었지만 인도인들의 의견도 일치를 보인 것은 아니었다. 물론 인도 지식인들의 다수가 동양어파와 견해를 같이하여 인도 고전어 혹은 동양어의 보급을 희망했던 것은 사실이지만 일부 인도인들은 영국 정부의 자유주의적 개혁을 찬양하고 동양어 교육 대신에 영어교육을 보급시켜 줄 것을 희망하였다. 특히 근대인도의 선각자로서 정신적으로 지식층에게 커다란 영향을 미쳤던 람 모한 로이는 영어 교육을 적극적으로 찬양하고 나섰던 대표적 인물이었다. 그는 에머스트 총독(Lord Amherst, 1823-1828)에게 청원서를 보내 근대적 서양 교육의 도입을 강조하였다. 〈고전어를 가르칠 경우 학생들은 2천 년 전에 알려졌던 것들을 얻을 것이지만 이는 쓸모없고 공허한 난삽만을 가중시킬 것이다. 만약 영국 입법부의 정책이 그러하다면 산스크리트 교육제도는 이 나라를 암흑 속에 가두어 놓기 위해서는 최선의 방책이 될 것이다. 그러나 원주민을 향상시키는 것이 정부의 목표라면 수학, 자연과학, 화학, 해부학 등을 포함하는 보다 자유주의적이고 개화된 교육제도를 증진시킬 일이다〉.[7]

영어교육의 도입 문제는 영국의 공리주의자들과 견해를 같이 해왔던 윌리엄 벤팅크가 인도 총독에 부임함에 따라 그 해결책의 방향이 예견되었다. 영어교육을 도입하게 된 결정적 계기는 1834년 총독참사위원회의 법률위원으로 부임했던 마코올리를 총독이 국민교육위원회의 의장으로 임명함에 따라 비롯되었다. 마코올리는 후일 역사가로서 널리 명성을 날렸지만 의회 정치가로서도 눈부신 활약을 보여주었던 인물이었다. 당대의 이름 있는 공리주의자요 자유주의자로서 그는 영국 의회 정치사에서 획기적인 사건으로 기록되는 1832년의 선거법 개정안(the Reform Bill, 1832)의 통과 과정에서 〈개혁이 없으면 혁명이 있을 뿐〉이라고 당시 유럽의 정

심으로」,《사총》 제22집(1976), 고려대 사학회 pp. 299-302.
7) H. Dodwell ed., *The Cambridge History of India, Vol. VI. The Indian Empire*, Cambridge University Press, 1978, p. 105.

치적 분위기를 절박하게 표현하여 커다란 영향력을 발휘하였고 또한 동인도회사 특허법(1833)의 초안자이기도 하였다.

마코올리가 인도인을 교육하는 데 갖고 있었던 의도에는 국민대중의 문맹퇴치나 지식 수준의 향상이라는 일반적인 생각보다는 훨씬 깊고 원대한 제국주의적 이상이 포함되어 있었다. 〈우리는 현재 우리들과 우리가 다스리고 있는 수백만 사람들 사이에서 통역자 역할을 담당할 하나의 계층을 형성하는 데 최선을 다해야 한다. 그들은 혈통과 피부색에 있어서는 인도인이지만 기호(嗜好), 견해, 도덕 및 지성에 있어서는 영국인이 될 수 있는 그러한 사람들의 계급인 것이다.〉[8]

마코올리의 교육 목표는 인도의 국민 대중을 교육시키는 것이 아니라 서구식 교육을 받은 하나의 계층을 만드는 것이었다. 서양교육을 통하여 이들 인도인을 서양식 사고방식을 가진 사람들로 개조시켜 버리려는 어마어마한 치밀한 계획이었다. 이른바 영어교육을 받은 중간계급이 서양의 생활태도를 동경하게 되면 이는 곧 영국의 인도에 대한 지배가 그만큼 확고하게 보장되는 것이었다. 영어교육을 통하여 유럽의 지식을 전수 받게 되면 인도인들은 머지않아 영국의 여러 제도를 요구하게 될 것이며 그때가 영국사에 있어서 가장 자랑스러운 시대가 될 것이라고 보았다. 이 영광은 야만주의에 대한 평화적인 이성의 승리이며, 인도제국은 영국의 예술과 도덕과 문학과 법률로 이루어진 불멸의 제국이 될 것이라고 예견하였다.

국민교육위원회의 일원이었던 트리벨리언Charles Trevelyan도 영어교육의 실시로 인도의 수다(數多)한 언어가 통합되어 인도의 문화적 통일을 촉진시킬 것이라고 주장하면서 더 나아가 영어교육의 도입에 따른 결과를 극대화하여 예견하였다. 서구의 정치제도

---

8) D. P. Sinha, *The Educational Policy of tha East India Company*, Calcutta, 1984, p. 199.

가 인도에 도입되면 모든 정치적 변혁은 평화적으로 일어나게 될 것이며 폭력이나 상호분격(相互奮擊)은 사라질 것이라고 보았다. 인도에서 폭력을 박멸하는 가장 효과적인 방법이 서구식 교육을 보급시키는 것이며 서구 정치제도의 도입으로 인도인들은 이른바 아시아적 전제정치를 경멸하게 될 것이라고 그는 믿었다. 트리벨리언은 영어교육의 실시가 인도인에게 자치 능력을 길러주는 하나의 교육과정이 될 것이라고 확신하였으며, 언젠가 인도는 독립을 이룩하게 될 것이므로 영어교육의 방법이 점진적이고 평화적인 정권이양을 보장해 주는 최선의 길이 될 것이라고 기대하였다.[9]

물론 영국의 인도에서의 영어교육 정책이 전적으로 마코올리의 원대한 이상에만 그 목적이 있었다고 볼 수만은 없고 현실적인 면을 고려했음을 부인할 수 없다. 영어교육은 인도인 관리들로 하여금 그들의 사무 능력을 효율적으로 발휘할 수 있도록 만드는 데도 목적이 있었다. 높은 액수의 급료를 지불하면서 영국으로부터 관리를 데려오는 것보다는 인도 원주민에게 영어를 습득하도록 하여 낮은 임금을 주면서 고용하는 것이 예산 절약면에서 훨씬 도움이 되었을 것이다. 벤팅크 총독이 지나칠 정도의 경비 절약을 단행했다는 점을 감안해 볼 때 재정적인 이유에서의 영어교육의 타당성을 충분히 고려했을 것이다.

마코올리가 의도하였던 영어교육의 이상은 「1835년의 결의(決議)」를 통하여 구현되었는데 영국 정부가 추구하는 교육 정책의 목표는 인도 원주민 사이에 유럽의 문학과 과학을 보급 장려하고 또 교육 목적을 위해 책정되는 모든 예산은 영어교육만을 위해 사용될 것이라고 밝혔다. 이 결의는 영국 정부가 인도인의 교육 문제에 대한 최초의 공식적 조치였으며 이는 장래의 교육 정책에 대한 기본 지침이 되었다. 총독정부의 주도로 영어교육이 실시됨에

---

9) L. S. O'Malley ed., *Modern India and the West ; A Study of their In- teraction of their Civilizations,* Oxford University Press, 1988, p. 743.

따라 인도인 가운데는 영어와 서양 학문을 공부하는 사람들의 수
효가 날로 증가해 갔다. 1854년의 교육법에서는 영어교육의 목표
가 다시 확인되었으며, 고등교육기관에서는 영어를 강의 용어로
사용하고, 국민 대중에게는 토속어로 교육하도록 규정하였다. 특
수대학인 칼리지는 오래 전에 설립되어 있었지만 모든 계층에 차
별없이 교육 받을 수 있는 기회를 균등하게 부여하기 위해 종합대
학인 유니버시티의 설립 계획이 구체화되었으며 3년 후에는 캘커
타, 봄베이 및 마드라스에 각각 유니버시티가 설립되었다.

제 26 장

영령인도의 변방 통합 정책

1 버마 전쟁

헤이스팅스 총독은 사임 후에도 사실상 2년 동안 총독의 역할을 그대로 수행하였다. 후임 총독의 임명이 제때에 이루어지지 못하고 있었기 때문이다. 헤이스팅스 다음으로 곧 뛰어난 웅변가요, 유명한 정치가인 조지 캐닝이 인도 총독에 임명되었으나 인도로 떠나기 전에 영국 외상(外相) 캐슬리 Lord Castlereagh가 자살함에 따라 캐닝이 외상으로 부임하게 되었다. 여기에서 캐닝의 친구인 에머스트가 인도 총독으로 임명되었다. 에머스트는 특별한 공훈으로 인도 총독에 임명된 것이 아니라 내각의 개편 과정에서 예기치 않게 발탁되었다. 에머스트는 결점도 없고 비난받을 바도 없는 무난한 호인이었지만 그러나 한 마디로 무능한 인물이었다. 에머스트의 총독 재임 기간(1823~1828)에 있었던 주요한 사건은 제1차 버마 전쟁뿐이었다.

버마는 18세기 후반부터 집요한 대외 팽창 정책을 추구하였으므로 주변 국가들에게는 매우 위협적이었다. 버마는 태국 Siam으로부터 테나쎄림 Tenasserim을 탈취하고(1766) 벵골 만에 연해 있는 독립국가인 아라칸Arakan을 병합하였다(1784). 이어서 상하(上下) 버마를 흡수 통합하고(1793) 벵골 만의 영령인도에 속한 치따공 Chittagong에 접근하였으므로 버마가 점령한 지역으로부터 피난민이 영령인도의 국경으로 넘어 들어왔다. 버마 군대는 마니뿌르 Manipur를 병합하고(1813) 아쌈을 위협해 오다가 드디어 1822년에는 이를 복속시켜 버리자 제대로 국경선이 확정되어 있지 않은 상태에서 영국 측과 대치하게 되었다. 버마인들은 영국인과 대치하고 접촉하면서도 조금도 두려움을 느끼지 않았다. 버마의 아바 Ava 시(市)는 우주의 중심이고 그들의 군대는 무적(無敵)이며 그들의 문화는 최고 수준이라고 확신하면서 왕으로부터 거지에 이르기까지 영국과의 대치상태에서 사기충천해 있었다.[1]

버마와의 전쟁은 영국 측에서 보면 상업적 이익을 확보하기 위해 취해진 조치였다. 버마 전쟁의 근본적 원인은 영국 맨체스터 상인들이 집요하게 새로운 시장을 찾아 나선 결과였다. 또 캘커타의 총독정부가 농업지역을 넓게 감싸려는 방위상의 관심에서 비롯된 전쟁이었다. 에머스트 총독은 영국과 캘커타 영국인들의 상업적 호전적 압력을 거의 이겨내지 못한 무능한 정치인이었다. 총독이 임명한 영령인도 동부지역의 젊은 대리인 데이비드 스코트 David Scott가 그의 주전론적(主戰論的) 보고서에서 버마에 대한 공격을 건의하자 에머스트 총독은 1824년초 원정군을 벵골 만으로 진입시키며 선전포고를 하였다.

제1차 버마 전쟁은 2년 동안 지속되었으나 영령인도의 역사상 가장 지지부진하고 성공적이지 못한 전쟁 중의 하나였다. 버마 전쟁은 양측에 아무것도 가져다준 것이 없는 어리석은 전쟁이었으며 이 시기의 〈가장 쓸모 없었던 선택〉으로 혹평 받기도 하였다.[2] 버

---

1) P. Spear, *The Oxford History of Modern India*, p. 153.
2) S. Wolpert, *A New History of India*, New York, 1882, p. 217.

마인들은 무지와 어리석음 때문에 고통을 당하였고, 영국인들은 쓸데없는 고집과 적응성의 결여로 어려움을 겪었다. 캠벨 Achibald Campbell이 이끄는 영령인도군은 바닷길을 이용하여 랭군을 장악한 후 이라와띠 Irrawaddy까지 진격하기로 계획하였으나 반 년 동안 전혀 나아가지 못하였다. 이 군사작전은 5월의 우기(雨期)에 즈음하여 강행하였는데 그 결과 영국군은 광대한 삼림과 늪지대에 간혀 전진도 못하고 질병으로 죽어갔다. 마니뿌르와 아라칸을 경유한 원정군도 장마철에 몰아닥친 홍수와 극심한 환경의 어려움으로 허우적거렸다.

버마 병력은 무시해 버릴 만큼 소수였지만 비정규전에 뛰어나 곡괭이를 가지고 다니면서 재빨리 방책을 만들거나 참호를 파고서 대처하였다. 버마는 반둘라 Bandula라는 군사적 천재를 가지고 있었다. 아쌈 정복자인 반둘라는 뱅골 공격을 시도하여 치따공 기지(基地)에서 멀리 떠나온 영국군을 고립시키는 데 성공하였으나 랭군이 점령당함으로 이를 되찾기 위해 회군할 수밖에 없었다. 랭군에서 캠벨의 영국군과 반둘라의 6만 군대가 대치하고서 교착상태에 빠져 들었다. 그러나 반둘라가 전사한 후 버어마 군대는 오직 기후와 환경에만 희망을 걸고 있었을 뿐이며 반면에 영국군은 새로운 환경에 적응하게 되자 버마의 패배는 당연한 결과로 나타났다.

얀다부 Yandaboo 평화조약(1826)에 의해 버마는 해안지역과 그리고 아쌈 및 마니뿌르의 모든 권리를 포기하였다. 즉 버마는 아라칸과 테나쎄림을 영국동인도회사에 양도하고 아쌈과 카차르 Cachar에서의 철수와 마니뿌르의 독립을 인정하였다. 전쟁 배상금으로 1백만 파운드를 지불하기로 하고 버마는 아바에 영국주재관을 받아들이기로 하였다. 원래 상업적 지배권을 확보하기 위해서 추진되었던 전쟁에서 승리함에 따라 동인도회사 측은 영국의 직물을 팔 수 있는 버마 시장을 개방하려고 분주히 노력하였다. 그렇지만 상업적 노력과 전쟁이 가져온 희생의 결과는 눈에 보이는 소득은 없고 실망만 안겨주고 말았다.

2 아프가니스탄 전쟁

에머스트 총독 다음으로 벤팅크 총독이 부임하여 7년 동안의 평화적인 개혁의 시대를 맞이하였으며 벤팅크의 후임 총독이 오크랜드(Lord Auckland, 1836-1842)였다. 오크랜드 총독의 재임 기간에는 다시 영령인도의 변방에 공격 정책이 시작되었다. 오크랜드 총독은 버마 전쟁을 일으켰던 에머스트 총독보다는 훨씬 유능하고 성실하였지만 주변 상황을 적절히 제압할 수 있는 도덕적 성품을 갖춘 인격자는 못되었고 때때로 매우 격렬한 혈기에 따라 움직인 인물이었다. 그는 벤팅크 총독의 개혁 정책을 추진해 나가기는 하였지만 아무래도 그의 재임 기간에 가장 두드러진 사건은 제1차 아프가니스탄 전쟁(1839-1842)이었다.

영국과 러시아의 세계 정책에 있어서 아프가니스탄은 오랫동안 매우 중요한 정치적 전략적 지점으로 인식되어 왔다. 러시아의 남하정책(南下政策)에 있어서 아프가니스탄과 페르시아에 대한 관심은 집요하였으며 특히 보스포루스 Bosporus 해협을 통한 발칸 반도로의 진출이 벽에 부딪쳤을 때에는 중앙아시아에 대한 집착은 한층 강하게 나타났다. 영국이 러시아의 남하정책을 철저히 견제해 왔던 것은 근대 수 세기에 걸쳐 영국 대외 정책의 주류를 이루고 있지만 19세기 전반에 있어서도 러시아가 인도를 침공할 것이라는 영국의 우려는 너무나 지나쳐 공포심을 느끼고 있었다고 말할 정도였다. 러시아가 만일 인도로 쳐들어온다면 틀림없이 아프가니스탄을 통과할 것이기 때문이었다.

일찍이 1801년 웰슬리 총독은 존 말콤 John Malcolm을 페르시아에 파견하여 정치적 상업적 협상을 모색하였는데 페르시아는 이때 러시아에게 더 많은 관심을 보이고 있었다. 러시아는 페르시아를 통하여 중앙아시아를 통제하기를 희망하고 있었고, 페르시아도 러시아의 도움으로 잃은 영토와 권위를 되찾으려고 하였다. 오크랜드가 인도 총독으로 부임했을 때 페르시아 군대는 러시아의 은밀한 지원을 받으면서 페르시아·아프가니스탄 국경 지방의 헤라트Herat에 대한 포위 작전을 감행하고 있었다. 헤라트는 매우 중요한 전략 지점으로 인도로 통하는 길목이었다. 영국 측에서 볼 때 페르시아가 러시아의 지원 아래 헤라트를 장악하는 것은 도저히 묵과할 수 없는 영령인도에 대한 중대한 위협이었다. 마찬가지로 러시아의 입장에서 본다면 아프가니스탄에 친영적(親英的)인 정부가 들어선다면 이는 궁극적으로 중앙아시아의 지배권을 노리는 러시아에게는 커다란 장애 요인이며 또한 러시아의 국익에 대한 중대한 위협이기도 하였다.

아프가니스탄의 왕Ameer인 무하마드Dost Muhammad는 헤라트를 위협하고 있는 페르시아와 또 페샤와르를 빼앗아간 펀잡의 지배자 란지트 싱(Ranjit Singh, 1781-1839)에 대항하기 위해 동맹자를 구해야 했다. 무하마드는 페르시아를 충동하고 있는 러시아에 대해서는 불신과 공포를 느끼고 있었으므로 결국 아프가니스탄의 안전은 영령인도 정부와의 동맹에 의해서만 유지될 수 있다고 믿었다. 무하마드는 영국·아프가니스탄 동맹을 제의하면서 만약 란지트 싱으로부터 페샤와르를 되찾는 데 영국이 도와주면 자신은 그의 조정과 아프가니스탄에서 러시아의 영향력을 제거하겠다고 다짐하였다. 그러나 영국의 입장에서 볼 때 펀잡의 란지트 싱은 오래 전부터 동인도회사와 동맹 관계에 있었으며 한편 란지트 싱에게 상당한 두려움을 느끼고 있었으므로 펀잡에 어떤 압력을 가하는 데는 동조할 수 없었다. 다시 말하면 오크랜드 인도 총독으로서는 의심스러운 아프가니스탄을 돕기 위해서 그 동안 신의를 지켜온 유용한 동맹자인 시크족의 펀잡을 버릴 수는 없었다.

오크랜드 총독은 무하마드와 협의하도록 알렉산더 번즈 Alexander Burnes를 카불에 파견하였다. 표면적으로는 상업적 협상을 내세웠지만 실제적으로는 정치적 목적을 위한 특사였던 번즈로서는 무하마드에게 제시할 것이 아무것도 없었으며 여기에서 아프가니스탄은 어쩔 수 없이 러시아에 기울어질 수밖에 없었다. 번즈는 무하마드가 카불의 조정에 와 있는 러시아의 사절(使節)에게 정중한 후대를 보내고 있는 것을 목격하고 아무것도 이루지 못한 채 돌아오고 말았다.

오크랜드 총독정부는 무하마드의 러시아에 대한 호의적인 태도를 영국에 대한 분명한 적대 행위로 간주하고 대책을 강구하였다. 총독정부는 1838년 펀잡의 란지트 싱과 아프가니스탄의 전왕(前王) 수자 Shah Shuja와 함께 삼각동맹을 맺었다. 수자는 원래 아프가니스탄의 지배자였으나(1803-1809) 추방되어 란지트 싱의 조정에서 2년 동안 지낸 일이 있었으며 그 후에는 펀잡의 루디아나 Ludhiana에서 영국 정부의 연금수혜자(年金受惠者)의 처지로서 오직 왕위를 되찾겠다는 일념에서 살아온 망명 군주였다. 삼각동맹의 목적은 수자로 하여금 시크족의 군사력과 동인도회사의 재정적 지원을 얻어 아프가니스탄의 왕위를 다시 찾는 것이었다.

전쟁 상황은 영국 측의 계획대로 진행되어 나갔다. 시크 군대는 매우 소극적이긴 했지만 동맹군은 칸다하르 Kandahar, 가즈니 Ghazni, 카불을 차례로 점령하였으며, 무하마드는 도주하였다가 영국군에 항복하여 캘커타로 호송되었다. 수자는 복위되어 그가 바라던 바를 이루었다.

그러나 수자는 명목적인 지배자에 불과하고 오크랜드 총독이 파견한 윌리엄 매크나튼 William Macnaghten에 의해 국가행정이 수행되었다. 영국군이 지원부대로 잔류함에 따라 카불에는 아프가니스탄·영국의 이중정부(二重政府)가 수립되었던 것이다. 오크랜드 총독은 그렇지만 아프간족이 역사적으로 이민족에게 굴복하기를 거부하는 독립심이 특별히 강한 끈질긴 인종이라는 사실을 간과하는 과오를 범하였다. 수자가 국민으로부터 인기가 없어 나라를 유지할 만큼 지지자를 얻지 못하였으므로 불안이 존재할 수밖에 없었다. 아프가니스탄 국민은 수자를 좋아하지 않았을 뿐만 아니라 영국의 내정 간섭에 강한 저항감을 나타냈다. 쫓겨난 무하마드의 아들 아크바르 칸Akbar Khan이 국민의 불만을 적절히 이용하였다.

1841년에는 수자와 그의 후원자인 영국군에 대한 반란이 광범하게 일어났다. 번즈가 피살되었으며 매크나튼과 카불 주둔군 사령관인 엘핀스톤William George Elphinstone은 극히 우유부단한 태도로 대처하였다. 매크나튼은 동료 세 명과 함께 아크바르 칸의 명령에 의해 피살당했으며, 엘핀스톤은 철수하다가 아프가니스탄 군대에 항복하여 여인 및 어린애들과 함께 인질로 잡히는 치욕을 겪었다. 아크바르 칸에게 붙잡힌 120명의 포로를 남겨두고 혹심한 추위 속에서 철수하던 1만 6천여 명의 영령인도군은 아프가니스탄 군대의 공격을 받아 브라이든Brydon이란 의사 한 명을 제외하고는 전멸당하고 말았다.[3] 브라이든이 중상을 입고 잘랄라바드Jalalabad에 겨우 도착하여 영국군의 참상을 전하였을 때 총독정부와 영국 국민은 엄청난 충격을 받았다.

오크랜드 총독은 본국으로 소환당하고, 감독국 의장을 세 번이나 지낸 엘렌보로(Lord Ellenborough, 1842-1844)가 새로이 총독에 임명되었다. 아직 칸다하르, 가즈니 및 잘랄라바드는 영국·시크 연합군의 수중에 있었지만 수자는 조카에 의해 피살되었다. 엘렌보로 총독은 아프가니스탄 군대에 일격을 가한 후 영국군의 권위를 유지하는 선에서 철수를 계획하였으나 폴로크George Pol-

---

3) P. Roberts, *History of British India*, Oxford, 1977, p. 321. R. C. Majumdar, *An Advanced History of India*, p. 750.

lock와 노트 William Nott 장군 등은 함락당한 가즈니를 되찾고 아크바르 칸을 무찌른 후 1842년 가을 카불에 입성하였다. 영국군 포로가 구출되었으며 승전을 축하하기 위해 카불의 큰 시장을 폭약으로 날려버렸다. 도시를 무참히 유린하고 저항하지 않은 수천 명의 시민을 학살하였다. 영국 점령군은 곧 철수하였고 캘커타에 구금되어 있던 무하마드는 복위되었으며 그는 영령인도에 호의적인 태도를 보이면서 1863년 사망할 때까지 아프가니스탄의 왕좌를 지켰다. 아프가니스탄 전쟁은 오크랜드 총독정부의 쓸데 없는 모험으로 2만 명의 영령인도군을 희생시키고 1,500만 파운드의 엄청난 액수를 전비(戰費)로 탕진해 버린, 아무 소득도 없고 뚜렷한 정당성도 찾을 수 없는 무모한 전쟁이었다.[4]

3 시크 전쟁

인도에서 영국세력의 팽창시대가 1818년으로 일단 마감한 이후 동인도회사에 맞설 수 있는 유일한 호전적 세력으로는 편잡의 시크 왕국만이 남아 있었다. 편잡 지방의 지배자 란지트 싱이 1799년부터 사망할 때까지 40년 동안의 싸움에서 필적할 수 없는 전술과 외교에서의 기민함으로 튼튼한 세력 기반을 확보하고 있었기 때문이다. 란지트 싱은 포악한 군주였지만 군사적인 천재를 발휘하면서 시크 세력을 통합해 나갔다. 그는 1802년에 시크족의 정치적 종교적 중심지인 암리싸르 Amritsar를 장악하고 이어 루디아나를 공격하였다. 1809년에는 편잡 지방의 오하(五河) 가운데 맨 동쪽의 수트레즈 Sutlej 강이 란지트의 영토와 영령인도 사이의 경계선으로 공식적으로 인정되었으며 영국 측과 외교적으로 화평을 유지하게 된 란지트 싱은 서북 국경 지방으로 관심을 돌렸다. 그는 아

---

4) R. C. Majumdar, 위의 책, p. 753.

또크 Attock에서의 승전으로 인더스 강 너머 아프가니스탄의 세력들을 분열시켜 놓고 다음으로 서남쪽의 물탄과 북쪽의 카슈미르를 장악하였다. 1820년 경까지 란지트 싱은 풍요롭고 전략적으로 중요한 지점들을 거의 장악하였다.

순수한 시크교의 신앙으로 뭉쳐진 상비군 칼사 Khalsa는 무갈제국에 대항하면서 단련되고 아프가니스탄과의 끊임없는 충돌에서 강화된 결코 무시할 수 없는 강병(強兵)이었다. 국가를 지탱하는 지주는 군대였으며 란지트 싱이 직접 지휘했던 병력이 75,000명의 규모로서 유럽식으로 편제된 군대에다가 유럽인 장교를 두고 있었다. 보병은 시크족과 펀잡 지방의 모슬렘으로 구성되었으며 이 군대를 양성하는 데 이탈리아 장군 벤투라 Ventura의 공로가 컸다. 기병 12,000명은 프랑스 장군 알레 Allaid에 의해 조직되었다. 시크 정규군의 자랑은 포병으로서 프랑스의 꾸르 Court 장군과 가르드네 Gardner 대령에 의해 모범적인 군대로 양성되었다. 란지트 싱의 보병과 포병은 조직과 기율에 있어서 단연 뛰어나 영령인도군에 못지 않은 우수한 군대였다.[5] 더욱이 칼사의 용감한 행동은 열 명의 스승 Guru이 남긴 경전에 대한 믿음에서 정당성이 부여되고 있었다. 영령인도도 시크 세력을 공격하기에는 만만치 않다고 평가하고 멀리 버마를 먼저 공격 목표로 삼았던 것이다.

란지트 싱이 신드 지방을 향하여 남쪽으로 나아가려고 했던 계획은 영국 측에 의해 저지당했고 서쪽으로 진출하려는 작전은 아프가니스탄의 무하마드에 의해 견제당했으면서도 그는 카불 정부로부터 정치적 전략적 요지인 페샤와르를 탈취하였다(1837). 란지트 싱은 분명히 펀잡 지방의 지주(支柱)로서 인도에서 영국 측에 대항할만한 군사력을 지닌 잘 조직된 왕국의 주인이었다. 그는 누구에게도 지배적인 위치에 서는 것을 허용치 않았으며 또한 상대방이 절망적인 상태에서 행동으로 옮길 수밖에 없는 극한상황으로

---

5) P. Spear, 위의 책, p. 170.

까지 몰고 가지는 않았다.

란지트 싱의 사망(1839)은 시크 국가가 붕괴되는 신호였다. 막강했던 군대 칼사는 란지트 싱이 고용했던 이탈리아와 프랑스의 장교들을 해임시켰으며, 정부는 국가위원회가 장악하였다. 국가위원회는 관심을 대외로 돌려 권력을 유지하기 위해 수트레즈 강을 넘어 영국군에 도전하였다. 왕의 사망으로 난폭하고 야망에 가득 찬 실력자들이 발호했지만 이를 통제할 수 있는 강자(強者)가 없었다. 그들은 한결같이 근시안적이고 이기적인 생각에 사로잡혔으므로 자연히 펀잡 지방은 무정부상태로 빠져들어 갔다. 란지트 싱의 유일한 상속자인 카락 싱Kharak Singh이 다음 해 피살되고 그의 아들도 곧 우연한 죽음을 당하였다. 평판이 좋은 동생 쉐르 싱Sher Singh이 즉위하였으나 역시 암살당하고 말았다. 어린 동생 달리프 싱Dalip Singh이 계승함에 따라 모후(母后)가 섭정하게 되었다.

영령인도 정부는 아프가니스탄 전쟁 후 대상적(代償的)인 공격 목표로 신드와 다음으로 펀잡을 설정하였다. 이미 1832년의 협약에 따라 신드의 지배자Ameer는 영국인의 항행(航行)과 교역을 위하여 인더스 강을 개방하였는데 10년이 지난 후 영국 측은 신드를 완전히 합병해 버리려는 계획을 추진하였다. 사실 아프가니스탄 전쟁을 통하여 신드는 영국군의 공급기지로서의 중요성이 인정되었다. 한편 신드는 아프가니스탄 전쟁 후의 상황에서 용기를 얻어 그들이 어쩔 수 없이 양도했던 자유와 권리를 요구하고 나섰는데 이는 영국 측을 자극하는 셈이 되었다.

영국은 신드를 장악하여 인더스 강을 지배하는 것이 그들의 상업적 전략적 이익에 필수적이라고 생각하고 있었다. 내이피어Charles James Napier는 엘렌보로 총독의 묵인 아래 신드에 대한 공격을 결심하였다. 신드 지방의 영령인도군 사령관으로 임명된 그는 공격적이고 제국주의적인 성격의 소유자로서 신드의 지배자와 국민의 권리는 전혀 안중에도 없었다. 그는 전혀 공격 의사가 없는 신드를 압박하였다. 내이피어는 1843년 5천 명을 학살한 미아니Miani 전투에 이어 하이데라바드의 결전에서 승리하였다. 그는 신드를 병합하여 수 년 동안 이 지역을 통치하였다.

영국의 다음 목표는 시크족의 펀잡 지방이었다. 영령인도 정부는 오크랜드 총독으로부터 엘렌보로를 거쳐 하딘즈(Henry Hardinge, 1844-1848)총독에 이르는 동안에 시크 병력을 제압하기 위한 의도에서 급속한 병력 증강을 도모하였다. 불과 6-7년 만에 영령인도군은 델리 부근의 미루트Meerut에서 수트레즈 강에 이르는 지역의 병력을 4만 명의 병사와 대포 94문(門)까지 10배 이상으로 증강시키면서[6] 펀잡에 대한 공격의 기회를 노리고 있었다.

한편 펀잡 지방의 시크족은 탁월한 지도자 란지트 싱을 잃었지만 대규모의 군대는 그대로 유지하고 있었다. 강력한 군대가 주시하고 있는 가운데 정치적 무정부상태로 치닫고 있는 펀잡 지방에서 해결책이란 군대를 해산해 버리거나 그렇지 않으면 그 힘을 대외전쟁으로 돌리는 길밖에 없었다. 누구도 감히 군대를 해산할 수는 없었으므로 유일한 돌파구는 대외전쟁으로 국민의 관심을 밖으로 돌려 단합시키는 방법뿐이었다.

시크 군대가 1845년 말 국경선으로 인정되어 오던 수트레즈를 도강(渡江)함으로써 양측의 무력충돌이 시작되었다. 네 곳에서의 치열한 전투에서 모두 시크족이 패배함으로써 이 전쟁은 겨우 3개월 동안 지속되었을 뿐이다. 마지막의 소브라온Sobraon 전투는 라호르로 통하는 길을 열어놓고 말았는데 하딘즈 총독이 직접 이끈 영령인도군이 수도를 점령하였다.

라호르 조약(1846)에 따라 시크 측은 수트레즈와 베아스Beas 강 사이의 모든 비옥한 영토를 카슈미르 지역과 함께 영국 측에 양도하고 전쟁 배상금 5백만 루피를 지불하기로 하였다. 한편 시

---

6) V. Smith, *The Oxford History of India*, Oxford, 1983, p. 617.

크족의 전투력을 약화시키기 위해 병력을 보병 2만 명, 포병 1만 2천 명으로 축소 제한하였다. 또 영국 주재관이 영령인도군과 함께 라호르에 상주하게 되었다.

제2차 시크 전쟁은 2년 후에 일어났다. 시크족은 민족적 독립정신이 너무 강렬하여 단 한번의 패배로 분쇄되지는 않았다. 영국인들이 상업지역을 확장하고 더 많은 세금을 징수하고 인더스 강을 따라 그들의 서쪽 국경선을 넓혀 가는 정책을 집요하게 펼쳐 나가자 시크족의 불만이 점점 강하게 일어났다. 전쟁의 발단이 된 사건은 물탄에서 일어났다. 물탄 지방의 지사 물라즈Mulraz는 자신을 해임시킨 후 후임자를 부임시키기 위해 호송 임무를 맡았던 두 명의 영국 관리를 도중에서 무자비하게 살해하였다. 물라즈는 주민들의 반영(反英) 감정을 이용하여 종교적 전쟁임을 선포하고 그의 기치 아래 모든 시크교도가 하나로 결집하도록 호소하였다. 이 사건으로 인하여 하나의 지역 반란이 제2차 시크 전쟁으로 연결되었다. 총독 달하우지(Lord Dalhousie, 1848-1856)는 토벌작전을 연기하자는 군사령관 휴고Hugh Gough의 제의를 받아들이고자 했으나 에드워즈Herbert Edwardes가 물라즈를 공격하고 나섰다. 시크족은 예상보다 강인하게 저항하였으므로 영국 정부는 지난번 신드 군대를 굴복시켜 무공을 세운 내이피어를 본국에서 다시 인도에 파견해야 할 정도였다. 그러나 내이피어가 인도에 도착하기 전에 휴고는 구자라트에서 시크족의 주력 부대에 대해 결정적 승리를 거둠으로써 잃었던 명예를 회복하였다.

제2차 시크 전쟁도 이전의 전쟁과 마찬가지로 수 개월만에 영국 측의 승리로 종결되니 편잡 전역은 달하우지 총독의 명령에 따라 영령인도에 편입되었다. 시크 군대인 칼사는 해체되고 총독의 신임을 얻은 유능한 관리 존 로렌스John Lawrence가 편잡을 다스리게 되었다. 편잡의 지배자였던 달리프 싱은 영국 측으로부터 5만 파운드의 연금을 지급 받게 되었고 나중에 영국에서 살게 되었다. 이제 편잡을 병합함으로써 영령인도의 지배권은 벵골에서 인더스강까지, 또 카슈미르에서 최남단(最南端) 코메론 Comeron에 이르게 되었다.

이후 편잡은 인도아대륙에서 가장 주목받는 지역의 하나로 발전하였다. 밝은 면에서의 발전은 편잡이 근대화로 매진하여 인도에서 가장 번영하는 지역으로 발돋움했다는 점이며, 어두운 면은 주민들이 이 지역을 건전한 다원사회로 발전시키지 못한 점이었다. 장점의 보상으로 편잡은 인도에서 선도자의 지위를 얻었지만, 결점의 죄과로 이 지역은 먼 후일 분리의 비극을 맞이하게 되었다.

제 27 장
서구화 개혁과 달하우지 총독

1 진보적 개혁 조치

19세기 전반 특히 1818-1839년 동안은 전쟁과 혼란이 전혀 없었던 것은 아니지만 이 시대의 기조(基調)는 어디까지나 평화와 개혁이었다. 단순히 평화시대가 지속되었던 것만이 아니라 능동적이고 적극적인 개혁의 시대였다. 이 시대에 영국은 인도에 광범한 통치조직을 형성함으로써 하나의 제국을 구축해 가고 있었다. 영국의 정책은 짧은 안목으로 조직에만 그치는 것이 아니라 일련의 개혁을 단행하여 인도제국의 발전을 위한 기반을 마련하였다. 이 개혁들은 거의 서구화의 방향으로 진행되었으며 이 기간에 군사작전이 전개되기도 하였다. 서구화의 주창자들은 점차 발언권을 강화하고 공격적인 태도를 보였으며 인도의 과거에서는 아무것도 취할 것이 없다고 하면서 위임 통치의 목소리를 높여갔다. 몇 차례의 전쟁에서의 패배가 인도인에게는 열등감을, 반대로 영국인에게는 우월감을 심어주었던 것이 사실이었다.

벤팅크 총독의 후임으로 영국 보수당 정부는 헤이츠버리 Lord

Heytesbury를 임명하였으나 그가 인도로 떠나기 전에 자유당이 집권함에 따라 그의 임명은 취소되고 건실한 휘그당원이며 민토 전(前)인도 총독의 조카인 오크랜드가 새로운 총독으로 발탁되었 다. 오크랜드는 벤팅크 총독이 성공적으로 추진했던 정책을 그대 로 밀고 나갔다. 벤팅크 총독의 개혁은 서구적인 관점에서 수행되 었는데 오크랜드는 서구식 개혁을 따르면서도 어느 정도 인도의 전통적인 것, 동양적인 것에 양보하면서 개혁을 진행시켜 나갔다. 오크랜드 총독도 교육 문제에 많은 관심을 보였다. 그는 서양 학 문뿐만 아니라 동양 학문도 장려함으로써 서양 교육 일변도의 교 육 정책을 완화하였는데 특히 인도인이 의학 공부에 많은 관심을 갖도록 후원하였다. 그는 비(非)모슬렘에게 부과해 왔던 성지순례 세(聖地巡禮稅)를 폐지하고 또 사원이나 종교적 축제에 간여하지 않는다는 정부의 입장을 밝혔는데 종교에 대한 중립정책은 영령인 도 정부의 일관된 정책이기도 하였다. 또 그는 벤팅크 총독이 시 작하였던 관개사업을 확장하는 정책을 펴기도 하였다.

오크랜드 총독이 취했던 정책 가운데 특기할 만한 것은 1837- 1838년 사이에 북인도를 엄습했던 기근에 대해 대대적인 구호 대 책을 강구한 점이었다. 무수한 생명을 앗아가는 기근은 인도 역사 상 간헐적으로 나타난 현상이지만 그때마다 인도인들은 이를 신의 뜻으로 생각해 왔으며 인간의 노력으로서는 다만 기근의 정도를 약간 경감시킬 수 있을 뿐이라고 믿어 왔었다. 오크랜드 총독은 기근의 참상을 방관만 하던 태도에서 벗어나 기근 구호 대책을 위 하여 4백만 루피를 지원하였다. 이는 기근에 대하여 총독정부가 처음으로 보인 대규모의 구호 사업이었다. 그럼에도 불구하고 총 독정부의 성의 있는 구호 대책은 큰 성과를 거두지 못하고 말았는 데 그것은 교통 통신의 불편 때문이었다. 다른 지방으로부터 곡물 을 신속하게 충분히 제공하지 못함으로써 적어도 80만 명이 아사 하는 참상이 일어나고 말았다.

다음으로 피일Peel 내각에 의해 인도 총독으로 임명되었던 엘렌보로는 현실에 대한 통찰력이 번득이는 탁월한 웅변가였지만 한편으로는 허영심이 많고 오만하고 성급한 인물이었다. 그의 재임 기간에 취해진 하나의 중대한 개혁은 노예제의 철폐였지만 커다란 반향을 불러일으키지는 못하였다.

인도 역사의 관심에서 벗어난 느낌이었지만 노예제는 인도에서 고대에 굳어진 제도로서 19세기에도 수많은 노예가 존재했었다. 원래 노예 신분이 아니더라도 전쟁 포로, 토지세를 납부하지 못한 경작자들, 빚을 갚지 못한 채무자들이 노예가 되었다. 17세기 전반기에 인도에 머물렀던 홀랜드 상인과 포르투갈 선교사들은 인도 노예의 고통스런 생활에 관하여 많은 기록을 남겼다. 세금을 납부하지 못하거나 대금업자에게 갚을 것이 없을 때 처자를 노예로 팔아 넘기는 경우가 허다했으며 가난한 인도인들이 어린애를 팔겠다고 서양인들에게 제의해 오기도 하고 기근이 닥쳐왔을 때는 어머니가 어린애를 곡식 한 자루에 파는 경우도 있었다. 노예의 숫자를 알려주는 기록은 없지만 19세기 초에 영령인도에만 8-9백만 명의 노예가 있었던 것으로 추산되었다. 특히 벵골과 마드라스 지방에 많았는데 캘커타에는 한 두명의 노예를 소유하지 않은 가구(家口)가 없을 정도였으며 실레트Sylhet라는 곳은 채무노예가 주민의 6분의 1을 차지하기도 하였다.[1]

초대 인도총독 워렌 헤이스팅스는 노예제를 하나의 보편적인 제도로서는 반대했으면서도 질서 유지를 내세우면서 가혹한 법을 만들어 무갈 정부의 관습을 따랐다. 이 법은 약탈단Dacoits에 가담하여 도둑질을 한 사람은 마을의 대중 앞에서 처형하며 그 가족은 국가의 노예가 된다고 규정하였다. 영국에서는 윌리엄 피트가 집권할 때 그의 친구인 윌리엄 윌버포스William Wilberforce와 토

---

1) L. S. O'Malley 편, *Modern India and the West ; A Study of the Interaction of their Civilizations*, Oxford University Press, 1988, pp. 14, 26, 71.

머스 클락슨Thomas Clarkson 등이 중심이 되어 비인도적인 노예 문제를 의회에서 거론하였으며 1807년에 노예 무역이 금지되었다. 영국에서 노예제가 폐지된지 10년 만인 1843년 엘렌보로 총독은 인도에서 최종적으로 노예제를 철폐하면서 인도에는 더 이상 노예 신분이 존재하지 않는다고 선포하였다. 영국에서는 노예제를 철폐 하면서 노예 소유주들의 손실을 전보(塡補)해 주기 위해 의회에서 2천만 파운드를 계상(計上)했었는데[2] 인도에서는 노예 해방의 선 포만으로서 난처한 보상 문제를 피해 갔다.

영령인도에서는 노예 소유주에 대한 아무런 보상없이 노예를 해 방시켰지만 반발이나 동요는 거의 일어나지 않았다. 이것은 서구 식 교육과 자유주의적 영국의 문화적 전통이 주입시킨 도덕적 기 풍의 증거로 해석되기도 하였다. 인도에서 노예제의 철폐가 공포 되었지만 즉각적인 노예 해방이 이루어졌다기보다는 점차적으로 노예들이 그들의 권리를 요구하고 나선 셈이었다. 그들은 농장에 서 혹은 철도 부설 사업 및 도시의 산업 현장 등에서 일함으로써 점차 해방되어 갔다. 노예 해방의 경제적 결과는 크게 나타나지 않았다.

다음의 하딘즈 총독은 엘렌보로의 동서(同婿)로서 워털루 전투 의 용사이며 국방상을 지낸 원로 정치가였다. 하딘즈는 시크 전쟁 에 몰두해 있으면서도 갠지스강의 대규모 관개 사업을 일으키고 인도에 철도 부설을 맨처음 계획했던 인물이었다. 벤팅크 총독의 사회 개혁 정책을 이어 받아 이미 법으로 금지된 사티 풍습과 함 께 영아(嬰兒)살해를 금지하였다. 영아 살해는 여아를 낳았을 때 후일의 결혼 지참금을 우려하여 살해해 버리는 경우와 불임(不姙) 의 여인이 출산했을 때 첫 어린애는 신에게 바치기 위해 강물에 던지는 오랜 악습이었다. 지금까지의 불간섭 정책을 지양하고 총 독정부가 인도의 인습에 대담하게 간섭하고 나섰는데 간섭의 근거

2) E. H. Carter, *A History of Britain*, London, 1960, p. 848.

는 인류애라는 보편적 법규였다. 종교적으로 인정된 관습이라고 할지라도 전인류의 도덕률을 위반할 수는 없다는 당시 유럽의 인도주의의 주장이 인도에 대한 정책에 까지 크게 영향을 미쳤던 것이다.

2 철도와 통신의 부설 사업

달하우지 총독은 끊임없는 개혁과 건설 사업에 열의를 보였다. 그를 근대 인도의 창설자라고 부르기도 하는데 그것은 근대화되고 서구화된 인도를 먼 이상으로서가 아니라 현실적인 계획 사업으로 그려 나갔던 인물이었기 때문이다. 달하우지 총독은 인도 철도를 부설하였다. 그는 영국 상무성에서 글래드스턴 William Ewart Gladstone 등과 함께 영국 철도 사업에 적극 참여했던 경험을 가지고 있었으므로 인도에 철도를 도입하는 데는 적합한 인물이기도 하였다. 하딘즈 총독이 1844년 철도 부설 계획을 본국의 동인도회사에 제의했으나 이사회는 인도 환경의 어려움, 전문기사(技師)의 부족 및 재원 조달의 문제 등으로 보류했던 것을 달하우지 총독이 인도 철도의 필요성과 실현 가능성을 본국 정부에 납득시켰던 것이다.

그는 두 개의 시험 노선을 건설 추진하였는데 하나는 캘커타 건너편의 하우라 Howrah 에서 라니간지 Raniganj 탄광지대까지 150마일의 노선과, 다른 하나는 봄베이에서 타나 Thana 까지의 21마일이었다. 1853년 봄에 봄베이 노선이 개통되어 인도의 여객열차 운행이 시작되었다. 이것은 조지 스티븐슨 George Stephenson 이 증기기관차를 발명하여(1814) 맨체스터에서 리버풀 사이를 〈로케트〉라는 기차가 개통한지(1830) 20여 년이 지난 후였지만 아시아에서는 철도가 첫 선을 보인 것이었다.

달하우지가 총독 임기를 마칠 때까지 2백 마일의 철도가 개통되었지만 그는 캘커타, 봄베이, 마드라스를 중심으로 하는 전국적인 철도망 건설의 꿈을 가지고 있었다. 그는 철도 부설이 영국 지배자가 인도에 베푼 최대의 은총이 되리라고 확신하고 있었다. 검은 연기를 내뿜는 괴물에 대하여 힌두의 반발이 전혀 없었던 것은 아니지만 기차는 처음부터 인기가 있어서 급속한 경제 교류와 사회 변동의 새로운 시대를 열어놓았다.

상업적으로는 내륙 중심지와 항구를 연결시키는 경제 교류를 원활히 하였다. 인도인의 비판을 받는 바이기도 하지만 철도는 영국 제품을 인도 내륙 깊숙이 판매하고 내륙으로부터 목화, 석탄 등 원료를 신속하게 대량으로 운송해 낼 수 있게 만들었다. 전략적으로 철도는 군대를 중앙 기지에서 분규 지역이나 국경 지방으로 신속하게 수송할 수 있게 만들었다. 이에 따른 군사적 효과로 병력 규모를 축소하는 것이 가능하게 되었다. 사회 문화적으로도 철도가 커다란 변화를 촉진시켰다. 승객에게 신속한 여행과 즐거움을 안겨주었다. 개통 첫 해에 짧은 봄베이 노선을 50만 명이 이용하였으며 벵골 지방에서는 더 많은 승객들이 매주 1만 2천 명 정도씩 비좁은 기차로 몰려들었다. 철도 여행의 즐거움은 낮은 계층의 사람들에게는 거의 하나의 국민적 열광이 되어 버렸다고 당시의 인도 신문이 보도할 정도였다.[3]

교통 부문에 혁명을 가져온 철도 부설에 발맞추어 전신 시설의 도입과 우편 업무의 개선을 가져왔다. 1854년 봄에 캘커타에서 아그라까지 8백 마일의 첫 전신 시설이 개통되었으며 일 년 내에 2만 5천 마일의 전신망이 확대되어 라호르와 봄베이 등의 주요 도시를 전보로 연결시켰다. 아울러 우편제도가 개선되어 현금 지불 대신에 값싸고 일률적인 우표를 사용토록 하였다. 전신망의 확장

---

3) July 17, 1855, *Indian News*, S. Wolpert, *A New History of India*, 230쪽에서 인용.

은 상업적으로 정치적으로 끊임없는 정보의 제공을 가능하게 했으며 편지와 신문의 신속하고 광범한 배달이 지식과 개화의 발걸음을 촉진시켰다.

달하우지 총독의 재임 기간에는 교육 부문에 있어서도 큰 진전을 보였다. 지금까지 캘커타의 총독정부는 고등교육에 집중하고 봄베이 주정부(州政府)는 초등교육에 주력하는 경향이 있었다. 감독국 의장인 찰스 우드Charles Wood의 업적으로 알려진 〈1854년의 교육공문서(敎育公文書)〉는 달하우지 총독의 전폭적인 지지를 얻어 인도의 교육 발전에 하나의 계기를 마련하였다. 토속어에 의한 국민 교육의 확대를 새로이 강조하였으며 특히 이때에 캘커타, 봄베이 및 마드라스에 종합대학인 유니버시티의 설립 계획이 구체화 되었다.

3 달하우지 총독의 실권 원칙(失權原則)

달하우지는 확신에 찬 서구주의자로서 인도에 총독으로 부임하였다. 그는 36세의 젊은 총독으로서 외모는 땅딸막했지만 풍채가 있고 오만한 기질을 가진 야심찬 인물이었다. 그의 정책의 목표는 대내적인 통합과 근대화의 그것이었다. 인도의 개혁을 위한 조치들은 마땅히 영국인 또는 그 대리인에 의해 수행되어야 하며 반드시 서구식 조치이어야만 했다. 그는 자신이 장로교인이라고 공헌하였을 뿐 공리주의자라고 말할 일은 없었지만 공리주의의 사조에 크게 영향을 받은 인물이었다. 그에게는 문명의 발전이란 서구식 개혁의 증진을 의미했고 서구식 통치와 제도는, 마치 서양 무기의 성능이 뛰어난 것과 마찬가지로, 인도의 정치나 제도보다 우월하다고 확신하였다. 그의 정책은 인도에 다분히 은혜를 베푸는 도덕적 사명감을 포함하고 있었는데 그것은 일련의 군사적 성공을 거둔 후 마음속 깊이 자리잡은 우월감의 표현이기도 하였다. 인도에는 장래의 개혁 방향에 대해 낙관적인 견해만 있었던 것이 아니지만 총독뿐만 아니라 먼 지방의 관리들까지도 자신감과 기대에 부풀어 있었다.

달하우지 총독은 인도주의와 영국 통치의 우월성을 내세우면서 주변의 원주민 세력들을 병합하는 정책을 도모하였다. 총독은 엄청난 비용이 소요되는 전쟁을 통한 정복보다는 동인도회사의 동맹국인 토후국 등을 교묘한 법(法) 이론을 내세워 손쉽게 병합하는 방법을 고안하였다. 그는 원주민 세력의 실정(失政)을 바로잡는다고 하면서 또 인도주의를 강조하면서 자기 마음대로 공식을 만들어 놓고 영토병합 정책을 추진하였다. 선임자들은 피할 수만 있으면 영토병합을 하지 않는다는 원칙에서 행동하려고 했지만 달하우지 총독은 합법적으로 할 수만 있다면 병합한다는 태도를 보였다. 그것은 인도를 영국이 통치하는 마당에 있어서 토후국의 실정이 일대 오명(汚名)으로 생각되었기 때문이다.

달하우지 총독이 내세운 자의적인 법 이론이 이른바 실권원칙(失權原則, Doctrine of Lapse)이었다. 동인도회사에 의존하는 원주민 국가에서 왕통이 끊어졌을 때 그 지배권은 영국세력에게 돌아간다는 주장이었다. 다시 말하면 원주민 군주가 후사없이 사망하면 그 나라는 영국 영토에 귀속된다는 이론이었다. 양자(養子)는 인정치 않았다. 자식 없는 힌두는 양자를 취하는 것이 상례였다. 양자의 중요한 의무는 장례식을 치르는 일이며 장례식이 없으면 망자(亡者)는 안식을 취할 수 없다는 것이 힌두의 생각이었다. 모든 법적인 목적을 충족시키기 위해 취해진 양자는 양부(養父)의 재산을 상속하게 되어 있었다.

영국의 감독국 의장 존 홉하우스John Hobhouse도 달하우지의 고상하고 영리한 법 이론에 찬탄하면서 동의하였으므로 총독은 영토병합을 적극적으로 도모하였다. 실권원칙이 적용되어 비운을 경험한 나라는 사따라 Satara의 지배권과 세금이 영국 측으로 넘어 간 것을(1848) 시작으로 중부 인도의 자이뜨뿌르(Jaitpur, 1849), 벵골 지방의 삼발뿌르(Sambalpur, 1849), 펀잡 지방의 산악 국가인 바가트(Baghat, 1850), 중서부의 우다이뿌르(Udaipur, 1852), 중부지방의 잔시(Jhansi, 1853)등이 똑같은 운명을 겪어야 했으며 1854년에는 한때 강력했고 막대한 세금 수입을 올리고 있던 나그뿌르 Nagpur가 영국동인도회사에 넘어가고 말았다.

사따라는 쉬바지 Shivaji의 직계 후손을 위하여 1818년 헤이스팅스 총독이 부흥시켜준 나라였는데 달하우지 총독에 의한 병합으로 마라타족의 분노를 불러 일으켰다. 잔시도 마라타에 의존해 있다가 다음으로 영령인도에 종속된 처지였는데 양자 채택을 영국이 거부하자 왕비를 격노시켰다. 나그뿌르는 4백만 인구를 가지고 있는 마라타족의 큰 국가 가운데 하나였는데 이를 병합해 버렸으며, 마라타족의 상징적 인물이었던 바지 라오가 1853년 사망하자 그의 양자에게는 영국이 지급해 왔던 연금을 중지해 버렸다. 달하우지 총독의 이와 같은 마라타족에 대한 조치들은 마라타족의 민족감정을 크게 자극하였다. 총독정부는 조그마한 라즈뿌트 힌두국가인 까라울리 Karauli를 병합해 버리겠다고 제의했지만 본국 정부의 인정을 받지 못하였다.

당시 후사없이 사망한 원주민 지배자가 특별히 많았으며 실권원칙이 적용될 수 없는 나라에 대해서는 영국이 또 다른 구실인 실정을 내세워 병합해 버렸다. 달하우지 총독의 생각으로는 동인도회사가 직접 지배함으로써 인도 국민이 얻게 되는 이익은 무능하고 부패한 원주민 지배자가 인도인에게 안겨주는 고통과 비교될 수 없는 것이었다. 실정을 구실로 병합해 버린 대표적인 경우가 오우드 Oudh였다. 1813년 사다트 알리 Saadat Ali가 사망한 후 국가 행정은 점차 기강을 잃고 조정의 낭비와 실정으로 무질서가 더해 갔다. 달하우지 총독은 행정권만 장악하고 명목적인 왕권은 남겨두려고 하였으나 동인도회사의 이사회가 즉각적인 병합으로 몰고 갔다.

달하우지 총독은 마지막으로 무갈 황제의 칭호를 없애버리려고 계획하였으나 이 문제에 대해서는 영국 정부가 강력하게 반대함으로써 포기하고 말았다. 달하우지 총독은 재임 8년 동안에 두 개의 마라타 국가와 한 개의 큰 모슬렘 국가인 오우드를 포함한 여덟 개 국가를 병합하였으며 또 남인도의 카르나티크Carnatic와 탄조르Tanjore의 경우는 명목뿐인 통치권을 철폐해 버렸다. 이 모든 경우에도 달하우지 총독의 견해로는 영토병합이 정당하였지만 그러나 실권원칙이 인도 국민에게 깊은 불만의 원인이 되었던 것은 말할 것도 없다.

제 28 장

대폭동―세포이 반란

1 대폭동의 성격

1857년에 일어난 반영(反英)봉기는 인도사를 읽는 사람에게는 가장 큰 흥미거리의 하나이며 또 누구나 이 사건에 대해서는 편견을 갖기 마련이다. 우선 폭동의 명칭을 어떻게 붙여야 할 것인가를 망설이게 되며 폭동의 성격과 원인 등은 아직까지도 인도사에서 활발한 논쟁의 대상이 되고 있다.

대폭동Mutiny의 성격에 관해서는 당대 혹은 후대의 여러 사람들에 의해 다양하게 표현되어 왔다. 수많은 주장들은 크게 두 계열로 구분해 볼 수 있는데 하나는 본질적으로 세포이(Sepoys ; 인도인 용병)의 반란일 뿐 거기에는 어떤 정치적인 동기도 없었다는 주장이고, 다른 하나는 영령인도군에 고용된 원주민 군인만의 반란이 아니라 영국세력을 전복시키기 위해 신중하게 조직된 광범한 인도 국민의 봉기였다는 주장이다.

폭동 당시 편잡 주재관으로서 델리의 탈환을 위하여 시크족 군대를 파견하였던 존 로렌스는 1857년의 폭동은 군대에 발단이 있었고 직접적 원인은 탄약통 사건이었을 뿐이지 그 이상의 아무것도 없었다고 주장하였다. 나중에 인도 총독이 되었던 로렌스의 견해는 세포이의 반란을 불만에 차 있던 사람들이 나중에 자신들의 이익을 위해 이를 이용하려 한 점은 부인할 수 없지만 미리 계획된 음모는 없었다는 것이었다. 그의 조사에 의하면 세포이들이 쓴 많은 편지를 가로채서 읽어 보았는데 조직화된 음모에 대한 어렴풋한 암시도 찾지 못했으며, 신앙심이 깊은 세포이 가운데 어느 누구도 음모에 대하여 아는 바 없었고 수감자들에 대한 질문에서도 불만 사항은 탄약통뿐이었다고 답변하였다.

반란의 토벌 작전에 나섰던 아우트럼James Outram 중장은 약간 견해를 달리 하여 폭동을 힌두의 불만을 이용한 모슬렘의 음모라고 규정하였으며 탄약통 사건은 폭동이 철저히 조직화되기 전에 단지 폭동을 촉진시켰다고 보았다. 당시 뱅골 출신의 저명인사인 미트라Kishorichand Mitra도 그것은 본질적으로 군사적 반란 즉 10만 세포이의 반란이었을 따름이지 폭동 안에 대중적인 요인은 아무것도 없었다고 말하였다. 같은 시각에서 폭동은 인도군의 불만과 해이된 기강이 영국 군사 당국의 어리석음과 한데 어울려 나타난 순수한 군사적 봉기라고 주장하기도 하였다.

아무튼 19세기 후반을 통하여 영국인과 인도인들이 대폭동을 보는 관점에서는 차이점을 거의 발견할 수 없었다. 즉 봉기는 원래 군사적이었으며 정치적 사회적 불만이 팽배했을 때 다양한 이유로 폭동이 발발하였다. 이 폭동에는 이해 관계가 걸린 모험가들이 재빨리 가담하여 폭동을 자신들의 계획에 맞는 방향으로 이끌어 가려고 하였다. 그렇지만 당시 영령인도에는 선동가들이 호소할 수 있는 단일의 국민적 대의(大義)는 없었다는 주장이었다.

소규모이기는 하지만 진정한 인도 국민의 혁명운동이 시작된 20세기 초까지는 1857년의 사건을 위대한 국민항쟁이나 독립전쟁이라고 주장되지는 않았었다. 그러나 이러한 견해가 인도인 사이에 상

당히 광범한 동조를 얻기 시작한 것은 1909년 유명한 폭력파의 일
원이었던 사바르카르 Vinayak Damodar Savarkar 가 『1857년의 인
도 독립전쟁』이란 제목의 책을 발간한 이후부터 였다. 사바르카르
의 주장은 커다란 반응을 불러 일으켰던 것이 사실이다. 오늘날에
도 저명한 인도인 학자들 가운데에서 1857년의 사건에 참여했던
모든 인도인들이 영국인의 축출과 민족 독립의 회복이라는 목표
아래 뭉쳤으므로 이는 단순한 폭동이 아니라 하나의 위대한 국민
봉기였다고 주장하는 사람들을 흔히 볼 수 있다.

　한편 다른 많은 인도인 학자들은 이 폭동을 먼 후일의 독립 운
동과 결부시키는 것은 시대착오적일 뿐이라고 보고 있는 것도 사
실이다. 실제로 폭동은 우따르 프라데시 주(州)와 그 주변지역에
만 국한되었으므로 이 운동에서 인도적 혹은 민족적이라고 성격지
을 수 있는 하등의 정당성을 찾을 수가 없다. 당시 인도인들은 하
나의 정치적 민족적 단위로서의 인도라는 관념을 갖고 있지 않았
으며 그들에게 있어서 벵골인, 마라타인, 구자라트인 등은 영국인
만큼이나 외국인으로 생각되었다. 따라서 하나의 인도라는 관념이
존재하지 않은 한에 있어서 국민국가로서의 인도의 자유라는 이념
은 없었으며 더욱이 그 자유를 달성하기 위한 투쟁은 있을 수 없
다는 주장이었다.[1]

1) R. C. Majumdar & P. N. Chopra, *Main Currents of Indian History*,
New Delhi, 1979, p. 207. K. M. Panikkar, *A Survey of Indian His-
tory*, Delhi, 1986, p. 208. R. C. Majumdar, *History of the Freedom
Movement in India*, I. Calcutta, 1983, p. 203 이하. H. Dodwell ed.,
The Cambridge History of India, VI. p. 204. V. Smith, *The Oxford
History of India*, p. 663. P. Roberts, *History of British India*, p. 360.

2 대폭동의 원인

　대폭동은 당시 변화하는 인도 사회의 복합적인 요인들이 가져온 사건으로서 편의상 몇 가지로 구분하여 그 원인을 살펴볼 수 있다.

　첫째 정치적 원인으로서는 달하우지 총독의 실권원칙에 의한 무차별적인 영토 병합 정책이 인도 전역의 토후들에게 자신들도 미구에 같은 운명을 겪을지도 모른다는 극도의 불안감을 심어주었다. 델리의 무갈 황실마저도 머지않아 황제도 실권원칙에 적용되어 축출되는 것이 아닌가 하고 불안감에 사로잡힐 정도였다. 이미 영령인도에 병합되어 버린 원주민 세력들도 영국에 대한 불만과 적개심을 깊이 품고 있었다. 잔시 지방의 왕비 Rani인 락스미 바이Lakshmi Bai는 전통적으로 인정되어온 힌두 관습이 무시된 채 자신의 지배권이 영국에 도둑맞았다고 분개하고 있었다. 나나 사히브Nana Sahib도 마땅히 마라타의 지배자 Peshwa의 타이틀과 바지 라오 2세에게 지급되어 왔던 연금은 양자인 자신이 차지했어야 한다고 생각하고 있었다. 모슬렘 국가인 오우드의 병합은 주민들이 볼 때 독실한 이슬람교도에 대한 이단의 지배를 강요한 것을 의미하였다. 시아파는 오우드의 왕이 몰락한 데서 심한 모욕을 느꼈으며, 순니파는 무갈 황제가 점점 명예훼손 당하는 데서 고통을 겪고 있었다.

　둘째 경제적인 원인을 지적할 수 있지만 크게 강조되고 있는 부분은 아니다. 영령인도 정부의 토후국들에 대한 병합 정책은 지배 가문을 축출해 버리는 것뿐만 아니라 원주민들이 그들의 정치적 행정적 재능을 발휘할 수 있는 분야와 기회를 급격히 축소시키는 결과를 가져왔다. 총독정부가 지주로부터 토지를 몰수해 간 데 따른 가신(家臣)들의 실업 증가는 여러 지역에서 경제적 불만과 사회적 불안을 몰고 왔다. 토지세 징수와 관련하여 영령인도 당국은 공리주의의 이른바 최대다수의 최대행복의 이론을 내세우면서 계약은 중간에 서 있는 사람과 맺는 것이 아니라 가구(家口)나 혹은 부락공동체와 직접 맺어야 한다고 주장하고 나섰다. 따라서 북인 도에서는 탈루크달Talukdars을 해임시켜 버렸는데 그들은 지방정 부로부터 토지세의 징수 업무를 위임받아 왔던 사람들이며 동시에 실제적인 지주귀족이었다.

또 지대(地代)를 지불하지 않은 토지 보유자 가운데는 다수가 총독정부가 수립되기 전에 장기(長期)의 시효에 의해 얻는 등 정 당하지 못한 방법으로 그 지위를 취득했으므로 영령인도 당국은 새로이 자격 심사를 단행하였다. 즉 처음부터 지대를 지불하지 않 은 토지 보유자였다는 것을 증명할 수 있는 문서를 총독정부는 요 구하고 나섰다. 토지를 정당하게 취득했던 사람들도 증명서를 제 출할 수 없을 때는 토지 보유 권한은 무효가 되고 지대는 영령인 도 정부에 유리하도록 판정이 내렸다. 벤팅크 총독 때부터 시작되 었던 이 제도의 개혁은 달하우지 총독 때에는 한층 강화되었다. 대폭동이 일어나기 전 5년 동안에 달하우지 총독이 임명한 봄베이 주(州)의 조사위원회는 토지 보유자의 자격을 심사하여 데칸 지방 에서만 2만 물건(物件)의 토지를 몰수하였다. 이와 같은 조치는 말할 것도 없이 영령인도 정부를 위해서는 커다란 세수(稅收)의 증대를 가져왔지만 토지를 빼앗긴 지주에게는 심각한 불만의 요인 이 되었다.

셋째는 종교 사회적 원인으로서 일련의 서구식 개혁이 힌두와 모슬렘의 종교적 감정을 자극하였다. 독실한 신앙심을 갖고 있는 사람과 종교적 전문 계급에게는 더욱 충격적이었다. 그들은 영국 인들이 개혁을 부르짖으면서 인도인들의 전통적인 신앙과 카스트 제도의 영적인 영역까지 더럽히고 있다고 생각하였다. 총독정부가 단호하게 제재하고 나섰던 사티 및 영아살해의 금압(禁壓)과 과부 의 재가 허용 등이 완고한 힌두에게는 그들의 전통적인 미풍양속 을 침해하는 것으로 보였다. 동양 학문을 희생시키고 서양 교육을 장려하는 것 특히 유럽의 과학 및 의학 등의 교육은 모두 브라만 계급이 지금까지 강조해 왔던 가르침에 위배되었다. 철도와 전신 시설 등은 마술적 악마적 기능을 하는 것이라고 못마땅하게 곁눈 질하는 사람도 많았다. 영어교육과 새로운 과학 기술의 도입에서 인도인들은 동양의 신비주의가 서양의 물질주의에 의해 허물어지고 있는 것을 불안과 불만에 가득찬 마음으로 바라보고 있었다.

기독교의 선교 활동이 인도인들의 종교적 감정을 극도로 자극하였다. 19세기 초까지만 해도 인도에서의 선교 활동을 철저하게 금지했던 영국 정부가 태도를 바꾸어 공개적으로 적극적으로 장려하지는 않았지만 선교 활동을 허용함으로써 인도인들을 불안감 속으로 몰고 갔다. 과부의 재혼과 함께 힌두교에서 다른 종교로 개종하여 재산 상속을 받는 것이 법적으로 인정되었는데 이러한 조치를 인도의 전통적 종교와 관습을 타파하려는 계획의 증거로 보려는 사람도 있었다. 더욱이 폭동이 일어나기 직전에는 캔닝 총독이 인도를 기독교권(圈)으로 바꾸어 놓으려는 사명을 띠고 부임했다는 소문이 전국에 확산되고 있었다.

넷째는 군사적 원인을 들 수 있다. 인도에 주둔하고 있던 영국 군인은 엄격히 말하면 왕실 군대와 동인도회사 군대로 구분되었다. 왕실 군대는 위기에 처했을 때 동인도회사를 구하기 위하여 파견되었다가 그대로 인도에 머물게 된 군인들이었다. 그들이 인도에서 가장 유능하고 믿을만한 군대로서 사실상 총독의 힘의 배경이었다. 이 부대의 장병들은 같은 계급이라도 동인도회사의 군대보다 우위를 차지하고 있었으므로 그들은 질투의 대상이 되기도 하였다.

동인도회사의 군대는 유럽인과 인도인 용병(세포이)으로 구성되었으며 이들이 영령인도군의 대부분을 차지하고 있었다. 동인도회사가 원주민 용병을 모집하는 데는 전혀 어려움이 없었다. 왜냐하면 세포이는 비교적 좋은 조건에서 정기적인 높은 급료를 받고 있

404

었기 때문이다. 동인도회사의 군대가 연승(連勝)의 명성을 누린 데서 용병들은 자부심을 가지고 있었으며 총독정부가 원주민의 관습에 비교적 관용적인 태도를 취했으므로 세포이도 충성심을 보여주었다. 영령인도군은 의심할 것 없이 인도에서는 가장 유능한 군대였고 아마 아시아 전체를 통해서도 최고의 수준이었다. 세포이는 비교적 좋은 대우를 받고 있었으면서도 한편으로는 그들의 지위에 대해서는 불만을 가지고 있었다. 진급이 더디고 하사관 이상의 승진은 어려웠다. 세포이는 오랜 기간 근무했을지라도 영국인의 신병(新兵) 밑에 놓이게 된 처지를 좋게 받아들일 수가 없었다.

달하우지 총독이 인도를 떠날 때 즉 폭동이 일어나기 전인 1856년에 영령인도군은 세포이 238,000명과 영국인 병사 45,322명으로 구성되었다. 영령인도군은 벵골, 봄베이 및 마드라스 주 등 세 지역의 군대로 구분되어 있었다. 이들 가운데 가장 큰 규모의 벵골 군대는 151,000명의 병력을 보유하고 있었는데 23,000명이 유럽인이었다. 유럽인 병사 가운데 13,000명은 수트레즈 강(江) 넘어 펀잡 지방에 주둔하고 있었다.[2] 빠트나 부근의 디나뿌르Dinapur를 제외하면 폭동이 일어나게 되는 미루트Meerut와 벵골 사이에는 유럽군대는 거의 주둔하지 않고 있었다. 영국인 병사의 비율이 세포이에 비해 현격하게 낮았던 것은 크리미아 전쟁과 페르시아 전쟁을 위하여 이동해간 결과이기도 하였다.

벵골 군대의 세포이는 오우드, 비하르 및 서북주(NWP)에서만 모병(募兵)하였고, 4만 명 즉 세포이의 3분의 1이 오우드 지방 출신이었으므로 군대 안에 응집력 있는 집단을 형성하고 있었다. 벵골 군대는 봄베이 및 마드라스 군대와는 대조적으로 브라만 계급이 많았으며 강인한 라즈뿌트Rajputs 및 자트Jats족의 힌두와 그

2) R. C. Majumdar, *An Advanced History of India*, p. 767. P. Spear, *The Oxford History of Modern India 1740-1947*, p. 222.

리고 모슬렘으로 구성되어 있었다. 브라만 계급의 출신이 많았다는 점이 다루기가 힘들고 기강이 해이되어 갔으며 브라만 계급은 총독정부의 종교 정책에 불안과 편견을 가지고 있었다. 뱅골 군대는 자부심은 컸지만 군기가 잡혀져 있지 않았으며 군인 출신이었던 벤팅크 총독은 일찍이 〈뱅골 군대는 세계에서 가장 많은 비용이 들지만 가장 무능한 군대〉[3]라고 평한 바 있었다.

브라만 계급의 출신이 많은 뱅골 군대는 외국 근무에 저항감을 보였다. 그들은 아프가니스탄에서 근무하는 것을 싫어했는데 그것은 외국 여행을 종교적 금기 사항으로 인식하고 있었기 때문이다. 마드라스 군대에서는 지난 반세기 동안 어떠한 세포이 반란도 없었으나, 뱅골 군대에서는 근래에 네 번이나 작은 반란이 일어났다. 1824년에는 뱅골 군대의 제47연대가 버마에서 복무하는 것을 거부하여 해산된 일이 있었으며 그 후 네 개의 뱅골 부대가 과외 수당이 주어질 때까지 신드에서 근무하는 것을 거부하였다(1844). 또 제66보병부대가 고빈드가르Govindgarh에서 반란을 일으켰으며(1849), 제38 뱅골 부대가 또 버마에서 복무하는 것을 거부하였다(1852). 더욱이 1856년의 군대 복무의 규례(規例)에 따르면 필요할 때면 언제나 세포이는 인도 이외의 지역에서도 근무하도록 지금까지의 복무 규정을 변경하였다.

그동안 총독정부는 힌두 특히 높은 카스트의 세포이가 국외에서 근무하지 않도록 배려해 왔으나 영령인도가 급격히 확장되어감으로써 그 한도를 지키기가 어려워졌다. 근무 규정의 변경이 힌두의 종교적 의무 사항을 의도적으로 더럽히기 위한 것으로 해석되었다. 이제 세포이는 세습적인 군인 카스트의 일원이 될 뿐이며 자식들은 원래의 직업을 따르는데 방해를 받게 되고 또 타고난 카스트에서 추방되는 것을 의미하기도 하였다.

---

3) P. Spear, 위의 책, p. 222.

3 대폭동의 진행 과정

대폭동의 발단은 탄약통 사건에 있었다. 세포이에게 지급되는 새로운 총기의 탄약통이 소와 돼지의 기름으로 칠해졌다는 소문이 널리 퍼졌다. 소는 힌두에 의해 신성시 되어 오고, 돼지는 모슬렘에 의해 불결하게 생각되어 왔기 때문에 이 조치는 두 종교를 계획적으로 더럽혀 그들의 신앙을 기독교로 개종시키려는 교활한 술책의 증거로 해석되었다. 탄약통이 동물 기름으로 칠해진 것은 사실이었다. 부주의와 무지의 소치지만 영국 울위치 Woolwich 의 병기 공장에서 실제로 수지(獸脂)가 사용되어 오고 있었다. 탄약통에 동물 기름을 칠한 실수가 북인도를 강렬하고 노도와 같은 폭동의 불길로 휩쓸리게 만들었던 것이다. 소문은 전혀 거짓이라고 영국군 장교들에 의하여 즉각 부인되었지만 부인하면 할수록 원주민 용병들은 더욱 더 진실이라고 믿게 되었다. 어떠한 성명이나 명령도 세포이를 설득하여 신뢰를 회복할 수 없었다.

미루트의 세포이 기병대는 영국인 장교의 설득에도 불구하고 지급된 탄약통의 사용을 거부했으므로 군법회의는 이들에게 10년 형(刑)을 내렸다. 영국군 대령은 세포이 부대를 정렬시켜 놓고 장기 형량을 선고받은 병사들이 강등당한 후 쇠고랑을 차고 끌려가는 것을 목격하도록 하였다. 1857년 5월 10일 일요일 저녁 미루트의 세 개 세포이 연대가 봉기하여 영국인 장교등을 사살하고 옥문을 열고 구금되어 있던 전우들을 구하였다. 이른바 세포이 반란의 시작이었다. 반란을 일으킨 세포이들은 2천 명의 영국군이 있는 미루트를 그대로 남겨두고 30마일의 거리에 있는 무갈제국의 수도 델리로 진격하였다. 델리의 인도인 군인들은 문을 열고 폭도들을 환영하였다. 델리에는 영국군 부대는 없었으며 세포이 대대의 영국인 장교들이 사살되고 여기에 거주한 수많은 유럽인들도 같은 비참한 운명을 맞이하였다. 폭도들은 델리를 장악하고 82세의 명목적인 무갈 황제 바하둘 사하 Bahadur Shah를 다시 한번 추대하자 당황한 황제는 마지 못해 지도자가 되었다. 이 놀라운 사건을 전신기사(電信技師)가 편잡으로 타전하였다.

대폭동의 진행 과정은 세 시기로 구분해 볼 수 있다. 첫째 시기는 미루트에서 시작된 폭동이 확대되는 것을 막지 못하고 영국 구원군이 도착하기 전의 살벌했던 여름기간이고, 둘째 시기는 락크나우 Lucknow에 대한 탈환작전이 전개되었던 가을까지이며, 마지막 시기는 다음해 전반까지로서 폭도들의 잔존 세력들이 최종적으로 붕괴되는 마무리 작전 기간이었다.

폭동은 북인도의 여러 곳으로 확산되어 나갔다. 오우드 지방과 로힐칸드 및 그 주변의 여러 지역이 폭도들의 수중에 들어갔다. 주요 지점으르는 신디아 Sindhia의 그왈리오 Gwalior와 큰 도시인 락크나우, 카운뿌르 Cownpur 및 베나레스 등이 폭동에 휘말렸다. 상속을 받지 못한 군주들이나 토지 보유권을 빼앗긴 지주들이 폭동에 참여하였다. 또한 군인 폭동이 농민 반란을 불러일으키는 계기가 되었다. 토지 지배권을 당국이나 대금업자들에게 빼앗긴 데 대한 분노뿐만 아니라 과도하고 다양한 징세에 대한 불만이 농민 반란으로 표출되었다. 농민들은 지방 정부의 건물을 습격하고 오래 전부터 확립되어 온 자민다르 Zamindars에게 토지세를 납부하는 제도까지도 거부하였다. 식민 정부의 지역 대표들을 몰아낸 후 농민들은 영국인 정복자들이 수탈해 간 부락공동체의 토지를 방어하고 나섰다. 토후들이 농민 반란을 유도한 경우도 있었다. 예컨대 마투라의 데비 싱 Devi Singh이나 미루트 부근의 까담 싱 Kadam Singh 등은 조용한 농민들을 하룻밤새에 규합하여 봉기하도록 충동하기도 하였다. 폭동이 확산되어 가는 곳에서는 어디서나 영국군 장교들은 닥치는 대로 피살되고 유럽인 거주민들도 대대적으로 학살당하였다.

폭동이 북인도의 광범한 지역으로 걷잡을 수 없이 번져나갈 때 영국 측이 가장 우려했던 점은 아프가니스탄의 개입과 시크족의 봉기였다. 그러나 영국군의 입장에서는 다행히도 무하마드는 아프가니스탄 전쟁 후에 영국 측과 맺은 조약을 충실히 지키면서 전혀 움직이지 않고 신의를 지켰다. 한편 펀잡의 시크 군대도 동요하지 않았을 뿐만 아니라 오히려 영국군의 토벌 작전을 적극적으로 지원하고 나섰다. 시크족으로서는 영국에 대한 신의도 있었지만 델리의 무갈제국이 부흥했을 때 얻을 것이 없었다. 시크족에게는 무갈제국의 폭군 아우랑지브와 그의 후계자들이 자행했던 포악한 압제에 대한 기억이 달하우지 총독의 그것보다 더욱 쓰라리게 남아 있었기 때문이었다.

영국군은 폭동이 발발한지 한 달이 지나는 동안 북인도의 비하르와 우따르 프라데시 지방에서 아무런 기능을 발휘하지 못하고 속수무책으로 있었다. 영국군은 펀잡과 벵골 지방에 주요한 군대 주둔지가 있었으므로 중요한 것은 우선 이 근거지를 유지하는 것이었다. 또 유럽에서 보내온 지원군이 도착할 때까지 가능한 한 포위당해 있는 부대를 구출하고 폭동이 확산되는 것을 막는 일이었다. 반란은 북인도 구석구석에까지 퍼져나갔던 것은 아니고 다만 여러 고립된 도시에서 어떤 공동의 행동 계획도 갖지 못한 채 산발적으로 일어나고 있었다. 폭동이 가장 격렬하고 공방전이 또한 치열하게 나타났던 곳이 델리와 카운뿌르 및 라크나우였다.

캐닝 총독은 우선 델리를 수복하는 것이 영국의 위신을 되찾고 영국군의 사기를 북돋우는 길이라고 판단하고 군 최고사령관 앤슨 Anson 장군에게 도움을 청하였다. 앤슨 장군이 펀잡의 암발라 Ambala에서 군대를 이끌고 델리 수복의 길에 나섰다. 그는 도중에 아직 반도 못 와서 까르날 Karnal에서 콜레라로 사망하고 말았다. 버나드 Henry Barnard가 사령관직을 이어 받아 델리로 진군을 계속하였다. 그가 이끈 5천 명의 영국군은 명색이 델리 포위군이라고 진격했지만 실제로는 그들 자신이 포위당하고 말았다. 반군(叛

軍)은 약 3만 명에다가 증원군이 계속하여 속속 델리로 몰려들고 있었다. 영국군은 겨우 그들의 주둔 지점만을 유지하고 있었을 뿐 제대로 작전을 수행하지 못하고 있었다. 버나드 사령관도 앤슨 장군과 마찬가지로 7월 초 사망하고 말았다.

후임자 리드Reed 장군도 좋지 못한 건강 때문에 곧 사임하고 윌슨Archdale Wilson이 사령관 자리를 이어받았다. 그러나 윌슨은 명목적인 사령관일 뿐이며 실질적인 군 지휘자는 니콜슨John Nicholson 준장이었다. 니콜슨은 아프가니스탄 전쟁과 시크 전쟁에 참가했던 용감한 군인이었으며 반란의 진압 작전에서는 영국인의 영웅으로 기억된 인물이었다. 폭동이 일어났을 당시는 페샤와르 주재관이었으나 델리 수복의 임무를 띠고 다수의 시크족이 포함된 펀잡 군대를 지휘하였다. 9월초 니콜슨은 그의 군대가 델리 교외에 포진하고 있는 영국군과 합세하려는 작전을 집요하게 방해하는 반군의 저항선을 뚫는 데 성공하였다. 대포를 방열(放列)해 놓고 9월 14일에는 카슈미르 게이트Kashmir Gate를 날려버린 후 4열 종대의 대형으로 노도와 같이 시내로 밀고 들어갔다. 6일 동안의 처절한 전투 끝에 델리는 함락되었다. 영국군의 4분의 1이 희생되었으며 니콜슨 장군은 시가전에서 치명상을 입고 전사하였다. 영국군은 무갈제국의 수도를 유럽으로부터의 지원군의 도움없이 탈환함으로써 자신감을 얻게 되었다. 영국군은 왕궁을 접수하고 무갈제국의 마지막 황제 바하둘 사하를 체포하여 랭군에 유배시켰으며, 왕자들은 영국인 남녀들의 살인범이란 죄목으로 영국군 기병대 지휘관인 하드슨William Hodson소령에 의해 사살되었다. 뿐만 아니라 수많은 죄없는 델리 시민들이 보복과 범죄자 처벌의 대상으로 무자비하게 희생되었다.

캐닝 총독은 델리를 수복했다는 소식을 듣는 순간 반란의 평정 작전에 최종적인 승리를 거둘 수 있다고 확신하게 되었다. 델리의 탈환은 반란을 분쇄하는 작전에서 예비단계를 성공적으로 마친 셈이었기 때문이다. 델리는 모슬렘뿐만 아니라 힌두에게도 인도의 옛 영화와 권위를 회복하기 위한 향수 어린 마음의 집결 지점이었다. 많은 인도인에게는 명목적인 황제이지만 바하둘 샤하가 그들의 정당한 군주로 생각되었으며 아직도 그는 폭동에 동조하는 토후들과 국민의 구심점이었다. 폭도들은 황제를 그들의 힘을 결집시키는 상징적 인물로 공공연하게 추대하고 있었다.

오우드 지방은 6월 첫째 주부터 폭동에 휘말렸으며 폭도들은 카운뿌르와 락크나우로 몰려들었다. 두 도시는 캘커타에서 펀잡에 이르는 중요한 모든 통신 교통을 차단할 수 있는 지점에 위치해 있었다. 영국군의 두 도시에 대한 구출 노력이 집요하게 전개되었으며 매우 치열한 전투가 이곳에서 일어났다.

카운뿌르에서의 반란은 나나 사히브가 지휘하였으며 그는 반도(叛徒)들이 떠받드는 중심 인물 가운데 하나였다. 그는 마라타족의 지배자 바지 라오 2세의 양자였으나 달하우지 총독에 의해 페스와(수상)의 칭호와 연금을 박탈당하고 영국 측에 의하여 원래 마라타족의 근거지인 데칸 고원의 뿌나가 아닌 북인도의 카운뿌르에 머물러 왔었다. 카운뿌르의 수비대를 지휘하고 있던 노령의 휠러 Hugh Wheeler 소장은 영국의 군인 및 거류민 약 1천 명과 함께 허술한 성에 피신하고서 항전하였다. 휠러의 군대는 겨우 3주일 동안 지탱했을 뿐 6월말 그들이 알라하바드까지 가는 동안 안전을 보장하겠다는 나나 사히브의 약속을 믿고 항복하고 말았다. 그러나 휠러의 군대가 배를 타기 위해 강변에 이르렀을 때 나나 사히브는 약속을 어기고 발포하여 대량학살을 자행하였으며 겨우 네 명만이 탈출하였다. 또 그는 포로로 잡혀 있던 여자와 어린애들을 포함한 125명을 강변으로 끌고가 살해하여 우물에 버렸다.[4]

한편 카운뿌르와 락크나우에 대한 영국군의 탈환 작전은 계속되

---

4) P. Spear, 위의 책, p. 226. P. Roberts, 위의 책, p. 373-374. R. C. Majumdar, *History of the Freedom Movement in India*, I. p. 198.

고 있었다. 니일 J. Neille 준장은 반도들의 수중에 들어갈 순간에 있는 알라하바드를 용감한 작전으로 장악하였는데 이 도시는 오우드 지방에서 영국군이 구출작전을 전개할 수 있는 전진기지가 되었다. 여기에서 니일의 군대는 페르시아 원정에서 돌아온 헤브록 Henry Havelock 장군의 지원을 받았다. 헤브록 장군은 2천 명의 소수 병력으로 카운뿌르 구출 작전에 나섰다. 그의 군대는 진군하는 동안 콜레라와 이질로 죽어갔으며 10분의 1로 열세의 병력이었지만 수 차례의 처절한 전투 끝에 그의 임무를 완수하였다. 그러나 헤브록의 군대가 카운뿌르에 입성(入城)하여 발견한 것은 우물 속에 버려져 있는 영국인 포로들의 시체였다.

헤브록의 군대는 계속하여 라크나우로 진격하였지만 알라하바드로부터 따라왔던 니일 장군은 인도인에 대한 무자비한 앙갚음을 자행하였다. 니일 장군은 매우 포악한 성격의 소유자로서 원래 델리를 탈환하기 위해 캘커타로부터 진격하는 도중에 세포이와 도시민을 무차별 학살함으로써 캐닝 총독에 의해 면직당했던 인물이었다. 카운뿌르에서 라크나우로 진격하는 도중에서도 수많은 양민을 학살하고 마을을 불질렀다. 특히 가로수에 수 백 명의 목을 메어 죽이는 끔직한 보복을 단행하였다.

라크나우에서의 반란은 카운뿌르에서 보다 훨씬 오래 지속되었다. 카운뿌르의 영국군은 불과 20여 일만에 무너지고 말았지만, 라크나우의 영국인은 11월 구조대가 도착할 때까지 반 년 동안 성공적으로 항전하였다. 그러한 지구전(持久戰)이 가능했던 것은 라크나우 주재관 헨리 로렌스Henry Lawrence의 선견지명에 따른 방어태세가 갖추어져 있었기 때문이었다. 존 로렌스의 형인 그는 미리 충분한 탄약과 식량을 비축해 놓고 관저에 참호를 파고 성을 쌓아 요새화 해 놓고 버티었다. 헨리 로렌스는 라크나우가 평정되기 전에 포탄에 맞아 중상을 입고 결국 사망했지만 나머지 영국인들은 잉그리스Inglis 준장의 지휘 아래 항전을 계속하였다.

헤브록의 군대는 라크나우로 진격하여 두 번의 승리를 거두었으나 콜레라와 일사병 그리고 군사작전에서의 병력 손실로 카운뿌르로 회군할 수밖에 없었다. 인도인에 대한 무차별 학살을 자행했던 니일 장군은 락크나우 탈환작전에 참여했다가 시가전에서 사망하였다. 헤브록 장군과 아우트럼 중장이 지휘했던 라크나우 탈환작전에서도 그들은 중과부적으로 포위당하고 말았다. 역전의 두 장군 캠벨 Colin Campbell과 로즈 Hugh Rose가 영국으로부터 지원군을 이끌고 인도에 상륙함으로써 전세는 바뀌게 되었다. 캠벨이 군 최고사령관으로서 5천 병력을 이끌고 라크나우를 공격하여 치열한 공방 끝에 함락시키고 영국인 민간인을 철수시켰다.

캠벨 사령관은 반도들에게 다시 넘어간 카운뿌르를 재탈환한 후, 헤브록 장군은 병사했지만, 아우트럼 장군과 함께 오우드와 로힐칸드의 봉기에 대한 적극적인 공세를 개시하였다. 네팔의 바하둘 Jang Bahadur 장관이 지휘하는 용감한 구르카족 병사들의 도움을 얻어 영국군은 1858년 3월 한 달 동안의 전투 끝에 라크나우를 최종적으로 평정하고 2주일 동안 약탈과 살육을 자행하였다. 오우드 지방의 평정은 지연되었는데 그것은 총독이 충성심을 보이지 않은 탈루크다르의 토지를 몰수하겠다는 성급한 선언을 했기 때문이었다. 중립적인 태도로 눈치를 살펴왔던 대부분의 탈루크다르가 게릴라전으로 저항하고 나섰다. 5월 로힐칸드의 바레일리 Bareilly를 영국군이 점령함으로써 산발적인 게릴라전이 계속되기는 했지만 북인도에서의 대규모적인 토벌 작전은 종결되었다.

대폭동에서 가장 두각을 나타낸 인물은 잔시의 왕비 락스미 바이였다. 잔시는 분델칸드 Bundelkhand의 소국(小國)으로서 바지라오 2세에 종속되어 오다가 달하우지 총독의 실권원칙에 따라 영령인도에 병합되어 버렸다. 젊은 왕비 락스미 바이는 영국이 양자를 인정하지 않고 국토를 병합해 버린 데 대하여 참을 수 없는 분노를 느껴 왔었다. 왕비는 처음 폭동이 일어났을 때는 반도들을 비난했으나 영국 측이 자신을 폭도와 공모한 것으로 의심하자 곧 세포이에 가담하여 열렬한 반란 지도자가 되었다. 락스미 바이는 영국에 대항하여 싸우기를 결심하자 탄티아 토피Tantia Topi와의 협동 작전을 모색하였다.

탄티아 토피는 마라타족의 브라만 계급 출신으로 나나 사히브의 휘하에서 카운뿌르의 학살 현장을 목격했던 사람이다. 그는 카운 뿌르에서 밀려난 후에도 2만 명의 반군으로 나나 사히브와 협력하여 11월 말 카운뿌르를 지키고 있던 윈덤Charles Windham 장군의 영국군을 공격하여 물리치기도 하였다. 카운뿌르가 영국군에 의해 다시 함락당하자 탈출하여 락스미 바이와 합류하였다. 그는 영국군에 밀리고 있던 락스미 바이와 협력하여 신디아의 수도인 그왈리오를 공격하였다. 영국 측에 충성적이었던 지배 세력을 몰아내고 락스미 바이와 탄티아 토피는 시민들을 반란 세력에 합류시켰으며 나나 사히브를 마라타족의 페스와로 선포하였다. 그들은 데칸 방향으로 진출하여 대대적인 마라타족의 반란을 유도하려 했으나 이를 차단시키려는 로즈 군대의 강공에 밀려 마라르Marar 와 코따하Kotah에서 결정적으로 패배하고 말았다.

락스미 바이는 남장을 하고 기병으로 용감히 싸웠으나 1858년 6월 싸움에서 사망하고 말았다. 최후의 순간에 대해서는 왕비가 운하를 건너다 낙마한 것을 추격하던 영국군 기병이 왕비의 신분을 알아차리지 못하고 목을 베었다는 이야기와 그렇지 않고 총탄에 맞았다는 주장이 전해지고 있다. 아무튼 로즈 장군은 락스미 바이를 〈반도들 가운데 가장 훌륭하고 가장 용감한 군사적 지도자〉[5]라고 평가하고 찬사를 보냈다.

탄티아 토피도 용감하게 항전하였으며 계속된 추적을 피하다가 체포되어 카운뿌르 학살의 공범이라는 죄목으로 교수형을 당하였다. 나나 사히브도 도주를 계속하다가 비서인 고등 교육을 받고

5) R. C. Majumdar, 위의 책, p. 192.

유럽 여행을 몇 번 경험한 아지물라 칸Azimullah Khan과 함께 네팔 국경의 숲속에서 영원히 실종되고 말았다.

대폭동은 처음부터 무모한 인도인들의 행동이었는지도 모른다. 세계에서 가장 강력한 대영제국의 군대와 싸워 승리를 이룩한다는 것은 기대할 수 없는 일이었기 때문이다. 영국 장병들은 엄격한 훈련과 성능 좋은 무기를 배경으로 강한 결의와 희망을 갖고 반란 진압 작전을 수행하였다. 오랜 전쟁에서의 빛나는 전과(戰果)에 대한 자부심과 응원군이 곧 온다는 희망이 그들을 지탱하게 만들었다. 대폭동을 계기로 인도인들은 좌절감을 느끼게 되었고 그들의 행동이 아무리 용감하고 정당하다고 하더라도 결국 희망이 없다는 것을 알아차리게 되었다. 다른 한편 영국인들은 폭동 진압으로 민족적 자존심과 함께 세계에서 무적의 군대를 보유하고 있다는 확신을 새로이 하게 되었다.

4 대폭동의 결과

대폭동은 그 성격을 어떻게 규정짓든지 간에 양측이 모두 무차별의 학살과 무자비한 보복으로 맞선 엄청난 사건이었으며 영국 측에 의해 무력으로 진압되고 말았다. 인도는 막대한 희생을 치르고서도 결국 그들의 봉기는 무위로 끝나고 말았는데 그러면 폭동의 실패원인은 어디에 있었는가?

첫째, 대폭동은 그 범위가 광범위하고 그 세력이 만만치 않았지만 인도 전체적으로 볼 때는 북부에만 한정된 사건이었다. 또 반란은 고립적으로 일어났으므로 협력 체계가 이루어지지 않았다. 북인도에서도 뱅골, 아프가니스탄, 신드 및 라즈뿌트나 등은 동요가 없었으며 영국 측이 우려했던 편잡과 네팔은 오히려 폭동을 진압하는데 큰 도움을 주었다.

둘째, 락스미 바이 왕비나 나나 사히브 등을 제외하면 어떤 큰 원주민 세력의 지도자들도 반도들과 운명을 같이하지 않았다. 주민은 반란 세력에 휩쓸렸지만 지배자는 영국 측에 충성한 경우를 신디아를 비롯한 여러 지역에서 볼 수 있었으며, 하이데라바드의 살라 중Salar Jung 재상(宰相) 등은 주민이 폭도에 합류하는 것을 막고 왕으로 하여금 영국 측에 우호적인 태도를 보이도록 노력한 인물이었다.

셋째, 폭동을 진압하는 데 영국 측은 유능한 지도자들을 많이 가지고 있었지만, 반도 측에는 그들을 이끌어 갈 인물이 거의 없었다. 락스미 바이가 겨우 훌륭한 폭도의 지도자로 평가받고 있을 뿐이며 이념적인 목표를 제시해 주는 인물은 나타나지 않았다. 알라하바드에서는 모슬렘 교사(敎師)가 폭도들을 이끌었고, 빠트나에서는 서적상이 선도(先導)하기도 하였지만 새로이 교육받은 서구화된 지식층은 영국 편에 섰으며 혼돈이나 구질서의 회복을 우려하고 있었다. 영국 측에는 유능한 장군들뿐만 아니라 예컨대 로렌스 형제 등의 활약이 컸다. 헨리 로렌스는 철저한 방어대책으로 락크나우의 요새지를 지킬 수 있었으며, 동생 존 로렌스는 시크족을 반란 토벌 작전에 끌어들이는 데 크게 공헌하였다.

넷째, 폭도들은 그들을 강하게 결집시킬 수 있는 높은 이상을 갖고 있지 못하였다. 폭도들의 열광은 그들의 불만에만 집중되어 있었을 뿐이지 큰 이상은 없었다. 그들은 좋아하지 않은 것만 알았을 뿐이지 대신에 그들이 무엇을 수립하겠다는 것은 생각하지 못하였다. 물론 그들도 대의를 위해 싸웠지만 그 대의란 가망 없는 것이었는데 그들이 마음 속에 품고 있던 구질서의 회복이란 불가능한 것이었기 때문이다. 인종, 언어 및 종교 등 다양한 인도 사회에서 애국심이니 민족의식이니 하는 것은 아직 설득력 있는 구호는 못되었다. 폭동에 불을 붙였던 종교적 요인도 시일이 지날수록 빛을 잃었으며 처음부터 미약했던 경제적 불만 요인은 일반

416

서민의 마음을 사로 잡지 못하였다.

다섯째, 영국군은 폭도들을 무자비하게 진압하였다. 폭도들이 먼저 자행한 여자 및 어린애를 포함한 무차별적 살해가 영국군의 똑같은 보복을 불러왔다고도 말할 수 있다. 영국군은 반란 진압 과정에서 총살, 교수형, 방화(放火) 등 남녀노소에 대하여 무차별적 만행을 자행하였다. 니콜슨 장군마저도 〈델리에 거주한 유럽인 여인과 어린애들을 살해한 자들은 산채로 가죽을 벗기고 찔러 죽이고 불태워 죽이는 것이 정당화 되어야 한다〉[6]고 주장할 정도였다.

캐닝 총독은 폭동에 가담했던 사람들을 다루는 매우 위험스런 문제에 직면하여 훌륭한 요령과 인내심을 보여주었다. 그는 윌리엄 피트의 탁월한 참모로 외상(外相)을 지낸 조지 캐닝의 아들로서 애버딘 Aberdeen과 파머스톤 Palmerston 내각에서 우정장관(郵政長官)을 역임하기도 하였다. 캐닝 총독은 근면하고 신중하고 반성하는 생활태도를 가지고 있었다. 뛰어난 통찰력과 집행력을 갖춘 비범한 인물은 못되었지만 청렴하고 끈기 있는 자세가 이것들을 보상하고도 남았다. 폭동이 끝나자 진압작전에 나섰던 장군들을 포함한 대부분의 영국인들이 무자비한 보복 조치를 요구했지만 캐닝 총독은 범죄행위에 대해서는 단호한 처벌을 내릴 마음을 가지고 있었으면서도 감정적인 보복을 자제하였다. 아무것도 모르고 폭동에 가담했던 시민들에게는 처벌을 하지 않고 유화정책을 폈다. 그는 자신이 임명한 재판관의 지나친 행동을 견제하고 모든 사건에 대한 적법한 재판과 정확한 조사를 이행토록 하는 법규를 만들었다. 캐닝 총독은 심한 압력과 비난을 받았지만 자신의 원칙을 고수하였다. 그에게는 〈관대한 캐닝〉이란 경멸적인 별명이 붙었지만 후일에는 그의 온건한 태도가 인도적인 관점에서 훌륭했을 뿐만 아니라 정치적으로도 적절했다고 평가받게 되었다. 왜냐하면

---

6) P. Roberts, 앞의 책, p. 380.

피지배 국민과의 관계를 돌이킬 수 없을 만큼 악화시키는 것보다 대영제국의 이익에 더 큰 위험스런 일은 없을 것이기 때문이었다.

영국은 비록 승리하였다고 하더라도 대폭동이란 엄청난 사건에서 심각한 충격을 받았다. 영국의 대인정책(對印政策)은 인도의 여론을 의식하면서 불가피하게 변화를 가져올 수밖에 없었다. 대폭동에 뒤따른 가장 획기적인 조치는 동인도회사의 폐지였다. 대폭동은 사실상 영국 왕실로 하여금 인도 통치권을 장악할 수 있는 적절한 시기를 마련해 주었다. 영국 정부는 인도 통치를 더 이상 동인도회사에게 위험스런 상태로 방치해 둘 수 없다고 판단하고 회사를 폐지하고 본국 정부가 직접 다스리기로 하였다. 동인도회사는 250여 년 전 영국 왕실에 의하여 상업 목적을 위해 창설되어 활동하다가 이제 다시 왕실로 귀속된 것이다. 동인도회사는 엘리자베스 여왕 때에 시작되었다가 빅토리아(Victoria ; 재위 1837-1901)여왕 때 종말을 고한 것이다. 인도 지배의 주체가 동인도회사에서 영국 왕실로 바뀌었다고 하더라도 통치 체제에는 큰 변화는 있을 수 없었다. 이미 1833년의 특허법에 따라 동인도회사는 인도와의 상업적 관계를 상실했으며, 1853년부터는 특허법의 갱신에 따라 동인도회사는 중국무역의 종식과 함께 상업 단체의 기능을 잃고 말았었다.

1858년의 인도통치법(the Government of India Act, 1958)에 의하여 동인도회사는 그 정치적 기능인 인도 지배권마저도 상실하게 되었다.[7] 이 법의 규정에 따라 지금까지의 감독국 의장의 지위를 인도상(印度相, Secretary of State for India)이 차지하게 되었다. 인도상은 영국 각료의 한 사람으로서 대인도 정책의 지휘자이며 인도위원회의 우두머리로서 엄청난 권력을 장악하였다. 15명으로 구성된 임기 10-15년의 인도위원회는 왕실에서 8명을 임명

---

7) 동인도회사는 재산의 파산 정리 및 법적인 요구 조건의 목적을 위하여 1874년까지는 공식적으로, 명목적으로 존재하였다.

하고 나머지 7명은 동인도회사의 이사회가 선출하기로 하였으나 나중에는 공석이 되면 인도위원회 자체에서 호선(互選)하기도 하였다. 인도위원회는 인도에 대한 통치 지침뿐만 아니라 인도 세금의 할당 및 지출과 함께 총독 참사위원회의 임명 등에 대한 승인권을 가지고 있었다.

1858년 11월 빅토리아 여왕의 선언에 의해서 영국 정부가 직접 지배하는 새로운 총독정부가 시작되었다. 캔닝이 다시 총독에 임명되었는데 법적인 명칭은 영국 왕의 개인적 대표를 뜻하는 Viceroy라는 새로운 단어를 추가하여 Governor-General and Viceroy로 표기되었다. 그동안 존재해 왔던 총독집행위원회와 그리고 달하우지 총독 때 두 명의 판사와 네 명의 주대표(州代表)로 구성된 일종의 장난감 의회인 참사위원회를 확대하였다. 빅토리아 여왕의 선언은 권위와 화해, 경건과 자비의 새로운 시대를 알리는 목소리였으며 연민, 정의, 복지 및 개선이라는 내용이 여왕의 선언 속에 자리잡았다. 여왕은 인도인의 권리와 권위와 명예를 존중하고 종교적 관용을 보장할 것을 약속하였다. 또 인종이나 교조의 구별없이 그들의 교육, 능력, 성실도에 따른 자격에 의해 모든 신민(臣民)은 공직에 자유롭게 또 불편부당하게 채용될 것이라고 강조하였다.

앞으로 모든 조치의 기준은 재난으로 이끌었던 과오를 어떻게 하면 다시 범하지 않느냐 하는 데 있었다. 서구화 정책을 추진하는데 있어서도 보다 신중하여 서구의 가치관보다는 공공사업이 개혁의 지침이 되었다. 영토 병합을 위한 실권원칙을 포기하고 양자에게도 법적인 권리를 인정하기로 하였다. 토후국들의 존재는 계속적으로 인정되었지만 그 권리는 제한하여 규정하였다. 토후국들은 국내 문제에 있어서는 완전한 지배권을 갖지만 영국의 조정 없이는 어떠한 대외관계도 추진할 수 없도록 통제하였으며 그들의 군사력도 엄격히 제한하였다.

인도의 영국군도 개편이 불가피하였다. 벵골 군대의 세포이들은 대부분이 폭동에 가담하였다가 죽거나 흩어져 버렸다. 대폭동 이전에는 영령인도군 가운데 세포이가 238,000명이고 유럽인이 45,000명이었으나 새로이 개편한 후에는 인도인 140,000명에 유럽인 65,000명으로 구성하였다. 인도인 군인의 숫자는 크게 줄고 유럽인은 크게 증가하였으며 특히 벵골 주에서는 인도인과 유럽인 군인의 비율을 동률로 조정하려고 노력하였다. 반란에 적극적으로 가담하였던 브라만 계급과 라즈뿌트족, 자트족을 줄이고 반도들의 토벌 작전에서 영국군을 도왔던 시크족, 구르카족 출신들을 대폭 증가하였다. [8]

대폭동은 인도인의 가슴속과 생활태도에 심대한 영향을 미쳤다. 폭동에서의 좌절감과 슬픔에서 점차 벗어나 인도인들은 과거의 영광만을 부르짖던 분위기에서 탈피하는 경향을 보이기 시작하였다. 다방면으로 침투해 들어오는 서구 세력을 좋아하지 않으면서도 인도인들은 이제 그들과 더불어 살아야만 하고 그들의 생활과 조화를 이루어야 한다고 이해하기 시작하였다. 인도인들은 분명히 표명하지는 않으면서도 전통적인 인도의 지도자들, 토후, 자민다르에 대한 신뢰를 버리고 서구화된 새로운 계급에 눈을 돌리게 되었다. 인도인들은 영어 교육을 받은 사람들에게 좋지 않은 눈총을 보내면서도 장래의 희망은 그들에게 있다는 것을 누구도 부인할 수 없게 되었다. 이와 같은 인도인들의 조용한 사고의 변화는 다음 세대에 영어 교육이 급격히 성장하고 있는 데서도 알 수 있다. 이러한 움직임은 이전에는 영령인도의 정부와 선교단에 의해 비롯되었지만 이제는 인도인 사회 자체내에서도 시작되었다.

---

8) V. Smith, 앞의 책, p. 679.

제 29 장
전진정책(前進政策)과 자유주의적 개혁

대폭동 이후부터 커즌(George N. Curzon, 1899-1905) 총독 때까지의 기간을 일반적으로 인도에서 영국 지배의 절정기로 보고 있다. 이 기간은 한마디로 제국주의시대로 규정할 수 있지만 그러한 성격은 특히 그 전반기에서 두드러지게 나타났고 그 후반기에는 주목할 만한 민주주의적 개혁이 이루어지기도 하였다. 그 전반기의 통치 구조는 질서와 능률, 지배와 진보로서 국경 지방의 통제와 기근 대책과 교육의 확대 등이 주요한 내용이었으며, 그 후반기는 영국 글래드스턴의 도덕적 열정에서 자극을 받아 자유주의적 개혁과 인도인의 자각 운동이 큰 진전을 보였던 시기였다. 이 시기의 인도에 대한 영국의 통치 구조와 관련하여 하나의 특징적인 현상은 영국 각료의 한 사람인 인도상이 인도의 통치권을 거의 전적으로 행사했다는 점이다. 이러한 경향은 주변 국가들을 다루는 대외 정책에서 가장 두드러지게 나타났다. 이것은 인도상의 권한이 막강했다는 것을 의미하기도 하지만 한편으로 인도의 대외

정책은 대체로 유럽의 정세에 의해 좌우되었을 뿐만 아니라 대인도 정책은 영국 정부가 구도하는 가장 중요한 대외정책의 하나이기도 했다는 점을 보여주는 것이기도 하다.

1 제2차 아프가니스탄 전쟁

제2차 아프가니스탄 전쟁도 첫번째의 전쟁과 마찬가지로 영국의 러시아에 대한 공포증과 자신에 대한 과대망상증이 혼합되어 일어난 사건이었다. 영령인도의 서북 국경 지방에 대한 정책은 오랫동안 영국과 러시아 사이의 관계에 근거를 두어 왔었다. 제1차 아프가니스탄 전쟁 이후 두 나라 사이의 관계는 협조적이었으나 크리미아 전쟁(1853-1856)으로 두 나라가 유럽에서 대결함에 따라 적대 관계로 급변하고 말았다. 러시아가 다시 아프가니스탄 국경 지방으로 진출하는 것이 영국 정부에 놀라움과 두려움을 안겨 주었으며, 한편 영령인도가 이미 신드와 펀잡을 병합함으로써 인도와 러시아의 전초 기지 사이에는 아프가니스탄이란 한 나라만이 존재하게 되었다.

제1차 아프가니스탄 전쟁 이후 대폭동을 거치면서도 무하마드는 영령인도 정부에 변함없는 신의를 보여 왔다. 무하마드가 사망(1863)한 후 16명의 왕자들이 5년 동안 왕위쟁탈전을 벌일 때 존 로렌스 총독은 계속 방관하면서 중립적인 태도를 견지하였다. 왕위 다툼은 결국 3남인 쉐르 알리Sher Ali의 승리로 끝났다. 쉐르 알리는 왕권 다툼을 벌이는 동안 인도의 총독정부에 세 번이나 도움을 청하였으나 그때마다 로렌스 총독은 이를 거절하고 엄정 중립을 고수하였다. 그러나 쉐르 알리가 승리하자 총독은 그를 승인하고 곧 지위를 강화할 수 있도록 지원금을 보냈다. 로렌스 총독의 중립 정책은 만약 자신이 왕위 다툼에서 한편을 도와주면 다른 편은 러시아의 지원을 요청할 것이라는 우려에서 취해졌다. 로렌스 총독의 생각으로는 불간섭 정책을 취할 경우 러시아와의 사이에 아프가니스탄의 영토 보전에 대한 양해가 이루어질 것으로 보았다. 유럽의 정세가 평화를 유지했었다면 총독의 생각은 옳았을 수도 있었지만 결국 그의 중립 정책은 영국 측에게 불리하게 작용하였다.

한편 러시아는 아프가니스탄의 내분이 계속되는 동안에 중앙아시아에 대한 공격적인 제국주의를 부활하였다. 영국과 러시아 사이에 중립 지역으로 양해되어 왔던 부카라Bukhara를 러시아는 1866년에 속령(屬領)으로 만들어 버리고 2년 후에는 역시 중립 지역인 사마르칸드를 그들의 영토에 추가시켰다. 인도 정부는 쉐르 알리를 회유하기 위해 로렌스 총독과 매요(Lord Mayo, 1869-1872)총독이 연달아 지원금을 보냈지만 보다 적극적인 태도를 보이지는 않았다. 1869년 쉐르 알리와 매요 총독이 암발라Ambala에서 대좌했을 때 왕Amir은 인도 정부의 적극적이고 분명한 지원을 요청했으나 총독은 확실한 언질은 회피하였다. 중립 지역인 키바 Khiva가 또 러시아에 의해 점령당하자 당황한 쉐르 알리는 1873년 인도 정부에 사신을 보내서 만약 아프가니스탄이 러시아나 다른 국가로부터 공격을 받을 때 인도는 무기와 재정적 지원은 말할 것도 없거니와 필요하면 파병하여 돕는다는 서면(書面) 약속을 요구하였다. 이때 노스부르크(Lord Northbrook, 1872-1876) 총독은 긴밀한 동맹 관계를 요구해 온 사신에게 매우 긍정적인 반응을 보였다.

당시 인도와 런던 사이에는 직접적인 전신 시설이 가설되어 있었으므로 중대한 사안에 대한 총독의 단독 결정은 오히려 제약을 받고 있었다. 노스부르크 총독은 쉐르 알리의 요구 조건을 받아들이는 것이 좋겠다는 의향을 영국 내각에 타진하였으나 총독의 건의는 인도상(印度相)에 의해 거부되고 말았다. 글래드스턴 영국

정부는 러시아와의 불화를 원치 않았을 뿐만 아니라 러시아의 중앙아시아로의 팽창이 아프가니스탄이나 인도의 안전에 위협이 되지는 않는다고 보았기 때문이었다.

영국의 19세기 후반은 자유당과 보수당이 교대로 양당 정치를 통한 민주 정치의 모범을 보여준 시기였다. 두 정당은 대외 정책에 있어서 서로 다른 견해를 보임에 따라 인도에 부임한 총독들은 우왕좌왕할 수밖에 없었다. 자유당과 보수당은 아프가니스탄과 러시아에 대한 대외 정책에 있어서 뿐만 아니라 제도적 개혁에 있어서도 대조적인 입장이었다. 1874년 투철한 제국주의자인 디즈레일리 Benjamin Disraeli가 재집권하여 솔즈베리 Lord Salisbury가 인도상에 임명됨에 따라 영국 정부는 러시아의 공격적인 세력 확장 정책을 좌시하지 않았다. 솔즈베리 인도상은 곧 인도 정부로 하여금 사절을 카불에 파견함과 동시에 국경 지방에 인도군을 증강하도록 지시하였다. 노스부르크 총독이 응하지 않으므로 계속하여 명령을 강요하다가 드디어 디즈레일리 정부는 인도 총독으로 제국주의 이념에 철두철미한 리튼(Lord Lytton, 1876-1880)을 임명하였다.

리튼 총독은 디즈레일리와 솔즈베리의 공인된 대리인으로서 이른바 전진정책을 추진하는 사명을 띠고 인도에 왔었다. 리튼 총독은 아프가니스탄이 1873년에 제의했던 조건의 동맹 관계를 받아들이겠다는 의향을 보였으나 쉐르 알리는 인도 총독의 어떤 사절도 받아들이기를 거부하였다. 러시아로부터도 똑같이 사신을 받아들여야 하기 때문이라는 이유에서 였다.

그렇지만 쉐르 알리와 러시아와의 관계는 매우 우호적으로 진행되어 갔다. 더욱이 러시아는 1878년 스톨리토프 Stolietoff 장군을 쉐르 알리에게 파견하기로 하였는데 여기에는 3개 중대의 러시아군이 타슈켄트 Tashkent로부터 수행하고 있었다. 쉐르 알리는 스톨리토프로 하여금 아프가니스탄 영내로는 진입하지 말도록 명했지만 스톨리토프는 이를 무시하고 카불에 입성하였다. 두 나라는 외국 세력의 공격에 공동 대항한다는 조약을 맺음으로써 영국 측을 자극하였다. 리튼 총독은 쉐르 알리에게 영국 사절도 파견하겠다고 통보하고 실제로 채임벌린 Neville Chamberlain을 보냈으나 알리 마스지드 Ali Masjid에서 제지당하고 말았다. 영국 사절이 퇴박맞은 사건은 전쟁의 구실이 되었다. 리튼 총독은 사신을 다시 거절하면 전쟁뿐이라고 최후통첩을 보냈으며 11월 인도 군대가 아프가니스탄으로 침공해 들어갔다. 쉐르 알리는 너무 늦게야 러시아가 아무런 도움을 못 준다는 것을 알았다. 그는 수도를 버리고 도주했다가 몇 달 후 사망하고 말았다.

리튼 총독의 인도 정부는 왕자인 야쿠브 칸 Yakub Khan과 다음해 간다마크 Gandamak 조약을 맺었는데 야쿠브 칸은 영국 측의 요구에 사실상 모두 양보하였다. 영국의 사절이 카불에 상주하고 아프가니스탄의 대외 정책은 인도 총독의 충고에 따르기로 하였다. 또 쿠람 Kurram, 삐신 Pishin 및 시비 Sibi 등의 지역을 인도에 양도하였다. 그 대신에 인도 정부는 아프가니스탄이 외부로부터 침공을 받으면 야쿠브 칸을 돕기로 하고 지원금으로 매년 60만 루피를 지불하기로 약속하였다.

이제 아프가니스탄은 인도 제국의 보호령이 된 셈이었다. 리튼 총독은 간다마크 조약에 대단히 만족하면서 영국은 아프가니스탄으로부터 외국의 영향력을 제거하고 대신에 영국의 통제력이 영구히 보장받을 수 있도록 국경이 조정되었다고 주장하였다. 디즈레일리 영국 수상도 〈간다마크 조약은 우리 인도 제국을 위하여 과학적이고 적절한 국경선을 확보해 주었다〉[1]라고 자랑스럽게 말하였다. 이것은 영국 보수당의 제국주의자들이 인도의 국경을 천연적인 지형으로 구획 짓게 되는 힌두쿠시 Hindu Kush 산맥까지 확장하려는 이른바 전진정책이 실현된 것을 의미하기도 하였다.

---

1) R. C. Majumdar, *An Advanced History of India*, p. 829.

간다마크 조약에 따라 인도정부의 대리인 루이 까바냐리Louis Cavagnari 소령이 카불에 진주하였다. 그는 성급하고 고집센 성격의 인물로서 야심에 가득한 전진정책의 추구자였다. 그는 카불에서 새로운 왕 야쿠브 칸을 마음대로 조종할 수 있었다. 그러나 그는 역사적으로 외세의 지배를 받아들이기를 끝까지 거부하는 아프간족의 불굴의 저항과 증오심을 간과함으로써 제1차 아프가니스탄 전쟁 때의 메크나튼의 비극적 운명이 자신에게도 닥쳐온다는 것을 전혀 예견치 못하였다. 까바나리는 리튼 총독에게 전문을 보내서 카불에 평온이 유지되고 주민의 지지를 얻고 있다고 자신감을 보였지만 부임한지 불과 한 달만에 참모 및 호위병들과 함께 저택에서 피살되고 말았다. 영국군은 보복하기 위해 카불에 진입하여 영국인도 그들만큼 무자비하고 야만적일 수 있다는 것을 증명해 보였다.

영국군이 카불에서 저지른 보복은 영국내에서도 비난의 소리가 높았으며 결국 제2차 아프가니스탄 전쟁은 1880년 봄 디즈레일리 정권이 물러나게 되는 한 원인이 되기도 하였다. 야쿠브 칸이 까바나리의 살해 음모에 관련되었다는 증거는 전혀 없었지만 통치자로서 적합하지 못하다고 판단한 인도 정부는 쉐르 알리의 조카 압둘 라만Abdur Rahman과 협상하였다. 글래드스턴이 다시 집권함에 따라 자유주의자인 리폰(Lord Ripon, 1880-1884)이 인도 총독으로 부임하였지만 정책의 변화는 나타나지 않고 다만 간다마크 조약을 다시 확인하였을 뿐이었다.

제2차 아프가니스탄 전쟁은 영국과 러시아의 두 열강이 보여준 공격적인 제국주의의 표현으로서 상대방에 대한 두려움과 견제심리에서 비롯된 것이었다. 결국 이 전쟁은 두 열강이 유럽에서 세력다툼하는 와중에서 또 그들의 세계 정책이 무모하게 추진되는 과정에서 엉뚱하게도 지리적으로 불운하게 위치한 약소국 아프가니스탄이 희생된 사건이었다.

2 버마의 병합

버마(미얀마)의 왕 타라왓디(Tharrawaddy, 1837-1845)는 제1
차 버마 전쟁의 종결로 맺은 얀다부 평화 조약(1826)에 명시된 영
국동인도회사에 대한 정치적 상업적 특혜를 충실히 이행할 마음을
갖고 있지 않았으며, 버마의 수도 아바에 체류하던 영국 주재관은
조정으로부터 정당한 대접을 받지 못하자 1840년에 철수하고 말았
다. 또 랭군 지사(知事)가 버마 남해안에 정착한 영국 상인들을
압박했으므로 그들은 캘커타의 총독정부에 도움을 요청하고 있었
다. 달하우지 총독은 버마의 왕 빠간(Pagan, 1845-1852)에게 성
급하게도 램버트Lambert 해군준장 휘하의 전함을 파견하여 영국
상인들의 손해배상과 랭군 지사의 해임을 요구하였다. 버마 정부
는 전쟁을 피하기 위하여 램버트 함장의 요구에 성실하게 임하여
랭군 지사를 해직시켰다. 그러나 램버트 함장이 파견한 고위장교
가 신임 지사를 방문했을 때 지사는 취침중임을 이유로 만나주지
않았으므로 모욕을 당했다고 느낀 영국 해군은 랭군 항(港)을 봉
쇄함으로써 양측 사이에 총격전이 일어났다.

달하우지 총독정부는 버마 정부에 1852년 4월 1일까지 배상금
10만 파운드를 지불하도록 최후통첩을 보냈다. 응답이 없으니까
지난번 버마 전쟁의 용장 고드윈과 오스틴Austen 제독이 이끄는
영국군이 랭군에 진입함으로써 제2차 버마 전쟁이 일어났다. 총독
이 9월에 직접 랭군에 도착했고 한 달 간격으로 프롬Prome과 페
구Pegu가 함락되었다. 총독은 버마 왕이 서명을 거부하는데도 남
부 버마Lower Burma의 병합을 선포하였다. 페구를 장악함으로써
영령인도의 지배권은 뱅골 만의 동해안 전체에까지 확립되었다.

영국 주재관은 버마의 새 수도 만달레이Mandalay에 다시 머물
게 되고 역사적으로 버마 왕조가 자리잡고 있는 북부 버마Upper
Burma와도 무역이 열렸으며 영국인의 권리가 1860년대에 들어

두 차례의 조약에 의해 보호받게 되었다. 그러나 두 나라 정부의 관계는 깊은 신의에 바탕을 둔 것은 아니었다. 남부 버마의 손실로 왕 민던(Mindon, 1852-1878)은 항상 영국 측에 적의를 품고 있었다. 버마 왕실이 강조하는 왕실의 권위와 궁중 관습의 차이가 두 나라 사이에 문제가 되기도 하였다. 영국 주재관이 어전(御殿)에 들 때에는 구두를 벗고 왕 앞에 무릎을 꿇어야 했다. 1876년 인도총독이 이러한 관습에 반대하고 나섰고 민던도 이에 굽히지 않았다. 그 결과 영국 주재관은 왕을 방문하지 않게 되고 버마 왕실에 대한 영국의 영향력은 약화되어 갔다. 민던의 후계자 티보 (Thibaw, 1878-1886)는 연약하지만 포악한 군주였다. 그는 잠정적인 경쟁자가 될 수 있다는 두려움에서 80명의 형제와 자매들을 살해하고 왕위를 차지하였으며 그 후에도 그는 계속하여 학살을 자행하였다[2]. 총독정부가 이에 항의하자 티보는 버마가 독립국가임을 강조하면서 묵살하였다.

버마는 영국에 대한 저항감에서 프랑스 측에 접근하였다. 프랑스의 나폴레옹 3세 Napoleon Ⅲ는 선교단의 보호를 강조하면서 동양으로 관심을 돌렸다. 보불전쟁(普佛戰爭, 1870)에서의 참패로 나폴레옹 3세의 제2 제국은 붕괴되었지만 제3공화정은 독일에게 빼앗긴 알사스 로렌 Alsace-Lorraine 지역을 보상받기 위한 일환으로 나폴레옹 3세의 동방정책을 계속 추진하였다. 프랑스는 1884년 베트남을 장악하고 북부 버마로 방향을 돌렸다. 프랑스 세력이 버마로 진출하는 것은 인도제국의 동쪽 국경에 대한 위협이 될 수 있기 때문에 영국에 의해 예의 주시되었다. 버마와 프랑스는 1885년 초 무역조약을 체결하고 프랑스의 영사가 만달레이에 부임하여 프랑스 은행의 개설과 철도 부설을 추진하는 협상에 들어갔다. 또 버마가 베트남의 통킹 Tonking을 통하여 무기를 수입하는 것을 프랑스 정부가 허용하기로 약속한 사실이 알려지자 영국 측은 크

---

2) R. C. Majumdar, 위의 책, p. 833.

게 긴장하였다.

프랑스의 버마로의 평화적 침투가 인도 정부를 놀라게 만들었으며 프랑스의 이러한 행동이 영국으로 하여금 북부 버마의 병합을 재촉하는 결과를 가져왔다. 버마 정부가 북부 버마에서 목재(木材)사업에 종사하고 있는 영국 회사에 무거운 벌금을 부과한 것도 버마 전쟁의 한 원인이 되었다. 이때 프랑스는 통킹에서 고전하고 있었으므로 버마로부터 철군할 수밖에 없었다. 인도의 듀퍼린(Lord Dufferin, 1884-1888) 총독정부는 이 기회를 이용하여 티보에게 다음의 조건 즉 영국 관리가 만달레이에 상주(常駐)하고, 구두를 벗거나 무릎을 꿇는 의례없이 자유롭게 왕에게 접근하며, 버마의 대외관계는 영국의 통제를 받아야 한다는 것을 내세우면서 최후통첩을 보냈다. 최후통첩에 대한 티보의 거부로 영국의 침략을 불러 제3차 버마 전쟁(1885)이 일어났다. 불과 20일 내에 만달레이가 점령되고 티보는 그의 왕궁 안에 포로 신세가 되었다. 그러나 수도의 함락이 곧 버마의 멸망을 의미하지는 않았다. 게릴라전이 해산된 군대와 반도들에 의해 수행되었으며 이들을 평정하는데 6년이 걸렸으며 버마를 효과적으로 통제하는데 또 6년의 세월을 요하게 되었다. 아무튼 북부 버마는 이미 정복된 남부 버마에 병합되어 랭군에 지휘 본부를 둔 버마라는 인도제국의 새로운 주(州)가 신설되었던 것이다.

영국 정부의 전진정책은 아프가니스탄과는 정반대의 방향에 위치한 버마의 병합을 가져왔다. 이번에도 영국의 침략적인 제국주의 정책은 또다른 유럽 열강인 프랑스의 정치적 영향력을 견제하려는 의도에서 수행되었다. 러시아와 프랑스라는 두 열강이 결정적인 순간에 아프가니스탄과 버마에 등을 돌림으로써 영국의 전진정책은 성공적인 결실을 얻을 수 있었다.

3 리튼 총독의 〈전진정책〉

영국의 보수당과 자유당의 모범적인 양당 정치를 논의할 때 우리는 디즈레일리와 글래드스턴이란 인물을 연상하게 된다. 보수당의 지도자 디즈레일리는 신념에 찬 제국주의 정책을 추진하였고, 자유당의 지도자 글래드스톤은 대내적인 자유주의적 개혁에 노력하였다. 그들의 대조적인 면은 대인정책(對印政策)에도 그대로 표현되었다. 제국주의 정책은 대영제국의 위세를 세계에 떨침으로써 영국민에게는 자존심을 북돋워주었지만 피지배 국민에게는 고통이 따르기 마련이었으며, 반대로 자유주의적 개혁정책은 인도인의 자유가 신장되고 능력에 따른 활동영역이 확대됨에 따라 긍정적인 평가를 받게 되었다. 인도 통치에 있어서 디즈레일리 수상의 공인된 대리인이 리튼 총독이었고, 글래드스턴 수상이 가장 신뢰했던 정책 수행자가 리폰 총독이었다.

리튼 총독의 통치 정책을 흔히 전진정책의 표본이라고 부른다. 전진정책이란 제국주의적 침략정책이나 원주민 억압정책의 연상의 미를 갖고 있으므로 리튼 총독의 경우 아프가니스탄과 관련하여 적용된 느낌이 있었다. 그의 대내정책에 대해서도 전진정책으로 비난하는 경우가 있지만 일률적으로 그렇게 규정하는 것은 무리이며 예컨대 기근(饑饉) 구호 대책은 그의 정책의 밝은 면을 보여주는 것이기도 하였다.

리튼 총독의 임기는 영령인도에서만 5백만 명의 생명을 아사시킨 가공할 대기근(大饑饉, 1876-1878)과 함께 시작되었다. 남인도에서 시작되어 중부 인도와 펀잡 지방까지 확산되어 나갔던 광범한 재난이었다. 무수한 생명이 굶어 죽어 가는 엄청난 참상 속에서 리튼 총독은 1877년 1월 1일 델리에서 영국 빅토리아 여왕을 인도 국왕으로 공식 선포하는 행사 Durbar를 열었다. 엄청난 국가재정이 소요된 화려한 행렬과 구경거리가 어우러진 겉치레의 호화

판 잔치는 인도의 여러 지역을 참혹하게 휩쓸고 있는 기근의 참상
과는 너무도 대조적이었으며 이에 대하여 행사의 시기가 잘못 선
택되었다는 비판과 함께 인도 국민의 원성이 비등하였다.

　그렇지만 리폰 총독이 기근 구제를 위해 항구적인 대책을 강구
하려고 노력했던 점은 긍정적인 평가를 받는 부분이기도 하다. 그
는 간헐적으로 찾아오는 기근에 대처하기 위해서는 전반적인 원칙
을 명백히 하는 것이 필요하다고 하여 스트래치 Richard Strachey
를 의장으로 하는 기근조사위원회를 구성하도록 하였다. 이 위원
회의 보고서가 건의한 내용이 기근구호법(the Famine Code,
1883)과 다음해에 제정되는 각 지방의 기근구제법의 기초가 되었
다. 보고서는 기근이 일어났을 때 굶주린 사람에게 구호를 베푸는
것이 국가의 의무라는 기본적인 원칙에서 출발하였다. 구호 대책
은 일할 수 있는 사람에게는 일자리를 제공하고 노약자에게는 식
량과 돈을 지급한다는 영국 구빈법(救貧法, the Poor Law)의 취
지에 근거하였다. 예기치 못한 기근에 대처하기 위해 매년 1,500
만 루피(150만 파운드)를 책정하도록 했으며 지속적인 효용 가치
와 다수에게 일자리를 주는 지역 사업으로서 우물을 파거나 제방
을 쌓는 일 등을 강조하였다. 또 추가적인 구호 조치의 일환으로
토지세의 경감 및 연기와 씨앗용 곡물과 농사일하는 황소를 살 수
있도록 대부해 주는 제도를 권유하였다. 기근조사위원회는 또한
구호 활동에서 낭비를 줄이기 위해 자금의 많은 부분을 지방 당국
에서 부담해야 하며 중앙정부는 지방의 능력과 자금을 정확하게
검토한 후 다만 보충해 주는 역할만을 해야한다고 강조하였다. 또
구호 사업은 기금의 대부분을 부담하는 납세자들의 대표를 통하여
이루어지도록 권유하였다.

　리폰 총독은 지방어신문법(地方語新聞法, the Vernacular Press
Act, 1878)을 공포하여 언론의 자유를 제한하려고 하였는데 이 조
치는 그의 전진정책의 한 표현으로 많은 비난을 받았다. 지방어신

문법은 치안판사가 인도 신문 편집인으로 하여금 온당치 못한 기사를 보도하지 않겠다는 각서를 제출하도록 하거나 또는 발행 이전에 검열을 위한 교정본 제출을 요구할 수 있는 권한을 갖는다는 내용이었다. 총독정부의 관점에서 볼 때 영어 신문은 대체로 협조적이었지만 지방어 신문은 비판적이었으므로 영국의 인도 지배가 지방어 신문에 의해 위협을 느낀다고 판단하고 이를 제재하기로 결정하였던 것이다. 벤팅크 총독의 언론 자유화 정책 이후 약 반 세기 동안에 지방어 신문들은 그 수효가 크게 증가하여 1878년의 경우 벵골 지방에만 39개에 달했으며 그들은 발행 부수를 늘리기 위해 총독정부를 비판하고 지배자와 피지배자 사이의 갈등을 과장하여 보도하는 경향이 있었다. 아무튼 신문은 서구 민주주의 이념이 인도인에게 침투해 들어가는 주요한 경로였으며 이는 인도 민족주의의 발전에 공헌한 바이기도 하였는데 지방어 신문에 대한 규제는 인도인들로부터 격렬한 비판과 반발을 불러 일으켰다.

4 리폰 총독과 지방자치제의 도입

영국이 서구식 지방자치제를 도입하기 오래 전부터 인도에는 독자적인 자치제도가 존재해 왔었다. 판차야트(Panchayat, 촌민회(村民會))가 그것으로서 보통 다섯 명으로 구성되는 판차야트는 마을 주민과 관련된 종교, 혼인, 관습, 재산 및 상해(傷害) 등 모든 민사문제들을 다루었다. 촌장(村長)은 마을의 질서를 유지하는 일뿐만 아니라 해마다 세금을 할당하여 징수하는 책임을 지고 있었으며, 판차야트의 권위는 연장자와 관습에 대한 존중으로 인하여 거의 도전을 받지 않았다.

대폭동 이후 재정적 부담을 지방에 넘김으로써 재정난의 타개를 모색하였던 일이 있었지만 진정한 의미에서 인도의 지방자치는 리폰 총독에 의해 시작되었다. 영국 보수당의 전진정책과는 달리 영국이 인도를 통치하는 데 있어서 영국인의 의무는 그 지배의 영속을 유지하려는 것이 아니라 스스로에게 책임을 지도록 인도인을 훈련시키는 일이라는 주장이 강하게 일어났다. 이것은 글래드스턴 수상의 신념일 뿐만 아니라 자유당의 정책이었으며 그 위임명령을 받은 인물이 리폰 인도 총독이었다. 그들은 유능한 시민들에게 선거권을 확대하는 것은 그만큼 국력에 보탬이 되는 것으로 보았다. 근대 국가의 힘은 대의제도에 놓여 있다는 것이 그들의 신념이었으며 인도를 통치하는 데 있어서도 협동의 원리가 대립의 원리보다 우위에 놓여져야 한다고 생각하였다.

리폰 총독의 지방자치제 실시에 관한 원칙은 〈1882년의 결의(決議)〉속에 구체적으로 명시되었다. 지방자치제에 관한 규정은 대체로 첫째 정치 교육은 지방 정부의 주요 기능이며 이는 행정 능률보다 더 중요성을 가지며, 둘째 농촌위원회는 시위원회(市委員會)와 동일한 형태로 설립되어야 하고, 셋째 모든 위원회는 3분의 2 이상이 관리 아닌 사람으로 구성되어야 하는데 가능한 한 임명이 아니라 선출되어야 하며, 넷째 모든 지방위원회의 의장은 비관리(非官吏)가 선출되는 것이 바람직하다는 내용이었다. 리폰 총독은 지방자치제가 행정적인 면에서의 개선이라는 관점에서 보다는 오히려 정치적 국민교육의 도구로서 강조되어야 한다고 생각하였다. 주민들의 지역적 지식과 관심이 지역 행정에 보다 자유롭게 확대됨에 따라 행정적 능률은 자연히 뒤따르게 될 것으로 보았다. 총독의 생각으로는 지방자치 위원회는 가능한 한 선출에 의해 구성되어야 하고 의장은 정부 당국이 임명하는 것보다 관리가 아닌 사람이 좋을 것이라는 입장이었다. 행정관리가 의장이 되어야만 그 기구의 활동을 직접적으로 인도하고 규제하는 데 편리할 것이라는 주장이 있었지만 리폰 총독은 관리가 아닌 위원들로 하여금 효과적으로 정치훈련에 참여하고 지방문제에 대한 적극적인 관심을 갖도록 유도하는 것이 필요하다고 생각하였다.

지방자치의 실시에 관한 시행 세칙은 리폰 총독의 재임 때 거의 모든 주에서 통과되었다. 지방 자치구는 대체로 주 밑에 지역 Zila 이 있고 다시 이를 세분하여 하위 단위로 타실(Tashil, 군(郡))을 두었다. 리폰 총독이 추진한 정책의 직접적인 결과로서 선거 자치구가 크게 증가하였다. 즉 새로운 지방자치제가 도입되기 이전인 1881년과 1885년을 비교해 볼 때 자치구의 수효는 크게 증가하고 있지 않지만 선거제에 의해 구성되는 자치위원회는 160여 개에서 약 480개로 현저히 증가하고 있으며, 반면에 임명에 의한 자치위원회는 540개에서 약 250개로 크게 감소하고 있다.

따라서 〈1882년의 결의〉는 근본적인 지휘 감독권은 중앙정부의 권한으로 남겨놓고 시(市)행정 실무는 선출된 주민 대표에게 위임하며 주민들은 관리가 아닌 의장이 주관하는 그들의 대표기관을 통하여 자치의 훈련을 받도록 계획하였다. 치안문제는 중앙정부의 소관이며 지방자치 단체는 교육, 공중 위생, 등화설비, 도로, 식수(食水) 및 기타 공공사업을 관장하도록 결의하였다. 행정의 전반적인 원칙은 런던이나 캘커타의 중앙정부에서 수립하고 그것들에 대한 집행은 지방에서 행하도록 하였다. 리폰 총독의 지방자치 정책은 당장 인도 국민에게 깊은 신뢰감을 부여했다는 점뿐만 아니라 장기적으로는 인도의 민주 정치 발전에 크게 공헌했다는 점에서 높이 평가할 수 있을 것이다.

리폰 총독의 자유주의 정책은 인도인 판사에게 유럽인을 심리할 수 있는 권한을 부여하려 했던 일버트 법안(Ilbert Bill, 1883)에서도 나타났다. 총독의 법률 담당관인 일버트가 인도인 판사를 유럽인 판사와 동등한 지위에 올려 놓으려고 시도했던 이 조치는 인도에 거주하는 유럽인들의 강력한 반발에 부딪혔다. 유럽인들 특히 동부 인도의 차(茶) 재배자와 상인 그리고 캘커타 지방의 재판관 및 변호사들은 일제히 단합하여 이 법안의 철회를 요구하였다. 그들은 이와 같은 인종적 평등을 치욕으로 느꼈으며 인도인 판사에 의해서 백인들이 재판받는 것을 그들의 신분 저하로 생각하였다. 그들의 일치단결된 반발에 부딪쳐 이 법안은 사실상 실효를 거두지 못하고 말았다.

인도인들은 그러나 이 사건을 계기로 유럽인의 특권에 관련된 문제에 있어서는 어떤 정당성도 기대할 수 없다는 것을 깨달았으며, 한편으로 소수 유럽인들의 단합된 행동이 얼마나 커다란 힘을 발휘할 수 있는가를 배울 수 있었다. 유럽인들은 오히려 인도인들에게 정치적 항거와 투쟁의 기술을 가르쳐준 셈이었으며, 이 사건은 당장은 실패했지만 장기적으로 인도의 민족주의 운동을 촉진시키는 데는 거꾸로 도움을 주었던 것이다.

리폰 총독은 인도에 부임한 역대 총독 가운데서 인도인들로부터 가장 많은 지지와 찬사를 받았던 인물로 알려지고 있다. 리폰의 대인도 정책에 대한 인도인의 반응은 총독직을 물러나 영국으로 돌아갈 때 보여준 범국민적인 환송에서 뚜렷이 느낄 수 있었다. 인도 역사상 유례없는 사랑과 찬탄과 감사의 환송 행사가 조직되었으며 캘커타 시가는 명절과 마찬가지로 화려하게 불을 밝혀 축제 분위기를 이루었다. 수많은 사람들의 환송의 물결이 떠나가는 총독에게 경의를 표했으며, 캘커타에서 봄베이에 이르는 그의 퇴임의 행렬은 마치 열광적인 개선의 행진처럼 이어졌다. 리폰은 인도 지방자치의 진정한 창시자로 갈채를 받았으며 인도 국민에게는 위대한 자유 투사로서 기억되었다.

제 30 장

국민회의의 성립과 민족주의 운동의 과격화

1 종교 및 사회개혁 운동

인도 민족주의 운동은 인도인의 근대적 자각 운동에서 비롯되었
으며 처음의 자각 운동은 그들의 종교 및 사회 개혁운동으로 표현
되었다. 근대적 종교 사회 개혁운동은 서구 사상의 침투에 따른
결과로 시작되었다. 전통적인 종교 및 사회제도를 개혁하려는 움
직임은 그것이 어떤 형태를 보였던지 간에 서구 사상 특히 영어
교육과 기독교의 보급에 대한 긍정적 혹은 부정적 반응으로 나타
났던 것이다.

근대 종교 개혁 운동은 람 모한 로이Ram Mohan Roy가 설립
한 브라모 사마자(Brahmo Samaj : 브라마신(神) 신도회)의 활동
에서 비롯되었다. 1828년에 창설된 브라모 사마자의 창립 목표는
세계의 창시자이며 보호자이고 누구도 필적할 수 없는 유일한 브
라만 신을 숭배하기 위한 것이었다. 근대 인도의 대표적인 선각자
였던 람 모한 로이는 브라만 계급의 출신으로서 비범한 언어학자
였다. 그는 인도 이슬람 학문의 중심지인 빠트나에서 페르시아어

와 아랍어를 공부했으며 힌두 성지(聖地)인 베나레스에서 산스크리트 공부에 몰두하기도 하였고 성년이 된 후에 영어를 배우면서 기독교의 영향을 크게 받게 되었다.

람 모한 로이는 힌두교의 초기 신앙인 브라만교의 순수성을 되찾아 진정한 힌두교를 부활시키려고 하였다. 그는 힌두 경전 『우파니샤드』가 유일의 지존자(至尊者)에 대한 신앙을 명령하고 있다고 주장하면서 다신숭배(多神崇拜)와 우상숭배를 배척하고 나섰지만 그의 이러한 견해는 또한 기독교와 이슬람교의 영향을 받고 있음을 보여주고 있다. 그는 서구 사상과 기독교의 영향을 크게 받았으면서도 기독교로 개종하지는 않고 다만 힌두교를 개혁하여 유지하기를 원했을 따름이었다.

브라모 사마자는 종교 개혁뿐만 아니라 사회 개혁 운동을 추진해 나갔다. 사실 인도 사회는 힌두교의 영향을 크게 받고 있었으므로 종교 개혁 운동은 불가피하게 전통적 사회제도를 개혁하려는 운동을 수반하게 되었다. 로이는 인도 사회에서 공공연하게 행해지고 있는 악습인 사티 순사(殉死), 영아 살해, 유아 결혼 및 일부다처제 등을 비난하고 나섰다. 또 그는 힌두 사회 구조를 뒷받침하고 있는 카스트 제도를 비민주적이며 비인도적이라고 규정하여 그 철폐를 주장하고 과부의 재혼과 여성 교육을 장려하여 여성의 지위 향상에도 노력하였다. 그는 영국의 사회 개혁을 호의적으로 받아들였는데 그것은 영국의 진보적인 자유주의 사상이 인도의 사회 개혁을 위해 도움이 된다고 믿었기 때문이었다. 영국 지배를 환영하면서도 그는 팜플렛, 신문, 공공 회합 등을 이용하여 인도인의 정치적 자유를 위해 노력하였다. 그의 주장은 이성과 인권의 정당성에 근거를 두었으며 이것들은 힌두 사상과 서구 사상에 공통으로 근거하고 있으므로 인도인은 유럽인과 동등한 권리를 요구할 수 있다는 것이었다.

로이가 사망한 후 브라모 사마자의 활동은 쇠퇴의 길을 걸었으나 데벤드라나드 타고르Debendranath Tagore와 또 그 후 케섭 찬드라 쎈Keshub Chandra Sen에 의해 운영되면서 19세기 후반까지 활기를 띠었다. 데벤드라나드는 아버지 드와르까나드가 영국 지배하에서 기업에 성공하여 브라모 사마자를 재정적으로 지원함으로써 연관을 갖게 되었지만 그는 재물에 관심이 없고 기독교의 영향도 거의 받지 않은 인물이었다.

케섭은 서양 학문과 동양 학문의 조화를 역설한 뛰어난 선각자의 한 사람이었다. 인도는 영국으로부터 진보된 과학 기술을 도입해야 하고, 서양은 인도의 고전적 지혜를 배워야 한다고 그는 주장하였는데 케섭은 종교 문제보다도 람 모한 로이가 주장했던 사회 개혁 문제에 더욱 적극성을 보였다.

새로운 성격의 종교 사회 개혁단체가 출현하였는데 그것이 다야난다 사라스와띠(Dayananda Saraswati, 1824-1893)가 창설한 아리아 사마자Arya Samaj였다. 아리아 사마자는 인도의 고대 문화 유산에 대한 자존심을 북돋우려는 순수한 힌두적인 종교 사회 개혁 운동으로 나타났다. 브라모 사마자의 활동이 기독교의 영향을 받아 시작된 점을 비난하고 아리아 사마자는 기독교의 공격에 대항하고 더 나아가 반격을 가하기 위해 조직되었다.

구자라트 남부지방에서 브라만 계급으로 태어난 다야난다가 부르짖었던 종교 개혁 운동은 순수했던 초기 힌두 신앙을 강조한 복고적 운동이었다. 『베다』를 그의 신앙의 전거(典據)로 믿었으며 후대의 힌두 경전은 모두 자의적인 기록이므로 『베다』의 권위에 비견될 수 없다고 주장하였다. 〈베다로 돌아가라〉는 것이 다야난다의 종교 개혁 운동에 있어서의 표어였다. 마치 종교 개혁가 마르틴 루터Martin Luther가 카톨릭 교회의 권위와 횡포를 비판하고 성경으로 돌아가라고 외쳤던 것과 마찬가지로 다야난다는 브라만 계급의 횡포에 반발하면서 인도 최고(最古)의 성전인 『베다』에의 귀의를 촉구하였다. 다야난다는 힌두교 신앙에 보편화되어 있는 다신 숭배를 배척하고 유일신 신앙을 강조하였는데 그들이 믿고 있는 여러 신들을 똑 같은 신의 다른 이름으로 이해하였다.

아리아 사마자의 국수주의적 성격은 당연히 기독교와 이슬람교에 대하여 배타적인 태도를 취하였다. 또한 베다 사상에 투철한 힌두교는 결코 근대 서구 사상을 모방해서는 안 된다고 강조하였다. 『베다』는 모든 지식의 저장소이므로 서구의 과학 기술도 『베다』의 신비적인 영향을 받고 있다고 믿었다. 다야난다는 보수적인 인물로서 서구 사상에 거의 영향을 받지 않았으므로 사회 개혁 부문에 있어서는 브라모 사마자만큼 적극성을 보이지 않았다. 그는 출생에 의해 결정되는 세습적 카스트 제도는 반대하였으나 각자의 능력에 따른 계급제도는 필요하다고 보았다. 결코 오류를 범할 수 없는 『베다』에 사회계급을 구분하고 있으므로 카스트 제도 자체의 폐기를 주장할 수는 없었다.

아리아 사마자는 종교적으로는 힌두교의 순수성을 되찾으려고 노력했으며, 정치적으로는 이민족의 지배로부터 해방되어 인도인의 자치를 성취하려는 목표를 가지고 있었다. 아리아 사마자는 단순한 종교 단체에 그치는 것이 아니고 민족의식을 고취시키고 투쟁적인 성격을 띤 단체였다. 반영(反英) 단체라는 것을 스스로 공표하지는 않았지만 아리아 사마자는 영국의 정치적 지배에 항거하는 뜻으로 자존, 자조(自助), 자치를 강조하였다. 아리아 사마자의 지도자 가운데 한 사람인 라즈빠트 라이 Rajpat Rai는 투철한 민족주의자였다. 그는 다야난다의 이론에 동조하면서도 서양의 과학 기술을 배우는 것이 인도인에게 도움이 된다는 진보적 신념을 갖고 있었다. 그는 나중에 국민회의에서 과격파 지도자로서 크게 활약하였다.

또다른 종교 개혁 운동은 라마크리슈나 포교단의 활동에서 찾아볼 수 있다. 라마크리슈나 파라마한사(Ramakrishna Paramahan-sa, 1836-1886)는 가난한 브라만 계급의 출신으로 람 모한 로이의

440

박학한 지식이나 다야난다의 뛰어난 산스크리트 실력도 갖추지 못한 인물이었다. 라마크리슈나는 기독교와 이슬람교의 교의까지도 이해하려고 이들 신도들과 함께 수 년간 생활하기도 하였다. 그의 결론은 모든 종교가 진실되며 다만 하나의 목표에 이르기 위한 신앙 방법만이 다를 뿐이라고 보았다. 모든 상이한 종교적 견해는 동일한 목표를 향한 서로 다른 노정(路程)이며 같은 물질을 놓고도 언어가 다르면 각각 다른 단어로 표시하듯이 알라, 그리스도, 크리슈나 신들도 우리가 믿는 같은 신의 다른 이름에 불과하다고 그는 보았다.[1] 라마크리슈나는 우상을 통하여 여러 신을 숭배해왔던 힌두 신앙이 인간의 정신을 개발하는 방법으로서 유용하다고 보았다. 신성(神性)은 우상 하나하나에도 깃들어 있는 것이므로 우상을 통한 신앙은 타당한 것이었다. 전통적인 힌두교의 다신 신앙에 대한 합리화는 인도인들로 하여금 자신들의 종교에 대한 새로운 신뢰감과 자부심을 갖게 하였다.

라마크리슈나 포교단의 활동이 보다 적극적으로 추진된 것은 비베카난다 Vivekananda가 계승하면서부터였다. 비베카난다의 명성은 인도에서보다도 외국에서 먼저 알려지게 되었다. 시카고의 세계종교회의(1893)에서 그는 베다 철학의 정수인 베단타 Vedanta에 근거하여 인도 정신 문화의 우월성과 힌두교의 보편성을 강조하여 청중과 신문들의 갈채를 받았다.[2] 그는 스승이 보인 다른 종교에 대한 관대함과 우상 숭배의 유용성을 인정했으며 서양의 진보된 물질 문명에 대해서도 긍정적인 태도를 보였다. 그는 서양 물질 문명을 인정하면서도 궁극적으로는 우수한 힌두교를 되살려서 온 세계를 정신적으로 정복하겠다는 원대한 계획을 가졌는데 이것은 라마크리슈나 포교단의 목표이기도 하였다. 그는 서양으로

---

1) J. N. Farquhar, *Modern Religious Movement in India*, Delhi, 1989, p. 197.
2) 졸고, 「19세기 인도 종교개혁운동의 성격」,《아세아연구》, 57호(1977), 아세아문제연구소, pp. 161-164.

부터 근대 과학과 자유 사상을 배우도록 촉구하였는데 그것은 실용적인 학문이 인도의 사회적 경제적 후진성을 탈피하는 데 큰 도움을 줄 것으로 기대했기 때문이었다.

2 인도국민회의의 성립

인도국민회의의 성립은 근대 인도사에서 획기적인 사건이었다. 국민회의는 장래의 인도 민족주의 운동 내지 독립 운동을 주도하는 구심점으로 활동하였기 때문이다. 국민회의의 구성원은 서구식 교육을 받은 사람들이었으므로 이런 의미에서 본다면 반 세기 전에 마코올리가 의도했던 영어교육의 이상이 그대로 실현된 셈이었다.

인도의 대학 교육은 1857년에 설립되었던 캘커타·봄베이·마드라스의 세 개 종합대학이 중추적 역할을 담당하였지만 1870년대 이후 전체 교육 기관은 크게 확장되어 갔다. 정치적 중심지였던 벵골 지방의 대학생 수효는 크게 증가하였는데 대부분의 칼리지는 캘커타에 있었다. 1883년 벵골 주(州)의 대학생 수는 3,756명이었는데 캘커타에만 2,445명이 몰려 있었다. 공립 학교보다는 사립 학교의 운영이 두드러지게 확대되었는데 중, 고등학교에서도 캘커타의 공립학교는 1,750명의 학생을 갖고 있었는데 비하여, 사립학교는 8,008명의 학생들을 교육시키고 있었다. 지난 10년 동안에 학교에서는 17배, 학생 수에서는 7배의 증가를 보여주었다. 마드라스 주에도 1개의 종합대학과, 786명의 학생을 가진 5개의 인문계 대학과, 217명의 의학 공학도를 훈련시키는 3개의 특수대학이 있었다. 또 14개의 고등학교와 55개의 중학교 및 154개의 초등학교에서 모두 25,000여 명의 학생들이 공부하고 있었는데 그 가운데 5분의 3은 영어를 배우고 있었다.[3] 봄베이 주에서는 봄베이와

---

3) Anil Seal, *The Emergence of Indian Nationalism : Competition and*

뿌나가 교육의 중심지였지만 벵골과 마드라스 주의 교육 시설과 학생 수에 미치지 못하고 있었다.

대학 교육을 받은 인도인들은 관리로 많이 채용되었으며 한편으로는 교사, 변호사, 언론인, 의사, 기사 등 다방면으로 진출해 나갔다. 유니버시티가 설립된지 20여 년이 지난 1880년경 인도에는 영어교육을 통하여 서구 문화에 친숙해졌던 인도인이 약 5만 명이나 되었다. 이는 일찍이 마코올리가 의도했던 서구식 교육을 받은 새로운 중간계급이 형성되어 가는 과정이었으며, 언어가 통일되어 있지 않은 인도에서 그들은 영어를 매개어로 하여 비로소 조국의 현실 문제를 진지하게 논의할 수 있게 되었다.

인도문관(印度文官, Indian Civil Service)시험은 영어교육을 받은 인도인들의 가장 큰 관심사였다. 인도문관은 경쟁 시험을 통하여 인도인이 진출할 수 있는 최고의 관직이었기 때문이다. 그런데 영국 정부는 인도문관 시험에 응시할 수 있는 최고 연령을 1854년에 25세, 1859년에 23세, 1865년에 21세 그리고 1876년에는 19세로 낮추어 제한하였다. 인도문관 시험은 동등한 조건에서 영국에서만 시행되었으므로 인도인은 원거리 여행에 따른 부담과 모국어 아닌 영어로 시험에 응시해야 하는 등 불리한 입장에 있었다. 유창하게 영어를 습득하고 16과목이나 되는 시험에 대비해야 하는 인도 학생들에게는 연령의 제한 조치가 결국 문관시험에서 인도인을 제외시키려는 처사로 해석되었다. 여기에다가 리튼 총독의 이른바 전진정책 특히 언론의 자유를 억압하는 지방어 신문법의 공포가 영국지배에 대한 반발심을 가중시켰으며, 다른 한편 리폰 총독의 자유주의 정책에 고무되었던 인도인들은 일버트 법안의 폐기에서 좌절감과 함께 협동하여 항거하는 마음을 새롭게 다짐하게 되었다.

Collaboration in the later Nineteenth Century, Cambridge University Press, 1988, pp. 21-22, p. 103.

창립대회
근로인민당의

1870년대 이후부터 인도의 정치 현실에는 주목할만한 변화가 일어나고 있었다. 영어교육을 받은 인도인들은 지금까지의 영국 통치자에 대한 협조자의 위치에서 벗어나 비판자의 태도를 보여주고 있었다. 이때 인도 지식층의 불만에 찬 분위기를 대변해 주고 있던 단체가 슈렌드라나드 바너지Surendranath Banerjea의 인도협회(印度協會)였다. 슈렌드라나드 바너지는 인도문관 시험에 합격하여 고급 관리로 나아갔으나 그의 자유주의적 성격 때문에 당국에 의해 그의 직위가 박탈당함으로써 본격적인 민족주의 운동에 뛰어든 인물이었다. 국민회의의 전신(前身)이라고 할 수 있는 인도협회의 주요한 목표는 공통적인 정치적 관심사와 야망에 입각하여 인도 국민을 단합하는 것이었는데 이러한 이념은 이탈리아의 자유투사인 마찌니Giuseppe Mazzini에게서 영향을 받았다고 그는 밝혔다. 그러나 슈렌드라나드는 어디까지나 합법적이고 평화적인 투쟁 방법을 모색하였을 뿐 마찌니의 혁명적인 투쟁 활동은 배제하였다.

한편 1860-1870년대부터 네 번에 걸친 광범한 기근(饑饉)으로 인하여 인도의 농민 생활은 최악의 상태에 이르렀다. 여기에다 무거운 지대(地代)와 고리대금업자들의 횡포 등으로 인하여 규모는 작지만 산발적인 농민 폭동이 일어나고 있었다. 벵골 지방의 퍼브나Pubna 폭동(1873), 데칸 폭동(1875), 봄베이 지방의 파드케Phadke 폭동(1878-1879) 등이 그것이었다. 일반 대중의 경제적 빈곤과 농민 폭동 등이 지식층의 불만 요인과 한데 어울려 인도를 무정부 상태로 몰아 넣을 가능성을 보여 주고 있었다. 이에 대한 해결책으로 제시되었던 것이 국민회의의 창설이었다.

인도국민회의를 창설하는 데 직접적 공헌을 한 인물은 인도인이 아니라 영국인 알렌 옥타비안 흄Allen Octavian Hume이었다. 동인도회사 직원으로 인도에 와서 30년 동안 근무해 왔지만 그의 자유주의적 견해와 자존심 때문에 리튼 총독에 의해 직위를 박탈당하였다. 그는 캘커타 대학생들에게 조국에 대한 희생 정신과 솔선 수범하는 애국심을 강조하였다. 그의 생각으로는 영국과 인도와의 관계에서 최선책은 영국이 원주민과 협조 체제를 이룩하는 것이었다. 인도인의 심각한 불만이 폭발하는 것을 막기 위해서는 영국 정부가 의회정치를 위한 훈련 도장으로서의 국민대표 기관을 수립하여 인도인들에게 합법적인 정치 활동을 보장하는 것이라고 흄은 판단하였다. 흄이 계획한 국민대표 기관은 영국 지배를 파멸시킬지도 모를 압력 세력에 대한 안전판으로서 국민 여론의 합법적인 대변 기관의 역할을 할 수 있다고 보았다. 실제적인 민중의 지도자들로 하여금 국민의 어려움을 정부에 호소케 함으로써 국민의 불만이 폭발하는 것을 미리 막자는 의도였다. 흄이 추진한 국민회의의 설립 계획은 리폰 총독이 지방자치제를 도입하여 인도 국민의 열망을 토로할 수 있는 배출구를 마련해 줌으로써 대영제국의 인도 통치에 대한 안전을 보장하려고 했던 의도와 맥을 같이 하고 있었다. 흄은 듀퍼린 총독의 동의를 얻어 인도의 지식층과 함께 인도 국민을 대표하는 조직체를 결성하기로 합의하였다.

회의 개최일을 며칠 앞두고 중대한 두 가지 변경 사항이 있었는데 뿌나에서 콜레라가 만연하고 있었으므로 회의 장소를 봄베이로 바꾸었고, 회의 명칭은 의장에 의해 사회되고 대표라 불리는 사람들이 참석함으로 원래의 인도국민연합이란 명칭 대신에 인도국민회의Indian National Congress로 개칭하기로 하였다. 그리하여 인도 근대사에서 중대한 역사적 의의를 갖는 국민회의는 1885년 12월 28일 봄베이의 고쿨다스 테즈팔 산스크리트 대학Gokuldas Tejpal Sanskrit College에서 그 첫 회합을 갖게 되었다.

국민회의는 적어도 그 초기에 있어서는 영국 지배에 대한 하나의 충성적인 집단이었다. 슈렌드라나드 바너지의 인도협회는 충성적인 집단이라고 말할 수 없지만, 국민회의는 분명히 매우 온건하고 정부에 협조적인 단체로 출발했었다. 국민회의가 인도 국민의 자발적인 노력의 소산이기보다는 오히려 영국인에 의해 계획되어 성립되었다는 사실이 이 단체의 성격을 규정짓고 말았던 것이다. 참가 대표들의 교육 정도와 직업 등을 살펴볼 때 국민회의는 영어 교육을 받은 이른바 교육 중간계급의 활동 무대였다.[4]

국민회의가 출범한 후 처음 한 세대 동안은 슈렌드라나드 바너지, 다다바이 나오로지 Dadabhai Naoroji, 고칼레 Gopal Krishna Gokhale 등이 중심이 된 이른바 온건파가 지배하였다. 온건파는 영국의 점진적이고 합법적인 정치 전통을 찬양하면서 폭력 혁명을 비난하였다. 그들은 영국 지배를 거부했던 것이 아니고 대영제국의 충실한 신민(臣民)으로서 영국의 모범적인 대의정치 제도를 배워 이를 인도에서 실현하려고 하였다. 온건파의 탁월한 지도자였던 고칼레는 영국인에 비하여 인도인의 정치적 무능력을 인정하면서 〈모든 정치적 발전은 점진적으로 이루어져야 하며 우리가 다음 단계로 나아갈 수 있기 전에 얼마 동안의 도제(徒弟)기간을 거치는 것이 필요하다〉[5]고 말하였다. 따라서 초기 국민회의 대표들이 반대하고 개혁하기를 원했던 것이 있었다면 그것은 영국 정부 그 자체가 아니라 인도를 다스리고 있는 관료 체제였던 것이다.

국민회의의 활동은 대표들의 충성적인 발언만으로 일관했던 것은 아니다. 대표들은 건의와 청원의 방법을 통하여 그들의 희망 사항을 총독정부에 개진하였다. 요구 사항은 인도 국민 전체와 관련된 것도 있었지만 국민회의의 성격상 지식층의 이익에 관한 문제들이 보다 강조되었다. 국민회의가 계속하여 요구해 온 사항들은 군사비의 삭감과 인도인을 장교로 채용해 줄 것, 인도 직물 산업의 보호와 영구정액제(永久定額制)의 확대 실시, 인도문관 시험 제도의 개선과 입법참사회의 확대 등이었다.

---

4) 국민회의 참가 대표들의 종교, 학력, 직업 등의 분포에 관해서는 졸고 「인도국민회의의 성격에 관한 고찰——그 조직과 기능을 중심으로」, 『金俊燁교수 화갑기념 중국학논총』(1983), pp. 727-730 참고 바람.
5) 졸저, 『印度民族主義運動史』, 신서원, 1993, p. 121.

3 커즌 총독의 〈반동정책〉과 과격파의 출현

국민회의는 연말에 며칠씩 열리는 연례회의에서 결의문을 채택하여 총독정부에 건의하는 방법을 되풀이 하였지만 만족할 만한 성과를 얻지 못하였다. 눈에 띠는 성과로 보는 조치가 1892년의 인도참사회법(印度參事會法, the Indian Councils Act, 1892)의 통과였는데 중앙 및 주(州)참사회의 확대가 이루어졌지만 그것도 인도 국민이 대표를 직접 선출할 수 있는 권리는 부여되지 않고 다만 정부로 하여금 임명할 수 있도록 대표를 추천하는 권한만이 주어진 것이었다.

여기에서 똑같은 내용의 결의문을 채택하는 정도로 그치는 국민회의의 활동에 일부 대표들이 환멸을 느끼고 보다 적극적인 활동을 전개한 데서 이른바 과격파가 출현하게 되었다. 티일락 Bal Gangadhar Tilak, 라즈빠트 라이, 베핀 찬드라 파알 Bepin Chandra Pal, 오로빈도 고슈 Aurobindo Ghose 등이 중심이 된 과격파는 영국인 통치자로부터 선심(善心)을 기대할 것이 아니라 인도인의 요구에 어쩔 수 없이 양보할 수밖에 없도록 압력을 가하자는 주장이었다. 그들이 궁극적으로 희망했던 바는 충성스런 신민으로서 대영제국 안에 안주하는 것이 아니라 괴로운 투쟁 활동을 통하여 인도의 완전 자치를 이룩하는 것이었다.

과격파가 활동할 수 있는 결정적 계기를 맞이하게 된 것은 커즌(George N. Curzon, 1899~1905) 총독의 이른바 반동정책 때문이었다. 커즌은 수많은 인도의 역대 총독 가운데서 가장 탁월한 능력을 소유했으면서도 가장 인기 없는 인물이었다. 놀라운 지성의 소유자이며 극도로 오만한 성품을 가지고 있었다. 영국의 최고 명문 학교인 이튼 Eton 및 옥스퍼드의 벨리올 Belliol 칼리지 출신으로서 그의 박학한 지성을 광범한 세계 여행이 보완해 주고 있었다. 그는 일찍이 동남아시아와 한국까지 방문하여 여행기를 출판한 일도 있었다. 커즌은 39세에 인도 총독으로 임명되기 전에 이미 부인도상(副印度相), 부외상(副外相) 등을 역임하였다. 그는 워렌 헤이스팅스 초대총독 이래 인도에 대하여 가장 정통하고 근면한 총독으로 알려진 인물이었다.

커즌 총독이 의욕적으로 추진했던 개혁 정책은 다방면에 걸쳐 있었기 때문에 그 공과(功過)를 한 마디로 평가할 수는 없다. 그는 부임하자 행정, 철도, 통신, 관개 시설, 농민 부채, 문화재 보호, 대학, 경찰, 국경 문제 등에 대한 개혁안을 열거해 놓고 곧 이에 착수하였다.

커즌 총독은 카불을 방문하여 아프가니스탄의 왕 압둘 라만과 친교를 맺었으며 치뜨랄Chitral을 통과하여 파밀 고원을 여행하였다. 커즌 총독의 변방 정책은 원주민을 자극하지 않기 위해 전진 기지에서 영국군을 철수하고 원주민 국가를 방어하기 위해서는 원주민을 고용하는 것이었다. 총독은 이 정책을 추구하기 위하여 영국군을 치뜨랄, 키베르Khyber 및 쿠람 계곡에서 철수시키고 이 지역과 길목을 정찰하기 위해 원주민으로부터 모병(募兵)하였으며 기동성 있는 영국군은 페샤와르와 코하트Kohat 기지에 항상 대비 상태로 두었다. 이 조치와 관련하여 커즌 총독은 서북변경주(NWFP)를 신설하여 완충 지역의 역할을 하도록 하였다. 서북변경주는 페샤와르, 코하트, 하자라Hazara 등의 지역과 함께 빠탄족Pathans의 영토를 모두 포함하였는데 총독에게 직접 책임을 지는 감독관이 다스리게 되었다. 커즌 총독은 군대로 원주민을 압박하는 것을 현명하게 자제함으로써 아프가니스탄으로부터 신뢰를 회복하는 동시에 남쪽으로 영국의 영향력을 강화하여 러시아의 진출을 견제하였다. 커즌 총독의 이 조치는 온건하면서도 성공적인 변방 정책으로 평가받고 있다.

커즌 총독의 티베트에 대한 정책은 서북변경에 대한 조치만큼 성공적이지도 못하고 긍정적인 평가도 받지 못하였다. 러시아의 대리인이 라사 Lhasa에 머물고 있다는 소식에도 불구하고 영국의 본국 정부는 자제하는 태도를 보였다. 커즌 총독은 달라이 라마 Dalai Lama가 러시아의 군사적 지원을 구하고 있다고 주장하면서 히말라야를 넘어 평화로운 수행자(修行者)의 나라를 침공하는 것을 정당화하고 나섰다. 영국 정부가 행동의 결정을 내리기 전에 총독의 친구 영허스밴드 Francis Younghusband 대령은 수 백명의 병사들을 이끌고 네팔을 통과하여 1904년 라사에 도착하였다. 그들은 아무런 저항도 받지 않았으며 이 임무를 수행하는 데 영국인은 한 명의 희생자도 없었지만 영국군은 진격하는 도중에 무장하지 않은 7백 여명의 승려들을 학살하였다. 러시아의 군대나 외교관은 아무도 발견되지 않았다. 영국은 무역상이 갼체 Gyantse에 영구적으로 주둔할 수 있는 특권을 얻게 되었다.

커즌 총독은 영령인도의 수도인 캘커타에 영국 통치의 기념비로서 빅토리아 기념관의 건축 사업을 일으키고 제국 도서관을 지었다. 그는 문화재 보호법을 제정하여 훌륭한 문화재들이 훼손되는 것을 막고 유물을 새로이 발굴하는 일을 도모하였는데 이는 커즌 총독의 가장 훌륭한 업적으로 인도인들에 의해 평가받고 있다. 그는 지방 시찰을 하면서 아그라의 타지마할, 남인도 마두라 Madura와 탄조르 Tanjore의 사원, 아잔타와 엘로라의 석굴(石窟)의 답사를 빼놓지 않았다. 당시 훌륭한 인도·페르시아 양식의 건축물들이 붕괴의 위기에 있었고 혹은 우체국이나 법정 혹은 주택으로 사용되어 오고 있었다. 총독은 인도의 문화재 보호 업무와 관련하여 존 마샬 John Marshall을 만날 수 있었던 것은 두 사람 모두에게 행운이었다. 커즌 총독의 특별한 관심과 격려가 후일 마샬이 지휘하는 모헨조 다로와 하라빠 유적의 발굴에 간접적으로 영향을 주었기 때문이다.

커즌 총독은 철도국을 신설하여 재임 기간에 새로이 6천 마일의 철도를 부설하기도 하였지만, 캘커타 시자치회법(市自治會法)이나

캘커타 총독부

빅토리아 기념관

대학법(大學法)은 교육받은 인도인들로부터 비판을 받기도 하였다. 이 자치회법은 캘커타 자치회의 규모를 75의석에서 50의석으로 감축하였는데 그것도 지방세 납부자에 의해 선출된 의원을 축소하여 정부 측의 임명인과 동수(同數)로 만들어버린 조치였다. 대학법은 연구 기능을 장려하고 기숙제도(寄宿制度)를 도입한 점도 있었지만 대학 평의회의 규모를 축소하여 정부의 철저한 감독 하에 묶어 놓으려는 의도를 보임으로써 교육받은 인도인들은 이 조치가 대학의 독립성을 저해하고 민족주의 운동을 억제하기 위한 방안이라고 비판하고 나섰다.

인도인의 대규모적인 저항 운동을 불러일으켰던 사건은 커즌 총독의 벵골 주(州) 분리조치였다. 당시 벵골 주는 오늘날의 비하르, 오리싸, 벵골 및 동(東)벵골(방글라데시)을 포함하고 있었으므로 인도 제국에서 가장 넓고 많은 주민을 갖고 있는 지역이었다. 따라서 벵골 주는 한 사람의 지사(知事)가 다스리기에는 너무나 광대한 지역이었으므로 벵골 주의 분리 문제는 자주 논의되어 왔다. 1903년 커즌 총독은 행정적 능률의 개선과 진정한 현실적 필요성을 강조하면서 벵골 주의 분리 계획안을 구체화하였다. 분리 계획안에 따라 비하르와 오리싸를 포함하는 서(西)벵골 주와 아쌈을 포함하는 동벵골 주로 양분되었으며 총독정부의 건의안이 1905년 브로드릭 John Brodrick 인도상에 의해 그대로 인가되었다.

커즌 총독의 벵골 분리 조치는 행정적으로 보면 논리적일 수 있지만 정치적으로는 현명하지 못한 처사였다. 그의 이른바 반동정책이 인도 민족주의 운동에 있어서 새로운 전기를 마련해 주었다. 벵골 분리 계획안이 처음 알려졌을 때부터 국민회의를 비롯한 인도인 특히 벵골 주민의 반발이 즉각적으로 나타났다. 총독의 조치는 민족 분열을 획책하는 것으로 해석되었는데 그것은 종교적으로는 대립하였을지라도 벵골인들은 같은 인종으로서 같은 언어를 사용하면서 항상 일체감을 느껴 왔기 때문이었다.

힌두의 저항은 매우 강렬하게 나타났다. 벵골 주가 분리되기 이전에 주민의 다수는 힌두였다. 분리된 상태에서도 서벵골에서는 힌두가 압도적인 다수를 차지하지만 동벵골에서는 반대로 모슬렘이 다수를 점하는 결과가 나타났다. 동벵골의 힌두는 모슬렘에 비하여 소수로 전락한 데 대한 분노와 함께 지금까지 문명의 혜택을 거의 받지 못해 야만시해 왔던 아쌈인들과 병합한다는 것은 벵골인들의 자존심으로서 받아들이기 힘들었다. 따라서 인도인들에게는 총독이 추진하는 벵골 분리의 진정한 목적이 힌두 다수의 서벵골 주와 모슬렘 다수의 동 벵골 주로 양분함으로써 종교적 대립을 조장시켜 민족주의 감정이 가장 강렬한 벵골 주민의 단합을 분열시키려는 데 있다고 생각되었다.

벵골 분리 정책은 국민회의의 과격파가 활동할 수 있는 좋은 기회를 마련해 주었다. 벵골 분리 계획안이 알려진 1903년 말부터 분리가 실시된 1905년 말까지 총독의 조치에 반대하여 5백 명에서 5만 명까지 참여한 대중 집회가 힌두를 중심으로 3천여 회나 열렸다. 정치 단체와 신문들이 반항 운동을 주도하였으며 7만 명이 서명한 건의서가 런던의 인도상에게 제출되기도 하였다[6]. 벵골 분리 조치에 대한 국민 저항의 구체적 표현은 스와데시(Swadeshi ; 토산물 사용) 및 보이코트(Boycott ; 외국상품 배척) 운동, 국민 교육 운동, 자치 운동 등 과격한 형태로 나타났다. 과격파의 지도자 가운데 한 사람인 파알은 〈영국 상품 배척 운동을 각 지방에까지 파급시켜 영국 지배에 대항할 영원한 정치적 무기〉로 사용할 것을 주장하였으며, 역시 과격파의 라이도 〈토산물 장려 운동과 영국 상품 배척 운동을 인도의 새로운 종교로서, 자기 희생적 애국심의 표현으로서, 자조(自助)하는 인도 국민을 만드는 수단으로서, 또 영국 지배에 대한 인도 국민 투쟁의 선봉으로서〉[7]찬양하며 지지

6) R. C. Majumdar, *Main Currents of Indian History*, p. 246.
7) Daniel Argov, *Moderates and Extremists in the Indian Nationalist Movement*, Bombay, 1977, pp. 120-122.

하였다.

스와데시 운동과 보이코트 운동은 그 성격상 동시에 추진되었다. 영국 상품 배척 운동에 있어서 주요 목표는 맨체스터 면직물에 타격을 주려는 것이었다. 맨체스터의 면직물이 거의 관세를 지불하지 않고 인도로 엄청나게 들어오고 있었을 뿐만 아니라 맨체스터 직물업자들은 영국 의회에서 강력한 발언권을 가지고 있었다. 맨체스터 면직물에 대한 배척 운동은 큰 성과를 거두어 캘커타에 소재한 맨체스터 직물 점포는 사실상 영업을 중단해야 할 상태에 이르렀다.

벵골 주민들은 특별한 애국적 열정을 가지고 스와데시 운동에 참여하였다. 스와데시 운동은 지식계급뿐만 아니라 어린 학생들과 하층계급까지도 자발적으로 참여한 애국 운동으로 번져 나갔다. 요리사와 하인들이 집회를 갖고 민족 의식과 애국심을 고취시켰다. 교사와 학생들이 함께 신발을 벗고 등교하기도 했으며 외국 제품의 옷을 입고 교실에 나타날 수 없었다. 학생들은 외국 상품을 판매하지 못하도록 상점을 감시하였으며 고객과 판매인에게 외국 상품을 다루지 말도록 호소하였다. 학생들은 고객의 발 앞에 엎드려 간청하기도 했으나 설득이 실패할 경우에는 폭력에 호소하는 수도 있었다.[8]

스와데시 운동은 큰 성과를 거두어 토산물의 수요가 급격히 증가하고 반면에 영국 상품의 판매량은 현저히 감소하였다. 처음에는 벵골 지방에만 국한했던 스와데시 운동은 곧 여러 지방으로 번져나가 1905년 말경에는 전인도적인 성격을 띤 운동이 되었다. 스와데시 운동이 벵골 이외의 지역에서는 봄베이 주에서 특히 성공하였으며 토산품의 수요가 급증하여 봄베이와 아메다바드 Ahmadabad의 피복 공장의 생산을 크게 자극하였다.

8) 졸고, 「영국의 대인정책과 인도국민운동의 성격」, 《아세아연구》, 53호 (1975), 아세아문제연구소, pp. 194-196 참조 바람.

국민교육 운동도 벵골 분리 정책에 반항한 스와데시 운동의 일환으로 전개되었다. 수천 명의 학생들이 모인 집회에서 스와데시 상점을 개설하기도 했던 시인 라빈드라나드 타고르 등은 학생들에게 관료적인 대학과 절연하고 시험을 거부하라고 외쳤으며, 몇몇 토후와 귀족들은 국민교육의 대의(大義)를 위해 거액을 헌납하기도 하였다. 여기에서 힘을 얻어 국민교육위원회가 조직되고 인도인에 의한 국민대학의 설립이 이루어졌는데 벵골국민대학 Bengal National College and School과 벵골공과대학 Bengal Technical Institute이 대표적이다. 과격파의 지도자이며 유명한 철학자인 케임브리지 대학 출신의 오로빈도 고슈가 바로다 Baroda 대학 부학장이라는 월급 750루피의 좋은 자리를 포기하고 보수가 10분의 1밖에 안된 벵골국민대학 학장에 취임했던 것도 이때의 일이었다. 그는 〈외제 상품의 배척은 민족 산업의 장려를 위한 필요 조건이며 관립학교의 배척은 국민교육의 성장을 위한 필요 조건이고 또한 영국 법정을 배척하는 것은 중재(仲裁)의 보급을 위한 필요 조건〉[9]이라고 주장하였다. 국민교육제도를 원했던 지도자들도 서양의 과학과 문화를 배척하지는 않고 다만 보다 민족주의 정신에 입각한 교육을 희망했을 따름이었다.

봄베이 주의 국민교육 운동은 과격파의 중심 인물인 티일락의 지지 아래 전개되었는데 그는 〈국민 교육을 신세대의 수준을 향상시키고 웅대한 야망과 고차원적인 순수한 애국심을 조장시키는 유일한 도구〉[10]라고 표현하였다. 국민교육 운동의 결과로 봄베이 주에서는 뿌나에 두 개의 고등학교가 설립되었으며 마드라스 주에서도 국민대학의 설립 운동이 일어났다.

벵골 분리 조치에 대한 저항 운동에서 과격파의 활동이 뚜렷하

9) Sankar Ghose, *The Western Impact on Indian Politics*, Bombay, 1976, p. 69.
10) R. C. Majumdar, *History of the Freedom Movement in India*, II. Calcutta, 1973, p. 89.

게 부각되었다. 국민적 지지를 얻었던 스와데시 및 보이코트 운동에 있어서도 국민회의에서 온건파와 과격파가 대립하였다. 과격파의 대표들이 주장했던 바와는 달리 슈렌드라나드 바너지와 고칼레 등의 온건파 지도자들은 훨씬 소극적이고 미온적인 태도를 보였다. 스와데시는 반영(反英)운동이 아니며 보이코트 운동도 특정한 목표에 한정하여 사용해야 할 무기일 뿐 국민감정이 극단주의로 흐르는 것을 원치 않았던 것이 온건파의 입장이었다. 스와라지 (Swaraj ; 자치) 문제를 놓고도 양파는 대립하였다. 스와라지라는 말을 온건파는 대영제국 안에서의 자치로 해석하였고, 과격파는 제국 밖에서의 완전 자치의 의미로 받아들였다. 국민회의의 온건파와 과격파는 1907년 수라트의 대회에서 드디어 분열되고 말았다. 정확하게 말한다면 온건파가 과격파를 국민회의에서 축출해 버렸던 것이다.

국민회의에서 축출당한 과격파는 와해 상태에 빠지고 말았다. 중심 인물인 티일락은 그의 신문을 통하여 영국인 살해 사건을 두둔했다는 혐의로 6년 징역형을 받았으며, 라이는 선동 단체와 접촉했다는 혐의로 추방당하고 말았다. 오로빈도는 폭력파와 연루되었다는 혐의로 고초를 당했으며, 파알도 필화사건(筆禍事件)으로 구금당하였다. 따라서 지도자를 잃은 과격파의 활동은 몇 년 동안 중단 상태에 빠지고 말았다.

4 폭력파의 활동

과격파가 적극적으로 활동할 즈음 한편으로 폭력파가 출현하였다. 온건파와 과격파는 모두 국민회의 안에서 활동해 왔지만 폭력파는 국민회의와 전혀 관련이 없었다. 폭력파는 합법적인 투쟁 방법을 전혀 도외시하고 오직 무자비한 폭력 활동을 통하여 외국인 지배자들을 인도에서 추방해 버리는 것이 그들의 목표였다. 폭력파의 활동에 대해서는 국민회의의 과격파마저도 무모한 짓이라 하여 동정심을 보이지 않았으며 일반 대중의 지지도 거의 없었다. 폭력파는 뚜렷한 정치 철학도 갖지 못했지만 대외적으로는 이탈리아의 마찌니에 의해 인도된 공화주의적 혁명 운동과 러시아 급진주의자들의 파괴는 곧 창조적이라는 허무주의 사상의 영향을 크게 받고 있었다. 한편 폭력파는 종교만이 애국심을 조장시킬 수 있다고 믿고 그들의 행동의 근거를 전통적인 종교에서 찾으려고 하였다. 폭력파는 수많은 힌두 신(神) 가운데서도 힘과 파괴의 여신 칼리 Kali에 대한 숭배를 특히 강조하였으며, 경전 『바가바드 기타』의 내용 가운데서도 폭력 활동 부분만을 인용하였다.

폭력파의 첫 활동은 1897년 뿌나에서 영국인 관리 랜드 W. C. Rand와 장교 에이어스트 C. E. Ayerst를 살해한 사건이었다. 전염병의 방역 책임자인 영국인들이 인도 청년 차페카르 Chapekar 형제에 의해 사살되었다. 며칠 전 과격파의 지도자 티일락이 민족의식을 고취시키기 위해 무갈제국에 항거한 마라타족의 영웅 쉬바지 Shivaji를 추모하는 기념제를 개최했는데 두 청년은 그들의 행동이 거기에서 영향을 받았음을 인정하였다[11].

벵골 지방의 초기 폭력 활동은 문화장려협회(Anushilan Samiti, 1902)를 중심으로 시작하였으며 중심 인물은 프라마타 미트라 Pramatha Mitra와 오로빈도 고슈 형제 등이었다. 오로빈도는 국민회의의 과격파 대표로 활동하였지만, 동생 바린드라 꾸마르 고슈 Barindra Kumar Ghose는 폭력파의 대표적 인물이었다. 문화장려협회는 폭력 활동의 본거지가 되었는데 주로 학생들로 구성된 회원들에게 군사 훈련, 검술, 권투 등의 육체적 훈련을 강조하였다. 폭력파가 추구했던 것은 영국 관리의 암살이었으므로 무기를

---

11) 졸고, 「인도 근대정치사상에 관한 일고찰──B. G. Tilak의 정치사상을 중심으로」,《아세아연구》, 68호(1982), 아세아문제연구소, pp. 201‑203.

구입하고 폭탄을 제조하는 일이 급선무였다. 무기 제조법을 익히기 위해서는 선진국에 유학생을 파견해야 한다는 점이 강조되었으며 바린드라 고슈는 폭탄 제조법을 배우기 위해서 실제로 인도 청년들이 영국, 프랑스, 일본 및 미국에 파견되어 있다는 점을 시인하였다. 다스Hem Chandra Das는 폭탄 제조법을 배우기 위해 사재(私財)를 팔아 빠리로 가서 러시아 혁명주의자들로부터 폭탄 제조법을 습득하였다. 폭탄 제조 과정에 관한 러시아 서적을 구입하여 인도로 보냄으로써 인도에서도 폭탄 제조에 관한 기술을 익히게 되었다. 그러나 폭탄 제조보다도 무기를 구입하는 일이 더욱 어려웠다. 폭력파가 다량으로 무기를 얻기는 매우 어려웠으며 1907년까지 입수한 무기는 겨우 연발 권총 11자루, 소총 4자루, 대포 1문이었다.[12]

폭력파의 본격적인 활동은 1907년에 시작되었다. 폭력파는 동벵골 주의 부지사 풀러Bamfylde Fuller에 대한 암살 임무를 17세의 프라훌라 차키Prafulla Chaki에게 주어졌으나 실패하였으며, 벵골주 부지사 프레이저Andrew Fraser의 기차에 폭탄을 투척했으나 차체만 파손되었을 뿐 성공하지 못하였다. 또 학생들에게 악명 높은 킹스포드Kingsford 판사에 대한 암살 임무를 19세의 쿠디람 바수Khudiram Basu와 프라훌라 차키가 맡았으나 그들은 엉뚱하게도 비슷한 마차에 타고 있던 케네디P. Kennedy 캘커타 대학 교수의 부인과 딸을 폭사시키는 실수를 범하였다.

이 사건 직후 폭력파의 일원이었던 고사인Narendra Gosain의 밀고로 경찰은 혁명주의자들의 비밀 집단을 일망타진하였는데 여기에는 고슈 형제, 다타Ullashkar Datta, 찬드라 다스 등 39명이 체포되었다. 소위 알리뿌르Alipur 음모 사건으로 체포된 사람 가운데 15명은 유죄가 확정되었으며 오로빈도 고슈는 무혐의로 석방

12) R. C. Majumdar, *History of the Freedom Movement in India*, II, pp. 275, 308.

되었지만 바린드라 고슈는 종신 추방령을 받았다. 밀고자 고사인은 피살되었으며 이 사건을 다루었던 검사와 경찰도 폭력파에 의해 사살되었다. 킹스포드의 살해 미수범인 프라훌라 차키를 체포했던 경찰도 역시 피살되었다. 벵골 지방에서는 몇 년 동안에 영국인 및 관리들이 대략 30명이나 폭력파에 의해 피살되었다.[13]

마하라슈트라(봄베이 주)에서는 사바르카르가 폭력파의 대표적 인물이었다. 세포이 반란을 『인도의 독립전쟁』이란 이름으로 표현하여 방대한 책을 쓴 사바르카르는 무력봉기로 독립을 쟁취하기 위하여 교우회(交友會, Mitra Mela) 조직하였다. 이 협회는 1904년에 마찌니의 〈청년 이탈리아〉를 본따서 〈청년 인도〉Abhinava Bharata라는 이름으로 개칭하였는데 여기에는 조국을 위해 목숨을 바치겠다는 청년들이 가입하였다. 이 지역의 폭력 활동으로서는 뿌나에서 징세관 앤더슨Anderson이 저격당했으며, 페리스 Ferris 대령에 대한 폭탄 살해의 시도가 있었다. 뿌나에서 야자 폭탄이 발견되었으며, 아메다바드에서 총독이 탄 마차에 두 개의 폭탄이 투척되었으나 불발로 끝나고 말았다. 학생 활동을 감시해 온 치안 판사 잭슨A. T. Jackson이 18세의 까네레Kanhere에 의해 나시크에서 피살되었다.

인도 폭력파는 국외에서도 활발한 활동을 전개하였는데 바르마 Krishna Varma의 인도자치회(1905)가 유럽 혁명주의자들의 구심점이 되었다. 바르마는 인도자치회의 근거지를 런던에서 빠리로 옮겼는데 프랑스에는 라나Sardar Sing Rana와 〈인도 혁명의 어머니〉로 불리기도 했던 까마Bhikaji Rustan Cama가 활동하고 있었다. 인도자치회가 수행한 대표적인 폭력 활동은 영국에서 딩그라Madan Lal Dhingra가 인도 유학생들의 동태를 살펴온 윌리 Curzon Wyllie를 사살한 사건이었다. 딩그라의 감동적인 유서에는

---

13) H. Dodwell ed, *The Cambridge History of India*, Ⅵ. p. 753. R. C. Majumdar, 앞의 책, pp. 276-278, 288-290.

조국에 대한 충성심과 영국에 대한 증오심으로 가득차 있었는데[14] 로이드 조지Lloyd George와 윈스턴 처칠 Winston Churchill 등의 정치가들도 오히려 인도 청년의 순수한 애국심에 찬사를 보냈다.

미국 샌프란시스코에서도 하르다얄Lala Hardayal이 중심이 되어서 폭동당Ghadar Party이 활약하였다. 하르다얄은 유럽의 인도자치회에 가담했던 인물로 폭탄의 사용이야 말로 영국인을 인도에서 축출하는 데 필요한 수단이라고 주장하였다. 기관지 《폭동》이 권유했던 활동으로는 인도 군인의 회유, 고급 관리의 살해, 혁명기의 게양, 감옥 폭파, 선동 문학의 보급, 영국의 적대국과의 제휴, 폭탄 제조 등등이었다. 폭동당은 제1차 세계대전이 일어나자 국내의 반영(反英)운동을 돕기 위하여 60명의 혁명주의자들이 광동(廣東)을 거쳐 캘커타에 도착하였으나 모두 체포되었으며, 또 8천 자루의 소총과 4백만 발의 실탄을 산디아고를 떠난 배를 통하여 인도로 보냈으나 위장 선적한 무기가 발각되어 이 계획도 실패하고 말았다.[15]

폭력파는 인도 국민의 적극적인 지지도 받지 못하면서 외롭게 구국 활동을 전개하였다. 어려운 여건 속에서 투쟁한 폭력파의 활동이야 말로 애국심의 강도(强度)에서 볼 때 안일하게 행동했던 국민회의 대표들의 그것을 압도하고 있다고 말할 수 있다. 폭력파의 활동이 소외되었던 것은 국민회의의 비중이 그만큼 컸으며 거기에는 과격파라는 중간적인 존재가 활약하고 있었기 때문이었다.

---

14) 졸저, 『인도민족주의운동사』, pp. 243~244.
15) R. C. Majumdar, 위의 책, pp. 415~417.

제 31 장

인도 경제의 발달과 영국의 수탈 정책

1 농촌경제

대폭동이 진압되고 동인도회사가 아닌 영국 정부가 인도를 직접 통치하기 시작한 것은 영국이 이른바 제2차 산업혁명기에 접어드는 때와 비슷한 시기였다. 산업혁명을 진행시키면서 과학기술의 발달과 경제적 번영을 세계에 과시해 온 영국의 자본주의는 제국주의로의 전환을 알리는 여러 요인들이 경제적 및 정치적 분야에서 뚜렷이 느껴지기 시작했다. 대영제국 중심부에서의 이러한 경제적 변화가 인도에 대한 식민지적 예속화와 착취를 심화시키는 방향으로 이끌어 갔다.

대폭동을 경험한 직후 영국 정부는 농촌 사회를 안정시키기 위해 농민과 지주 계급을 보호하는 제도를 추진하기도 하였다. 캐닝 총독의 벵골 토지임차법(土地賃借法, 1859)은 경작자들에게 적절한 보호 조치를 강구했을 뿐만 아니라 후임 총독들로 하여금 다른 주(州)에서도 똑같은 임차법을 통과시키도록 길을 열어 주었다. 이미 18세기 말 콘월리스 총독이 벵골 지방의 토지세에 대한 영구정액제를 도입했을 때는 총독정부와 징세대리인인 자민다르와의 액수만 확정하였을 뿐 경작자에 대한 보호 조치는 총독정부의 권한으로 남겨두었다. 농민의 실태를 조사하기도 했지만 벵골 농민들은 60년이 넘도록 약속된 보호 조치의 혜택을 받지 못하고 있었다. 이것은 벵골 지방을 다스리는 영국동인도회사의 무성의도 있었지만 그 보다는 오히려 지주 계급과 경작자 사이에 적절한 입법(立法)의 근거를 찾지 못한 데 있었다.

캐닝 총독에 의해 단행되었던 벵골 토지임차법은 벵골 지방의 정착농민을 세 계층으로 나누었다. 임차법은 1793년 이래 동일한 지대로 토지를 보유해 온 사람에게는 앞으로도 계속하여 지대의 총액은 변함이 없다고 선언하였다. 또 25년 동안 똑같은 액수의 지대로 농사 짓는 사람들에게는 잘못되었다는 것이 증명될 때까지는 지금까지 지불해 왔던 지대로 고정해 버리며, 마지막으로 12년 동안 토지를 보유해 온 경작자에게는 선점권(先占權)이 인정되어 지대는 합리적인 근거가 법으로 제시되지 않는 한 장래에도 인상될 수 없다고 규정하였다.

벵골 토지임차법은 경작자들에게는 헌장(憲章)으로 생각되는 획기적인 조치였다. 이 조치로 벵골 지방의 농민들은 인도의 다른 지역 주민들 보다 안정되고 경제적 형편이 더 좋아지게 되었다. 그것은 국가가 자민다르로부터 요구하는 액수를 이미 정해 놓은 데다가 이제 경작자로부터 요구하는 한계까지 정해 놓았기 때문이었다.

대폭동이 일어났을 때 캐닝 총독이 오우드에서 탈루크다르로부터 토지를 몰수했던 조치는 실책으로 비판받아 왔다. 캐닝 총독이 그후 벵골 지방의 경작자들에게 취했던 보호 조치를 오우드의 경작자에게까지 확대했던 사람은 존 로렌스 총독이었다. 몰수당했던 토지는 다시 탈루크다르에게 돌아갔는데 그들의 지주로서의 권한은 특별법으로 공포되어 보장되었다.

토지 조사가 진행된 1870년대 말까지 다양한 형태로 남아 있던 봉건지주들의 소유권은 마침내 토지사유제(土地私有制)에 근거하여 해결되어 갔다. 토지 소유와 토지 사용에 있어서 공동체 형태를 파괴해 버리고 영국인 지배자들은 토지를 소유할 수 있는 권리를 자민다르와 탈루크다르와 같은 옛 봉건귀족들에게 인정하였다. 영국이 정복하기 이전에는 그들 대부분은 부락공동체의 장(長)이거나 징세 청부인이었다. 영국인 지배자들은 새로운 토지 소유 계층을 형성하려고 하였는데 19세기 후반에는 이러한 봉건적 토지 독점이 분명한 형체를 갖추게 되었다.

영국의 인도에 대한 제국주의적 지배 체제 안에서는 노동자 특히 농민을 쥐어짜는 세금이 중요한 역할을 해 왔다. 토지세가 흉년에도 풍작과 같은 액수로 정기적으로 징수되었던 것은 오래된 관례였다. 새로운 세금이 도입되고 세율은 인상되어 갔다. 인도 국민이 납부하는 인도의 세입(稅入)은 1859년에는 3억 6,100만 루피였던 것이 1890년에는 8억 5,100만 루피로 크게 늘어나고 있었다. 인도 국민이 떠맡게 되는 세금 부담의 증가가 인도를 원료의 공급지로 점점 깊이 빠져들게 만들고 있었다. 무거운 세금 부담이 인도의 농민들로 하여금 그들의 농산물 소출의 많은 분량을 시장에 팔도록 만들었다. 이것은 영국 제국주의자들이 인도로부터 농작물을 거두어 가는 것을 더욱 용이하게 만들고 있었다.

원료 공급원과 상품 시장으로서의 인도에 대한 수탈의 강화는 인도의 도시와 농촌에서 상품과 돈의 원활한 교류를 촉진시키는 역할을 하였다. 자본주의적 생산양식이 아직 형성 과정에 있을 때에는 상업 자본과 고리대금 자본이 농업 생산과 수공업 분야로 더욱 침투해 들어가기 마련이었다. 봉건시대에는 무역과 신용 대부 업무를 독점했던 상인과 대금업자들이 단일 곡물 재배와 관련된 지역 특히 펀잡과 중서부 인도에 정착하려고 노력하였다. 인도의 무역업자와 대금업자들에 의한 자본 축적은 바람직하지 못한 사회

경제적 결과를 가져와 이들이 토지 소유 계층으로 진입하게 되었다. 1860년에서 1913년 사이에 지가(地價)는 연 평균 4%씩 상승하였는데 다른 물가는 1.5%만 올랐다. 농업 생산성의 향상 없이 땅값만 상승하는 결과를 가져왔으며 또한 대규모 경영인들이 극히 제한적으로 공업에 투자하여 시장을 위축되도록 조작하는 것이 인도의 경제적 발전을 저해하는 요인으로 작용하였다. 1913년 농민 부채의 총액은 50억 루피이고 농토의 총 지가는 400억 루피에 이르렀으며 단지 3억 루피만 공업에 투자된 형편이었다.

1870년대까지 토지 조사가 완료되고 새로운 토지 대장의 작성으로 개인의 토지 소유권이 해결되었다. 토지사유권이 강화됨으로써 땅값이 오르고 이의 상승이 농산물 가격의 오름세를 앞서 나갔다. 토지를 매입하는 것이 무역업자, 대금업자 및 지주들이 축적해 둔 돈을 투자할 수 있는 가장 이익나는 길이었다. 그들은 토지를 저당 잡는 방법을 통하여 가난하고 빚에 시달리는 농민의 토지를 가로챌 수 있었다. 서북주(西北州)에서는 1870년대까지 한 세대 동안에 1백만 에이커가 농민이 아닌 대금업자와 무역업자의 수중으로 들어갔으며, 봄베이 주의 사따라Satara 지방에서는 모든 경지의 3분의 1이 그들에 의해 장악되었다. 이제 농민은 토지의 주인이 아니라 엄청난 지대가 부하된 소작인으로서 경작해 갈 뿐이었다. 농민에게 임대된 토지의 규모와 소작농의 수효가 증가했으며 동시에 지대의 수입으로 살아가는 지주 계층의 수효도 1891년까지 10년 동안에 250만 명에서 400만 명으로 증가하였다.[1]

가장 기동성 있는 생산 요인인 자본이 기동성이 가장 약한 토지로 몰려가는 우려할만한 현상이 일어난 것이다. 땅값의 급격한 등귀로 노동자의 고용을 확대할 생산성의 개선보다는 토지 자체가 모든 가용자본(可用資本)을 흡수해 버리는 결과로 나타났다. 임금 수입을 산출할 수 있는 자본 투자가 거의 없으므로 공업 생산품에

---

1) K. Antonova, *A History of India*, Moscow, 1987, p. 95.

대한 수요도 클 수가 없었다. 이러한 형태로 산업은 자본과 수요
에 굶주리게 되고 농촌 경제는 변화를 기피하면서 투기를 일삼는
경영대리인의 독수(毒手)에 떨어지게 되었다. 이러한 현상은 19세
기 동안에 고착화되었으며 두 번에 걸친 세계대전과 전례 없는 대
공황(大恐慌)의 충격 속에서도 거의 변화하지 않고 계속되었다.

2 면직공업

대폭동이 진압된 후 반 세기 동안은 영국이 인도를 통치하는 전
성기에 해당하며 이 기간은 또한 자유방임 경제 이론의 절정기이
기도 하였다. 정부가 경제 활동에 가능한한 적게 간섭하는 것이
지혜로운 정책으로 생각되었으며 인도에 대한 경제 정책도 본국의
자유방임 경제 이론의 영향을 크게 받고 있었다. 영국은 19세기
중엽에 이를 때 이미 자유무역 국가가 되어 있었는데 그것이 가능
했던 것은 영국은 산업혁명의 발원지로서 세계 제1의 공업 국가이
고 최대의 해운국이고 광대한 식민지 보유국이었기 때문이다. 정
치, 경제 및 군사적인 면에서 세계 최강국의 지위를 구가하는 대
영제국으로서는 자유무역으로 아무런 불이익을 받을 것이 없었지
만 가난하고 후진적인 인도에게 자유무역주의를 적용하는 것은 식
민지의 출혈을 강요하는 것과 다를 바가 없었다.

19세기 초까지도 실을 잣고 베 짜는 일이 인도의 국민 산업이었
다. 물레와 수직기(手織機)가 널리 사용되었으며 수직기는 동력직
기(動力織機)가 나타났음에도 불구하고 인도에서 살아남았다. 인
도는 가내수공업과 소규모 공업의 국가였기 때문이다.

인도의 첫 면방적공장(綿紡績工場)은 1854년 다바르C. N. Davar
에 의해 봄베이에 창설되었다. 조로아스터 교도인 다바르는 증기
기관으로 돌리는 방적공장뿐만 아니라 은행과 기선(汽船)회사를

경영하는 유능한 기업인이었다.[2] 이 면방적 공업은 외국의 방적공
장뿐만 아니라 인도의 토착 실 잣는 사람들과도 경쟁하여야 했다.
처음의 공장들은 실 잣는 공장이었지 베 짜는 공장은 아니었다.
이 공장은 수직기를 위하여 실을 자았으며 중국에 수출하기도 하
였다. 1870년대에는 새로운 공장이 많이 설립되었으며 면방적 공
업이 봄베이 이외의 다른 지방으로 확대되어 갔다. 처음의 실 잣
는 공장이 베 짜는 시설을 갖추어 보완해 나갔다. 미국의 남북전
쟁이 면직물의 수출에 눈을 돌릴 수 없게 만들자 인도의 면직물
공업은 호기를 맞게 되었다. 인도에서 실제적인 면직 공업의 발전
은 1880년대 후반 조로아스터교도로서 인도의 대표적인 기업가인
타타Jamshed N. Tata가 나그뿌르와 봄베이에 〈여왕 폐하의 공장
Empress Mill〉을 창설하면서 비롯되었다.

  인도의 면방적 공장에서 생산하는 무명실의 총 수량은 1883-
1913년 사이에 2백만 스핀들(spindle, 1스핀들은 15,120야드)에서
6백 8십만 스핀들로 크게 증가하였으며, 한편 직기의 숫자는 같은
기간에 1만 6천 개에서 10만 개로 급증하였다. 봄베이는 계속하여
인도 면직공업의 중심지였으며 1913년에 봄베이는 총 생산량의
44%, 모든 직기의 47%, 또 인도의 면직공 총 25만 명 가운데
42%를 고용하고 있었다.[3] 처음에는 봄베이가 인도의 면직 공업을
독점하는 형세였지만, 1924년에 가면 인도 면직 공장의 3분의 1만

---

  2) 봄베이의 면방적 공업은 다바르를 비롯하여 조로아스터 교도가 주도하
     였다. 주로 무역과 조선(造船)사업으로 축재했던 봄베이의 조로아스터
     교도들은 자본과 방적 공업을 연결시키는 촉매 역할을 하였다. 1924년
     봄베이에는 81개의 방적 공장이 있었는데 조로아스터 교도가 가장 큰
     규모의 22개를 소유하고, 생산량과 직기의 3분의 1을 점했으며, 방적공
     의 3분의 1을 고용하고 있었다. 다음으로 힌두 교도가 19개의 공장을,
     모슬렘이 15개를, 유태인은 14개를 소유했으며 영국 기업인들은 오직 11
     개만 운영하고 있었다.
  3) Dietmar Rothermund, *An Economic History of India*, London,
     1993, p. 52.

이 봄베이에 소재하고 또다른 3분의 1의 공장은 구자라트의 아메다바드에 있었다. 북인도의 카운뿌르 지방이 또다른 면직 공업의 중심지로 떠오르고 있었는데 영국 기업가들이 이곳을 지배하였다. 동부 인도에서는 벵골, 비하르 및 오리싸에 1911년에 다만 22개의 방직 공장이 자리잡았을 뿐 서부 인도에 비하면 무시해 버릴 만큼 미미한 것이었다.

인도의 면직 공업은 옛날의 영광을 되찾아 영국의 직물 공업과 겨룰 만큼 착실히 성장해 갔다. 여기에서 영국 정부와 맨체스터 직물업자들의 인도에 대한 압력이 거세게 나타났다. 대폭동을 계기로 영국 정부가 인도를 직접 지배하기 시작할 때까지는 인도에서 면사에는 3.5%의 수입세를, 그리고 면직물을 포함한 영국의 모든 상품에 대해서는 5%의 수입세를 부과하였고 영국 이외의 다른 나라로부터 들어온 수입품에 대해서는 두 배의 세율을 적용하고 있었다. 1859년에는 아마도 세포가 반란에 대한 무마책과 연약한 인도산업에 대한 보호 조치로 수입세율이 면사에 대해서는 5%, 다른 물품에 대해서는 10%로 인상되었으며 다음 해에는 면사도 10%로 인상되었다.

그러나 영국의 무역업자와 면직물 제조업자들의 압력에 못 이겨 1861년에는 인도 정부가 면사에 대한 수입 세율을 5%로, 다음 해에는 다시 3.5%로 내렸으며 면제품 옷감에 대한 세율도 5%로 인하하였다. 일반 상품에 대한 수입 세율도 1864년에는 7.5%로 인하했으며 1875년에 가면 다시 5%로 내려 원래대로 환원하고 말았다.

맨체스터 상공회의소는 1874년부터 인도상에게 청원서를 보내서 인도에서 영국 면직물에 대하여 부과하고 있는 수입세를 완전 철폐해 주도록 요구하고 나섰다. 인도의 총독정부가 임명한 위원회는 수입관세 제도가 인도 직물 공업에 대한 필수적인 보호 조치라고 하여 청원을 기각했다. 그러나 보수당 내각의 인도상 솔즈베리

Lord Robert Salisury는 자유무역의 대의를 강조하면서 계속하여 면직물에 대한 수입세를 철폐하도록 인도 정부에 압력을 가하였다. 솔즈베리 인도상이 인도에서 수입세가 철폐되어야 한다고 주장한 근거는 첫째 보호관세 제도는 영국에서 전반적으로 받아들여지고 있는 자유무역주의에 위배되며, 둘째 보호관세는 영국 생산자들의 제품을 인도로 수출하는 데 방해가 되고 있고, 셋째 수입세의 부과로 인하여 인도의 생활필수품의 가격을 비싸게 만드는 것은 인도국민의 이익에 반(反)하는 것이며, 넷째 인도의 직물 공업이 인위적인 부양책에 따라 건전하지 못한 기반에서 성장하게 되는 것은 바람직하지 못하다는 등의 이유에서였다.[4]

영국 직물업자들의 집요한 요구로 1879년에는 인도에서 모든 면직물에 대한 수입세가 철폐되었다. 대규모 공장에서 대량 생산되는 영국의 면직물에 무방비로 노출된 인도의 면직업자와 국민은 강한 불만을 느꼈다. 이 조치는 인도의 이익이 영국의 이익에 굴복한 것으로 생각되었으며 이는 두 나라의 이해관계의 명백한 충돌이었다. 1882년에는 다른 상품에 대한 관세도 철폐되어 실제적인 자유무역의 상태가 이루어졌다. 다만 소금, 술, 무기, 화약 등에 대한 특별세만 남아 있었을 뿐이었다.

다음 12년 동안 아무런 관세도 없이 인도의 자유무역은 어떤 영향도 받지 않은 채 계속되어 나갔다. 인도는 어느 나라보다도 자유무역의 이론을 철저히 고수해 나간 셈이며 인도의 항구들은 영국의 항구들보다 출입이 훨씬 자유로웠다. 그 결과 영국의 면직물이 인도로 대량 밀려들어 왔으며 말할 것도 없이 인도의 면직물업자들은 커다란 타격을 입게 되었다. 1894년에는 영국 면직물에 대하여 5%의 수입세를 다시 적용하는가 하였지만 랭커셔 지방의 직물업자들의 강한 발언권으로 말미암아 영국 정부는 이들에게 결

---

4) Bipan Chandra, *The Rise and Growth of Economic Nationalism in India*, New Delhi, 1989, p. 219.

국 5%의 수출장려금을 지불하기로 하는 눈가림 정책을 펴기도 하였다.

3 황마(黃麻) 및 기타 산업

스코틀랜드의 던디 Dundee가 19세기 전반까지 황마 산업의 중심지로서 황마 생산 부문에서 독점을 향유하고 있었다. 삼(大麻)과 아마(亞麻)에 대한 값싼 대용품으로서 인도의 황마가 1840년에 기업적 생산이 시작되기 전에도 얼마 동안 던디에 수출되어 그곳에서 가공처리되고 있었다. 크리미아 전쟁(1853-1856)으로 영국과 러시아가 직접 대결 상태로 들어가자 러시아의 삼 공급이 중단됨으로써 인도의 황마에 대한 수요가 급증하게 되었다. 황마의 주산지(主産地)는 벵골 지방이었으므로 캘커타에 맨 먼저 공장이 설립되었다. 조지 아크랜드 George Acland가 1855년에 처음으로 세람뿌르 Serampore 부근에서 이 사업을 추진하였는데 다바르가 면방적 공장을 설립한 시기와 거의 같은 때였다. 4년 후에는 황마 공장에 첫 동력직기가 설치되었다.

황마는 다카와 미멘싱 Mymensingh 부근의 농민 소유의 논에서 재배되었으며 황마에 대한 수요가 떨어지면 벼농사로 즉시 대체하였다. 좋은 등급의 황마는 수출하였는데 처음 생산한 천은 던디의 생산품보다 열등하여 시골 시장에서만 팔렸다. 품질이 좋지 못한 것은 캘커타의 황마 공장에서 마대 제작에 사용되었다. 큰 규모의 황마 공장이 보르네오 Borneo 회사라는 영국 무역회사에 의해 설립되었으며 1873년에는 10개의 황마 공장에서 1천 개의 직기가 가동되고 있었다. 대부분의 생산품은 인도 농산물의 포장용이고 영국은 말할 것도 없거니와 일부는 호주, 미국, 이집트까지 수출되었다. 1880년대에는 23개의 공장이 6천 개의 직기와 48,000명의 노동자를 보유하고 있었으며 곧 캘커타의 황마 공장들은 값싼 마대 생산에 있어서 세계 시장을 독점하게 되었다.[5]

생산량과 관련하여 볼 때 면직 공업은 1879-1888년 사이에 해마다 약 10%씩 증가하였으나, 황마 공업은 1879년을 전후해서만 매년 14%의 급성장을 보였을 뿐 1884-1895년 동안에는 5%의 완만한 성장을 나타냈다. 그러나 20세기 초에 접어들면서 두 산업의 성장 속도는 반전되었다. 면직 공업은 다만 연 3%의 성장에 그친 데 비하여, 황마 산업은 10%의 높은 성장률을 보였다. 또 두 산업의 차이는 고용된 노동자의 수효에서도 반영되었다. 면직 공업은 1879년에 10만 명의 노동자를 수용하고 있었는데, 황마 산업은 10년이 지난 후에야 이 숫자에 이르렀다. 면직 공업은 1905년에 20만 명의 노동자들을 고용하였는데, 황마 공업은 이번에는 5년 후에 이 숫자에 이르렀다. 면직 공업의 확장은 공장 수의 급성장과 지방 분산이 뒤따랐다. 1911년에 인도에는 모두 261개의 면직 공장이 있었는데 그 가운데서 87개가 봄베이에 위치해 있었으며, 이때 황마 공장은 54개로 모두가 캘커타에 소재 하였다.

한편 두 산업과 관련하여 원료의 수출량을 비교해 보면 1849-1914년 사이에 인도의 원면 수출은 가치에 있어서 170만 파운드 (£)에서 2,200만 파운드로 증가하였으며 무게로 보면 1833년의 3,200만 파운드에서 1914년의 9억 6,300만 파운드로 30배 이상 증가하였다. 한편 황마의 수출량은 1849년의 68,000파운드(£)에서 1914년에는 860만 파운드(£)로 126배로 급증하였다[6]

20세기에 접어들면서 인도의 황마 생산은 던디의 생산량을 앞질러 나갔으며 그 후 한 세대 동안은 사실상 인도가 황마 생산에 있어서 세계를 영도하였다. 면직 공업이 봄베이와 아메다바드를 이 부문의 중심 도시로 발전시켰던 것과 마찬가지로, 황마 산업은 캘

---

5) D. Rothermund, 앞의 책, p. 57.
6) D. Rothermund, 위의 책, p. 58. Martin Lewis, *The British in India*, Atlanta, 1972, p. 47.

커타를 또다른 산업 도시로 번영시키는 데 공헌하였다. 인도에서 면직물과 황마가 대표적인 산업으로 같은 시기에 발달했으면서도 그것들은 평행선을 달렸을 뿐 마치 다른 대륙에 존재한 듯 하였다. 그것들 사이에는 서로 생산을 자극하는 요인도 없었고 자본이나 노동력이 한곳에서 다른 부문으로 넘어가지도 못하였다.

목화와 황마만이 인도에서 재배하여 수출하는 품목의 전부는 아니었다. 대부분의 종목들은 조그마한 가족 농장에서 생산하였다. 차(茶)는 중국에서 재배되어 왔지만 19세기 중엽에 접어들면 인도의 아쌈과 벵골 지방에서 대대적으로 생산되기 시작하였다. 차는 주로 영국의 자본과 인도의 노동력으로 재배하여 수출하였으며 이익금은 영국의 주주에게로 돌아갔다.

18세기 후반에 아쌈 지방에서 차를 재배하였다고 하지만 이를 진정한 차 재배로 보는 데는 의문점이 있으며, 벤팅크 총독은 1834년에 차 재배법을 배우기 위하여 중국에 사람을 파견하였다. 1850년부터 인도에서 차 재배업이 급격히 성행하여 아쌈과 벵골 그리고 히말라야 산록의 다질링 Darjeeling에까지 재배 지역이 확대되었다. 영국은 19세기 중엽까지는 필요한 차의 거의 전량을 중국으로부터 수입하였다. 1869년에도 영국은 중국으로부터 1억 파운드의 수량을 수입하였으며 인도로부터는 1천만 파운드의 구입에 그쳤다. 그러나 1900년에는 영국이 중국으로부터 2,400만 파운드를 수입하였으며, 인도로부터는 총생산량의 1억 9,750만 파운드 가운데서 1억 3,700만 파운드를 구입하였다. 인도의 차는 호주와 페르시아 등에도 적은 양이 수출되었으며 1930년에는 인도의 차 수출량이 3억 7,700만 파운드에 이르렀다.[7]

아편과 소금은 국가의 전매품이었는데 19세기 말 아편으로 인한 국고의 수입은 감소하고 소금의 경우는 약간 증가하고 있었다. 아편 판매로 얻은 수익금은 1900년에 약 4천만 루피이고, 소금의 수

7) P. Spear, *The Oxford History of Modern India*, p. 268.

입은 약 8천 3백만 루피였다. 소금에서 얻은 인도 정부의 수입은 소금 제조업에 부과하는 세금과 또 유럽 국가나 인도의 토호국들로부터 수입하는 소금에 부과하는 세금으로 이루어졌다.

4 철도와 관개 사업의 확충

대폭동이 진압된 후 영국이 대규모로 투자한 부문이 철도 부설 사업이었다. 영국인은 세계 도처에서 철도에 대한 투자에 익숙해져 있었기 때문에 영국의 자본 시장에서 인도의 철도망 확충을 위해 자본을 조달하는 데는 어려움이 없었다. 엄청나게 축적된 영국의 자본이 국내에서는 적절한 투자의 길을 찾지 못하고 인도의 철도에서 그 출구를 찾았던 것이다. 이익률이 높고 낮음을 고려하지 않더라도 영령인도 정부가 투자가들에게 약속한 보증 제도는 신뢰할 수 있었기 때문이었다. 당시 영국 정부는 생산 목적을 위해 국채를 발행할 권한이 없었으므로 자금을 얻기 위해 회사들과의 계약에서 5%의 이익률을 보장하였다. 그 이상의 이익이 생겼을 때는 정부와 회사들이 균분하기로 하였으며 정부가 지출과 운영권을 갖기로 하였다. 아마도 인도 철도 부설 사업은 5%의 이익률이라는 정부의 보증이 없이도 영국의 자본가들에게는 매력적이었을 것이다. 영국내에서 보증해 준 이익률은 3%였으므로 인도 철도 사업에서의 최저 5%의 이익률은 매우 높은 것이었다.

철도는 원래 달하우지 총독에 의해 통일된 궤도를 계획하였으나 국가가 직접 건설하지 않고 여러 회사에서 추진하면서 그렇게 되지 못하였다.[8] 대폭동 직후 철도 확장에 박차를 가할 때는 5천 마일의 철도 부설 사업을 놓고 8개의 회사들이 인가를 받아 동시에

---

8) 달하우지 총독은 처음에 5피트 6인치의 궤도로 통일하여 계획하였으나 4.8피트의 궤도와 7피트의 궤도 등 인도 철도는 세 개의 궤도로 만들어졌다.

추진하기도 하였다. 국철(國鐵)과 사철(私鐵)로 분리되어 운영되었으며 1870년대에는 협궤가 광궤로 바뀌었다. 19세기 말까지는 인도 철도망의 주요 부분이 완성되었다.

철도 부설은 빠른 속도로 진척되었다. 철도 건설이 시작된 후 반세기 동안 그 전반기에는 7,300마일의 철도를 확장했으나 그 후 반기에는 2.5배의 길이인 18,000마일로 연장되었다. 1900년에 인도는 약 25,000마일의 철도망을 갖추었으며 연간 4,600만 톤의 화물과 2억의 승객을 수송하였다. 20세기로 접어들면서 화물량은 지난 10년 동안에 2배로 증가하고, 승객 수는 30년 동안에 10배로 급증하였다. 철도에서 얻은 총 수입은 연간 3억 1,500만 루피에 이르렀다. 철도망의 확장은 그 속도가 둔화되었지만 1914년까지는 또다시 1만 마일이 추가되었으며 연간 화물 수송은 8,700만 톤에 이르렀고 승객 수는 4억 5천만 명을 넘어섰다.

중요한 사실은 철도 수입이 5억 4,200만 루피에 이르렀고 또한 철도는 인도에서 가장 많은 사람들을 고용하고 있었으며 1928년 당시 고용된 인원은 80만 명에 이르렀다.[9] 말할 것도 없이 많은 급료를 받는 자리는 영국인과 영인혼혈인(英印混血人, Anglo-Indians)이 차지하였으며 후자를 이른바 〈철도 카스트〉라고 부르기도 하였다. 제1차 세계대전 중에는 철도가 결손을 보기도 했으나 종전되자 철도의 4분의 3이 국유화되었으며 머지 않아 인도 철도는 길이가 최고로 43,000마일에 이르렀다.

철도는 인도에 기근이 엄습했을 때 식량을 수송하는 데 도움을 주었지만 직접적으로 식량을 제공해 줄 수는 없었다. 생산성을 향상시키고 가뭄에도 식량을 확보하도록 만들어 준 것은 관개 사업이었다. 따라서 과거의 힌두 지배자나 모슬렘 지배자들은 관개 사업에 최대의 관심을 보여왔다. 그러한 관개 사업의 유물들로 북인도의 운하들과 벵골 지방의 커다란 물탱크 및 남인도의 광대한

9) H. Kulke, *A History of India*, London, 1986, p. 296.

저수지들이 아직도 고대 인도 지배자들의 사려 깊은 예지를 보여주고 있다.

영국인 지배자들은 관개 사업의 중요성을 알아차리지도 못했고 인도에서 철도만큼 열성을 보이지도 않았다. 예외적으로 동인도회사의 기사(技士)였던 아더 코튼 Arthur Thomas Cotton은 인도의 관개사업에 남다른 관심과 특별한 공적을 남긴 인물이었다. 근대적인 인도의 수력공학교(水力工學校)의 설립자이기도 한 그는 마드라스에 근무하면서 남인도의 관개 사업에 심혈을 기울여 헌신하였다. 인도가 필요로 하는 것은 물의 운반이며 관개와 수송의 목적을 위하여 운하의 필요성을 강조하였다. 철도에 비하여 운하를 통한 기선의 수송 비용은 8분의 1에 불과하다고 지적하였다. 그는 카베리 Kaveri · 콜레룬 Coleroon · 고다바리 Godavari · 크리슈나 Krishna 강 들에 대한 대규모 관개 사업의 설계자이며 추진자로서 탄조르와 트리치노폴리 Trichinopoly 및 아르코트 Arcot 지방의 수리시설(水利施設)을 크게 개선하였다. 특히 고다바리의 댐 건설은 그의 열성의 결과로 높이 평가받고 있다.

마드라스 지사였던 트리벨리언 Charles Trevelyan도 인도에서는 관개가 곧 모든 것이며 물이 토지보다 중요하다고 주장하였다. 물이 토지에 연결되었을 때 그 생산성은 적어도 6배로 증가한다고 보았기 때문이다. 존 로렌스도 인도가 절실히 필요로 하는 것은 철도 부설보다 관개 사업이라고 주장하였다. 그는 인도에서 근무하면서 20여년 동안 관개 사업의 중요성을 강조해 왔으면서도 결국 이 문제에 대한 일반적인 무관심을 이겨내지 못하였다. 왜냐하면 인도 총독으로서 그의 행정부 아래서도 철도 부설이 관개 사업보다 더 빨리 진행되었기 때문이다. 1902년 초까지 인도의 관개 사업에 투자된 비용은 철도 2억 2,600만 파운드(34억 루피)에 비하여 겨우 약 10분의 1인 2,400만 파운드에 지나지 않았으며 영국인들은 수세(水稅)를 관리하여 엄청난 수입을 올렸다.

5 인도 재화의 유출

19세기 후반에 접어들면서 인도는 전형적인 식민지 수탈의 모형인 원료 공급원과 상품 시장으로서의 지위로 한층 굳어져 갔다. 산업혁명을 주도했던 영국의 자본주의가 인도로 하여금 농업 소출의 증대와 시장성의 제고를 위한 유리한 조건을 창출하도록 요구하였다. 19세기 후반에 영국과 인도 사이에는 교역의 급증을 보여 주었지만 그 형태는 영국의 가공업과 인도의 농업 사이를, 또 영국의 도시와 인도의 촌락 사이를 연결시켜 주는 것이었다. 인도의 수출품은 주로 목화, 양모, 황마, 쌀, 밀, 향료, 쪽, 아편 등이었으며 대부분이 영국에 공급되었다. 인도가 영국을 위해 원료 공급원과 상품 시장으로서의 역할을 충실하게 수행하고 있는 것은 완제품이 모든 인도 수출품의 오직 8%를 차지한 것과는 대조적으로 인도 수입품의 경우는 65%가 완제품이었다는 사실에서도 증명되고 있다.

참혹한 빈곤 속에서 식량 부족으로 수많은 사람들이 죽어 가는 인도에서 해마다 엄청난 수량의 곡물이 유출되었다. 가난한 인도가 영국 제국주의자들의 주요한 식량 공급자의 역할을 하고 있었던 것이다. 영국으로 들어가는 인도의 곡물 선적이 해마다 증가하여 1880-1890년 동안에 3백만 톤에서 1천만 톤으로 늘어났다. 버마가 영령인도에 병합됨으로써(1886) 쌀 생산량이 크게 증가했던 것은 사실이다.

상업적 독립이 유지되는 나라에서는 수출 증가가 번영의 징후이지만 인도의 무역은 자연스럽게 이루어진 것이 아니고 강요된 것이었다. 인도에서 수출하는 곡물은 국내 시장에서 남아도는 잉여 농산물이 아니었다. 곡물 수출은 과도한 토지세의 요구에 따라 강제적으로 이루어졌다. 대부분의 농민들이 대금업자와 곡물상에게 빚을 지고 있었으며 이따금 농민들은 추수한 것 전부를 그들에게 넘겨주고 가족의 부양을 위해 다시 그들로부터 빚을 얻어야만 했다. 농민들은 저장해 놓은 곡식이 없었으므로 기근이 닥쳐오면 속수무책으로 죽어갔다. 광대한 인도아대륙 전체가 기근에 휩쓸린 때는 역사상 한 번도 없었으므로 다른 지역으로부터 곡물을 살 수 있는 길은 있었다. 그러나 인도 국민의 만성적인 빈곤이 지역적인 흉작을 다수의 아사자(餓死者)를 낸 참혹한 기근으로 몰고 갔던 것이다. 예로부터 인도에 기근이 간헐적으로 찾아왔지만 19세기 말에 이르러 기근의 강도가 한층 심하게 나타난 것은 평소에 농민들이 극도의 빈곤 속에 있었다는 것을 뜻하는 것이었다.[10]

쌀과 밀 기타 곡물의 수출은 날이 갈수록 증가하였으며 기근의 참상 속에서도 계속되었다. 인도의 곡물 수출이 1897년에는 1억 4천만 루피(1,000만 파운드)의 수량이었는데 1899년에는 2억 7천만 루피(1,800만 파운드)로 크게 증가하였다. 1897-1898년 사이에는 인도에 광범한 기근이 찾아왔고 수백만 명이 굶어 죽어가는 때였다. 그럼에도 불구하고 토지세액은 1,700만 파운드(£)나 징수되었는데 경작자들은 식량을 팔아서 세금을 납부했으며 이 참혹한 재난의 해에 1,000만 파운드의 곡물이 인도에서 수출되고 있었다.[11]

철도 부설에 따른 긍정적 효과는 물론 크게 나타났다. 철도는 기근이 일어났던 지역에 지금까지는 식량을 적절한 시기에 수송하지 못함으로써 일어났던 엄청난 인명 피해의 정도를 크게 완화시켜 주었다. 또한 철도는 수송 상태를 변혁시킴으로써 수공업으로부터 기계 공업으로의 전환을 촉진시켰다. 이전까지는 고립되었던

10) 19세기 동안 인도에 몰아닥친 기근의 참상을 보면 전반기에는 7차례의 기근에 모두 140만 명이 아사했는데, 그 후반기에는 24번의 기근으로 2천만 명이 죽었다. 다시 19세기 후반기의 1851-1875년간에는 6번의 기근에 5백만 명이 죽었는데 비하여 1876-1900년간에는 18번의 기근에 1천 5백만 명이 아사했던 것으로 공식 통계가 밝히고 있다(M. Lewis, 앞의 책, 47쪽.)

11) Romesh Dutt, *The Economic History of British India*, Ⅱ. Delhi, 1987, p. 390.

지역이 수출 상품을 위해 개방됨으로써 품목의 다양화를 가져왔으며 철도망의 확대로 수출이 빠르게 증가하여 인도를 세계 시장과 연결시켜 주었다. 교통 수송의 발달은 경제적 교류뿐만 아니라 정치적 발전도 가속화시켰다. 인도국민회의의 출범도 전국 각지에서 대표들을 수송해 주었던 철도가 없었다면 불가능했을 것이며, 민족의식의 각성을 촉구하는 데에도 급격히 성장하고 있는 인도 신문들의 역할이 크게 작용하였는데 신속한 배포를 가능하게 했던 것이 철도였다. 따라서 철도가 없었다면 근대 인도의 시작도 없었을 것이라는 말이 나올 정도로 철도의 기능과 그 효과는 엄청난 것이었다.

영국의 인도에 대한 영향력은 철도의 확장으로 분명히 강화되었지만 처음에 예상했던 충격적인 양상은 증명되지 않았다. 19세기 중엽 영국 자본가들이 인도의 철도에 투자하기 시작한 것을 목격했던 사회주의 학자들은 철도와 기관차가 미구에 인도에서 만들어지고 또다른 연쇄 효과가 당연히 파상적으로 나타날 것으로 예견하였다. 철도는 역사적 진행 과정의 도구로 작용하여 인도의 전통적인 사회경제 구조를 무너뜨리고 미래의 계급 없는 사회로 나아가는 필연적인 도약으로서의 자본주의를 위한 길을 닦을 것으로 기대하였다.

봄베이에서 1865년 처음으로 싼값에 기관차가 제작됨으로써 이러한 기대를 증명해 주는 듯이 보였다. 그러나 다음해부터 이와 같은 형태의 생산은 매우 예외적인 것이 되어 버렸다. 인도의 철도가 확장됨으로써 철도, 교량 건설용의 강철, 기관차, 객차 심지어 석탄까지도 대량으로 요구되었다. 이러한 것들의 대부분은 인도에서 값싸게 생산할 수 있는데도 영국에서 들여왔다. 1941년까지 영국의 기관차 제작 회사들이 총 12,000개의 엔진을 인도에 수출하였으며 다만 700개의 엔진만이 인도에서 제작되었을 뿐이었다. 수에즈 운하의 개통(1869)은 영국과 인도 사이의 거리를 크게 단축시켜 운송비를 낮춤으로써 처음에 기대했던 철도 부설에 따른 연쇄효과도 나타나지 못하였다. 철과 석탄 등의 인도의 풍부한 지하자원도 커다란 개발의 효과를 보지 못하였다. 인도의 철도 운행에서 필요로 하는 석탄마저도 제1차 세계대전 때까지는 대부분이 영국으로부터 수입되어 왔다. 철도망의 급격한 확장이 인도의 경제 발전을 도약시키는 데 큰 도움을 못 주었다. 철도 부설 공사로 인하여 지역에 따라 건설 노동자의 고용 효과는 있었다. 영국이 철도 건설에 투자한 자본은 대체로 노임으로 들어갔으므로 그 결과는 인도인들의 구매력을 향상시켜 철도가 미치는 곳에서는 물가 상승을 몰고 오는 경향이 있었다.

무진장으로 매장되어 있는 석탄의 경우는 말할 것도 없거니와 철도 확장에 따른 설비의 수요를 충족시킬 수 있는 철강 산업도 인도에서 견고하게 발달하고 있었다. 1870년대부터 인도에서 제철 공업이 일어나 철 생산의 가능성을 보여주었다. 인도의 대표적인 기업으로서 세계적 명성을 지니게 되는 타타 가문(家門)이 20세기에 접어들면서 철강 산업에 눈을 돌림으로써 결정적인 계기를 맞았다.

잠세드 타타는 통찰력을 지닌 기업가이면서 무모한 모험가였다. 남북전쟁 당시 미국에 원면(原綿)을 수출하여 거액을 벌었으며, 에티오피아 전쟁(Abyssinian War, 1867-1868)때는 출정한 영령인도군에게 군수품을 공급하여 큰 이익을 보았다. 이 이익금으로 그는 면방적 공장을 건설하였으며 나중에 면직물 공업에서 철강 공업으로 전환하였다. 섬유에서 강철로의 전환은 매우 예외적인 경우였다. 1907년 생산에 들어가기 전에 잠세드 타타는 사망했지만 그가 추진했던 타타 철강회사(Tata Iron and Steel Company : TISCO)는 세계 굴지의 강철 생산업체로 성장하였다. 1930년대에 가면 이 공장은 연간 1백만 톤을 생산하는 세계 최대 규모의 제철 공장이 되었으며 인도는 철 생산 국가들의 순위에 있어서 여섯번

째에 들게 되었다.

처음에 타타는 2,300만 루피의 자금으로 강철 공장을 설립하였는데 불과 몇 주일만에 엄청난 자금을 조달한 것은 놀라운 일이었다. 회사 설립에 투자한 주주가 8천 명에 이르렀으며 다수가 봄베이의 자본가들이었다. 토후도 15명이나 참여하였는데 그들이 투자한 3백만 루피는 타타 가족 4명의 출자액과 맞먹는 액수였다.

타타는 엄청난 자본금을 조달하면서 애국심을 발휘할 수 있는 적절한 기회를 포착하였다. 이때는 벵골 분리 조치에 대한 반발로 스와데시 운동이 일어나 인도인들이 영국 상품을 배척하고 나섰으며 타타는 민족 감정에 호소하여 표면적인 반영운동(反英運動)이 아닌 숨은 애국심을 보이도록 토후를 비롯한 민족자본가들에게 기회를 부여했던 것이다. 타타 철강회사는 전적으로 인도의 민족자본으로 세워진 인도의 기업과 기술의 기념비였다.

철도 부설은 영국 제국주의자들에 의해 인도를 예속화하고 수탈을 가속화하려는 방향으로 의도되었다고 주장되기도 한다. 그것은 화물 운송료율에 대한 통관세에서도 나타났다. 내지관세(內地關稅) 지역들을 연결하는 노선이 내륙에서 항구로 연결하는 경우보다 통관세가 더 높았다. 이것은 수출로 연결되는 운송을 북돋우면서 반대로 국내에서 상품의 원활한 순환을 저해하고 있었다. 궤도는 세 개의 다른 형태로 만들어졌으므로 화물을 연결역에서 옮겨 실어야 하는 데 따른 운송료를 지불해야 했다.

인도 내륙의 교통을 원활하게 하고 경제적 발전을 도모하려는 목표는 정부의 철도 부설 계획에 있어서는 어디까지나 부차적인 것이었다. 철도망의 확충은 농업 수출 상품의 주요한 생산지와 큰 항구를 연결하기 위하여, 또 전략적 이유 때문에 추진되었다. 그렇게 볼 수 있는 것은 북부 평야지대와 서북 변경지역을 우선적으로 강조하고 남부와 내륙지방을 대체로 등한시한 데서도 알 수 있다. 철도망이 인도 내의 주요한 영국 근거지를 이어주도록 조정되었던 것이 무엇보다도 군사적 고려에서 이루어졌음을 이해할 수 있다. 인도인들은 이 사실을 비판하면서 흔히 영국이 인도의 관개 사업에 철도만큼 적극적으로 투자했었다면 훨씬 생산적이었을 것이라고 주장하여 오고 있다.

영국인들이 인도의 철도 부설 사업에 투자한 자본에 대해서는 영령인도 정부가 5%의 이익률을 보장하였다. 이 제도는 매우 낭비적이고 비(非)경제적 지출을 조장시켰다. 영국 자본가들이 투자한 돈에 대해서는 5%의 이익이 보장되었으므로 자신들이 빌려준 자금이 어떻게 쓰여지든지 간에 별로 관심이 없었다. 철도 부설 사업은 영국 투자가들에게는 안전하게 이익을 산출하는 〈금광〉으로 인식되었다. 왜냐하면 인도 정부는 실제적인 지출에 상관 없이 투자가들에게 최고의 이익을 보장하고 있었으며 영국인 계약자들의 흥청망청의 낭비는 인도인 납세자들의 피와 땀으로 지불되고 있었기 때문이다. 1869년까지 4,225마일의 철도가 완성되었으며 8억 9천만 루피가 투자되었다. 투자가들의 이익을 보장해 주기 위해 4천 4백만 루피가 해마다 지불되었으며 이것은 철도 1마일 당 빚 갚음을 위해 연 1만 루피로 계산되고 있음을 보여주었다. 19세기 말까지 인도 철도는 항상 적자 상태였다. 이때까지 2억 2,600만 파운드(£)가 인도의 철도 부설을 위해 소비되었지만 4천만 파운드의 적자로서 인도 국민의 부담으로 남았다. 20세기에 접어들면서 흑자 상태를 보였지만 철도 때문에 진 빚을 갚기 위해 1943년까지 인도는 해마다 1천만 파운드의 액수를 영국으로 보내야만 하였다.[12]

인도에 대규모 공업이 일어서고 자본주의가 발달함에 따라 생산과 공공사업을 위하여 자본이 주식회사를 통하여 조성되었다. 대체적으로 말하면 면직 공업의 자본은 대부분 인도인의 것이었고, 철강 공업은 전부가 토착 민족자본이었으며, 황마 산업의 경우는

---

12) D. Rothermund, 앞의 책, p. 33.

영국인과 인도인의 자본이 반반(半半)으로 이루어졌다. 차를 비롯한 재배업의 자본은 주로 영국인의 것이었으며 철도와 관개 사업을 비롯한 공공사업은 영국인의 자본으로 추진되었다. 물론 면직 및 철강 공장을 운영하기 위하여 영국인 기술자를 고용하기는 하였지만 이들 공업은 인도적(印度的)인 것이었다. 대규모 산업 이외에도 인도에는 또다른 작은 규모의 산업들 예컨대 모직, 설탕, 제지(製紙), 제분, 시멘트, 도료(塗料), 및 식용유 등의 산업들이 착실하게 발달하고 있었다.

영국 자본가들은 인도를 수탈하기 위하여 자금을 조달하였으며 투자된 자본은 인도가 영국에 진 빚으로 기록되어 인도 국민이 이자와 이익 배당금을 지불해야만 하였다. 인도에서 영국 자본 투자의 핵심은 공채(公債)였다. 국채는 원래 인도에는 없던 제도였으며, 영국에도 명예혁명(1688) 때까지 국채는 겨우 66만 파운드(£)에 지나지 않을 정도로 미미하였다. 영국 제국주의자들은 인도와 영국의 선례를 따르지 않고 유럽 대륙의 국채라는 제도를 도입하였다. 근대 유럽 국가들은 그들의 정복 사업이나 식민지의 확장을 위하여 국채를 이용하였다. 영령인도 정부는 원래 정복 사업이나 공공 사업의 비용도 세입에서 충당해 갔으나 매요 총독(1869-1872)이 빌린 자본으로 공공 사업을 추진하려고 한 계획이 잘못된 선례를 남겨놓고 말았다. 돈을 쉽게 빌릴 수 있으니까 쉽게 낭비하게 되고 따라서 국채는 자꾸만 부풀리게 되었다.

영국 정부가 인도를 직접 통치하게 되면서 인도의 총독정부는 동인도회사로부터 7천만 파운드(£)를 떠맡았다. 이 액수는 멀리 웰슬리 총독 때의 영토 확장, 아프가니스탄 및 시크 전쟁, 그리고 대폭동의 진압과 관련된 비용이었다. 공채는 18년이 지난 후 매요 총독때에 2배로 급증하여 1억 4천만 파운드가 되었다. 1900년에는 국채가 2억 2,400만 파운드였으며, 1913년에는 2억 7,400만 파운드로 증가하였다. 제2차 세계대전이 시작되는 1939년에 가면 8억

8,400만 파운드에 이르렀지만 인도의 빚은 5억 3,200만 파운드(70억 루피)이고 영국의 부채가 3억 5,200만 파운드로 양분되었다.[13]

인도 국민은 자신들의 대폭동을 영국군이 진압하는 데 소요된 비용을 지불해야 했으며, 영국의 대외 원정 예컨대 중국 및 에티오피아 전쟁에 인도 군대가 참전하였다고 하여 그 전쟁 비용까지 부담하여야 했다. 터키 왕이 런던을 방문했을 때(1868) 〈인디아하우스India House〉에서 열린 무도회의 비용을 인도 정부가 지불해야 했으며, 인도와 관련된 영국 정부의 전신 요금은 본국의 예산에서 지불해야 할 것을 인도 정부의 부담으로 계속하여 넘어 왔다. 해마다 갖가지의 명목으로 수백만 파운드가 인도에서 영국으로 들어갔다. 인도 무역이 수치로만 볼 때에는 수출량이 수입량을 앞서고 있었으므로 그 초과분을 〈강제로 징수된 세금〉으로 영국이 가져갔다. 동인도 상인 나사니엘 알렉산더Nathaniel Alexander는 1847년 영국 하원의 증언에서 인도의 수입량은 약 600만 파운드인데 비하여 수출량은 약 950만 파운드이므로 차액이 동인도회사가 인도로부터 받은 〈강제로 징수된 세금〉으로서 약 400만 파운드에 이른다고 말하였다. 다음 해의 의회 증언에서도 동인도회사의 이사인 사이크스Sykes 대령은 인도의 재화 유출과 관련하여 수입에 비하여 수출이 넘친다는 이유로서만 인도가 부담하는 액수가 해마다 350만 파운드에 이른다고 밝혔다.[14]

영국 정부는 인도를 통치하는 문제와 관련하여 영국 내에서 소요되는 비용은 인도 국민이 부담해야 한다고 주장하면서 해마다 수백만 혹은 수천만 파운드의 거액을 영국으로 가져갔다. 이른바 〈본국 경비Home Charges〉는 인도의 빚과 철도에 지불되는 이자, 민간 및 군사적 경비, 퇴역 장교 및 관리의 연금, 우편 및 해상 운송비 등을 포함하고 있었다.

---

13) M. Lewis, 앞의 책, p. 49.
14) Romesh Dutt, 앞의 책, pp. 90-91.

1851-1901년간에 지배 당국에 의하여 본국 경비라는 명목으로 영국으로 송금한 총액은, 개인의 송금을 제외하고, 연 250만 파운드(£)에서 1,730만 파운드로 7배나 증가하였다. 이 가운데 계산해야 할 실제 액수인 물품 구입비는 200만 파운드에 지나지 않았다. 1891년에서 1900년까지 10년 동안에 인도의 총 세입은 6억 700만 파운드였으며 철도, 관개 사업 및 다른 경로로 얻은 액수는 연 평균 6,500만 파운드 미만이었다. 이 기간 동안 영국에서 인도 통치와 관련된 비용은 총 1억 5,900만 파운드로서 연 평균 1,600만 파운드에 이르렀다.

따라서 인도에서 거두어 들인 총 세입의 4분의 1이나 되는 엄청난 액수가 본국 경비라는 이름으로 해마다 영국으로 송금되었다. 본국 경비에다가 인도에서 근무한 영국 관리들이 송금하는 봉급 액수를 가산하면 영국으로 보내지는 액수는 매년 2천만 파운드를 상회하고 있었다. 1913년에는 본국 경비가 1,940만 파운드로 올랐으며 이 액수 가운데서 150만 파운드만이 물품 구입비였다. 1934년의 공식 통계에 따르면 본국 경비는 2,750만 파운드에 이르고 있으며 그 가운데 150만 파운드만이 물품 구입비였을 따름이다.[15]

---

15) M. Lewis, 앞의 책, p. 48.

제 32 장
정치적 개혁 조치와 자치운동

영국의 인도에 대한 경제적 제국주의 내지 재화의 수탈 정책에 대하여 비판적인 견해를 보인 사람들도 인도의 정치적 발전과 관련해서는 영국의 인도 통치를 긍정적으로 평가하고 있는 것을 흔히 볼 수 있다. 영국의 인도 통치는 결국 민주정치로 이끌어 가는 교육 과정이었다는 주장이다. 그것은 인도가 독립을 이룩한 후에도 착실한 민주 정치의 발전을 보여주고 있는 점과 연결시키고 있는 것이다. 경제적인 빈곤 속에서 허덕이면서도 인도가 훌륭한 민주 정치의 모범을 보여주고 있는 것은 영국 지배 하에서 오랜 민주 정치의 교육을 받아 왔기 때문이라는 주장이다. 민주 정치의 훈련 과정으로 묘사되는 지방자치제의 실시는 리폰 총독의 자유주의적 정책에서 이미 살펴보았지만 영국 정부는 또다른 인도의 정치적 개혁입법을 계속하여 추진해 왔다.

1 입법참사회법(立法參事會法)

대폭동 직후 공포된 1858년의 인도통치법(the Government of India Act, 1858)에 의하여 인도에 대한 지배권은 동인도회사로부터 영국 왕의 수중으로 넘어 갔으며 이때부터 인도는 영국 정부의 직접 통치 아래 놓이게 되었다. 국왕의 권력은 내각의 인도상에 의해 행사되고 15명으로 구성된 인도위원회가 보좌하게 되었다. 인도상은 인도에 파견된 총독으로 하여금 인도를 직접 통치하도록 하였으며 총독 밑에는 4명의 고급관리로 구성되는 집행위원회가 있었다.

인도를 다스리는 행정 체제는 철저한 중앙집권적이었으며 모든 실권은 총독과 집행위원회에 위임되었다. 행정 기구는 관료주의적이었으며 인도인의 여론과는 거의 무관한 것이었다. 1858년의 인도통치법은 철저한 제국주의적 지배 원리에 입각했을 뿐 국정에 일반 국민의 참여는 없었다. 이후 영령인도의 헌정사(憲政史)는 이 법에 규정해 놓은 제국주의적 지배 원리를 점진적으로 완화하면서 책임 정부로 이끌어 가는 발전 과정이었다.

1861년의 인도참사회법(the Indian Councils Act, 1861)은 총독이 주재하는 집행위원회를 5명으로 확대하여 1명은 관리가 아닌 의원을 포함하도록 규정하였다. 보다 중요한 조항은 입법의 목적을 위해서 집행위원회는 6명 이상 12명 이하의 인원을 추가하여 입법참사회 Legislative Council를 구성하며 추가 의원 가운데 반수 이상은 유럽인과 인도인을 포함한 비관리(非官吏)이어야 한다는 규정이었다. 추가 의원은 총독이 임명하며 임기는 2년으로 하였다. 주요한 문제 예컨대 군사, 세금, 종교 등에 관한 법안을 제출하는 데는 미리 총독의 재가가 필요하며 총독은 입법참사회에서 가결된 법규에도 거부권을 행사할 수 있었다. 참사회법은 주(州)에도 확대될 수 있었다. 이 법에서 가장 중요한 규정은 정부 관리

486

가 아닌 사람을 포함한 집행위원회의 입법참사회 역할이었다.

이들 의원들은 인도 국민 혹은 단체의 대표가 아니라 총독의 임명인이었으며 사실상 총독이 제출한 법안을 심의하는 일만을 할 수 있었다. 이 법은 인도참사회법의 제1단계 개혁으로서 입법 문제를 다루는 데 있어서 관리가 아닌 의원, 더 나아가 인도인과 협의한다는 점에서 볼 때 진일보된 조치라고 할 수 있었다.

국민회의는 창립대회때부터 해마다 교육받은 계층이 진출할 수 있는 입법참사회의 확대를 꾸준히 요구해 왔다. 그 결과로 나타난 것이 1892년의 인도참사회법(the Indian Councils Act, 1892)이었다. 이 법에서 규정한 새로운 내용은 총독이 임명하는 입법참사회의 비관리 추가 의원을 10명 이상 16명 이하의 선에서 편의에 따라 조절할 수 있으며 주지사가 임명하는 주(州)입법참사회의 추가 인원은 봄베이, 마드라스, 뱅골 주 등의 경우는 8명 이상 20명 이내로 그리고 서북주는 15명까지 확대할 수 있었다. 또 총독이 주재하는 집행위원회에서는 국가 재정문제를 토론할 수 있게 되었는데 국가예산에 대한 결정 투표권은 없지만 정부의 재정정책을 자유롭고 정정당당하게 비판할 수 있게 되었다. 입법참사회 의원에게도 총독이나 주지사(州知事)에 의해 규정된 규약에 따라 공공문제에 대한 질의권이 부여되었다. 이 법에 의하여 인도인 대표는 시 및 지역위원회, 대학, 상공회의소, 지주협회(地主協會) 등의 단체에서 선출하였으며 이들은 인도 정부에 의해 입법참사회 의원으로 임명되게 되었다.

이들 단체는 정부로 하여금 임명할 수 있도록 대표를 추천하는 권한만을 부여받았을 뿐 입법참사회의 대표를 국민이 직접 선출할 수 있는 권한은 주어지지 않았다. 입법참사회의 임명대표수가 약간 증가하긴 했지만 이는 국민회의 대표들이 기대했던 것보다 훨씬 미달된 숫자였다. 이 법에서는 선거라는 단어는 전혀 사용되지 않았으며 다만 임명이라는 말로 표현되었을 뿐이었다. 각 계급과 단체의 이익을 대표하려는 본래의 의도는 제대로 실현되지 못한 셈이었다. 그러면서도 총독집행위원회로 하여금 국가 예산을 토론할 수 있게 하고 입법참사회에 공중의 이익과 관련되는 문제에 대하여 질의할 수 있는 권한을 부여한 것은 정부측의 큰 양보였다. 선거 원리를 제시하고 행정부에 대한 통제력을 어느 정도 인정함으로써 이 법은 국가 행정에 대한 상당한 견제력을 인도인의 수중에 넘겨주게 되었는데 이는 미래의 개혁을 위한 새로운 길을 열어놓은 셈이었다.

인도국민회의는 1907년 수라트 대회에서 과격파를 축출해 버렸다. 온건파만이 참석한 대회에서 국민회의의 목표는 대영제국 내에서의 자치의 수립이라고 규정하고 이 목표는 어디까지나 점진적이고 합법적인 개혁을 통하여 이룩해야 한다고 결의하였다. 한편 온건파는 과격파와의 결렬로 몰고 갔던 스와데시 및 보이코트 운동, 국민교육, 자치 문제 등에 관한 전년도의 국민회의 결의는 아주 무시해 버리고 말았다.

영국인 지배자들은 점차 격렬해지는 인도의 민족주의 운동을 견제하기 위해서는 유화책이 필요하다고 판단하였다. 벵골 분리 조치에 따른 충격을 완화하고 국민회의 온건파의 입지를 강화하기 위해서는 진보적인 정치적 개혁을 도입하는 것이 절실하다고 느꼈다. 그 결과가 1892년의 참사회법을 한 걸음 전진시킨 1909년의 인도참사회법으로 나타났다. 민토 총독(Lord Minto, 1905-1910)이 본국의 인도상 존 몰리 John Morley의 재가를 얻어 공포했다고 하여 이 개혁법을 보통 몰리·민토 개혁(Morley-Minto Reforms)이라고 불렀다.

이 법은 정부가 유능한 인도인과 협의한다는 의미에서 총독집행위원회의 5명 가운데 1명의 인도인을 포함하기로 하였으며 역시 총독이 주관하는 제국입법참사회의 규모를 16명에서 60명으로 확대하였다. 총 의원 가운데 28명은 관리의원이며, 총독의 재량으로

5명을 임명할 수 있었고, 선거에 의한 비관리의원은 27명이었다. 관리가 아닌 의원 27명 가운데 13명은 각 주(州)의 입법참사회에서 비관리의원으로 선출되며, 6명은 6개 주의 특수 지주(地主)선거구에서, 또 다른 6명은 모슬렘 분리선거구에서 선출되고, 나머지 2명은 벵골 및 봄베이의 상업회의소에서 선출되었다.

선거구는 지방입법참사회의 의원을 선출하는 일반 선거구, 지주와 모슬렘에게 배정된 분리선거구, 그리고 대학 및 상업단체 등에 배정된 특별선거구의 세 유형으로 구분되었다. 참정권은 영국 신민(臣民)인 남성에게만 주어졌으며 여성과 미성년자(25세 이하)는 제외되었다. 관리의원과 총독이 임명하는 의원이 다수를 차지하였으므로 인도의 입법참사회를 아직 국민의 대표기관이라고 말하기는 어려웠다. 그러면서도 인도인 1명이 총독집행위원회에 임명되었으며, 입법참사회의 비관리의원을 선출하는 데 선거제를 도입하였고 이 제도가 지방정부에 확대되었다는 점 등은 대의정치를 위한 큰 진전이라고 말할 수 있을 것이다.

2 제1차 세계대전과 인도의 협조

제1차 세계대전이 발발했을 때 일부 폭력단체 등을 제외하고 대부분의 인도 국민과 그 지도자들은 영국을 지지하고 나섰다. 장기간의 옥고를 치른 과격파의 대표적 인물인 티일락은 평소의 비판적인 태도에도 불구하고 전쟁 기간 동안 영국 정부에 협조하고 충성심을 표시하였다. 티일락은 이러한 위기에는 빈부와 노소를 막론하고 자신의 능력을 최대로 발휘하여 폐하의 정부를 지지하여 돕는 것이 모든 인도인의 의무라고 호소하였다. 그는 수많은 연설을 통하여 인도는 충분한 인력을 보유하고 있고 영국은 이를 독일에 대항하여 이용할 수 있다고 말했는데 독일의 승리야 말로 민주주의와 자유에 대한 독재정치와 군국주의의 승리를 의미했기 때문이었다. 티일락은 약소국가의 방위를 위해 무기를 들어야 했던 영국을 수호하기 위해 인도 국민이 함께 일어나도록 촉구하였다. 그는 인도 청년들이 지원병으로 나갈 것을 희망하면서 만약 노령(老齡)과 백발이 결격 사유가 아니라면 자신은 전쟁터에 설 준비가 되어 있다고까지 말하기도 하였다.[1]

국내의 정치활동에는 처음으로 뛰어든 간디(Mohandas Karamchand Gandhi, 1869-1948)도 대영제국의 방어에 적극 참여하도록 국민에게 호소하고 나섰다. 〈인도인이 영국인의 협력 없이 스스로를 방위할 수 있는 것을 배우지 않는 한 인도는 대영제국 내에서 동등한 일원으로서 인정되지 않을 것이다. 인도의 장래는 전쟁터에서 결정될 것이지 심라(Simla : 영령인도의 여름철 수도)나 화이트 홀의 관청에서 결정되지는 않는다. 자유로 통하는 길은 프랑스의 전장(戰場)에 위치해 있다〉[2]고 말하였다. 간디는 인도인에게 무기 사용법을 배우도록 권장하면서 유럽 전쟁에 대대적으로 참여하도록 촉구하였다. 전쟁이 계속되는 동안 간디는 영국에 대해 진심에서 우러나는 충성심을 발휘했으며 다른 국민 지도자들과는 달리 아무 조건도 내세우지 않고 영국편에 서서 전쟁 협조에 적극적으로 노력했던 것이다.

인도 국민 지도자들이 전쟁 동안 영국을 지지했던 것은 충성에 대한 반대급부를 기대했기 때문이었다. 국민 지도자들은 자치를 달성할 수 있는 가장 용이하고 빠른 길은 대영제국의 방어에 참여하는 것이라고 믿었다. 티일락도 다른 민족 지도자들과 마찬가지로 유럽의 자유인과 함께 동일한 참호에서 싸울 수 있었던 사람에게는 또한 유럽인과 마찬가지로 자치에 있어서도 자격이 있다고

---

1) J. Baptista, *All about Lokamanya Tilak*, Madras, 1922. P. LXⅧ, LXXⅢ.

2) Sankar Ghose, *The Renaissance to Militant Nationalism in India*, Calcutta, 1989, p. 327.

주장하면서 전쟁과 자치를 연관시켜 생각하였다. 티일락이 기대했던 바는 전쟁 협조에 따른 보상 조치 즉 인도인들이 전쟁터에서 자유의 대의를 위해 싸웠던 그 자유가 국내에서도 부인되지 않아야 하며 따라서 영국은 당연히 인도에 자치를 인정해야 한다는 것이었다.

제1차 세계대전이 진행되는 동안 인도는 영국을 지원하기 위해서 대규모의 의용병과 전쟁 물자를 제공하였다. 전쟁을 돕기 위해 인도인 120만 명이 모집되었으며 그 가운데 80만 명은 전투요원이었다. 전쟁이 발발하기 전에는 보통 연간 1만 5천 명의 인도인이 모병되었지만 전쟁 기간에는 평균 약 30만 명이 매년 모집되었다. 또 전쟁 비용으로 인도는 1억 파운드(£)를 영국에 당장 바쳤으며, 또 2천만 내지 3천만 파운드를 해마다 추가로 지불하였다. 이때 인도에는 1만 5천 명의 영국 군대만이 남았을 뿐이지만 인도군이 프랑스, 동(東)아프리카, 이집트, 페르시아 만에 파병됨으로써 인도의 국위는 선양되었다. 전쟁이 발발했을 때 곧 인도가 부담하여야 했던 1억 파운드는 인도의 연간 총 세수액(稅收額)을 초과한 것으로서 이로 말미암아 인도의 국채는 30%나 증가하였으며 전쟁에서 인도인 사상자는 10만 명이 넘었다.[3]

3 자치운동

선동적 과격 활동의 혐의로 구속되었던 티일락이 6년만인 1914년 6월에 석방됨으로써 활동을 중단하고 있던 과격파 세력이 다시 규합되는 모습을 보이기 시작하였다. 한편 1915년에 온건파의 지도자였던 고칼레와 메타Phirozesha Mehta가 사망함으로써 과격

---

[3] P. Spear, *The Oxford History of Modern India*, p. 335. R. C Majumdar, *History of the Freedom Movement in India*, II. 1973, pp. 349-350.

파가 국민회의에 다시 참여하는 문제에는 어려움이 없었다. 일부 과격파는 치욕을 안고 축출되었던 국민회의에 다시 들어가는 것은 굴욕적인 행위라면서 반대하였지만 티일락을 비롯한 다수의 과격 파는 국민회의에 참여하기로 결의하였다. 따라서 1916년에 라크나 우Lucknow에서 열린 국민회의에서는 온건파와 과격파가 9년만에 다시 동석하게 되었다. 여기에는 모슬렘연맹측도 합석함으로써 이제 국민회의는 정치적 이견과 종교적 갈등을 초월하여 진정한 인도 국민의 단합된 대표기관으로 새 출발하는 듯이 보였다.

몰리·민토 개혁은 국민회의 대표들의 자치에 대한 욕망을 강화시켰으며 특히 제1차 세계대전을 계기로 자치에 대한 희망은 한층 부풀게 되었다. 티일락은 1916년에 처음으로 인도자치연맹 Indian Home Rule League을 창설하였는데 아직 과격파가 국민회의에 다시 참여하기 이전의 일로서 온건파만으로 구성된 국민회의의 활동이 무력한 데 실망한 나머지 보다 적극적인 자유 투쟁을 위해 자치운동을 시작하고 나섰던 것이다. 티일락은 인도자치연맹의 표면에는 나서지 않았지만 이 단체의 설립 목적을 합법적인 방법으로 대영제국 안에서 자치를 달성하기 위해 국가의 여론을 규합하고 교육시키는 일이라고 표현하였다. 인도자치연맹의 취지는 새로운 것도 아니고 또 과격한 투쟁 목표를 내건 것도 아니었다. 티일락은 각지를 순방하면서 자치의 필요성을 역설하였다. 자치는 대영제국 내의 한 정부 형태로서 관료 정치가 국민에게 책임을 지는 행정부에 의해 대체되는 것만을 의미한다고 설명하였다.

티일락은 세계대전에서 영국의 승리를 희망하면서 한편 전쟁은 인도인으로 하여금 자치를 요구할 수 있는 적절한 기회를 줄 것이라고 생각하였다. 티일락과 그의 동료들은 인도가 막대한 인력과 물자로 영국을 지원하고 있는 전쟁 기간을 자치운동의 적절한 시기로 보았으며 대전이 끝나기 전에 적어도 인도에 완전 자치가 부여되는 시한은 영국 의회에서 결정되어야 한다고 주장하였다.

한편 같은 시기에 안니 베잔트 Annie Besant가 또다른 자치연
맹 Home Rule League을 창설하였다. 안니는 영국인이었지만 조
모와 어머니는 아일랜드계였다. 안니는 약 20년 동안 종교 운동에
헌신해 왔으며 베나레스에 대학 Central Hindu College을 설립하
기도 하였다. 안니는 아일랜드의 자치운동과 유사한 자치운동을
인도에서 전개하려고 하였으며 민주적 자치제도를 원하는 사람들
은 의회의 진행 방법을 배워야 한다는 의미에서 영국 의회를 닮은
〈마드라스 의회〉라는 토론회를 만들기도 하였다.

안니의 자치연맹은 티일락의 그것보다 몇 달 늦게 발족하였지만
종교단체와 관련하여 빠른 시일 내에 전국에 광범한 조직망을 갖
게 되었다. 안니는 스스로를 대영제국의 적이 아니라 인도인으로
하여금 조국을 위해 일하도록 깊은 잠에서 일깨워 주는 북[鼓]이
라고 자부하였다. 안니는 자치를 전쟁 협조에 대한 보상으로서가
아니라 자연법에 입각한 인간의 정당한 권리로서 요구하였다. 자
치는 인도 국민의 생득권(生得權)이지 대영제국에 대한 봉사 혹은
영국 왕실에 대한 충성의 대가로서 얻으려는 것은 아니라고 말하
였다. 그러나 1917년 국민회의의 의장 연설에서는 전쟁과 자치 요
구를 결부시키고 있음을 볼 수 있다. 안니는 〈대영제국에 대한 인
도의 유용성의 조건은 인도의 자유다〉라고 천명하였다.

티일락과 안니 베잔트는 별개의 자치연맹을 가지고 있었으면서
도 서로 제휴하며 활동하였다. 그들은 자치운동을 전개하면서 자
신들의 신문을 적절히 활용하는 것이 특색이기도 하였다. 티일락
은 뿌나에서 자신이 경영하는 마라타 어로 된 *Kesari*(사자)와 영
문 주간지 *Mahratta*를 통하여 자치운동을 전개하였으며, 안니는
주간지인 *The Commonweal*과 마드라스의 한 일간지를 매수하여
*New India*로 개명하여 발행하면서 자치의 정당성을 강조하였다.

4 몬터구·첼름스포드 보고서

자치운동은 점차 활기를 띠어 갔지만 1917년 영국 내각의 인도 상 에드윈 몬터구 Edwin Montagu가 성명을 발표한 후 자치운동의 열기는 식어 갔다. 그는 영국 정부의 정책은 인도에 책임정부를 점진적으로 수립하기 위하여 인도인과 연합하고 자치제도를 점진적으로 발전시키는 것이라고 공포하면서 책임정부를 약속하였다. 몬터구는 곧 인도를 방문하였는데 그의 진정한 의도는 정치적 개혁 이외의 좀더 깊은 곳에 있었다. 이때 인도에서는 자치운동이 가장 맹렬하게 전개되었으며 또한 세계대전은 가장 중대한 국면에 접어들고 있었으므로 영국 정부로서는 인도의 정치적 안정과 함께 보다 많은 전쟁 협조가 필요했기 때문이었다. 인도를 방문한 몬터구 인도상이 준비된 개혁안을 심라에서 총독 첼름스포드(Lord Chelmsford, 1916-1921)와 함께 서명함으로써 1918년 7월 이른바 몬터구·첼름스포드 보고서가 발행되었으며 이는 다음해 1919년의 인도통치법(the Government of India Act, 1919)이라는 이름으로 공포되었다.

이 법의 첫째 특징으로 중앙정부의 지방 행정에 대한 통제 완화를 들 수 있다. 인도 전체의 주요한 문제들을 관장하는 중앙정부와 지방 행정에 관련된 문제를 다루는 지방정부 사이의 업무 한계를 규정하였다. 중앙정부는 국방, 외교, 관세, 철도, 통신, 소득세, 화폐, 공채, 상업, 광산 관리 등의 문제들을 관장하며, 지방정부에 부여된 업무는 지방자치, 교육, 보건, 토목 공사, 관개 사업, 농공업, 토지세, 기근 구제, 경찰, 재판 등에 관한 것들이었다.

이 인도통치법의 둘째 특징은 지방 업무를 〈유보〉와 〈양도〉로 구분하여 전자는 각 주(州)의 우두머리인 지사와 그의 집행위원회에 의해서 다스려지며, 후자는 주(州)입법참사회 의원 가운데서 지사가 선임한 지방장관들이 다루도록 되어 있는 점이었다. 이와

494

같은 행정권의 분리를 다이아르키Diarchy라고 불렀으며 지방장관
들은 주 입법참사회에 책임을 졌다. 〈유보〉업무는 토지세, 관개,
재판, 경찰, 공장감사, 노동쟁의, 산업보험, 신문 서적에 관한 것
이었으며, 〈양도〉업무는 지방자치, 보건위생, 교육, 토목공사, 농
어업, 공업, 소비조합, 소비세(주류 및 약품) 등을 포함하였다.

셋째 특징은 입법참사회를 확대하여 양원제(兩院制)를 구성한
점이었다. 상원의 60명 의석을 선거에 의해 당선된 33명과 20명
이내의 임명된 관리의원 및 7명의 임명된 비관리 의원으로 구성되
었다. 하원은 총 145의석 가운데 104명이 선거에 의해 선출된 의
원이었고 26명이 임명된 관리의원 그리고 15명은 임명된 비관리
의원이었다. 지방의회의 의석은 벵골 139석, 봄베이 111석, 마드라
스 127석, 유나이티드 프로빈시스United Provinces(U.P.) 123석,
펀잡 93석, 비하르 및 오리싸 103석, 센트럴 프로빈시스Central
Provinces(C.P.) 70석, 아쌈 53석 등이었다.

1919년의 인도통치법에 의하여 중앙정부와 지방정부 사이의 업
무가 분명히 구분되고 총독집행위원회의 6명 가운데 3명이 인도인
이 되었다. 입법참사회도 확대 개조되어 양원제가 채택되었으며
지방의회도 몰리·민토 개혁에 비하여 크게 확대되었다. 그러나
지방의회를 통과한 법안은 지사와 총독의 동의가 필요했으며 특히
종교와 토지세에 관련된 조항은 총독의 재고(再考)를 위해 보류해
두어야 했다. 지방 자치는 지방 업무 가운데 〈양도〉부문에서 가능
했지만 지방장관은 지사에 의해 임명되었으므로 진정한 지방자치
와는 거리가 있었다. 투표권의 상당한 확대가 이루어졌지만 납세
액 등 재산 규정 때문에 극히 제한적이었다.

주(州)의 입법의회는 선출된 의원의 비율이 전체의 77.8%를 차
지하여 크게 성장하였으며 주민의 참정권 역시 만족할 정도는 아
니었지만 눈에 띄게 확대되었다. 1920년에 참정권을 갖게 된 인도
인은 총인구 약 2억 4천 2백만 명 가운데 오직 530만 명이었다.

이 숫자는 인구의 2%가 조금 넘고 20세 이상 성년 남자의 8.8%에 해당하였다. 성년 남자 가운데 투표권을 갖게 된 사람의 비율은 주에 따라 다르게 나타나지만 가장 높은 유나이티드 프로빈시스 주의 경우 11.8%이고 가장 낮은 비하르 및 오리싸 주는 3.9%에 지나지 않았다.[4] 10년 전 몰리·민토 개혁 때는 성년 주민의 0.2%만이 투표권을 가졌던 것과 비교하면 참정권의 확대에 있어서 얼마간의 진보를 보여주고 있었다.

몬터구·첼름스포드 보고서가 나왔을 때 온건파와 과격파의 반응은 다르게 나타났다. 온건파는 이 개혁이 책임정부 수립을 위한 진보적 조치라고 환영했지만, 과격파는 비현실적인 조치라고 반박하고 나섰다. 그렇지만 과격파의 상당수는 이 개혁을 긍정적으로 받아들였으므로 결국 국민회의의 반응은 세 견해로 구분할 수 있다. 많은 개혁의 가능성을 포함하고 있는 진보적이고 실질적인 계획안이라는 온건파의 견해와, 불만족스런 조치이지만 구체적인 개선을 탄원할 일이지 완전히 배제해서는 안 된다는 중도파의 견해, 그리고 원리적으로나 세부적으로 볼 때 잘못된 것이므로 개선이 불가능하다는 과격파 좌파의 견해 등이 그것이었다. 온건파와 중도파의 견해는 큰 차이가 없었으며 중도파의 세력이 과격파 좌파의 세력보다 강했으므로 국민회의에서 이 개혁안이 거부될 가능성은 없었다.

로이드 조지 Lloyd George 영국 수상은 레딩(Lord Reading : 1921-1926)을 총독에 임명함으로써 인도 총독을 장관급에서 선임하는 한 때의 관례를 되찾았다. 레딩은 법무상, 법원장 및 주미(駐美)대사를 역임한 인물로서 인도에서 신뢰를 회복하고 안정을 유지하는 데는 적임자로 영국 정계에서는 평가되었다. 그는 총독정부의 강력한 힘을 인도인에게 확신시켜 주는 것이 필요하다고

4) Gurmukh Nihal Singh, *Landmarks in Indian Constitutional and National Development*, I. Delhi, 1983, pp. 283-284.

생각하였으며 힌두 모슬렘 연합의 취약성을 간파하고 비폭력 비협조 운동에서 폭력이 일어났을 때 간디를 비롯한 인도 국민 지도자들을 당장 체포하는 강경책을 구사하였다. 그러면서도 그는 인도의 젊은 엘리트들에게 유화책을 제시하기도 하였다. 역대 인도 총독 가운데 유일하게 유태계였던 레딩은 영어교육을 받은 인도의 교육 중간 계급의 지지를 확보하려는 정책을 추진하였다. 국민회의가 처음부터 인종적 차별 정책을 배제하고 자유주의적 개혁을 추진하도록 꾸준히 촉구해 왔던 오랜 청원에 부응하여 1923년부터 인도문관 시험이 런던과 뉴델리에서 동시에 실시되고 인도인에게도 장교가 될 수 있는 훈련을 받을 수 있도록 하였다.

5 1935년의 인도통치법과 연방제

영국인 통치자들이 마지막으로 추진했던 개혁 입법이 1935년의 인도통치법(the Government of India Act, 1935)이었다. 이 법은 1919년의 인도통치법의 전문(前文)에서 표현된 약속을 이행하는 뜻에서 개정된 법이었으며 또한 영국의 인도 통치 정책이 일관성 있게 추진되어 나가는 것을 보여주기 위한 것이기도 하였다. 1935년의 인도통치법은 세 차례에 걸친 원탁회담이 끝난 후 총독정부가 제의한 바를 왕실의 인가를 얻어 공포한 법으로서 영국 지배의 중대하면서도 건설적인 마지막 업적으로 평가되기도 하였다.

1935년의 인도통치법은 이전의 법들이 규정하고 있던 특징들 예컨대 의회, 내각책임제, 지방자치 및 종파적 대표제 등을 그대로 유지하고 있었다. 여기에다가 이 법은 두 가지 새로운 특징 즉 중앙에 연방 원칙과 주(州)에 책임정부 원칙을 도입한 점이었다. 또 이 법에 따라 신드와 오리싸의 두 주가 새로이 신설되었다.

이 법의 가장 두드러진 특징은 연방제의 도입이었으며 인도에 연방을 창설한다는 원칙을 분명히 제시하였다. 인도를 독립국가로 이끌어가는 방향이 뚜렷하게 설정되었다. 인도의 모든 주와 토후국들은 하나의 연방 단위로 통합되며 총독 밑에 양원을 구성하기로 하였다. 연방의회는 재산 자격을 갖춘 인도인 유권자들이 직접 선출한 의원들이 다수를 점하게 되었다. 그렇지만 총독의 권력은 역시 막강하여 연방의회에서의 반대 투표에도 불구하고 법률을 재가할 수 있는 권한을 가지며 또한 한 번에 6개월 한정의 기간으로 법률의 효력과 똑같은 명령을 발포할 수 있었다.

1935년의 인도통치법이 갖는 또다른 특징은 각 주에 책임대의정부를 도입하는 것이었다. 지방에서의 다이아르키가 폐지되고 모든 부문의 행정은 주지사가 임명한 주장관(州長官)이 수행하게 되었다. 따라서 주정부는 주민이 선출한 주의회에 책임을 지는 대의정부로 된 것이다. 수석 장관이 주정부의 실제적인 우두머리이고 지사는 자신에게 위임된 권한이 침해당하지 않는 한 권고하는 선에 머무르게 되었다. 지사에게 주어진 권한 가운데 중요한 것은 인종차별의 방지, 소수 집단에 대한 합법적 이익의 보호, 그리고 자치정부가 붕괴되었을 때 행정부를 계속 존속시키는 일 등이었다. 각 주의 의회는 주민이 선출한 의원으로 구성되며 참정권은 재산 자격을 가진 성년 남녀에게 부여되었다.

인도 국민의 참정권 확대가 이루어져 3천만 명이 투표권을 갖게 되었다. 아직 재산 자격의 요건이 있었지만 성년 인구의 약 6분의 1이 투표할 수 있는 자격을 얻게 되었다. 여성에게도 남성과 똑같은 참정권이 부여되었다. 종파에 부여된 대표의 원칙도 확대되었다. 이미 1909년의 인도통치법에서 모슬렘에게 인정했던 분리선거제는 말할 것도 없이 유지되었으며 그 외에도 펀잡 지방의 시크족, 마드라스의 기독교도, 벵골 지방의 영국인들에게도 특별히 분리대표제가 인정되는 방향으로 추진되었다.

1935년의 인도통치법은 인도에 자치령의 지위를 부여하는 방향으로 나아가는 중대한 조치였으면서도 몇 가지 점에서 진정한 자치령이 될 수 있는 요건을 결여하고 있었다. 첫째, 중앙에는 다이아르키가 존재하며 총독정부에게 유보된 부문 즉 국방과 외교 문제에 있어서 인도 정부는 영국 의회에 책임을 질 뿐 인도 국민이 정부에 제약을 가할 수 없었다. 둘째, 총독이 계속하여 국가의 우두머리와 수상의 기능을 겸하고 있으면서 법의 구속력을 갖는 명령을 발포할 수 있는 특별 권한까지 행사하는 것은 진정한 자치령의 지위를 향유하는 것과는 모순되며 인도를 영국에 계속적으로 분명히 의존하도록 규정하고 있었다. 셋째, 인도의 연방의회가 만든 법률을 총독이 거부할 수도 있고 또 인도상의 건의에 따라 영국 왕실이 인가하지 않을 수도 있게 만든 조항은 인도가 완전한 자치령이 되는 데는 심각한 저해 요인이 되었다.

1935년의 인도통치법은 인도의 정치적 발전 특히 독립과 관련하여 볼 때 분명히 획기적인 조치였지만 인도 민족주의자들을 만족시키기에는 미흡하였으며 인도의 분리를 막지 못했다는 결점을 내포하고 있었던 것도 사실이다. 1935년의 인도통치법이 인도와 파키스탄의 분립을 유발시켰다고는 말할 수 없을지라도 이 법의 결점에 의해 조장되었던 것은 사실이다. 종파적 선거제의 방법에 의하여 소수 집단의 대표권에 대한 조항이 있으면서도 통치권의 이론은 동질적인 민주적 민족국가의 그것이었다. 다수의 결정은 그 성격이 무엇이든지 간에 모든 문제에 있어서 궁극적인 기준이었다. 인도에는 두 개의 문화가 두 개의 종교와 함께 공존한다는 사실이 인정되면서도 또한 한편으로 간과되고 있었던 것이다.

제 33 장

간디와 인도의 독립운동

1 마하트마 간디의 출현

온건파와 과격파는 국민회의에서 자리를 함께 하였지만 그들 사이에 진정한 화해가 이루어진 것은 아니었다. 특히 과격파의 지도자에 의해 주도되고 있는 자치운동이 온건파의 뜻에 부합되지 못했으므로 또한번 그들 사이의 세력 다툼은 불가피하였다. 온건파와 과격파의 대립은 1917년 국민회의 의장 선출을 둘러싸고 표면화되었다. 의장 선출 방법에 따라 지방 대의원회는 의장으로 안니 베잔트를 추천하였으나 최종 선출권을 갖고 있는 중앙의 접대위원회에서 두 파는 대립하였다. 접대위원회에서도 압도적 다수의 지지로 과격파가 지지한 안니 베잔트의 의장 선출이 확정되자 온건파는 퇴장해 버리고 말았다. 다음 해 8월 국민회의는 몬터구·첼름스포드 보고서의 중요성에 비추어 봄베이에서 임시회의를 소집했으나 온건파는 대부분 참석하지 않았다. 불참한 온건파는 캘커타에서 따로 회합을 갖고 국민자유연맹이란 단체를 결성하였다.

이제 국민회의는 과격파의 티일락, 라즈빠트 라이, 베핀 찬드라

파알 등과 그리고 간디 등에 의해 장악되고 말았다. 10여년 전 온건파는 소수의 행동이 국민회의의 활동에 유해하다는 이유로 과격파를 축출하였지만 이제 소수인 자신들의 견해가 무시당한다는 이유로 스스로 국민회의를 탈퇴하고 만 것이다. 과격파는 축출당한 후 9년 만에 권토중래하였지만 온건파는 그들의 세력을 만회하지 못하고 국민회의에서 영원히 탈락하고 말았다.

간디가 온건파의 지도자인 고칼레와 과격파의 지도자인 티일락의 어느 쪽을 계승하였는가 하는 문제는 한 마디로 확정적으로 대답하기는 어렵다. 간디는 불과 3년 연상이었던 고칼레를 자신의 〈정치적 스승〉이라고 수없이 강조하였다. 1900년 남아(南阿)에서 간디가 일시 귀국했을 때 고칼레의 집에서 함께 한 달 동안 유숙(留宿)할 기회가 있었으며, 간디의 수 차례에 걸친 요청으로 고칼레는 인도 국민 지도자로서는 처음으로 남아의 인도인 계약노동자를 방문하였다.[1] 고칼레의 이들 계약노동자에 대한 남다른 동정심이 남아프리카에서 헌신적으로 봉사하고 있던 간디와 불가분의 관계를 갖게 만든 요인이 되었을 것이다.

그러나 간디는 고칼레의 만류에도 불구하고 목숨을 걸고 투쟁에 임하는 비장한 결의를 가지고 직접 행동으로 돌진하는데 있어서는 스승에 비교할 수 없을 만큼 뛰어났다. 그것은 아마도 간디의 신에 대한 믿음과 〈진실〉에 대한 신념이 고칼레보다 훨씬 강렬했기 때문이었을 것이다. 고칼레가 일찍이 인생 계획에서 위대한 철학적 종교가가 되어 그의 믿음을 세계에 전파하려고 했던 꿈이 간디에 의하여 이룩되었는지도 모른다. 간디가 직접행동으로 줄달음치면서도 극단적으로 흐르지 않고 자제력을 잃지 않았던 것은 고칼레의 영향력이 작용하였을 것으로 보인다.

간디는 고칼레의 제자로 자처했음에도 불구하고 티일락을 찬양하였다. 간디는 〈티일락의 불굴의 의지, 광범한 지식, 조국애 그리

---

1) 졸저, 『인도민족주의운동사』, 신서원, 1993, pp. 160-168.

고 무엇보다도 그의 사생활의 순수성과 희생정신을〉[2] 흠모하였다. 간디가 티일락의 추종자가 될 수 없었던 것은 그에 대한 커다란 존경심에도 불구하고 목표를 추진해 나가는 방법이 달랐기 때문이었다. 그러면서도 티일락과 간디의 사상이나 행동을 살펴볼 때 차이점 보다는 오히려 공통점이 많은 것을 느끼게 한다. 티일락과 간디의 강력한 힘의 배경에는 일반 대중이 있었으며 민중을 분기시키는 데 종교를 이용하였다. 두 사람은 모두 스와라지(자치)를 강조하고 이를 국민에게 가르치려고 노력했는데 이것은 티일락, 간디 그리고 국민을 결합시키는 요소였다. 티일락이 영국인 관료들에게 제시했던 〈상응하는 협조〉는 충분히 체계화된 운동으로 발전하지는 못했지만 아마도 간디의 비협조운동과 무관하다고 할 수 없을 것이다.

세계의 관심을 집중시켰던 간디의 위력적인 독립운동은 고칼레와 티일락의 영향에다가 그의 천재적인 투쟁 전략이 한데 어우러진 결과였다. 인도 국민운동의 성격도 크게 변화하고 있었다. 초기의 진보적 민족주의자들은 온건파로 불렸고 국민회의를 장악했던 온건파는 또한 과격파에 의해 밀려나갔다. 오늘의 과격파가 내일의 온건파로 비판받는 급변하는 정치적 분위기였다. 따라서 간디의 급진적이면서도 가끔 이해하기 힘든 독립운동도 이러한 시대적 변화의 모습일 뿐이며 간디의 탁월한 투쟁 활동이 여기에 적응하고 또 새로운 변화를 주도해 나갔다고 보아야 할 것이다.

간디는 구자라트 지방의 포르반다르Porbandar에서 제3계급으로 태어났으며 아버지는 이곳 토후의 수석 장관으로 일한 사람이었다. 간디는 런던에서 3년 수업을 마친 후 변호사로 출발하였으나 구자라트와 봄베이에서 그의 변호사 생활은 성공적이지 못하였다. 1893년 남(南)아프리카의 모슬렘 사업가로부터 그곳의 인도인들을 위하여 근무해 달라는 제의를 받았다. 나탈Natal에는 4만여 명의

---

2) M. K. Gandhi, *Gokhale : My Political Guru*, Ahmedabad, 1968, p. 53.

인도인들이 살고 있었는데 그들은 1860년 이후 〈새로운 노예제〉에 따라 계약노동자로 남아프리카에 보내진 사람들이었다. 1830년대에 대영제국 내의 노예제가 폐지되어 흑인노예가 해방되자 나탈의 설탕 재배업자들은 인도의 값싼 노동력을 필요로 했었다. 간디는 1년 계약으로 남아프리카에 갔지만 동족의 비참한 인종적 차별대우를 외면할 수 없어서 그 곳에 20년 동안이나 머물고 말았다.

간디가 인도의 정계에 나타난 것은 1915년 귀국한 후부터였다. 그러나 〈정치적 스승〉이었던 고칼레는 간디로 하여금 당분간 정치에 참여하지 말고 또 자신이 조국에 대한 헌신의 신념에서 창설하여 운영해 오고 있는 인도봉사자회(印度奉仕者會)에도 가입하지 말도록 권유하였다. 간디는 고칼레의 종용에 따라 정세를 관망할 뿐 1년여 동안은 오직 정치적 침묵으로 일관하면서 인도 각지를 여행하고 대학 등에서 그의 남아프리카에서의 경험에 관한 강연에 몰두하였다. 그 동안 고칼레는 사망하였고 그의 제자들은 간디의 사상이 급진적이라고 하여 인도봉사자회에 가입하는 것을 허용하지 않았다.

간디가 인도의 정치 문제에 직접 뛰어든 것은 1917년부터 비하르 지방과 구자라트 지방의 억압받고 있던 노동자들의 문제에 개입하면서 비롯되었다. 간디는 남아프리카에서의 그의 눈부신 활동과 여러 차례에 걸친 국내에서의 강연으로 그의 명성은 인도의 민족주의자들에게 뿐만 아니라 일반 서민에게도 널리 알려져 있었으므로 부당하게 피해를 입고 있던 참파란 Champaran 지방의 농민들이 간디의 도움을 요청하고 나섰던 것이다. 비하르 주(州)의 북쪽 변경지방인 참파란에서는 유럽인 쪽 재배주(栽培主)들이 간디의 표현대로 〈왕과 같이 군림하고서〉 인도 농민을 착취하고 있었다. 쪽의 가격이 폭락하자 유럽인 재배주들은 그들이 입은 손실을 경작인에게 넘겨 소작료를 50-60%까지 올려 받고 있었다. 간디는 당국의 압력에도 굴복하지 않고 현장에서 정확한 조사를 실시하여 당국과 재배주로 하여금 잘못을 시정하지 않을 수 없도록 폭력을 통하지 않고 굴복시켰다. 이것이 인도에서 간디가 이룩한 첫번째 사티아그라하Satyagraha 운동의 승리였다.

간디의 굽힐 줄 모르는 투쟁 활동은 인도 국민은 말할 것도 없거니와 영국인들도 놀라게 만들었다. 간디가 소작인의 마음을 완전히 사로잡은 상황을 목격한 참파란의 영국인 관리 루이스W. H. Lewis는 〈우리에게는 간디가 이상주의자이고 광신자이고 혁명주의자로 보이는데, 소작인들에게는 특별한 힘을 간직하고 있는 그들의 해방자로 생각되고 있다〉³⁾라고 기술하였다. 영국인 관리는 대중의 마음을 자신에게 집중시키는 마하트마(Mahatma : 위대한 성자(聖者))의 엄청난 위력을 간파했던 것이다.

참파란에서의 승리를 계기로 간디는 인도 농민의 투사로 갈채를 받게 되었다. 곧이어 간디는 구자라트 지방으로부터 도움의 요청을 받았다. 고용주와 징세관으로부터 부당하게 피해를 입고 있는 노동자와 농민의 어려움을 해결하는 문제였다. 아메다바드의 직물공장에서는 전시(戰時) 인플레이션에 대한 임금 인상이 뒤따르지 않고 있었는데 사실 공장 경영자는 간디의 친구였음에도 불구하고 간디는 이 문제에 개입하여 조정 작업에 성공하였다. 스트라이크의 결과로 아메다바드의 직물공장 노동자협회가 탄생하였으며 이 단체는 수년 후 1만 명이 훨씬 넘는 회원을 가진 인도에서 가장 큰 노동조합의 하나가 되었다. 다음으로 간디는 역시 구자라트의 케다Kheda지방 농민 문제에 개입하였다. 광범한 흉작에도 불구하고 오히려 토지세를 인상한 데 대한 농민들의 저항운동에 간디가 앞장서서 성공적으로 해결하였다. 간디가 세금 불납운동을 전개한 것은 이것이 처음이었다.

간디는 이들 사건을 해결함으로써 인도의 정치 무대에서 당장

---

3) Judith M. Brown, *Gandhi's Rise to Power : Indian Politics 1915-1922*, Cambridge University Press, 1982, p. 68.

대단한 영향력을 발휘하는 주역으로 등장하게 되었다. 간디는 이들 운동을 통하여 인도에서 농민과 노동자와 함께 그의 사티아그라하 운동을 추진해 나갈 수 있다는 가능성을 확신하게 되었다. 한편 간디는 비하르 지방에서 농민운동을 추진하면서 충실한 추종자인 라젠드라 프라사드Rajendra Prasad와 구자라트에서 빠텔Vallabhbhai Patel을 얻을 수 있었던 것은 또다른 커다란 소득이었다. 프라사드는 독립 후 인도의 초대 대통령이 되었으며, 빠텔은 독립운동 과정에서 큰 영향력을 발휘하여 독립 후 부수상의 자리에 오른 인물이었다.

2 간디의 사티아그라하 운동

마하트마 간디가 정치 무대에 등장함으로써 인도의 독립운동은 새로운 전환기에 접어들게 되었다. 간디는 당장 일반 대중의 우상적인 지도자가 되었다. 간디의 인기는 그의 개인 생활의 금욕주의적 소박함에 있었으며 가난하고 교육받지 못한 사람들의 정서를 붙잡는 그의 능력은 비범하였다. 간디가 보여준 가난한 인도인의 옷차림과 항상 3등실 기차 여행을 하면서 서민들과 광범하게 접촉하는 소박한 모습이 하층민에게 격의 없는 친근감을 주었다. 억압받고 생활고에 시달려온 서민들은 마하트마 간디를 모든 고통과 기아로부터 그들을 구해줄 수 있는 위대한 해방자로 바라보았다. 지식인들도, 우려의 눈초리로 바라보는 사람이 없었던 것은 아니지만, 대체로 지금까지의 무기력한 독립운동에 활력소를 불어 넣어줄 수 있는 인물이라는 기대에서 간디를 지지하고 나섰다.

인도 민족주의운동 내지 독립운동을 이끌어 왔던 주류가 지금까지는 대도시를 기반으로 한 중간 계급의 활동이었는데 반하여 이제는 전 국민의 참여 속에 이루어지는 민중운동으로 변모한 것이다. 인도국민의 대표기관으로 자임하고 나섰던 국민회의가 영어 교육을 받은 엘리트 집단으로부터 이제 인도 사회의 각계각층에 침투해 들어가는 대중적 집단으로 성장하게 되었다.

간디 사상의 근본은 남아프리카에서 오랫동안 실험을 통하여 성공한 사티아그라하였다. 먼저 사용했던 〈소극적 저항Passive Resistance〉이라는 영어 표현은 자신이 제시하고 있는 힘을 긍정적으로 나타내지 못한다고 생각한 간디는 새로이 사티아그라하 즉 진리파악, 진리추구라는 인도의 고유 언어를 사용하기로 하였다. 간디 자신도 처음에는 두 단어를 같은 의미로 사용하였으나 나중에는 사티아그라하에 엄청나게 차이가 큰 의미를 부여하였다. 소극적 저항은 대개 이기적인 정치적 무기인데 반하여 사티아그라하는 물리적 힘에 대한 정신력의 우위에 근거한 도덕적 무기이다. 전자는 약자의 무기일 뿐인데, 후자는 가장 용감한 사람에 의해서만 수행될 수 있다. 전자의 목적은 적을 꼼짝못하게 몰아붙이는 것이지만, 후자의 그것은 사랑과 인내로 상대방을 잘못에서 벗어나도록 설복시키는 것이다. 소극적 저항에서는 상대방에 대한 사랑을 찾아볼 수 없지만, 사티아그라하에서는 증오나 나쁜 생각의 여지가 없는 것이다. 따라서 전자는 부정적이며 정적인데 반하여, 후자는 적극적이며 동적인 것이다.

마하트마 간디는 그렇게도 많이 진리를 강조하고 있는데 생활방식으로서의 진리는 신에 대한 충실한 생활을 의미하며, 행동 방식으로서는 비폭력을 뜻하는 것으로 볼 수 있다. 사티아그라하는 비폭력의 수단에 의해 〈전쟁〉을 수행하는 방법이었다. 전쟁에서는 난폭한 방법으로 적을 굴복시키려고 하지만 사티아그라하에서는 쌍방이 정의와 공명정대함에 입각하여 합의된 해결책에 도달하는 것이 기대된다. 여기에서는 공동으로 목표를 달성하려는 것이므로 승리도 또한 패배도 없는 것이다. 간디는 겁쟁이가 비폭력이라는 이름 아래 피난처를 구하는 것을 결코 허락하지 않았다. 비폭력은

508

투쟁을 회피하는 것이 아니라 적극적이며 때로는 호전적이기도 하다. 사티아그라하의 목적은 옳지 않다고 생각하는 제도에 협조하지 않는 것이다.

사티아그라하에서 파생된 것이 비폭력 비협조였다. 그것은 〈괴로운 사랑의 표현〉이었다. 간디는 〈비협조가 사티아그라하 병기고(兵器庫)에 있는 가장 중요한 무기임에도 불구하고 그것은 다만 진실과 정의에 입각하여 꾸준히 적의 협조를 구하려는 수단이라는 것을 망각해서는 안된다〉[4]라고 말하였다. 비협조는 적이 자신의 폭력을 치유했을 때는 언제나 협조하겠다는 자세이다. 비폭력 비협조의 목표는 쌍방이 투쟁하는 동안에 상대편의 견해를 존중하는 태도를 배워 이에 따르는 동의(同意)였다. 개화되고 지성적인 여론은 사티아그라하에서 추구하는 가장 힘있는 병기가 될 수 있었다.

3 비폭력 비협조 운동

1919년의 인도통치법은 인도인의 헌신적인 전쟁 협조에 대한 보상으로서는 너무나 미미하여 인도 국민의 불만이 팽배하였다. 거기다가 제1차 세계대전이 끝났음에도 불구하고 1915년에 전시(戰時) 비상 조치로서 통과되었던 계엄법인 인도국방법을 평화시에도 존속시키기로 하였다. 이것은 선동적 음모를 조사하기 위하여 정부가 임명했던 라우라트Rowlatt 판사 중심의 이른바 라우라트 위원회의 건의에 따른 조치였지만 곧 이어 발표된 또다른 라우라트법(法)은 인도 국민을 극도로 자극하였다. 1919년 3월에 통과된 라우라트법도 광범한 소요를 진압하기 위해 법규를 강화하려는 조

---

4) G. Dhawan, *The Political Philosophy of Mahatma Gandhi*, Ahmedabad, 1982, p. 144.

치로서 전시에 가졌던 정부의 비상대권을 영속화하려는 것이었다. 언론에 대한 강력한 통제를 규정하였으며 정치적 범법자에게는 배심원 없이 재판에 회부하고 파괴 및 선동의 혐의자에게는 재판 없이 구금할 수 있도록 하는 법이었다.

정부의 이와 같은 억압 조치들은 인도 국민의 광범한 저항을 불러 일으켰다. 진나(Muhammad Ali Jinnah, 1876-1948)를 비롯한 몇몇 동료들은 입법참사회를 탈퇴했으며 재판의 기본 원칙이 뿌리채 뽑히고 국민의 기본권이 평화시에 침범당했다고 총독에게 항의하였다. 마하트마 간디는 라우라트법을 영국 통치의 무능으로 보면서 지배층에 깊이 자리잡은 질병의 증상이라고 비난하였다. 나아가 간디는 모든 인도 국민으로 하여금 정의롭지 못하고 억압적인 법에 복종하는 것을 거부하도록 호소하면서 전국민적인 사티아그라하 운동의 서곡(序曲)으로서 4월 첫 주일을 전국적으로 일을 중단하는 날로 선포하였다.

편잡 지방의 암리싸르 Amritsar 에서 라우라트법을 반대하는 대중집회가 있었으며 이 모임을 조직했던 지도자들이 체포되자 군중들은 영국인 거주 지역으로 행진하였다. 군대의 발포로 몇 사람의 항의자들이 사망했으며 영국 은행이 불태워지고 영국인들이 공격받기도 하였다. 충격적인 비극은 잘리안 왈라 박 Jallian Walla Bagh 에서 일어났다. 당국의 금지 조치로 며칠 동안 군중집회는 없었으며 4월 13일에는 대부분이 주변의 농촌에서 온 수 만 명의 남녀 및 어린이들이 힌두 축제를 즐기기 위해 이 공원으로 모였다. 이때 다이어 R. E. Dyer 여단장 휘하의 군대가 무장하지도 않고 출구도 막혀 있는 군중에게 1,600발의 총탄을 10분 동안 무차별 발포하였다. 공식 발표에 의하면 379명이 사망하고 1,200명이 부상하였다.[5]

---

5) R. C. Majumdar, *An Advanced History of India*, p. 981. P. Roberts, *History of British India*, p. 592.

편잡 지사(知事) 마이클 오드와이어 Michael O'Dwyer는 이 사건의 정당성을 인정하고 편잡 전역에 계엄령을 선포하였으며, 첼름스포드 총독도 처음엔 승인했다가 비극적 참사의 경과를 파악한 후로는 사령관의 판단착오로 규정하였다. 오드와이어 장군은 해직되어 본국으로 돌아갔지만 영국 보수당은 그를 영웅으로 맞이하여 수 천 파운드를 모금하여 〈편잡의 구원자〉라고 새겨진 보석이 박힌 칼과 함께 전달하였다. 충격적인 학살 사건은 인도 전역에 알려져 인도의 국민적 저항감을 고조시켰다. 라빈드라나드 타고르가 총독에게 서한을 보내 약간의 소요를 진압하기 위하여 편잡 지방 정부가 취한 조치의 포악성은 대영제국의 신민인 인도인의 마음속에 자신들의 무력한 처지를 충격적으로 느끼게 만들었다고 전하면서 1913년 노벨 문학상 수상자인 자신에게 영국 정부가 수여했던 훈장과 기사의 작위를 포기한 것도 이때의 일이었다.[6]

인도의 모슬렘과 힌두가 제휴하여 전개하였던 반영운동(反英運動)이 킬라파트 운동 Khilafat Movement이었다. 전세계 모슬렘의 정신적 지주로서 칼리프의 지위를 유지해 왔던 터키 제국이 대전의 종결과 더불어 분열되어 메소포타미아, 요르단, 팔레스타인 및 시리아 등은 국제연맹의 위임통치라는 이름 아래 영국과 프랑스에 넘겨지게 되었다. 제1차 세계대전이 일어났을 때 인도의 지원병 가운데는 많은 모슬렘이 편입되어 있었지만 그들은 터키에 대한 종교적 동정심보다 대영제국에 대한 충성심이 강했기 때문에 연합국 측에 적극적으로 가담했었다. 킬라파트 운동은 연합국 측의 지나친 패전국 처리 문제에 대한 반발로서 전세계 모슬렘을 대표하는 터키 제국은 유지되어야 한다는 신념 아래서 전개되었다.

킬라파트 운동은 모슬렘만의 운동이 아니고 마하트마 간디를 비롯한 다수의 힌두가 열성적으로 참여하여 추진해 나갔다. 1919년 11월 델리에서 전인도(全印度)킬라파트 회의가 열렸으며 간디를

---

6) S. Wolpert, *A New History of India*, New York, 1982, pp. 299-300.

의장으로 선출하였다. 이 회의의 결정은 영국이 터키 문제를 만족할 만한 방법으로 해결하지 않을 때는 연합국의 승리를 축하하는 국민의 전승 기념식에 참가하지 않으면서 보이코트 및 비협조운동으로 위협을 가하도록 요구하였다. 이 결의는 캘커타에서 열린 모슬렘연맹에서도 확인되었으며, 연말에 암리싸르에서 개최된 국민회의에서도 킬라파트 운동의 대의에 지지를 보내면서 간디의 지휘 아래 굳게 뭉칠 것을 다짐하였다.

킬라파트 운동의 모슬렘 지도자는 옥스퍼드 대학 출신의 학자인 무하마드 알리 Muhammad Ali였으며 그가 이끈 4명의 대표단이 1920년 3월에 런던으로 영국 수상 로이드 조지 Lloyd George를 방문하였으며, 또 6월에는 또다른 대표단이 첼름스포드 총독을 방문하고 90명의 저명한 모슬렘 대표들이 서명한 청원서를 제출하였다. 라크나우에서 열린 모슬렘 대표회의에서 간디는 그의 비협조운동의 계획을 제시하였다. 〈대표단과 청원에 의하던 시대는 지났다. 우리는 정부에 대한 모든 지원을 철회해 버려야 하며 이 길만이 정부로 하여금 타협하도록 설득시킬 것이다. 정부에서 받은 명예로운 칭호는 모두 돌려보내야 하며 법정과 교육 제도는 배척해야 한다. 또 인도인은 관직에서 물러나야 하며, 새로운 입법의회에 참여하는 것을 거부해야 한다〉[7]

간디는 1920년 8월 1일 그의 첫번째 전국적인 사티아그라하 운동을 개시하였는데 그 날은 티일락이 사망한 날이었다. 티일락은 사상과 행동에 있어서 간디와는 상당한 거리가 있으면서도 경쟁자가 될 수 있는 인물이었다. 간디는 이제 의심할 여지없이 국민회의와 인도 국민의 지도자로 떠올랐다. 대전의 여파가 인도인에게 광범한 환멸을 안겨주어 국민회의가 영국인 지배자와 협조하는 정책을 포기하고 간디의 혁명적 부르짖음을 추종하게 된 것이다.

---

7) M. A. Azad, *India Wins Freedom : An Autobiographical Narrative*, New York, 1980, pp. 10-11.

이제 간디의 인기는 그동안 막강한 영향력을 행사해 왔던 벵골 지방의 다스Chittaranjan Das와 우따르 프라데시의 모틸랄 네루 Motilal Nehru의 지도력을 능가하게 되었다. 간디는 농민과 도시 노동자의 광범한 지지뿐만 아니라 이른바 교육받은 중간계급의 지지까지 한 몸에 받게 되었다. 또 그의 활동은 구자라트 지방의 부유한 자이나 교도나 봄베이의 조로아스터 교도의 재정적 지원에 힘입었으며 모슬렘도 간디를 지지하고 나섰다. 간디에 대한 지지는 인도에서는 넘는 것이 불가능한 것으로 생각되었던 종파적 장벽을 극복하였다. 간디의 종교적 도덕적 전언(傳言)은 각계각층의 인도국민에게 감동적인 호소력을 안겨주었다. 힌두교에 근거한 그의 철학적 이념은 가끔 이슬람교, 기독교 및 다른 종교에서 빌려온 자극적인 요소와 결합하기도 하였다. 간디는 인종, 종교, 카스트가 다양한 인도 사회에서 힌두와 모슬렘 사이의 통합, 복잡한 인종적 카스트 집단 사이의 협조에 특별한 역점을 두었다.

이제 간디가 주도하는 국민회의는 온건한 엘리트 집단으로부터 국민대중의 모임으로 변모함으로써 인도의 모든 주요한 이익집단을 대표하게 되고 혁명적 비협조운동에서 수백만 명씩 동원할 수 있게 되었다.

1920년 9월 간디의 비폭력・비협조 운동을 토의하기 위하여 국민회의와 모슬렘연맹의 특별 회합이 캘커타에서 열렸다. 국민회의 의장이었던 과격파의 라즈빠트 라이와 다스 등은 간디의 계획에 동조하지 않았지만 모틸랄 네루 등의 열렬한 지지를 얻어 비협조운동은 찬성 1,886표, 반대 884표를 얻어 국민회의에서 결의로 채택되었다. 국민회의가 직접 행동의 길을 택한 것은 이번이 처음이었다. 간디는 인도 각지를 순방하면서 그의 비협조운동에 대한 지지를 호소하였다. 12월 국민회의 정기대회에서는 라이 등도 간디의 계획에 동조하지 않을 수 없었다. 나그뿌르에서 열렸던 이 대회에서는 간디의 비협조운동이 14,000명 대표들의 압도적인 지지를 얻어 통과되었는데 국민회의의 신조가 합법적이고 평화적인 모든 방법을 통한 인도 국민의 스와라지 달성이라고 선언하였다. 국민회의의 전폭적인 지지를 배경으로 하여 간디는 1921년 말까지 1년 내에 스와라지를 이룩하겠다고 공언하기도 하였다.

마하트마 간디의 비협조운동은 정부를 마비시키는 것이었다. 정부 활동의 중심부인 관청, 법원, 학교 등은 마땅히 붕괴되어야 하며 새로운 근거 위에 재건되어야 했다. 간디의 비협조운동은 인도 국민의 마음을 사로잡았으며 힌두와 모슬렘이 함께 여기에 적극 가담하였다. 외국 상품이 불태워졌으며, 토산품의 사용이 급증하였다. 간디에 동조하여 수천 명의 학생들이 관립학교를 떠나 길거리를 방황하기도 하였다. 국민회의는 국민 교육 기관으로 10개 지역에 학교를 설립하기도 하였다. 국민회의의 서명 운동에는 5백만 명이 가담했으며, 전통적인 면직업의 부흥을 위해 2만 개의 물레가 제작되었다. 인도인들은 분쟁을 법정이 아닌 중재를 통하여 해결하기도 했으며, 영국 정부로부터 받은 작위와 관직을 반환하기도 하였다. 총독정부는 억압 정책으로 맞서 국민회의 지도자들을 비롯한 약 2만 5천 명을 투옥하였다.[8]

간디는 1920년의 국민회의 정기대회에서 국민회의의 새로운 규약을 입안하였다. 국민회의의 기구가 철저히 중앙집권화된 민주주의적 노선으로 개편되었는데 이것은 간디가 남아프리카에서 그의 사티아그라하 운동에 대한 대중의 지지를 집결시키는 데 매우 효과적으로 이용했던 방식이었다. 국민회의의 부락위원회는 면(面)위원회를 선출하고 면위원회는 대표를 군(郡)에 보내고 또 군위원회는 대표를 주(州)에 보내었다. 마지막으로 주위원회는 중앙국민회의에 대표를 보내 350명으로 전인도(全印度)국민회의 중앙위원회 All-India Central Committee of Congress를 구성하였다. 이

8) P. Sitaramayya, *History of the Indian National Congress*, I. Delhi, 1970, p. 202. H. Dodwell, *The Cambridge History of India*, VI, pp. 771-772.

들은 다시 15명의 운영위원회를 선출하여 국민회의의 집행부의 기능을 하도록 하였다. 물론 이러한 개편은 간디의 지도력을 강화하고 국민회의가 서민의 지지를 계속해 받을 수 있도록 계획한 것이었다.

4 시민불복종 운동

한편 제1차 세계대전 이후 도시화와 근대화의 발걸음은 가속화되었다. 대학생, 농민 및 노동자 사이에 정치적 의식이 깊어지고 확산되어 나갔다. 1920년 전기에만 인도에 약 2백 회의 동맹파업이 일어나 1백만 명 이상이 여기에 참여하였다. 전인도(全印度) 노동조합이 결성되고 그 첫 회의가 10월 라즈빠트 라이의 사회로 봄베이에서 열렸다. 인도 공산당이 이때 결성되었으며 로이Mana-bendra Nath Roy가 중심 인물이었다. 러시아의 볼셰비키 혁명과 레닌Vladimir Ulianov Lenin의 집권이 인도에 영향을 주었던 것이다. 상당수의 사람들이 인도의 풍토에서는 계급투쟁과 폭력적 혁명이 간디의 비폭력 개혁보다 훨씬 매력적이라고 생각하였다. 인도 공산주의자들은 레닌이 훨씬 위대한 억압받는 인류의 지도자이며 진정한 혁명가라고 주장하였다.

그러나 인도에서는 간디가 외치는 독특한 형태의 혁명 이념 때문인지 혹은 인도 국민의 뿌리 깊은 종교적 맹신 때문인지 간에 공산주의 이념은 지역적인 한계에 그쳤을 뿐 전국적인 설득력은 얻지 못하였다. 따라서 공산주의는 국민회의에 대한 심각한 도전은 아니었으며 마르크스Karl Marx와 레닌의 이념도 간디 사상에 대한 도전자는 결코 될 수 없었다.

마하트마 간디는 항상 그의 체력과 시간과 관심을 마을 사람들과 함께 일하는 방향으로 돌렸다. 간디의 행동 목표는 자신이 참여하기를 원치 않은 입법의회의 의석을 나누어 갖는 데에 집중하는 것 보다 실용적인 일 예컨대 수직(手織)을 지도하는 일 등에 몰두하였다. 간디는 인도 국민의 지도자들이 실 잣는 일을 매일 실행하게 되면 농민 생활과 더욱 가깝게 접근하게 되고 또 지식인들의 마음속에 평생 동안 하루도 하지 않는 노동에 대한 존엄성을 높이게 될 것이라고 확신하였다. 국민회의의 상징인 물레의 음악 소리가 확산되어 나갈 때 인도의 자유의 노래가 전국에 메아리치게 될 것이라고 말하였다. 간디는 전국 각지를 여행하면서 농민뿐만 아니라 그가 하리잔(Harijans : 신의 자식들)이라고 불렀던 불가촉천민(不可觸賤民)들과도 자주 접촉하였다.

1919년의 인도통치법에 의하면 정부는 10년 후에 인도의 합법적 개혁에 관한 문제를 거론하도록 규정하고 있었다. 영국 정부는 예정보다 빨리 인도의 정부 조직, 교육 확대 및 대의제도 등을 연구하기 위하여 1927년 존 사이몬 John Simon을 위원장으로 하는 사이몬 위원회를 임명하였다. 인도에 대의정부의 원리가 바람직한 것인가 또 현재 어느 정도 인정되고 있는 책임정부 형태는 확대 혹은 제한되어야 할 것인가 등을 조사하기 위하여 구성된 위원회였는데 7명 모두 영국 국회의원들이었다. 인도인들은 조국의 운명이 그들과는 협의도 없이 외국인들에 의해 결정되게 된 데서 당연히 불만을 표시하게 되었다. 사이몬 위원회가 임명된지 한 달 후에 열린 국민회의 연례 대회에서는 모든 당파가 참여한 회의의 개최를 결의하면서 사이몬 위원회를 거부하고 나섰다.

사이몬과 그의 동료들이 1828년 초 인도에 도착했을 때 조기(弔旗)가 그들을 맞이하였다. 국민회의는 사이몬 위원회를 반대하는 대중 시위를 이끌었으며 당장의 스와라지를 요구하였다. 영국인 위원들이 가는 곳이면 봄베이, 마드라스, 델리, 라호르 등 어디에서나 똑같은 대중 시위가 그들을 기다리고 있었다. 5월의 국민회의가 중심이 된 임시대회에서는 인도의 자치 정부를 위한 법률 이론을 마련하기 위해 모틸랄 네루를 위원장으로 하는 위원회가 조

총독 관저(뉴델리)

직되었다. 여기에서 작성된 이른바 〈네루 보고서〉는 인도가 캐나
다, 호주 등과 마찬가지로 자치령이 되어 모든 권력이 인도 국민
으로부터 나와야 한다고 주장하였다. 국민회의는 지금까지 영국
지배 하에서 그들의 자치권이 확대되는 것을 요구해 왔었지만 이
제는 그들의 목표로 독립을 공식적으로 거론하기에 이른 것이다.
국민회의는 1929년 말까지 정권 이양이 이루어진다면 자치령의 지
위를 받아들이겠지만 그렇지 못할 경우 당장 완전독립의 요구와
함께 비폭력 비협조 운동을 조직하여 납세 거부 운동을 전개하겠
다고 결의하였다.

　인도 총독 어윈(Edward Wood Irwin, 1926-1931)은 1929년 가
을 영국으로부터 인도로 돌아와서 영국 정책의 궁극적인 목표는
인도에 자치령의 지위를 부여하는 것이라고 선포하고 정치적 개혁
에 대한 최선의 방안을 마련하기 위하여 다수의 인도 대표들이 참
석하는 원탁회담(圓卓會談)을 개최할 것이라고 밝혔다. 이 내용은
영국의 집권당과 야당 사이에 합의된 사항이었으므로 중대한 진전
을 보여주고 있었다. 국민회의 운영위원회는 총독의 선언과 약속
을 환영하면서 정부로 하여금 구체적인 신뢰를 표현하도록 촉구하

고 나섰다. 12월 라호르에서 열린 국민회의 정기 대회에서는 모틸랄 네루의 아들인 자와할랄 네루(Jawarharlal Nehru, 1889-1964)가 의장으로서 완전독립을 인도의 새로운 정치적 요구로 제의하였으며 독립은 영국 제국주의 지배로부터의 완전한 자유를 의미한다고 천명하였다. 국민회의는 1930년 1월 26일을 독립기념일로 선포하여 전국적으로 수백만 명이 참가하여 기념식을 가졌다.

한편 간디는 1930년 1월 자신이 편집하고 있던 《청년인도 Young India》를 통하여 11개 항을 제시하였다. 인도 국민이 신뢰할 수 있는 행동의 표현으로 정부가 폭력 활동의 혐의가 아닌 모든 정치범을 즉시 석방하고 부르조아지의 이익을 위한 인도의 경제 정책을 시정해 주도록 요구하였다. 당시 어윈 총독은 그러한 진보적인 조치를 준비하지 않고 있었으므로 인도인들은 좌절과 반항의 마음 속에서 편잡 지방에 폭력 행위가 나타나고 델리에서는 피해는 없었지만 총독의 기차에 폭탄이 투척되기도 하였다. 간디는 결국 총독이 자신의 제의를 거절하자 4월부터 새로운 비협조운동을 개시한다고 선포하였다. 물론 당시의 간디의 권위는 인도 국민 사이에 절대적이어서 그의 주장은 곧 국민적 지지를 얻어 국민회의의 결의로 채택되곤 하였다.

마하트마 간디가 단행한 1930년의 시민불복종 운동은 이전의 운동보다 훨씬 적극적이었다. 10년 전의 비협조 운동이 무저항적 운동이었던 것과는 대조적으로 시민불복종 운동은 적극적인 반항 운동이었다. 전자는 행정부에 협조하지 않음으로써 곤경에 처하도록 하려는 것이었으나, 후자는 대규모의 특별한 불법 행위를 감행함으로써 영국의 지배 체제를 마비시키려는 것이었다.

마하트마 간디는 대중의 지지를 얻기 위하여 모든 국민 특히 가난한 사람들에게까지 영향을 미치는 불만이 많은 염세(鹽稅)에 대항하는 방법을 택하였다. 소금은 말할 것도 없이 모든 인도인이 필요로 하는 생활 필수품이었다. 그러나 소금은 많은 세금이 부과되는 국가의 전매품이었으므로 어느 누구도 소금을 제조하거나 파는 것은 불법 행위였다. 해안 지방의 농어민들이 천연소금을 채취하여 사용하여도 구속되었다. 간디는 바닷물로 직접 소금을 만드는 불법적 행동을 의도적으로 감행함으로써 불복종의 의지를 적극적으로 표현하였다. 간디는 선발된 79명의 남녀 추종자들과 함께 그의 아쉬람(Ashram : 수도장)이 있는 아메다바드 부근의 사바르마띠Sabarmati로부터 단디Dandi 해안까지 241마일을 행진하였다. 61세의 간디가 이끄는 행렬은 많은 사람들에게 마치 모세 Moses가 유태민족을 이끌고 출애굽을 감행하는 모습을 연상케 하였다. 5월 12일에 시작하여 25일 동안 계속된 간디의 이른바 〈소금 행진〉에는 수많은 군중이 뒤따랐다. 주변의 마을 사람들이 몰려나와 길 위에 꽃을 뿌리고 간디 앞에 무릎을 꿇었다. 황제도 부러워할만한 경의와 갈채를 받은 간디의 행진을 신문들은 연일 보도하였으며 그 소식은 세계로 전송(電送)되어 나갔다.

인도의 자유주의자들과 상당수의 모슬렘이 냉담한 태도를 보이기도 했으나 간디의 소금 행진은 인도 일반 남녀들의 마음을 사로잡았다. 간디는 단디 해안에 도착하여 직접 천연소금을 채취하였다. 간디는 자신이 소금법(法)을 위반한 것을 공식적으로 인정하면서 모든 인도인에게 소금을 만들거나 천연소금을 채취하는 데 협조하도록 호소하였다. 간디의 태도는 사실상 총독정부에 대한 공식적인 전쟁 선포를 의미하였다. 간디의 행동은 대규모적인 민중운동의 신호였으며 수천 명의 인도인들이 간디의 충고에 따라 법을 어기면서 소금을 채취하였다. 인도 전체가 심각한 소용돌이 속에 휘말렸으며 간디의 추종자들과 정부군 사이에 유혈 충돌이 일어나기도 하였다.

총독정부도 강경 진압책으로 맞섰다. 간디를 비롯하여 국민회의 운영위원회 전원이 구속되었다. 간디는 투옥되어 다음해 1월까지 구금되어 있었으며 자와할랄 네루는 6개월 징역형을 받았다. 간디의 구금 소식은 인도인들의 격렬한 저항과 파업으로 몰고 갔다. 캘커타, 델리, 페샤와르 등지에서는 폭력적인 소요가 일어났다. 솔라뿌르Sholapur 같은 곳에서는 산업 폭동이 발생하고, 카운뿌르 등 몇 곳에서는 종파적 분규가 일어나기도 하였다. 감옥은 수많은 애국자들로 가득 찼는데 공식 발표에 의하면 사망 103명, 부상 420명에 약 6만 명이 투옥되었다.[9]

5 원탁회담과 〈인도철퇴(印度撤退)〉요구 운동

어윈 총독은 명망 있는 인도인 변호사 사프루Tej Bahadur Sapru를 투옥중인 간디에게 보내 원탁회담에 국민회의 대표가 참석해 주도록 설득하였다. 네루 부자(父子)는 석방되었지만 간디는 계속 감옥에 있어야 했다. 제1차 원탁회담이 1930년 11월 런던에서 열렸으며 인도의 토후, 자민다르, 기업인, 모슬렘 및 기타 공동체의 대표들이 다수 참석함으로써 겉으로는 화려한 모임이었다. 그러나 정작 국민회의 대표는 참석하지 않음으로써 주인공이 빠진 공연이 되고 말았다. 첫 회담은 성과없이 끝났으며 간디가 석방되었다.

어윈 총독과 간디 사이에 회담이 델리의 총독 관저에서 열렸다. 위엄 있고 화려한 차림의 총독과 반나(半裸)의 수도승이 대등하게 나란히 걷고 있는 사진을 보는 것은 인도 국민에게는 통쾌한 장면이었고 영국인에게는 메스껍게 느껴지는 모습이었다. 1931년 3월 어윈·간디 협정 the Irwin-Gandhi Pact이 총독에 의해 공표되었다. 어윈은 많은 것을 얻었고 간디는 얻은 것이 많지 못하였다. 시민불복종 운동은 중지되며 인도 군인과 관리로 하여금 정부에 반항하거나 직위에서 사퇴하도록 영향력을 행사하지 않도록 하

---

9) R. C. Majumdar, *An Advanced History of India*, p. 984.

였다. 총독은 전부는 아니지만 대부분의 투옥자들을 석방하고, 가정용 소금의 개별적 생산을 허용하기로 하였다. 정부는 스와데시 운동을 인정하지만 간디는 영국 상품에 대한 보이코트를 사티아그라하 운동의 형태로 진행하지는 않기로 하였다. 또 간디는 다음 번의 원탁회담에 참석할 것이라 발표되었다.

인도 급진주의 세력의 기수였던 수바스 찬드라 보세Subhas Chandra Bose와 많은 젊은이들은 이 협정을 총독정부에 대한 항복문서로 해석하고 영국 정부의 허황된 약속에 속아서 인도 민족주의자들의 애국적 요구를 팔아 넘겼다고 비난하였다. 그들은 특히 시민불복종 운동이 진행되는 동안 경찰이 저지른 만행에 대한 공식적인 조사에 대한 요구를 간디가 철회해 버린 데 대해 혼란을 느꼈다. 많은 인도인들이 어윈·간디 협정을 국민회의가 완전독립으로부터 물러선 것으로 해석하였다.

제2차 원탁회담에서 간디의 목소리는 대서양을 넘어 미국에서 라디오를 통해 들을 수 있었다. 런던 회담은 커다란 충격과 함께 그를 지치게 만들었다. 원탁회담에는 이크발Muhammad Iqbal, 아가 칸the Aga Khan 및 진나 등이 모슬렘연맹을 대표하였고, 시크족을 대표하여 타라 싱Tara Singh이 참석하였으며, 불가촉천민을 대표했던 인물은 암베드카Dr Ambedkar였다. 특히 암베드카는 마하라슈트라 지방의 불가촉천민 출신의 탁월한 지도자로서 런던과 컬럼비아 대학에서 수학하였으며 후일 인도 헌법의 기초(起草)에 주도적 역할을 하게 되는 인물이었다. 참석한 대표들 모두는 자신들의 공동체를 위해 분리선거제를 요구하였다. 간디는 불가촉천민은 힌두이므로 자신이 그들을 대표한다고 주장하면서 영국 측이 암베드카의 주장에 관심을 보인 것은 모슬렘의 경우와는 달리 분리정책의 교활한 수법이라고 비난하였다.

인도 국민의 불복종 운동이 재연(再燃)되었다. 윌링던(Lord Willingdon, 1931-1936) 총독은 완고한 보수주의자였다. 간디는

1932년 초 귀국한 후 구금되었으며 국민회의 중앙운영위원회와 지방위원회 위원들이 일망타진되었고 국민회의 활동이 불법으로 규정되었다. 영국 상품에 대한 불매운동이 확산되었으며 많은 농민들이 납세 거부를 단행하기도 하였다. 폭력 활동이 일어났는데 이것은 비폭력 노선을 항상 견지하는 간디의 의도에 어긋나는 행동이었다. 국민회의의 집계에 따르면 시민불복종 운동으로 1년 동안에 12만 명이 체포되었다.

맥도널드Ramsay MacDonald 영국 수상의 발표에 따라 모슬렘에 부여되어 왔던 분리선거제의 조항을 시크족, 인도 기독교인, 영인(英印)혼혈인, 유럽인 및 불가촉천민에게까지 확대하였다. 마하트마 간디는 종교인으로서 그에게 열려 있는 다른 길이 없다는 것을 말하면서 죽을 때까지 단식을 결행하였다. 간디는 전에도 단식이라는 극단적인 무기를 사용했었지만 이번에는 모두들 그의 투쟁 방법에 대하여 의아하게 생각하였다. 왜냐하면 그것은 영국 정부를 겨냥하기보다는 불가촉천민에 직접적으로 대항하는 것으로 보였기 때문이었다. 그러나 간디는 이 문제를 힌두교의 생존 그 자체와 직결되는 것으로 판단하였다. 따라서 간디는 영국 측이 계획한 선심(善心)보다 암베드카에게 더 많은 자리를 양보할 마음을 가졌다. 간디가 원했던 것은 다만 억압받는 불가촉천민이 자신들을 다른 종교단체가 아니라 힌두교의 일원이라고 생각하는 것뿐이었다. 간디는 추종자들이 수천 개의 힌두 사원들을 하리잔(불가촉천민)에게 열어줄 것을 희망하였으며 또한 세계 여론이 이들에 대한 비(非)인도주의에 관심을 보이도록 호소하였다. 〈만약 불가촉천민 제도가 뿌리뽑힌다면 그것은 힌두교의 가공할 오점이 정화되고 그 여파는 세계적으로 번져 나갈 것이다. 나의 불가촉천민 제도에 대항하는 투쟁은 인도주의의 비(非)순수성에 대한 싸움이다.〉[10]

---

10) S. Wolpert, 앞의 책, p. 322.

간디의 종교적 정치적 직감은 혁명가적 천재성을 발휘하였다. 인도인들의 계급적 편견을 극복하는 데 하나의 계기를 만들었다. 예라브다Yeravda 감옥에서 일주일 동안의 협상 끝에 간디와 암베드카는 합의에 도달하였다. 협약에 따라 불가촉천민은 지방의회에서 147석을 확보하게 되었는데 이것은 맥도널드 수상이 계획했던 71석 보다 훨씬 많은 것이었다. 협정에 뒤이어 힌두 지도자 회의는 앞으로 힌두 사회에 어느 누구도 출생의 이유만으로 불가촉천민으로 취급당하지 않을 것이며 공공 우물, 공공 학교, 공로(公路) 및 기타 공공 시설의 사용에 있어서 다른 힌두와 동등한 권리를 갖는다고 결의하였다.[11]

영국 내각에서도 이 협정을 받아들였으며 인도 전역에서 불가촉천민 철폐 주간(週間)으로 축하하였다. 제3차 원탁회담이 11월에 열렸고 1933년에 정부의 백서가 발표되었으며 이는 1935년의 인도 통치법으로 변형되어 공포되었다.

제2차 세계대전이 발발하자 린리트고우(Lord Linlithgow, 1936-1943)총독이 인도 국민은 독일과 전쟁 상태에 들어갔다고 선포했을 때 국민회의는 굴욕감과 배신감을 느꼈다. 제1차 세계대전의 여파에 대한 쓰라린 기억이 간디와 그의 동료들의 마음속에 아직도 남아 있었기 때문이었다. 네루와 다른 사회주의자들은 나치와 파시스트 독재에 대항하는 영국의 인도주의적 투쟁에 개인적으로는 동정심을 가졌으면서도 그들은 전쟁 선포 전에 협의해 온 일이 없는 영국정부를 지지할 수 없었다. 완전 독립의 인정 없이 그들이 참전하는 데 동의하기는 어려운 분위기였다.

처칠Winston Churchill 영국 수상은 1942년 3월 당시 하원의장이며 전시내각(戰時內閣)의 각료였던 스테포드 크립스Stafford Cripps와 국방상을 인도에 사절로 파견한다고 선언하였다. 대전이

---

11) 그러나 불가촉천민 제도가 법으로 철폐되기까지는 또다른 20년이 소요되었으며 인도인의 실생활에서 계급제도에 대한 편견이 사라진다는 것은 아직도 요원한 일이었다.

격화되어 일본군이 버마를 석권하고 인도까지 위협하고 있을 때이므로 인도의 협조를 구하기 위하여 이른바 〈크립스 사절단〉을 파견하였다. 크립스는 간디와 네루의 벗으로서 인도의 자유에 관심을 보여온 인물이었으므로 인도인들의 기대와 희망을 부풀게 만들었다. 그는 종전되면 인도연방에 완전한 자치령의 지위를 부여한다는 제의를 하였다. 연방에 소속되기를 원치 않는 주(州)나 토후국이 제외되는 것은 자유가 될 것이라고 주장하였다.

간디가 이끄는 대규모적인 독립 운동은 대개 10년 간격으로 일어났다. 간디는 크립스의 제의를 즉각 거부하고 크립스에게 되돌아 가도록 권유하였다. 간디는 이 제의를 〈도산한 은행의 연수표(延手票)〉라고 불렀다. 간디는 그의 마지막 사티아그라하 운동인 〈인도철퇴(印度撤退, Quit India)〉 운동을 시작하였다. 간디는 인도가 완전한 자유를 얻으면 일본의 침략을 효과적으로 분쇄할 수 있다고 주장하면서 영국이 응하지 않으면 대규모의 시민불복종 운동을 전개하겠다고 위협하였다. 자와할랄 네루를 비롯한 많은 국민 지도자들은 위급한 전시에 대중 운동을 일으키는 데 몹시 회의적이었다.

네루는 젊은 서구화된 계층과 북부 인도의 토지 없는 농민의 우상으로서 간디의 후계자로 부상하고 있었다. 사회주의자이며 사회개혁가인 네루의 온건한 민족주의적 민주주의의 이상은 신흥 서구화된 계층의 정서에 부합하였다. 그러나 간디의 영향력은 절대적이었으며 어느 누구도 그에게 필적할 수 없었다. 특히 인도 농민에게는 간디가 국민회의고 국민회의가 곧 간디였다. 네루도 간디를 설득하려 했지만 결국에는 〈인도철퇴〉요구 운동의 안건을 동의(動議)했던 인물이 네루였다. 전(全)인도 국민회의 위원회는 운영위원회에서 제의한 인도철퇴 요구의 결의를 인준하였다.

간디는 영국인과 인도인이 완전히 분리되어야 할 시기가 왔다고 선언하면서 거리가 멀고 이질적인 두 민족이 통합되어야 할 공통

524

적 이익은 존재하지 않는다고 주장하였다. 인도철퇴 요구 운동은 사실 간디 독단으로 무리하게 추진되어 나갔다. 그는 주위의 반대 의사를 일방적으로 위압하고 오직 자기의 목표만을 위해 국민회의를 이끌어 나갔다. 국민회의 운영위원회에서 반대파들은 사실상 총검으로 제압당했는데 그것은 마하트마 간디가 국민회의보다 더 큰 운동 단체를 창설하기 위해 국민회의로부터 탈퇴하겠다고 위협했기 때문이었다.[12]

인도철퇴 요구 운동은 성공적으로 수행되지 못하였다. 국민회의에서 이 운동을 결의하자 정부 당국은 곧 간디를 비롯한 운영위원 모두를 구속해 버렸다. 지도자가 없는 상태에서 효과적인 조직과 계획이 이루어질 수 없었다. 인도철퇴 요구 운동으로 1942년 말까지 국민회의 지지자 약 6만 명이 체포되었다. 폭력과 억압이 공포와 전율 속에서 절정에 이르렀다. 간디는 더 이상 그의 〈군대〉(추종자)를 통제할 수 없었다. 1천여 명이 사망하고 3천여 명이 크게 다쳤다. 영국 지배와 전쟁에 대한 광범한 반대에도 불구하고 많은 인도인들은 냉담하거나 정부를 지지하였으며 인도의 많은 자원이 동원되었다.

인도철퇴 요구 운동은 지주, 상인 등 중상층 사람들의 지지를 얻지 못했으며 모슬렘은 대체로 냉담한 태도를 보였다. 진나와 모슬렘 연맹은 국민회의의 결의를 공개적인 반란을 도모하고 있다고 비난하기도 하였다. 그러면서도 인도철퇴 요구 운동은 독립의 근거를 마련하는 데 큰 역할을 하였다. 지난번에 일어났던 비협조운동과 시민불복종 운동이 독립을 목표로 하는 예행연습과 같은 것이었다면, 인도철퇴 요구 운동은 결전으로 몰고 가는 사건이었다. 처음의 두 번에 걸친 대중운동에서는 인도인의 민족의식을 분기시켜 투옥도 두렵지 않다는 자신감을 불어넣었으나, 이번에는 독립을 위한 투쟁의 최후 단계에서 어떠한 희생도 각오한다는 의지를 보여주었다.

---

12) S. K. Majumdar, *Jinnah and Gandhi*, Calcutta, 1986, p. 156.

마하트마 간디는 독립운동을 추진하는 과정에서 때로는 돌변하는 태도를 보여 많은 사람들을 당황하게 만들기도 하였다. 간디는 사티아그라하 운동이 절정에 이르렀을 때도 폭력이 일어나면 곧 중단시키거나 또는 수차에 걸쳐 국민회의를 탈퇴하겠다고 선언한 바 있는데 이를 그의 심리적 변덕으로 볼 수는 없다. 간디에게 있어서 폭력은 어떤 경우에도 배제되어야 했으며, 표변하는 그의 행동은 영국 측에 대한 책략이기도 하였다. 사실 간디가 국민회의 안에 머물건 혹은 탈퇴해 있든지 간에 그의 영향력은 변함이 없었다. 탈퇴해 있더라도 간디가 국민회의에 대하여 행사하는 영향력은 마찬가지였다. 인도의 존립이 크게 위협받고 있는 위급한 상황에서 동료들의 반대에도 불구하고 인도철퇴 요구 운동을 추진해 나간 것은 간디 자신의 필생의 과업을 이룩하려는 의도가 숨어 있었기 때문이었다.

　마하트마 간디는 인도의 독립을 외치면서 그의 이념은 인도만을 위한 것이 아니고 세계를 위한 것이라고 거듭 강조하였다. 사실 인도의 독립보다는 오히려 남아프리카에서 체득해 온 비폭력 비협조 운동을 세계에 과시하는 것이 그의 목표였다. 무리하게 인도철퇴 요구 운동을 추진했던 것도 그에게는 10여년 만에 찾아온 절호의 기회를 놓칠 수가 없었다. 그의 비폭력운동은 인도 국민뿐만 아니라 전세계 인류에게 전파해야 할 하나의 〈종교〉가 되어야 했다. 당장 독립이 이룩되면 인도는 일본 세력을 구축(驅逐)하겠다고 선언했지만 영국 세력이 철수한 후 영국의 군사적 지원 없이 인도 단독으로 일본을 물리친다는 것은 설득력이 결여된 주장이었다. 사실 그는 일본 세력의 축출보다는 그의 이념을 전파하여 위대한 〈간디 제국〉을 수립하는 것이 궁극적인 목표였는지도 모른다.

제 34 장

모슬렘 민족주의와 인도 파키스탄의 분립

1 사이에드 아메드 칸과 알리가르 운동

모슬렘 지배의 무갈제국이 쇠퇴하고 영국이 새로운 지배 세력으로 등장함에 따라 인도 모슬렘은 자연히 영국인에 대하여 저항감을 갖게 되었다. 모슬렘의 영국인에 대한 적대 감정은 와하비 운동 Wahabi Movement 을 계기로 고조되었으며 대폭동(세포이 반란)으로 그 절정에 이르렀다. 와하비는 모슬렘 가운데서도 가장 호전적이고 청교적인 종파로서 초기 이슬람교의 순수성에로 복귀하려는 집단이었는데 인도 와하비파는 서북 국경지방을 중심으로 영국세력을 축출하고 편잡 지방의 시크족을 타도하려는 조직적인 운동을 전개하였다. 와하비 운동은 크게 성공적이지는 못했지만 모슬렘 민족운동을 위하여 폭도들을 조직할 수 있다는 가능성을 보여주었다. 그러나 대폭동이 일어났을 때는 그들은 오히려 비교적 평온을 유지했었는데 그것은 힌두와 연합하지 않고 독자적인 순수한 모슬렘 운동을 추구했기 때문이다.

대폭동의 실패는 특히 무갈제국의 재흥을 도모하였던 모슬렘에

527

게 깊은 좌절감을 안겨주었다. 영국 측은 대폭동이 모슬렘에 의해 계획되어 추진되었다고 믿고 있었으므로 인도 모슬렘은 무갈제국의 멸망에 따른 굴욕감에다 보복의 두려움까지 느끼면서 매우 위축된 생활을 영위해 갔다. 정치적 상황의 변화에 적응하지 못하고 의기소침해 있던 인도 모슬렘에게 새로운 희망과 활기를 불어 넣어주었던 인물이 사이에드 아메드 칸(Sayyid Ahmad Khan, 1815-1898)이었다.

그는 19세기 후반에 거의 유일하게 돋보이는 탁월한 모슬렘 지도자였다. 사이에드 아메드는 모슬렘 귀족 출신으로서 일찍이 동인도회사에 근무했으며 판사로 재직하기도 하였다. 그는 와하비 운동에는 냉담한 태도를 취했으며 대폭동 때는 영국인의 생명을 구해내면서 영국 정부에 충성하였다. 그가 영국 정부에 충성심을 표시했던 이유는 영국 지배를 기정 사실로 받아들이고 능동적으로 협조함으로써만 모슬렘의 이익이 보장되고 그들의 사회적 지위가 향상될 수 있다고 믿었기 때문이었다. 또다른 이유는 힌두와 모슬렘 사이의 문제에서 기인하였다. 힌두와 모슬렘은 상이한 민족이므로 인도에서 모슬렘은 언제까지나 소수로 머물러 있을 것이므로 어떠한 민주주의에로의 발전도 결국 힌두 지배 아래서의 모슬렘에 대한 억압을 의미한다고 그는 생각하였다.

영국 세력에 대한 반항심이 모슬렘을 근대적 서양 교육으로부터 유리시켜 놓았다. 힌두를 각성 성장시켰던 영어교육이 모슬렘에게는 그들의 전통적 관습에 위배되고 종교를 위협하는 것으로 생각되었다. 그러나 모슬렘이 우려했던 바와는 달리 서구식 교육을 적극적으로 받아들였던 힌두가 그들의 종교인 힌두교를 잃은 것도 아니고 모슬렘만이 사회적 진출에서 낙오되는 결과를 가져오고 말았다. 교육 정도와 관리를 채용하는 데 있어서 힌두와 모슬렘 사이의 불균형은 인구 비율을 감안하더라도 현격한 차이가 있었다.[1]

1) 졸고, 「인도국민운동에 있어서의 모슬렘의 반응」, 《아세아연구》, 54호

사회 진출에 있어서 힌두와 모슬렘 사이의 커다란 불균형 현상은 말할 것도 없이 영어교육과 밀접한 관련을 갖고 있었다. 영국 정부가 인도에 영어교육을 도입시킨 가장 실리적인 이유가 영어에 능통한 인도인을 양성함으로써 고액의 급료를 지불하면서까지 영국에서 관리를 데려오는 대신에 소액의 임금으로 인도인을 채용하려는 것이었다. 인도인이 관직에 임용되는 데 있어서 첫째 구비 조건이 영어를 능통하게 구사하는 것이었다. 인도인에게 개방된 관직을 힌두가 거의 독점할 수 있었던 것은 그들의 월등한 영어 실력 때문이었다. 영어교육을 적극적으로 받아들였던 힌두와 이를 배척했던 모슬렘 사이에 관리로 진출하는 데 있어서 현격한 차이가 나타났던 것은 당연한 결과였다.

사이에드 아메드 칸은 모슬렘의 적극적인 사회 참여를 위한 현실적인 목적에서 영어교육의 도입을 주장하였으며 특히 중산층의 자제들을 교육시키기 위해 그는 1877년 북인도 알리가르 Aligarh 지방에 Muhammadan Anglo-Oriental 대학을 창립하였다. 힌두 대학이 설립된지 반 세기가 지난 후에야 모슬렘 대학은 비로소 창립을 보았지만 알리가르 대학은 곧 서양 학문의 전파와 이슬람사상 연구의 중심지가 되었다. 모슬렘 근거지인 알리가르 지방에 세워진 이 대학을 중심으로 활발한 이슬람 부흥운동이 일어났으니 이른바 〈알리가르 운동〉이 바로 그것이었다.

사이에드 아메드를 비롯한 그의 추종자들이 참가하여 활동하였던 알리가르 운동은 문학, 사회생활, 교육 및 종교 분야의 혁신에 목표를 둔 문화운동이었다. 알리가르 대학을 중심으로 모슬렘 선각자들은 서양 교육의 실시에 따른 자유민주주의 사상의 영향으로 모슬렘에게는 허용되어 왔던 일부다처제와 과부의 재혼 금지 등을 비난하였다. 그들은 경전 『코란』에 자유주의적인 해석을 부여하였으며 이슬람교와 근대적 문화를 조화시키려고 노력하였다.

(1975), 아세아문제연구소, pp. 111-112.

알리가르 운동을 주도했던 사이에드 아메드는 이슬람교와 그들의 인습을 개혁하려고 시도했지만 그렇다고 그것이 그의 종교에 대한 중요성을 경시한 것을 의미하지는 않았다. 그는 영어교육의 필요성을 주장하면서도 동시에 이슬람교에 대한 독실한 신앙심을 요구하면서 문화 발전에 있어서의 종교의 역할을 강조하였다. 문화의 발전은 주로 이질문화의 상호 교섭의 결과라는 것이 그의 생각이었으므로 모슬렘 민족 문화의 발전을 위해서도 서구 문화의 특성을 받아들이는 것이 유익하다고 주장하였다.

알리가르 대학의 학장으로 취임한 데오도르 벡Theodore Beck은 케임브리지 대학에서 수학했던 영국인으로 사이에드 아메드의 영국 정부에 대한 충성심에 감동하여 그의 제자로 자처하였다. 벡은 어느 면에서는 사이에드 아메드에게 많은 영향을 미친 사람이기도 하였으며 인도 모슬렘의 자각과 지위 향상을 위해 노력하는데서 실제로 사이에드 아메드의 오른팔 역할을 하였다. 벡은 영국 보수당과 정치적 견해를 같이 했으며 대영제국의 위세에 커다란 자부심을 갖고 있었다. 대영제국의 통치에 절대적인 신뢰를 부여했던 그는 영국 문화와 정치적 이념이 세계에 전파되어 영국 영도 하에서 평화와 번영이 이룩되기를 희망하였다. 벡은 힌두로부터 모슬렘의 분리를 호소하여 종파적 분열주의를 조장시켰던 인물이었다. 모슬렘 청소년들로 하여금 힌두에게는 증오심을 갖고 지배자에게는 충성심을 보이도록 설득했던 그의 행동은 모슬렘을 힌두로부터 유리시킴으로써 영국 정부에 충성하는 신민으로 양성하려는 계획에서였다.

알리가르 운동의 결과는 성공적으로 나타나 모슬렘은 그들의 전통에 대해 신념을 갖고 자조(自助)하는 민족으로 성장하게 되었으며 대폭동 이후 모슬렘이 영국 정부에 충성적이 아니라는 오해는 더 이상 존재하지 않게 되었다. 알리가르 대학의 졸업생은 모슬렘에게 배정된 정부 관리직을 채우기에 충분하였으며 더 나아가 힌두 학생들과 경쟁할 수 있게 되었다. 사이에드 아메드가 이끌었던 알리가르 운동은 소수 민족인 모슬렘에게 희망을 갖고 활기찬 생활을 할 수 있는 용기와 자신감을 불어넣어 주었다.

2 모슬렘의 국민회의에 대한 반응

알리가르 운동의 기수들은 반(反)힌두주의를 고취시키고 정치적 활동을 배제하였기 때문에 힌두가 주도했던 인도국민회의의 활동에 동조할 수 없었다. 지배자와의 제휴 아래서만 모슬렘의 발전과 이익이 보장될 수 있다고 믿었던 그들이 영국 정부의 대인정책(對印政策)에 대한 비판을 일삼고 있는 힌두의 정치적 활동 단체인 국민회의에 가담하는 것은 극히 위험스러운 일이었다. 모슬렘 지도자들은 국민정부를 수립할 능력이 없는 인도에서 국민회의의 활동은 다만 선동적인 행위에 불과하다고 보았다. 만약 모슬렘이 국민회의 활동에 참여한다면 소수 민족인 그들의 불행만을 초래할 뿐이라고 믿었다.

사이에드 아메드 칸이 국민회의 창립대회에 초대받았는가의 여부는 확실치 않지만 그는 처음부터 국민회의와 관련하여 행동한 일이 없었다. 오히려 그는 인도의 힌두 지배를 우려하면서 모슬렘으로 하여금 국민회의의 활동에 가담하지 말도록 철저하게 설득하였다. 그는 만약 국민회의 건의가 영국 정부에 의해 받아들여져 인도에 대의제도가 수립될 경우 인구 비율면에서 모슬렘에 비하여 힌두가 4배로 압도하고 있었으므로 힌두 지배의 횡포의 가능성을 우려하였다.

당시 영국에서도 재산 정도에 따라 참정권이 인정되고 있었으므로 인도에 투표권이 확대될 경우 이와 같은 영국의 투표제를 따르게 될 것이라고 상상하였다. 무갈제국에서는 모슬렘이 정치 경제적인 면에서 우위를 차지했지만 이제 그들의 지위가 역전되었으므로 투표권의 확대도 결국 모슬렘에게 불리하게 작용할 것이라고 판단하였다. 알리가르 운동의 지도자들이 의회제도의 도입마저 반대하고 나섰던 것은 단일 민족으로 구성되고 종교적 갈등이 없는 국가에서는 대의정치가 바람직한 제도이지만 인도와 같은 복합 사회에서는 인종과 종교에 근거하여 대표를 선출할 것이므로 오히려 큰 병폐를 가져온다고 판단했기 때문이었다.

알리가르 운동의 지도자들은 관리 채용에 있어서의 경쟁시험제도를 반대하였다. 그 이유는 인구와 교육수준에 있어서 도저히 힌두와 경쟁할 수 없었기 때문이다. 영어교육의 중요성을 인식하고 모슬렘에게 서구식 교육을 가르치기 위해 알리가르 대학이 설립되었지만 아직 모슬렘은 이미 고등교육을 받은 수많은 젊은이들을 배출한 힌두와 경쟁하기에는 너무나 미약하였다. 모슬렘에게는 만약 모든 관직이 경쟁시험에 의해 주어진다면 그 결과는 영어교육 수준이 높은 벵골 지방의 힌두가 독점하게 될 것으로 판단되었다.

모슬렘 지도자들은 국민회의를 말과 글로써만 비난한 것이 아니고 상승일로에 있는 국민회의의 인기를 떨어뜨리고 모슬렘 대표들이 여기에 참가하는 것을 저지하기 위하여 국민회의에 대치하는 모슬렘 활동 단체를 조직하였다. 국민회의가 창립된 다음해인 1886년에 사이에드 아메드는 회교도 교육회의Muhammadan Educational Congress를 조직하였는데 이는 곧 그의 활동 무대가 되었다. 회교도 교육회의는 국민회의의 활동에 자극을 받아 창설된 것으로써 국민회의가 개최되는 꼭 같은 시기에 다른 장소에서 연례적으로 집회를 가졌다.

데오도르 벡은 2년 후에 또 인도애국연합회를 조직하였다. 회교도 교육회의가 교육 문제의 논의를 주요 임무로 내세웠던 것과는 대조적으로, 인도애국연합회는 국민회의의 활동을 비판하고 특히 영국에서 반(反)국민회의 선전활동을 전개하는 데 주력하였다. 애국연합회의 주요 목표가 전체 인도 국민이 국민회의의 목적에 동조한다는 국민회의 지지자들의 허위 진술을 영국의 국민, 의회 및 신문에 알리기 위해 팜플렛을 발행하여 배포하는 것이었다. 애국연합회의 회원은 모슬렘에게만 국한된 것이 아니라 상당수의 힌두와 영국인을 포함하고 있었다. 여기에 가입한 힌두는 귀족이나 지주로서 국민회의에서 활약하는 이른바 교육 중간 계급이 힌두 사회에서 득세함에 따라 전통적으로 유지해 온 그들의 권위와 지위가 침해받고 있는 사람들이었다.

국민회의에 모슬렘 대표가 전혀 참석하지 않았던 것은 아니다. 알리가르 운동 지도자들의 반(反)힌두 반(反)국민회의의 태도에도 불구하고 소수의 모슬렘은 꾸준히 국민회의에 참여하였다. 국민회의 창립대회는 참가 대표 72명 가운데 54명이 힌두라고 하여 〈힌두 회의〉라고 비난받기도 하였지만 여기에 봄베이 출신 변호사인 두 명의 모슬렘이 참석하였다. 제2차 국민회의에는 모슬렘 대표가 33명이었고, 제3차 대회에는 참가 대표 총 607명 가운데 모슬렘이 83명이었으며 다분히 의도적인 선전 효과를 노린 것이긴 하지만 저명한 모슬렘 법률가인 바드루딘 띠야브지 Badruddin Tyabji를 의장으로 선출하기도 하였다. 봄베이에서 열린 제5차 국민회의에는 총 2천 명의 참가 대표 가운데 모슬렘이 254명이나 참석했으나 그 후에는 모슬렘 대표의 참가 숫자가 현저히 감소하여 제11차 뿌나 대회에서는 총 참가 대표 1,584명 가운데 모슬렘은 겨우 19명이었으며 그것도 17명이 뿌나와 그 주변 지역의 출신이었다.

국민회의에 참가하는 모슬렘 대표의 수효가 격감했던 이유는 국민회의의 활동을 저해하기 위해 조직되었던 회교도 교육회의와 인도애국연합회의 활동이 활발하게 전개된 데에 한 원인이 있었다. 이들 단체는 모슬렘이 국민회의에 참가하는 것을 막기 위해 국민회의의 개최일과 같은 시기에 다른 장소에서 회합을 갖는 일이 예사였다. 이들 단체의 반(反)국민회의 활동은 사이에드 아메드 칸과 대오도르 벡이 활동하는 동안에는 상당한 효과를 나타냈던 것이 사실이다. 또 국민회의의 참가 대표가 급증함에 따라 대표의 선거 문제가 거론되었으며 참가비를 대표자 자신이 지불하게 됨에 따라 참가 대표의 수효는 감소하게 되었다.

또 이 무렵 여러 지역에서 성우도살(聖牛屠殺)반대운동을 계기로 힌두와 모슬렘 사이에는 산발적인 충돌이 일어났는데 이 사건이 모슬렘으로 하여금 국민회의와 거리감을 갖게 만든 또다른 요인이었다. 이 소동은 모슬렘이 소를 죽였을 경우나 힌두 성우보호협회가 반(反)모슬렘 선전 활동을 전개시킨 데서 일어났다. 종파 간의 충돌은 하층 계급에서만 일어났던 것이 아니고 고등 교육을 받고 개화된 지도자들도 배후에서 폭력 활동을 사주하거나 신문 등을 통하여 대립 감정을 자극하고 있었다.

3 모슬렘연맹과 분리선거제

알리가르 운동을 주도하였던 사이에드 아메드 칸이 세상을 떠나고 곧이어 데오도르 벡도 사망하자 인도 모슬렘은 좌절감과 불안감을 느끼게 되었다. 20여년 동안이나 사이에드 아메드는 모슬렘의 지도자일 뿐만 아니라 그들의 권리와 이익의 보호자로서 모슬렘에 관련된 문제들을 거의 단독으로 처리해 왔기 때문이었다. 그러나 새로이 교육을 받은 지식층의 일부는 소수 지도자들의 수중에 인도 모슬렘 전체의 운명을 위탁하는 데 불만을 표시하기도 하였다.

이 무렵 인도에서의 큰 정치적 사건은 벵골 주의 분리 조치와 그에 따른 인도인의 반응이었다. 벵골 분리 계획이 발표된 후 모슬렘 측의 반응은 당장 뚜렷이 나타나지 않았다. 처음에는 힌두와 행동을 같이 하면서 반대 운동에 가담하는 경향이 많았다. 동(東)

벵골 지역에서 가장 영향력이 큰 모슬렘 지도자의 한 사람인 다카 지방의 토후 살리물라Salimullah는 벵골 분리를 적극적으로 반대하고 나선 대표적인 인물이었다.

커즌 총독은 벵골 분리 정책에 대해 힌두와 모슬렘이 연합하여 반대 운동을 전개할 것을 우려하고 모슬렘을 설득시키기 위해 동벵골 지방을 방문하였다. 그는 대중 집회에서 벵골 분리의 목적이 벵골 지방의 행정적 능률을 향상시킬 뿐만 아니라 지금까지 소외당해 온 동벵골 지방의 발전을 도모하기 위한 것이라고 강조하였다. 특히 총독은 다카 부지사(副知事) 풀러B. Fuller를 통하여 토후 살리물라를 설득하는 데 성공하였다. 풀러는 모슬렘의 호감을 사고 벵골 분리 조치에 대한 반대 운동에서 힌두를 고립시키기 위하여 온갖 수단 방법을 동원하였다. 풀러는 벵골 분리를 처음에는 비열한 계획이라고 생각하고 있던 토후 살리물라에게 10만 파운드(£)를 대부해 줌으로써 그의 지지를 얻었으며 또 관직의 대부분이 모슬렘을 위하여 배정되어 있고 어떤 경우는 등용될 자격이 구비된 모슬렘이 없어서 공석으로 남아 있다고 선전하여 모슬렘을 설득시켰다.[2] 이제 살리물라가 벵골 분리는 결국 모슬렘에게 커다란 이익이 된다고 공표하고 설득 작업에 나섬으로써 대부분의 동벵골 모슬렘은 총독의 벵골 분리 정책을 지지하게 되었다.

벵골 분리 이후 국민의 열렬한 호응을 얻어 스와데시 · 보이코트 운동이 전례 없던 애국운동으로 파급되어 나갔지만 여기에도 대부분의 모슬렘은 냉담하였다. 모슬렘은 벵골 분리에 대한 힌두의 반항 운동이 특히 공직에서 모슬렘에 대한 힌두 우위를 유지하기 위한 시도 이상의 아무것도 아니라고 해석하였다. 그렇지만 일부 모슬렘은 처음부터 스와데시 운동 등 벵골 분리 반대운동에 적극 참여하여 그 전위 역할을 담당한 것도 사실이었다.

---

2) G. Singh, *Landmarks in Indian Constitutional and National Development*, p. 142.

인도상 존 몰리는 1906년 민토 총독이 입법참사회의 확대 문제를 토의하기 위해 소위원회를 구성할 것이라고 공표하였다. 영국 정부의 의도가 전해지자 인도 모슬렘은 그들의 권리 보호와 보다 많은 대표의 진출을 위해 정부와 협상하는 것이 필요하다고 생각하였다. 모슬렘은 총독이 그들에게 동조적이라는 판단 아래 서명 운동을 전개하였다. 며칠 내로 4천여 명의 서명을 받은 청원서를 휴대하고 아가 칸 Aga Khan, Sultan Mohammed Shah이 인솔하는 36명의 모슬렘 대표단이 여름 휴양지인 심라 Simla에 체류하고 있는 민토 총독을 방문하였다.

〈심라 대표단〉이라고 불리는 모슬렘 대표들은 영국 통치가 베푼 은전에 감사를 표시하면서 인도 모슬렘은 단순한 인구 비율에 의해서가 아니라 정치적 중요성과 그들이 제국 방어에 공헌해 온 가치에 따라 평가되어야 한다고 건의하였다. 모슬렘은 6,200만 명 즉 전 인구의 약 4분의 1을 차지하고 있을 뿐이므로 인구 비율에 따라 대표를 선출할 경우 모슬렘은 압도적인 열세에 처하게 될 것이므로 모슬렘 대표는 순수한 모슬렘 선거인에 의해서만 선출되어야 한다는 분리선거제의 실시를 요구하고 나섰던 것이다.

민토 총독은 특별 연회를 베풀어 모슬렘 대표단을 환영하였으며 적극적인 협조를 다짐하였다. 영국의 의회와 신문들도 민토 총독의 대책을 성공적으로 해석하였고 영국정부와의 협조를 도모하고 거기에서 그들의 이익을 확보하려는 모슬렘의 지혜를 찬양하였다. 벵골 주의 분리 조치 이후 스와데시 · 보이코트 운동이 격렬하게 일어나는 시기에 영국 측에서 볼 때 모슬렘 세력을 위무(慰撫)하여 안정을 유지한다는 것은 매우 현명한 대책이었다.

민토 총독의 호의적 반응은 모슬렘 지도자들에게 용기와 희망을 주었는데 그 결과는 직접 그들의 행동으로 나타났다. 1906년 12월 후일 모슬렘 민족주의운동의 주도적 역할을 담당하게 되는 전인도(全印度)모슬렘연맹 All India Muslim League이 동벵골의 다카에서 출범하였다. 모슬렘연맹은 설립 목표가 인도 모슬렘에게 영국 정부에 대한 충성심을 조장시키고 그들의 정치적 권리와 이익을 보호하고 신장시키는 것이라고 분명히 밝혔다. 모슬렘연맹의 탄생에 따라 일찍이 국민회의 활동의 효과를 상쇄하기 위해 사이에드 아메드 칸이 창립했던 회교도 교육협회는 발전적으로 해체되었다.

여기에서 눈에 띄는 것은 후일 모슬렘 분리 독립 운동에 있어서 주도적 역할을 담당했던 무하마드 알리 진나M. A. Jinnah가 모슬렘연맹 창립대회에 참가하지 않고 도리어 국민회의에 출석하였다는 사실이다. 당시 진나는 국민회의 활동에 참여하면서 힌두 모슬렘의 화해를 모색하고 있었다.

1909년의 인도참사회법은 민토 총독이 모슬렘의 〈심라 대표단〉에게 약속하였던 특혜를 그대로 인정하였다. 제국입법참사회의 총 60개 의석 가운데 27명은 비관리(非官吏)의원으로서 선거에 의해 뽑히게 되어 있었다. 일반선거, 분리선거구 및 특별선거구에서 함께 선출해야 하는 27명 가운데 6명은 모슬렘 분리선거구에서 선출하도록 규정하였다. 지방 입법참사회의 경우도 중앙의 제국입법참사회와 비슷한 비율로 분리선거구가 인정되었다.

종파와 관련이 없는 일반선거권 이외에 모슬렘은 분리선거권을 부여받았으므로 결국 분리선거구에 인정된 의석 수만큼 그들은 정부로부터 특혜를 받은 셈이었다. 모슬렘은 정치적 반항 운동 없이도 힌두가 추구했던 것보다 더 많은 것을 얻은 셈이었다. 분리선거제의 인정은 단순히 모슬렘에게 몇 개의 의석을 더 주었다는 의미 이상을 내포하고 있었다. 그것은 인도에는 대립된 종교에 근거하여 힌두와 모슬렘이 서로 다른 견해와 이해관계를 갖고 있는 도저히 융화될 수 없는 별개 민족이라는 모슬렘의 주장을 영국정부가 공식적으로 인정한 것이었다. 분리선거제를 채택함에 따라 영국 정부는 대영제국 통치의 위업으로 강조해 왔던 통일 인도의 이념에 역행하는 분리주의를 인정하는 결과를 낳고 말았던 것이다.

4 힌두와 모슬렘의 제휴

뱅골 분리조치에 대한 힌두의 반발이 계속되었으므로 하딘즈 (Lord Hardinge, 1910-1916)총독은 부임하자 분리 조치를 취소하기로 결심하였으며 이 결정은 1911년 말 인도를 방문중인 영국 왕 조지 5세 George V에 의해 수도를 캘커타에서 델리로 옮기는 문제와 함께 공포되었다. 모슬렘의 이익을 위해 단행되었다고 총독 정부가 선전했던 뱅골 분리 조치가 취소됨에 따라 모슬렘은 영국 지배자에게 실망을 느꼈다. 또 무갈제국이 멸망한 후 인도 모슬렘은 희미하게나마 그들의 정신적 지주로서 칼리프의 지위를 유지해 온 터키 국왕을 섬겨왔는데 제1차 세계대전에서 영국과 터키가 직접 충돌함에 따라 모슬렘의 영국인에 대한 감정은 더욱 악화되었다.

이제 모슬렘은 영국인 지배자에 대한 태도보다 오히려 힌두에 대해 더 개방적이었으므로 항상 힌두 모슬렘의 화해의 가능성을 버리지 않고 있던 힌두 측의 접근에 따라 양측의 제휴가 이루어지게 되었다. 국민회의와 모슬렘연맹은 1916년 말에 합동회의를 갖고 공동 보조를 취하기로 하였다. 라크나우 협정 the Lucknow Pact이라고 불리는 이 결의에서 주목할 점은 힌두가 모슬렘에게 분리선거제를 아량을 가지고 공식적으로 인정한 것이었다. 힌두로서는 모슬렘을 회유하기 위해서 그 정도의 양보는 필요했으며 더욱이 힌두가 추진하고 있는 궁극적 목표인 자치국가를 인도에 실현하기 위해서는 모슬렘의 협조가 절실히 요구되었기 때문이다.

마하트마 간디는 모슬렘의 불만을 배경으로 하여 킬라파트 운동을 전개하였으며 그의 비협조운동을 논의하기 위하여 국민회의와 모슬렘연맹의 특별 회합이 1920년에 캘커타에서 열렸다. 이때 진나는 간디의 비협조운동에 찬성하지 않았다. 진나는 비협조운동의 정치적 교육적 측면은 자살적이고 모든 면에서 유해한 것이라고 확신하고 있었다. 사실 국민회의와 모슬렘연맹의 특별 회합을 주선했던 사람이 진나였으나 여기에서 간디에 대한 압도적인 지지가 결의되자 그는 국민회의를 떠나고 말았다. 진나는 민족주의자이면서도 의회민주주의에 깊은 신념을 가지고 있었다. 인도의 자치는 혁명이 아닌 합법적 방법에 의해 이룩되어야 한다고 생각하였다. 그러나 간디의 주도 아래 인도의 독립운동이 합법적인 길을 버리고 직접 행동의 방향으로 나아간 데 대하여 진나는 우려를 표명하고 국민회의를 탈퇴했던 것이다.

간디가 1919년 국민회의에서 이른바 몬터구·첼름스포드 개혁을 베풀어 준 데 대하여 인도상과 총독에게 감사하는 결의문을 채택하자고 제의했을 때 동의했던 사람이 진나였으며 그는 여기에서 간디에게 〈마하트마(聖者)〉라는 칭호를 붙였지만 다음 해 국민회의에서 비협조운동을 토의할 때는 〈Mr〉라는 칭호를 붙여 의석으로부터 거센 반발을 받았다. 진나의 관심은 인도의 자유를 얻는데 있었지만, 간디의 경우 인도의 자유 문제는 부차적인 것이었으며 첫째 관심은 자신이 남아프리카에서 가져온 이념을 과시하여 인도를 간디주의(主義)의 보루로 삼고 나아가 간디주의를 세계에 전파하는 것이었다. 길라파트 운동을 추진해 나가는 데 있어서 간디는 열렬한 참가대표이고 또 힌두 모슬렘 연합의 사자(使者)인 진나를 버리고, 알리 형제와 같이 오직 종파적이고 범(汎)이슬람주의적인 행동밖에 모르는 광신주의자들을 가슴속에 끌어안았던 것이다.[3]

킬라파트 운동을 전개하면서 힌두와 모슬렘이 연합했던 것은 확고한 근거 위에 이루어진 것이 아니었다. 모슬렘 가운데서도 많은 사람들이 힌두의 협조를 좋아하지 않았다. 힌두와 제휴하는 것이 모슬렘의 주체성이 상실되는 것으로 생각하여 알리 형제를 비난하

---

3) 졸고, "M. A. Jinnah and his Pakistan Movement", 『宋甲鎬교수정년퇴임기념논문집』, 1993, p. 501.

기도 하였다. 일부 모슬렘의 종교적 열정이 킬라파트 운동을 광신주의로 이끌어 칼리프 왕국을 건설하기 위해 성전(聖戰)을 선포하기도 하였다. 힌두 사원이 유린되고 유럽인과 힌두가 살해되기도 하였다. 모슬렘 안에서도 불화의 징조가 보여 민족주의자와 모슬렘연맹 가입자, 과격파와 온건파, 분리선거 지지자와 분리선거 반대자로 분열되었다.

국민회의의 지지를 받으면서 킬라파트 운동이 진행되는 동안에는 힌두와 모슬렘 사이의 우호관계가 그런대로 유지되었지만, 일단 잠정적인 화해가 끝나자 종파적 대립 감정이 다시 고개를 들게 되었다. 힌두 가운데서도 비판의 소리가 높아 킬라파트 운동에서 모슬렘에게 협조한 대가가 모슬렘이 힌두에게 성전을 선포하기에 이르렀다고 하여 간디를 비난하기도 하였다.

5 파키스탄 운동과 두 민족 이론

영국 정부가 사이몬 위원회를 조직했을 때 모슬렘연맹은 두 파로 의견이 분열되었다. 하나는 정부의 입장을 지지하여 사이몬 위원회와 협조하려는 측으로서 모하마드 샤피Mohammad Shafi가 주축이었으며, 다른 하나는 진나가 중심이 되어 이 위원회를 거부함으로써 국민회의에 동조하는 측이었다. 국민회의를 떠나갔던 진나는 사이몬 위원회의 문제에 대한 반발에서 국민회의와 다시 한번 제휴를 모색하였다. 〈네루 보고서〉가 나온 후 이를 토의하기 위해 모슬렘연맹이 열렸는데 여기에서 진나가 그의 이른바 〈14개조〉를 제의하였다. 그 주요 내용은 헌법은 연방제에 근거해야 하며, 중앙 입법의회에서 모슬렘 대표는 3분의 1이하여서는 안 된다는 것이었다. 또 분리선거제는 유지되어야 하며, 중앙 및 지방정부는 최소한 모슬렘이 각료의 3분의 1을 구성해야 한다는 것 등이었다. 〈네루 보고서〉와 진나의 〈14개조〉는 내용이 유사한 점도 많았지만 결국 양측의 타협은 이루어지지 못하였다.

인도 모슬렘은 점차 다수 힌두의 지배를 우려하였으며 여기에서 분리운동을 전개하게 되었다. 인도 파키스탄 분립운동(分立運動)의 주동자는 진나였지만 맨처음 분리주의를 제창한 사람은 그가 아니었다. 모슬렘의 분립이 공식적으로 표명된 것은 1930년 모슬렘연맹 정기회의에서였다. 시인 이크발 Muhammad Iqbal은 의장 연설에서 펀잡, 서북변경주(西北邊境州), 신드 및 발루치스탄이 하나의 국가로 합병되었으면 한다는 희망을 밝혔다. 이크발의 주장이 모슬렘 국가의 완전한 분리 독립을 의미했다고 보기는 어렵다. 그는 모슬렘의 분리국가보다는 인도연방 안에서의 모슬렘 블럭을 상정하였기 때문이다.

이크발의 주장은 젊은 모슬렘 이상주의자들에 의해서 보다 구체화되었다. 라흐마트 알리 Choudhuri Rahmat Ali가 중심이 된 케임브리지 대학의 인도 모슬렘 유학생들이 1933년에 PAKISTAN[4] 이란 용어를 처음으로 만들어 사용하였다. 라흐마트 알리는 인도에서 완전히 분리된 모슬렘 국가의 성립을 강조하고 나섰다. 그렇지만 모슬렘연맹은 곧 이 주장을 채택했던 것이 아니고 이후 몇 년 동안은 파키스탄 문제를 논의하지 않았다.

진나의 태도를 돌변시킨 사건은 1937년의 지방의회선거였다. 1935년의 인도통치법에 근거하여 실시한 지방의회 선거에서는 영령인도의 11개 주 가운데서 6개 주에서 국민회의는 압승을 거두었고 3개 주에서도 가장 많은 득표를 올린 정당이었다. 모슬렘은 분열되어 있었으며 모슬렘연맹은 모슬렘 득표 가운데서 단지 4.8%

---

4) 모슬렘 유학생들은 *New or Never*라는 팜플렛을 발간했는데 여기에서 처음으로 PAKISTAN이란 말을 사용하였다. P는 Punjab, A는 Afghans(NWFP), K는 Kashmir, S는 Sind, stan은 Baluchistan을 표시하였다. 혹은 stan은 페르시아어로 지역, 나라를 뜻하는 접미사이다. Pakistan의 전체적인 어의는 〈순수한(pak) 나라〉를 의미하였다.

를 얻었을 뿐이었다. 인도 모슬렘의 대표적 단체로 자임해 왔던 모슬렘연맹으로서는 치욕스런 참패였다.

특히 유나이티드 프로빈시스(U.P.)에서는 국민회의와 모슬렘연맹이 선거 후 연립정부의 구성을 전제로 하고 연합전선을 폈었다. 선거 결과는 예상 외로 국민회의는 압승하고 모슬렘연맹은 모슬렘 의석 64개 가운데서도 27개만을 차지했을 뿐이다. 국민회의는 모슬렘연맹의 협조 없이도 주(州)정부를 수립할 수 있는 충분한 의석을 확보하였다.

네루를 비롯한 국민회의 대표들은 돌연히 연정(聯政)을 거부하였으며 만약 유나이티드 프로빈시스의 모슬렘연맹이 해체하여 국민회의에 흡수된다면 모슬렘연맹의 대표를 입각시켜 주겠다는 조건을 제시하였다. 이러한 조건은 물론 모슬렘연맹에 의해 받아들여질 수 없었으며, 국민회의의 태도는 힌두와 모슬렘 사이의 관계를 극도로 악화시켰다. 국민회의의 배신 행위를 가장 충격적으로 받아들인 사람이 진나였다. 진나는 연립내각이 거부당한 데서 오는 좌절감보다는 자신이 20여년 동안 힌두와의 타협을 모색해 왔던 신념이 흔들린 데서 더 큰 충격을 받았던 것이다.

사실 진나의 주장에 지나친 점이 없었던 것은 아니다. 1930년대까지도 인도 모슬렘은 단합되어 있지 못했으며 모슬렘연맹은 다수의 지지를 받지도 못하면서 인도 모슬렘 전체를 대표하는 것으로 자처해 왔었다. 또 국민회의와의 협상에 있어서도 모슬렘연맹이 전체 모슬렘의 유일한 대표기관임을 인정해야 한다고 주장해 왔었다. 그러나 1937년의 선거 결과는 모슬렘연맹이 인도 모슬렘의 대표기관이 못되고 있다는 것을 분명히 보여준 셈이었다. 아무튼 이 사건은 힌두와 모슬렘이 인도에서 공존할 수 없고 종교적 이유에 입각하여 분리될 수밖에 없다는 비극적 운명을 가져오게 되는 하나의 분수령이었다.

제2차 세계대전의 발발 직후 린리트고우 인도 총독은 국민회의와의 아무런 상의도 없이 인도가 독일과 전쟁 상태에 돌입했다고 선포하였다. 간디가 주도하는 국민회의는 전쟁 협조를 거부하고 국민회의의 결의에 따라 8개 주에서는 내각이 사퇴하였다. 모슬렘 연맹의 세력 확장의 길을 찾고 있던 진나에게는 이 사태가 절호의 기회로 생각되었다. 국민회의 측의 각료들이 사퇴했다는 소식을 듣자 진나는 모슬렘에게 1939년 12월 22일을 〈구원의 날〉로 경축하자고 촉구하였다. 그는 이 날을 그동안 국민회의 측 주내각(州內閣)의 학정과 억압과 부정으로부터 구원받는 날로서 즐거운 마음으로 축하하자고 주장하였다. 여기에는 모슬렘뿐만 아니라 국민회의의 독주에 불만을 표시해 왔던 일부 힌두와 기독교도들도 참석하였으며 특히 수많은 힌두 불가촉천민이 모슬렘의 시위에 적극 참여하였다.

진나는 이 기회를 이용하여서 〈두 민족 이론 the Two-Nation Theory〉을 발전시켰다. 1940년 3월 라호르에서 열린 모슬렘연맹 회의에서 의장 진나는 인도 모슬렘의 분립을 강조하였다. 여기에서 채택한 〈파키스탄 결의 Pakistan Resolution〉는 인도 파키스탄 분립운동에 있어서 새로운 국면을 열어 주었다. 지금까지 모슬렘이 주장해 왔고 또 이것들만 충족되면 모든 것이 해결될 수 있었던 요구 즉 분리선거제와 주정부(州政府) 입각(入閣)문제 등은 이제 옛말이 되었다. 지난 날의 요구들은 모슬렘 지도자들의 돌변한 태도에 의해 전혀 의미가 없게 되었다. 모슬렘연맹의 태도에 네루를 비롯한 국민회의 지도자들은 당황했으며, 간디도 두 민족의 이론을 〈거짓〉[5] 이라고 표현했는데 이 말은 간디의 사전에서는 가장 격렬한 어휘였다.

진나가 파키스탄 결의를 제창할 수 있었던 것은 그의 지위가 상승하였기 때문이었다. 제2차 세계대전이 발발하자 총독은 전쟁 협

---

5) C. Philips, *The Partition of India; Policies and Perspectives 1935-1947*, London, 1970, p. 160.

조 문제를 협의하기 위해 3명의 인도 지도자들을 초대했는데 간디, 토후 대표와 함께 진나가 포함되었다. 이는 진나의 지위가 갑자기 부상하게 되는 계기가 되었는데 총독은 분명히 진나를 모슬렘의 대표로서 초대했던 것이다.

6 간디·진나 회담의 결렬

〈인도철퇴〉요구 운동으로 인하여 구속되었던 간디가 석방됨에 따라 인도의 장래 문제를 협의하기 위해 간디와 진나의 직접 회담이 열리는 계기가 마련되었다. 진나는 간디에게 〈마하트마〉라는 경칭을 부쳤으며 회담은 1944년 9월 봄베이의 진나 사저(私邸)에서 열렸다. 계속된 회담에서 점차 화해의 분위기가 사라져갔다. 보름 후 간디가 제시한 내용에 의하면 발루치스탄, 신드, 서북변경주, 펀잡, 뱅골 등의 주민들이 투표 결과 분리를 원한다면 모슬렘 다수 지역은 인도가 자유를 얻은 후 분리된 국가를 형성할 수 있다는 것이었다.

간디의 제의는 몇년 전 같으면 생각할 수도 없는 양보였다. 간디는 두 민족의 이론은 인정하지 않았지만 분립의 근거는 제시한 셈이었다. 진나는 간디가 모슬렘을 별개의 민족으로 인정하지 않은 데도 불만이었지만 그 보다는 인도가 독립한 후에 분리 국가를 형성한다는 말을 신임할 수 없었다. 진나는 영국인이 인도를 떠나기 전에 파키스탄의 분립을 이룩해야만 했다. 따라서 진나는 간디의 선독립(先獨立), 후분립(後分立)의 요구를 받아들일 수 없어 18일 동안의 회담은 무산되고 말았다.

간디가 진나에게 접근했던 것은 커다란 정치적 실수였다고 평가되기도 한다. 나중에 충분히 이용할 수 있는 새로운 선물을 진나에게 안겨준 셈이었다. 진나가 인도 정계에서 보다 큰 중요성을 인정받게 된 것은 간디의 행동 때문이었다. 간디가 파키스탄 분립 문제를 놓고 진나와 단독으로 회담한 것은 진나와 모슬렘연맹을 전(全)인도 모슬렘의 대표로 받아들인 것이며, 지금까지 국민회의가 인도 전체를 대표한다고 주장해 왔으나 이제 국민회의와 대등한 존재로 모슬렘연맹을 인정한 셈이었다. 결국 이 회담은 진나의 지위와 명성을 높여주었으며 모슬렘연맹이 그 세력을 더욱 강화시킬 수 있는 계기를 마련해 주었다.

유럽에서 전쟁이 종식되자 총독 와벨(Lord Wavell, 1943-1947)은 1945년 여름 심라에서 인도의 각파 대표들과 모임을 갖고 새로이 구성하는 총독집행위원회에 주요 공동체들의 대표를 균형 있게 배분할 것이라고 밝혔다. 심라에 머물면서도 불만을 품고 회의에는 참석하지 않았던 간디는 국민회의가 불가촉천민까지 대표한다고 주장하였다.

진나는 국민회의가 힌두의 90%를 대표한다는 것을 인정하지만 국민회의에는 또한 모슬렘, 시크족, 하층 카스트가 포함된 점을 지적하면서, 모슬렘연맹은 모슬렘의 90% 이상을 대표하고 있다고 주장하였다. 따라서 진나는 총독집행위원회의 의석 가운데 절반은 모슬렘에게 배분되어야 하며 모든 모슬렘 의석은 모슬렘연맹이 차지해야 한다고 완강히 고집하였다. 진나는 모슬렘연맹과 다른 모든 정당과의 동격을 주장하고 나섰던 것이다.

진나의 주장에는 그 나름대로 더 양보해서는 안 될 이유가 있었다. 국민회의와 모슬렘연맹이 동격으로 다루어져 모슬렘 의석 모두가 그의 지명인에게 돌아간다고 하더라도 모슬렘 대표는 전체 총독집행위원회에서는 3분의 1 정도의 열세에 몰리게 되었다. 이 위원회에는 또 다른 공동체 즉 기독교, 시크교, 조로아스터교 및 하층 카스트의 힌두 대표들이 포함되어 있었기 때문이었다. 이들 대표들은 국민회의에 동조적이며 최소한 인도의 분리를 반대하는 점에서는 국민회의와 단결되어 있었다. 진나는 힌두와 모슬렘의 동격으로 양보될 전망이 보이자 이것도 반대하고 힌두를 포함한 모든 공동체와 모슬렘연맹과의 동격을 주장하고 나섰던 것이다.

힌두와 모슬렘의 화해를 도모코자 각료사절단Cabinet Mission 이 1946년 봄 인도에 도착하였으며 그들은 정권 이양 후 인도가 영연방(英聯邦)의 일원으로 남아 있기를 희망하면서 임시정부의 수립과 제헌의회의 선거 문제를 제의하였다. 그러나 이 문제에 대한 타협이 실패하자 진나는 8월 16일을 〈직접 행동일〉로 선포하였다. 캘커타를 중심으로 힌두와 모슬렘 사이에 대규모의 충돌이 일어나 광란의 사흘 동안에 6천 명이 피살되고 3만 명이 부상했으며 10만 명이 집을 잃었다.[6] 간디, 진나 및 네루 등은 이 재난을 방관한 채로 앉아서 성명을 발표하는 일 이외에는 아무 일도 하지 않았다. 소요는 몇 달 동안 계속되어 비하르, 벵골, U.P. 등지에서 살육이 계속되고 사원이 파괴되었다.

영국 정부의 정권이양 작업은 조급하게 추진된 느낌이었으며 영국 정부가 인도와 파키스탄의 분립을 전제로 한 독립을 제의했을 때 인도 민족 지도자들은 반대할 이유가 없었다. 영국이 의외로 빨리 넘겨주는 정권을 앞에 놓고 그들은 정권에 대한 탐욕이 발동하였다. 국민회의에서 네루와 빠텔이 분립을 긍정하고 있는 마당에서 인도의 통일을 유지하는 마지막 희망은 간디에게 달려 있었다. 수 차례에 걸친 옥중 생활과 지루한 독립운동을 추진하면서 간디의 심신은 쇠약해 있었으며 〈인도철퇴〉요구 운동의 실패 이후 국민회의에 대한 그의 절대적인 영향력은 약화되었다. 간디의 분립에 대한 반대의 결의는 변함이 없었지만 간디는 정권에 현혹된 그들의 아무도 설득할 수 없었다. 인도의 정계에는 점차 네루와 빠텔의 이른바 양두체제가 형성되어 가고 있었다.

인도의 독립은 진나와 네루가 예측했던 것보다도 더 빨리 왔다. 인도는 마운트배튼(Lord Mountbatten, 1947. 3-1947. 11) 총독

---

6) S. K. Majumdar, *Jinnah and Gandhi*, p. 239.

으로부터 영국 정부의 약속 날짜인 1948년 6월까지 정권이양을 보장받았으나 그보다 훨씬 빨리 1947년 8월 15일 인도 국민의 희망은 달성되었다. 인도인들은 약 2백년 동안의 영국 지배로부터 영광스런 독립을 쟁취한 것이다. 그러나 한편 수 천년 동안 역사적 전통을 같이해 왔던 인도아대륙은 인도 파키스탄의 분립이라는 또 다른 엄청난 비극을 맞이하고 말았다.

제 35 장

독립 이후의 인도

1 인도공화국의 탄생

영국 통치로부터의 정권이양은 평화적으로 이루어졌으므로 인도의 자유 투쟁 운동은 극적인 승리없이 끝을 맺었다. 인도가 독립을 쟁취하는 과정에서는 혁명은 없었다.

인도의 자유 투쟁 운동이 남긴 주요한 유산은 국민회의였다. 마하트마 간디는 인도의 자유가 이룩된 마당에 있어서 국민회의는 마땅히 해체되어야 한다고 충고하였다. 그는 국민회의를 국민의 광장으로 생각했었을 뿐이지 하나의 정당으로는 결코 생각하지 않았기 때문이다. 자유를 얻은 인도에는 여러 특징적인 강령을 가진 정당들이 일어나야 한다고 간디는 주장하였다. 그러나 간디의 충고는 무시되었으며 국민회의는 하나의 거대한 정당으로 남게 되었다.

국민회의당(國民會議黨)은 새로운 인도공화국의 거족적 지지를 받음으로써 국가와 거의 동일시될 정도였다. 식민지로부터 자유를 얻은 어느 나라도 그렇게 큰 정치 조직을 갖지 못하였다. 모슬렘연맹은 파키스탄을 건립하는 데 하나의 정당으로 생각되기도 하였지만 진나가 1948년 9월 사망하자 안정을 찾지 못하고 쇠퇴하고 말았다. 그러나 국민회의당은 네루와 빠텔의 지도 아래 강력한 세력으로 인도를 이끌어 나갔다.

네루와 빠텔은 국민회의당의 좌파와 우파로 일컬어왔으며 그들의 의견은 가끔 일치하지는 않았지만 서로 다른 성격과 재능이 새로운 공화국의 출범을 도왔던 것이다. 기민함과 출중한 외모로 국민적인 인기를 누렸던 네루는 급진적인 연설로써 국민의 희망과 창의력을 불러일으켰다. 네루는 수상과 외상으로서 미래에 대한 통찰력을 가지고 세계를 조망하였으며 대내적인 현실 정치에 있어서는 매우 신중하고 온건하였다. 빠텔은 탁월한 행정가로서 함께 일하는 사람들에게 신뢰와 확신을 심어주었으며 내무상으로서 토후들과 맞붙어서 그들을 인도연방에 귀속시키는 데 뛰어난 수완을 보여주었다.

인도 제헌의회는 독립 이전부터 활동해 왔으며 암베드카를 헌법 기초위원회 의장으로 선출하였다. 인도공화국의 헌법은 1950년 1월 26일 일찍이 국민회의가 독립된 공화국의 수립을 자유 투쟁 운동의 목표로 결의했던 20주년 기념일을 맞아 선포되었다. 기존의 헌법 즉 1935년의 인도통치법을 새로운 모습으로 완성하는 데 3년이 걸렸던 것이다. 새로운 헌법의 목표는 사회적 경제적 및 정치적 정의, 사상의 표현 및 신앙의 자유, 신분과 기회의 균등, 개인과 국민의 권위를 강조하는 우애 등을 증진시키는 것이라고 명시하였다. 참정권은 성년 보통선거권에 근거하였으며 인도공화국은 1951년에 총유권자 1억 7천 3백만 명을 보유한 세계 최대의 민주주의국가로 탄생하였다.

인도 헌법은 독일 바이마르 Weimar 공화국의 헌법을 원용(援用)한 것으로 알려졌다. 새로운 헌법은 의회민주주의 정부를 갖는 연방국가를 구도(構圖)하였다. 그러나 중앙정부의 힘이 막강하여 국방, 외교, 화폐, 철도 등을 단독으로 통제하게 되었다. 파키스탄과의 대립이 제헌의회를 보수적인 방향으로 돌려 놓았다. 인도헌법은 선거를 통하여 지사를 뽑는 것이 아니라 중앙정부가 임명하는 방법을 규정함으로써 보다 민주주의적인 이념을 버렸다. 대통령은 국가의 형식적인 우두머리일 뿐이지만 그에게는 비상대권이 주어져 있었다. 영국 지배 아래서 국민회의 대표들이 강하게 반발했던 강력한 중앙통제체제가 〈대통령 지배〉라는 이름으로 되살아난 것이었다. 대통령에게는 안보를 위하여 한 번에 6개월 한정으로 헌정을 완전히 중단시킬 수 있었으며 이 대권은 앞으로 지방정부의 기능을 중지시키고 직접 지배권을 행사하는 방편으로 사용하게 되었다. 물론 대통령 지배는 한시적이므로 6개월 이내에 선거를 실시하여야 했다. 사실 중앙이나 지방에서 국민회의당이 집권하는 동안에는 놀라운 합법적 책략인 대통령의 비상대권은 사용할 필요가 없었다.

초대 대통령에는 마하트마 간디의 충직한 추종자였던 라젠드라 프라사드Rajendra Prasad가, 부통령에는 저명한 산스크리트 학자이며 철학자인 라다크리슈난Sarvepalli Radhakrishnan이 취임하였다. 수상은 인도공화국의 실제적인 지도자로서 하원Lok Sabha의 우두머리였다. 네루 수상의 국민회의당은 비록 투표율은 매우 낮았지만 하원의 총 489석 가운데 362석을 차지하는 압승을 거두었다. 하원 의원은 유권자 50만~75만 명 단위의 범위 안에서 한 사람씩 선출하게 되었다. 상원Lajya Sabha은 미국의 상원을 본받아 주(州)의 대표들로 구성되었다.

토후국들의 문제 해결은 빠텔 내무상의 주도로 이루어졌다. 빠텔은 토후국들로 하여금 인도연방에 편입해 오도록 설득하고 압력을 가하였다. 카슈미르, 하이데라바드 및 주나가드Junagadh만을 제외한 모든 토후국들이 인도연방에 통합되었다. 세 지역은 독립 이전의 지위를 계승하였는데 주나가드는 서해안 까티아와르 지방의 조그마한 국가로서 주민은 힌두가 다수이지만 지배자는 모슬렘이었다. 지배자는 파키스탄을 택했으나 몇 주일만에 인도군이 점령하고 국민투표를 통하여 인도연방에 병합된다고 선포해 버렸다. 하이데라바드도 주민의 압도적 다수가 힌두였지만 무갈제국 때부터 모슬렘 지배로 내려왔다. 하이데라바드도 1956년에 인도의 일부가 되어버렸다.

카슈미르의 경우 동부의 자무 Jammu 지방은 힌두가 다수였지만 전체적으로는 모슬렘이 압도적 다수인 4분의 3을 차지하고 있었다. 파키스탄은 카슈미르 지방의 국민투표를 요구했고 네루도 원칙에는 동의하면서도 이 제의를 받아들일 마음은 전혀 없었다. 8만 5천 평방마일의 아름답고 전략적으로 중요한 카슈미르는 북인도와 파키스탄에 걸쳐 있었으므로 두 나라 모두에게 탐나는 지역이었다.

자무 지방은 힌두 도그라 라즈뿌트족 Dogra Rajputs이 유명한 브라만 가문인 네루 까울 Nehru-Kaul 씨족을 통하여 지배해 왔었다. 카슈미르는 인더스 강의 원류를 통제하고 있다는 사실과 주민의 분포로 보아 파키스탄에 편입되어야 할 여러 이유를 지니고 있었지만 지배자 하리 싱 Hari Singh은 인도 편으로 기울어 있었다. 카슈미르 서남쪽 뿐츠 Poonch에서 모슬렘 농민이 도그라 라즈뿌트족 지주들의 압제에 항거하여 봉기하였을 때 파키스탄의 모슬렘이 국경을 넘어와 종교적으로 동족(同族)인 농민들을 지원하였다. 하리 싱은 농민반란을 파키스탄의 음모라고 단정하고 1947년 10월 인도 정부의 도움을 요청하였다. 여기에서 카슈미르 문제를 놓고 선전 포고 없는 인도·파키스탄 전쟁이 계속되게 되었다.

인도 모슬렘에 대한 학대가 시작되었으며 이러한 사건은 델리에서도 일어났다. 마하트마 간디는 단식을 통하여 종파 사이의 화해를 촉구하였다. 빠텔은 4천만 파운드(£)를 파키스탄에 지불하기로 약속하였으며, 네루는 간디가 생명을 잃게 되면 인도의 혼이

사라지는 것을 의미한다고 인도 국민의 자제를 호소하였다. 그러나 힌두 광신자들의 집단인 민족자원봉사회 Rashtriya Svayamsevak Sangh는 간디의 암살을 계획하였다. 폭력파의 지도자 사바르카르의 정신적 제자인 고드세 Naturam V. Godse가 1948년 1월 간디를 사살하였다. 네루의 표현대로 〈빛이 인도 국민의 생명으로부터 사라졌고 도처에 암흑만이 깃들었으며〉 마하트마에 대한 애도의 눈물과 분노가 전국을 휩쓸었다.

2 네루시대의 개혁과 경제 발전

마하트마 간디의 죽음을 막지 못한 내무상 빠텔은 비난을 받았으며, 역설적으로 간디의 서거는 네루 측의 입지를 강화시켜 주었다. 네루가 깊은 관심을 가지고 있었던 분야는 특히 힌두 여성의 권리를 보장하는 것이었으며 이 일을 추진하는 데 있어서 암베드카의 도움을 받았다. 네루 정부는 모슬렘법(法)에 대해서는 여전히 조심스런 태도를 보였으며 힌두법만 개혁하는 데 특별한 노력을 기울였다. 인도의 가부장적 농촌 사회에서는 남자는 여러 명의 여자와 결혼할 수 있었지만 여자는 이혼을 요구할 권리마저도 갖지 못하였다. 여자는 상속에서 제외되었으므로 여자는 항상 남성에 의존할 뿐 자신의 권리를 갖지 못하였다. 빠텔은 힌두법의 개혁을 반대하는 보수주의자들의 편에 섰으므로 암베드카는 좌절감에서 물러나고 말았다.

그러나 네루는 개혁 작업을 결코 포기하지 않고 완성하였다. 빠텔이 1950년 사망하자 네루의 개혁 작업은 한창 무르익어 보수주의자들의 반대를 물리칠 수 있었다. 비록 네루는 하나의 개혁법전으로 완성하지는 못하고 단편적인 개혁 즉 여성의 이혼 및 재산상속권 등을 따로 다루었지만 그는 이러한 작업을 대내적인 정책에 있어서 가장 위대한 업적으로 스스로 평가하였다.

네루는 일찍이 1938-1940년간에 국가기획위원회의 의장을 지냈는데 이제 인도 수상으로서 그 자리에 앉게 되었다. 국가기획위원회는 1950년 각료회의의 결정으로 설치되어 수상이 위원장이 되었다. 기획위원회가 제시했던 5개년 계획의 내용은 다만 개요뿐이었다. 제1차 5개년 계획(1951-1956)의 주무(主務) 계획관은 마할라노비스Mahalanobis 교수로서 소련의 경제발전계획을 모델로 하였다. 총 투자액은 350억 루피(U. S. 1 $ = 4.75 Rupees)로서 공공부문 200억 루피와 개인 부문 150억 루피였다. 그러나 계획 기간 말기까지 310억 루피만 투자되었다. 국민소득은 11%의 증가를 목표로 삼았는데 실제로는 18%의 증가를 보였다.[1] 5개년 계획에서는 철강공업과 중기계(重機械)공업에 대한 공공 투자가 우선적으로 이루어졌다. 네루는 인도의 경제 문제에 대한 타개책은 광범한 공업 투자에 의해 이룩될 수 있다고 믿고 재정적 뒷받침을 위하여 서양 선진국들의 개발 원조에 눈을 돌리기도 하였다.

네루의 국민회의당은 사회주의형(型)의 민주 사회의 건설이 당의 공식적인 목표라고 천명하였다. 공산당과 사회당을 비롯한 좌파 야당들은 국민회의당으로 하여금 보다 급진적인 경제적 개혁을 약속하라고 압력을 가하였다. 그러나 네루 정부를 위협할 만한 좌파의 연합은 이루어지지 못했다. 왜냐하면 네루는 마르크스주의적 공산주의를 단호하게 배척했으면서도 자신이 정치적 측면에서 사회주의자로 행동함으로써 공산당과 사회당의 비판을 약화시켰기 때문이다.

우파 야당은 바라띠야 잔 상 (Bharatiya Jan Sangh ; 인도국민당)과 스와딴트라(Swatantra ; 자유당)가 있었지만 특별한 정책을 제시하지 못하였다. 전자는 광신주의에 가까울 정도로 정통 힌두

---

1) D. Rothermund, *An Economic History of India*, London, 1993, p. 130.

교 부흥 운동에 호소하였고, 후자는 자유 방임을 내세웠지만 농민 다수의 마음을 끌지 못하였다.

인도의 전통적인 농업제도가 근대적인 공업 구조를 적절하게 지원하지 못한 점도 있었지만 첫번째의 경제계획은 성공적이었으며 이에 고무되어 국가기획위원회는 곧 바로 더욱 야심적인 제2차 5개년 계획을 추진하였다. 투자 목표의 총액은 620억 루피였으나 460억 루피만이 실제로 투자되었으며 공업, 농업, 가내공업, 교육, 서비스, 위생 문제 등에 비중을 두었다. 곧 이어 계속된 제3차 5개년 계획에서는 750억 루피를 투자하는 것을 목표로 하였으나 실제로는 훨씬 초과하여 860억 루피를 투자하였다. 공업, 교통, 통신, 에너지, 공업 부문에 집중 투자하였으면서도 특히 교통 통신 부문이 강조되었다.

5개년 계획을 세 번이나 거치는 동안 투자되었던 1,630억 루피 가운데 오직 190억 루피만이 농업 부문에 돌렸었다. 물론 농업은 개인 부문에 속하므로 공공 투자 부문에서 주요한 몫을 기대하기 힘든 일이다. 농촌 소득은 평균적으로 연 0.5% 이상 성장하지 못하였다. 개인 공업은 보호주의에서 커다란 이득을 보았는데 농업은 전혀 그렇지 못하였다. 농업은 세원(稅源)으로서는 의미가 없었으므로 상공업 위주의 정책을 추진하였던 것이다.

독립 이후 공업 발전은 괄목할 만한 것이었다. 공업 생산의 지수를 1950년을 100으로 볼 때 1960년에는 200이고 1964년에는 280에 이르렀다. 특히 공공 투자 부문에서 우선 순위에 두었던 중공업은 큰 발전을 보였다. 제철 공업은 1956년의 400만 톤에서 1961년에는 1,100백만 톤으로 증가하고 1966년에는 2,500만 톤에 이르렀다. 같은 기간에 석탄 생산은 3,800만 톤에서 5,400만 톤으로 뛰었으며 다시 7,400만 톤에 달하였다. 강철 생산은 제2차 세계대전 중에는 겨우 100만 톤이었으나 1961년에는 300만 톤이었으며 1966년에는 700만 톤으로 껑충 뛰었다. 전력도 시간 당 430억

kw를 발전하여 1961년 이후 5년만에 2배 이상의 발전 능력을 갖추었다.[2] 그러나 그 다음에는 공업분야에서도 침체기가 뒤따랐다.

3 네루의 비동맹 외교

인도는 독립을 쟁취한 이후에도 영연방의 일원으로 남았다. 영연방은 새로이 탄생한 인도가 국제 무대에서 폭넓게 활동할 수 있는 매개체가 되었다. 네루는 의회에서 인도가 영연방과 단절한다면 국제적 고립을 자초할 것이라고 강조하여 국민회의당으로부터 1948년 말 영연방의 가입을 승인받았다. 인도의 공산당과 사회주의당 등은 과거와의 완전 단절을 주장하고 나섰으나 네루는 영연방 내에서의 완전한 행동의 자유를 강조하면서 좌파 야당들의 반대를 극복하였다.

영연방의 주요 기능은 타협과 협조였다. 회원국 상호간에 유용한 정보를 신속하게 제공해 주고 공동 관심사에 대해서는 미리 타협하게 되어 있었다. 그러나 타협과 협조가 원활하게 이루어진 것은 아니었으며 지역분쟁 예컨대 1956년의 수에즈 운하 위기 때는 타협의 약속은 깨지고 말았다.

협조의 기회는 훨씬 많았다. 가장 유용한 협조 형태는 선진국 회원국이 후진국 회원국에 경제적 원조와 기술을 제공하는 것이었다. 인도에 대한 경제적 지원은 미국의 거대한 원조 계획을 따르지 못하고 있지만 핵(核)분야 등 과학 기술 부문에서는 영국과 캐나다의 도움이 현저하였다.

인도와 영국과의 관계는 독립 이후에 보다 우호적이고 긴밀해졌다. 거기에는 그럴만한 몇 가지 이유가 있었다. 처음에는 인도의

---

2) D. Rothermund, 위의 책, pp. 130-132, S. Wolpert, *A New History of India*, p. 363.

미약한 국제적 지위 때문에 영국과 결별하는 것은 외교적 고립뿐만 아니라 다른 국가로부터 위협을 받을 수도 있었다. 인도가 영국과 단절해 버린다면 영국은 파키스탄과 밀착할 가능성이 있었으며, 세계 정치 무대에서 주도적 역할을 하고 있는 미국에 인도의 영향력을 미치기 위해서는 영국을 통하는 것이 가장 손쉽고 효과적인 길이기도 하였다.

또 인도와 영국은 산업구조뿐만 아니라 무역, 외환 보유 등의 경제 관계가 오랫동안 깊이 연결되어 있었으므로 영국과 당장 단절해 버리는 것은 인도에게 불리한 일이었다. 인도의 산업 설비도 대개 영국 제품의 기계들로 이루어져 있었다. 두 나라의 긴밀한 관계는 무역이었는데 1958-1961년 사이에 인도가 수출한 총 규모의 평균 27%를 영국이 구입해 갔으며 또한 인도는 수입한 총액의 평균 19%를 영국으로부터 사왔다. 인도 수출품의 80-90%가 특혜관세로 영국 시장으로 들어갔다.[3]

더욱이 인도는 독립 후 얼마 동안 국방 문제에 있어서는 전적으로 영국에 의존하였다. 독립된지 두 해가 지난 1949년까지 인도군의 참모총장은 영국인이었으며, 공군사령관은 1953년까지 또 해군사령관은 1954년까지도 영국인이었다. 대부분의 인도 장교들은 영국의 제국국방대학과 합동참모대학에서 교육과 훈련을 받아왔다. 인도의 군경(軍警)은 영국산 무기로 무장하고 있었으며 두 나라 군대는 합동 군사 훈련을 실시해 왔다. 인도양의 방위는 독립 후 20년 동안 영국 해군이 담당하도록 약정되어 있었다. 1962년 중국이 인도로 침공해 왔을 때 영국과 미국은 일시적이긴 하지만 인도 방위에 대한 약속을 다짐하기도 하였다.

네루는 외교 문제를 가장 중요하게 생각하였는데 그의 외교 정책은 한마디로 비동맹(非同盟)의 입장을 취하는 것이었다. 비동맹

---

3) C. H. Heimsath & S. Mansingh, *A Diplomatic History of Modern India*, 1981, Calcutta, p. 47.

은 정치적 혹은 경제적 고립을 뜻하는 것이 아니라 진실로 독립적인 외교 정책을 추구하는 것이었다. 비동맹의 태도는 직접 간여하는 것은 피하면서도 국제 문제에 있어서 주도적인 역할을 하고 있는 강자(強者) 사이에는 끼어보겠다는 것이었다. 인도가 주도하는 비동맹 정책이 신흥 국가들에 전파됨에 따라 세계는 양극체제에서 삼극체제(三極體制)로 변모하게 되었다.

비동맹 정책은 몇 개의 주요한 국가적 목표를 추구하고 있었다. 첫째의 목표는 국가의 완전한 독립이었다. 이것은 인도가 자국의 이익과 정책을 결정하는 자유를 갖고 있다는 것을 모든 국가가 인정하는 것을 뜻하였다. 둘째는 국제 문제에 있어서 뚜렷한 대의를 신장시키는 것이었다. 비동맹주의가 여러 나라에 의해 인정을 받으면 식민주의, 인종주의는 붕괴되고 〈아시아의 재흥(再興)〉은 물론 인도의 근대화도 이룩될 수 있는 것이었다. 셋째의 목표는 〈제3 세계〉의 유지와 확대였다. 이것은 세계 평화를 위해 중재를 제공하고 충돌하는 세력들 사이에 일종의 완충국의 역할을 하는 것이었다. 이와 같은 목적은 불과 10년의 짧은 기간 내에 이루어졌다.

네루가 비난했던 국제 분쟁이 오히려 그의 비동맹 정책으로 하여금 중대한 역할을 할 수 있는 기회를 마련해 주었다. 한국전쟁의 경우가 그러하였다. 인도는 유엔이 북한을 침략자로 규정하고 응징하려는 결의에 찬성표를 던졌다. 그러나 한국에 유엔군을 주둔시킨다는 안보이사회의 결의에는 반대하고 나섰다. 인도는 처음의 친서방적 태도에서 마음을 돌려 정치적 중립으로 전환하였다. 인도의 태도 변화를 가져온 이유는 중국과의 관계 악화를 우려했기 때문이기도 하지만 아무튼 인도는 남한에 억류된 포로의 석방과 희망자들을 중립국으로 보내는 과정에서 중립국송환위원회(中立國送還委員會)의 의장국으로서 불편부당한 태도를 견지하여 비동맹주의를 훌륭하게 실현해 보였다.

네루가 주창한 비동맹이 아시아 아프리카적인 현상으로 되지 않았던 가장 큰 이유는 유고슬라비아가 비동맹 정책을 채택하고 나섰기 때문이다. 티토 Tito는 스탈린 Joseph V. Stalin과 단절하였으면서도 서방 진영과 제휴할 마음은 없었으므로 비동맹의 태도를 취하게 되었다. 티토는 인도와 이집트로부터 지지를 얻으려고 하였다. 티토는 1954년 인도를 방문하였으며, 네루는 다음 해 2월 이집트의 나세르 Abdel Nasser를 방문하여 협조를 다짐하였다.

한편 4월 인도네시아의 반둥 Bandung 회의에는 인도를 비롯한 아시아·아프리카 29개국의 대표가 모여 냉전체제 아래서 비동맹을 다짐하고 식민주의의 종식을 선언하였다. 곧 이어 네루가 이집트와 유고를 방문하였으며 다음 해에는 세 지도자들이 다시 유고에서 3대륙의 국가들을 연결하는 모임을 갖고 비동맹주의를 다시 천명하였다. 그들은 〈제3 세력〉 또는 〈제3 블록〉이란 개념을 대신하여 〈평화지구〉 혹은 〈비(非)전쟁지대〉라는 말을 즐겨 사용하였다.

비동맹 정책은 국경을 맞대고 있는 중국과 파키스탄과의 관계에 있어서는 의외로 무력하였다. 네루는 아시아를 〈평화지구〉로 선언하면서 국가간의 충돌은 제국주의의 침투가 원인이므로 아시아가 해방된 현실에서 평화는 보장된다고 보았다. 1950년 중국이 티베트를 점령하자 네루는 영국으로부터 넘겨받았던 티베트 전초기지를 제국주의의 유물이라고 하여 재빨리 포기하였다. 네루는 1954년 인도와 티베트 사이의 무역에 관하여 중국과 조약을 체결하였다. 이 조약에는 평화공존 5개 원칙이 포함되었는데 첫째, 주권과 영토 보전의 상호 존중 둘째, 상호 불가침 셋째, 상대국의 내정 불간섭 넷째, 평등과 호혜 이익(互惠利益) 다섯째, 평화 공존 등이었다. 소련과 비동맹국가들도 이 조약이 서방 세력의 간섭을 거부하고 있으므로 유익한 것으로 받아들였다.

인도와 중국의 반(反)제국주의에 대처한 화해의 분위기는 단명으로 끝나고 말았다. 티베트의 지도자 달라이 라마Dalai Lama가 1959년 인도로 탈출하여 망명정부를 수립함으로써 인도와 중국과의 관계는 악화되어 갔다. 한편 중국은 티베트와 중앙아시아에 세력을 강화하기 위하여 순환도로의 건설을 추진하였는데 이 길은 중국에서 티베트를 연결하고 여기에서 카라코람Karakoram과 신강(新疆)을 거쳐 중국으로 되돌아가는 것이었다. 순환도로의 연결을 인도 영토 아크사이 친Aksai Chin이 차단하고 있었는데 아크사이 친 너머로는 무서운 타클라마칸Takla Makan 사막이 자리잡고 있었다. 중국은 사막의 길을 피해 아크사이 친을 통하여 비밀리에 도로를 건설하였다.

1962년에 인도와 중국 사이에 국경 충돌이 일어났는데 중국은 주의력을 다른 곳으로 돌리기 위하여 동북 국경지방에서 도발하여 전형적인 양동작전을 전개하였다. 중국군은 파죽지세로 아쌈 지역을 휩쓴 후 재빨리 철수해 버렸다. 인도가 히말라야 국경을 지키는 전략 개념은 적이 깊숙이 진격해 오면 보급로를 차단하는 것이었는데 중국군은 보급로가 끊기기 전에 되돌아가 버렸다. 중국군은 반대편인 서북 국경지역을 공격하여 라다크Ladakh에 인도군의 초소를 밀어내고 이 지역의 방비를 튼튼히 하였다.

4 인디라 간디의 집권 시대

네루가 1964년 사망한 후 샤스트리Bahadur Shastri가 수상직을 이어 받았다. 마하트마 간디의 충실한 제자인 샤스트리는 재임 19개월 동안 농업 및 재정 문제에 관심을 보였지만 파키스탄과의 충돌 사건을 제외하면 특기할만한 업적을 보여주지 못하였다. 샤스트리가 1966년초 사망하자 네루의 딸 인디라 간디Indira Gandhi가 집권하게 되었다.

인디라 간디는 수줍은 성격인데다가 공적인 생활이라고 하면 아버지 네루를 집안에서 돕는 일이었다. 인디라에게는 아버지의 죽음이 너무 빨리 찾아왔던 것이다. 각료의 자리에 오른 일도 없었고 선거를 치른 경험도 없었다. 인디라는 다만 샤스트리 정부에서 제의해 온 공보장관직을 맡았는데 여행을 많이 할 수 있고 대중적 이미지를 올릴 수 있어서 도움이 되었다.

샤스트리의 후임 수상 자리를 놓고 인디라 간디와 모라르지 데사이 Morarji Desai가 대립하였다. 국민회의당의 좌파와 우파가 대립한 것이었다. 인디라는 48세의 젊은 나이로 여자이며 과부로서 행정적 경험이 거의 없는 약점을 안고 있었다. 데사이는 69세의 나이로 다음 기회를 기다릴 수 없는 입장이었으며 지난번의 수상 후보에 오른 그의 명성으로 보아 자신이 적임자라고 생각하였다. 네루의 측근이었으며 국민회의당의 의장인 나다르 Kamaraj Nadar가 중재자로서 데사이의 양보를 얻기 위해 노력하였으나 실패하자 8개 주(州)의 수석장관들과 회합을 갖고 인디라를 지지하기로 만장일치로 결의하였다. 인디라는 의회내의 국민회의당 의원 551명 가운데 347명을 확보하였으며, 양원에서의 투표 결과 인디라는 355표의 지지를 얻고 데사이는 169표를 얻었을 뿐이었다.

인디라 간디 여수상은 강하게 다스려 갈 입장이 못되었다. 수상이 된지 일 년도 못되어 총선거에 임해야 했는데 그 결과는 결코 만족스럽지 못하였다. 중앙에서는 간신히 다수 의석을 차지하였지만 몇 개의 주의회에서는 국민회의당이 패배하였다. 하원에서 국민회의당은 515석 가운데 279명을 얻음으로써 과반수에서 200석을 초과했던 의석이 겨우 20여 석을 넘는 데 그쳤다. 주 선거에서도 국민회의당은 총 3,453석 가운데 겨우 1,661석을 얻었을 뿐이었다. 야당 연립내각이 서벵골, 비하르, 오리싸, 마드라스, 케랄라 및 펀잡에 수립되었다. 우따르 프라데시에는 국민회의당 연립정부가 세워졌으나 곧 붕괴되었으며, 라자스탄은 대통령 지배로 떨어지기도 하였다.

인도에게는 1967년이 좋지 않은 해였다. 심각한 가뭄은 농업뿐
만 아니라 산업의 후퇴를 가져와 실업 사태를 몰고 왔으며 특히
교육받은 계층의 실업은 정치적 불안의 잠재성을 안고 있었다. 국
민회의당에 대한 국민의 신뢰가 급격히 떨어졌다. 인디라 간디는
대담하고 모험적인 행동 노선을 취하여 자신을 도전받지 않는 확
고한 지도자의 위치에 올려 놓았다. 인디라는 국민회의당을 분열
시켜 보수파를 축출해 버렸다. 이 숙청은 1969년 부수상 데사이의
사임부터 시작되었다. 인디라 간디 수상이 당의 화합을 위하여 재
무상직까지 부여했던 모라르지 데사이를 축출하자 그는 부수상직
마저 사임하였다.

그 해 말 국민회의당의 운영위원회는 인디라 간디 세력과 모라
르지 데사이 세력으로 분열되고 말았다. 인디라는 200명이 넘는
하원의원을 보유하고 있었고, 데사이는 겨우 65명을 갖고 있었다.
하원에서 다수의 지지를 얻지 못한 인디라는 좌파 세력과의 연립
정부로 이끌어 갔는데 여기에는 두 개의 공산당과 그리고 지역당
인 타밀나두의 DMK(Dravida Munnetra Kazhagam ; 드라비다족
진보연맹)와 편잡의 아칼리 달(Akali Dal ; 영원한 신을 추종하는
무리)이 포함되어 있었으므로 급진적인 경제 정책의 압력을 받고
있었다. 한편 데사이의 국민회의당은 스와딴트라 당과 잔상 당의
지지를 받고 있었다.

보수파는 심각한 반대 세력이었지만 우파의 정치적 힘은 곧 쇠
퇴하였다. 1970년 대통령 선거에서 국민회의당의 우파가 저명한
인사인 안드라 주의 전 내각수반 레디 Sanjiva Reddy를 후보로
내세웠을 때 인디라는 노동조합의 지도자를 지낸 기리 V. V. Giri
를 내세워 맞섰다. 기리가 승리하자 인디라는 총선에서 승리할 수
있다는 자신감을 갖고 1년 먼저 1971년에 의회를 해산하였다.

인디라 간디가 총선거에서 승리했던 이유는 주로 경제적인 면에

562

서 찾을 수 있다. 인도는 농업 생산에 있어서 괄목할만한 성과인 이른바 녹색혁명(綠色革命)을 이룩하고 있었는데 이는 미국이 새로이 개발한 다수확 품종인 멕시코 밀(Sonora 64)과 대만의 신품종인 쌀(Tainan Ⅲ)과 필리핀 쌀(IR 8) 등의 도입에 힘입은 것이었다. 녹색혁명의 성공은 다수확 씨앗뿐만 아니라 화학 비료의 사용과 관개 시설의 개선 등과 밀접한 관련이 있었다. 그 결과 1966년에는 작황이 좋지 못하여 인도의 곡물 생산이 7,600만 톤에 그쳤으나 1969년에는 거의 1억 톤까지 끌어올렸다. 인도 정부가 도시민에게 값싼 식량을 공급하기 위하여 곡가를 낮게 유지해 왔던 가격 정책이 1966년의 가뭄 때문에 완전히 붕괴되었다. 곡가가 폭등하여 시장에 곡물을 팔 수 있는 농민들은 큰 이득을 보았으며, 정부는 밀과 쌀의 높은 수확을 위해 필수적인 비료 생산과 수리(水利)시설에 관심을 갖고 투자하였다. 녹색혁명은 주로 밀 혁명이었으며 펀잡과 우따르 프라데시 서부의 농민들이 가장 큰 이득을 보았다. 1971년은 인도 농업에 있어서 변혁의 절정기였으며 농민들은 곡물 생산의 증대에 매우 만족하였는데 이러한 분위기가 인디라 간디에게 승리를 안겨주었다.

인도는 비동맹 외교 정책을 표방하면서 서방 진영과 공산 진영 특히 미국과 소련으로부터 경제적 지원을 받아 왔다. 미국은 인도 국민의 수백만 명이 절박한 굶주림에 처했을 때 막대한 양의 식량을 수차례 제공해 왔으며, 소련은 철강 공업과 항공기 제작 분야에 원조를 제공하였는데 세계 굴지의 빌라이Bhilai 강철 공장과 나시크Nasik의 미그MIG 전투기 생산 공장이 대표적이었다. 인디라 간디는 수상에 취임한 직후 식량 부족 문제를 해결하기 위해 미국을 방문하여 존슨Lyndon Johnson 대통령으로부터 1,200만 톤의 밀과 제4차 5개년 계획에 필요한 차관 4억 3천 5백만 달러를 제공받기도 하였다. 공업 생산의 속도도 녹색혁명과 발맞추어 1969년에 7%의 성장률을 보여 실업율을 줄이는 데 도움을 주었다.

1973년 이후 세계를 강타한 에너지 위기가 간디 정부의 앞날에
도 영향을 미쳤다. 유가(油價)의 폭등에 따른 심각한 인플레이션
은 비료값을 너무 올리고 산업 침체를 가속화시켰다. 녹색혁명과
산업 발전이 함께 타격을 입었다. 간디 정부는 1974년에 빈곤 추
방과 경제적 자립을 목표로 하는 제5차 5개년 계획을 시작하였지
만 에너지 위기의 영향을 받고 있었다.

한편 간디 수상은 내무상과 원자력 개발 장관직까지 겸하고서
핵개발에 진력해 왔었다. 그 결과 1974년 5월 인도는 라자스탄 사
막에서 지하 핵 실험에 성공하였다. 국내외적으로 큰 충격을 준
사건이었지만 간디 수상은 핵 국가와 핵무기(核武器) 국가 사이에
는 엄연한 차이가 있다고 주장하면서 인도는 핵무기를 가질 의향
은 없다고 천명하였다. 중국이 1965년에 핵폭탄을 터트렸을 때 이
를 맹렬히 비난하면서 모든 국가가 핵 실험을 즉시 중지하라고 촉
구했던 인도가 이번에는 극적으로 핵 보유 국가 그룹에 끼여들었
던 것이다. 이제 인도는 유엔의 핵 실험 금지에 대한 결의에 서명
하기를 거부하고 나섰다.

5 인도·파키스탄의 대립과 방글라데시의 탄생

아유브 칸Muhammad Ayub Khan은 1958년 쿠데타로 파키스
탄의 군사령관에서 일약 수상이 되었다. 냉전 시대에 파키스탄은
서방 진영에 가담하여 중앙조약기구CENTO와 동남아조약기구
SEATO의 일원으로서 미국 정부로부터 군사적 경제적 지원을 받
았다. 아유브는 파키스탄의 성능 좋은 신무기가 인도에 비하여 병
력의 숫적 열세를 보상할 수 있다고 확신하였다. 아유브는 옥스퍼
드 대학 출신의 젊은 알리 부토Zulfiqar Ali Bhutto로 하여금 카
슈미르 문제에 대하여 인도와 각료급의 회담을 열자고 제의하도록

하였으며, 중국이 인도를 침공한 후로는 중국과 우호 관계를 수립하였다.

한편 네루는 카슈미르 문제를 결정짓는 국민투표를 거부해 왔으며 타협점을 모색하려는 영국과 미국 그리고 유엔 조정자들의 노력을 외면하고 카슈미르를 인도에 통합한다고 선포하였다. 빠텔은 인도내의 모슬렘이 적을수록 좋다는 생각에서 카슈미르를 포기할 마음을 가지고 있었으나 네루의 생각은 반대였다. 네루의 마음속 깊이 간직된 아름다운 카슈미르에 대한 중요성은 중국에 대한 전략적 방어 지점과 권위의 문제에 연결되어 있었다. 그러나 더욱 중요한 그의 관심은 인도에서의 세속적 민주주의에 관한 것이었다. 하나의 모슬렘 국가가 인도연방에 붙어 있는 것은 인도의 세속적 민주주의에 대한 산 증인이 될 수 있었다. 또 카슈미르를 양보하는 것은 거대한 모슬렘 소수 민족이 몰락함으로써 힌두의 종파적 감정이 느슨해질 수 있는 일이었기 때문이다.[4]

카슈미르의 유엔 평화유지 감시단이 보고한 휴전 위반 사건은 1965년 전반(前半)에만 놀랍게도 2천 건이 넘었다. 제2차 인도·파키스탄 전쟁이 같은 해 9월에 일어났다. 전쟁은 아유브 칸의 확신에 찬 기대와는 반대 방향으로 나아갔으며 파키스탄 영토의 몇 개 지역이 인도군에 의하여 점령당하였다. 아유브는 체면을 잃었고 연약하게만 보였던 샤스트리는 용감한 인도의 지도자로 떠올랐다.

소련 수상 코시긴 Aleksei Kosygin이 샤스트리와 아유브를 타슈켄트로 초청하여 정상 회담을 주선하였다. 두 나라의 지도자는 내정 불간섭과 분쟁은 평화적 방법으로 해결한다고 결의하였다. 아유브는 다시 무력을 사용하지 않는다고 서명하였으며, 샤스트리는 점령 지역에서 인도군을 철수하기로 약속하였다. 그러나 그들이 결의한지 불과 몇 시간만에 샤스트리 인도 수상은 심장마비로 사

---

4) P. Spear, *A History of India*, Ⅱ, Penguin Books, p. 253.

망하고 말았다.

　아유브 칸은 군사적 모험을 종용했던 알리 부토를 해임하고 실추된 지도력을 만회하려고 하였다. 부토는 1967년 파키스탄 인민당(PPP)을 결성하여 야당지도자로 다시 출발하였다. 그는 국내에서는 이슬람 사회주의를, 그리고 대외적으로는 카슈미르의 자유와 중국 파키스탄의 협조를 표어로 내세웠다. 다음 해에 부토는 일반대중을 선동하였다는 혐의로 구속되었다.

　인도의 독립과 함께 서(西)파키스탄과 동(東)파키스탄(뒤의 방글라데시)이 하나의 국가로 묶어진 것은 극히 불합리한 일이었다. 두 지역은 수 천 킬로미터나 떨어져 있으며 그것도 적대적 세력인 인도를 사이에 두고 다만 같은 모슬렘이라는 종교적 이유 하나만으로 통합되어 있었다. 두 지역의 문화적 차이는 점점 넓어지고 감정적 간격은 한층 깊어만 갔다. 동파키스탄 즉 동벵골은 경제적으로 낙후되어 더욱 가난하였으며 국토의 15%에 해당하는 곳에 파키스탄 총인구의 55% 이상이 몰려 살고 있었다. 파키스탄에서 황마(黃麻)를 수출하여 외환(外換)을 얻은 곳은 동파키스탄이었다. 동벵골은 여러 면에서 서파키스탄의 식민지였다. 동벵골을 지배하는 관료는 벵골어를 말하는 이 지역의 사람이 아니라 우르두 Urdu를 말하는 펀잡인이었으며 군대도 서파키스탄의 펀잡인, 빠탄족 Pathans, 발루치족 Baluchi이 지휘하였다.

　동파키스탄에서는 벵골 민족지도자인 쉐이크 무지부르 라만 Sheikh Mujibur Rahman을 중심으로 독립 운동이 자리를 잡아갔다. 그의 인민연맹당 Awami League은 1966년 3월에 6개 항의 급진적인 정강을 내세웠다. 그 정강은 첫째, 동파키스탄의 실질적인 자치 둘째, 완전한 지역적 징세권의 인정 셋째, 외환 소득에 대한 관리 넷째, 분리된 군사력 혹은 준(準)군사적 기능 다섯째, 독립된 그러면서도 태환성(兌換性) 있는 화폐 여섯째, 보통선거에 의해 주민이 직접 선출한 의회가 다스리는 중앙연방정부 등을 포함하고 있었다. 인민연맹당의 강령은 곧 동파키스탄의 행동 목표가 되었다.

미국의 종용에 따라 파키스탄 역사상 처음으로 실시된 총선거에서 무지부르 라만의 인민연맹당이 압승을 거두었다. 동파키스탄에 배정된 162의석 가운데 160석을 인민연맹당이 점하였으며, 서파키스탄에서는 알리 부토의 파키스탄 인민당이 81의석을 차지하여 다수당이 되었다.

그러나 야햐 칸 Yahya Khan은 파키스탄의 중앙정부를 벵골인에게 넘겨줄 마음이 없었으며 부토도 라만을 수상으로 받아들이려 하지 않았다. 파키스탄 의회가 1971년 3월 1일 개회하게 되었지만 부토가 연기를 요청했고 야햐 칸이 이에 동의하였다. 라만은 동벵골 주민들로 하여금 파업에 들어가도록 호소하였다. 라만은 곧 체포되었으며 〈해방군〉과 민간인 지지자들이 서파키스탄 군대에 의하여 무력으로 압박을 받았다. 다음 8개월 동안 대규모의 파괴와 살상이 뒤따랐다.

한편 1971년 7월 미국 닉슨 Nixon 대통령의 특별보좌관 헨리 키신저 Henry Kissinger는 이슬라마바드를 통해 비밀리에 북경으로 날아가 닉슨의 중국 방문의 발판을 마련함으로써 워싱턴·이슬라마바드·북경의 추축(樞軸)이 이루어져 가는 형세였다. 키신저는 주미(駐美) 인도 대사에게 만약 인도가 동파키스탄 문제에 개입하면 틀림없이 중국이 인도를 공격할 것이며 미국의 인도에 대한 도움은 없을 것이라고 말하였다. 위협을 느낀 인디라 간디 수상은 소련에 접근하였다. 그로미코 Gromyko 소련 외상이 8월 인도를 방문하여 두 나라 사이에 〈평화, 우호 및 협력의 조약〉을 체결하였다. 소련 측으로서는 브레즈네프 Leonid Brezhnev가 선전해 온 아시아 안보 체제의 협력자를 찾는 데 고심해 왔기 때문에 인도와의 제휴가 커다란 외교적 성공으로 평가되었다. 이 조약에는 군사적 지원에 대한 조항은 없었지만 인도가 다른 나라로부터 심하게 공격당할 경우 소련이 방관만 하고 있을 입장은 아니었다.

동벵골에서 죽음을 피하여 국경을 넘어 인도로 들어오는 피난민의 행렬은 1천만 명에 육박하고 있었으며 이들을 구조하는 데는 한 달에 2억 달러 이상이 소요되었다. 간디 수상의 요청에도 불구하고 닉슨 정부가 식량 원조를 외면하는 마당에 있어서 가난한 인도 정부로서는 감당하기 어려운 경제적 부담을 안게 되었다. 인도 정부의 판단으로는 1965년의 인도·파키스탄 전쟁이 단지 7천만 달러가 소요되었을 뿐이므로 하루 빨리 전쟁을 통하여 동벵골 지방을 해방시켜 피난민들이 되돌아 가도록 하는 것이 가장 효과적인 해결책이었다.

인도·파키스탄 전쟁이 12월 3일에 일어났으며 인도군은 동벵골의 파키스탄 군대를 공격하였다. 공군의 우세에다가 벵골 주민의 지지를 업은 인도군의 승리는 불과 며칠 사이에 이루어졌다. 인도는 일방적으로 휴전을 선포하고 간디 수상은 의회에서 〈다카는 이제 자유 독립 국가의 자유 도시이다〉라고 선언하였다. 방글라데시(벵골인의 나라)의 탄생이었다.

야햐 칸이 사퇴하고 정권은 알리 부토에게 넘어갔으며 부토는 라만을 석방하여 서파키스탄을 떠나도록 허용하였다. 1972년 1월 10일 다카에 도착한 쉐이크 무지부르 라만은 수상에 취임하고 다카 대학 부총장을 지낸 초우두리 Abu Sayeed Choudhury가 대통령이 되었으며 피난민들은 조국으로 되돌아갔다.

파키스탄과 방글라데시의 앞날은 정치적으로 평탄하지 않았다. 방글라데시는 인도의 도움으로 해방되었으면서도 우호 관계만 계속된 것이 아니었다. 인도군은 곧 동벵골에서 철수했지만 그 대신에 상인들이 들어왔으므로 방글라데시 국민들은 인도인에 의해 착취당하게 될 것을 우려하여 반인(反印) 감정을 보이게 되었다. 두 나라는 갠지스 강물을 분배하는 데서도 불화를 보였다. 인도 영토 내에서 건설되는 파라까 Farakka 댐 공사가 방글라데시로 흘러들어 가는 수로를 돌리기 위한 것이라고 비난받기도 하였다.

　라만은 1975년 헌법을 개정하여 대의정부 대신에 대통령 지배체제를 수립하였다. 그는 심각한 경제난과 부패, 폭리, 매점(買占), 밀수 등의 만연이 보다 광범한 권한을 갖게 되는 대통령제로 바꾸도록 만들었다고 설명하였다. 민주주의는 느리고 비싸고 사치스럽고 낭비적인 과정이며 계엄 지배보다 훨씬 비효율적이라고 주장하였다.

　같은 해 8월 라만과 그의 가족이 정규군의 일단(一團)에 의해 사살됨으로써 방글라데시는 정치적 혼란 속에 빠져들었다. 해를 넘기기 전에 몇 번의 쿠데타가 다카를 휩쓸고 갔으며 결국 지아우르 라만Zia ur Rahman 소장이 계엄사령관으로 나타났다. 지아우르 라만은 서방세력과 중국에 가까운 인물이었다. 1978년에 그는 대통령으로 선출되고 또한 정부당인 방글라데시 민족주의당(BNP)의 의장이 되었다. 그는 1981년 치따공에서 만주르 아메드Manzur Ahmed 소장에 의해 피살되었으며 아메드는 또한 체포되어 이틀 후에 죽었다. 부통령 사따르Abdus Sattar는 대통령 대행자로서 국민에게 평화와 기강을 유지하자고 호소하였다.

　방글라데시에 1982년 또다시 쿠데타가 일어나 에르샤드Hussain Muhammad Ershad 육군 참모총장이 정권을 잡았다. 에르샤드 대통령은 인도와 우호 관계를 유지하면서 미국과 소련과도 긴밀한 외교 관계를 도모하려고 하였지만 그의 퇴진을 요구하는 야당 세력과 학생들의 끊임없는 시위에 부딪쳤고 그때마다 비상 사태의 선포와 총선거의 실시로 맞섰다. 1990년 10월 다카 대학에서 시위 학생에게 경찰이 발포하여 3명이 사망하였는데 이 사건은 대규모 반정부운동으로 확산되어 나갔다. 에르샤드 정부의 강경 진압책으로 80명의 사망자와 수천 명의 부상자를 낸 참사를 빚었으며 결국 에르샤드는 퇴임할 수밖에 없었다.

　1991년 초의 총선거에서 제1야당인 방글라데시 민족주의당이 승리하였다. 당 지도자인 할레다 지아Khaleda Zia는 의회의 과반수 의석을 확보하지는 못했지만 이 나라에서는 최초로 여성이 집권하게 된 것이다. 6월에는 대통령 중심제에서 의원내각제로 개헌하여 할레다 지아는 여수상으로 취임하였다.

한편 인디라 간디 수상은 파키스탄의 새 지도자 알리 부토와 1972년 심라에서 만나 양국 관계를 개선하였다. 부토는 현실주의자로서 인기의 절정에 있었으므로 온건 정책을 추진할 수 있었으며 인도와 관계를 개선하고 방글라데시를 승인하였다. 부토는 서구 민주정치로 나아갔으나 군사령관 지아 울 하크Zia ul Haq가 1977년 무혈 쿠데타를 일으켜 부토 수상을 구속하였다. 부토는 갑자기 야당 지도자들의 암살을 지령했다는 혐의로 기소되어 유죄 판결을 받았으며 1979년 처형당하고 말았다. 지아 울 하크는 중동의 모슬렘 국가들과 우호관계를 도모하였으며 몇 번에 걸쳐 이슬람 국가들의 회합을 주선하여 의장이 되기도 하였다.

지아 울 하크가 1988년 8월 원인을 알 수 없는 비행기 폭발사고로 사망하자 알리 부토의 딸 베나지르 부토Benazir Bhutto의 파키스탄 인민당이 총선거에서 승리하여 회교권 최초의 여수상이 되었다. 베나지르 부토는 의회에서 과반수 미달이라는 약체 내각으로 출발하였다. 부토 여수상이 친척의 권력 남용 및 독직 혐의 등과 관련하여 야당의 공세에 직면하자 칸Ghulam Ishaq Khan 대통령은 1990년 8월 군부(軍部)의 압력에 따라 베나지르 부토 수상을 해임하였다. 총선거에서 우파 연합인 이슬람 민주연맹(IDA)이 승리하여 샤리프Nawaz Sharif가 집권하였다. 이슬람 민주연맹은 1991년의 상원 선거에서도 승리하였으나 자무와 카슈미르 지방에서 모슬렘의 분리 독립 요구로 인도와 파키스탄의 관계는 악화되기도 하였다. 1993년에는 베나지르 부토가 다시 집권하였다.

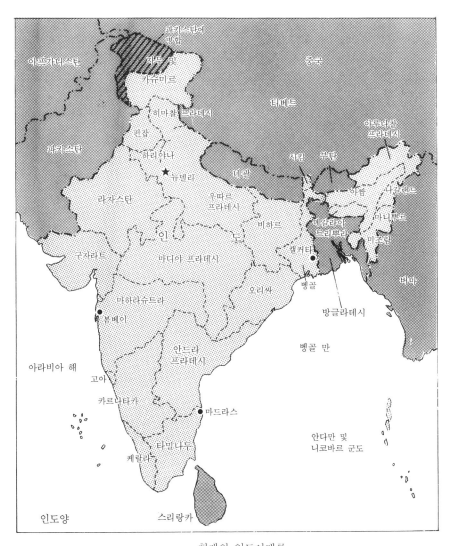

현재의 인도아대륙

6 자나타 당의 집권과 인디라 간디 가(家)의 성쇠

인도는 에너지 파동에 따른 경제적 위기에다가 정치적 위기까지 겹치게 되었다. 야당들은 간디 수상을 선거법 위반 혐의로 고소하였다. 지난번 총선거 때 수상이 비행기 등 정부의 편의 시설을 이용하면서 선거 운동을 하였다는 것이었다. 1975년 알라하바드 고등법원은 간디 수상에게 불리한 판결을 내렸다.

인디라는 사임할 뜻을 보였지만 측근들은 만류하였다. 인디라는 합법적으로 수상직을 유지할 수 없었으므로 아메드Fakhruddin Ali Ahmed 대통령으로 하여금 국가 비상 사태를 선포하도록 하였다. 간디 수상은 심각한 경제 사정이 비상 조치를 요구했다고 주장하면서 20개 항목의 경제 조치로 이를 뒷받침하였다. 인도 국민이 영국인 통치자로부터 영광스럽게 쟁취했던 의회정치, 법의 지배, 언론 자유 등이 빈사 상태에 빠졌다. 간디 수상이 자신의 정권을 유지하기 위해 취한 비상대권은 인도 헌법에 기본권으로 명시된 제도와 이상을 유린하고 있었다.

비상 조치는 인도가 자유 투쟁 운동에서 얻은 고귀한 유산을 희생시키면서 취해졌지만 경제 사정을 얼마간 호전시킨 것도 사실이었다. 파업이 허용되지 않았고 인플레이션이 억제되었다. 안정과 근면의 풍토가 자본 투자를 자극하여 공업 생산이 1975년의 6%에서 1977년에는 10%로 상승하였다. 1975년에는 곡물 생산이 1억 1,400만 톤을 상회하는 대풍작을 이루어 3년 동안의 극심한 흉작을 종식시켰다. 이러한 분위기에서 일부에서는 비상 조치를 긍정적인 지배 형태로 평가하기도 하였다.

간디 정부는 독재권을 행사하면서 대외적으로는 소련 측에 더욱 밀착할 수밖에 없었다. 간디 수상의 차남 산자이Sanjay Gandhi가 비상 사태 기간에 국민회의당 청년층의 지도자로 부상하여 사실상 인도의 두번째 실력자가 되었다. 산자이는 특히 인구 문제의 해결

책으로 전국적인 불임 운동과 함께 빈민가 철거 조치를 추진하고
나섰는데 이는 국민의 깊은 저항감을 불러일으켰다.

인디라 간디 수상은 실시해야 할 총선거를 연기하겠다는 태도를
보이다가 1976년 말에 갑자기 다음 해 초에 선거를 실시하겠다고
천명하였다. 인디라 간디는 불과 몇 주일만에 정치적 조직체를 결
성하지 못하리라 기대하면서 투옥했던 야당 지도자들을 석방하였
다. 마지막 순간에 불가촉천민 출신의 저명한 의회지도자인 적지
반 람Jagjivan Ram 전 국방상이 간디 수상을 떠남으로써 총선거
를 눈앞에 두고 야당연합이 형성되었다. 인도 역사상 처음으로 자
나타(Janata ; 인민)당이 하나의 야당으로서 국민회의당과 대결하
였다. 자나타 당은 이번 선거가 민주주의와 독재, 자유와 노예를
판가름하는 마지막 선거라고 외쳤다. 자나타 당이 승리하고 모라
르지 데사이가 수상이 되었으며, 인디라 간디와 아들 산자이는 우
따르 프라데시 선거구에서 패배함으로써 인디라의 정치 생명은 끝
난 듯이 보였다.

모라르지 데사이 수상은 인디라 간디의 산자이와 마찬가지로 아
들 깐틸랄Kantilal Desai이 있었다. 깐틸랄은 수상 관저로 옮겨
살면서 수상 면담자들을 선별하고 야심적인 계획을 내세우면서 자
신을 과시해 나갔다. 차란 싱Charan Singh 내무상이 급격히 부상
하고 있는 깐틸랄을 내사(內査)하자 데사이 수상은 차란 싱을 해
임시켜 버렸다.

한편 비상 조치로 움츠려 있었던 밀수, 탈세, 암시장, 매점 등이
성행하였다. 자나타 당의 집권 4개월만에 곡물 가격이 5%나 인상
되자 데사이 정부는 인디라 간디 정권 때 전례없이 비축해 놓았던
1,800만 톤의 잉여 곡물을 재빨리 이용해야 했으며, 넘겨받았던
외환 30억 달러를 2년도 못 되어 소비하였다. 녹색혁명은 퇴조하
였지만 그러나 인도 노동력이 페르시아만 국가들에 대량으로 진출
하여 송금이 들어 옴으로써 국제 수지는 그런대로 만족할 만 하

였다.

우파로 기울고 있던 데사이 수상은 1979년 여름까지 당내에서 좌파의 지지를 상실하였다. 각료들이 사퇴하고 의원들도 행동을 같이 함에 따라 데사이 정부는 하원에서도 다수의 지지를 얻을 수 없었다. 불신임 결의의 움직임이 있자 데사이 수상은 사퇴하고 말았다.

레디 Sanjva Reddy 대통령은 차란 싱에게 조각을 위임함으로써 그는 평생의 야망이었던 수상의 자리에 올랐는데 자트족 농민 출신이었으므로 처음으로 브라만 계급 출신이 아닌 수상이 탄생한 셈이었다. 차란 싱은 소수 내각을 수립하고 있었지만 어느 정당도 당장 총선거에 임할 준비가 없었으므로 선거가 실시될 때까지 약 반 년 동안 모든 정당이 특이한 정부 형태를 받아들이고 있었다.

인디라 간디는 남인도의 하원 중간선거에서 승리함으로써 정치적 패배에서 일어났으며 1980년 총선거에서 국민회의당은 압승하였다. 아들 산자이도 당선되었으나 몇 달 후 뉴델리 상공에서 곡예 비행을 하다가 참변을 당하고 말았다. 정치에는 전혀 관심을 보이지 않던 인도항공사의 조종사인 장남 라지브 간디 Rajiv Gandhi가 산자이를 대행하게 되었다. 총선거에서 승리한 인디라 간디는 국민회의당이 다스리지 않는 주정부(州政府)를 제거해 버리기로 마음먹었다. 선거를 통하여 아쌈 주에 국민회의당 정부를 수립하였으며, 편잡에서도 시크족 정당인 아칼리 달을 축출하고 국민회의당 정부를 수립하였다.

국민회의당 지도자들은 시크족의 젊은 광신자 빈드란왈라 Jarnail Singh Bhindranwala를 내세워 시크족 내부의 불화를 조장시키려고 하였다. 그러나 빈드란왈라는 곧 후원자인 국민회의당의 통제를 벗어났다. 그는 암리싸르의 유명한 황금사원의 숙소에서 생활하면서 폭력주의자들을 모아서 지휘하였다. 편잡에 대통령 지배라는 비상 조치를 실시하였으나 빈드란왈라의 행동을 억제하지

574

못하였다. 1984년 6월 정부군이 황금사원을 습격하였으며 빈드란 왈라가 사망하자 그는 순교자로 갈채를 받았다. 인디라 간디는 10월에 시크족 경호원들에 의해 피살되고 말았다. 간디 수상의 살해에 대한 보복으로 델리와 북인도의 여러 도시에서 시크족에 대한 학살이 일어나기도 하였다.

자일 싱 Zail Singh 대통령은 자신이 시크교도로서 국가의 위급한 상황에 직면하여 의회 소집을 미루고 국민을 단합시킬 수 있는 상징적 인물로 라지브 간디를 새로운 수상으로 선언하였다.

새로운 후원자를 찾고 있던 산자이 추종자들은 라지브 수상을 환영하였다. 그러나 그들은 곧 실망하고 말았는데 라지브는 그들을 가까이 하지 않았을 뿐만 아니라 총선거에 임하여 당의 공천에서 제외시켜 버렸다. 라지브의 청렴한 태도가 국민에게 좋은 인상을 심어주었을 뿐만 아니라 어머니의 죽음에 대한 동정심이 함께 어울려 압승하였다. 몇 개의 지역당을 제외하고는 모든 야당들이 크게 패하였다. 자나타 당은 참패했으며 주정부를 구성하고 있었던 카르나타카 Karnataka에서 마저도 패배하였다.

카르나타카 수석장관이었던 헤그데 Dr Hegde는 선거 결과를 보고 곧 사임하였다. 그러나 라지브 수상은 그를 설득하여 선거 관리자로 남아 있게 하였으며 곧 이어 실시되는 주(州) 선거가 헤그데의 승리와 집권으로 이어지는 것을 전혀 개의치 않았다. 이 경우는 새로운 연방 의식을 보여준 것으로서 중앙에서 압도적 다수를 점하고 있는 라지브는 연방주(聯邦州)들로 하여금 그 자체의 업무를 수행하도록 하는 데서 관용을 보여주고 있었다. 카르나타카의 예를 보고서 인도 국민은 자기의 주에서는 다른 당에 투표하면서도 하원선거에서는 라지브의 국민회의당에 투표하는 데 주저하지 않았다.

라지브 간디 수상은 경험이 많은 정치가들로 내각을 구성하였다. 각료들의 평균 연령이 60세 정도로서 장관 혹은 주의 수석장관을 지낸 사람들이었다. 라지브의 각료 선발은 정치적 비중이 큰 사람들과 함께 일하겠다는 마음을 보여준 것으로서 자신을 도와주었던 측근들을 요직에 등용하는 것을 자제하였다. 라지브 수상은 측근들을 편애한다는 인상을 피함으로써 인도의 정치적 미래에 새로운 희망을 주는 정치 형태를 보여주려고 노력하였다.

그러나 라지브 간디 수상은 편잡 주의 문제 해결과 경제 개혁의 부진 등으로 국민의 신망을 잃어가고 있었으며 야당 세력은 라지브 간디 타도운동을 전개하였다. 1989년의 총선거에서 라지브는 패배하고 야당 연합 세력이 집권하였으며 수상으로 자나타 당 계(系)의 비스와나스 쁘라탑 싱 Viswanath Pratap Singh이 취임하였다. 싱 정권은 집권 세력의 분열로 붕괴되고 벤카타라만 R. Venkataraman 대통령은 자나타당의 찬드라 셰카르 Chandra Shekhar를 지명하였다. 셰카르는 국민회의당의 지도자인 라지브 간디의 지원을 받아 수상의 자리에 오를 수 있었으나 국민회의당의 간섭과 비협조로 사임함으로써 1991년 5월에 총선거가 실시되었다.

라지브 간디는 선거 유세 도중 타밀나두 지방에서 폭탄을 안고 돌진하는 폭도에 의해 어머니 인디라 간디와 마찬가지로 비명에 세상을 떠났다. 국민회의당의 승리로 집권한 나라시마 라오 Narasimha Rao 정부는 인도의 장래에 새로운 비전을 제시해 주고 있다. 라오 수상은 인디라 간디와 라지브 간디 정권 때 보여준 부분적 경제 자유화 정책을 크게 확대하는 대담한 변모를 보여주고 있다. 정부가 주도한 종래의 보호무역주의와 기업에 대한 통제와 간섭에서 탈피하여 시장경제 원리 아래 외국인 투자와 기술을 대담하게 도입하는 정책을 추진하고 있다. 오랜 세월 동안 강우(降雨)에만 의존해 온 안일한 농업 사회로부터 국제적 경쟁 체제의 근대산업사회로의 탈바꿈은 인도 정부가 풀어야 할 지난한 당면 과제이다.

대내적으로 정치적 안정을 유지하는 문제도 쉽지 않다. 종파적 분쟁은 그대로 남아 있기 때문이다. 1992년 말 과격한 힌두가 아요디야 시(市)의 모슬렘 사원을 파괴한 사건은 유혈의 종파 분쟁으로 확대되어 1천여 명이 사망하는 참사를 빚었다. 따라서 인도는 빈곤을 벗어나 경제적 발전을 도모하는 일과 함께 다양한 언어와 종교 및 계급 제도에서 비롯된 복잡한 사회적 갈등 현상을 동시에 극복해야 하는 어려움을 안고 있는 것이다.

부록

주요 왕조 세계(世系)표
역대 인도 수상, 대통령 외
연표

주요 왕조 세계(世系)표

마우리아 왕조

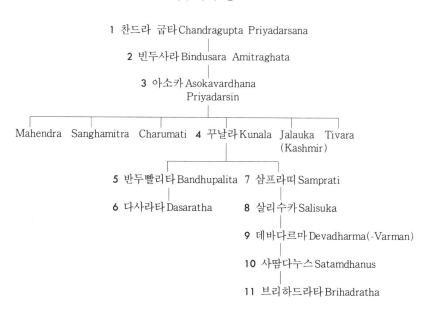

1 찬드라 굽타 Chandragupta Priyadarsana

2 빈두사라 Bindusara Amitraghata

3 아소카 Asokavardhana Priyadarsin

Mahendra Sanghamitra Charumati 4 꾸날라 Kunala Jalauka Tivara (Kashmir)

5 반두빨리타 Bandhupalita 7 삼프라띠 Samprati

6 다사라타 Dasaratha 8 살리수카 Salisuka

9 데바다르마 Devadharma(-Varman)

10 사땀다누스 Satamdhanus

11 브리하드라타 Brihadratha

쿠산 왕조

1 카드피세스 1세 Kadphises Ⅰ (Kujala Kadphises)

2 카드피세스 2세 Kadphises Ⅱ (Vema Kadphises)

3 카니슈카 Kanishka

4 바시슈카 Vasishka

5 후비스카 Huvishka

6 카니슈카 2세 Kanishka Ⅱ

7 바수데바 Vasudeva

8 바라란 Varahran

9 끼다라 Kidara

굽타 왕조

Gupta
|
Ghatotkacha
|
1 찬드라 굽타 1세 Chandra Gupta I = Kumaradevi(Lichchhavi)
|
2 사무드라 굽타 Samudra Gupta (Parakramanka ; Sri Vikrama?)
|
3 찬드라 굽타 2세 Chandra Gupta II (Vikramaditya)
Deva Gupta

Govinda Gupta   4 꾸마라 굽타 Kumara Gupta I   Prabhavati
(Tirhut)   (Mahendraditya)   (Queen of Vakatakas)

5 스칸다 굽타 Skanda Gupta   6 뿌루 굽타 Puru Gupta   Ghatotkacha Gupta(?)
(Vikramaditya)   (Sri Vikrama)   (Tumain)

8 나라시마 굽타 Narasimha Gupta   7 부다 굽타 Budha Gupta
(Baladitya)

9 꾸마라 굽타 2세 Kumara Gupta II
(Kramaditya)
|
10 비스누 굽타 Vishnu Gupta

무갈 왕조

1 바부르 Babur

2 후마윤 Humayun   Kamran   Askari   Hindal

3 아크바르 Akbar

4 자항기르 Jahangir   Murad   Daniyal

Khusrav   Parviz   5 사 자한 Shah Jahan   Shahryar
                                      khurram
|
Dara Bakhsh

Dara Shukoh   Shah Shuja   6 아우랑지브 Aurangzeb   Murad Bakhsh
                                      Alamgir Ⅰ

7 사 알람 바하두르   Azam Shah   Akbar   Kam Bakhsh
Shah Alam Bahadur
Muazzam

Bidar Bakht   Niku Siyar   Muhiy-us-Sunnant
|
Muhiy-ud-din

8 자한다르사 Jahandar Shah   Azim-ush-Shan   Rafi-ush-Shan   Jahan Shah

14 알람기르 2세 Alamgir Ⅱ   9 파루크 시야르   12 무하마드 사
                          Farrukh-Siyar   Muhammad Shah

15 사 알람 2세   13 아메드 사 바하두르
Shah Alam Ⅱ   Ahmad Shah Bahadur

16 아크바르 2세 Muhammad Ibrahim   11 사 자한 2세 10 라피 웃 다라자트
Akbar Ⅱ   Shah Jahan Ⅱ   Rafi-ud-Darajat

17 바하두르 사 Bahadur Shah

영국의 인도 총독(이탤릭체는 직무대리)

1774-1785	워렌 헤이스팅스 Warren Hastings
1785-1786	맥퍼슨 *Sir John Macpherson*
1786-1793	콘 월리스 Earl (Marquess) Cornwallis
1793-1798	존 쇼어 Sir John Shore (Lord Teignmouth)
1798-1798	클라크 *Sir A. Clarke*
1798-1805	웰슬리 Marquess Wellesley(Earl of Mornington)
1805-1805	콘 월리스 Marquess Cornwallis (재임)
1805-1807	바로우 *Sir George Barlow*
1807-1813	민토 Baron (1st Earl of) Minto (Ⅰ)
1813-1823	헤이스팅스 Marquess of Hastings (Earl of Moira)
1823-1823	존 아담 *John Adam*
1823-1828	애머스트 Baron (Earl) Amherst
1828-1828	베일리 *William Butterworth Bayley*
1828-1835	벤팅크 Lord William Cavendish-Bentinck
1835-1836	메트칼프 *Sir Charles (Lord) Metcalfe*
1836-1842	오크랜드 Baron (Earl of) Auckland
1842-1844	엘렌보로 Baron (Earl of) Ellenborough
1844-1844	버드 *William Wilberforce Bird*
1844-1848	하딘즈 Sir Henry (Viscount) Hardinge
1848-1856	달하우지 Earl (Marquess of) Dalhousie
1856-1862	캐닝 Viscount (Earl) Canning
1862-1863	엘긴 8th Earl of Elgin (Ⅰ)
1863-1863	내이피어 *Sir Robert Napier (Baron Napier of Magdala)*
1863-1863	데니슨 Sir William T. Denison
1864-1869	로렌스 Sir John (Lord) Lawrence
1869-1872	매요 Earl of Mayo
1872-1872	스트래치 *Sir John Strachey*
1872-1872	내이피어 *Lord Napier of Merchistoun*

584

1872-1876	노스부르크 Baron (Earl of) Northbrook
1876-1880	리튼 Baron (1st Earl of) Lytton (I)
1880-1884	리폰 Marquess of Ripon
1884-1888	듀퍼린 Earl (Marquess of) Dufferin
1888-1894	랜즈도운 Marquess of Lansdowne
1894-1899	엘긴 9th Earl of Elgin(II)
1899-1905	커즌 Baron (Marquess) Curzon of Kedleston
1905-1910	민토 4th Earl of Minto (II)
1910-1916	하딘즈 Baron Hardinge of Penshurst (II)
1916-1921	첼름스포드 Baron Chelmsford
1921-1925	레딩 Earl of Reading
1925-1926	리튼 *2nd Earl of Lytton*(II)
1926-1931	어윈 Lord Irwin
1931-1936	윌링튼 Earl of Willingdon
1936-1943	린리트고우 Marquess of Linlithgow
1943-1947	와벨 Viscount (Earl) Wavell
1947-1948	마운트배튼 Viscount (Earl) Mountbatten(독립 이전 및 이후의 인도총독)
1948-1950	라자고빨라차리 Sri Chakravarti Rajagopalachari

인도 수상

1947-1964	네루 Jawaharlal Nehru
1964-1964	난다 *Gulzari Lal Nanda*
1964-1966	샤스트리 Lal Bahadur Shastri
1966-1966	난다 *Gulzari Lal Nanda*
1966-1977	인디라 간디 Indira Gandhi
1977-1979	데사이 Morarji Desai
1979-1980	차란 싱 Charan Singh
1980-1984	인디라 간디 Indira Gandhi

1984-1989	라지브 간디 Rajiv Gandhi
1989-1990	쁘라탑 싱 Viswanath Pratap Singh
1990-1991	세카르 Chandra Shekhar
1991-	라오 Narasimha Rao

인도 대통령

1950-1962	프라사드 Rajendra Prasad
1962-1967	라다크리슈난 Sarvapalli Radhakrishnan
1967-1969	후세인 Zakir Husain
1969-1969	기리 *Varahagiri Venkata Giri*
1969-1969	히다야뚤라 *Mohammad Hidayatullah*
1969-1974	기리 Varahagiri Venkata Giri
1974-1977	알리 아메드 Fakhruddin Ali Ahmed
1977-1977	자띠 *B. D. Jatti*
1977-1982	레디 Neelam Sanjiva Reddy
1982-1987	자일 싱 Giami Zail Singh
1987-	벤카타라만 R. Venkataraman

파키스탄 총독

1947-1948	진나 Muhammad Ali Jinnah
1948-1951	나지무띤 Khawaja Nazimuddin
1951-1955	무하마드 Ghulam Muhammad
1955-1956	미르자 Iskander Mirza

파키스탄 대통령 혹은 수상

1956-1958	미르자 Iskander Mirza
1958-1969	아유브 칸 Mohammed Ayub Khan
1969-1971	야햐 칸 Muhammad Yahya Khan
1971-1977	알리 부토 Zulfiqar Ali Bhutto
1977-1988	지아 울 하크 Muhammad Zia ul Haq
1988-1990	베나지르 부토 Benazir Bhutto
1990-1993	샤리프 Nawaz Sharif
1993-	베나지르 부토 Benazir Bhutto

방글라데시 수상 혹은 대통령

1972-1975	무지부르 라만 Sheikh Mujibur Rahman
1975-1981	지아 우르 라만 Zia ur Rahman
1981-1982	사따르 Abdus Sattar
1982-1990	에르샤드 Hussain Muhammad Ershad
1991-	할레다 지아 Khaleda Zia

연표

기원전

3000-2800년 경	인더스 문명이 시작됨.
1700-1500	인더스 문명이 몰락함.
1500	아리아족이 인도에 침입함.
1500-1000	리그 베다 시대
1000	철을 사용함.
1000-600	후기 베다 시대
566-486	석가모니가 불교를 창시함.
540-468	마하비라가 자이나교를 창시함.
545	마가다 왕국이 일어남.
543-491	빔비사라 왕이 마가다 왕국의 세력을 확장함.
491-459	아자트사뜨루가 마가다 왕국의 영토를 확대함.
413	마가다 왕국이 멸망하고 시수나가 가(家)의 지배(기원전 362년경까지)가 시작됨.
362-321	난다 왕조.
326-325 년	알렉산더 대왕이 인도를 침입함.
320년 경	찬드라굽타가 마우리아 제국을 창건함.
315	그리스의 메가스티네스가 찬드라굽타의 조정에 외교사절로 머무름.
305	시리아의 왕 셀레쿠스가 인도에 원정함.
269-233	아소카 대왕이 통치함.
261	칼링가 전쟁.
256	불교 사절단이 아시아 및 헬레니즘 세계에 파견됨.
251	마헨드라의 불교 사절단이 스리랑카의 티싸 왕에게 파견됨.
248	파르티아와 박트리아가 독립함.
185	마우리아 왕조는 군사령관 푸쉬야미트라의 하극상에 의해 멸망함.
185-173	숭가 왕조.

165년 경	유치족이 흉노족에게 패하여 서쪽으로 이동함.
155-130	그리스계의 메난더 왕이 인도 서북 지방을 다스림.
60	사따바하나(안드라)왕조(기원후 250년경까지)가 일어남.
26-20	인도의 사절단이 로마 제국의 아우구스투스 황제에게 파견됨.

기원후

40년 경	까드피세스 1세가 쿠샨 왕국을 창건함.
1세기 경	남인도와 로마 제국 사이에 활발한 무역 활동이 진행됨. 인도의 사절단이 트라야누스 황제에게 파견됨.
1세기-3세기 경	간다라 미술이 발달함.
78(120)-144년 경	카니슈카 대왕이 통치함. 카슈미르에서 종교회의를 개최하여 대승불교를 채택함. 대승불교의 포교단이 아시아 여러나라에 파견됨.
3세기 중엽 경	쿠샨 왕조가 멸망 상태에 이름. 사싼족 등 이민족의 침입이 빈번함.
320	찬드라 굽타 1세가 굽타 왕조를 일으킴.
355-375	사무드라 굽타가 굽타 제국의 영토를 크게 확장함.
375-413	찬드라굽타 2세 때 굽타 제국이 전성기에 이름.
405-411	중국의 구법승 법현(法顯)이 인도를 여행함.
448년 경	흉노족이 인도 서북 국경지방을 침범함.
5세기-8세기 경	나란다 대학이 번영함.
6세기 중엽 경	굽타 제국이 멸망 상태에 이름.
606-647	바르다나 왕조의 하르샤가 북인도를 지배함.
630-643	현장(玄奘)이 나란다 대학에서 공부하고 인도를 광범하게 여행함.
639	티베트의 스롱 첸 감포가 라사를 건설함.
641	하르샤 왕이 중국에 사신을 보냄.
643	당(唐)의 사신 왕현책(王玄策)이 하르샤 궁전에 도착함.

647	하르샤 왕의 사망 직후 다시 인도에 도착한 왕현책 등은 약탈당함.
657	왕현책의 세번째 사절단이 인도에 도착함.
675-685	당(唐)의 의정(義淨)이 나란다 대학에서 공부함.
711	모슬렘이 신드를 침공함.
723-727	혜초(慧超)스님이 인도를 여행하고 장안(長安)에 돌아옴.
736	델리(Dhillika)시가 처음으로 건설됨.
788-820	산카라가 힌두교의 세력 확장을 위해 활약함.
850-1267년 경	마드라스 부근의 촐라 왕조.
962년 경	가즈니 왕국이 설립됨.
1191	제1차 타라인 전투.
1192	무하마드 구르가 타라인 전투에서 프리트비라즈의 힌두연합군을 물리침.
1192-1193	꾸틉 웃 딘 아이박이 델리를 장악함. 인도에 모슬렘 지배가 시작됨.
1206-1290	델리에 모슬렘 지배의 노예 왕조가 수립됨.
1231-1232	꾸탑 미나르가 건조(建造)됨.
1241	몽고족이 라호르를 장악함.
1288	마르코 폴로가 인도 최남단의 까얄 항(港)에 도착함.
1290-1320	킬지 왕조.
1320-1424	뚜그락 왕조.
1336-1565년 경	남부에 힌두 지배의 비자야나가르 왕조가 수립됨.
1398	티무르가 인도에 침입하여 델리를 유린함.
1440-1518	까비르가 종교개혁 운동을 전개함.
1450-1526	로디 왕조가 일어나 모슬렘 왕조를 부흥함.
1469-1538	그루 나나크가 시크교를 창시함.
1498	바스코 다 가마가 컬리커트에 도달하여 이른바 인도항로를 발견함.
1504	바부르가 카불을 장악함.
1509	포르투갈의 알부케르케 총독이 인도에 도착함.
1510	포르투갈 세력이 고아를 정복함.
1511	바부르가 사마르칸드를 탈환함.

1526	바부르가 무갈 왕조를 창건함.
1530	후마윤이 바부르를 계승하여 즉위함.
1540	후마윤은 셰르 칸에게 패배하여 신드 지방으로 퇴각했다가 나중에 페르시아로 망명함.
1555	후마윤은 왕위를 되찾았으나 다음 해에 사망함.
1556-1605	아크바르 대제의 통치시대.
1571	파트뿌르 시크리 시를 건설함.
1572-1592	아크바르 대제가 구자라트, 벵골, 카슈미르 및 오리싸를 정복함.
1580	제수이트 선교단이 아그라에 도착함.
1582	아크바르 대제의 경신교가 선포됨.
1600	영국동인도회사가 설립됨.
1602	홀랜드의 동인도회사가 설립됨.
1606	왕자 쿠스라브가 반란을 일으킴. 제5대 시크족의 그루 아르잔을 처형함.
1608	영국 상인이 처음으로 무갈 왕실을 방문함.
1609	홀랜드의 상인들이 뿔리커트에 상관(商館)을 설치함.
1612	영국의 첫 상관을 수라트에 설치하는 것이 허용됨.
1615-1618	영국 왕 제임스 1세의 첫 사신(使臣) 토머스 로우가 무갈 조정에 머무름.
1628-1657	사 자한의 통치시대.
1639	영국이 마드라스 부근에 성(聖)조오지 성(城)을 건설함.
1648	무갈제국의 수도를 아그라에서 델리로 천도함.
1653	타지마할을 완공함.
1658-1707	아우랑지브의 통치시대.
1659-1680	쉬바지가 마라타 힌두 세력을 통합하여 무갈제국에 대항함.
1661	봄베이가 포르투갈에 의해 영국에 양도됨.
1664	프랑스 동인도회사가 활동을 시작함.
1668	프랑스의 상관이 수라트에 설립됨.
1674	퐁디쎄리에 프랑스의 근거지를 세움.
1681	아우랑지브가 데칸의 아우랑가바드에 새로운 수도를

건설함..

1698	영국의 새로운 동인도 무역회사가 출범함.
1702	두 개의 동인도회사가 통합됨.
1720-1740	마라타의 바지 라오 1세가 세력을 북인도까지 확대함.
1739	페르시아의 지배자 나디르 사가 델리를 약탈함.
1742-1754	프랑스의 듀플레가 퐁디쎄리 지사(知事)로 활약함.
1744-1748	인도에서 첫 영불전쟁(英佛戰爭)이 일어남.
1745	로힐라족이 홍기함.
1756-1763	유럽에서 칠년전쟁(七年戰爭)이 일어남.
1757	플라시 전쟁. 영령인도사(英領印度史)가 시작됨.
1757-1760	로버트 클라이브가 벵골 지사로 부임함.
1761	퐁디쎄리의 함락으로 프랑스 세력이 쇠퇴함. 빠니파트 전투에서 아프가니스탄의 왕 아메드 사 두라니가 마라타족의 기세를 제압함.
1765-1767	로버트 클라이브가 두번째로 벵골 지사에 부임함.
1769-1770	참혹한 기근이 엄습함.
1772	워렌 헤이스팅스가 벵골 지사에 부임함.
1773	인도에 총독정치를 규정한 인도통치규제법이 영국의회를 통과함.
1774-1785	초대 인도 총독으로 워렌 헤이스팅스가 부임함.
1780	첫 영어 신문 *Bengal Gazette*가 발행됨.
1784	피트 법의 통과로 총독의 권한이 강화됨. 런던에 인도문제를 통제하는 감독국(監督局)이 신설됨.
1786-1793	콘월리스 총독이 부임하여 벵골 지방에 영구정액제(永久定額制)를 실시함(1793).
1786-1793	워렌 헤이스팅스에 대한 탄핵 재판이 진행됨.
1798-1805	웰슬리 총독이 영토 확장 정책을 추진함. 하이데라바드와 종속조약을 체결함(1798). 티푸 술탄의 마이소르를 병합함(1799).
1800	캘커타에 포트 윌리엄 Fort William 대학이 설립됨.
1813	동인도회사의 특허법 갱신. 자유무역과 선교활동을 인정함.
1814-1816	구르카 전쟁.

1816	캘커타에 힌두 칼리지 Hindu College가 설립됨.
1817-1818	마라타 전쟁. 영국동인도회사가 마라타족을 최종적으로 제압함.
1824-1826	제1차 버마 전쟁.
1828-1835	벤팅크 총독의 부임. 사티 순사(殉死)를 금압하는 등 사회개혁을 단행함. 브라모 사마자의 설립(1828).
1833	특허법의 갱신에 따라 동인도회사의 무역활동에 관한 특혜가 철폐됨으로써 정치적 기능만 남게됨.
1835	마코올리의 주도로 영어교육을 도입함. 영어를 법정 언어로 채택함.
1839-1842	제1차 아프가니스탄 전쟁.
1843	노예제도를 철폐함.
1845-1846	제1차 시크 전쟁.
1848-1856	달하우지 총독이 서구화정책과 영토병합 정책을 추진함.
1848-1849	제2차 시크 전쟁. 펀잡 지방이 영령인도에 병합됨.
1853	인도에 철도가 처음으로 개통됨. 인도문관의 선발에 공개경쟁 시험제도를 채택함.
1856	오우드가 영령인도에 병합됨. 대학법이 제정됨.
1857	캘커타·봄베이·마드라스에 유니버시티가 설립됨.
1857-1858	대폭동(세포이 반란)이 일어남.
1858	동인도회사의 지배가 종식되고 영국 정부의 직접 지배가 시작됨. 감독국이 폐지되고 영국 내각의 인도상(印度相)이 인도 문제를 통할함.
1861	인도참사회법에 의해 총독이 임명하는 입법참사회가 구성됨.
1867	인도와 영국 사이에 전신시설이 개통됨.
1875	아리아 사마자의 설립. 알리가르에 모슬렘 대학이 설립됨.
1876-1880	리튼 총독이 부임하여 이른바 〈전진정책(前進政策)〉을 추진함.
1877	빅토리아 여왕이 공식적으로 인도 국왕임을 선포함.
1878	지방어신문법을 공포하여 인도 신문을 통제함.
1878-1880	제2차 아프가니스탄 전쟁.

1879	면직물 수입관세를 철폐함.
1880	기근구제법을 제정함.
1880-1884	리폰 총독이 부임하여 자유주의적 개혁을 추진함. 지방자치제를 도입함(1882).
1885	인도국민회의가 창설됨.
1885-1886	제3차 버마 전쟁. 상부(上部)버마를 영령인도에 병합함.
1892	입법참사회법의 통과로 중앙 및 지방의 입법참사회가 확대됨.
1899-1905	커즌 총독이 부임함.
1904	영령인도 군대가 티베트에 원정함.
1905	벵골 주를 동서 벵골 주로 분리함. 스와데시·보이코트 및 국민교육 운동이 광범하게 확산되어 나감.
1906	모슬렘연맹이 창설됨.
1907	국민회의가 분열되어 과격파가 축출됨. 타타 철강회사가 설립됨.
1909	몰리·민토 개혁으로 모슬렘에게 분리선거제가 인정됨.
1911	인도의 수도를 캘커타에서 델리로 천도한다고 영국왕 조지 5세가 선포함. 인구조사를 실시함.
1915	국민회의 온건파의 지도자인 고칼레가 사망함.
1916	국민회의와 모슬렘연맹의 화해로 라크나우 협정이 이루어짐.
1919	몬터구·첼름스포드 개혁. 라우라트 법의 통과와 암리싸르 학살사건이 일어남.
1920	국민회의 과격파의 지도자인 티일락이 사망함.
1920-1922	킬라파트 운동. 마하트마 간디가 비협조운동을 전개함.
1928-1929	사이몬 위원회가 인도를 방문함.
1930-1931	간디가 〈소금 행진〉과 제1차 시민불복종 운동을 추진함.
1930-1932	원탁회담. 제2차 시민불복종 운동을 전개함.
1931	어윈·간디 협정. 간디가 제2차 원탁회담에 참석함.
1935	1935년의 인도통치법이 통과됨. 인도의 연방제를 제시함.

1937	버마가 인도에서 분리됨.
1940	진나의 모슬렘연맹이 파키스탄의 분립을 결의함.
1942	크립스 사절단이 인도를 방문함. 간디의 〈인도철퇴〉요구 운동이 전개됨.
1944	간디와 진나의 회담이 성과없이 끝남.
1946	각료사절단의 인도 방문. 임시정부가 수립되고 자와할랄 네루가 수상이 됨. 제헌의회가 소집됨.
1947	인도가 독립함. 인도·파키스탄의 분립.
1948	마하트마 간디가 피살됨. 진나의 사망.
1950	인도공화국의 헌법이 공포됨. 초대 대통령에 라젠드라 프라사드, 초대 수상에 네루가 취임함.
1951	인도가 한국전쟁에서 조정역할을 함.
1952	5개년 계획을 시작함.
1954-1956	퐁디쎄리, 까리칼, 마헤 및 하이데라바드 등을 인도에 병합함.
1958	아유브 칸이 쿠데타로 파키스탄의 정권을 장악함.
1959	티베트의 달라이 라마가 인도에 망명정부를 수립함.
1962	중공이 인도를 침공함.
1964	네루의 사망. 바하둘 샤스트리가 수상을 계승함.
1965	인도·파키스탄 전쟁.
1966	타슈켄트에서의 인도·파키스탄 정상회담에서 샤스트리가 사망함. 인디라 간디가 수상이 됨. 동 파키스탄에서는 쉐이크 무지부르 라만을 중심으로 인민연맹당이 독립운동을 전개함.
1967	알리 부토가 파키스탄 인민당(PPP)을 결성함.
1968	녹색혁명이 시작됨.
1969	국민회의당이 분열됨.
1971	소련과 〈평화, 우호 및 협력의 조약〉을 체결함. 인도·파키스탄 전쟁이 일어나고 방글라데시가 독립함. 야햐 칸이 물러나고 알리 부토가 파키스탄의 수상이 됨.
1972	방글라데시의 독립지도자 쉐이크 무지부르 라만이 초대 수상이 됨.
1975	무지부르 라만이 피살되고 지아 우르 라만이 집권함.

1977	모라르지 데사이가 총선거에서 승리하여 자나타 당이 집권함. 파키스탄의 지아 울 하크가 무혈쿠데타로 집권함.
1978	자나타 당의 불화로 부수상 차란 싱이 해임됨.
1979	데사이가 수상직에서 물러남. 레디 대통령이 차란 싱에게 조각(組閣)을 위임했으나 소수내각으로 출발함. 지아 울 하크가 알리 부토를 처형함.
1980	인디라 간디의 국민회의당이 승리하여 다시 집권함.
1981	방글라데시의 지아 우르 라만이 피살됨.
1982	쿠데타로 후세인 에르샤드가 방글라데시의 정권을 장악함.
1984	인디라 간디 수상이 시크교도에게 피살됨. 그의 아들 라지브 간디가 수상이 됨.
1988	파키스탄의 지아 울 하크가 비행기 폭발 사고로 사망함. 알리 부토의 딸 베나지르 부토가 수상이 됨.
1989	라지브 간디의 국민회의당이 패배하고 야당 연합 세력이 승리하여 쁘라탑 싱이 수상이 됨.
1990	집권세력의 분열로 싱이 사임하고 세카르가 인도 수상이 됨. 파키스탄의 칸 대통령이 군부의 압력을 받아 부토 여수상을 해임함. 우파 연합인 이슬람연맹당이 승리하여 샤리프가 수상이 됨. 방글라데시의 에르샤드 대통령은 반정부 시위에 밀려 물러남.
1991	세카르 인도 수상이 사임하고 라지브 간디가 총선거 유세 도중 폭탄 테러에 의해 피살됨. 국민회의당의 승리로 나라시마 라오가 수상이 됨. 방글라데시의 민족주의당이 승리하고 의원내각제로 개헌하여 할레다 지아 여수상이 취임함.
1993	파키스탄 인민당이 승리하여 베나자르 부토가 다시 집권함.

찾아보기

찾아보기

598

찾아보기

599

찾아보기

찾아보기

찾아보기

찾아보기

찾아보기

찾아보기

찾아보기

606

찾아보기

찾아보기

찾아보기

찾아보기

찾아보기

찾아보기

찾아보기

찾아보기

찾아보기

찾아보기

찾아보기

찾아보기

찾아보기

찾아보기

조길태

고려대학교 사학과를 졸업하고 같은 과 대학원에서 문학박사 학위를 받았다. 인도 델리 대학교 대학원에 유학하고 영국 케임브리지 대학교 연구 교수를 지냈다. 아세아문제연구소 연구원과 강원대학교 사학과 교수를 거쳐 아주대학교 인문대 학장을 지냈으며 현재 아주대학교 사학과 교수로 재직 중이다. 저서로 『인도 민족주의 운동사』, 『영국의 인도 통치 정책』과 공저로 『인도의 오늘』, 『개관동양사』, 『세계문화사』 등이 있고, 공역으로는 『서양 문명의 제문제』, 『서양사 신론』, 『봉건제도에서 자본주의로의 전환』 등이 있다.

인도사

1판 1쇄 펴냄 · 1994년 9월 30일
1판 3쇄 펴냄 · 1997년 8월 18일
2판 1쇄 펴냄 · 2000년 4월 3일
2판 5쇄 펴냄 · 2018년 2월 16일

지은이 · 조길태
발행인 · 박근섭, 박상준
펴낸곳 · (주)민음사

출판등록 · 1966. 5. 19. (제16-490호)
서울특별시 강남구 도산대로1길 62(신사동)
강남출판문화센터 5층(우편번호 06027)
대표전화 515-2000 · 팩시밀리 515-2007
www.minumsa.com

ISBN 978-89-374-5426-4 (94910)
ISBN 978-89-374-5420-3 (세트)